数据科学与大数据技术丛书

PYTHON MACHINE LEARNING:
PRINCIPLES AND PRACTICES

Python 机器学习

原理与实践

薛薇◎著

中国人民大学出版社
·北京·

总　序

数据科学时代，大数据成为国家重要的基础性战略资源. 世界各国先后推出大数据发展战略：美国政府于 2012 年发布“大数据研究与发展倡议”，2016 年发布“联邦大数据研究与开发战略计划”，不断加强大数据的研发和应用发展布局；欧盟于 2014 年推出“数据驱动经济”战略，倡导成员国尽早实施大数据战略；日本等其他发达国家相继出台推动大数据研发和应用的政策. 在我国，党的十八届五中全会明确提出要实施“国家大数据战略”，国务院于 2015 年 8 月印发《促进大数据发展行动纲要》，全面推进大数据的发展与应用. 2019 年 11 月，《中共中央关于坚持和完善中国特色社会主义制度、推进国家治理体系和治理能力现代化若干重大问题的决定》将“数据”纳入生产要素，进一步奠定了数据作为基础生产资源的重要地位.

在大数据背景下，基于数据作出科学预测与决策的理念深入人心. 无论是推进政府数据开放共享，提升社会数据资源价值，培育数字经济新产业、新业态和新模式，支持构建农业、工业、交通、教育、安防、城市管理、公共资源交易等领域的数据开发利用，还是加强数据资源整合和安全保护，都离不开大数据理论的发展、大数据方法和技术的进步以及大数据在实际应用领域的扩展. 在学科发展上，大数据促进了统计学、计算机和实际领域问题的紧密结合，催生了数据科学学科的建立和发展.

为了系统培养社会急需的具备大数据处理及分析能力的高级复合型人才，2016 年教育部首次在本科专业目录中增设“数据科学与大数据技术”. 截至 2020 年，开设数据科学与大数据技术本科专业的高校已突破 600 所. 在迅速增加的人才培养需求下，亟须梳理数据科学与大数据技术的知识体系，包括大数据处理和不确定性的数学刻画，使用并行式、分布式和能够处理大规模数据的数据科学编程语言和方法，面向数据科学的概率论与数理统计，机器学习与深度学习等各种基础模型和方法，以及在不同的大数据应用场景下生动的实践案例等.

为满足数据人才系统化培养的需要，中国人民大学统计学院联合兄弟院校，基于既往经验与当前探索组织编写了“数据科学与大数据技术丛书”，包括《数据科学概论》《数据科学概率基础》《数据科学统计基础》《Python 机器学习：原理与实践》《数据科学实践》《数据科学统计计算》《数据科学并行计算》《数据科学优化方法》《深度学习：原理与实践》等. 该套教材努力把握数据科学的统计学与计算机基础，突出数据科学理论和方法的系统性，重视方法应用和实际案例，适用于数据科学专业的教学，也可作为数据科学从业者的参考书.

编委会

前　言

Python 与机器学习几乎就是为数据科学而生的. Python 是一款简明、高效且功能强大的开源工具, 已成为数据科学最常用的计算机编程语言; 机器学习是一套先进、深刻且内容丰富的算法集合, 已成为数据科学最主流的分析方法. 它们相得益彰, 构成了当今大数据技术、人工智能等前沿领域的必备知识, 是广大学子成长为数据科学人才的必由之路.

作者结合多年来在机器学习、数据挖掘、统计学、计算机语言和统计应用软件等课程的教学经验与科研实践, 希望能为 Python 机器学习的任课教师以及大学生提供一本更加符合高校教学特点的实用优质教材. 本书的特点如下:

1. 对原理部分作清晰的讲解

机器学习是一门交叉性很强的学科, 涉及统计学、数据科学、计算机科学等多个领域的知识. 本书认为, 学习者要掌握好每个模型或算法的精髓和实践, 需要由浅入深地关注直观含义、方法原理、公式推导、算法实现和适用场景等多个递进层面. 本书也正是基于这样的层面展开论述. 论述过程中, 对抽象原理, 借助读者可自己再现的图形来做直观剖析; 对重点概念, 以不同字体突出说明; 对难点问题, 不吝笔墨反复强调.

2. 对实践部分作全面的安排

机器学习又是一门实操性很强的学科. 本书认为, 学习者需要边学边做才能获得更深刻的认知. 因此, 本书在每章均设置了 Python 实践课环节. 一方面, 通过 Python 程序代码和可再现的各种图形, 帮助学习者理解抽象理论背后的直观含义和方法精髓; 另一方面, 通过 Python 程序代码, 帮助学习者掌握和拓展机器学习的算法实现和应用实践. 本书还对程序中的关键点进行适度说明, 并结合方法原理对程序运行结果进行解读, 对相关算法及其特点进行比较评述. 全书所有模型和算法都有相应的 Python 程序, 并提供全部代码下载. 每章结尾也给出了本章的函数列表, 方便读者查阅.

3. 本书适合作为机器学习或相关课程的教材

首先，内容上涵盖了众多主流和核心机器学习算法，以及相关重要知识点. 其次，章节安排上，在第 1 章概述开篇后，在第 2 章集中对数据预测建模的各个方面进行了总览论述，旨在帮助学习者把握机器学习的整体知识框架. 后续第 3 至第 8 章依知识难度，由浅入深展开数据预测建模的讨论，包括贝叶斯分类器、近邻分析、决策树、集成学习、人工神经网络、支持向量机等. 第 9、10 章讨论特征选择和特征提取，以作为数据预测建模的重要补充. 第 11、12 章关注机器学习中的聚类算法. 再次，每章的 Python 实践课能够很好地帮助学习者进一步深刻理解原理，掌握和拓展 Python 机器学习的应用实践，既可作为上机实践课单独安排，也可将其与原理讲解结合起来. 最后，以每周 3 课时安排本书体量，不仅与一般高校的数据科学与大数据技术专业的课程设置相吻合，而且可满足人工智能、计算机应用以及统计学等相关专业课程的常规学分要求. 此外，本书也可作为对 Python 机器学习感兴趣的应用研究人员的参考书.

在大数据与人工智能技术强有力的推动下，Python 与机器学习日益受到广泛关注，形成了方法庞杂、分支众多、应用广泛的局面. 所以，要全面而深入地展现其全貌，需要不断学习与完善、不断跟进与提高. 在此，欢迎各位读者不吝赐教，对本书提出宝贵意见.

薛薇

中国人民大学应用统计科学研究中心

中国人民大学统计学院

目　录

第 1 章
机器学习与 Python 概述

学习目标

1. 了解机器学习的基本发展历程.
2. 了解机器学习的基本任务.
3. 掌握 Python 入门知识.
4. 掌握 Python 机器学习实践中重要函数的基本使用.

移动互联技术、物联网技术和云计算技术的蓬勃发展, 将人类社会与物理世界有效连接起来, 更重要的是创造性地建立了一个数字化的网络体系. 而运行其上的搜索引擎服务、大型电子商务、互联网金融、社交网络平台和各类应用服务程序 (APP) 等等, 在改变社会生产方式、企业管理方式以及人们生活方式的同时, 更伴随着比特数字流的无时无刻、随时随地的海量释放. 一个数据收集、存储、处理能力空前的大数据时代已经到来.

大数据是围绕具有典型 5V (volume, 海量数据规模; velocity, 快速流转且动态激增的数据体系; variety, 多样异构的数据类型; value, 潜力大但密度低的数据价值; veracity, 有噪声影响的数据质量) 特征的大数据集展开的. 广义上讲, 它是包括大数据理论、大数据技术、大数据应用和大数据生态等方面的组合架构. 其中, 大数据理论从计算机科学、统计学、数学以及实践等方面汲取营养, 旨在探索独立的新的数据空间, 构筑数据科学的理论基础和认知体系, 具有鲜明的跨学科色彩; 大数据技术是推动大数据发展最活跃的因素, 包括大数据采集和传输、大数据集成和存储、大数据分析、大数据平台构建和大数据隐私与安全等众多技术方面; 大数据应用是多领域应用场景的有效开发成为带动大数据发展的重要引擎, 涉及个人、企业与行业、政府以及时空综合应用等若干方面; 大数据生态通常指大数据与其相关环境所形成的相互作用、相互影响的共生系统, 涉及诸如大数据市场需求、政策法规、人才培养、产业配套与行业协调、区域协同与国际合作等.

本书将**聚焦大数据分析中的经典和主流技术: 机器学习以及基于 Python 编程的机器学习应用实践**.

1.1 机器学习与人工智能

在大数据深层次量化分析的实际需求下，作为人工智能的重要组成部分和人工智能研究发展的重要阶段，机器学习理论和应用得到了前所未有的发展并大放异彩.

诞生于 20 世纪 50 年代的人工智能 (artificial intelligence, AI)，因旨在实现人脑部分思维的计算机模拟，完成人类智力任务的自动化实现，从研究伊始就具有浓厚的神秘色彩. 人工智能的研究经历了从**符号主义人工智能 (symbolic AI)** 到**机器学习 (machine learning)**，再到**深度学习 (deep learning)** 的不同发展阶段.

1.1.1 符号主义人工智能

20 世纪 50 年代到 80 年代末，人工智能的主流范式是符号主义人工智能，即基于“一切都可规则化编码”的基本信念，通过让计算机执行事先编写好的程序，也称硬编码，按指定规则自动完成相应的处理任务，实现与人类水平相当的人工智能. 该研究范式的顶峰应用是 20 世纪 80 年代盛行的专家系统 (expert system) 及不断涌现的各类计算机博弈系统. 事实上，符号主义人工智能适合解决规则能够明确定义的逻辑问题，但尚有许多无法逾越的研究难题.

例如，专家系统在某种意义上能够代替专家给病人看病，帮助人们甄别矿藏，但系统建立过程中的知识获取和知识表示问题一直没能很好解决. 知识获取的难点在于，如何全面系统地获取专家的领域知识. 如何有效克服知识传递过程中的思维跳跃性和随意性. 知识表示问题更为复杂. 传统“如果 …… 则 ……”的简单因果式的计算机知识表示方式，显然无法表达形式多样的领域知识. 更糟糕的是，专家系统几乎不存储常识性知识. 人工智能学家、有“专家系统之父”之称的爱德华 · 阿尔伯特 · 费根鲍姆 (Edward Albert Feigenbaum)① 曾估计，一般人拥有的常识存入计算机大约有 100 万条事实和抽象经验. 将如此庞大的事实和抽象经验整理、表示并存储在计算机中，难度是极大的，而没有常识的专家系统智能水平是令人担忧的.

再例如，作为符号主义人工智能另一重大应用研究成果的计算机博弈，自 20 世纪 70 年代开始，主要体现在国际象棋、中国象棋、五子棋、围棋等棋类应用上. 其巅峰成果是 IBM 研制的深蓝 (Deep Blue) 超级智能计算机系统. 1997 年 5 月，深蓝与国际象棋大师加里 · 卡斯帕罗夫 (Garry Kasparov) 进行了 6 局制比赛，结果计算机以 2 胜 3 平 1 负的成绩获胜. 深蓝出神入化的棋艺，依赖于能快速评估每一种可能走法的利弊的评估系统，而该系统背后除了有高性能计算机硬件系统的支撑，还有基于数千种经典对局和残局数据库建立的一般规则，以及人类棋手国际象棋大师乔约尔 · 本杰明参谋团队针对卡斯帕罗夫的套路而专门设置的应对策略. 计算机博弈的最大“死穴”是人类不按“套路出牌”所导致的低级失败，在这点上人类的智力水平是计算机远不能及的.

---

① 爱德华 · 阿尔伯特 · 费根鲍姆：计算机人工智能领域的科学家，被誉为“专家系统之父”，1994 年获得计算机科学领域最高声望奖项——图灵奖. 摘自维基百科全书.

由于符号主义人工智能很难解决诸如语言翻译、语音识别、图像分类等更加复杂和模糊的, 没有明确规则定义的逻辑问题, 需要一种更迭符号主义人工智能的新策略, 这就是机器学习.

事实上, 机器学习对计算机博弈系统同样有着革命性的卓越贡献.① 因使用特定算法和编程方法实现人工智能, 基于机器学习的计算机博弈系统, 不仅能够极大压缩原先数百万行的程序代码 (包括所有的棋盘边缘情况、对手棋子的所有可能的移动等), 而且能够从以前的游戏中学习策略并提高其未来的性能.

1.1.2 基于机器学习的人工智能

如何将大型数据库、传感器、机器学习算法和大规模并行计算整合在一个体系架构下, 致力于创造比人类更好的、能够完成判断策略和认知推理等更为复杂和模糊的任务 (例如, 自然语言理解、图像识别分类等) 的机器, 成为人工智能探索的新热点. 而机器学习是关键.

机器学习概念的提出源于 "人工智能之父" 阿兰 · 图灵 (Alan Turing)1950 年进行的图灵测试② . 该测试令人信服地表明 "思考的机器" 是可能的, 计算机能够具有学习与创新能力. 与符号主义人工智能策略截然不同的是, 机器学习的出发点是: 与其明确地编写程序让计算机按规则完成智能任务, 不如教计算机借助某些算法完成任务.

从计算机程序设计角度看, 符号主义人工智能体现的是: 给计算机输入 "规则" 和 "数据", 计算机处理数据, 并依据以程序形式明确表达的 "规则", 自动输出 "答案". 机器学习则体现的是: 给计算机输入 "数据" 和从数据中预期得到的 "答案", 计算机找到并输出 "规则", 并依据 "规则" 给出对新数据的 "答案", 从而完成各种智能任务. 相对于经典的程序设计范式, **机器学习是一种新的编程范式**. 图 1–1 是谷歌 (Google) 人工智能研究员、"Keras 之父" 弗朗索瓦 · 肖莱 (Francois Chollet) 对两种编程范式的基本描述.

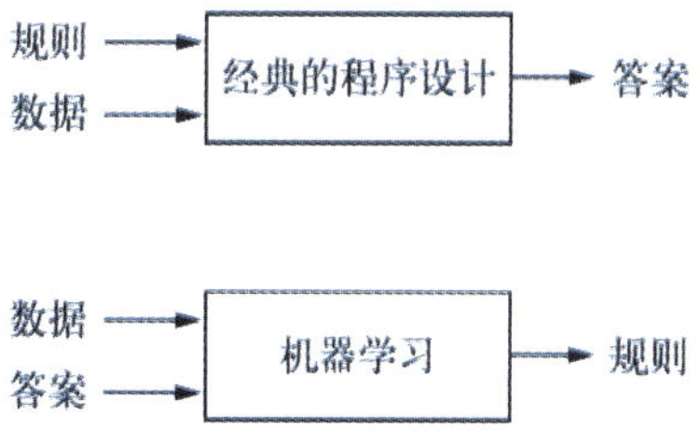

图 1–1　机器学习: 一种新的编程范式

图 1–1 中, 机器学习中的 "规则", 是计算机基于大量数据集借助算法解析数据的结果, 通常不是甚至根本无法通过人工程序事先明确编写出来. 从某种意义上讲, 机器学习能够比人类做得更好.

---

① 1952 年, 亚瑟 · 塞缪尔 (Arthur Samuel) 创建了第一个真正的基于机器学习的棋盘游戏; 1963 年唐纳德 · 米基 (Donald Michie) 提出了强化学习的井字游戏 (Tic-Tac-Toe).

② 图灵测试: 指在不接触对方的情况下, 一个人通过某种特殊方式和对方进行一系列问答. 如果在相当长时间内, 人无法根据这些问答判断对方是人还是计算机, 则可认为这个计算机具有同人相当的智力, 是具有智能和思维能力的. 图灵测试是对机器智能的严格定义.

基于速度更快的硬件与更大数据集的训练，机器学习在 20 世纪 90 年代开始蓬勃发展，迅速成为人工智能最受欢迎且最成功的分支领域. 其自然语言理解领域的最高成就之一是 IBM 制造的以公司创始人托马斯 · 沃森 (Thomas J. Watson) 名字命名的智能计算机——沃森 (Watson). 2011 年 4 月 1 日，美国著名的问答节目《危险边缘》(Jeopardy) 拉开了沃森与人类的情人节人机大战的序幕.《危险边缘》是一档综合性智力竞猜电视节目，题目涵盖时事、历史、艺术、流行文化、哲学、体育、科学、生活常识等几乎所有已知的人类知识. 与沃森同场竞技的两位人类选手肯 · 詹宁斯 (Ken Jennings) 和布拉德 · 鲁特 (Brad Rutter) 是该节目有史以来成绩最好的两位人类参赛者. 但是，基于数百万份的图书、新闻、电影剧本、辞海、文选等资料，借助深度快速问答 (DeepQA) 技术中的 100 多套算法，以及 3 秒钟内的问题解析和候选答案搜索能力，沃森最终以近 8 万的得分，将两位得分均在 2 万左右的人类选手远远甩在了后面，成为《危险边缘》节目的新王者.

尽管如此，智能计算机面临的自然语言理解的挑战仍是严峻的. 事实上，与其他计算机一样，沃森完成的是文字符号的处理，而无法真正理解其含义. 例如，问答题 “这个被信赖的朋友是一种非奶制的奶末”，标准答案应是咖啡伴侣. 因为咖啡伴侣多是植物制的奶精并非奶制品，且人类做这道题时会很快想到 “朋友” 对应 “伴侣”. 计算机却只能在数据库里寻找 “朋友” “非奶制” “奶末” 这些词的关联词，结果关联最多的是牛奶. 此外，如何领悟双关、反讽之类的语言修辞，以及分析比语言理解本身更复杂的情感问题等，都是智能计算机面临的巨大挑战.

机器学习的最大突破是 2006 年提出的深度学习. 深度学习是机器学习的重要分支领域，是从数据中学习 “数据表示” 的新方法. 它强调基于训练数据，通过众多连续的神经网络层 (neural network layer) 过滤和提取数据中服务于预测的重要特征. 相对于拥有众多层的深度学习，机器学习有时也称为浅层学习 (shallow learning). 目前深度学习广泛应用于以图像识别和分类、自然语言理解和语音解析等为核心任务的众多感知问题领域. 例如，在计算机博弈上的成功案例是谷歌旗下 Deep Mind 公司开发的针对中国围棋 (Go) 的人工智能阿尔法围棋 (AlphaGo). 2015 年 10 月阿尔法围棋以 5∶0 完胜欧洲围棋冠军、职业二段选手樊麾；2016 年 3 月对战世界围棋冠军、职业九段选手李世石，并以 4∶1 的总比分获胜.

目前，人工智能已经拥有了接近人类水平的图像识别和分类能力，接近人类水平的手写文字转录能力，接近人类水平的语音识别和对自然语言提问的回答能力，接近人类水平的多国语言的翻译能力，等等. 正因如此，人工智能技术得以广泛应用. 例如，智能家电等物联网 (Internet of things, IOT) 设备比以往任何时候都更加聪明和智能；Slack 等聊天机器人能够提供比人类更快、更高效的虚拟客户服务；自动驾驶和无人驾驶汽车能够识别和解析交通标志，自动实现导航和维护；等等. 现在人工智能正改变着人们的日常生活方式，未来人工智能还将继续探索机器感知和自然语言理解之外的各种应用问题，协助人类开展科学研究，自动进行软件开发等.

1.2 机器学习能做什么

1.1.2 节谈到, 从程序设计角度看, 机器学习是一种新的编程范式, 实现这种范式的核心任务是发现隐藏在 “数据” 和 “答案” 中的规律. 其理论可行性最早可追溯到 1783 年托马斯 · 贝叶斯 (Thomas Bayes) 提出的贝叶斯定理, 该定理证明了存在一种能够从历史经验 (数据集中的 “数据” 和 “答案”) 中学习规则的数学方法. **采用怎样的策略或算法发现 “数据” 和 “答案” 之间的关联性, 并以哪种形式的规则体现, 是机器学习的核心.**

大数据背景下, 机器学习注重研究如何从巨量数据集中获取隐藏的、有效的、可理解的知识, 以辅助解决各行业领域的各类问题. 本书将聚焦机器学习解决应用问题的主流算法和 Python 实践. 以下将首先围绕大众熟知的空气质量监测数据分析问题, 讨论机器学习的学习对象: 数据集, 以及与数据集相关的基本概念. 然后具体论述基于数据集, 机器学习能做什么.

1.2.1 机器学习的学习对象: 数据集

机器学习的学习对象是数据集合, 简称数据集 (也称样本集). 数据集一般以二维表 (也称扁平表) 形式组织, 由多个行和列组成. 表 1–1 就是一个北京市若干天空气质量监测各项数据的数据集示意.

数据集中的一行通常称为一个样本观测. 如表 1–1 中第一行是 2019 年 1 月 1 日的北京市空气质量数据, 就是一个样本观测. 若数据集由 N 个样本观测组成, 则称该数据集的样本容量或样本量为 N. 机器学习解决复杂问题时一般要求样本量较大的数据集 (也称大数据集, 是相对小数据集而言的).

数据集中的一列通常称为一个变量 (也称特征), 用于描述数据的某种属性或状态. 如表 1–1 中包括空气质量监测的日期、空气质量指数 AQI (air quality index), 空气质量等级、细颗粒物 PM2.5、可吸入颗粒物 PM10、二氧化硫 SO2、二氧化氮 NO2、臭氧 O3 的浓度 (微克/立方米), 以及一氧化碳 CO 浓度 (毫克/立方米)9 个变量. 其中, AQI 作为空气质量状况的无量纲指数, 值越大表明空气中污染物浓度越高, 空气质量越差. 参与 AQI 评价的主要污染物包括 PM2.5、PM10、SO2、CO、NO2、O3 六项. 空气质量等级是 AQI 的分组结果. 规定 AQI 在 0~50、51~100、101~150、151~200、201~300、大于 300 时, 空气质量等级依次为一级优、二级良、三级轻度污染、四级中度污染、五级重度污染、六级严重污染.

进一步, **依各变量的取值类型可将变量细分为数值型、类别型和顺序型三类, 后两类统称为分类型**. 数值型变量是连续或非连续的数字 (计算机中以整型或浮点型等存储类型存储), 可以进行算术运算, 如这里的 AQI、PM2.5、PM10、SO2、CO、NO2、O3 等. 分类型变量一般以数字 (如 1, 2, 3 等)、字符 (A, B, C 等)、标签 (计算机中以字符串型或布尔值等存储类型存储) 表示, 算术运算没有意义. 顺序型变量的标签存在高低、大小、强弱等顺序关系, 如这里的空气质量等级. 此外, 诸如学历、年龄段等变量也属顺序型. 类别型变量的标签没有顺序关系, 如这里的日期 (可视为一个样本观测的标签). 此外, 诸如性别、籍贯等变量也属类别型.

表 1–1 北京市空气质量监测数据

日期	AQI	质量等级	PM2.5	PM10	SO2	CO	NO2	O3
2019/1/1	45	优	28	45	8	0.7	34	47
2019/1/2	78	良	57	75	12	1	56	28
2019/1/3	162	中度污染	123	136	21	1.9	82	12
2019/1/4	40	优	18	40	5	0.5	26	61
2019/1/5	47	优	17	34	7	0.5	37	49
2019/1/6	88	良	64	95	12	1.4	70	13
2019/1/7	55	良	34	54	9	0.9	44	52
2019/1/8	35	优	10	29	4	0.5	28	62
2019/1/9	74	良	41	66	12	0.9	59	26
2019/1/10	100	良	75	113	14	1.5	79	17
2019/1/11	135	轻度污染	103	130	15	1.7	80	21
2019/1/12	267	重度污染	217	212	14	2.7	101	14
2019/1/13	169	中度污染	128	183	6	1.7	64	58
2019/1/14	137	轻度污染	104	143	8	1.7	72	46
2019/1/15	54	良	9	57	4	0.3	18	61
2019/1/16	73	良	38	74	10	0.9	58	37
2019/1/17	78	良	45	77	13	1.2	62	34
2019/1/18	94	良	64	105	15	1.4	75	18
2019/1/19	33	优	11	33	5	0.5	24	59
2019/1/20	33	优	9	29	3	0.3	19	66
2019/1/21	57	良	24	63	6	0.6	44	62
2019/1/22	64	良	28	70	7	0.9	51	54
2019/1/23	60	良	23	53	6	0.7	48	56
2019/1/24	79	良	58	75	12	1.2	53	41
2019/1/25	32	优	10	32	4	0.5	21	61
2019/1/26	44	优	25	40	5	0.6	35	50
2019/1/27	76	良	49	102	9	1	45	67
2019/1/28	56	良	35	61	6	0.6	33	59
2019/1/29	139	轻度污染	106	140	17	1.5	76	24
2019/1/30	63	良	28	75	5	0.6	22	61
2019/1/31	30	优	13	27	5	0.5	20	59
2019/2/1	68	良	42	85	7	0.9	49	54
2019/2/2	142	轻度污染	108	137	8	1.4	55	29

资料来源：中国空气质量在线监测分析平台. https://www.aqistudy.cn.

机器学习以数据集中的变量为基本单位, 发现变量取值之间的数量关系. 因不同机器学习算法适用于不同类型的变量, 明确变量类型是极为重要的.

1.2.2 机器学习的任务

以下将基于空气质量监测数据集, 从实际问题分析出发, 讨论机器学习的任务. 这里, 假设希望回答以下两个问题:

- 问题一, SO2、CO、NO2、O3 中哪些是影响 PM2.5 浓度的重要因素?
- 问题二, PM2.5、PM10、SO2、CO、NO2、O3 浓度对空气质量等级大小的贡献不尽相同. 那么, 哪些污染物的减少将有效降低空气质量等级?

机器学习通过向数据集学习, 完成两大主要任务: 第一, 数据预测; 第二, 数据聚类, 解答上述问题.

一、数据预测

基于空气质量监测数据集的两个问题是典型的数据预测问题.

首先, PM2.5 的主要来源是细颗粒物的直接排放, 或由某些气体污染物在空气中转变而来. 直接排放主要来自诸如石化燃料 (煤、汽油、柴油) 的燃烧、生物质 (秸秆、木柴) 的燃烧、垃圾焚烧等. 在空气中转化成 PM2.5 的气体污染物主要有二氧化硫、氮氧化物、氨气、挥发性有机物等. 基于各种污染物监测数据, 如果能从量化角度准确发现 PM2.5 的主要来源和影响因素, 度量各种污染物对 PM2.5 的数量影响, 不仅有助于制定各种有针对性的控制策略, 还可基于其他污染物浓度数据, 对 PM2.5 浓度值进行预测. 该问题就是一种数据预测问题.

其次, 空气质量好坏的测度, 即 AQI 编制或空气质量等级评定也是一个复杂问题. 空气污染是一个复杂的现象, 在特定时间和地点, 空气污染物浓度会受许多因素的影响. 例如, 车辆、船舶、飞机的尾气, 工业企业生产排放, 居民生活和取暖, 垃圾焚烧等. 此外, 城市发展密度、地形地貌和气象等也是影响空气质量的重要因素. 目前, 参与空气质量等级评定的主要污染物包括 PM2.5、PM10、SO2、CO、NO2、O3. 基于各种污染物监测数据和空气质量等级数据, 如果能从量化角度准确找到导致空气质量等级变化的污染物, 不仅能通过对其控制有效降低空气质量等级, 还可基于污染物浓度对空气质量等级进行预测. 该问题也是一种数据预测问题.

数据预测, 简而言之就是基于已有数据集, 归纳出输入变量和输出变量之间的数量关系. 在数量关系具有普适性和未来不变的假设下, 将其用于对新数据输出变量取值的预测. 进一步, 数据预测可细分为回归和分类. 对数值型输出变量的预测问题统称为回归问题. 对分类型输出变量的预测统称为分类问题, 本质是给出输出变量的分类标签. 如果输出变量仅有两个类别, 称其为**二分类预测**. 如果输出变量有两个以上的类别, 则称其为**多分类预测**.

参照 1.1.1 节机器学习编程范式, 这里的输入变量对应其中的 “数据”, 输出变量对应 “答案”. 数据集中输入变量和输出变量的取值均是已知的, 可为数值型、顺序型或类别型. 问题一中的 SO2、CO、NO2、O3 是数值型输入变量, PM2.5 是数值型输出变量, 属于回归问题; 问题二中的各种污染物浓度为数值型输入变量, 空气质量等级为分类型输出变量, 属于多分类预测问题.

参照 1.1.1 节机器学习编程范式, 发现 “规则” 就是寻找输入变量和输出变量取值规律和应用规律的过程. 这些规律不是显性的, 是隐藏于数据集中的, 需要基于对数据集的归纳学习才能发现. 回归和分类正是具有一定关联性的归纳学习策略.

现实应用中数据预测问题还有很多. 例如, 收集顾客特征和顾客近 24 个月消费记录的数据集, 其中包含顾客性别、年龄、职业、年收入等特征以及购买商品的品类、频次、金额等消费行为. 营销角度可能关心如下问题: 具有某种特征 (如已知年龄) 和消费行为 (购买或不购买) 的顾客, 其平均年收入多少? 具有某种特征 (如已知年龄和年收入) 的新顾客是否会购买某种商品? 从机器学习角度看, 第一个问题是对顾客平均年收入做预测, 属于回归问题. 第二个问题是对顾客消费行为买或不买的预测, 属于分类问题.

二、数据聚类

数据集中蕴含着非常多的信息, 其中较为典型的是, 数据集可能由若干小的数据子集组成. 例如, 对于前述顾客特征和消费记录的数据集, 依据经验, 通常具有相同特征的顾客群

(如相同性别、年龄、收入等) 的消费偏好较为相似, 不同特征的顾客群 (如男性和女性, 教师和 IT 人员等) 的消费偏好可能差异明显, 存在属性和消费偏好等总体特征差异较大的若干顾客群. 发现不同顾客群是实施精细化营销的前提.

各个顾客群将对应到数据集的各个数据子集上. 机器学习称这些数据子集为子类、小类或簇等. **数据聚类的目的是发现数据中可能存在的小类, 并通过小类刻画和揭示数据的内在组织结构**. 数据聚类的最终结果是: 给每个样本观测指派一个表明其属于哪个小类的标签, 称为聚类解, 且聚类解将保存在一个新生成的分类型变量中.

数据聚类和数据预测中的分类问题有联系更有区别. 联系在于: 数据聚类的结果是每个样本观测有一个小类标签, 分类问题是给输出变量一个分类值, 本质上也是给每个样本观测一个标签. 区别在于: 分类问题中变量有输入变量和输出变量之分, 且分类标签 (保存在输出变量中, 如空气质量等级, 顾客买或不买) 的真实值是已知的. 但数据聚类中变量没有输入变量和输出变量之分, 所有变量均视为聚类变量参与数据分析, 且小类标签 (保存在聚类解变量中) 的真实值是未知的. 正是如此, 数据聚类有不同于数据分类的算法策略.

当然, 除数据预测和数据聚类之外, 作为人工智能的重要组成部分, 机器学习目前正朝着智能数据分析的方向发展. 大数据时代数据产生速度持续加快, 数据体量以前所未有的速度增长, 各种非结构化的新数据种类 (文本数、图像数据、音频数据等) 不断涌现. 机器学习也在文本分类、文本摘要提取、文本情感分析, 以及图像识别、图像分类等智能化应用中发挥着重要作用.

1.3 Python 实践课: 初识 Python

Python 内容丰富, 对初学者来说需要经历一个循序渐进的学习过程. 从加深理论理解和探索应用实践出发, 有针对性地学习 Python 无疑是见效最快的, 这也是本书设置 Python 实践课的主要出发点. 若读者已对 Python 有初步了解, 可略过本节. 没有 Python 编程经验的读者, 请耐心阅读本节, 这是后续编程的基础, 也是对 Python 机器学习编程必备知识的浓缩.

Python 是一款面向对象①的解释型计算机编程语言. 开源、代码可读性强, 可实现高效开发等是 Python 的重要特征. 自 1991 年吉多 · 范罗苏姆 (Guido van Rossum) 开发的 Python 第一版问世以来, Python2、Python3 系列版本不断推陈出新. 2018 年 Python 位居各类编程语言排行榜榜首. **Python 拥有庞大而活跃的第三方程序包, 尤其是 NumPy、Pandas、SciPy、Matplotlib、Scikit-learn 等框架在数据组织、科学计算、可视化、机器学习等方面有着极为成熟、丰富和卓越的表现**. 依托和引用这些程序包, 用户能够方便快速地完成

① 简单讲, 面向对象的程序设计 (object oriented programming, OOP) 是相对面向过程的程序设计而言的. 为提高代码开发效率, 提高代码的重用性, 加强程序调试的便利性和整个程序系统的稳定性, OOP 不再像面向过程的程序设计那样, 将各处理过程以主程序或函数的形式 “平铺” 在一起. 而是采用 **“封装” 的思想, 将具有一定独立性和通用性的处理过程和变量 (数据) 封装在 “对象” 中. 其中: 变量称为对象的 “属性”, 变量值对应属性值 (有具体变量值的对象称为 “对象实例”); 处理过程称为对象的 “方法”. 进一步, 多个具有内在联系的对象可进一步封装在 “类” 中**.

绝大多数机器学习任务, 也使得 Python 当之无愧地成为机器学习应用实践的首选工具.

Python 的官方免费下载地址为: https://www.python.org/. 目前 Windows 环境的最新版本为 Python3.8.0. 可选择 "windows x86-64 executable installer" 项, 下载安装程序 "Python-3.8.0-amd64.exe" 完成 Python 基本环境的搭建.

第三方程序包的管理是 Python 应用中重要而烦琐的任务. 拥有一个方便程序包管理, 并同时集程序编辑器、编译器、调试器以及图形化用户界面等工具为一体的集成开发环境 (integrated development environment, IDE) 是极为必要的. Anaconda 就是其中被广泛使用的一款 IDE.

接下来将基于 Anaconda, 围绕以下目标设计 Python 实践课.

第一, 了解 Anaconda 的各组件以及与 Python 的关系. 目的是在了解 Python 传统环境的基础上, 掌握基于 Anaconda 中的 jupyter notebook, 完成 Python 机器学习实践.

第二, 掌握 Python 第三方包的基本使用方法. 学会和掌握 Python 第三方包的使用, 就像给机器学习的应用实践之旅插上了翅膀.

第三, 了解并掌握 Numpy、Pandas 和 Matplotlib 的基本使用. 读者将通过阅读和运行本书提供的示例代码, 体会 Python 的基本编程方式、了解各种包的相关功能.

1.3.1　实践一: Python 和 Anaconda

在众多 IDE 中, Anaconda 是一款兼容 Linux、Windows 和 Mac OS X 环境, 支持 Python 2 系列和 Python 3 系列, 且可方便快捷地完成机器学习和数据科学任务的开源 IDE. 通常将 Anaconda 视为 Python 的发行版 Anaconda®.

Anaconda 通过内置的 conda(包管理工具, 是一个可执行命令) 实现包和环境的管理. 最为难得的是它内嵌了 1 500 多个第三方机器学习和数据科学程序包, 可支持绝大部分的机器学习任务, 同时还可通过 TensorFlow 和 Theano 实现深度学习. 目前作为业界公认的工业化标准, **Anaconda 在全球拥有超过 1 500 万用户, 成为 Python 机器学习的标准 IDE 工具和最受欢迎的 Python 数据科学研究平台**.

Anaconda 的官方下载地址为: https://www.anaconda.com/. 这里选择下载支持 Python3.7 的 Anaconda 2019.10 for Windows 版本, 如图 1–2 所示. 下载文件名为 Anaconda3-2019.10-Windows-x86_64.exe. 此外, https://docs.anaconda.com/anaconda/user-guide/getting-started/还提供了 Anaconda 的整套使用说明文档.

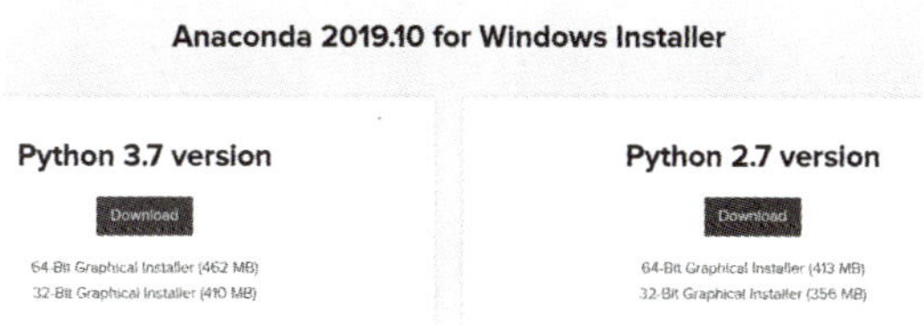

图 1–2　Anaconda 下载窗口

按默认选项成功安装 Anaconda 之后, 点击 Windows"开始" 菜单可看到如图 1–3 所示窗口.

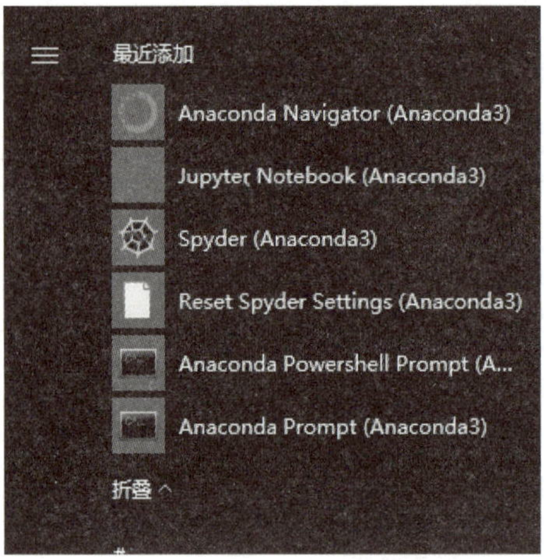

图 1–3 Anaconda 成功安装

可见, Anaconda 主要包含 Anaconda Prompt、Anaconda Navigator、Spyder 和 Jupyter Notebook 等组成部分.

一、Anaconda Prompt 和 Python

鼠标双击图 1–3 中的 Anaconda Prompt, 会出现 Windows 命令行窗口. 在命令行提示符 > 后输入 python 即可启动 Python. >>> **是 Python 成功启动的标志, 也称为 Python 提示符**. 所有 Python 语句需在 >>> 后输入. 例如输入: print(“Hello Anaconda!”), 结果如图 1–4 所示.

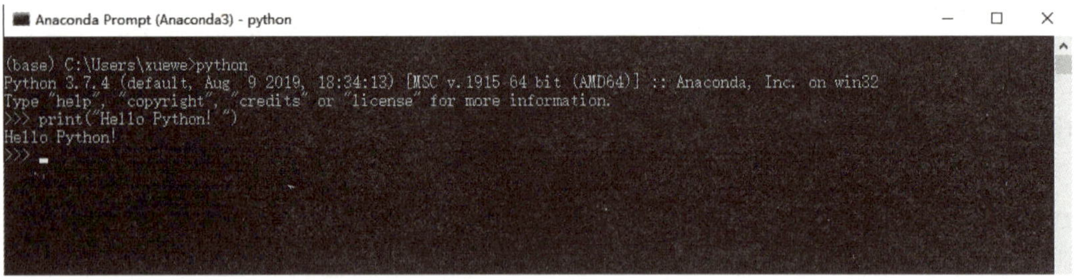

图 1–4 Python 环境示意

按 CTRL+Z 键或在 >>> 后输入 exit() 可退出 Python.

此外, 在图 1–4 所示的命令行提示符 > 后面, 简单输入若干命令, 就可完成对 Python 第三方包和环境的管理. 例如:

- >conda list, 可查看 Anaconda 自带的所有内容, 如图 1–5 所示.
- >conda –version, 可查看 conda 的版本.

除此之外, 还可以安装、查看、更新、删除指定包. 创建和激活指定名称的其他版本的 Python 环境等. 例如:

- >conda create –name MyPython python=3.4, 创建一个名为 MyPython 的环境, 指定

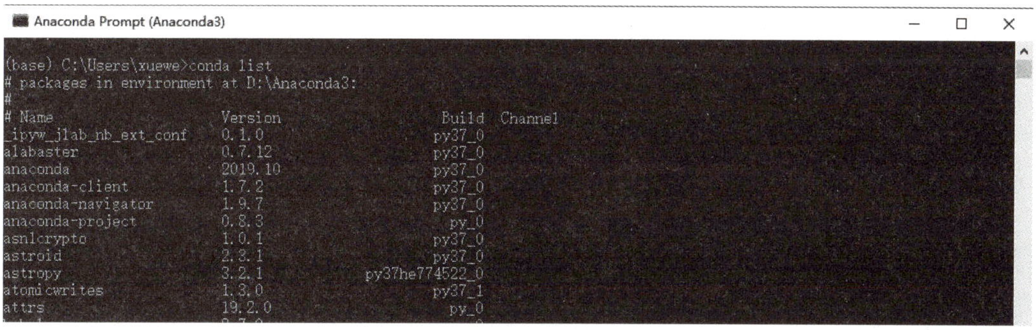

图 1–5　查看 Anaconda 自带内容

Python 版本为 3.4(conda 会自动寻找 3.4 中的最新版本).

- >activate MyPython, 激活某个指定环境.
- >conda info -e, 查看已安装的环境以及当前被激活的环境 (显示在圆括号内).

图 1–3 中的 Anaconda Navigator 其实是 Anaconda Prompt 的图形化用户界面. 用户可通过图形化的显示和鼠标操作, 启动应用程序并轻松管理包和环境等. Anaconda Navigator 可在 Anaconda Cloud 或本地的 Anaconda 中搜索包.

二、Spyder 和 Python

Spyder 是 Anaconda 内置的 Python 程序集成开发环境, 如图 1–6 所示.

图 1–6　Spyder 界面示意图

Spyder 的界面由多个窗口构成, 用户可以根据自己的喜好调整它们的位置和大小. 例如, 图 1–6 中左侧为编写程序 (**Python 程序的扩展名为.py**) 的区域, 提供了语法着色、语法检查、tab 键自动补全 (例如, 输入某对象名字和英文圆点. 并按 tab 键, 会自动列出该对象的所有方法和属性供选择以补全后续代码; 输入前若干字符并按 tab 键, 会自动列出与所输入字符相匹配的对象和函数等)、运行调试、智能感知 (按 Ctrl 键后呈现超链接, 鼠标选择后给出全部相关内容) 等便利功能. 右上侧为显示数据对象和帮助文档的区域.

右下侧为 IPython 控制台. 其中, IPython console 选项卡中不仅可显示左侧程序的运行结果, 也可是 IPython 的命令行窗口, 可直接在其中输入代码并回车得到执行结果. IPython 是一个 Python 的交互式环境, 在 Python 的基础上内置了许多很有用的功能和函数. 例如, 能对命令提示符的每一行进行编号; 具有 tab 键代码补全功能; 提供对象内省 (在对象前或后加上问号 "?", 可显示有关该对象的相关信息; 在函数后加上双问号 "??", 可显示函数的源代码); 提供各种宏命令 (宏命令以 % 开头, 如 %timeit 显示运行指定函数的时间, %hist 显示已输入的历史代码等, IPython 中所有文档都可通过 %run 命令当作 Python 程序运行). 此外, Histroy log 选项卡也会显示控制台中的历史代码.

三、Jupyter Notebook 和 Python

Jupyter Notebook 是一个基于网页的交互式笔记本, 是唐纳德 · 克努特 (Donald Knuth) 1984 年提出的文字表达化编程形式的具体体现, 如图 1–7 所示. Jupyter Notebook 的前身是 IPython Notebook, 主要特点是支持在程序代码中直接添加程序说明文档, 而不必另外单独撰写. Jupyter Notebook 本质上是一个 Web 应用程序, 可实现程序开发 (编程时具有语法高亮、缩进、tab 键代码补全功能) 和代码执行 (支持 Python 等多种编程语言, **是扩展名为.ipynb 的 JSON 格式文件**[①]), 运行结果和可视化图形展示 (直接显示在代码块下方), 文本和丰富格式文本 (包括 Latex 格式数学公式、Markdown[②] 语法格式文本、超链接等多种元素) 编辑和输出等, 有助于呈现和共享可再现的研究过程和成果.

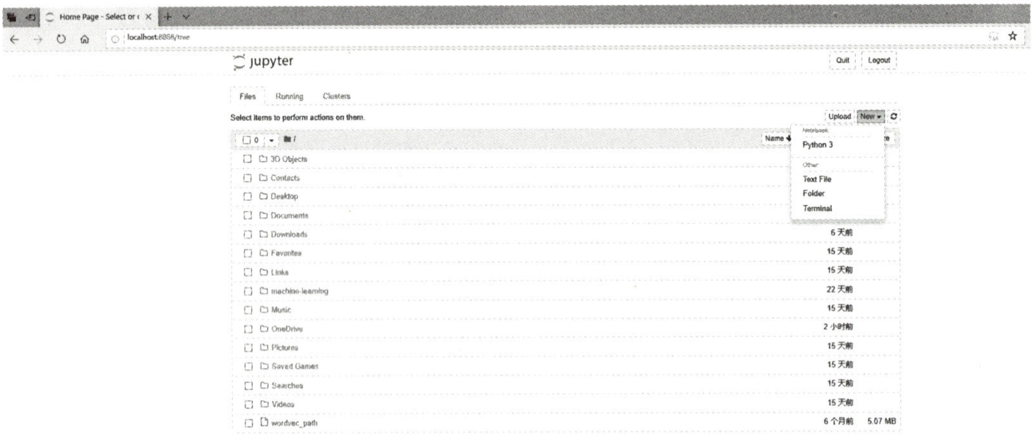

图 1–7 Jupyter Notebook 用户界面

图 1–7 显示的是默认目录 (C 盘 "用户" 下的目录) 下的文件夹和文件名列表.

---

① JSON 格式 (JavaScript Object Notation) 是一种独立于编程语言的文本格式. 简洁和清晰的层次结构使得 JSON 成为目前最为理想的通用数据交换格式.

② Markdown 是一种纯文本格式的标记语言. 通过简单的标记语法, 可以使普通文本内容具有一定的格式.

Jupyter Notebook 一般从默认端口启动并通过浏览器链入. 浏览器地址栏的默认地址为 http://localhost:8888. 其中, localhost 为域名指代本机 (IP 地址为 127.0.0.1), 8888 是端口号. 同时, 在弹出的黑色命令行窗口中会实时显示本地的服务请求和工作日志等信息, 使用 Jupyter Notebook 过程中不要关闭该窗口.

Jupyter Notebook 使用简单, 这里仅给出编写一个 Python 程序的操作示例. 首先, 鼠标单击图 1–7 右上的菜单项 New, 在下拉菜单中选择 Python 3, 新建默认文件名为 Untitle1.ipynb 的 Python 程序. 在图 1–8 所示窗口的第一行单元格 (默认类型为 “代码”) 中输入程序代码并运行该单元格. 在第二行单元格中输入代码说明文档 (该单元格的类型应指定为 “标记” 即 markdown).

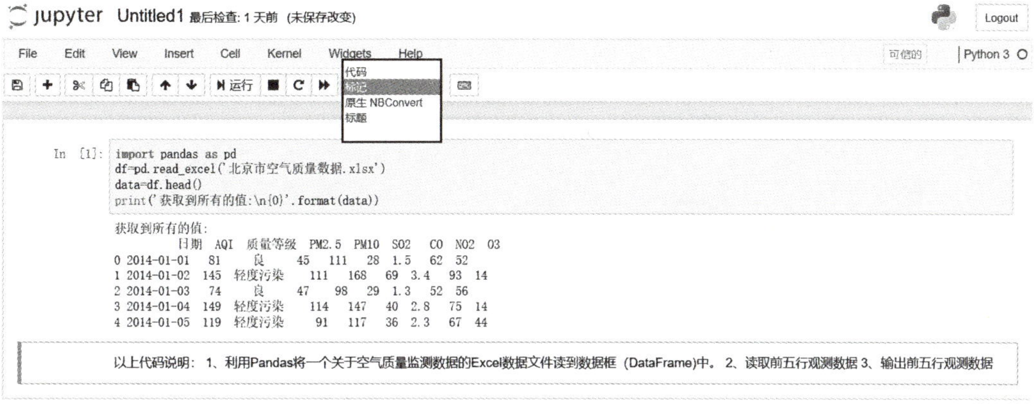

图 1–8 Jupyter Notebook 使用示例

为便于阅读, 后续本书将采用 Anaconda 的 Jupyter Notebook 编写执行 Python 程序.

1.3.2 实践二: Python 第三方包的引用

Python 在机器学习领域得到广泛使用的重要原因之一是, Python 拥有庞大而活跃的第三方程序包. 依托和引用这些程序包, 用户能够方便快速地完成绝大多数机器学习任务.

第三方包以模块 (Moduel, 文件扩展名为.py) 方式, 将可实现各种功能的程序代码 (变量、函数)“打包” 在一起. **引用第三方包的基本方式是: 借助 import 函数将模块导入.** 之后可在自己编写的 Python 程序直接调用已导入模块中的函数, 通过代码重用 (重复使用) 的方式快速实现某种特定功能. 一般语法格式为:

- import 模块名: 导入指定模块
- from 模块名 import 函数名: 导入指定模块中的指定函数
- from 模块名 import 函数名 1, 函数名 2, $\cdots$: 导入指定模块中的若干个指定函数
- from 模型名 import $*$: 导入指定模块中的所有函数

以上语句的最后可增加: as 别名. 例如: import numpy as np, 表示导入 NumPy 并指定别名为 np. 指定别名可以有效避免不同模块有相同函数名的问题.

以下将对 Python 机器学习中的常用包做必要介绍.

1.3.3 实践三: 学习 Python 的 NumPy 包

NumPy 是 Numerical Python 的英文缩写, 是最常用的 Python 包之一. 主要特点如下:

第一, NumPy 以 N 维 ($N=1$ 或 2 是比较常见的) 数组对象 (ndarray) 形式组织数据集, 其中要求数据集中各变量的类型相同. NumPy 的 1 维数组对应向量, 2 维数组对应矩阵. 数据访问简单灵活, 仅需通过指定位置编号 (**也称索引, 从 0 开始编号**) 访问相应行列位置上的元素.

第二, NumPy 拥有丰富的数学运算和统计函数, 能够方便地进行基本统计分析和各种矩阵运算等.

以下将通过示例代码 (文件名: chapter1-1.ipynb) 对 NumPy 做必要介绍.

一、NumPy 数组的创建和访问

```
1  import numpy as np
2  data=np.array([1,2,3,4,5,6,7,8,9])
3  print('Numpy的1维数组:\n{0}'.format(data))
4  print('数据类型:%s'%data.dtype)
5  print('1维数组中各元素扩大10倍:\n{0}'.format(data*10))
6  print('访问第2个元素: {0}'.format(data[1]))
7  data=np.array([[1,3,5,7,9],[2,4,6,8,10]])
8  print('Numpy的2维数组:\n{0}'.format(data))
9  print('访问2维数组中第1行第2列元素: {0}'.format(data[0,1]))
10 print('访问2维数组中第1行第2至4列元素: {0}'.format(data[0,1:4]))
11 print('访问2维数组中第1行上的所有元素: {0}'.format(data[0,:]))
```

```
Numpy的1维数组:
[1 2 3 4 5 6 7 8 9]
数据类型:int32
1维数组中各元素扩大10倍:
[10 20 30 40 50 60 70 80 90]
访问第2个元素: 2
Numpy的2维数组:
[[ 1  3  5  7  9]
 [ 2  4  6  8 10]]
访问2维数组中第1行第2列元素: 3
访问2维数组中第1行第2至4列元素: [3 5 7]
访问2维数组中第1行上的所有元素: [1 3 5 7 9]
```

以上方框内为程序代码, 方框下方为代码执行结果.

【代码说明】

(1) 第 1 行: 导入 NumPy 模块, 并指定别名为 np.

(2) 第 2 行: 创建一个 NumPy 的 1 维数组.

数组中的数据元素来自 Python 的列表 (list). Python 列表通过方括号 [] 和逗号将各数据元素组织在一起, 是 Python 组织数据的最常见方式. np.array 可将列表转换为 NumPy 的 N 维数组.

(3) 第 3、4 行: 显示数组内容和数组元素的数据类型.

.dtype 是 NumPy 数组的属性之一, 存储了数组元素的数据类型. int32 是 Python 的数据类型之一, 表示包含符号位的 32 位整型数. 还有 int64 (64 位整型数)、float32 (标准 32 位单精度浮点数)、float64 (标准 64 位双精度浮点数), 等等.

(4) 第 5 行: 将数组中的每个元素均扩大 10 倍.

NumPy 的数据计算非常方便, 只需通过+, −, ∗, / 等算术运算符就可完成对数组元素的统一计算, 或多个数组中相同位置上元素的计算.

(5) 第 6 行: 通过指定位置编号 (也称索引, 从 0 开始编号) 访问相应行位置上的元素. 索引需放置在数组名后的方括号内.

(6) 第 7 行: 创建一个 NumPy 的 2 维数组, 数组形状为 2 行 5 列. 数组元素同样来自 Python 的列表.

(7) 第 9~11 行: 通过索引访问相应行列位置上的元素. 对于 2 维数组, 需给出两个索引, 以逗号分隔并放置在方括号内.

第 1 个索引指定行, 第 2 个索引指定列. 可通过冒号 “:” 指定索引范围.

二、Python 列表的补充说明

列表是 Python 非常重要的数据组织形式, 这里再做以下补充说明.

```
1  data=[[1,2,3,4,5,6,7,8,9],['A','B','C','D','E','F','G','H','I']]
2  print('data是Python的列表(list):\n{0}'.format(data))
3  MyArray1=np.array(data)
4  print('MyArray1是Numpy的N维数组:\n%s\nMyarray1的形状:%s'%(MyArray1,MyArray1.shape))
```

```
data是Python的列表(list):
[[1, 2, 3, 4, 5, 6, 7, 8, 9], ['A', 'B', 'C', 'D', 'E', 'F', 'G', 'H', 'I']]
MyArray1是Numpy的N维数组:
[['1' '2' '3' '4' '5' '6' '7' '8' '9']
 ['A' 'B' 'C' 'D' 'E' 'F' 'G' 'H' 'I']]
Myarray1的形状:(2, 9)
```

【代码说明】

(1) 第 1 行: 创建名为 data 的 2 维 Python 列表.

可简单地将 2 维列表与一个 2 维表格相对应. 表中各元素的数据类型可以不同 (例如本例中的 1, 2, 3 等数值型和 ‘A’, ‘B’, ‘C’ 等字符型). 每行的列数可以不同.

(2) 第 3 行: 将列表转成 NumPy 数组.

通过 np.array 将列表转成数组时, 因数组要求数据类型一致, 所以这里自动将数值型转换为字符型.

(3) 第 4 行: 显示数组内容和数组形状.

.shape 是 NumPy 数组的属性之一, 存储数组的行数和列数.

三、NumPy 数组的计算

```
MyArray2=np.arange(10)
print('MyArray2:\n{0}'.format(MyArray2))
print('MyArray2的基本描述统计量:\n均值: %f, 标准差: %f, 总和: %f, 最大值: %f'%(MyArray2.mean(),MyArray2.std(),MyArray2.sum(),MyArray2.max
print('MyArray2的累计和: {0}'.format(MyArray2.cumsum()))
print('MyArray2开平方:{0}'.format(np.sqrt(MyArray2)))
np.random.seed(123)
MyArray3=np.random.randn(10)
print('MyArray3:\n{0}'.format(MyArray3))
print('MyArray3排序结果:\n{0}'.format(np.sort(MyArray3)))
print('MyArray3四舍五入到最近整数:\n{0}'.format(np.rint(MyArray3)))
print('MyArray3各元素的正负号:{0}'.format(np.sign(MyArray3)))
print('MyArray3各元素非负数的显示"正", 负数显示"负":\n{0}'.format(np.where(MyArray3>0,'正','负')))
print('MyArray2+MyArray3的结果:\n{0}'.format(MyArray2+MyArray3))
```

```
MyArray2:
[0 1 2 3 4 5 6 7 8 9]
MyArray2的基本描述统计量:
均值: 4.500000, 标准差: 2.872281, 总和: 45.000000, 最大值: 9.000000
MyArray2的累计和: [ 0  1  3  6 10 15 21 28 36 45]
MyArray2开平方:[0.         1.         1.41421356 1.73205081 2.         2.23606798
 2.44948974 2.64575131 2.82842712 3.        ]
MyArray3:
[-1.0856306   0.99734545  0.2829785  -1.50629471 -0.57860025  1.65143654
 -2.42667924 -0.42891263  1.26593626 -0.8667404 ]
MyArray3排序结果:
[-2.42667924 -1.50629471 -1.0856306  -0.8667404  -0.57860025 -0.42891263
  0.2829785   0.99734545  1.26593626  1.65143654]
MyArray3四舍五入到最近整数:
[-1.  1.  0. -2. -1.  2. -2. -0.  1. -1.]
MyArray3各元素的正负号:[-1.  1.  1. -1. -1.  1. -1. -1.  1. -1.]
MyArray3各元素非负数的显示"正", 负数显示"负":
['负' '正' '正' '负' '负' '正' '负' '负' '正' '负']
MyArray2+MyArray3的结果:
[-1.0856306   1.99734545  2.2829785   1.49370529  3.42139975  6.65143654
  3.57332076  6.57108737  9.26593626  8.1332596 ]
```

【代码说明】

(1) 第 1 行: 生成数组元素是 0~9 的 1 维数组, 共包含 10 个元素.

np.arange 是 NumPy 中最常用的函数之一, 用于生成在指定范围内取值的 1 维数组.

(2) 第 3 行: 对数组元素计算基本描述统计量.

例如: .mean()、.std()、.sum()、.max() 等均是数组的方法, 表示分别计算数组元素的均值、标准差、总和、最大值等.

(3) 第 4 行: 利用数组方法.cumsum() 计算数组元素的当前累计和.

(4) 第 5 行: 利用 NumPy 函数 sqrt() 对数组元素开平方.

除此之外, 还可以对数组元素计算对数、指数、三角函数等.

(5) 第 6 行: 利用 NumPy 函数 seed() 指定随机数种子.

指定种子的目的是确保每次运行代码时生成的随机数可以再现, 否则, 每次运行代码生成的随机数会不相同.

(6) 第 7 行: 利用 NumPy 函数 random.randn() 生成包含 10 个元素且服从标准正态分布的 1 维数组.

(7) 第 9 行: 利用 NumPy 函数 sort() 对数组元素排序, 排序结果并不覆盖原数组内容.

(8) 第 10 行: 利用 NumPy 函数 rint() 对数组元素做四舍五入.

(9) 第 11 行: 利用 NumPy 函数 sign() 求数组元素的正负符号. 1 表示正号, –1 表示负号.

(10) 第 12 行: 利用 NumPy 函数 where() 依次对数组元素进行逻辑判读.

where() 需指定判断条件 (如 > 0), 满足条件的返回第一个值 (如 '正'), 否则返回第二个值 (如 '负'). 若省略第 2 和第 3 个参数, 例如: where(Myarray3>0) 将给出满足条件的元素索引号.

(11) 第 13 行: 将两个数组相同位置上的元素相加.

四、随机数的补充说明和矩阵初步

```
np.random.seed(123)
X=np.floor(np.random.normal(5, 1, (2, 5)))
Y=np.eye(5)
print('X:\n{0}'.format(X))
print('Y:\n{0}'.format(Y))
print('X和Y的点积: \n{0}'.format(np.dot(X, Y)))
```

```
X:
[[3. 5. 5. 3. 4.]
 [6. 2. 4. 6. 4.]]
Y:
[[1. 0. 0. 0. 0.]
 [0. 1. 0. 0. 0.]
 [0. 0. 1. 0. 0.]
 [0. 0. 0. 1. 0.]
 [0. 0. 0. 0. 1.]]
X和Y的点积:
[[3. 5. 5. 3. 4.]
 [6. 2. 4. 6. 4.]]
```

【代码说明】

(1) 第 2 行: 做两件事情, 得到一个 2 维数组 X, 这本质上是个矩阵.

首先, 利用 NumPy 的 random.normal() 函数生成 2 行 5 列的 2 维数组, 数组元素服从均值为 5、标准差为 1 的正态分布. 其次, 利用 floor 函数得到距各数组元素最近的最大整数.

(2) 第 3 行: 利用 eye() 函数生成一个 (这里是 5 行 5 列) 单位阵 Y.

(3) 第 6 行: 利用 dot() 函数计算矩阵 X 和矩阵 Y(单位阵) 的矩阵乘积, 将得到 2 行 5 列的矩阵.

五、矩阵运算

```
1 from numpy.linalg import inv,svd,eig,det
2 X=np.random.randn(5,5)
3 print(X)
4 mat=X.T.dot(X)
5 print(mat)
6 print('矩阵mat的逆：\n{0}'.format(inv(mat)))
7 print('矩阵mat的行列式值：\n{0}'.format(det(mat)))
8 print('矩阵mat的特征值和特征向量：\n{0}'.format(eig(mat)))
9 print('对矩阵mat做奇异值分解：\n{0}'.format(svd(mat)))
```

因代码执行结果较多, 略去.

【代码说明】

(1) 第 1 行: 导入 NumPy 的 linalg 模块下有关矩阵运算的函数.

(2) 第 2 行: 生成 5 行 5 列的 2 维数组 X(可视为一个矩阵), 数组元素服从标准正态分布.

(3) 第 4 行: X.T 是 X 的转置, 与 X 相乘的结果保存在 mat(2 维数据也即矩阵).

(4) 第 6~9 行: NumPy 可方便计算矩阵的逆 (inv)、行列式值 (det)、特征值和对应的特征向量 (eig) 以及对矩阵进行奇异值分解 (svd) 等.

1.3.4 实践四: 学习 Python 的 Pandas 包

Pandas 是 Python data analysis 的英文简写.

Pandas 提供了快速便捷地组织和处理结构化数据的数据结构和大量功能丰富的函数, 使 Python 拥有强大高效的数据处理和分析环境. 目前, Pandas 广泛应用于统计、金融、经济学、数据分析等众多领域, 成为数据科学中重要的 Python 库. Pandas 的主要特点如下:

第一, Pandas 是基于 NumPy 构建的.

数据组织上, Pandas 在 NumPy 的 N 维数组的基础上, 增加了用户自定义索引, 构建了一套特色鲜明的数据组织方式. 其中, 序列 (Series) 对应 1 维数组, 数据类型可以是整型数、浮点数、字符串、布尔值等; 数据框 (DataFrame) 对应 2 维表格型数据结构, 可视为多个序列的集合 (因此也称数据框为序列的容器). 其中各元素的数据类型可以相同也可以不同.

第二, Pandas 数据框是存储机器学习数据集的常用形式.

Pandas 数据框的行对应数据集中的样本观测, 列对应变量, 依实际问题, 各变量的存储类型可以相同也可以不同. Pandas 对数据框的访问方式与 NumPy 类似, 但其具有复杂而精细的索引, 通过索引能够更方便地实现数据子集的选取和访问等. 此外, Pandas 提供了丰富的函数和方法, 能够便捷地完成数据的预处理、加工和基本分析.

以下将通过示例代码 (文件名: chapter1-2.ipynb) 对 Pandas 做必要介绍.

一、Pandas 的序列和索引

```
1 import numpy as np
2 import pandas as pd
3 from pandas import Series,DataFrame
4 data=Series([1,2,3,4,5,6,7,8,9],index=['ID1','ID2','ID3','ID4','ID5','ID6','ID7','ID8','ID9'])
5 print('序列中的值:\n{0}'.format(data.values))
6 print('序列中的索引:\n{0}'.format(data.index))
7 print('访问序列的第1和第3上的值:\n{0}'.format(data[[0,2]]))
8 print('访问序列索引为ID1和ID3上的值:\n{0}'.format(data[['ID1','ID3']]))
9 print('判断ID索引是否存在:%s；判断ID10索引是否存在:%s'%('ID1' in data,'ID10' in data))
```

```
序列中的值:
[1 2 3 4 5 6 7 8 9]
序列中的索引:
Index(['ID1', 'ID2', 'ID3', 'ID4', 'ID5', 'ID6', 'ID7', 'ID8', 'ID9'], dtype='object')
访问序列的第1和第3上的值:
ID1    1
ID3    3
dtype: int64
访问序列索引为ID1和ID3上的值:
ID1    1
ID3    3
dtype: int64
判断ID索引是否存在:True；判断ID10索引是否存在:False
```

【代码说明】

(1) 第 2、3 行: 导入 Pandas 且指定别名为 pd, 导入 pandas 模块下的序列和数据框.

(2) 第 4 行: 利用 Pandas 的函数 Series() 生成一个包含 9 个元素 (取值为 1~9) 的序列, 且指定各元素的索引名依次为 ID1, ID2 等. 后续可通过索引访问相应元素.

(3) 第 5 行: 序列的 .values 属性中存储着各元素的元素值.

(4) 第 6 行: 序列的 .index 属性中存储着各元素的索引.

(5) 第 7 行: 利用索引号 (从 0 开始) 访问指定元素. 应以列表形式 (如 [0,2]) 指定多个索引号.

(6) 第 8 行: 利用索引名访问指定元素. 索引名应用单引号括起来, 应以列表形式 (如 ['ID1','ID3']) 指定多个索引名.

(7) 第 9 行: 利用 Python 运算符 in, 判断是否存在某个索引名. 若存在判断结果为 True (真), 否则为 False (假). True 和 False 是 Python 的布尔型变量的仅有的取值.

二、Pandas 的数据框和应用

```
1  import pandas as pd
2  from pandas import Series,DataFrame
3  data=pd.read_excel('北京市空气质量数据.xlsx')
4  print('date的类型: {0}'.format(type(data)))
5  print('数据框的行索引: {0}'.format(data.index))
6  print('数据框的列名: {0}'.format(data.columns))
7  print('访问AQI和PM2.5所有值: \n{0}'.format(data[['AQI','PM2.5']]))
8  print('访问第2至3行的AQI和PM2.5: \n{0}'.format(data.loc[1:2,['AQI','PM2.5']]))
9  print('访问索引1至索引2的第2和4列: \n{0}'.format(data.iloc[1:3,[1,3]]))
10 data.info()
```

```
date的类型: <class 'pandas.core.frame.DataFrame'>
数据框的行索引: RangeIndex(start=0, stop=2155, step=1)
数据框的列名: Index(['日期', 'AQI', '质量等级', 'PM2.5', 'PM10', 'SO2', 'CO', 'NO2', 'O3'], dtype='object')
访问AQI和PM2.5所有值:
     AQI  PM2.5
0     81     45
1    145    111
2     74     47
3    149    114
4    119     91
```

因代码执行结果较多, 仅给出部分结果.

【代码说明】

(1) 第 3 行: 利用 Pandas 函数 read_excel() 将一个 Excel 文件 (北京市空气质量数据.xlsx) 读入到数据框中.

(2) 第 4 行: 利用 Python 函数 type() 浏览对象 data 的类型, 结果显示为数据框.

(3) 第 5、6 行: 数据框的 .index 和 .columns 属性中存储着数据框的行索引和列索引名. 这里, 行索引默认取值: 0 至样本量 $N-1$. 列索引名默认为数据文件中第一行的变量名.

(4) 第 7 行: 利用列索引名访问指定变量. 多个列索引名应以列表形式放在方括号中 (['AQI','PM2.5']).

(5) 第 8 行: 利用数据框的 .loc 属性访问指定行索引和变量名上的元素.

注意: 数据框对应二维表格, 应给两个索引.

(6) 第 9 行: 利用数据框的 .iloc 属性访问指定行索引和列索引号上的元素.

注意: 使用行索引时冒号后的行不包括在内.

(7) 第 10 行: 利用数据框的 info() 方法显示数据框的行索引、列索引以及数据类型等信息.

三、Pandas 的加工处理

```
import numpy as np
import pandas as pd
from pandas import Series,DataFrame
df1=DataFrame({'key':['a','d','c','a','b','d','c'],'var1':range(7)})
df2=DataFrame({'key':['a','b','c','c'],'var2':[0,1,2,2]})
df=pd.merge(df1,df2,on='key',how='outer')
df.iloc[0,2]=np.NaN
```

```
8  df.iloc[5,1]=np.NaN
9  print('合并后的数据:\n{0}'.format(df))
10 df=df.drop_duplicates()
11 print('删除重复数据行后的数据:\n{0}'.format(df))
12 print('判断是否为缺失值:\n{0}'.format(df.isnull()))
13 print('判断是否不为缺失值:\n{0}'.format(df.notnull()))
14 print('删除缺失值后的数据:\n{0}'.format(df.dropna()))
15 fill_value=df[['var1','var2']].apply(lambda x:x.mean())
16 print('以均值替换缺失值:\n{0}'.format(df.fillna(fill_value)))
```

```
合并后的数据:
  key  var1  var2
0   a   0.0   NaN
1   a   3.0   0.0
2   d   1.0   NaN
3   d   5.0   NaN
4   c   2.0   2.0
5   c   NaN   2.0
6   c   6.0   2.0
7   c   6.0   2.0
8   b   4.0   1.0

删除重复数据行后的数据:
  key  var1  var2
0   a   0.0   NaN
1   a   3.0   0.0
2   d   1.0   NaN
3   d   5.0   NaN
4   c   2.0   2.0
5   c   NaN   2.0
6   c   6.0   2.0
8   b   4.0   1.0

判断是否为缺失值:
     key   var1   var2
0  False  False   True
1  False  False  False
2  False  False   True
3  False  False   True
4  False  False  False
5  False   True  False
6  False  False  False
8  False  False  False

判断是否不为缺失值:
    key   var1   var2
0  True   True  False
1  True   True   True
2  True   True  False
3  True   True  False
4  True   True   True
5  True  False   True
6  True   True   True
8  True   True   True

删除缺失值后的数据:
  key  var1  var2
1   a   3.0   0.0
4   c   2.0   2.0
6   c   6.0   2.0
8   b   4.0   1.0

以均值替换缺失值:
  key  var1  var2
0   a   0.0   1.4
1   a   3.0   0.0
2   d   1.0   1.4
3   d   5.0   1.4
4   c   2.0   2.0
5   c   3.0   2.0
6   c   6.0   2.0
8   b   4.0   1.0
```

为节省篇幅和便于阅读, 这里将代码执行结果合并在一行内.

【代码说明】

(1) 第 4、5 行: 基于 Python 字典建立数据框.

数据框中的数据不仅可来自 Python 列表, 也可来自 Python 字典. 字典也是 Python 组织数据的重要方式之一, 优势在于引入键, 可通过键更加灵活地访问数据. 字典由 “键”(key) 和 “值”(value) 两部分组成, “键” 和 “值” 一一对应. 语法上以大括号{}形式表述.

例如, 第 4 行的大括号即为字典, 包括 key 和 var 两个键, 两组键值分别为: 'a', 'b', 'd' 和 0, 1, 2 (Python 函数 range() 也可生成指定范围内的数据, 多个键值以列表形式给出) 等. 从数据集的组织角度看, key 和 var 两个键对应两个变量, 即数据集的两个列. 两组键值对应数据集两列上的取值. 换言之, 本例的数据集有 7 行 (7 个样本观测) 2 列 (2 个变量). 由此建立的数据框 df1, 其行索引取值范围为 0~6, 一一对应每个样本观测. 列索引名为 key 和 var, 分别对应两个变量.

需要说明的是: 字典本身并不要求各组键值的个数相等 (例如这里都是 7 个), 但对应到数据集上, 不相等就意味着有些样本观测在某个变量上没有具体取值. 当指定数据框的数据来自字典时是不允许的.

(2) 第 6 行: 利用 Pandas 函数 merge() 将两个数据框依指定关键字做横向合并, 生成一个新数据框.

这里, 将数据框 df1 和 df2 按变量 key 的取值做横向 “全合并”. 合并后的数据框 df 中, 变量和样本观测均来自 df1 和 df2. 若某个样本观测在某个变量上没有取值, 默认为缺失值, 以 NaN 表示.

(3) 第 7、8 行: 人为指定某样本观测的某变量值为 NaN.

NaN 在 NumPy 中有特定含义, 表示缺失值. 统计上一般默认缺失值不参与分析.

(4) 第 10 行: 利用 Pandas 函数 drop_duplicates() 剔除数据框中在全部变量上均重复取值的样本观测.

(5) 第 12、13 行: 利用数据框的 .isnull() 和.notnull() 方法, 对数据框中的每个元素判断其是否为 NaN, 结果为 True 或 False.

(6) 第 14 行: 利用数据框 .dropna() 方法剔除取 NaN 的样本观测.

(7) 第 15 行: 利用 .apply() 方法以及匿名函数计算各个变量的均值, 并存储在名为 fill_value 的序列中.

apply 方法的本质是实现循环处理, 匿名函数告知了循环处理的步骤. 例如, df[['var1', 'var2']]. apply(lambda x:x.mean()) 的意思是: 循环或依次对数据框 df 中变量 var1 和 var2 (均为序列) 做匿名函数指定的处理. 匿名函数是一种最简单的用户自定义函数①, 其中 x 为函数所需的参数 (参数将依次取值为 var1 和 var2). 处理过程是对 x 计算平均值.

(8) 第 16 行: 利用数据框的 .fillna() 方法, 将所有 NaN 替换为指定值 (这里为 fill_value).

四、Pandas 数据的加工处理和应用 (一)

```
1  import numpy as np
2  import pandas as pd
3  from pandas import Series,DataFrame
4
5  data=pd.read_excel('北京市空气质量数据.xlsx')
6  data=data.replace(0,np.NaN)
7  data['年']=data['日期'].apply(lambda x:x.year)
8  month=data['日期'].apply(lambda x:x.month)
9  quarter_month={'1':'一季度','2':'一季度','3':'一季度',
10                 '4':'二季度','5':'二季度','6':'二季度',
11                 '7':'三季度','8':'三季度','9':'三季度',
12                '10':'四季度','11':'四季度','12':'四季度'}
13 data['季度']=month.map(lambda x:quarter_month[str(x)])
14 bins=[0,50,100,150,200,300,1000]
15 data['等级']=pd.cut(data['AQI'],bins,labels=['一级优','二级良','三级轻度污染','四级中度污染','五级重度污染','六级严重污染'])
16 print('对AQI的分组结果: \n{0}'.format(data[['日期','AQI','等级','季度']]))
```

```
对AQI的分组结果:
             日期     AQI       等级    季度
0     2014-01-01    81.0      二级良   一季度
1     2014-01-02   145.0  三级轻度污染   一季度
2     2014-01-03    74.0      二级良   一季度
3     2014-01-04   149.0  三级轻度污染   一季度
4     2014-01-05   119.0  三级轻度污染   一季度
...          ...     ...       ...   ...
2150  2019-11-22   183.0  四级中度污染   四季度
2151  2019-11-23   175.0  四级中度污染   四季度
2152  2019-11-24    30.0      一级优   四季度
2153  2019-11-25    40.0      一级优   四季度
2154  2019-11-26    73.0      二级良   四季度
```

这里以北京市空气质量监测数据为例, 从数据预处理的应用出发, 展示 Pandas 数据加工处理功能.

【代码说明】

(1) 第 6 行: 利用数据框函数 replace() 将数据框中的 0(表示无监测结果) 替换为缺失值 NaN.

(2) 第 7、8 行: 利用 .apply() 方法以及匿名函数, 基于 "日期" 变量得到每个样本观测的年份和月份.

数据中的 "日期" 为 Python 的 datetime 型, 专用于存储日期和时间格式变量. Python 有整套处理 datetime 型数据的函数、方法或属性. .year 和 .month 两个属性分别存储年份和月份.

(3) 第 9 行: 建立一个关于月份和季度的字典 quarter_month.

(4) 第 10 行: 利用 Python 函数 map(), 依据字典 quarter_month, 将序列 month 中的 1, 2, 3 等月份映射 (对应) 到相应的季度上.

① 用户自定义函数是相对系统函数而言的. Python 系统内置的函数均为系统函数. 用户为完成特定计算而自行编写的函数称为用户自定义函数.

map() 对一个给定的可迭代 (Iterable) 的对象 (如字符串、列表、序列等都可通过索引独立访问其中的元素, 为可迭代的对象; 数值 123 等为不可迭代的对象), 依据指定的函数, 对其中的各个元素进行处理.

例如, 这里对可迭代序列 month 中的每个元素进行处理. 处理方法由匿名函数指定, 即输出字典 quarter_month 中给定键对应的值.

```
from collections import Iterable
isinstance(month, Iterable)    #判断month是否为可迭代的对象

True
```

以上通过导入 collection 模块中的 Iterable 函数, 以及 Python 函数 ininstance() 判断 month 是否为可迭代的. 结果为 True, 为可迭代的.

(5) 第 14 行: 生成一个后续用于对 AQI 分组的列表 bins, 它描述了 AQI 和空气质量等级的数值对应关系.

(6) 第 15 行: 利用 Pandas 的 cut() 方法对 AQI 进行分组.

cut() 方法用于对连续数据分组, 也称对连续数据进行离散化处理. 这里, 利用 cut(), 依分组标准 bins, 对变量 AQI 进行分组并给出分组标签. AQI 在(0,50] 的为一组, 组标签为 “一级优”; (50,100] 的为一组, 组标签为 “二级良”; 等等. 生成的 “等级” 变量 (与数据集中原有的 “质量等级” 一致) 为分类型 (有顺序的) 变量.

五、Pandas 数据的加工处理和应用 (二)

```
1 print('各季度AQI和PM2.5的均值:\n{0}'.format(data.loc[:,['AQI','PM2.5']].groupby(data['季度']).mean()))
2 print('各季度AQI和PM2.5的描述统计量:\n',data.groupby(data['季度'])['AQI','PM2.5'].apply(lambda x:x.describe()))
3
4 def top(df,n=10,column='AQI'):
5     return df.sort_values(by=column,ascending=False)[:n]
6 print('空气质量最差的5天:\n',top(data,n=5)[['日期','AQI','PM2.5','等级']])
7 print('各季度空气质量最差的3天:\n',data.groupby(data['季度']).apply(lambda x:top(x,n=3)[['日期','AQI','PM2.5','等级']]))
8 print('各季度空气质量情况:\n',pd.crosstab(data['等级'],data['季度'],margins=True,margins_name='总计',normalize=False))
```

```
各季度AQI和PM2.5的均值:
            AQI      PM2.5
季度
一季度  109.327778  77.225926
三季度   98.911071  49.528131
二季度  109.369004  55.149723
四季度  109.612403  77.195736
```

```
各季度AQI和PM2.5的描述统计量:
                    AQI       PM2.5
季度
一季度 count  540.000000  540.000000
      mean   109.327778   77.225926
      std     80.405408   73.133857
      min     26.000000    4.000000
      25%     48.000000   24.000000
      50%     80.000000   53.000000
      75%    145.000000  109.250000
      max    470.000000  454.000000
三季度 count  551.000000  551.000000
      mean    98.911071   49.528131
      std     45.484516   35.394897
      min     28.000000    3.000000
      25%     60.000000   23.000000
      50%     95.000000   41.000000
      75%    130.500000   67.000000
      max    252.000000  202.000000
二季度 count  542.000000  541.000000
      mean   109.369004   55.149723
      std     49.608042   35.918345
```

```
空气质量最差的5天:
              日期    AQI  PM2.5      等级
1218 2017-05-04  500.0    NaN  六级严重污染
723  2015-12-25  485.0  477.0  六级严重污染
699  2015-12-01  476.0  464.0  六级严重污染
1095 2017-01-01  470.0  454.0  六级严重污染
698  2015-11-30  450.0  343.0  六级严重污染
各季度空气质量最差的3天:
                  日期    AQI  PM2.5      等级
季度
一季度 1095 2017-01-01  470.0  454.0  六级严重污染
      45   2014-02-15  428.0  393.0  六级严重污染
      55   2014-02-25  403.0  354.0  六级严重污染
三季度 186  2014-07-06  252.0  202.0  五级重度污染
      211  2014-07-31  245.0  195.0  五级重度污染
      183  2014-07-03  240.0  190.0  五级重度污染
二季度 1218 2017-05-04  500.0    NaN  六级严重污染
      1219 2017-05-05  342.0  181.0  六级严重污染
      103  2014-04-14  279.0  229.0  五级重度污染
四季度 723  2015-12-25  485.0  477.0  六级严重污染
      699  2015-12-01  476.0  464.0  六级严重污染
      698  2015-11-30  450.0  343.0  六级严重污染
```

```
各季度空气质量情况:
 季度        一季度  三季度  二季度  四季度    总计
等级
一级优       145   96   38  108   387
二级良       170  209  240  230   849
三级轻度污染    99  164  152   64   479
四级中度污染    57   72   96   33   258
五级重度污染    48   10   14   58   130
六级严重污染    21    0    2   23    46
总计       540  551  542  516  2149
```

为节省篇幅和便于阅读, 这里将代码执行结果合并在一行内, 并做了删减.

【代码说明】

(1) 第 1 行: 利用数据框的 groupby() 方法, 计算各季度 AQI 和 PM2.5 的平均值.

groupby() 方法是将数据按指定变量分组, 对分组结果可以进一步计算均值等.

(2) 第 2 行: 计算几个季度 AQI 和 PM2.5 的基本描述统计量 (均值、标准差、最小值、四分位数、最大值).

这里, 将 groupby、apply 以及匿名函数集中在一起使用. 首先将数据按季度分组; 然后, 依次对分组后的 AQI 和 PM2.5 根据匿名函数指定的处理步骤处理 (计算基本描述统计量).

(3) 第 4、5 行: 定义了一个名为 top 的用户自定义函数: 对给定数据框, 按指定列 (默认 AQI 列) 值的降序排序, 返回排在前 n(默认 10) 条的数据.

(4) 第 6 行: 调用用户自定义函数 top, 对 data 数据框, 按 AQI 值的降序排序并返回前 5 条数据, 即 AQI 最高的 5 天数据.

(5) 第 7 行: 首先对数据按季度分组, 依次对分组数据调用用户自定义函数 top, 得到各季度 AQI 最高的 3 天数据.

(6) 第 8 行: 利用 Pandas 函数 crosstab() 对数据按季度和空气质量等级交叉分组, 并给出各个组的样本量.

如 2014 年至 2019 年 11 月间的 2 149 天中, 空气质量为严重污染的天数为 46 天, 集中分布在第一和第四季度的冬天供暖季, 分别是 21 天和 23 天.

crosstab() 可方便地编制两个分类变量的列联表. 列联表单元格可以是频数, 也可以是百分比. 可指定是否添加行列合计等.

六、Pandas 数据的加工处理和应用 (三)

```
1 pd.get_dummies(data['等级'])
2 data.join(pd.get_dummies(data['等级']))
```

	日期	AQI	质量等级	PM2.5	PM10	SO2	CO	NO2	O3	年	季度	等级	一级优	二级良	三级轻度污染	四级中度污染	五级重度污染	六级严重污染
0	2014-01-01	81.0	良	45.0	111.0	28.0	1.5	62.0	52.0	2014	一季度	二级良	0	1	0	0	0	0
1	2014-01-02	145.0	轻度污染	111.0	168.0	69.0	3.4	93.0	14.0	2014	一季度	三级轻度污染	0	0	1	0	0	0
2	2014-01-03	74.0	良	47.0	98.0	29.0	1.3	52.0	56.0	2014	一季度	二级良	0	1	0	0	0	0
3	2014-01-04	149.0	轻度污染	114.0	147.0	40.0	2.8	75.0	14.0	2014	一季度	三级轻度污染	0	0	1	0	0	0
4	2014-01-05	119.0	轻度污染	91.0	117.0	36.0	2.3	67.0	44.0	2014	一季度	三级轻度污染	0	0	1	0	0	0

【代码说明】

(1) 第 1 行: 利用 Pandas 的 get_dummies 得到分类型变量 "等级" 的哑变量.

哑变量是统计学处理分类型数据的一种常用方式. 对具有 K 个类别的分类型变量 X, 可生成 K 个变量如 $X_1, X_2, \cdots, X_K$, 且每个变量仅有 0 和 1 两个取值. 这些变量称为分类型变量 X 的哑变量. 其中, 1 表示是某个类别, 0 表示不是某个类别.

例如: 数据中的 "等级" 为有 6 个类别的分类型变量. 相应的 6 个哑变量依次表示: 是否为一级优, 是否为二级良, 等等. 如 2014 年 1 月 1 日等级为二级良, 是否为二级良的哑变量值等于 1, 其他哑变量值等于 0.

(2) 第 2 行: 利用数据框的 join() 方法, 将原始数据和哑变量数据按行索引进行横向合并.

使用 join() 进行数据的横向合并时, 应确保两份数据的样本观测在行索引上是一一对应的, 否则会出现张冠李戴的错误.

七、Pandas 数据的选取

```
1 np.random.seed(123)
2 sampler=np.random.randint(0,len(data),10)
3 print(sampler)
4 sampler=np.random.permutation(len(data))[:10]
5 print(sampler)
6
7 data.take(sampler)
8 data.loc[data['质量等级']=='优',:]
```

```
[1346 1122 1766 2154 1147 1593 1761   96   47   73]
[1883  326   43 1627 1750 1440  993 1469 1892  865]
```

	日期	AQI	质量等级	PM2.5	PM10	SO2	CO	NO2	O3	年	季度	等级
7	2014-01-08	27.0	优	15.0	25.0	13.0	0.5	21.0	53.0	2014	一季度	一级优
8	2014-01-09	46.0	优	27.0	46.0	19.0	0.8	35.0	53.0	2014	一季度	一级优
11	2014-01-12	47.0	优	27.0	47.0	27.0	0.7	39.0	59.0	2014	一季度	一级优
19	2014-01-20	35.0	优	8.0	35.0	6.0	0.3	15.0	65.0	2014	一季度	一级优
20	2014-01-21	26.0	优	18.0	25.0	27.0	0.7	34.0	50.0	2014	一季度	一级优
...	...	...	...	...	...	...	...	...	...	...	...	...
2122	2019-10-25	30.0	优	8.0	20.0	2.0	0.4	24.0	55.0	2019	四季度	一级优
2131	2019-11-03	48.0	优	33.0	48.0	3.0	0.6	34.0	33.0	2019	四季度	一级优
2135	2019-11-07	47.0	优	24.0	47.0	3.0	0.5	37.0	44.0	2019	四季度	一级优
2152	2019-11-24	30.0	优	7.0	30.0	3.0	0.2	11.0	58.0	2019	四季度	一级优
2153	2019-11-25	40.0	优	13.0	30.0	3.0	0.4	32.0	29.0	2019	四季度	一级优

387 rows × 12 columns

【代码说明】

(1) 第 2 行: 利用 Pandas 函数 random.randint() 在指定范围内随机抽取指定个数 (这里是 10) 的随机数.

(2) 第 4 行: 利用 Pandas 函数 random.permutation 是对数据随机打乱重排, 之后再抽取前 10 个样本观测.

(3) 第 7 行: 利用数据框的 take() 方法, 基于指定随机数获得数据集的一个子集.

(4) 第 8 行: 利用数据框访问的方式, 抽取满足指定条件 (质量等级等于优) 行的数据.

1.3.5 实践五: 学习 Python 的 Matplotlib 包

Matplotlib 是 Python 中最常用的绘图模块. 主要特点如下:

第一, Matplotlib 的 Pyplot 子模块与 MATLAB 非常相似, 可以方便地绘制各种常见统计图形, 是用户进行探索式数据分析的重要图形工具.

第二, 可通过各种函数设置图形中的图标题、线条样式、字符形状、颜色、轴属性以及字体属性等.

以下将通过示例代码 (文件名: chapter1-3.ipynb) 对 Matplotlib 做必要介绍.

一、Python 绘图 (一)

```
1  import numpy as np
2  import pandas as pd
3  import matplotlib.pyplot as plt
4  
5  %matplotlib inline
6  plt.rcParams['font.sans-serif']=['SimHei']  #解决中文显示乱码问题
7  plt.rcParams['axes.unicode_minus']=False
8  
9  data=pd.read_excel('北京市空气质量数据.xlsx')
10 data=data.replace(0,np.NaN)
11 
12 plt.figure(figsize=(10,5))
13 plt.plot(data['AQI'],color='black',linestyle='-',linewidth=0.5)
14 plt.axhline(y=data['AQI'].mean(),color='red', linestyle='-',linewidth=0.5,label='AQI总平均值')
15 data['年']=data['日期'].apply(lambda x:x.year)
16 AQI_mean=data['AQI'].groupby(data['年']).mean().values
17 year=['2014年','2015年','2016年','2017年','2018年','2019年']
18 col=['red','blue','green','yellow','purple','brown']
19 for i in range(6):
20     plt.axhline(y=AQI_mean[i],color=col[i], linestyle='—',linewidth=0.5,label=year[i])
21 plt.title('2014年至2019年AQI时间序列折线图')
22 plt.xlabel('年份')
23 plt.ylabel('AQI')
24 plt.xlim(xmax=len(data), xmin=1)
25 plt.ylim(ymax=data['AQI'].max(),ymin=1)
26 plt.yticks([data['AQI'].mean()],['AQI平均值'])
27 plt.xticks([1,365,365*2,365*3,365*4,365*5],['2014','2015','2016','2017','2018','2019'])
28 plt.legend(loc='best')
29 plt.text(x=list(data['AQI']).index(data['AQI'].max()),y=data['AQI'].max()-20,s='空气质量最差日',color='red')
30 plt.show()
```

【代码说明】

(1) 第 3 行: Matplotlib 的 Pyplot 子模块, 指定别名为 plt.

(2) 第 5~7 行: 指定立即显示所绘图形, 且通过参数设置解决图形中文显示乱码问题.

(3) 第 12 行: 利用函数 plt.figure 说明图形的一般特征, 如这里宽为 10、高为 5.

(4) 第 13 行: 利用函数 plt.plot 绘制序列折线图 (还可以绘制其他图). 同时, 指定折线颜色、线形、线宽等.

(5) 第 14 行: 利用函数 plt.axhline 在参数 y 指定的位置上画一条平行于横坐标的直线, 并给定直线图例文字. plt.axhline 可在参数 x 指定的位置上画一条平行于纵坐标的直线.

(6) 第 16~20 行: 首先, 分组计算各年 AQI 的平均值; 然后, 通过 for 循环绘制多条平行于横坐标的直线, 表征各年 AQI 平均值.

(7) 第 21~23 行: 利用 title()、xlabel()、ylabel() 指定图的标题及横纵坐标的坐标标签.

(8) 第 24、25 行: 利用 xlim()、ylim() 指定横纵坐标的取值范围.

(9) 第 26、27 行: 利用 xticks()、yticks() 在指定坐标刻度位置上给出刻度标签.

(10) 第 28 行: 利用 legend() 在指定位置 (这里 best 表示最优位置) 上显示图例.

(11) 第 29 行: 利用 text() 在指定的行列位置上显示指定文字.

(12) 第 30 行: 利用 show() 表示本次绘图结束.

所绘制图形如图 1–9 所示.

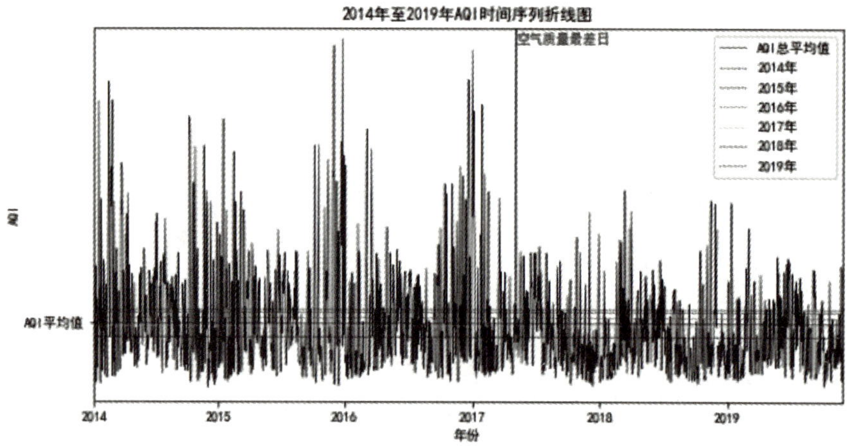

图 1–9 各年 AQI 变化序列图

二、Python 绘图 (二)

```
1  import warnings
2  warnings.filterwarnings(action = 'ignore')
3  plt.figure(figsize=(10,5))
4  plt.subplot(2,2,1)
5  plt.plot(AQI_mean,color='black',linestyle='-',linewidth=0.5)
6  plt.title('各年AQI均值折线图')
7  plt.xticks([0,1,2,3,4,5,6],['2014','2015','2016','2017','2018','2019'])
8  plt.subplot(2,2,2)
9  plt.hist(data['AQI'],bins=20)
10 plt.title('AQI直方图')
11 plt.subplot(2,2,3)
12 plt.scatter(data['PM2.5'],data['AQI'],s=0.5,c='green',marker='.')
13 plt.title('PM2.5与AQI散点图')
14 plt.xlabel('PM2.5')
15 plt.ylabel('AQI')
16 plt.subplot(2,2,4)
17 tmp=pd.value_counts(data['质量等级'],sort=False)    #等同: tmp=data['质量等级'].value_counts()
18 share=tmp/sum(tmp)
19 labels=tmp.index
20 explode = [0, 0.2, 0, 0, 0,0.2,0]
21 plt.pie(share, explode = explode,labels = labels, autopct = '%3.1f%%',startangle = 180, shadow = True)
22 plt.title('空气质量整体情况的饼图')
```

本例目标是在一幅图中绘制多张刻画空气质量状况的统计图形.

【代码说明】

(1) 第 1、2 行: 导入 warnings 模块, 并指定忽略代码运行过程中的警告信息.

(2) 第 4 行: subplot(2,2,1) 表示将绘图区域分成 2 行 2 列 4 个单元, 且下一幅图将在第 1 个单元显示.

(3) 第 8 行: subplot(2,2,2) 表示将绘图区域分成 2 行 2 列 4 个单元, 且下一幅图将在第 2 个单元显示.

(4) 第 9 行: 利用 hist() 绘制 AQI 的直方图, 图中包含 20 个柱形条, 即将数据分成 20 组.

(5) 第 12 行: 利用 scatter() 绘制 PM2.5 和 AQI 的散点图，并指定点的大小 (s), 颜色 (c) 和形状 (marker).

(6) 第 21 行: 利用 pie() 绘制饼图.

绘制饼图之前, 须事先计算饼图各组成部分的占比、距饼图中心位置的距离 (哪些组成部分须拉出突出显示), 考虑标签以及第一个组成部分排放的起始位置等.

所绘的图形如图 1–10 所示.

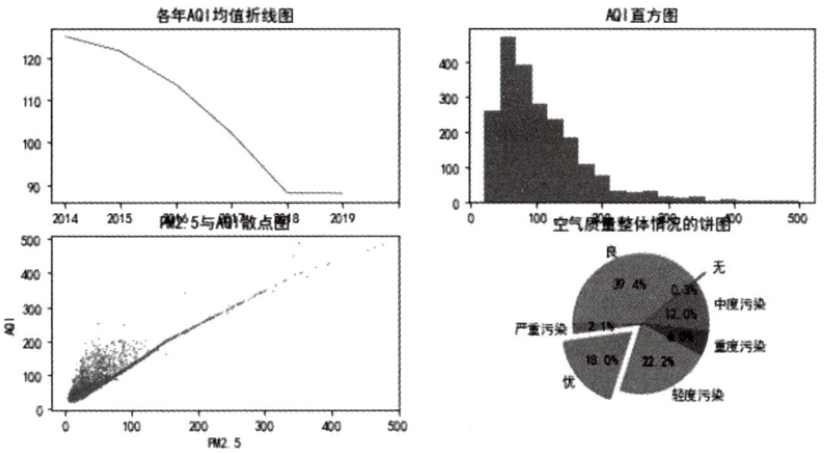

图 1–10　空气质量的基本统计图形

图 1–10 图中四个部分有重叠的情况, 可采用以下方式调整.

三、Python 绘图 (三)

```
1  fig,axes=plt.subplots(nrows=2,ncols=2,figsize=(10,5))
2  axes[0,0].plot(AQI_mean,color='black',linestyle='-',linewidth=0.5)
3  axes[0,0].set_title('各年AQI均值折线图')
4  axes[0,0].set_xticks([0,1,2,3,4,5,6])
5  axes[0,0].set_xticklabels(['2014','2015','2016','2017','2018','2019'])
6  axes[0,1].hist(data['AQI'],bins=20)
7  axes[0,1].set_title('AQI直方图')
8  axes[1,0].scatter(data['PM2.5'],data['AQI'],s=0.5,c='green',marker='.')
9  axes[1,0].set_title('PM2.5与AQI散点图')
10 axes[1,0].set_xlabel('PM2.5')
11 axes[1,0].set_ylabel('AQI')
12 axes[1,1].pie(share, explode = explode,labels = labels, autopct = '%3.1f%%',startangle = 180, shadow = True)
13 axes[1,1].set_title('空气质量整体情况的饼图')
14 fig.subplots_adjust(hspace=0.5)
15 fig.subplots_adjust(wspace=0.5)
```

【代码说明】

(1) 第 1 行: 说明绘图区域的宽和高, 并指定将绘图区域分成 2 行 2 列 4 个单元. 结果将赋值给 fig 和 axes 对象. 可通过 fig 对整个图的特征进行设置, axes 对应各个单元格对象.

(2) 通过图形单元索引的方式指定绘图单元. 例如: axes[0,0] 表示第 1 行第 1 列的单元格.

(3) 单元格对象的图标题、坐标轴标签、坐标刻度等, 需采用 set_title()、set_xlabel()、set_ylabel()、set_xticks()、set_xticklabels() 设置.

(4) 第 14、15 行: 利用 subplots_adjust 调整各图形单元行或列之间的距离.

因篇幅所限, 略去上述代码的图形结果.

1.3.6 实践六：了解 Python 的 Scikit-learn 包

Scikit-learn 是在 NumPy 和 SciPy (主要解决科学计算中诸如插值、积分、优化等常见问题的包) **基础上开发的，专门面向机器学习的 Python 第三方包**. 其中的算法均得到了广泛使用和验证，具有极高的权威性. 可支持数据预处理、数据降维、数据的分类和回归建模、聚类、模型评价和选择等各种机器学习建模应用. 因涉及机器学习的相关理论，所以 Scikit-learn 包的使用将在后续章节详细介绍.

附录

1. Python 列表基本操作

功能	函数或方法	解释	示例

添加列表元素	列表名 .append()	在列表最后添加一个元素	`L=[]`
			`L.append(1)`
			`L`
			`[1]`

	列表名 .extend()	在列表最后添加多个元素	`L.extend((2,3,4))`
			`L`
			`[1, 2, 3, 4]`

	列表名 .insert()	在列表指定位置添加指定元素，位置是索引号 (从 0 开始)	`L=[1,2,3,4]`
			`L.insert(2,4)`
			`L`
			`[1, 2, 4, 3, 4]`

删减列表中的元素	列表名 .remove()	移除列表里的指定元素	`L=[1,2,3,4]`
			`L.remove(2)`
			`L`
			`[1, 3, 4]`

	列表名 .pop()	删除并返回列表的最后一个元素	`L=[1,2,3,4]`
			`L.pop()`
			`4`
			`L`
			`[1, 2, 3]`

获取列表中的指定元素	列表名 [n]	获取列表索引为 n 处的元素	`L=[1,2,3,4]`
			`L[0]`
			`1`

列表切片	列表名 [A:B]	获取列表索引 A 至 B-1 的元素	`L=[1,2,3,4]`
			`L[1:3]`
			`[2, 3]`

续表

功能	函数或方法	解释	示例
列表操作符	+	多个列表的拼接	L1=[1,2,3,4] L2=[5,6,7] L1+L2 [1, 2, 3, 4, 5, 6, 7]
	*	列表复制和添加	L=[1,2,3,4] L*2 [1, 2, 3, 4, 1, 2, 3, 4]
	>, <, <=, >=	数值型列表元素比较and, or, not: 逻辑运算符, 可进行列表之间的逻辑判断	L2=[1,2,3] L1=[1,2,3,5] L1<L2 False
	and, or, not	列表的逻辑运算	L1 [1, 2, 3, 5] L2 [1, 2, 3] L3=[3,2,1] L1>L2 and L1>L3 False L1>L2 and L1<L3 True L1>L2 or not(L1<L3) True
其他常见操作	列表名 .count(A)	元素 A 在列表中出现的次数	L=[1,2,3,2,5,4] L.count(2) 2
	列表名 .index(A)	元素 A 在列表首次出现的索引	L.index(4) 5
	列表名 .reverse()	将列表元素位置前后翻转	L [1, 2, 3, 2, 5, 4] L.reverse() L [4, 5, 2, 3, 2, 1]
	列表名 .sort()	列表元素升序排序	L.sort() L [1, 2, 2, 3, 4, 5]
列表复制	列表名 1 = 列表名 2	列表复制后两个列表指向相同地址单元, 内容同步变化	L=[1,2,3,4] L1=L L1[2]=5 L1 [1, 2, 5, 4] L [1, 2, 5, 4]

续表

功能	函数或方法	解释	示例

列表复制	列表名 1 = 列表名 2[:]	列表复制后两个列表指向不同地址单元, 内容不同步变化	`L=[1,2,3,4]`
			`L1=L[:]`
			`L1[2]=5`
			`L1`
			`[1, 2, 5, 4]`
			`L`
			`[1, 2, 3, 4]`

2. Numpy 常用函数

Numpy 的重要数据组织方式是数组 (Array).

功能	函数或方法	解释	示例
生成数组	np.arange(n)	生成从 0 到 $n-1$ 的步长为 1 的一维数组	`np.arange(5)` `array([0, 1, 2, 3, 4])`
	np.random.randn(n)	随机生成 n 个服从标准正态分布的数组	`np.random.randn(2)` `array([-0.44344398,  0.43497892])`

描述数组属性	数组名 .ndim	返回数组的维度	`arr = np.array([[1,2,3],[4,5,6]])`
			`arr.ndim`
			`2`

	数组名 .shape	返回数组各维度的长度	`arr = np.array([[1,2,3],[4,5,6]])`
			`arr.shape`
			`(2, 3)`

	数组名 .dtype	返回数组元素的数据类型	`arr = np.array([[1,2,3],[4,5,6]])`
			`arr.dtype`
			`dtype('int32')`

常用统计函数	np.sum (数组名)	数组各元素求和	`arr = np.array([[1,2,3],[4,5,6]])`
			`np.sum(arr)`
			`21`

	np.mean (数组名)	数组各元素求均值	`arr = np.array([[1,2,3],[4,5,6]])`
			`np.mean(arr)`
			`3.5`

	np.max (数组名)	数组各元素求最大值	`arr = np.array([[1,2,3],[4,5,6]])`
			`np.max(arr)`
			`6`

	np.min (数组名)	数组各元素求最小值	`arr = np.array([[1,2,3],[4,5,6]])`
			`np.min(arr)`
			`1`

	np.cumsum (数组名)	数组各元素累积求和	`arr = np.array([1,2,3,4])`
			`np.cumsum(arr)`
			`array([ 1,  3,  6, 10], dtype=int32)`

	np.sqrt (数组名)	数组各元素求平方根	`arr = np.array([[1,2],[3,4]])`
			`np.sqrt(arr)`
			`array([[1.        , 1.41421356],`
			`       [1.73205081, 2.        ]])`

续表

功能	函数或方法	解释	示例
矩阵运算	np.dot (数组名)	矩阵乘法	arr1 = np.array([2,3]) arr2 = np.array([1,2]) np.dot(arr1,arr2) 8
	数组名 .T	矩阵转置	arr = np.arange(6).reshape(2,3) arr.T array([[0, 3], [1, 4], [2, 5]])
	np.linalg.inv (数组名)	矩阵求逆	arr = np.array([[1,2],[3,4]]) np.linalg.inv(arr) array([[-2. , 1.], [1.5, -0.5]])
	np.linalg.det (数组名)	计算行列式	arr = np.array([[1,2],[3,4]]) np.linalg.det(arr) -2.0000000000000004
矩阵运算	np.linalg.eig (数组名)	求特征值和特征向量	arr = np.diag([1,2,3]) np.linalg.eig(arr) (array([1., 2., 3.]), array([[1., 0., 0.], [0., 1., 0.], [0., 0., 1.]]))
	np.linalg.svd (数组名)	奇异值分解	arr = np.diag([1,2,3]) u,s,vh = np.linalg.svd(arr) u.shape,s.shape,vh.shape ((3, 3), (3,), (3, 3))
其他常见操作	np.sort (数组名)	数组各元素排序	arr = np.array([4,5,3,2,6]) np.sort(arr) array([2, 3, 4, 5, 6])
	np.rint (数组名)	数组各元素四舍五入取整	arr = np.array([3.2,1.4,3.7,6.8]) np.rint(arr) array([3., 1., 4., 7.])
	np.sign (数组名)	数组各元素取符号值	arr = np.array([-1.8,1.4,2,-3]) np.sign(arr) array([-1., 1., 1., -1.])
	np.where (条件,x,y)	满足条件返回 x, 不满足条件则返回 y	arr = np.array([0,1,2,3,4]) np.where(arr <= 2, arr, 2*arr) array([0, 1, 2, 6, 8])

3. Pandas 常用函数

Pandas 的重要数据组织方式是数据框 (DataFrame).

功能	函数或方法	解释	示例
文件读取	pd.read_excel (文件名)	读取 excel 文件	pd.read_excel("~/test.xlsx") Year Month DayofMonth 0 2006 7 6 1 1997 3 2 2 1994 5 2

续表

功能	函数或方法	解释	示例
描述数据框属性	数据框名 .values	返回数据框的值	df A B C 0 0 1 2.0 1 3 4 4.0 2 7 9 NaN df.values array([[0., 1., 2.], [3., 4., 4.], [7., 9., nan]])
	数据框名 .ndim	返回数据框的维度	df A B C 0 0 1 2.0 1 3 4 4.0 2 7 9 NaN df.ndim 2
	数据框名 .shape	返回数据框各维长度	df A B C 0 0 1 2.0 1 3 4 4.0 2 7 9 NaN df.shape (3, 3)
	数据框名 .columns	返回数据框的列名	df A B C 0 0 1 2.0 1 3 4 4.0 2 7 9 NaN df.columns Index(['A', 'B', 'C'], dtype='object')
常用统计函数	数据框名 .sum()	数据框中各列元素求和	df A B C 0 0 1 2.0 1 3 4 4.0 2 7 9 NaN df.sum() A 10.0 B 14.0 C 6.0 dtype: float64
	数据框名 .mean()	数据框中各列元素求均值	df A B C 0 0 1 2.0 1 3 4 4.0 2 7 9 NaN df.mean() A 3.333333 B 4.666667 C 3.000000 dtype: float64
	数据框名 .max()	数据框中各列元素求最大值	df A B C 0 0 1 2.0 1 3 4 4.0 2 7 9 NaN df.max() A 7.0 B 9.0 C 4.0 dtype: float64
	数据框名 .min()	数据框中各列元素求最小值	df A B C 0 0 1 2.0 1 3 4 4.0 2 7 9 NaN df.min() A 0.0 B 1.0 C 2.0 dtype: float64

续表

功能	函数或方法	解释	示例
常用统计函数	pd.crosstab()	交叉表频数统计	df A B 0 Linda Right 1 Amy Left 2 Peter Left 3 Peter Right 4 Linda Right pd.crosstab(df.A,df.B) B Left Right A Amy 1 0 Linda 0 2 Peter 1 1

空值操作	pd.isnull (数据框名)	判断数据框内元素是否为空值	df
			  A B C
			0 5 4 4.0
			1 3 9 NaN
			pd.isnull(df)
			  A B C
			0 False False False
			1 False False True

	pd.notnull (数据框名)	判断数据框内元素是否不为空值	df
			  A B C
			0 5 4 4.0
			1 3 9 NaN
			pd.notnull(df)
			  A B C
			0 True True True
			1 True True False

	数据框名 .dropna()	删除含有空数据的全部行(可通过指定 axis=1 删除含有空数据的全部列)	df
			  A B C
			0 5 4 4.0
			1 3 9 NaN
			df.dropna()
			  A B C
			0 5 4 4.0

其他常见操作	数据框名 .groupby()	数据框按指定列进行分组计算	df
			  A B C
			0 0 9 3
			1 0 4 4
			2 2 3 4
			obj = df.groupby(['A'])
			obj.mean()
			  B C
			A
			0 6.5 3.5
			2 3.0 4.0

	数据框名 .sort_values()	数据框按指定列的数值大小进行排序	df
			  A B C
			0 0 9 3
			1 0 4 4
			2 2 3 4
			df.sort_values(by = 'B')
			  A B C
			2 2 3 4
			1 0 4 4
			0 0 9 3

	数据框名 .apply()	对数据框中的列进行特定运算	df A B C 0 0 9 3 1 0 4 4 2 2 3 4 df.apply(np.mean) A 0.666667 B 5.333333 C 3.666667 dtype: float64

续表

功能	函数或方法	解释	示例

其他常见操作	数据框名 .drop_duplicates()	去除指定列下面的重复行	df
			  A B C
			0 0 9 3
			1 0 4 4
			2 2 3 4
			df.drop_duplicates('C')
			  A B C
			0 0 9 3
			1 0 4 4

	数据框名 .replace()	数值替换	df
			  A B C
			0 5 4 4.0
			1 3 9 NaN
			df.replace([5,4,4],1)
			  A B C
			0 1 1 1.0
			1 3 9 NaN

	pd.merge()	数据框合并	df1
			  key value
			0 Betty 1
			1 Annie 2
			2 Amy 3
			3 Sam 5
			df2
			  key value
			0 Betty 5
			1 Annie 6
			2 John 7
			3 Alice 8
			pd.merge(df1,df2,on='key',how='inner')
			  key value_x value_y
			0 Betty 1 5
			1 Annie 2 6

	pd.cut()	把一组数据分割成离散的区间	pd.cut(np.array([1, 4, 6, 2, 3, 5]), 3, labels = ['low','medium','high']) [low, medium, high, low, medium, high] Categories (3, object): [low < medium < high]
	pd.get_dummies()	将分类变量转化为 0/1 的虚拟变量	pd.get_dummies(['a','b','c','c']) a b c 0 1 0 0 1 0 1 0 2 0 0 1 3 0 0 1

4. 用户自定义函数基本格式

```
def 函数名(参数):
    函数体
```

def 为用户自定义函数的关键字; 函数名是函数调用的依据; 参数是需向函数体提供的数据参数. 函数体用于定义函数的具体处理流程.

5. 匿名函数基本格式

```
lambda 参数: 函数表达式
```

lambda 为匿名函数的关键字.

6. Python 的 for 循环

for 循环基本格式:

```
for 变量 in 序列:
    循环体
```

变量将依次从序列中取值, 并用于循环体的处理.

第2章

数据预测中的相关问题

学习目标

1. 掌握基本的预测模型如回归预测的一般线性模型、分类预测的 Logistic 模型, 以及预测模型与回归平面、分类平面的对应关系.

2. 了解各种损失函数以及模型参数估计的一般策略.

3. 掌握模型评价的基本工具.

4. 掌握数据集划分的意义以及训练误差和测试误差的计算.

5. 了解过拟合模型的特点以及模型偏差和方差的关系等.

机器学习通过向数据集学习完成数据预测任务. 作为数据预测的纲领性章节, 本章将关注预测过程涉及的重要方面, 完整阐述数据预测的基本框架和脉络, 旨在为读者顺利学习和理解后续章节的各具体算法奠定理论基础.

数据预测, 简而言之就是基于已有数据集, 归纳出输入变量和输出变量之间的数量关系. 在数量关系具有普适性和未来不变的假设下, 将其用于对新数据输出变量取值的预测. 对数值型输出变量的预测称为回归, 对分类型输出变量的预测称为分类.

数据预测将涉及如下方面的问题:

第一, **预测建模** (modeling).

参照 1.1.1 节机器学习的编程范式, 输入变量对应 "数据", 输出变量对应 "答案", 输入变量和输出变量的取值规律对应 "规则". "规则" 是隐藏于数据集中的, 需要基于一定的学习策略归纳, 并通过预测模型的形式表述出来, 该过程称为预测建模, 包括回归建模和分类建模. 预测建模将涉及预测模型的形式、几何意义、模型参数估计等重要方面, 后续将对这些问题一一展开讨论.

第二, **模型评价** (model assessment).

预测模型将应用到对新数据的预测中. 性能良好, 即预测精度较高或预测误差较低的预测模型, 在对新数据的预测中将有良好的表现. 如何给预测模型一个客观、全面的评价, 是数据预测中的另一重要问题. 模型评价将涉及模型的误差度量指标、预测模型的图形化评价工具、预测误差的估计方法等一系列问题.

第三, **模型选择** (model selection).

若存在多个预测精度或预测误差接近的预测模型, 应以怎样的策略选出其中的 “佼佼者” 并加以应用, 也是数据预测中关注的重要问题. 目前, 模型选择已成为预测建模中不能忽视的重要环节. “佼佼者” 具有哪些特征, 各种模型选择策略有哪些特点, 后续将做详细论述.

2.1 数据预测与预测建模

预测建模涉及许多相关问题, 其中主要有以下三个方面:

第一, 预测模型的形式;

第二, 预测模型的几何意义;

第三, 模型参数的估计.

了解并掌握这些内容, 对整体上把握机器学习的理论精髓有极为重要的意义. 以下将做详细论述.

2.1.1 预测模型

预测模型一般以数学形式展现, 以精确刻画和表述输入变量和输出变量取值之间的数量关系. 预测模型可细分为回归预测模型和分类预测模型, 分别适用于回归问题和分类问题.

一、回归预测模型

最常见的回归预测模型为:

$$y = \beta_0 + \beta_1 X_1 + \beta_2 X_2 + \cdots + \beta_p X_p + \varepsilon \tag{2.1}$$

该模型被称为一般线性模型. 其中, y 为数值型的输出变量. X_i $(i = 1, 2, \cdots, p)$ 为输入变量 (这里有 p 个输入变量).

例如, 对于 1.2.2 节提出的问题一: “SO2、CO、NO2、O3 中哪些是影响 PM2.5 浓度的重要因素”, PM2.5 即为一般线性模型中的 y, 其他 4 种污染物浓度为 X_i $(i = 1, 2, 3, 4)$.

式 (2.1) 中, β_i $(i = 0, 1, 2, \cdots, p)$ 为模型参数, 其中 β_0 为截距项. 其他参数称为回归系数, 度量了 X_i 取值的单位变化给 y 带来的数量变动. ε 为随机误差项, 体现了模型之外的其他输入变量对 y 的影响.

若将式 (2.1) 概括为: $y = f(\boldsymbol{X}) + \varepsilon$, 则 $f(\boldsymbol{X})$ 即为输入变量和输出变量间的真实数量关系, 是数据无法直接呈现的. 预测建模的目的就是要基于数据集得到 $f(\boldsymbol{X})$ 的估计 $\widehat{f}(\boldsymbol{X})$.

一般线性模型假设 $f(\boldsymbol{X})$ 为式 (2.1) 所示的线性关系, 并在这样的假设前提下, 基于数据集通过估计策略估计出模型参数, 最终得到 $\widehat{f}(\boldsymbol{X})$.

二、分类预测模型

最常见的分类预测模型为:

$$\log\left(\frac{P}{1-P}\right)=\beta_0+\beta_1X_1+\beta_2X_2+\cdots+\beta_pX_p+\varepsilon \tag{2.2}$$

该模型被称为 Logistic 回归模型, 适用于输出变量仅有 0 和 1 两个类别值的二分类预测.

例如, 基于顾客的历史购买行为, 如购买某类商品的次数 (X_1)、平均购买金额 (X_2) 等, 预测是否参与本次对该类商品的促销. 0 表示不参与, 1 表示参与.

再例如, 对于 1.2.2 节提出的问题二: "PM2.5、PM10、SO2、CO、NO2、O3 浓度对空气质量等级大小的贡献不尽相同, 哪些污染物的减少将有效降低空气质量等级". 研究时可将其简化为一个二分类预测问题. 如: 将一级优、二级良合并为一类, 令其类别值为 0 (无污染). 将三级轻度污染、四级中度污染、五级重度污染、六级严重污染合并为一类, 令其类别值为 1 (有污染). 进一步, 将合并结果 (只有 0 和 1 两个取值) 作为输出变量, 其他 6 种污染物浓度作为 $X_i\ (i=1,2,\cdots,6)$, 于是该研究就简化为一个二分类预测问题.

式 (2.2) 中, log 表示以 e 为底的自然对数.① 其中, P 为输出变量取类别值 1 的概率; $X_i\ (i=1,2,\cdots,p)$ 为输入变量 (这里有 p 个输入变量); $\beta_i\ (i=0,1,2,\cdots,p)$ 为模型参数, 即回归系数, 度量了 X_i 取值的单位变化给 $\log\left(\frac{P}{1-P}\right)$ 带来的数量变动; ε 为随机误差项, 体现了模型之外的其他输入变量对 $\log\left(\frac{P}{1-P}\right)$ 的影响.

式 (2.2) 的 Logistic 回归模型表明, $\log\left(\frac{P}{1-P}\right)$ 是输入变量 $X_i\ (i=1,2,\cdots,p)$ 的线性函数, 模型右边与式 (2.1) 的一般线性模型形式相同: $\log\left(\frac{P}{1-P}\right)=f(X)+\varepsilon$, 故也称其为广义线性模型. 此时: $P=\frac{1}{1+\exp(-f(\boldsymbol{X}))}$, 意味着 P 是输入变量 $X_i\ (i=1,2,\cdots,p)$ 的非线性函数, 是对现实问题的很好刻画.

例如, 顾客参与促销的概率 P, 通常不是其购买次数 (X_1) 和平均购买金额 (X_2) 的线性函数. 换言之, 参与促销的概率 P 并不会随购买次数和平均购买金额的增加, 永远保持相同速度的增加或减少, 往往是非线性的. 若概率 P 随输入变量线性增加或减少, 将致使 $P>1$ 或 $P<0$, 超出合理取值范围.

一般也将 $\log\left(\frac{P}{1-P}\right)$ 记为 $Logit\ P$, 意为对 P 做二元 Logistic 变换. 其中, $\frac{P}{1-P}$ 称为优势 (odds), 即输出变量取类别值 1 的概率与取 0 的概率之比, 更宽泛意义上指某事件发生 (如参与促销, 有污染) 的概率与不发生的概率 (如不参与促销, 无污染) 之比. 利用优势比 (odds ratio, OR) 可进行风险对比.

例如, 假设是否出现空气污染的 Logistic 回归模型为: $\log\left(\frac{P}{1-P}\right)=\beta_0+\beta_1PM2.5+\varepsilon$. 且假设 PM2.5 为顺序型分类变量, 有 1 和 2 两个类别 (水平) 值. 若 PM2.5 浓度在 1 水平时出现空气污染的概率为: $P(y=1|PM2.5=1)=0.75$, 在 2 水平时的概率为: $P(y=1|PM2.5=2)=0.1$, 则两个水平的优势比为: $OR=\frac{P(y=1|PM2.5=1)}{1-P(y=1|PM2.5=1)}\Big/\frac{P(y=1|PM2.5=2)}{1-P(y=1|PM2.5=2)}=3/\frac{1}{9}=27$, 表示 PM2.5 浓度在 1 水平下的优势是 2 水平的 27 倍. 在一定条件下优势比近

① 如不特殊说明, 本书均为自然对数.

似等于相对风险: $\dfrac{P(y=1|PM2.5=1)}{P(y=1|PM2.5=2)}$, 即 PM2.5 浓度在 1 水平下出现污染的概率近似是 2 水平的 27 倍. 进一步发现, 优势比 $OR=\mathrm{e}^{\beta_1}$. β_1 为 PM2.5 的回归系数.

可见, Logistic 回归模型中, e^{β_i} 的含义比回归系数 β_i 更直观, 它恰好度量的是其他输入变量值不变的条件下, 输入变量 X_i 的单位变化将导致的相对风险, 近似等于 e^{β_i}.

三、用于预测的回归方程

在回归预测模型和分类预测模型中, **模型参数 β_i $(i=0,1,2,\cdots,p)$ 度量了输入变量和输出变量取值的数量关系, 因未知故称为待估参数. 预测建模的核心任务就是要基于数据集, 给出某种估计原则 (后续将详细讨论该问题) 下待估参数 β_i 的估计值, 记为 $\widehat{\beta}_i$**, 从而得到以下两个用于预测的回归方程 $\widehat{y}=\widehat{f}(\boldsymbol{X})$. 具体为:

$$\widehat{y}=\widehat{\beta}_0+\widehat{\beta}_1X_1+\widehat{\beta}_2X_2+\cdots+\widehat{\beta}_pX_p \tag{2.3}$$

$$Logit\widehat{P}=\log\left(\frac{\widehat{P}}{1-\widehat{P}}\right)=\widehat{\beta}_0+\widehat{\beta}_1X_1+\widehat{\beta}_2X_2+\cdots+\widehat{\beta}_pX_p \tag{2.4}$$

其中, **因 $\widehat{y}$ 和 $Logit\widehat{P}$ 均由回归方程计算得到, 故称为模型的预测值. 进一步, $\widehat{y}$ 是回归预测中输出变量的预测值, $Logit\widehat{P}$ 是分类预测中输出变量等于 1 的概率的非线性单调函数.**

于是, 对于前述问题一: 给定各 X_i $(i=1,2,3,4)$ 的值, 即可依式 (2.3) 计算得到 y 的预测值 $\widehat{y}$. 进一步, 找到 $\widehat{\beta}_i$ $(i=1,2,3,4)$ 最大值对应的 X_i, 即可知道 SO2、CO、NO2、O3 哪个是对 PM2.5 有最大影响的因素.

同理, 对于前述问题二: 给定各 X_i $(i=1,2,\cdots,6)$ 的值, 即可依式 (2.4) 计算得到 $Logit\widehat{P}$ 和 $\widehat{P}$ (有污染的概率预测值). $\widehat{P}$ 越大预测为有污染犯错的可能性越小, 反之犯错的可能性越大. 进一步, 找到 $\widehat{\beta}_i$ $(i=1,2,\cdots,6)$ 最大值对应的 X_i, 即可知道哪种污染物对空气污染有最大影响.

四、预测模型的其他形式

预测模型还可通过某些更为直观易懂的形式展现, 其中的典型代表是推理规则.

推理规则通过逻辑判断的形式反映输入变量和输出变量之间的取值规律.

例如: 基于空气质量监测数据有: PM2.5 小于 75.5① 并且 PM10 低于 50.5②, 则空气质量等级为一级优, 这就是一条推理规则. 其中的输入变量是 PM2.5 和 PM10, 输出变量是空气质量等级. 可依据该规则对空气质量等级做出预测. 其中, 75.5、50.5 可视为模型待估参数的估计结果. 进一步, 多个推理规则可构成一个推理规则集, 它不仅有文字表达的形式, 也可以呈现出如图 2–1 所示的图形形式.

图 2–1 是推理规则集的树形表示, 称为决策树. 其具体含义等将在第 5 章详细讨论.

---

① 计量单位: 微克/立方米.
② 计量单位: 微克/立方米.

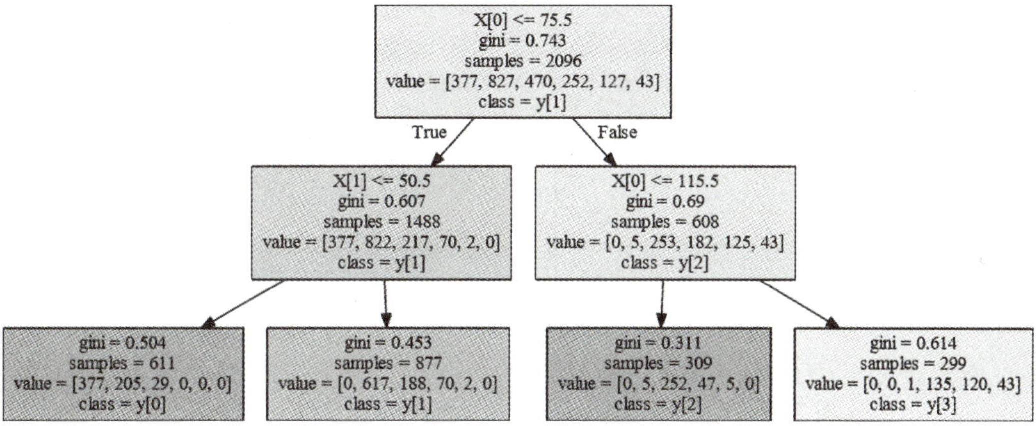

图 2–1　规则集的图形化表示

2.1.2　预测模型的几何理解

预测建模的出发点, 是将数据集中的 N 个样本观测数据视为 I 维实数空间 $\Re^I$ 中的 N 个点. 数值型输入变量将作为 I 维空间的实数坐标. 如果输入变量中有分类型变量, 需采用一定策略将其用一组实数的排列组合 (例如哑变量) 表示, 于是 I 将增大. 因有多种处理策略, 为简化问题, 以下仅对输入变量均为数值型的情况, 分别从回归预测建模和分类预测建模两个方面进行讨论.

一、回归预测建模

首先, 基于 p 个输入变量进行回归预测建模时, 将数据集中的 N 个样本观测数据视为 I 维空间 $\Re^I(I = p + 1)$ 中的 N 个点, 增加了一个关于输出变量的维度.

例如, 对前述问题一, 将 $N = 2\ 096$ 个样本观测 (共有 2 096 天的完整监测数据) 视为 6+1 维空间中的 2 096 个点. 为便于直观观察, 首先仅考虑 CO(X_1) 一个输入变量 (1 个维度, 第 2 个维度为 PM2.5) 的情况. 此时用于预测的回归方程为: $\hat{y} = \hat{\beta}_0 + \hat{\beta}_1 CO$, 与图 2–2 左图所示的直线 (称为回归直线) 相对应 (Python 代码详见 2.4.1 节). 依据回归方程, 当给定 CO 时 PM2.5 的预测值均落在回归直线上. 实际数据集中的某些样本观测点落在回归直线上方, 表明其输出变量的实际值大于预测值. 而有些点落在回归直线下方, 表明其实际值小于预测值.

进一步, 考虑 SO2(X_1) 和 CO(X_2) 两个输入变量 (2 个维度, 第 3 个维度为 PM2.5) 的情况. 此时, 用于预测的回归方程为: $\hat{y} = \hat{\beta}_0 + \hat{\beta}_1 SO2 + \hat{\beta}_2 CO$, 与图 2–2 右图所示的平面 (称为回归平面) 相对应. 依据回归方程, 当给定 SO2 和 CO 时 PM2.5 的预测值均落在回归平面上. 图中蓝色① 的样本观测点位于回归平面上方, 说明这些点的输出变量的实际值大于预测值. 位于回归平面下方的浅灰色的点, 其实际值小于预测值.

① 本书是单色印刷, 无法显示彩色效果. 建议读者自己运行代码获得彩图, 观看绘图效果.

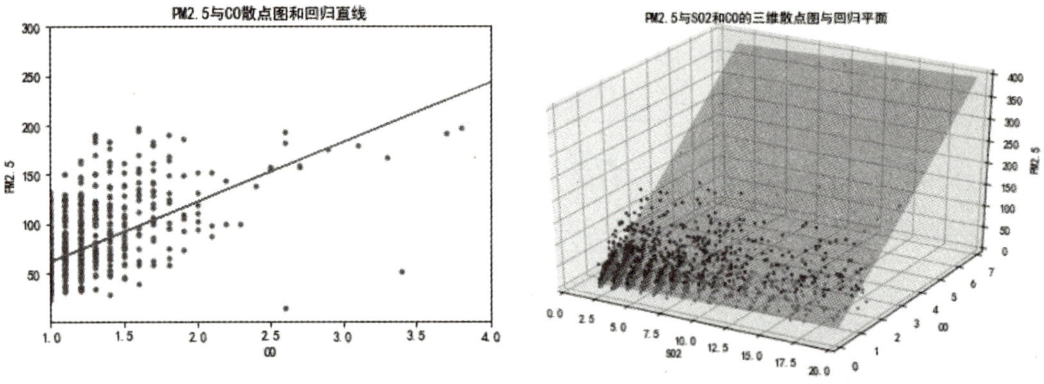

图 2–2 二维 (或三维) 空间中的观测点和回归直线 (平面)

我们总是希望输出变量的预测值与实际值相差很小, 即希望大多数的样本观测点落在很靠近回归直线或平面的位置上, 也即希望回归平面对拟合样本观测点有较好的拟合. 由于回归平面的位置由参数 β_i $(i=0,1,\cdots,p)$ 决定, 所以回归预测建模需要基于数据集, 给出合理的参数估计值以确保回归平面能够很好地拟合样本观测点.

需说明的是: 线性回归方程, 当其中只包含一个输入变量时对应着一条回归直线, 有两个输入变量时对应着一个回归平面. 当包含更多输入变量时回归平面将是一个超平面 (hyperplane).

二、分类预测建模

首先, 基于 p 个输入变量进行分类预测建模时, 将数据集中的 N 个样本观测数据视为 I 维空间 $\Re^I(I=p)$ 中的 N 个点. 其次, 由于 N 个样本观测的输出变量类别不同, 相应的样本观测点可用不同颜色或形状表示.

例如, 对前述有无污染的二分类预测问题, 将 $N=2\ 096$ 个样本观测 (共有 2 096 天的完整监测数据) 视为 6 维空间中的 2 096 个点. 其中 1 204 天无污染, 892 天有污染, 对应的点分别用加号和圆圈表示. 为便于直观理解, 这里仅考虑 PM2.5(X_1)、PM10(X_2) 两个输入变量的情况. 如图 2–3 所示 (Python 代码详见 2.4.1 节), 浅蓝色的圆圈表示无污染, 灰色加号表示有污染.

二分类预测建模的目的, 就是找到一条能够将不同形状或颜色的样本观测点 "有效分开" 的分类直线, 也称分类边界, 如图 2–3 所示的蓝色虚直线. 在该分类直线一侧的大部分的点, 有相同的形状或颜色 (输出变量的类别值相同), 分类直线另一侧大部分的点, 有另外的形状或颜色.

分类直线可以用直线方程 $\beta_0+\beta_1X_1+\beta_2X_2=0$ 表示. 显然, 分类直线在空间中的位置由参数 β_i $(i=0,1,2)$ 决定. 所以分类建模需要基于数据集, 给出参数的估计值以实现 "有效分开". 一旦确定好分类直线的位置, 便可基于它对新数据的输出变量类别值进行预测. 例如, 对图 2–3 中的 3 个黑色三角形 (对应 3 个样本观测点), 其位于分类直线的哪一侧, 就应为相应侧多数点的形状. 如右上侧的三角形应为灰色加号形状, 左下侧的三角形应为浅蓝色圆圈. 输出变量的预测类别值即为相应形状对应的类别. 如分别为有污染 1 和无污染 0. 对

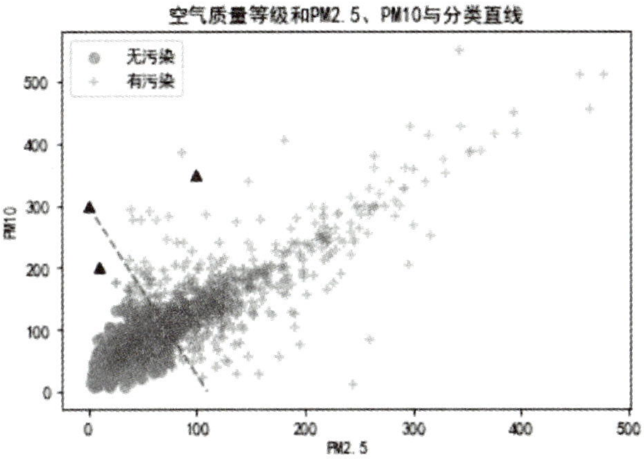

图 2–3　二维空间中的点和分类直线

落在分类直线上的黑色三角形无法确定其形状和对应的输出变量类别.

进一步, 考虑 PM2.5(X_1)、PM10(X_2) 和 SO2(X_3) 三个输入变量时, 分类直线将演变为一个分类平面, 平面方程为: $\beta_0+\beta_1X_1+\beta_2X_2+\beta_3X_3=0$. 如图 2–4 所示, 图中灰色叉表示无污染, 浅蓝色圆圈表示有污染.

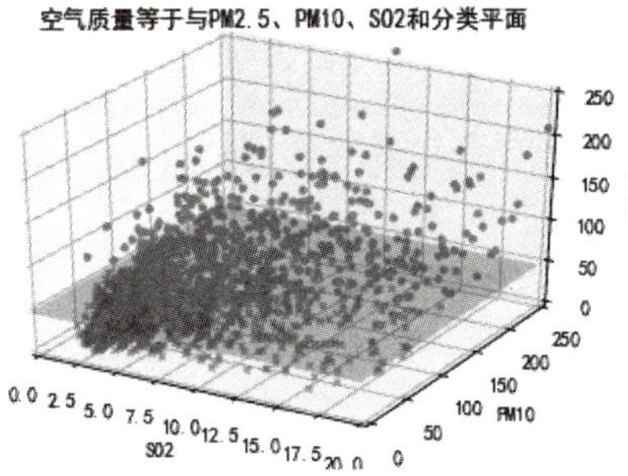

图 2–4　三维空间中的点和分类平面

进一步在更多输入变量的更高维情况下, 分类平面将演变成一个超平面, 平面方程为: $\beta_0+\beta_1X_1+\beta_2X_2+\cdots+\beta_pX_p=0$.

总之, 分类预测建模需要基于数据集, 给出分类直线、平面或超平面参数的估计值以实现 "有效分开" 的目标.

三、从平面到曲面

并非所有情况下回归平面都能对样本观测点有好的拟合, 并非所有情况下分类平面都能将不同类别的样本观测点有效分开. 如图 2–5 所示.

图 2–5 左图表明, 虚直线无法较好地拟合样本观测点, 但曲线可以. 图 2–5 右图也表明虚直线无法将圆圈和加号两类样本观测点分开, 但曲线可以. 可见, 回归预测有时需要采用回归曲面, 分类预测有时需要采用分类曲面. 前者用于解决非线性回归问题, 后者用于解决非线性分类问题. 一般可从两个角度看待回归或分类曲面. 第一, 曲面是许多个平面平滑连

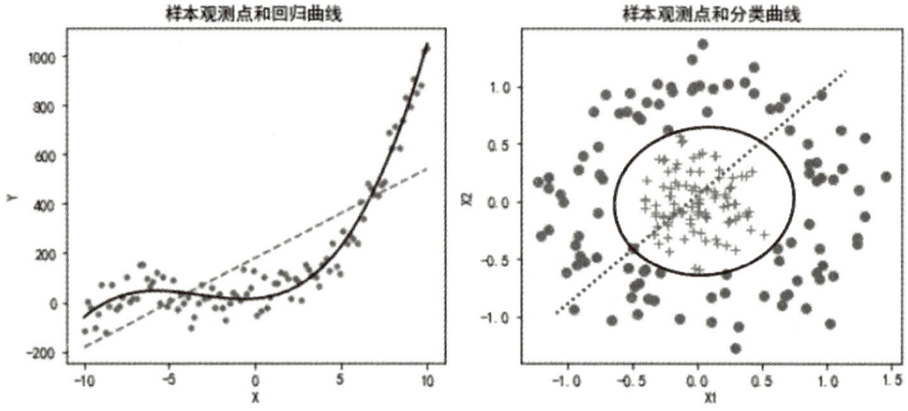

图 2–5 回归和分类中的直线和曲线

接的结果. 第二, I 维空间 $\Re^I$ 中的曲面是高维 G ($G>I$) 维空间 $\Re^G$ 中平面的一种呈现. 因此, 可将非线性回归和非线性分类问题转换为线性回归和线性分类问题. 具体方法将在后续章节讨论.

2.1.3 预测模型参数估计的基本策略

回归预测建模需要基于数据集给出参数的合理估计值, 使得回归平面能够很好地拟合样本观测点. 分类预测建模需要基于数据集给出参数的合理估值, 使得分类平面能够有效地将两类 (或多类) 样本观测点分开. 为此需设置一个度量指标, 测度上述目标尚未达成的程度 (也可以是达成程度), 一般称之为损失函数 (loss function), 记为 L. 损失函数的具体形式因研究问题、算法策略不同而不同, 将在后续章节详解. 这里仅需要明确以下两点:

第一, 预测建模参数估计以损失函数最小为目标, 通常采用有监督算法.

第二, 预测建模的参数估计通常借助特定的搜索策略进行.

一、有监督与损失函数

首先, 参照 1.1.1 节机器学习的编程范式, 其中的 "数据" 即为预测建模中的输入变量, "答案" 为输出变量, "规则" 由模型参数的估计值体现. 可见, 寻找 "规则" 的过程不仅需要 "答案" 已知, 更需要 "答案" 参与. 换言之, 需在输出变量的 "监督" 或指导下进行. 通常, 模型的参数估计以损失函数最小为指导目标.

损失函数 L 是误差 e 的函数, 记为 $L(e)$, 与 e 成正比, 用于度量预测模型对数据的拟合误差. 回归建模中的**误差通过残差来估计, 是输出变量实际值 y_i 和预测值 $\widehat{y}_i$ 的差** $e_i=y_i-\widehat{y}_i$ $(i=1,2,\cdots,N)$. 为有助于后续评价预测模型对数据全体的拟合效果, 损失函数通常采用平方误差 (解决误差正负抵消问题) 的形式, 即

$$L(e)=L(y_i,\widehat{y}_i)=(y_i-\widehat{y}_i)^2 \tag{2.5}$$

称为**平方损失函数**, 是回归建模中最常见的损失函数. 于是预测模型对数据全体的拟合误差

也称总损失, 为: $\sum_{i=1}^{N} L(y_i, \widehat{y}_i) = \sum_{i=1}^{N} (y_i - \widehat{y}_i)^2$.

分类建模中, 因输出变量为分类型, 误差 e 通常不直接表示成实际类别和预测类别差的形式, 因此损失函数的定义相对复杂. K 分类的预测建模中, 常见的损失函数为概率的对数形式, 称为**交互熵** (cross-entropy):

$$L(y_i, \widehat{P}_k(\boldsymbol{X}_i)) = -\sum_{k=1}^{K} I(y_i = k) \log(\widehat{P}_k(\boldsymbol{X}_i)) = -\log \widehat{P}_{y_i}(\boldsymbol{X}_i) \tag{2.6}$$

式 (2.6) 中, y_i 为样本观测 $\boldsymbol{X}_i$ 的输出变量 (分类型, 类别取值范围为 $1, 2, \cdots, K$), 是实际类别. $\widehat{P}_k(\boldsymbol{X}_i)$ 为样本观测 $\boldsymbol{X}_i$ 的输出变量预测为 k 类的概率, 且满足 $\sum_{k=1}^{K} \widehat{P}_k(\boldsymbol{X}_i) = 1$. $\widehat{P}_k(\boldsymbol{X}_i)$ 越小, 预测为 k 类犯错的可能性越大. 可见, 分类建模中的损失函数是实际类别和预测概率的函数.

式 (2.6) 中的 $I(\cdot)$ 称为**示性函数**, 仅有 0 和 1 两个函数值. 其后面圆括号中为判断条件. 条件成立函数值等于 1, 否则等于 0. 即若 $y_i = k$ 成立则 $I(y_i = k) = 1$. 反之, 若 $y_i = k$ 不成立则 $I(y_i = k) = 0$. 所以求和项的最终结果为: 样本观测 $\boldsymbol{X}_i$ 输出变量的预测类别等于实际类别 y_i 的概率的对数, 记为 $\log \widehat{P}_{y_i}(\boldsymbol{X}_i)$. 式 (2.6) 中负号的作用是使损失函数非负. 显然, 若模型预测性能良好, 总损失 $\sum_{i=1}^{N} L(y_i, \widehat{P}_k(\boldsymbol{X}_i)) = -\sum_{i=1}^{N} \log \widehat{P}_{y_i}(\boldsymbol{X}_i)$ 较小.

具体到 y_i 取 1 和 0 的二分类情况, 损失函数简化为: $L(y_i, \widehat{P}(\boldsymbol{X}_i)) = -y_i \log \widehat{P}(\boldsymbol{X}_i) - (1 - y_i) \log(1 - \widehat{P}(\boldsymbol{X}_i))$. $\widehat{P}(\boldsymbol{X}_i)$ 表示预测类别等于 1 的概率. 针对式 (2.4) 的 Logistic 回归方程, 由于 $\widehat{P}(\boldsymbol{X}_i) = \dfrac{1}{1 + \exp(-\widehat{f}(\boldsymbol{X}_i))}$, 代入整理后的损失函数为:

$$L(y_i, \widehat{f}(\boldsymbol{X}_i)) = -y_i \widehat{f}(\boldsymbol{X}_i) + \log(1 + \exp(\widehat{f}(\boldsymbol{X}_i))) \tag{2.7}$$

称为**二项偏差损失函数** (binomal deviance loss function).

对 y_i 取 $+1$ 和 -1 的二分类的情况, 二项偏差损失函数为: $\log[1 + \exp(-y_i \widehat{f}(\boldsymbol{X}_i))]$. 多为以下形式:

$$L(y_i, \widehat{f}(\boldsymbol{X}_i)) = \exp(-y_i \widehat{f}(\boldsymbol{X}_i)) \tag{2.8}$$

称为**指数损失函数** (exponential loss function), 等等.

具体到 y_i 为 K ($K > 2$) 分类的情况, 损失函数定义为:

$$L(y_i, \widehat{f}_k(\boldsymbol{X}_i)) = -\sum_{k=1}^{K} I(y_i = k) \log \left(\frac{\exp(\widehat{f}_k(\boldsymbol{X}_i))}{\sum_{l=1}^{K} \exp(\widehat{f}_l(\boldsymbol{X}_i))} \right) \tag{2.9}$$

也称 $\dfrac{\exp(\widehat{f}_k(\boldsymbol{X}_i))}{\sum_{l=1}^{K} \exp(\widehat{f}_l(\boldsymbol{X}_i))}$ 为 softmax 函数.

综上, 以损失函数最小为目标的参数估计过程离不开输出变量 y_i, 参数的估计值是在输出变量 y_i 的 "监督" 或指导下获得的. 有很多算法可以实现该目标, 统称为**有监督学习** (supervised learning) 算法.

二、参数解空间和搜索策略

损失函数是关于输出变量实际值和模型参数的函数.

例如: 回归建模中的平方损失函数可进一步细化为:

$$\sum_{i=1}^{N} L(y_i, \widehat{y}i) = \sum_{i=1}^{N}(y_i, \widehat{f}(\boldsymbol{X}_i)) = \sum_{i=1}^{N}(y_i - (\widehat{\beta}_0 + \widehat{\beta}_1 X_{i1} + \widehat{\beta}_2 X_{i2} + \cdots + \widehat{\beta}_p X_{ip}))^2 \quad (2.10)$$

损失函数 L 是模型参数 $\beta_i\ (i = 0, 1, \cdots, p)$ 的二次函数, 存在最小值. 为求损失函数 L 最小下的参数 $\widehat{\beta}_i\ (i = 0, 1, \cdots, p)$, 只需对参数求导, 令导数等于零并解方程组得到:

$$\begin{cases} \left.\dfrac{\partial L}{\partial \beta_0}\right|_{\beta_0=\widehat{\beta}_0} = -2\displaystyle\sum_{i=1}^{N}(y_i - \widehat{\beta}_0 - \widehat{\beta}_1 X_{i1} - \widehat{\beta}_2 X_{i2} - \cdots - \widehat{\beta}_p X_{ip}) = 0 \\ \left.\dfrac{\partial L}{\partial \beta_1}\right|_{\beta_1=\widehat{\beta}_1} = -2\displaystyle\sum_{i=1}^{N}(y_i - \widehat{\beta}_0 - \widehat{\beta}_1 X_{i1} - \widehat{\beta}_2 X_{i2} - \cdots - \widehat{\beta}_p X_{ip})X_{i1} = 0 \\ \left.\dfrac{\partial L}{\partial \beta_2}\right|_{\beta_2=\widehat{\beta}_2} = -2\displaystyle\sum_{i=1}^{N}(y_i - \widehat{\beta}_0 - \widehat{\beta}_1 X_{i1} - \widehat{\beta}_2 X_{i2} - \cdots - \widehat{\beta}_p X_{ip})X_{i2} = 0 \\ \vdots \\ \left.\dfrac{\partial L}{\partial \beta_p}\right|_{\beta_p=\widehat{\beta}_p} = -2\displaystyle\sum_{i=1}^{N}(y_i - \widehat{\beta}_0 - \widehat{\beta}_1 X_{i1} - \widehat{\beta}_2 X_{i2} - \cdots - \widehat{\beta}_p X_{ip})X_{ip} = 0 \end{cases} \quad (2.11)$$

这种参数求解方法称为**最小二乘法**. 有以下特点:

第一, 要求 $N \geqslant p + 1$, 即样本量 N 不少于模型中待估参数的个数. 如果数据集的样本量 N 较大, 输入变量相对较少, 该要求通常可以满足.

第二, 输入变量和输出变量取值的线性假设. 但这种假设的合理性并非一定能够满足.

第三, 损失函数 L 是模型参数的二次函数, 即要求预测模型为线性模型. 如果输入变量和输出变量的取值关系不能通过线性模型或无法转换为线性模型形式, 而是某种非线性形式, 则损失函数 L 可能就是模型参数的更复杂的形式. 若存在多个极小值, 上述方式不一定能够得到损失函数最小值下的参数估计值.

因此, **机器学习常在预测模型参数解空间中采用一定的搜索策略估计参数.**

预测模型参数解空间 (solution space), 简单讲就是由所有模型参数解的集合构成的空间, 通常是一个高维空间. 这里的模型参数不局限于一般线性或广义线性模型中的参数, 还包括其他任意非线性模型中的参数. 如果将机器学习视为一个学习系统, 则预测建模过程可用图 2–6 示意.

首先, 输入变量 X 和输出变量 y 值均 "喂入" 机器学习系统. 然后, 学习系统在解空间所有可能的解集 $f(\boldsymbol{X}, \boldsymbol{B})$ 中, 搜索与系统的输入和输出数量关系较为接近的第 j 组参数解 $\widehat{\boldsymbol{\beta}}(j)$, 并给出该模型参数下的预测值 $\widehat{y} = \widehat{f}(\boldsymbol{X}) = f(\boldsymbol{X}, \widehat{\boldsymbol{\beta}}(j))$. 计算损失函数 "喂入" 机器学习系统, 继续在解空间中搜索更贴近输入和输出数量关系的参数解. 该过程将反复多次, 直

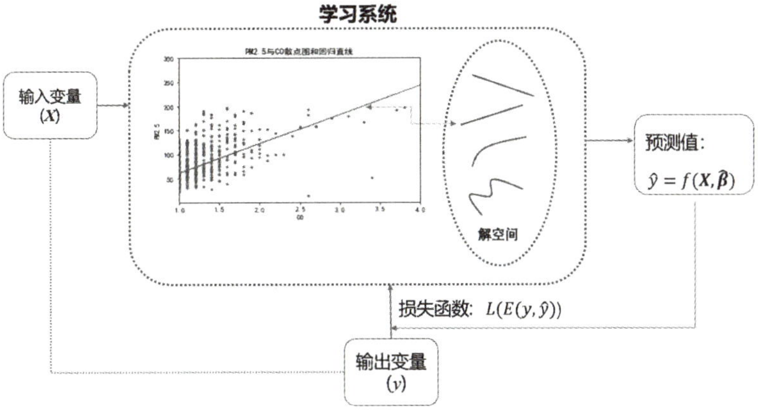

图 2–6　机器学习的预测建模

至损失函数达到最小位置. 此时, 参数估计值为 $\widehat{\boldsymbol{\beta}}$, 模型的预测值为 $\widehat{f}(\boldsymbol{X}) = f(\boldsymbol{X}, \widehat{\boldsymbol{\beta}})$, 相应的 "规则" 对数据集有最好的拟合. 然而, 在整个解空间搜索并确保得到损失函数最小下的参数解, 通常不一定具有计算或时间上的可行性, 需要一定的搜索策略.

例如, 梯度下降法. 若总损失 $\sum_{i=1}^{N} L(y_i, f(\boldsymbol{X}_i, \widehat{\boldsymbol{\beta}}))$ 为一个连续函数, 它在高维参数空间中以如图 2–7 所示的曲面呈现.

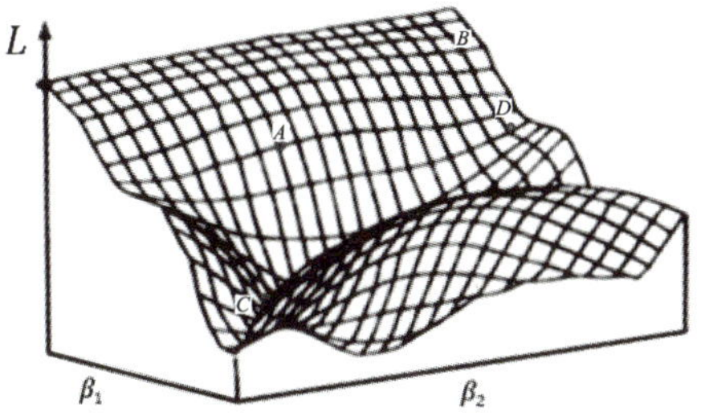

图 2–7　以损失函数为指导的搜索过程示意图

图 2–7 展示了仅包含 β_1 和 β_2 两个待估参数下的总损失函数曲面. 其预测模型为一个复杂模型. 梯度下降法认为, 参数解搜索的优化路径应是能够快速抵达损失最小 (曲面波谷) 处, 即应一直沿着损失函数曲面下降最快的路径走. 当然, "起点" 不同 (图 2–7 所示 A、B 两个红色圆圈) 所获得的参数解也可能不同. 可能是全局最小处的解, 称为全局最优解 (如 2–7 所示 C 点), 也可能仅是局部最小处的解, 称为局部最优解 (如 2–7 所示 D 点).

再例如, 贪心搜索策略. 在参数解空间搜索时, 贪心策略反复采用局部择优原则, 通过不断找到当前最优解而努力获得全局最优解. 但并非所有场合都适合采用贪心搜索策略, 除非能够确保基于所有的当前最优解一定可获得全局最优解.

已有多种既有共性也有特性的预测建模方法以及各种参数搜索策略, 详细内容将在后续章节讨论.

2.2 预测模型的评价

预测模型未来将应用到对新数据的预测中. 模型应用之前需首先对其预测性能做一个全面且客观的评价. 如果预测模型的预测精度较高或预测误差较低, 才有信心认为模型在对新数据的预测中有良好的表现. 这里需首先明确以下两个重要概念:

第一, 模型误差.

模型误差, 简称误差, 是基于数据集, 对模型预测值和实际值不一致程度的数值化度量. 包括对每个样本观测的度量和对数据集整体的度量两个部分.

通常, 回归预测模型和分类预测模型的误差度量方法不同. 具体的度量方法或称评价指标较多, 另外还有一些派生的辅助性图形工具.

第二, 预测误差或泛化误差.

预测误差, 是预测模型对新数据集进行预测时, 给出的预测值和实际值不一致程度的数值化度量. 预测误差测度模型在未来新数据集上的预测性能. 若值较低, 说明模型具有一般预测场景下的普适性和推广性, 认为模型有较高的泛化能力. 因此, 预测误差也称为**泛化误差** (generalization error). 后续在称谓上将统一采用泛化误差.

泛化误差和模型误差的不同在于: 预测建模时可直接计算出模型误差的具体值, 但因泛化误差聚焦对预测模型未来表现的评价, 且建模时未来新数据集是未知的, 因此无法直接计算, 只能给出一个相对客观的估计值.

以下将就如下方面展开讨论:

第一, 模型误差的评价指标;

第二, 模型的图形化评价工具;

第三, 泛化误差的估计方法.

2.2.1 模型误差的评价指标

目前已有多种模型误差的评价指标, 它们适用于哪些场合, 各自有怎样的特点, 是本节讨论的重要内容. 由于回归预测和分类预测中输出变量的类型不同, 评价指标的设计也有差异, 以下将分别讨论.

一、回归预测模型中的误差评价指标

正如 2.1.3 已提及的, 回归预测模型的误差, 是输出变量实际值和预测值的差: $y_i - \widehat{y}_i$ $(i = 1, 2, \cdots, N)$. 数据集误差程度的整体水平可在总平方损失函数 $\sum_{i=1}^{N} L(y_i, \widehat{y}_i)^2 = \sum_{i=1}^{N}(y_i - \widehat{y}_i)^2$ 的基础上做适当调整. 平方损失函数值受到样本量 N 大小的影响, 不能直接作为评价指标. 均方误差 (mean squared error, MSE) 很好地消除了此影响, 定义为:

$$MSE = \frac{1}{N}\sum_{i=1}^{N}(y_i - \widehat{y}_i)^2 = \mathrm{E}(L(y_i, \widehat{f}(\boldsymbol{X}_i))) \tag{2.12}$$

MSE 是误差总和的平均值, 也是平方损失函数的期望 (E 表示期望). MSE 值越大表明误差越大, 反之误差越小.

回归预测模型的评价指标还有平均绝对误差、平均绝对误差百分比等多种指标, 但 MSE 是最常用的一个.

二、二分类预测模型中的误差评价指标

分类预测模型中输出变量为类别标签, 理论上预测的类别值与实际的类别值的差是没有意义的, 因此对于分类问题, 误差通常基于混淆矩阵计算.

混淆矩阵通过矩阵表格形式展示预测类别值与实际类别值的差异程度或一致程度. 表 2–1 为仅有 0/1 两个类别的二分类预测问题的混淆矩阵.

表 2–1　二分类预测问题的混淆矩阵

实际类别值	预测类别值	
	1	0
1	TP	FN
0	FP	TN

通常将二分类中的 1 类称为正类, 0 类称为负类. 表中的字母均为英文缩写. 其中, TP 表示 "真正" (true positive), 是实际类别值和预测类别值均为 1 的样本观测数; FN 表示 "假负" (false negative), 是实际类别值为 1 但预测类别值为 0 的样本观测数; FP 表示 "假正" (false positive), 是实际类别值为 0 但预测类别值为 1 的样本观测数; TN 表示 "真负" (true negative), 是实际类别值和预测类别值均为 0 的样本观测. $TP+TN+FN+FP=N$. $TP+TN$ 为正确预测的样本量, $FN+FP$ 为错误预测的样本量.

基于该混淆矩阵, 可派生出若干取值范围在 [0,1] 之间的错判率或正确率指标, 以度量模型误差或精度.

1. **总正确率** $= \dfrac{TP+TN}{N}$

总正确率越大越接近 1, 表明模型的总误差越小, 反之越大.

2. **总错判率** $= \dfrac{FN+FP}{N}$

总错误率越大越接近 1, 表明模型的总误差越大, 反之越小. 这里, 错判指模型对输出变量的类别给出了错误判断 (预测类别错误).

3. **敏感性** $= \dfrac{TP}{TP+FN}$

敏感性 (sensitivity) 是实际类别值等于 1 的样本中被模型判为 1 类的比率, 记为 TPR (true positive ratio). 该值越大越接近 1, 表明模型对 1 类判断的误差越小, 反之越大. 若特别关注预测模型在 1 类上的表现, 则应采用 TPR.

4. **特异性** $= \dfrac{TN}{TN+FP}$

特异性 (specificity) 是实际类别值等于 0 的样本中模型判为 0 类的比率, 记为 TNR (true negative ratio). 进一步, 称 $1-TNR$ 为假正率, 记为 FPR (false positive ratio). TNR 越大越接近 1, 也即 FPR 越小越接近 0, 表明模型对 0 类判断的误差越小, 反之越大. 若特别关注预测模型在 0 类上的表现, 则应采用 TNR 或 FPR.

5. **查准率** $= \dfrac{TP}{TP+FP}$ **和查全率** $= \dfrac{TP}{TP+FN}$

查准率 (precision) 是被模型判为 1 类的样本中实际确为 1 类的比率, 记为 P. 查全率 (recall) 记为 R, 等价于敏感性, 和查准率同时提出, 当时专用于评价信息检索算法的性能. 从检索角度看, 总希望与检索内容相关的信息能被尽量多地检索出来, 即查全率 R 越高越好. 同时, 检索结果中的绝大部分是真正想要的检索内容, 即查准率 P 越高越好.

目前, 查准率 P 和查全率 R 广泛用于预测模型的评价方面. 查准率 P 是对模型正确命中 1 类能力的度量, 查全率 R 是对模型覆盖 1 类能力的度量, 关注对 1 类的预测效果. 应该看到, 虽然我们希望两者同时大, 但无法实现. 例如, 只需将所有样本观测均判为 1 类, 就可使查全率达到最大值 1, 但此时查准率一定是最低的. 既然无法使两者同时达到最大, 那么能够使两者之和或均值到达最大的预测模型应是较为理想的. 为此, 又派生出 F1 分数等评价指标, 以及 P-R 曲线等图形化评价工具.

6. **F1 分数** $= \dfrac{2\times P\times R}{P+R} = \dfrac{2\times TP}{N+TP-TN}$

F1 分数 (F1 score) 是查准率 P 和查全率 R 的调和平均值. 调和平均值也称倒数平均值, 是倒数的算术平均数的倒数. $\dfrac{1}{F1}=\dfrac{1}{2}\left(\dfrac{1}{P}+\dfrac{1}{R}\right)$, 其倒数为 F1 分数, 值越大越好.

进一步, 实际应用中, 有时可能希望模型有较高的查准率 P 而弱化查全率 R, 或者有较高的查全率 R 而弱化查准率 P. 此时应如何客观评价模型呢? 为此, 在计算 F1 分数时引入了权重 $\beta>0$. 若定义: $\dfrac{1}{F_\beta}=\dfrac{1}{1+\beta^2}\left(\dfrac{1}{P}+\dfrac{\beta^2}{R}\right)$, 有 $F_\beta=\dfrac{(1+\beta^2)\times P\times R}{\beta^2\times P+R}$. $\beta<1$ (如 β^2 接近 0) 时, 与 F1 分数相比, 该评估结果主要取决于查全率 R, 所以以此为侧重点评价模型时应令 $\beta<1$; $\beta>1$ 时查准率将对结果有更大影响, 侧重模型查准率 P 时应令 $\beta>1$. $\beta=1$ 即为 F1 分数, 查准率 P 和查全率 R 对评估结果有同等权重的影响.

三、多分类预测模型中的误差评价指标

基于二分类混淆矩阵的误差评价指标可推广到多分类预测建模中. 通常多分类预测可间接通过多个二分类预测实现, 可采用 1 对 1 (one-versus-one) 策略或 1 对多 (one-versus-all) 策略.

对具有 K 个类别的多分类预测问题, 1 对 1 策略是: 令第 k 类为一类 (如记为 1), 其余类依次作为另一类 (如记为 0), 分别构建 $M=\binom{K}{2}$ 个二分类预测模型. 1 对多策略是: 令第 k 类为一类 (如记为 1), 其余 $K-1$ 个类别都归为另一类 (如记为 0), 分别构建 $M=K$ 个二分类预测模型. 预测时依据少数服从多数原则, 由 M 个二分类模型投票最终确定类别预测值.

无论采用哪种策略都会计算出 M 个二分类的混淆矩阵. 一方面, 可首先分别计算 TP, FN, FP, TN_i $(i=1,2,\cdots,M)$ 的均值 $\overline{TP}, \overline{FN}, \overline{FP}, \overline{TN}$, 然后依据这些均值计算上述评价指标. 由此得到的统称为**微平均** (micro-averaged) 意义下的评价指标. 另一方面, 可首先计算基于 M 个混淆矩阵的评价指标 (如查准率 P_i $(i=1,2,\cdots,M)$ 和查全率 R_i $(i=1,2,\cdots,M)$), 然后再将其平均 (如 $\overline{P}$ 和 $\overline{R}$), 由此得到的统称为**宏平均** (macro-averaged) 意义下的评价指标 (如宏 F1 分数).

2.2.2　模型的图形化评价工具

基于评价指标选择恰当的图形工具, 将更利于直观和精细刻画模型的预测性能. 较为常见的图形有 ROC 曲线和 P-R 曲线等.

绘制 ROC 曲线和 P-R 曲线时, 需以式 (2.4) 中 $\widehat{P}$ (输出变量类别预测值为 1 的概率) 的各个取值为阈值并进行相应计算. 分类预测模型会给出每个样本观测的 $\widehat{P}_i$ $(i=1,2,\cdots,N)$, 并基于 $\widehat{P}_i$ 确定 $\hat{y}_i$ 的类别预测值 (1 或 0). 通常, 若 $\widehat{P}_i > P_c = 0.5$, 即类别预测值有一半以上的概率等于 1, 则 $\hat{y}_i = 1$; 否则, 若 $\widehat{P}_i \leqslant P_c = 0.5$, 则 $\hat{y}_i = 0$. 这里, P_c 称为概率阈值 (取值在 $0 \sim 1$ 之间), 一般为常数, 默认取 0.5.

事实上, 概率阈值 P_c 的取值与预测置信度 (confidence level) c 有关. 一方面, $\widehat{P}_i$ 越大令 $\hat{y}_i = 1$ 的置信度越高, 错误预测的可能性较小; $\widehat{P}_i$ 越小 $\hat{y}_i = 1$ 的置信度也越低, 错误预测的可能性较大. 另一方面, 若提高 P_c (如极端情况下令 $P_c = 0.99$), 因只有那些 $\widehat{P}_i > P_c$ 的样本观测的 $\hat{y}_i = 1$, 预测是在高置信度水平下进行的, 错判的可能性小. 同理, 若降低 P_c (如极端情况下令 $P_c \approx 0$), 由于很容易满足 $\widehat{P}_i > P_c$, 则 $\hat{y}_i = 1$. 因预测是在较低置信度水平下进行的, 错判的可能性大.

为全面评价预测模型, 可借助 ROC 曲线和 P-R 曲线等图形工具, 观察随着预测置信度降低, P_c 取值由大到小逐渐减少, 模型主要评价指标 (如 TPR 和 FPR, P 和 R) 的变化情况. 通常会首先将 $\widehat{P}_i$ $(i=1,2,\cdots,N)$ 按降序排列, 并依次令 $P_c = \widehat{P}_i$. 显然, 随着概率阈值 P_c 的降低, 越来越多的样本观测的 $\hat{y}_i = 1$ 并导致假正率 FPR 上升. 一方面, 在假正率 FPR 随之上升的初期, 预测性能良好模型的敏感性 TPR 也即查全率 R 会很快到达一个较高水平. 另一方面, 随着查全率 R 的上升, 预测性能良好模型的查准率 P 不会快速下降.

一、ROC 曲线和 AUC 值

作为一种直观易懂的图形, ROC (receiver operating characteristic) 曲线① 已成为机器学习中二分类预测模型图形化评价的首选工具. **ROC 曲线的横坐标为** FPR**, 纵坐标为** TPR**.** 取值范围在 [0,1] 之间. 如图 2–8 左图所示 (Python 代码详见 2.4.2 节).

图 2–8 中, 虚线对应的数据点较多, 曲线较平滑 (一般理论情况), 实线对应的数据点较少, 呈不平滑折线 (现实情况). 左图的 ROC 曲线中, (0,0) 点对应概率阈值 $P_c = 1$, 此时的 TPR 和 FPR 均等于零. 之后概率阈值 P_c 逐渐降低, TPR 和 FPR 也逐渐上升. 当概率阈

① ROC (接受者操作特征) 曲线最初应用在二战时期敌机检测雷达信号的分析中, 后来大量应用于心理学和医学试验等方面.

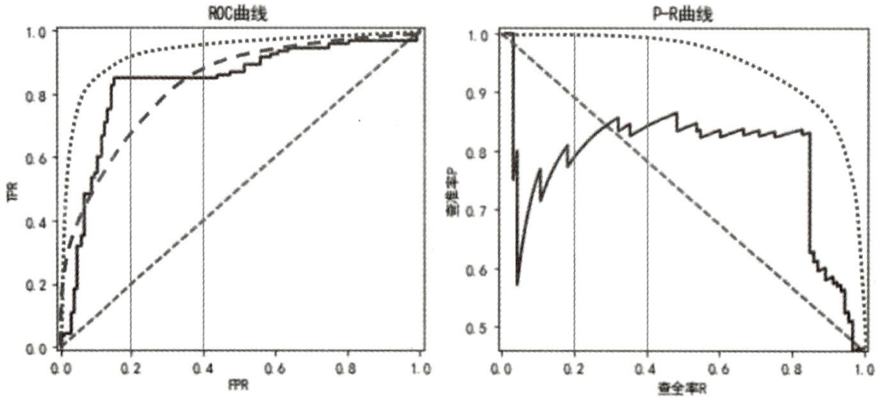

图 2–8 ROC 曲线和 P-R 曲线

值 $P_c = \min(\widehat{P}_i)$ 取最小值时, 所有样本观测的预测类别 $\widehat{y}_i = 1$, TPR 和 FPR 同时到达最大值 1, 对应 (1,1) 点. 如前文所述, 在 FPR 上升的初期, TPR 很快达到一个较高水平的模型是预测性能较好的模型. 图中, 红色对角线为基准模型, 在其上方并越远离它的模型越优. 可见, 蓝色点虚线对应的模型优于长虚线, 原因是点虚线 "包裹" 住了长虚线, 使得两个模型 FPR 相等时 (如 0.2 或 0.4), 点虚线模型的 TPR 均大于长虚线模型.

黑实线和长虚线模型的对比相对复杂些. $FPR = 0.2$ 时黑实线优于长虚线, 但 FPR=0.4 时长虚线优于黑实线, 两条线出现了交叉. 对此, 可计算**曲线下的面积 AUC** (area under ROC). 具有更大 AUC 值的模型更优.

二、P-R 曲线

P-R 曲线是基于查准率 P 和查全率 R 绘制的曲线, 也是一种评价分类预测模型的整体预测性能的图形化工具. 将 1 类样本的占比记为 π. P-R 曲线的横坐标为查全率 R, 取值范围在 (0,1] 之间. 纵坐标为查准率 P, 通常取值范围在 $[\pi, 1]$ 之间, 如图 2–7 右图所示 (Python 代码详见 2.4.2 节).

P-R 曲线图中, 当概率阈值 $P_c = \max(\widehat{P}_i)$ 时, 查全率 R 较小, 可能近似 0, 查准率 P 通常等于或近似等于 1, 接近 (0,1) 点. 之后概率阈值 P_c 逐渐降低, 查全率 R 逐渐上升, 查准率 P 上下波动且总体呈下降趋势. 概率阈值 $P_c = \min(\widehat{P}_i)$ 时, 所有观测的预测类别 $\widehat{y}_i = 1$, 查全率 R 到达最大值 1, 查准率 P 等于 π. 如前文所述, 随着查全率 R 的上升, 查准率 P 不会快速下降的模型是预测性能较好的模型. 图中, 红色对角线为基准模型, 在其上方并越远离的模型越优. 可见, 蓝色点虚线对应的模型优于黑实线, 原因是点虚线 "包裹" 住了黑实线, 使得两个模型查全率 R 相等时 (如 0.2 或 0.4), 点虚线模型的查准率 P 均大于黑实线模型.

2.2.3 泛化误差的估计方法

预测模型将应用到对新数据的预测中. **泛化误差是预测模型对新数据集进行预测时, 给**

出的预测值和实际值不一致程度的数值化度量. 预测模型的泛化误差较小, 才有信心认为模型将在对新数据的预测中有良好的表现. 如果一种预测模型比另一种具有更小的泛化误差, 那么该模型将更有效. 由于建模时未来新数据集是未知的, 因此泛化误差是无法直接计算的, 只能给出一个相对客观的估计值. 如何估计泛化误差, 是本节讨论的主要问题.

一、训练误差

预测建模的核心目标是基于数据集估计出预测模型的参数, 是基于数据集训练模型的过程. **用于训练模型的数据集称为训练集 (training set), 其中的样本观测为“袋内观测”. 基于训练集“袋内观测”, 建立模型并计算得到的模型误差, 称为训练误差或经验误差.**

例如, 回归预测中典型的训练误差是基于训练集 (样本量为 $N_{\text{training}} < N$) 的 MSE:

$$\overline{err} = \mathrm{E}(L(y_i, \widehat{f}(\boldsymbol{X}_i))) = \frac{1}{N_{\text{training}}} \sum_{i=1}^{N_{\text{training}}} (y_i - \widehat{y}_i)^2 \tag{2.13}$$

例如, 基于式 (2.6) 分类预测中基于训练集的训练误差为:

$$\overline{err} = \mathrm{E}(L(y_i, \widehat{P}(\boldsymbol{X}_i))) = -\frac{1}{N_{\text{training}}} \sum_{i=1}^{N_{\text{training}}} \log \widehat{P}_{y_i}(\boldsymbol{X}_i) \tag{2.14}$$

训练误差的大小与模型复杂度和训练样本量有关. 模型复杂度一般可用模型中的待估参数个数度量. 一方面, 待估参数越多, 模型复杂度越高. 例如, 式 (2.1) 或式 (2.2) 中 β_i 的个数越多, 模型的复杂度越高. 反之, 在恰当的训练样本量条件下, 增加模型的复杂度会带来训练误差的降低. 原因是高复杂度模型对数据中隐藏规律的刻画更细致, 使得训练误差减少. 另一方面, 模型复杂度确定的条件下, 训练误差会随样本量增加而下降. 原因是较小规模的训练集无法全面囊括输入变量和输出变量取值的规律性, 建立在其上的预测模型因不具备“充分学习”的数据条件导致训练误差较大. 随着样本量的增加, 这种情况会得到有效改善. 如图 2–9 所示 (Python 代码详见 2.4.3 节).

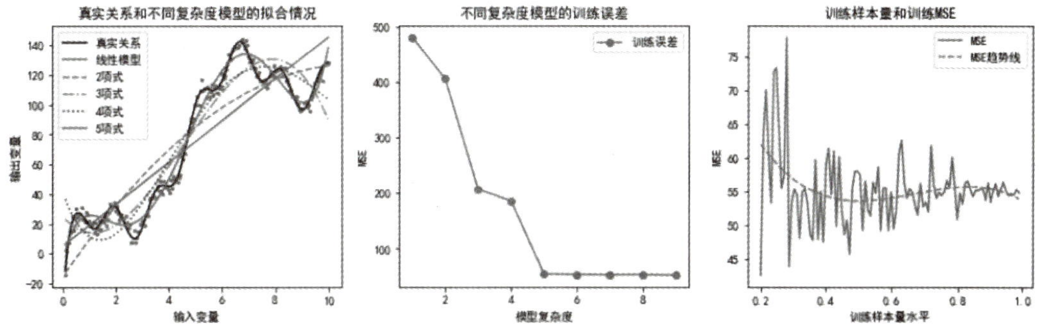

图 2–9 训练误差与模型复杂度和训练样本量

图 2–9 左图是基于随机模拟数据建立回归预测模型的一个示例. 首先, 假设输入变量 X 和输出变量 y 之间的真实关系用黑色实线表示. 然后, 因其他随机因素会对输出变量产生影响, 为模拟这种影响, 令 $y_i = y_i + \varepsilon_i$. 其中, ε_i 为服从均值为 0、方差为常数 σ^2 的随机数. 各个样本观测对应图中的圆点, 可见并非所有圆点都在黑色实线上.

预测建模时，首先建立最简单的回归预测方程：$\widehat{y} = \widehat{\beta}_0 + \widehat{\beta}_1 X$，对应图中的蓝色实直线. 该模型对样本观测点的拟合不理想. 进一步，建立多项式模型，逐渐增加回归预测模型的复杂度，分别得到二项式方程：$\widehat{y} = \widehat{\beta}_0 + \widehat{\beta}_1 X + \widehat{\beta}_2 X^2$，三项式方程：$\widehat{y} = \widehat{\beta}_0 + \widehat{\beta}_1 X + \widehat{\beta}_2 X^2 + \widehat{\beta}_3 X^3$，等等. 这里，最复杂的回归预测方程为五项式形式：$\widehat{y} = \widehat{\beta}_0 + \widehat{\beta}_1 X + \cdots + \widehat{\beta}_5 X^5$. 各回归方程对应的回归线如图 2–9 所示. 显然，最复杂的模型对样本观测的拟合最理想. 正如图 2–9 中图所示，训练误差随模型复杂度 (这里最复杂的模型为九项式) 增加而下降. 图 2–9 右图展示了随训练样本量增加五项式模型的训练误差变化的情况. 前期训练误差呈波动式下降. 当样本量达到一定规模后，训练误差将基本持续维持在一个平稳水平. 训练样本量和训练误差的理论关系如图 2–10 所示.

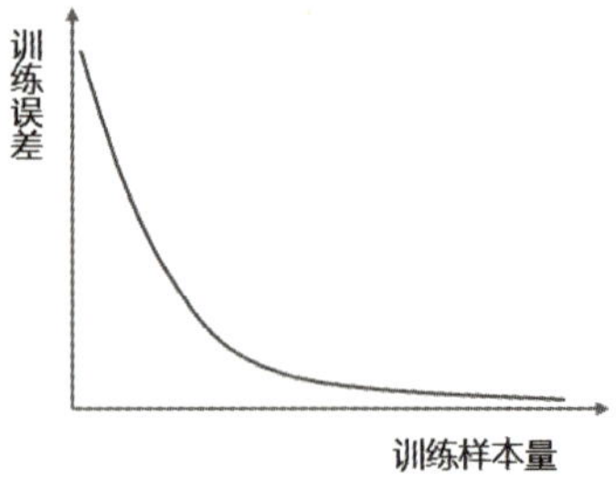

图 2–10　训练误差和样本量的关系

二、测试误差

能否将训练误差作为泛化误差的估计呢? 答案是否定的.

首先，在建模当下，未来新数据集不可能作为训练集. 相对于 “袋内观测”，新数据都是 “袋外观测” (out of bag, OOB). 因此，泛化误差是基于 “袋外观测” 的误差，而非训练误差. 其次，损失函数最小原则下的模型参数估计策略决定了：训练误差是基于 “袋内观测” 的当下最小值，对基于 OOB 误差来讲是个偏低的估计. 换言之，训练误差是泛化误差的乐观估计.

为满足泛化误差应基于 OOB 计算的特点，预测建模时通常只抽取数据集中的部分样本观测组成训练集 (这里记为 T) 并训练模型. 剩余的样本观测全体称为**测试集** (test set). 评价模型时将计算模型在测试集上的误差，该误差称为**测试误差** (test error). **因测试误差基于 OOB 计算，通常作为模型泛化误差的估计**.

例如，回归预测中典型的测试误差是针对测试集 (样本量为 $N_{\text{test}} < N$) 的 MSE:

$$Err_{\mathrm{T}} = \mathrm{E}[L(y_i, \widehat{f}(\boldsymbol{X}_i)) \mid \mathrm{T}] = \frac{1}{N_{\text{test}}} \sum_{i=1}^{N_{\text{test}}} (y_i - \widehat{y}_i)^2 \tag{2.15}$$

其中 T 为特定训练集，因此 Err_{T} 是对基于特定训练集 T 所建特定模型 $\widehat{f}$ 泛化能力的估计.

进一步，测试集是总体的随机独立抽样结果，测试误差可能会因测试集不同而不同. 因此，可计算测试误差 Err_{T} 的期望:

$$Err = \mathrm{E}[L(y_i, \widehat{f}(\boldsymbol{X}_i))] = \mathrm{E}[Err_{\mathrm{T}}] \tag{2.16}$$

Err 是对随机样本所有可能的测试误差的平均，包括训练集 T 随机变化导致的 $\widehat{f}$ 的变化. 因此 Err 是对一类预测模型 f 泛化误差的理论估计.

大量随机模拟研究表明, 训练误差低于测试误差 (是泛化误差的乐观估计), 而且随着模型复杂度的增加, 训练误差和测试误差将有不同的变化趋势. 如图 2–11 所示 (Python 代码详见 2.4.3 节).

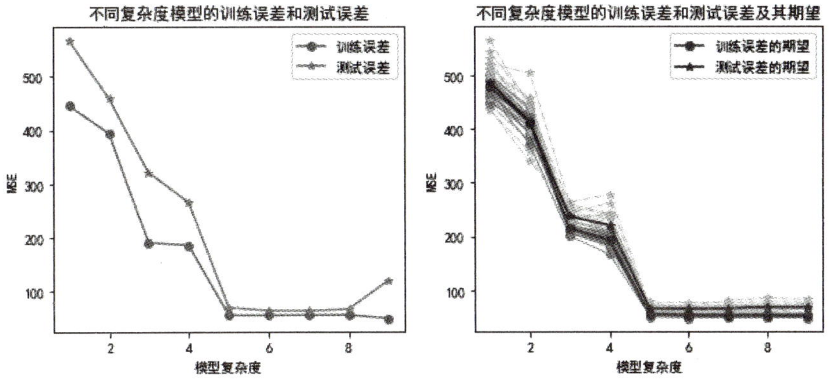

图 2–11　不同复杂度模型下的训练误差和测试误差

图 2–11 左图展示了图 2–9 中图不同复杂度模型下, 训练误差 ($\overline{err}$) 和测试误差 (Err_{T}) 的变化趋势图. 横坐标为复杂度, 纵坐标为 MSE. 训练误差是模型复杂的函数, 随复杂度的增加单调下降. 模型复杂度增加初期, 训练误差快速下降, 但后期下降较小并基本保持不变. 测试误差也是模型复杂度的函数, 高于训练误差. 在复杂度增加初期呈快速下降, 但后期 (如六项式之后) 不再单调下降而是开始增加, 呈 U 形.

测试误差 Err_{T} 结果会因测试集不同而不同, 如图 2–11 右图所示. 这里, 对数据集进行了 20 次随机抽样, 获得 20 个独立的训练集和测试集. 图 2–11 右图中的浅红色实线和浅蓝色点线分别对应不同训练集和测试集下模型的 $\overline{err}$ 和 Err_{T}. 各数值的差异源于训练集、预测模型 $\widehat{f}$、测试集的随机性变化. 有哪些获得训练集和测试集的策略, 对泛化误差的估计有怎样的影响, 将在 2.2.4 节讨论. 图 2–11 右图的深红色实线和深蓝色点线分别为 $\overline{err}$ 和 Err_{T} 的均值线, 即分别为期望的训练误差 $\mathrm{E}[\overline{err}]$ 和期望的测试误差 $\mathrm{E}[Err_{\mathrm{T}}]$. 图形同样体现了与图 2–11 相同的结论, 其一般理论特征如图 2–12 所示.

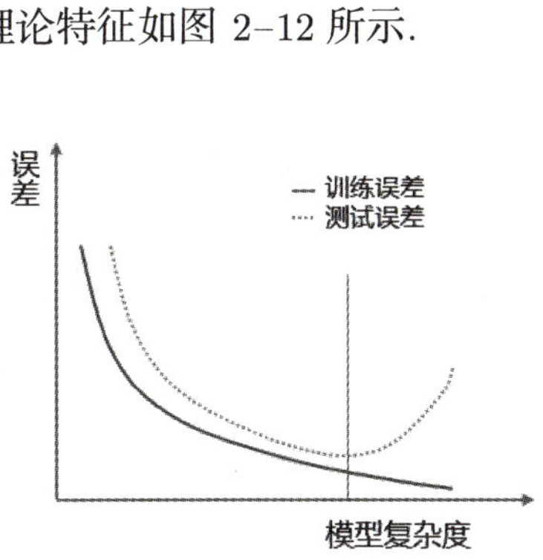

图 2–12　预测模型的训练误差和测试误差

图 2–12 中, 复杂度增加到竖线以后, 蓝实线的训练误差仍降低, 但橙色虚线的测试误差

开始增加.

总之, 训练误差和测试误差有不同特点, 总结如下:

第一, 训练误差是对泛化误差的偏低估计, 应采用测试误差估计泛化误差.

第二, 训练误差最小时的测试误差不一定最小, 也即训练误差最小下的预测模型, 其泛化能力不一定最强.

第三, 理想的预测模型应是泛化能力最强的模型, 是测试误差最小下的模型.

2.2.4　数据集的划分策略

数据集划分是将所得数据集划分为训练集和测试集. 在训练集上训练模型, 在测试集上计算模型的测试误差, 进而估计模型的泛化误差, 评价模型的预测性能. 测试误差会因数据集的不同划分策略而存在一定差异. 若建立在训练集上的预测模型记为: $\widehat{f}^{-k(i)}$, $-k(i)$ 表示除 $k(i)$ 之外的样本观测的集合, 即训练样本集, 则可将测试误差定义为:

$$CV(\widehat{f},\alpha)=\frac{1}{N}\sum_{i=1}^{N}L(y_i,\widehat{f}^{-k(i)}(\boldsymbol{X}_i,\alpha)) \tag{2.17}$$

其中, α 表示人为指定的数据集划分策略. **数据集的划分一般有旁置法 (hold out)、留一法 (leave one out, LOO) 和 K 折交叉验证法 (K cross-validation, CV).** α 不同所导致的训练集不同将最终体现在预测模型上, 因此将预测模型记为: $\widehat{f}^{-k}(\boldsymbol{X},\alpha)$, 表示第 α 个预测模型 (基于删去第 k 部分数据之外的数据).

一、旁置法

旁置法, 将整个数据集随机划分为两个部分. 一部分作为训练集 (通常包含原有数据集 60%~70% 的样本观测), 用于训练预测模型 $\widehat{f}^{-k}(\boldsymbol{X},\alpha)$. 剩余的样本观测组成测试集, 用于计算测试误差: $CV(\widehat{f},\alpha)=\dfrac{1}{N_{\text{test}}}\sum_{i=1}^{N_{\text{test}}}L(y_i,\widehat{f}^{-k(i)}(\boldsymbol{X}_i,\alpha))$. 如图 2–13 所示.

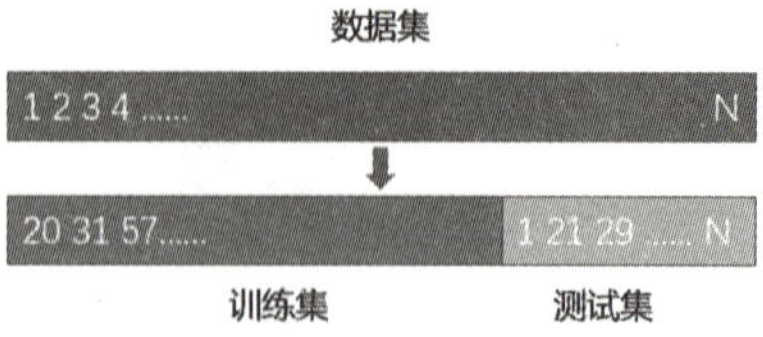

图 2–13　旁置法示意图

图 2–13 中, 1, 2, 3 等为样本观测的编号. 通过随机划分形成橙色部分的训练集以及浅蓝色部分的测试集. 图 2–11 右图为旁置法计算的测试误差.

旁置法仅适合数据集样本量 N 较大的情况. 样本量 N 较小时训练集会更小, 此时模型不具备 “充分学习” 的数据条件, 将出现测试误差偏大而高估模型泛化误差的悲观倾向. 为此可采用留一法.

二、留一法

留一法, 用 $N-1$ 个样本观测作为训练集训练模型, 用剩余的一个样本观测作为测试集计算模型的测试误差. 该过程需重复 N 次, 将建立 N 个预测模型. 针对留一法, 式 (2.17) 中的 $k(i)=i$. $\widehat{f}^{-k}(\boldsymbol{X},\alpha)$ 表示删除第 i 个样本观测后建立的第 α 个预测模型. 如图 2–14 所示.

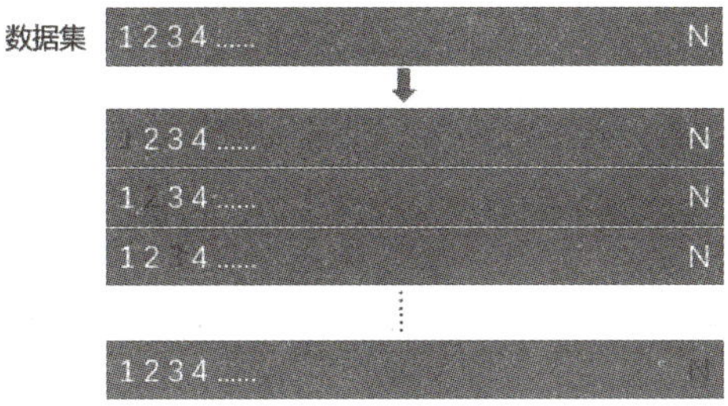

图 2–14　留一法示意图

图 2–14 中红色数字表示测试集合. 留一法中每次均有 $N-1$ 个样本观测 (绝大多数观测) 参与建模. 样本量较小时, 留一法策略下的训练集大于旁置法. 因没有破坏 “充分学习” 的条件, 其测试误差低于旁置法, 是模型泛化误差的近似无偏估计. 但是计算成本较高, 尤其在样本量 N 较大时. 为此可采用 K 折交叉验证法.

三、K 折交叉验证法

K 折交叉验证, 首先将数据集随机近似等分为不相交的 K 份, 称为 K 折; 然后, 令其中的 $K-1$ 份为训练集训练模型, 剩余的 1 份为测试集计算测试误差. 该过程需重复 K 次, 将建立 K 个预测模型. 针对 K 折交叉验证法, 式 (2.17) 中 k 的样本量近似等于 $\frac{N}{K}$. $\widehat{f}^{-k}(\boldsymbol{X},\alpha)$ 表示删除第 k 份样本观测后建立的第 α 个预测模型 (训练样本量近似等于 $(K-1)\frac{N}{K}$). 事实上, 可视 α 为模型的可调整参数. 例如: $\alpha=K=5$ 或 $\alpha=K=10$ 分别对应 5 折交叉验证或 10 折交叉验证. 图 2–15 是 10 折交叉验证的示意图.

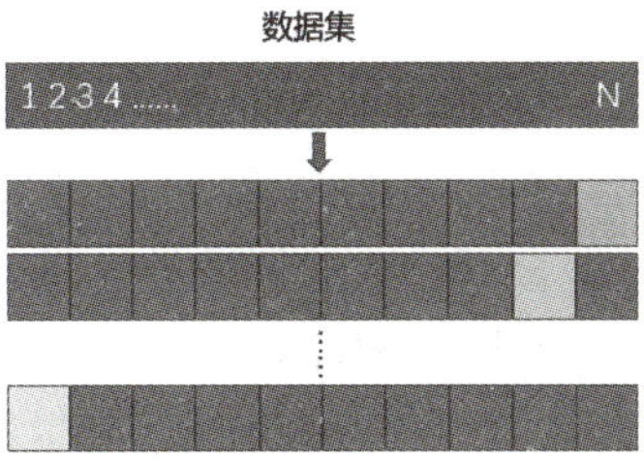

图 2–15　10 折交叉验证示意图

图 2–15 中的橙色部分为训练集, 浅灰色部分为测试集.

K 折交叉验证法与留一法有联系也有区别. 首先, 当 $\alpha=K=N$ 时, K 折交叉验证法就是留一法, 留一法即为 $K=N$ 折交叉验证法, 或称 N 折交叉验证法. 其次, 留一法 (N 折交叉验证法) 中的 N 个训练集差异都很小, 都是原数据集的近似, 所以留一法是对 Err_{T} 的估计. K 折交叉验证中, K 个训练集中的每个训练集都与原数据集有较大不同, 因此是对 Err_{T} 期望 Err 的估计. 一般采用 10 折交叉验证.

K 折交叉验证法还可用于模型选择. 正是由于 α 为模型的可调整参数, 可尝试不断调节 α 的值, 找到使 $CV(\widehat{f},\alpha)$ 最小时的 $\widehat{\alpha}$. 最终的模型为基于数据集全体的 $f(\boldsymbol{X},\widehat{\alpha})$. 关于模型选择的更多内容, 将在 2.3 节讨论.

2.3 预测模型的选择问题

若存在多个预测精度或预测误差接近的预测模型, 应以怎样的策略选出其中的 "佼佼者" 并加以应用, 也是数据预测中关注的重要问题. 目前, 模型选择已成为预测建模中不能忽视的重要环节. "佼佼者" 应具有哪些特征, 各种模型选择策略有哪些特点, 是本节讨论的主要问题.

2.3.1 几个重要观点

预测模型选择中有如下重要观点.

第一, **预测模型选择的理论依据是 "奥克姆剃刀" (Occam's Razor)**[①] **原则**.

奥克姆剃刀的基本内容是, 如果对于同一现象有两种不同的假说, 应该采取比较简单的那一种. 应用到预测建模中即为: 在所有可能选择的模型中, 应选择能够很好地解释已知数据且十分简单的模型. 若存在多个预测精度或预测误差接近的预测模型, 应选择其中复杂度较低的模型. 预测建模中选择简单模型的理由很直接, 因为简单模型不仅需要的输入变量较少, 待估参数较少, 而且简单模型更易被正确解释和应用.

第二, 通常简单模型的训练误差高于复杂模型, **但若其泛化误差低于复杂模型, 则应选择简单模型**. 因为泛化误差较低的模型在预测中将有更好的表现.

第三, 预测模型中的 "佼佼者" 应具有两个重要特征: **一是训练误差在可接受的范围内; 二是具有一定的预测稳健性.**

以追求训练误差最低为预测建模准则, 意味着倾向选择复杂模型. 这显然违背了奥克姆剃刀原则. 因此通常需适当 "妥协", 选择误差在可接受范围内的中等复杂度的模型. 由此引发的问题是: 选择复杂模型将导致怎样的后果? 答案是: 第一, 模型过拟合 (over-fitting) 而导致的高泛化误差. 第二, 模型过拟合而导致的低稳健性. 因此, "妥协" 带来的益处是: 减少模型的过拟合, 降低泛化误差, 提高预测稳健性.

这里涉及几个基本问题: 什么是模型过拟合? 如何度量模型的稳健性? 以下将围绕上述两点, 通过阐述过拟合、预测模型的偏差 (bias) 和方差 (variance) 等问题, 清晰预测建模选择的基本原则以及相应的建模策略.

---

① 奥克姆剃刀原则常称为简约原则 (Principle of Parsimony), 由 14 世纪最有影响力的哲学家、有争议的神学家奥克姆提出, 已被公认为科学建模的理论基础.

2.3.2 模型过拟合

模型过拟合, 是在训练误差最小原则下可能出现的, 预测模型远远偏离输入变量和输出变量的真实关系, 从而在新数据集上有较大预测误差的现象. 预测模型的训练误差较小但测试误差较大, 是模型过拟合的重要表现之一.

图 2–16 (Python 代码详见 2.4.5 节) 左图是基于随机模拟数据建立回归预测模型的一个示例. 首先, 假设输入变量 X 和输出变量 y 之间的真实关系用黑色实线表示. 然后, 因其他随机因素会对输出变量产生影响, 为模拟这种影响, 令 $y_i = y_i + \varepsilon_i$. 其中, ε_i 为服从均值为 0、方差为常数 σ^2 的随机数. 各个样本观测对应图中的圆点, 可见并非所有圆点都在黑色实线上.

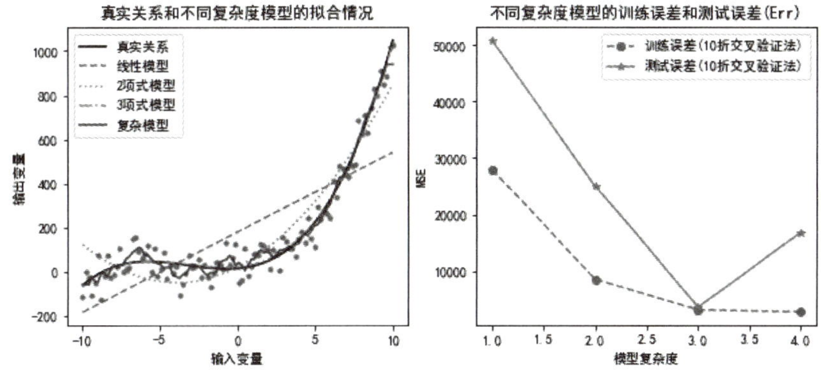

图 2–16 模型的过拟合表现

预测建模时, 首先建立最简单的回归预测方程: $\hat{y} = \hat{\beta}_0 + \hat{\beta}_1 X$, 对应图中的蓝色虚直线. 因该模型对样本观测点的拟合不理想, 训练误差较高. 进一步, 逐渐增加回归预测模型的复杂度, 建立多项式模型: $\hat{y} = \hat{\beta}_0 + \hat{\beta}_1 X + \hat{\beta}_2 X^2$ (二项式), $\hat{y} = \hat{\beta}_0 + \hat{\beta}_1 X + \hat{\beta}_2 X^2 + \hat{\beta}_3 X^3$ (三项式), 以及更复杂的非线性复杂模型 (K–近邻法, 详见第 4 章). 4 个预测模型对应的回归线如图所示. 显然, 三项式模型对应的回归线与真实关系线基本重合, 但对样本观测点的拟合程度不及复杂模型.

同时, 观察 4 个模型的训练误差和采用 10 折交叉验证法计算的测试误差 Err, 如图 2–16 右图所示. 4 个模型随复杂度增加训练误差单调下降, 但测试误差出现开始下降后又上升的现象. 复杂模型的训练误差最小但测试误差并非最小, 是过拟合的典型表现. 究其原因是, 尽管复杂模型的训练误差最小, 但事实上它已经开始偏离真实关系线 (如图 2–16 左图所示), 进而导致测试误差增加, 模型是过拟合的, 有高的泛化误差. 因三项式模型最贴近真实关系, 应选择该模型. 当然这是以牺牲预测精度为代价的 "妥协" 方案. 尽管其训练误差不是最小的 (默认在可接受范围内), 但测试误差最小, 泛化性能最优, 是个具有中等复杂度的恰当模型. 虽然实际预测建模中无法知道真实关系, 但模型选择的依据是不变的.

进一步, 图 2–17 (Python 代码详见 2.4.5 节) 左图利用箱线图和添加中位数折线 (蓝色虚线), 展示了 4 个模型采用 10 折交叉验证下各折测试误差的分布特征. 可见, 线性模型 (最简单模型) 的测试误差的中位数 (刻画平均水平) 最大, 四分位差 (箱体高度, 刻画离散程度) 也最大. 后续随模型复杂度增加, 二次式和三次式模型测试误差的平均水平和离散程度依次降低, 复杂模型均又增大. 图 2–17 右图更清晰地展示了测试误差平均水平和离散程度 (这里采用方差度量) 的变化情况. 理想模型的 K 折交叉验证测试误差的分布, 通常具有平均水平和离散程度均较低的特征.

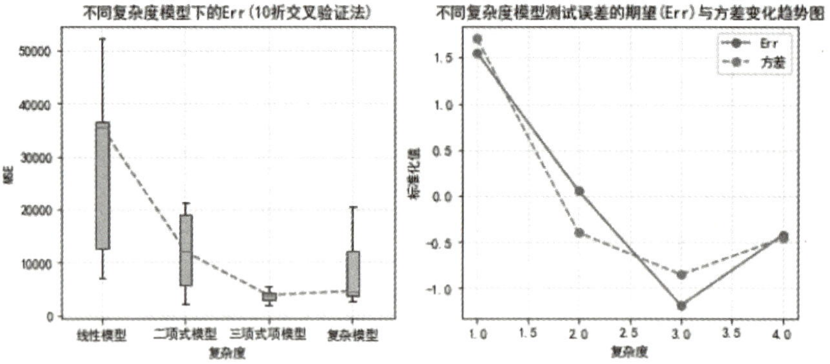

图 2–17 不同复杂度模型下的 10 折交叉验证

与模型过拟合相对立的另一种情况是模型欠拟合. **模型欠拟合也是指预测模型远远偏离输入变量和输出变量的真实关系, 表现为模型在训练集和测试集上均有较大的预测误差.** 如图 2–16 中蓝色虚线对应的线性模型和二项式模型.

2.3.3 预测模型的偏差和方差

预测模型中的 “佼佼者”, 不仅应有较低的泛化误差, 这决定了它在未来预测中将有较低的预测误差, 而且应能给出稳健性较高的预测, 即模型具有鲁棒性① (robustness). 预测的鲁棒性也决定了其泛化误差仅在一个很小的范围内波动, 泛化误差的估计具有可靠性. 模型的复杂度与鲁棒性及其泛化误差有怎样的关系, 是本节讨论的主要问题. 这里将引入预测模型偏差和方差, 旨在希望从理论上给出这些问题的答案.

一、概念和直观理解

预测模型的偏差是指对新数据集中的样本观测 X_0 (是模型的 OOB 观测), 模型给出的多个预测值 $\widehat{y}_0^i$ $(i=1,2,\cdots)$ 的期望 $\mathrm{E}(\widehat{y}_0^i)$ 与其实际值 y^0 的差, 测度了预测值与实际值不一致程度的大小. 理论上, 预测模型的偏差越小越好, 表明模型泛化误差小.

预测模型的方差是指对新数据集中的样本观测 X_0, 模型给出的多个预测值 $\widehat{y}_0^i$ 的方差, 测度了多个预测值波动程度的大小. 理论上, 预测模型的方差越小越好, 表明模型具有鲁棒性, 泛化误差的估计可靠.

---

① 鲁棒性原为统计学术语, 现多见于控制论研究中. 鲁棒性是指控制系统在一定特征或参数摄动下, 仍维持其某些性能的特性, 用以表征控制系统对特性或参数摄动的不敏感性.

下面以一名射击选手的多次射击为例，直观讲解偏差和方差的含义. 一名优秀的射击选手射击时应具有高准确性和稳定性，即在射击比赛中 (多次射击机会) 会枪枪射中靶心. 这里，射中靶心表示高准确性也即低偏差，枪枪击中点重合表示高稳定性也即低方差. 图 2–18 刻画了多次射击的结果.

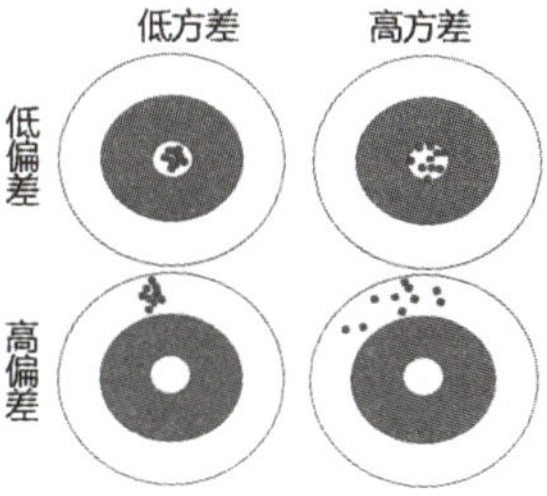

图 2–18　偏差和方差的直观理解

图 2–18 中，红色小圆点为 10 次射击结果，靶心为最内圈. 左上图枪枪射中靶心且很多击中点重合，为低偏差和低方差. 右上图 10 枪射在靶心内但击中点不重合，为低偏差和高方差. 左下图枪枪射在靶心之外但很多击中点重合，为高偏差和低方差. 右下图枪枪射在靶心之外且击中点不重合，为高偏差和高方差.

二、偏差和方差的理论定义

这里以回归预测为例讨论. 输入变量和输出变量取值的数量关系可表示为: $y=f(\boldsymbol{X})+\varepsilon$，其中 $\mathrm{E}(\varepsilon)=0, \mathrm{Var}(\varepsilon)=\sigma_\varepsilon^2$ 且独立于 $\boldsymbol{X}$. 对样本观测 $\boldsymbol{X}_0$ 的 $Err(\boldsymbol{X}_0)$ ($\boldsymbol{X}_0$ 测试误差的期望)，做如下偏差–方差分解 (bias-variance decomposition) :

$$\begin{aligned}Err(\boldsymbol{X}_0) &= \mathrm{E}[(y_0-\widehat{y}_0)^2]=\mathrm{E}[f(\boldsymbol{X}_0)+\varepsilon-\widehat{f}(\boldsymbol{X}_0)]^2=\mathrm{E}[f(\boldsymbol{X}_0)-\widehat{f}(\boldsymbol{X}_0)]^2+\mathrm{Var}(\varepsilon)\\ &= [\mathrm{E}\widehat{f}(\boldsymbol{X}_0)-f(\boldsymbol{X}_0)]^2+\mathrm{E}[\widehat{f}(\boldsymbol{X}_0)-\mathrm{E}\widehat{f}(\boldsymbol{X}_0)]^2+\mathrm{Var}(\varepsilon)\\ &= [\mathrm{Bias}(\widehat{y}_0)]^2+\mathrm{Var}(\widehat{y}_0)+\mathrm{Var}(\varepsilon)\end{aligned} \tag{2.18}$$

其中，第三项为随机误差项的方差，无论怎样调整模型，第三项都不可能消失，除非 $\sigma_\varepsilon^2=0$；第一项为上述偏差的平方，度量了预测值的平均值与真实值的差；第二项为上述方差，度量了预测值与其期望间的平均性平方差异.

结合射击的例子，$\boldsymbol{X}_0$ 表示射击选手；$f(\boldsymbol{X}_0)$ 表示该选手自身具有的射击成绩；$\widehat{f}(\boldsymbol{X}_0)$ 表示一次射击成绩；$\mathrm{E}\widehat{f}(\boldsymbol{X}_0)$ 表示比赛中多次射击的平均成绩；$\mathrm{Var}(\varepsilon)$ 表示比赛时的外界随机干扰因素. 可见，偏差度量了这次比赛成绩和该射击选手自身具有的成绩间的差异. 方差度量了该选手比赛发挥的稳定性. $Err(\boldsymbol{X}_0)$ 刻画了比赛的综合表现 (不足). 只有成绩间的差异小 (偏差小) 且发挥稳定 (方差小)，比赛的综合不足才会低.

因实际预测建模中真实值 $f(\boldsymbol{X}_0)$ 是未知的，且只能得到预测模型 $\widehat{f}$ 对样本观测 $\boldsymbol{X}_0$ 的一个预测值 $\widehat{y}_0=\widehat{f}(\boldsymbol{X}_0)$，所以式 (2.18) 为理论表达.

总希望 $Err(\boldsymbol{X}_0)$ 越小越好. 一方面，由前面的论述可知，增加模型复杂度可减少偏差 $[\mathrm{Bias}(\widehat{y}_0)]^2$，并为降低 $Err(\boldsymbol{X}_0)$ 做出贡献. 但因 $Err(\boldsymbol{X}_0)\geqslant \mathrm{Var}(\varepsilon)$，所以 $Err(\boldsymbol{X}_0)$ 的最低

值为 $\text{Var}(\varepsilon)$, 无论多么优秀的模型也无法使 $Err(\boldsymbol{X}_0)$ 低于 $\text{Var}(\varepsilon)$. 另一方面, 在增加模型复杂度减少 $[\text{Bias}(\widehat{y}_0)]^2$ 的同时, 方差 $\text{Var}(\widehat{y}_0)$ 会有怎样的变化呢? 这里通过数据模拟给出答案 (Python 的代码详见 2.4.5 节).

图 2–19 是对前述 4 个模型 $Err(\boldsymbol{X}_0)$ 以及偏差和方差变化趋势的模拟结果. 显然, 线性模型 (最简单的欠拟合模型) 的偏差最大但方差最小, $Err(\boldsymbol{X}_0)$ 位于最高点. 二项式模型偏差明显下降且方差略有增加, 由于偏差减少的幅度远大于方差增加的幅度, $Err(\boldsymbol{X}_0)$ 从最高点快速下降. 三项式模型仍保持偏差减少和方差增加且 $Err(\boldsymbol{X}_0)$ 继续下降. 复杂模型偏差小幅度增加但方差增加明显导致 $Err(\boldsymbol{X}_0)$ 从最低点上升. 由此可见, 模型复杂度增加带来 $[\text{Bias}(\widehat{y}_0)]^2$ 减少, 方差 $\text{Var}(\widehat{y}_0)$ 会随之增加. 如果偏差的减少可以抵消方差的增加, $Err(\boldsymbol{X}_0)$ 会继续降低. 但如果偏差的减少无法抵消方差的增加, $Err(\boldsymbol{X}_0)$ 则会增加.

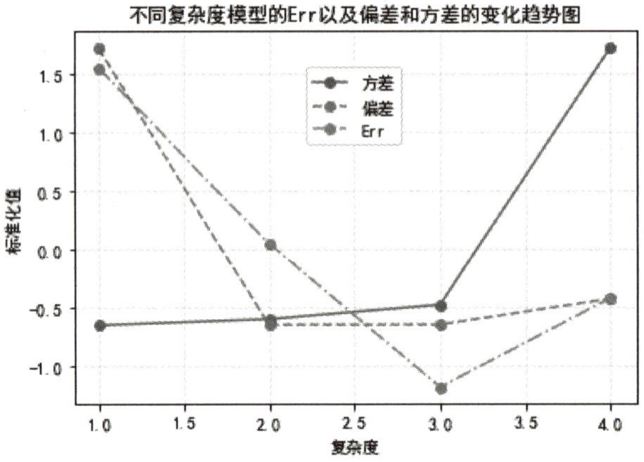

图 2–19　不同复杂度模型下 $Err(\boldsymbol{X}_0)$ 以及偏差和方差

简单模型具有高偏差和低方差, 模型的预测稳健性高. 例如, 对于 1.2.2 节提出的问题一, 预测 PM2.5 浓度的最简单模型是不考虑任何输入变量的取值, 并直接令所有预测值均为 PM2.5 均值. 显然, 这个偏差一定很大, 但因为预测值都相等, 使得方差为 0 是最小的. 这意味着训练集可以变化, 但只要 PM2.5 均值不变, 不会对预测结果产生任何影响, 模型具有最强的鲁棒性. 复杂模型具有低偏差和高方差, 模型的预测稳健性低. 因为复杂模型的特点是 "紧随数据点". 训练集的微小变化就可能使模型参数的估计结果产生较大波动, 进而 $\widehat{y}_0$ 有较大不同 (高方差), 预测结果不稳定, 模型鲁棒性较差. 因此, "低偏差和低方差" 是不可兼得的. 理论上, 训练误差、测试误差以及偏差和方差的关系如图 2–20 所示.

图 2–20 蓝色虚线右侧的模型是过拟合的, 预测的稳健性低, 鲁棒性差. 总之, 模型选择中, "佼佼者" 应在泛化误差最低的蓝色虚线处. 它具有中等复杂度, 训练误差在可接受水平并具有一定的预测稳健性.

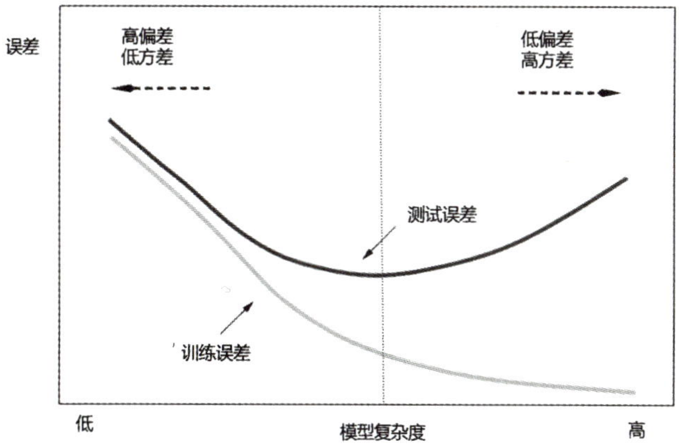

图 2–20　训练误差、测试误差以及偏差和方差的关系

2.4 Python 实践课: 加深理论理解, 探索应用实践

为进一步加深对本章相关理论的理解, 设计如下 Python 实践课内容.

第一, 利用 Python 建立回归预测模型中的一般线性模型, 以及分类预测模型中的 Logistic 回归模型.

第二, 利用 Python 计算预测模型评价指标, 并绘制模型评价图形.

第三, 利用 Python 实现泛化误差估计, 进一步加深对复杂模型训练误差、测试误差以及和样本量关系的理解.

第四, 利用 Python 实现数据集划分.

第五, 利用 Python 实现模拟预测模型选择问题, 加深对过拟合、偏差和方差的理解.

以下为本章需导入的 Python 模块:

```
1  #本章需引用的模块
2  import numpy as np
3  import pandas as pd
4  import matplotlib.pyplot as plt
5  %matplotlib inline
6  plt.rcParams['font.sans-serif']=['SimHei']  #解决中文显示乱码问题
7  plt.rcParams['axes.unicode_minus']=False
8  import warnings
9  warnings.filterwarnings(action = 'ignore')
10 from sklearn.metrics import confusion_matrix,f1_score,roc_curve, auc, precision_recall_curve,accuracy_score
11 from sklearn.model_selection import train_test_split,KFold,LeaveOneOut,LeavePOut # 数据集划分方法
12 from sklearn.model_selection import cross_val_score,cross_validate # 计算交叉验证下的测试误差
13 from sklearn import preprocessing
14 import sklearn.linear_model as LM
15 from sklearn import neighbors
```

其中:

(1) 第 10 行: 用于计算预测模型的各种评价指标.

(2) 第 11 行: 用于数据集的划分.

(3) 第 12 行: 用于计算不同数据集划分下的测试误差.

(4) 第 13 行: 用于数据预处理.

(5) 第 14 行: 用于建立线性回归模型和 Logistic 回归模型.

(6) 第 15 行: 用于建立 K–近邻复杂模型 (详见第 4 章).

2.4.1 实践一: 预测模型中的一般线性回归模型和 Logistic 回归模型

本节讨论如何利用 Python 建立一般线性回归模型和 Logistic 回归模型 (文件名: chapter2-1.ipynb).

一、建立一元线性回归模型

本节基于空气质量监测数据, 建立预测 PM2.5 浓度的一元线性回归模型和多元线性回归模型.

```
1  data=pd.read_excel('北京市空气质量数据.xlsx')
2  data=data.replace(0,np.NaN)
3  data=data.dropna()
4  data=data.loc[(data['PM2.5']<=200) & (data['SO2']<=20)]
5
6  ###一元回归
7  X=data[['CO']]
8  y=data['PM2.5']
9  modelLR=LM.LinearRegression()
10 modelLR.fit(X,y)
11 print("一元回归模型的截距项:%f"%modelLR.intercept_)
12 print("一元回归模型的回归系数:",modelLR.coef_)
13 plt.scatter(data['CO'],data['PM2.5'],c='green',marker='.')
14 plt.title('PM2.5与CO散点图和回归直线')
15 plt.xlabel('CO')
16 plt.ylabel('PM2.5')
17 plt.xlim(xmax=4, xmin=1)
18 plt.ylim(ymax=300,ymin=1)
19 plt.plot(data['CO'],modelLR.predict(X),linewidth=0.8)
20 plt.show()
21
```

```
一元回归模型的截距项:0.955268
一元回归模型的回归系数: [60.58696023]
```

首先, 建立 PM2.5 预测的一元线性回归模型, 其中输入变量为 CO.

【代码说明】

(1) 第 1~5 行: 首先, 读入空气质量监测数据到 Pandas 的数据框; 其次, 对数据进行必要的预处理: 将数据集中的 0 值替换为缺失值 NaN; 剔除取缺失值的样本观测; 仅针对 PM2.5 浓度低于 200 且 SO2 浓度低于 20 的数据子集建模 (详见 1.3.4 节).

(2) 第 7 行: 指定回归预测中的输入变量为 CO. Python 回归建模中要求输入变量为矩阵形式. 注意: 利用 data[['CO']] 的结果为仍为数据框 (对应矩阵), data['CO'] 的结果为序列不符合回归建模的数据要求.

(3) 第 8 行: 指定回归预测中的输入变量为 PM2.5. Python 回归建模中要求输出变量为向量.

(4) 第 9 行: 创建一个名为 modelLR 的对象, 对应一个回归模型.

(5) 第 10 行: 基于输入变量矩阵和输出变量向量, 估计回归模型参数拟合. 此时, ModelLR 为回归模型实例.

(6) 第 11、12 行: 输出回归模型的参数估计结果.

其中, ModelLR 对象实例的 .intercept_ 和 .coef_ 两个属性中, 分别存储回归模型的截距项和回归系数. 所得模型为:

$$PM2.5 = 0.96 + 60.59CO$$

表示 CO 每增加 1 个单位浓度, PM2.5 将平均增加 60.59 个单位浓度.

(7) 第 13~19 行: 绘制 PM2.5 和 CO 的散点图, 并添加回归直线 (详见 1.3.5 节), 如图 2-2 所示.

其中, ModelLR 对象实例的.predict(X) 方法, 用于基于所建立的回归模型, 计算 $\boldsymbol{X}$ 的输出变量预测值 $\hat{y}$.

二、建立多元线性回归模型

```
##多元回归
X=data[['SO2','CO']]
y=data['PM2.5']
modelLR=LM.LinearRegression()
modelLR.fit(X,y)
print("多元回归模型的截距项:%f"%modelLR.intercept_)
print("多元回归模型的回归系数:",modelLR.coef_)
```

```
多元回归模型的截距项:-1.249076
多元回归模型的回归系数: [ 0.85972339 56.85521851]
```

代码含义同上. 所得的回归模型为: $PM2.5 = -1.25 + 0.86SO2 + 56.86CO$. 表示在 SO2 浓度不变的条件下, CO 每增加 1 个单位浓度, PM2.5 将平均增加 56.86 个单位浓度.

三、建立 Logistic 回归模型预测是否出现污染

这里, 有污染用 1 表示, 无污染用 0 表示.

```
data=pd.read_excel('北京市空气质量数据.xlsx')
data=data.replace(0,np.NaN)
data=data.dropna()
data['有无污染']=data['质量等级'].map({'优':0,'良':0,'轻度污染':1,'中度污染':1,'重度污染':1,'严重污染':1})
print(data['有无污染'].value_counts())

fig = plt.figure()
ax = fig.add_subplot(111)
flag=(data['有无污染']==0)
ax.scatter(data.loc[flag,'PM2.5'],data.loc[flag,'PM10'],c='cornflowerblue',marker='o',label='无污染',alpha=0.6)
flag=data['有无污染']==1
ax.scatter(data.loc[flag,'PM2.5'],data.loc[flag,'PM10'],c='grey',marker='+',label='有污染',alpha=0.4)
ax.set_xlabel('PM2.5')
ax.set_ylabel('PM10')
plt.legend()
```

```
16
17 ##Logistic回归
18 X=data[['PM2.5','PM10']]
19 y=data['有无污染']
20 modelLR=LM.LogisticRegression()
21 modelLR.fit(X,y)
22 print("截距项:%f"%modelLR.intercept_)
23 print("回归系数:",modelLR.coef_)
24 print("优势比{0}".format(np.exp(modelLR.coef_)))
25 yhat=modelLR.predict(X)
26 print("预测结果：",yhat)
27 print("总的错判率：%f"%(1-modelLR.score(X,y)))
28
```

```
0    1204
1     892
Name: 有无污染, dtype: int64
截距项:-4.622931
回归系数: [[0.05088507 0.01712431]]
优势比[[1.05220195 1.01727177]]
预测结果： [0 1 0 ... 0 0 0]
总的错判率：0.153626
```

【代码说明】

(1) 第 4 行: 利用 map 函数将研究简化为二分类预测问题 (详见 1.3.4 节).

(2) 第 5 行: 统计有无污染的天数. 结果表明: 1 204 天无污染, 892 天有污染.

(3) 第 7~15 行: 绘制在有污染和无污染下, PM2.5 和 PM10 的分类散点图 (详见 1.3.5 节), 如图 2–3 所示.

(4) 第 18、19 行: 指定 Logistic 回归模型的输入变量为 PM2.5 和 PM10, 输出变量为二分类有无污染.

(5) 第 20、21 行: 创建对应 Logistic 回归模型的对象 modelLR, 并基于输入变量和输出变量估计模型参数.

(6) 第 22、23 行: 输出模型参数, 模型为:

$$Logit\ P = -4.62 + 0.05PM2.5 + 0.02PM10$$

表明: 在 PM10 不变的条件下, PM2.5 每增加 1 个单位浓度, $Logit\ P$ 将平均增加 0.02, 即优势比 $= \exp(0.02) = 1.02$, 意味着 PM2.5 每增加 1 个单位浓度将导致出现污染的概率是原来的 1.05 倍. PM10 对有污染的影响低于 PM2.5.

(7) 第 25、26 行: 基于预测模型进行预测.

2.4.2　实践二: 预测模型的评价指标和图形化评价工具

本节讨论如何利用 Python (文件名: chapter2-2.ipynb) 计算各类预测模型的评价指标, 并绘制 ROC 曲线图和 P-R 曲线图, 以及 ROC 和 P-R 曲线的应用等.

一、ROC 和 P-R 曲线示例

这里, 给出绘制 ROC 曲线和 P-R 曲线的 Python 编程示例. 数据来自名为 “类别和概率.csv” 的文本文件, 包括两列数据: 第 1 列为模型预测为 1 类的概率值, 第 2 列为实际标签 (0 或 1).

基本思路是: 首先计算实际标签为 1 和 0 类的样本量 (pos 和 neg); 然后将数据按概率值降序重新排列; 随后利用 for 循环计算绘图所需数据: FPR、TPR、查全率 R 和查准率 P.

```
1  data = pd.read_csv('类别和概率.csv')
2  label=data['label']
3  prob=data['prob']
4  pos = np.sum(label == 1)
5  neg = np.sum(label == 0)
6  prob_sort = np.sort(prob)[::-1]
7  index = np.argsort(prob)[::-1]
8  label_sort = label[index]
9
10 Pre = []
11 Rec = []
12 tpr=[]
13 fpr=[]
14 for i, item in enumerate(prob_sort):
15     Rec.append(np.sum((label_sort[:(i+1)] == 1)) /pos)
16     Pre.append(np.sum((label_sort[:(i+1)] == 1))/(i+1))
17     tpr.append(np.sum((label_sort[:(i+1)] == 1))/pos)
18     fpr.append(np.sum((label_sort[:(i+1)] == 0)) /neg)
19
20 fig,axes=plt.subplots(nrows=1,ncols=2,figsize=(10,4))
21 axes[0].plot(fpr,tpr,'k')
22 axes[0].set_title('ROC曲线')
23 axes[0].set_xlabel('FPR')
24 axes[0].set_ylabel('TPR')
25 axes[0].plot([0, 1], [0, 1], 'r--')
26 axes[0].set_xlim([-0.01, 1.01])
27 axes[0].set_ylim([-0.01, 1.01])
28 axes[1].plot(Rec,Pre,'k')
29 axes[1].set_title('P-R曲线')
30 axes[1].set_xlabel('查全率R')
31 axes[1].set_ylabel('查准率P')
32 axes[1].plot([0,1],[1,pos/(pos+neg)], 'r--')
33 axes[1].set_xlim([-0.01, 1.01])
34 axes[1].set_ylim([pos/(pos+neg)-0.01, 1.01])
```

【代码说明】

(1) 第 4、5 行: 分别计算数据集中取 1 和 0 类的样本量.

(2) 第 6~8 行: 对概率按降序排序. 降序排序结果保存在 prob_sort 中, 样本观测编号保存在 label_sort 中.

其中, pandas 的函数 sort() 实现升序排序, 利用 [::-1] 实现元素倒排, 即降序.

(3) 第 10~13 行: 创建 4 个空列表, 分别存储查准率 P、查全率 R、TPR 和 FPR.

(4) 第 15~18 行: 利用循环分别计算概率阈值 P_c 由大到小依次取值时的查全率 R、查准率 P、TPR 和 FPR.

其中, 列表的.append 方法实现在列表尾部添加元素.

循环中的 i 为索引, item 为 prob_sort 的具体值 (预测概率). 这里采用 enumerate() 函数, 用于给出一个可迭代数据对象 (如列表等) 的索引和对应的数值.

(5) 第 20~27 行: 绘制 ROC 曲线图.

(6) 第 28~34 行: 绘制 P-R 曲线图.

所得图形如图 2-8 所示. 曲线越远离基准线表明模型的整体预测性能越高.

二、ROC 和 P-R 曲线的应用

这里, 利用空气质量监测数据, 建立 Logistic 回归模型对是否有污染进行分类预测. 其中的输入变量包括 PM2.5、PM10、SO2、CO、NO2、O3 污染物浓度, 是否有污染为二分类的输出变量 (1 为有污染, 0 为无污染). 进一步, 对模型进行评价, 涉及 ROC 曲线、AUC 值以及 F1 分数等.

```
1  data=pd.read_excel('北京市空气质量数据.xlsx')
2  data=data.replace(0,np.NaN)
3  data=data.dropna()
4  data['有无污染']=data['质量等级'].map({'优':0,'良':0,'轻度污染':1,'中度污染':1,'重度污染':1,'严重污染':1})
5  data['有无污染'].value_counts()
6  X=data.loc[:,['PM2.5','PM10','SO2','CO','NO2','O3']]
7  Y=data.loc[:,'有无污染']
8  
9  modelLR=LM.LogisticRegression()
10 modelLR.fit(X,Y)
11 print('训练误差:',1-modelLR.score(X,Y))  #print(accuracy_score(Y,modelLR.predict(X)))
12 print('混淆矩阵:\n',confusion_matrix(Y,modelLR.predict(X)))
13 print('F1-score:',f1_score(Y,modelLR.predict(X),pos_label=1))
14 fpr,tpr,thresholds = roc_curve(Y,modelLR.predict_proba(X)[:,1],pos_label=1)  ###计算fpr和tpr
15 roc_auc = auc(fpr,tpr)  ###计算auc的值
16 print('AUC:',roc_auc)
17 print('总正确率',accuracy_score(Y,modelLR.predict(X)))
18 fig,axes=plt.subplots(nrows=1,ncols=2,figsize=(10,4))
19 axes[0].plot(fpr, tpr, color='r',linewidth=2, label='ROC curve (area = %0.5f)' % roc_auc)
20 axes[0].plot([0, 1], [0, 1], color='navy', linewidth=2, linestyle='--')
21 axes[0].set_xlim([-0.01, 1.01])
22 axes[0].set_ylim([-0.01, 1.01])
23 axes[0].set_xlabel('FPR')
24 axes[0].set_ylabel('TPR')
25 axes[0].set_title('ROC曲线')
26 axes[0].legend(loc="lower right")
27 
28 pre, rec, thresholds = precision_recall_curve(Y,modelLR.predict_proba(X)[:,1],pos_label=1)
29 axes[1].plot(rec, pre, color='r',linewidth=2, label='总正确率 = %0.3f)' % accuracy_score(Y,modelLR.predict(X)))
30 axes[1].plot([0,1],[1,pre.min()],color='navy', linewidth=2, linestyle='--')
31 axes[1].set_xlim([-0.01, 1.01])
32 axes[1].set_ylim([pre.min()-0.01, 1.01])
33 axes[1].set_xlabel('查全率R')
34 axes[1].set_ylabel('查准率P')
35 axes[1].set_title('P-R曲线')
36 axes[1].legend(loc='lower left')
37 plt.show()
```

```
训练误差: 0.07919847328244278
混淆矩阵:
 [[1128   76]
 [  90  802]]
F1-score: 0.9062146892655367
AUC: 0.9817750621992462
总正确率 0.9208015267175572
```

【代码说明】

(1) 第 11 行: 计算 Logistic 回归模型的总错判率.

这里直接采用模型对象 modelLR 的 score() 方法. 只需指定输入变量和输出变量, score() 可自动基于 modelLR 进行预测并计算总的正确率. 1 减去正确率得到总错判率, 为 7.9%.

(2) 第 12 行: 计算混淆矩阵.

直接利用函数 confusion_matrix, 并指定实际值和预测值参数, 便可自动计算混淆矩阵. 结果表明: 实际为 0 预测为 0 的有 1 128 天, 实际为 1 预测为 1 的有 802 天. 实际为 0 预测为 1、实际为 1 预测为 0 的分别有 76 天和 90 天.

(3) 第 13 行: 计算 F1 分数.

直接利用函数 f1_score, 并指定实际值和预测值参数以及类别 (这里为 1), 便可自动计算

指定类 (这里为 1) 的 F1 分数. 本例结果为 0.91.

(4) 第 14 行: 计算 ROC 曲线中的 FPR 和 TPR 等.

直接利用函数 roc_curve, 并指定实际值和预测值参数以及类别 (这里为 1), 便可自动计算指定类 (这里为 1) 的 FPR 和 TPR. 其中, 概率阈值 P_c 依次取 modelLR.predict_proba(X)[:,1]. 这里, predict_proba(X) 方法给出的预测值是各样本观测为 0 类和 1 类的概率. 第 2 列为取 1 类的概率. roc_curve 函数将返回三组值一一对应的 FPR, TPR, P_c.

(5) 第 15 行: 计算 AUC 值.

直接利用函数 auc 并指定 FPR 和 TPR, 便可自动计算 ROC 曲线下的面积. 本例结果为 0.98, 比较理想.

(6) 第 17 行: 计算总正确率.

直接利用函数 accuracy_score, 并指定实际值和预测值, 便可自动计算总正确率. 本例结果约为 92%, 比较理想.

(7) 第 18~26 行: 绘制 ROC 曲线.

(8) 第 28 行: 计算绘制 P-R 曲线中的查准率 P 和查全率 R 等.

直接利用函数 precision_recall_curve, 并指定实际值和预测值参数以及类别 (这里为 1), 便可自动计算指定类 (这里为 1) 的 P 和 R. 其中, 概率阈值 P_c 依次取 modelLR.predict_proba(X)[:,1], 含义同第 14 行.

(9) 第 29~37 行: 绘制 P-R 曲线.

本例的 ROC 曲线图和 P-R 曲线图如图 2–21 所示.

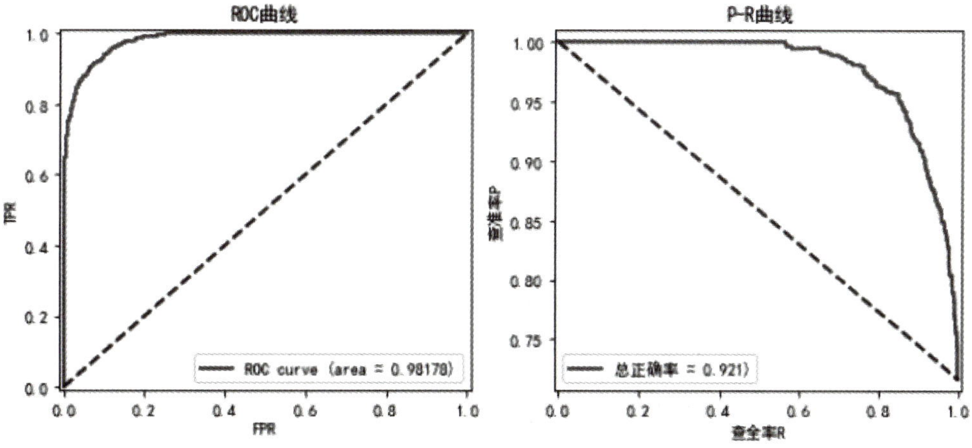

图 2–21　基于空气质量数据的污染预测图形评价

图 2–21 中曲线远离基准线, 表明 Logistic 回归模型较好地实现了有无污染的二分类预测.

2.4.3　实践三: 不同复杂度模型下的训练误差和测试误差

这里, 通过 Python 编程 (文件名: chapter2-3.ipynb), 进行数据模拟以直观展示以下方面:

1. 模型复杂度和训练误差的关系: 随模型复杂度的提高, 训练误差单调下降.

2. 考察特定模型下样本量增加对训练 MSE 的影响.

3. 随模型复杂度的增加, 训练误差和测试误差的变化: 随模型复杂度的提高, 训练误差单调下降, 测试误差呈先下降后来上升的 U 形.

一、模型复杂度和训练误差的关系

```
1  np.random.seed(123)
2  N=200
3  x=np.linspace(0.1,10, num=N)
4  y=[]
5  z=[]
6  for i in range(N):
7      tmp=10*np.math.sin(4*x[i])+10*x[i]+20*np.math.log(x[i])+30*np.math.cos(x[i])
8      y.append(tmp)
9      tmp=y[i]+np.random.normal(0,3)
10     z.append(tmp)
11
12 fig,axes=plt.subplots(nrows=1,ncols=3,figsize=(15,4))
13 axes[0].scatter(x,z,s=5)
14 axes[0].plot(x,y,'k-',label="真实关系")
15
16 modelLR=LM.LinearRegression()
17 X=x.reshape(N,1)
18 Y=np.array(z)
19 modelLR.fit(X,Y)
20 axes[0].plot(x,modelLR.predict(X),label="线性模型")
21 linestyle=['--','-.',':','-']
22 for i in np.arange(1,5):
23     tmp=pow(x,(i+1)).reshape(N,1)
24     X=np.hstack((X,tmp))
25     modelLR.fit(X,Y)
26     axes[0].plot(x,modelLR.predict(X),linestyle=linestyle[i-1],label=str(i+1)+"项式")
27 axes[0].legend()
28 axes[0].set_title("真实关系和不同复杂度模型的拟合情况")
29 axes[0].set_xlabel("输入变量")
30 axes[0].set_ylabel("输出变量")
```

【代码说明】

(1) 第 1~10 行: 指定输入变量和输出变量的真实关系, 样本量 $N=200$.

首先, 设定输入变量 (x) 和输出变量 (y) 的真实关系; 然后, 通过加上服从正态分布 (均值为 0 标准差为 3) 的随机数模拟其他随机因素对输出变量的影响. 这里, 观测到的输出变量为 z. 由于设定的真实关系函数可以被泰勒展开, 因此一定是次数越高的多项式模型越贴近真实观测值.

(2) 第 12~14 行: 绘制反映真实关系的曲线.

(3) 第 16~20 行: 建立最简单的线性模型并在图中添加回归直线.

(4) 第 22~26 行: 利用 for 循环分别建立二项至五项式模型, 并在图中添加回归线.

其中, pow() 函数计算指定次数的幂, hstack() 函数实现数据的横向拼接. 所绘图形如图 2-9 左图所示. 图形显示, 随模型复杂度增加, 模型对样本数据点的拟合越来越好.

以下计算各个模型的训练误差:

```
32  X=x.reshape(N,1)
33  Y=np.array(z)
34  modelLR.fit(X,Y)
35  MSEtrain=[np.sum((Y-modelLR.predict(X))**2)/(N-2)]
36  for i in np.arange(1,9):
37      tmp=pow(x,(i+1)).reshape(N,1)
38      X=np.hstack((X,tmp))
39      modelLR.fit(X,Y)
40      MSEtrain.append(np.sum((Y-modelLR.predict(X))**2)/(N-(i+2)))
41  axes[1].plot(np.arange(1,10),MSEtrain,marker='o',label='训练误差')
42  axes[1].legend()
43  axes[1].set_title("不同复杂度模型的训练误差")
44  axes[1].set_xlabel("模型复杂度")
45  axes[1].set_ylabel("MSE")
```

【代码说明】

(1) 第 32~35 行: 建立线性模型, 计算模型的训练 MSE.

MSE 计算时, 分母部分为自由度 $n-p-1$, 旨在以消除输入变量个数对 MSE 计算结果的影响. .predict(X) 方法可直接给出预测值.

(2) 第 36~40 行: 利用 for 循环分别建立二项至九项式模型, 并计算训练 MSE.

由于到达 9 阶后继续增加阶数, 对参数估计结果的影响很小, 可以忽略, 故此只建立至九项式.

(3) 第 41~45 行: 绘制各阶模型的训练 MSE 折线图, 如图 2–9 中图所示.

图形显示, 随模型复杂度增加, 模型训练误差单调下降.

以下基于五项式模型, 研究样本量对训练误差的影响:

```
47  X=x.reshape(N,1)
48  Y=np.array(z)
49  for i in np.arange(1,5):  #采用5项式模型
50      tmp=pow(x,(i+1)).reshape(N,1)
51      X=np.hstack((X,tmp))
52  np.random.seed(0)
53  size=np.linspace(0.2,0.99,100)
54  MSEtrain=[]
55  for i in range(len(size)):
56      Ntraining=int(N*size[i])
57      id=np.random.choice(N,Ntraining,replace=False)
58      X_train=X[id]
59      y_train=Y[id]
60      modelLR.fit(X_train,y_train)
61      MSEtrain.append(np.sum((y_train-modelLR.predict(X_train))**2)/(Ntraining-6))
62
63  tmpx=np.linspace(1,len(size), num=len(size)).reshape(len(size),1)  #拟合MSE
64  tmpX=np.hstack((tmpx,tmpx**2))
65  tmpX=np.hstack((tmpX,tmpx**3))
66  modelLR.fit(tmpX,MSEtrain)
67
68  axes[2].plot(size,MSEtrain,linewidth=1.5,linestyle='-',label='MSE')
69  axes[2].plot(size,modelLR.predict(tmpX),linewidth=1.5,linestyle='--',label='MSE趋势线')
70  axes[2].set_title("训练样本量和训练MSE")
71  axes[2].set_xlabel("训练样本量水平")
72  axes[2].set_ylabel("MSE")
73  axes[2].legend()
74  plt.show()
```

这里, 基于五项式模型, 考察训练集样本量对模型学习充分性的影响. 样本量依次为原数据集的 20%~99%, 观察训练 MSE 的变化.

【代码说明】

(1) 第 47~51 行: 准备建立五项式模型的数据集.

(2) 第 53 行: 给出后续建模的 100 个样本量的比例 (20%~99%). 总样本量 $N = 200$.

(3) 第 55~61 行: 利用 for 循环分别基于不同样本量的随机样本建立五项式模型, 并计算训练 MSE.

(4) 第 63~66 行: 为刻画不同样本量下训练 MSE 的变化趋势, 建立如下多项式模型: $MSE = \alpha_0 + \alpha_1 t + \alpha_2 t^2 + \alpha_2 t^3$, 即利用 3 次曲线拟合 MSE 的变化.

(5) 第 68~74 行: 绘制不同样本量下训练 MSE 的变化曲线和 3 次拟合曲线, 如图 2–9 右图所示.

图形显示, 增加样本量有助于降低训练误差.

二、模型复杂度变化时的训练误差和测试误差

为对比模型复杂度变化时训练误差和测试误差的变化情况, 首先, 通过 Python 编程实现旁置法: 按 70:30 的比例, 将数据集划分为训练集和测试集; 然后, 分别计算不同模型复杂度下的训练误差和测试误差, 并做对比.

```
1  fig,axes=plt.subplots(nrows=1,ncols=2,figsize=(10,4))
2  modelLR=LM.LinearRegression()
3
4  np.random.seed(123)
5  Ntraining=int(N*0.7)
6  Ntest=int(N*0.3)
7  id=np.random.choice(N,Ntraining,replace=False)
8  X_train=x[id].reshape(Ntraining,1)
9  y_train=np.array(z)[id].reshape(Ntraining,1)
10 modelLR.fit(X_train,y_train)
11 MSEtrain=[np.sum((y_train-modelLR.predict(X_train))**2)/(Ntraining-2)]
12
13 xtest= np.delete(x, id).reshape(Ntest,1)
14 X_test= np.delete(x, id).reshape(Ntest,1)
15 y_test=np.delete(z,id).reshape(Ntest,1)
16 MSEtest=[np.sum((y_test-modelLR.predict(X_test))**2)/(Ntest-2)]
17
18 for i in np.arange(1,9):
19     tmp=pow(x[id],(i+1)).reshape(Ntraining,1)
20     X_train=np.hstack((X_train,tmp))
21     modelLR.fit(X_train,y_train)
22     MSEtrain.append(np.sum((y_train-modelLR.predict(X_train))**2)/(Ntraining-(i+2)))
23     tmp=pow(xtest,(i+1)).reshape(Ntest,1)
24     X_test=np.hstack((X_test,tmp))
25     MSEtest.append(np.sum((y_test-modelLR.predict(X_test))**2)/(Ntest-(i+2)))
26
27 axes[0].plot(np.arange(1,10,1),MSEtrain,marker='o',label='训练误差')
28 axes[0].plot(np.arange(1,10,1),MSEtest,marker='*',label='测试误差')
29 axes[0].legend()
30 axes[0].set_title("不同复杂度模型的训练误差和测试误差")
31 axes[0].set_xlabel("模型复杂度")
32 axes[0].set_ylabel("MSE")
```

【代码说明】

(1) 第 4~9 行: 通过 Pandas 的随机数指定训练集包含的样本观测 (占总样本的 70%).

其中, Pandas 的函数 random.choice() 实现在指定范围内随机抽取数据, 这里为样本观测的编号.

(2) 第 10~11 行: 基于训练集建立最简单的线性模型, 并计算训练 MSE.

(3) 第 13~16 行: 基于训练集之外的样本观测构建测试集, 并计算线性模型的测试 MSE. 其中, Pandas 的函数 delete() 可删除指定索引上的元素.

(4) 第 18~25 行: 利用 for 循环分别建立二项至九项式模型, 并计算训练 MSE 和测试 MSE.

(5) 第 27~32 行: 绘制不同复杂度模型的训练 MSE 和测试 MSE 变化折线图, 如图 2-11 左图所示. 图形显示, 随模型复杂度的增加, 训练误差单调下降, 但测试误差呈先下降后上升的 U 形.

进一步, 考察并消除旁置法的随机性对训练 MSE 和测试 MSE 的影响. 首先, 利用 Python 编程实现 20 次旁置法. 样本观测的随机抽取必然导致 20 个训练集包含可能不尽相同的样本观测, 由此模型的参数估计值会有差别, 从而使得 20 个训练误差和测试误差的数值结果不尽相等; 然后, 基于每个训练集建立模型并计算训练 MSE 以及测试 MSE; 最后, 分别计算 20 个训练 MSE 和测试 MSE 的均值, 从更为稳健的角度, 对比训练 MSE 和测试 MSE 随模型复杂增加的变化.

```
34 MSEtrain=[]
35 MSEtest=[]
36 for j in range(20):
37     x=np.linspace(0.1,10, num=N)
38     id=np.random.choice(N,Ntraining,replace=False)
39     X_train=x[id].reshape(Ntraining,1)
40     y_train=np.array(z)[id].reshape(Ntraining,1)
41     modelLR.fit(X_train,y_train)
42     mse_train=[np.sum((y_train-modelLR.predict(X_train))**2)/(Ntraining-2)]
43 
44     xtest= np.delete(x, id).reshape(Ntest,1)
45     X_test= np.delete(x, id).reshape(Ntest,1)
46     y_test=np.delete(z,id).reshape(Ntest,1)
47     mse_test=[np.sum((y_test-modelLR.predict(X_test))**2)/(Ntest-2)]
48 
49     for i in np.arange(1,9):
50         tmp=pow(x[id],(i+1)).reshape(Ntraining,1)
51         X_train=np.hstack((X_train,tmp))
52         modelLR.fit(X_train,y_train)
53         mse_train.append(np.sum((y_train-modelLR.predict(X_train))**2)/(Ntraining-(i+2)))
54         tmp=pow(xtest,(i+1)).reshape(Ntest,1)
55         X_test=np.hstack((X_test,tmp))
56         mse_test.append(np.sum((y_test-modelLR.predict(X_test))**2)/(Ntest-(i+2)))
57     plt.plot(np.arange(1,10),mse_train,marker='o',linewidth=0.8,c='lightcoral',linestyle='-')
58     plt.plot(np.arange(1,10),mse_test,marker='*',linewidth=0.8,c='lightsteelblue',linestyle='-.')
59     MSEtrain.append(mse_train)
60     MSEtest.append(mse_test)
61 
62 MSETrain=pd.DataFrame(MSEtrain)
63 MSETest=pd.DataFrame(MSEtest)
64 axes[1].plot(np.arange(1,10),MSETrain.mean(),marker='o',linewidth=1.5,c='red',linestyle='-',label="训练误差的期望")
65 axes[1].plot(np.arange(1,10),MSETest.mean(),marker='*',linewidth=1.5,c='blue',linestyle='-',label="测试误差的期望")
66 axes[1].set_title("不同复杂度模型的训练误差和测试误差及其期望")
67 axes[1].set_xlabel("模型复杂度")
68 axes[1].set_ylabel("MSE")
69 axes[1].legend()
70 plt.show()
```

【代码说明】

(1) 第 36 行: 利用 for 循环实现 20 次旁置法. 循环体部分用于计算不同复杂度模型下的训练误差和测试误差.

(2) 第 62、63 行: 将 20 个训练 MSE 和测试 MSE 分别以 Pandas 的数据框形式存储.

(3) 第 64、65 行: 分别计算 20 个训练 MSE 和测试 MSE 的均值, 并绘制均值随模型复杂度变化的折线图, 如图 2-11 右图所示. 图形显示, 尽管个别模型的测试误差低于训练误差, 但平均而言, 测试误差高于训练误差, 且前者单调下降, 后者有大致 U 形的变化态势.

2.4.4 实践四: 数据集划分以及测试误差估计

本节讨论如何利用 Python 快速实现数据集的划分并计算测试误差 (文件名: chapter2-4.ipynb). 这里, 利用前述模拟数据, 考察三种数据集划分及其测试误差的计算.

```
1  np.random.seed(123)
2  N=200
3  x=np.linspace(0.1,10, num=N)
4  y=[]
5  z=[]
6  for i in range(N):
7      tmp=10*np.math.sin(4*x[i])+10*x[i]+20*np.math.log(x[i])+30*np.math.cos(x[i])
8      y.append(tmp)
9      tmp=y[i]+np.random.normal(0,3)
10     z.append(tmp)
11 X=x.reshape(N,1)
12 Y=np.array(z)
13 for i in np.arange(1,5):  #采用5项式模型
14     tmp=pow(x,(i+1)).reshape(N,1)
15     X=np.hstack((X,tmp))
16 
17 X_train, X_test, Y_train, Y_test = train_test_split(X,Y,train_size=0.70, random_state=123)   #旁置法
18 print("旁置法的训练集:%s ；测试集：%s" % (X_train.shape,X_test.shape))
19 loo = LeaveOneOut()  #留一法
20 for train_index, test_index in loo.split(X):
21     print("留一法训练集的样本量：%s；测试集的样本量：%s" % (len(train_index), len(test_index)))
22     break
23 lpo = LeavePOut(p=3)  # 留p法
24 for train_index, test_index in lpo.split(X):
25     print("留p法训练集的样本量：%s；测试集的样本量：%s" % (len(train_index),len(test_index)))
26     break
27 kf = KFold(n_splits=5,shuffle=True,random_state=123)  # K折交叉验证法
28 for train_index, test_index in kf.split(X):  #给出索引
29     print("5折交叉验证法的训练集：",train_index,"\n测试集：",test_index)
30     break
```

```
旁置法的训练集:(140, 5) ；测试集：(60, 5)
留一法训练集的样本量：199；测试集的样本量：1
留p法训练集的样本量：197；测试集的样本量：3
5折交叉验证法的训练集： [  0   1   2   3   5   6   7   8   9  10  11  12  13  14  15  16  17  18
  21  22  23  24  25  27  28  29  30  32  33  34  35  36  38  39  40  41
  42  43  44  45  46  47  48  49  51  54  55  56  57  58  59  60  61  62
  63  64  65  66  67  68  69  70  71  73  74  75  76  77  78  80  81  83
  84  86  87  89  90  91  92  94  96  97  98  99 100 101 102 103 105 106
 107 109 110 111 112 113 114 115 116 117 118 120 122 123 124 125 126 129
 130 131 132 134 135 136 137 138 141 142 143 145 146 147 148 150 151 152
 153 154 155 156 157 159 160 161 163 164 165 167 168 169 171 173 174 175
 176 177 181 186 187 188 190 191 192 193 194 195 196 197 198 199]
测试集： [  4  19  20  26  31  37  50  52  53  72  79  82  85  88  93  95 104 108
 119 121 127 128 133 139 140 144 149 158 162 166 170 172 178 179 180 182
 183 184 185 189]
```

【代码说明】

(1) 第 1~15 行: 生成模拟数据. 数据的样本量 $N = 200$, $\boldsymbol{X}$ 包含 $p = 5$ 个输入变量. y 为输出变量.

(2) 第 17、18 行: 将数据集按旁置法划分为训练集和测试集, 并显示划分结果.

其中, train_test_split() 函数自动实现旁置法. 这里, 训练集的占比为 70%. 通过指定 random_state 为一个常数 (这里为 123) 重现样本的随机性划分结果. 函数将依次返回训练集和测试集的输入变量、训练集和测试集的输出变量. 训练集和测试集的样本量分别为 140 和 60.

(3) 第 19 行: 利用 LeaveOneOut() 函数, 定义一个留一法对象 loo.

(4) 第 20~22 行: 利用留一法对象的 split 方法, 浏览数据集的划分结果.

划分结果为训练集和测试集的样本观测索引 (编号). 因原数据集样本量为 200, 留一法将做 200 次训练集和测试集的轮换, 可利用 for 循环浏览每次的划分结果. 这里利用 break 跳出循环, 只看第 1 次的划分结果.

(5) 第 23~26 行: LeavePOut(p=3) 是对留一法的拓展, 为留 p 法.

这里, 测试集的样本量为 3.

(6) 第 27~30 行: 利用 KFold() 函数实现 K 折交叉验证法.

这里为 $K = 5$. 函数中指定 shuffle=True 表示将数据顺序随机打乱后再做 K 折划分. 这里仅显示了 1 次划分的结果 (样本观测索引).

接下来, 计算 K 折交叉验证下的测试误差:

```
1  modelLR=LM.LinearRegression()
2  k=10
3  CVscore=cross_val_score(modelLR,X,Y,cv=k,scoring='neg_mean_squared_error')    #sklearn.metrics.SCORERS.keys()
4  print("k=10折交叉验证的MSE:",-1*CVscore.mean())
5  scores = cross_validate(modelLR,X,Y, scoring='neg_mean_squared_error',cv=k, return_train_score=True)
6  print("k=10折交叉验证的MSE:",-1*scores['test_score'].mean())  # scores为字典
7
8  #N折交叉验证:LOO
9  CVscore=cross_val_score(modelLR,X,Y,cv=N,scoring='neg_mean_squared_error')
10 print("LOO的MSE:",-1*CVscore.mean())
11
```

```
k=10折交叉验证的MSE: 103.51193551109296
k=10折交叉验证的MSE: 103.51193551109296
LOO的MSE: 56.840587762694724
```

【代码说明】

(1) 第 1 行: 定义一个线性模型的对象 modelLR.

(2) 第 2~4 行: 基于数据集估计线性模型的参数, 并给出 10 折交叉验证下的测试误差.

其中, cross_val_score() 可自动给出模型在 K 折交叉验证下的测试误差. 参数 scoring 为模型预测精度的度量, 可指定特定字符串, 计算相应评价指标的结果.

sklearn.metrics 模块中的函数 SCORERS.keys(), 可给出评价指标的字符串称谓. 例如, 'neg_mean_squared_error'表示计算负的 MSE 等.

(3) 第 5、6 行: 实现功能同第 2~4 行.

这里, 利用 cross_validate() 函数, 它不仅可以给出 K 折交叉验证下的测试误差, 还可指定 (return_train_score=True) 给出训练误差. 若指定参数 cv 等于 K, cross_validate() 的返回值为字典, 指定键 'test_score'可得到 K 个测试误差.

(4) 第 9、10 行: 利用 cross_validate() 函数, 指定 cv 等于样本量, 可得到 N 折交叉验证法, 即留一法 LOO 下的测试误差.

2.4.5 实践五：模型的过拟合以及偏差和方差

本节利用 Python 实现 (文件名: chapter2-5.ipynb) 模拟预测模型选择问题，旨在加深对过拟合、偏差和方差的理解.

首先，本节与 2.4.3 节有类似之处. 尽管 2.4.3 节考察了随模型复杂度增加测试误差的变化特点，但其中的测试误差是基于旁置法的，这里将采用 K 折交叉验证法，并希望进一步突出过拟合下的测试误差的特点. 其次，本节重点探讨过拟合模型的诊断、模型的方差和偏差.

一、过拟合模型的诊断

过拟合模型的重要特征是，尽管模型的训练误差很小，但其实已偏离数据的真实关系，导致测试误差较高. 为此，首先指定数据中的真实关系，然后再验证过拟合模型的特点.

```
1  np.random.seed(123)
2  N=100
3  x=np.linspace(-10,10, num=N)
4  y=14+5.5*x+4.8*x**2+0.5*x**3
5  z=[]
6  for i in range(N):
7      z.append(y[i]+np.random.normal(0,50))
8
9  fig,axes=plt.subplots(nrows=1,ncols=2,figsize=(10,4))
10 axes[0].scatter(x,z,s=10)
11 axes[0].plot(x,y,'k-',label="真实关系")
12 modelLR=LM.LinearRegression()
13 X=x.reshape(N,1)
14 Y=np.array(z)
15 modelLR.fit(X,Y)
16 axes[0].plot(x,modelLR.predict(X),linestyle='--',label="线性模型")
17 linestyle=[':','-.']
18 degree=[2,3]
19 for i in range(len(degree)):
20     tmp=pow(x,degree[i]).reshape(N,1)
21     X=np.hstack((X,tmp))
22     modelLR.fit(X,Y)
23     axes[0].plot(x,modelLR.predict(X),linestyle=linestyle[i],label=str(degree[i])+"项式模型")
24 KNNregr=neighbors.KNeighborsRegressor(n_neighbors=5)
25 X=x.reshape(N,1)
26 KNNregr.fit(X,Y)
27 axes[0].plot(X,KNNregr.predict(X),linestyle='-',label="复杂模型")
28 axes[0].legend()
29 axes[0].set_title("真实关系和不同复杂度模型的拟合情况")
30 axes[0].set_xlabel("输入变量")
31 axes[0].set_ylabel("输出变量")
```

【代码说明】

(1) 第 1~11 行：首先，假设输入变量和输出变量间的真实关系为指定的函数关系；然后，在真实关系的基础上添加一个随机变量 (服从均值为 0、标准差为 50 的正态分布)，其中的 z 为观测到的输出变量；最后，绘制散点图和真实关系的曲线，如图 2-16 左图所示的散点图和黑色曲线.

(2) 第 12~23 行: 依次建立简单线性回归模型、二项式模型和三项式模型, 并在图中添加回归线.

(3) 第 24~27 行: 建立一个复杂的非线性模型 (K–近邻, 详见第 4 章), 并在图中添加相应的回归线.

最终图形如图 2–16 所示. 显然, K–近邻的回归线对样本数据的拟合是最好的. 接下来, 计算各个模型的 10 折交叉验证下的测试误差:

```
33 X=x.reshape(N,1)
34 Y=np.array(z)
35 modelLR.fit(X,Y)
36 np.random.seed(123)
37 k=10
38 scores = cross_validate(modelLR,X,Y, scoring='neg_mean_squared_error',cv=k, return_train_score=True)
39 MSEtrain=[-1*scores['train_score'].mean()]
40 MSEtest=[-1*scores['test_score'].mean()]
41 degree=[2,3]
42 for i in range(len(degree)):
43     tmp=pow(x,degree[i]).reshape(N,1)
44     X=np.hstack((X,tmp))
45     modelLR.fit(X,Y)
46     scores = cross_validate(modelLR,X,Y, scoring='neg_mean_squared_error',cv=k, return_train_score=True)
47     MSEtrain.append((-1*scores['train_score']).mean())
48     MSEtest.append((-1*scores['test_score']).mean())
49
50 KNNregr=neighbors.KNeighborsRegressor(n_neighbors=5)
51 X=x.reshape(N,1)
52 KNNregr.fit(X,Y)
53 scores = cross_validate(KNNregr,X,Y, scoring='neg_mean_squared_error',cv=k, return_train_score=True)
54 MSEtrain.append((-1*scores['train_score']).mean())
55 MSEtest.append((-1*scores['test_score']).mean())
56
57 axes[1].plot(np.arange(1,len(degree)+3),MSEtrain,marker='o',label='训练误差(10折交叉验证法)',linestyle='--')
58 axes[1].plot(np.arange(1,len(degree)+3),MSEtest,marker='*',label='测试误差(10折交叉验证法)')
59
60 axes[1].legend()
61 axes[1].set_title("不同复杂度模型的训练误差和测试误差(Err)")
62 axes[1].set_xlabel("模型复杂度")
63 axes[1].set_ylabel("MSE")
64 fig.show()
```

【代码说明】

(1) 第 33~48 行: 采用 cross_validate() 函数计算线性模型, 二项式、三项式模型的 10 折交叉验证下训练误差和测试误差的均值.

(2) 第 50~55 行: 采用 cross_validate() 函数计算 K–近邻模型的 10 折交叉验证下训练误差和测试误差的均值.

(3) 第 57~64 行: 绘制各模型训练误差和测试误差的折线图, 如图 2–16 右图所示.

图形表明 K–近邻模型是个过拟合模型.

二、探讨过拟合模型测试误差的分布特点

过拟合模型的另一个重要特征是, 模型参数对训练集过于 “敏感”, 数据集的微小变动就可能导致模型参数的较大变化, 使得 K 折交叉验证下的测试误差分布的离散程度较大. 以下通过箱线图刻画这种特性.

```
1  fig,axes = plt.subplots(1,2,figsize=(10,4))
2  modelLR=LM.LinearRegression()
3  X=x.reshape(N,1)
4  Y=np.array(z)
5  modelLR.fit(X,Y)
6  np.random.seed(123)
7  k=10
8  scores = cross_validate(modelLR,X,Y, scoring='neg_mean_squared_error',cv=k, return_train_score=True)
9  fdata=pd.Series(-1*scores['test_score'])
10 axes[0].boxplot(x=fdata,sym='rd',patch_artist=True,boxprops={'color':'blue','facecolor':'pink'},labels ={"线性模型"},showfliers=False)
11 MSEMedian=[np.median(-1*scores['test_score'])]
12 MSEVar=[(-1*scores['test_score']).var()]
13 MSEMean=[(-1*scores['test_score']).mean()]
14
15 degree=[2,3]
16 lab=['二次式模型','三次项模型']
17 for i in range(len(degree)):
18     tmp=pow(x,degree[i]).reshape(N,1)
19     X=np.hstack((X,tmp))
20     modelLR.fit(X,Y)
21     scores = cross_validate(modelLR,X,Y, scoring='neg_mean_squared_error',cv=k, return_train_score=True)
22     fdata=pd.Series(-1*scores['test_score'])
23     axes[0].boxplot(x=fdata,sym='rd',positions=[i+2],patch_artist=True,boxprops={'color':'blue','facecolor':'pink'},labels ={lab[i]},
24                     showfliers=False)
25     MSEMedian.append(np.median(-1*scores['test_score']))
26     MSEVar.append((-1*scores['test_score']).var())
27     MSEMean.append((-1*scores['test_score']).mean())
28
29 KNNregr=neighbors.KNeighborsRegressor(n_neighbors=5)
30 X=x.reshape(N,1)
31 KNNregr.fit(X,Y)
32 scores = cross_validate(KNNregr,X,Y, scoring='neg_mean_squared_error',cv=k, return_train_score=True)
33 fdata=pd.Series(-1*scores['test_score'])
34 axes[0].boxplot(x=fdata,sym='rd',positions=[4],patch_artist=True,boxprops={'color':'blue','facecolor':'pink'},labels ={"复杂模型"},
35                 showfliers=False)
36 MSEMedian.append(np.median(-1*scores['test_score']))
37 MSEVar.append((-1*scores['test_score']).var())
38 MSEMean.append((-1*scores['test_score']).mean())
```

【代码说明】

(1) 第 1~13 行: 建立简单线性模型, 得到 10 折交叉验证下的 10 个测试误差, 并绘制箱线图. 计算 10 个测试误差的中位数、方差和均值.

(2) 第 15~27 行: 建立二项、三项式模型. 同理, 分别得到 10 折交叉验证下的 10 个测试误差, 并绘制箱线图. 分别计算 10 个测试误差的中位数、方差和均值.

(3) 第 29~38 行: 建立 K–近邻模型. 同理, 分别得到 10 折交叉验证下的 10 个测试误差, 并绘制箱线图. 分别计算 10 个测试误差的中位数、方差和均值.

四组箱线图如图 2–17 左图所示. 图形显示, 简单线性模型, 二项式模型表现出欠拟合, 因模型没有 "抓住" 数据中的规律, 导致测试误差较高且波动性高. 三项式为比较理想的模型, 测试误差和波动性均较小. 与三项式模型相比, K–近邻模型的过拟合特征比较明显, 测试误差和波动性均较高. 以下代码生成的图形更具说服力.

```
46 axes[1].plot(np.arange(1,5),preprocessing.scale(MSEMean),marker='o',linestyle='-',label="Err")
47 axes[1].plot(np.arange(1,5),preprocessing.scale(MSEVar),marker='o',linestyle='--',label="方差")
48 axes[1].grid(linestyle="--", alpha=0.3)
49
50 axes[1].set_title('不同复杂度模型测试误差的期望(Err)与方差变化趋势图')
51 axes[1].set_xlabel('复杂度')
52 axes[1].set_ylabel('标准化值')
53 plt.legend(loc='best', bbox_to_anchor=(1, 1))
```

【代码说明】

第 46、47 行: 希望将上述 4 个模型 10 折交叉验证下的测试误差的均值和方差情况显示在一幅图中. 因有量级上的差异, 首先采用 preprocessing.scale() 分别对均值和方差进行标准化处理, 然后再画图, 如图 2–17 右图所示. 图形显示, 三项式模型较为理想, 具有低的测试误差且误差波动较小. K–近邻的过拟合模型, 测试误差较高且波动性较大.

三、探讨模型偏差和方差的关系

模型的偏差和方差是一对“矛盾体”. 通常, 简单模型的偏差大方差小, 复杂模型的偏差小方差大. 为验证整个结论, 首先给定一个已知真值的样本观测点 $\boldsymbol{X}_0$; 然后, 利用 K 折交叉验证模拟多个随机变动的训练集, 建立模型并对 $\boldsymbol{X}_0$ 进行预测; 最后, 对比不同复杂度模型对 $\boldsymbol{X}_0$ 预测的偏差和方差.

```
1  x0=np.array([x.mean(),x.mean()**2,x.mean()**3])
2  y0=14+5.5*x0[0]+4.8*x0[1]+0.5*x0[2]
3  X=x.reshape(N,1)
4  Y=np.array(z)
5  degree=[2,3]
6  for i in range(len(degree)):
7      tmp=pow(x,degree[i]).reshape(N,1)
8      X=np.hstack((X,tmp))
9  modelLR=LM.LinearRegression()
10 KNNregr=neighbors.KNeighborsRegressor(n_neighbors=5)
11 model1,model2,model3,model4=[],[],[],[]
12 kf = KFold(n_splits=10,shuffle=True,random_state=123)
13 for train_index, test_index in kf.split(X):
14     Ntrain=len(train_index)
15     XKtrain=X[train_index,]
16     YKtrain=Y[train_index,]
17     modelLR.fit(XKtrain[:,0].reshape(Ntrain,1),YKtrain)
18     model1.append(modelLR.predict(x0[0].reshape(1,1)))
19     modelLR.fit(XKtrain[:,0:2].reshape(Ntrain,2),YKtrain)
20     model2.append(modelLR.predict(x0[0:2].reshape(1,2)))
21     modelLR.fit(XKtrain[:,0:3].reshape(Ntrain,3),YKtrain)
22     model3.append(modelLR.predict(x0[0:3].reshape(1,3)))
23     KNNregr.fit(XKtrain[:,0].reshape(Ntrain,1),YKtrain)
24     model4.append(KNNregr.predict(x0[0].reshape(1,1)))
25
26 fig,axes = plt.subplots(1,1,figsize=(6,4))
27 VI=[np.var(model1)/np.mean(model1),np.var(model2)/np.mean(model2),np.var(model3)/np.mean(model3),np.var(model4)//np.mean(model4)]
28 Err=[np.mean(model1)-y0,np.mean(model2)-y0,np.mean(model3)-y0,np.mean(model4)-y0]
29 Err=pow(np.array(Err),2)
30
31 axes.plot(np.arange(1,5),preprocessing.scale(VI),marker='o',linestyle='-',label='方差')
32 axes.plot(np.arange(1,5),preprocessing.scale(Err),marker='o',linestyle='--',label='偏差')
33 axes.plot(np.arange(1,5),preprocessing.scale(MSEMean),marker='o',linestyle='-.',label="Err")
34 axes.set_ylabel('标准化值')
35 axes.set_xlabel('复杂度')
36 axes.set_title('不同复杂度模型的Err以及偏差和方差的变化趋势图')
37 axes.grid(linestyle="--", alpha=0.3)
38 plt.legend(loc='center',bbox_to_anchor=(0.5,0.8))
39 fig.show()
```

【代码说明】

(1) 第 1、2 行: 指定 $\boldsymbol{X}_0$ 以及真值 y_0.

(2) 第 3~11 行: 建模的数据准备.

(3) 第 12~24 行: 采用 10 折交叉验证, 基于 10 个不同的训练集, 分别建立 4 个模型 (线性、二项式、三项式和 K–近邻), 并对 $\boldsymbol{X}_0$ 进行预测. 最终得到每个模型对 $\boldsymbol{X}_0$ 的 10 个预测值.

(4) 第 27~29 行: 对每个模型计算预测值的方差 (这里采用变异系数, 以消除量级影响) 以及偏差的平方.

(5) 第 31~39 行: 画图展示 4 个模型的方差、偏差以及 10 折交叉验证的测试误差, 如图 2–19 所示. 图形显示: 简单模型 (线性模型) 的偏差大方差小, 复杂模型 (K–近邻) 的偏差小方差大, 但出现了模型过拟合.

本章的 Python 实践课到此结束. 需要说明的是, **Python 编程并不是本书的重点, 讨论编程是因为编程可以再现理论研究成果, 有助于读者对理论的直观理解. 同时, 本书均采用直接调用 Python 机器学习相关函数的方式, 实现各种建模. 不仅代码简单, 同时更便于实**

际应用.

附录

围绕本章学习, 应重点掌握 Python 模块中的以下函数. 函数的具体格式参见 Python 帮助.

1. Python 建立线性模型的函数

modelLR=LM.LinearRegression(); modelLR.fit(X,Y); modelLR.predict(X); modelLR.score(y,yhat)

modelLR=LM.LogisticRegression(); modelLR.fit(X,y); modelLR.predict(X); modelLR.score(y,yhat); modelLR.predict_proba(X)

2. Python 的数据集划分函数和计算基于交叉验证的测试误差

train_test_split(); LeaveOneOut(); KFold()

cross_val_score(); cross_validate()

3. Python 的各种模型评价函数

confusion_matrix(); f1_score(); accuracy_score()

roc_curve(); auc(fpr,tpr); precision_recall_curve()

第3章 数据预测建模: 贝叶斯分类器

学习目标

1. 掌握朴素贝叶斯分类器的基本原理.
2. 了解朴素贝叶斯分类边界和 Logistic 回归分类边界的不同特点.
3. 掌握朴素贝叶斯分类器的 Python 实现.

贝叶斯方法是一种研究不确定性问题的决策方法. 通过概率描述不确定性, 引入效用函数并采用效用函数最大的决策, 实现对不确定性问题的推理. 目前贝叶斯方法已广泛应用于数据的预测建模.

如果数据分类预测是基于贝叶斯方法实现的, 该分类预测模型称为贝叶斯分类器. 本章将从以下方面讨论贝叶斯分类器的基本原理:

第一, 贝叶斯概率和贝叶斯法则;

第二, 贝叶斯和朴素贝叶斯分类器;

第三, 朴素贝叶斯分类的决策边界.

后续给出贝叶斯分类器的 Python 应用实践.

3.1 贝叶斯概率和贝叶斯法则

为理解贝叶斯分类器的基本原理, 应首先了解贝叶斯概率和贝叶斯法则.

3.1.1 贝叶斯概率

贝叶斯概率 (Bayesian probability) 是一种主观概率, 有别于频率学派的频率概率.

数理统计领域有两大学派: 频率学派 (古典学派) 和贝叶斯学派. 两个学派对世界的认知有着本质的不同. 频率学派认为事物的某个特征是确定性的, 存在恒定不变 (常量) 的特征真值. 研究的目标就是找到真值或真值所在的范围. 贝叶斯学派则认为事物的某个特征的真值具有不确定性, 是服从某种概率分布的随机变量. 首先需要对分布有个预判, 然后通过观察学习不断对预判做出调整. 研究的目的是找到该概率分布的最优表达.

频率概率是对概率的频率解释. 例如, 对投掷硬币正面朝上的概率 P 问题, 按照频率概率的定义是, 在 N 次重复独立投币的试验中, 硬币正面朝上的频率 $\frac{f}{N}$ (f 为正面朝上的次数) 将在常数 α 附近波动, 且随着 N 的增大波动幅度会越来越小. 于是正面朝上的概率 $P=\alpha$. 可见, 频率概率是事物 "物理属性" 的体现, 是事件某个特征的客观反映, 不会随人们主观认识的改变而改变. 由于频率概率需基于大量的独立重复试验, 对许多现实问题来讲可能是无法实现的.

贝叶斯概率是人们对某事物发生概率的信任程度的度量, 是一种主观概率. 取决于对事物的先验认知, 以及新信息加入后先验认知的不断修正. 因此, 贝叶斯概率会随主观认知的改变而改变.

例如, 对于投掷硬币问题, 贝叶斯概率反映的是人们相信有一定的概率正面朝上的把握程度. 既取决于先验认知, 如假设正面朝上的概率等于 π, 同时也取决于若干次投币试验的结果 L. 显然, 投币结果 L 会对不一定正确的先验认识 π 进行调整使之趋于正确.

总之, 贝叶斯概率是首先通过先于试验数据的概率描述最初的不确定性 π, 然后与试验数据 L 相结合而产生的一个由试验数据修正了的概率.

3.1.2 贝叶斯法则

贝叶斯法则 (Bayes rule) 是对贝叶斯概率的理论表达.

首先, 它基于概率论的基本运算规则. 设 $P(X)$ 和 $P(Y)$ 分别是随机事件 X 和 Y 发生的概率. 若事件 X 独立于事件 Y, 则事件 X 和 Y 同时发生的概率 $P(XY)=P(X)P(Y)$; 若事件 X 不独立于事件 Y, 则 $P(XY)=P(X)P(Y\mid X)=P(Y)P(X\mid Y)$.

于是, 基于基本运算规则和贝叶斯概率, **贝叶斯法则**为: 如果有 k 个互斥事件 $y_1,y_2,\cdots,y_k$, 且 $P(y_1)+P(y_2)+\cdots+P(y_k)=1$, 以及一个可观测到的事件 X, 有

$$P(y_i\mid X)=\frac{Xy_i}{P(X)}=\frac{P(y_i)P(X\mid y_i)}{P(X)},\quad i=1,2,\cdots,k \tag{3.1}$$

其中:

• $P(y_i)$: 称为**先验概率** (prior), 是未见到事件 X 前对事件 y_i 发生概率的假设, 测度了未见到试验数据前对事物的先验认知程度.

• 条件概率 $P(y_i\mid X)$: 称为**后验概率** (posterior), 是事件 X 发生条件下事件 y_i 发生的概率, 测度了见到试验数据后对事物的后验认知程度.

• 条件概率 $P(X|y_i)$: 称为**数据似然** (likelihood), 是事件 y_i 发生条件下事件 X 发生的概率. 该值越大, 表明事件 y_i 发生越有助于事件 X 发生. 数据似然测度了在先验认知下观察到当前试验数据的可能性, 值越大表明先验认知对试验数据的解释程度越高.

进一步, 依据全概率公式, $y_1,y_2,\cdots,y_k$ 构成一个完备事件组且均有正概率, 式 (3.1) 可写为:

$$P(y_i\mid X)=\frac{P(y_i)P(X\mid y_i)}{P(X)}=\frac{P(y_i)P(X\mid y_i)}{\sum\limits_{i=1}^{K}P(y_i)P(X\mid y_i)} \tag{3.2}$$

可见, 后验概率是数据似然对先验概率的修正结果.

3.2 贝叶斯和朴素贝叶斯分类器

3.2.1 贝叶斯和朴素贝叶斯分类器的一般内容

贝叶斯法则刻画了两事件发生概率和条件概率之间的关系, 将其应用到数据的分类预测中即为贝叶斯分类器 (Bayes classifier). 这里, 以表 3–1 的顾客数据为例讨论.

表 3–1 顾客特征和是否购买的数据

性别 (X_1)	1	1	0	1	0	0	0	0	1	0	1	1	0	0
年龄段 (X_2)	B	A	A	C	B	B	C	C	C	A	B	A	A	C
是否购买 (y)	yes	yes	yes	no	yes	yes	yes	yes	no	no	yes	no	no	yes

表 3–1 是顾客特征和是否购买某种商品的示例数据. 其中, 性别 (X_1 二分类变量: 1, 0) 和年龄段 (X_2 多分类变量: A, B, C) 为输入变量. 是否购买 (y 二分类变量: yes 购买, no 不购买) 为输出变量. 这里假设对于给定购买行为, 性别和年龄段条件独立. 现采用贝叶斯分类器, 对性别等于 1、年龄段为 A 的顾客是否购买进行预测.

解决此问题的直观考虑是: 该顾客有购买和不购买两种可能, 预测时应考虑两方面的影响因素:

第一, 如果目前市场上大部分顾客都购买该商品, 商品的大众接受度高, 则该顾客购买的概率也会较高. 反之, 该顾客可能不会购买.

第二, 如果购买的顾客中, 很大部分都和该顾客有相同的特征, 即有同样的性别和年龄段, 则该顾客也会有较大的概率购买. 反之, 该顾客可能不属于此商品的消费群体, 购买的可能性较低.

当然, 以上两因素结合会导致不同的结果. 例如, 如果市场上大部分顾客没有购买该商品, 但购买顾客中的绝大多数和该顾客有相同的特征, 则该顾客也有可能购买. 或者, 购买顾客中的绝大多数和该顾客没有相同的特征, 但市场上大部分顾客购买了该商品, 则该顾客也有可能购买, 等等. 贝叶斯分类器应能体现和刻画上述方面.

若输出变量 y 为具有 K 个类别的分类型变量, K 个类别值记为 $y_1, y_2, \cdots, y_K$, X 为输入变量, 式 (3.2) 可写为如下贝叶斯分类器:

$$P(y = y_i \mid X) = \frac{P(y = y_i)P(X \mid y = y_i)}{\sum_{i=1}^{K} P(y = y_i)P(X \mid y = y_i)} \tag{3.3}$$

这里, $P(y = y_i)$ 为先验概率, $P(X \mid y = y_i)$ 为数据似然, $P(y = y_i \mid X)$ 为后验概率.

可依据式 (3.3) 分别计算 $P(y = y_i \mid X)(i = 1, 2, \cdots, K)$. 若将式 (3.3) 视为一种效用函数, 依据贝叶斯方法的基本决策原则: 采用效用函数最大的决策, 则输出变量的预测类别应为后验概率最大的类别: $\arg\max\limits_{y_i} P(y=y_i \mid X) = \dfrac{P(y=y_i)P(X \mid y=y_i)}{\sum\limits_{i=1}^{K} P(y=y_i)P(X \mid y=y_i)}$, 该原则称为**最大后验概率估计** (maximum a posteriori, MAP) **原则**.

式 (3.3) 中, 先验概率 $P(y=y_i)$ 和数据似然 $P(X \mid y=y_i)$ 均可通过极大似然估计 (maximum likelihood estimation, MLE) 得到.

$$P(y=y_i) = \widehat{P}(y=y_i) = \frac{N_{y_i}}{N} \tag{3.4}$$

$$P(X=X_j^m \mid y=y_i) = \widehat{P}(X=X_j^m \mid y=y_i) = \frac{N_{y_i X_j^m}}{N_{y_i}} \tag{3.5}$$

其中, N 为训练集的样本量; N_{y_i} 为训练集中输出变量 $y=y_i$ 的样本量; $N_{y_i X_j^m}$ 为训练集中输出变量 $y=y_i$ 且输入变量 $X=X_j^m$ (X 为有 m 个类别的输入变量) 的样本量.

对于表 3–1, $\boldsymbol{X}=(X_1,X_2), k=2, y_i=\text{yes}, y_2=\text{no}$, 是个二分类问题. 分别计算该顾客购买和不购买的概率.

购买的概率:

$$\begin{aligned}
&P(y=\text{yes} \mid X_1=1, X_2=A) \\
=&\frac{P(y=\text{yes})P(X_1=1,X_2=A \mid y=\text{yes})}{P(y=\text{yes})P(X_1=1,X_2=A \mid y=\text{yes}) + P(y=\text{no})P(X_1=1,X_2=A \mid y=\text{no})} \\
=&\frac{P(y=\text{yes})P(X_1=1,X_2=A \mid y=\text{yes})}{\sum\limits_{i=1}^{k} P(y=y_i)P(X_1=1,X_2=A \mid y=y_i)}
\end{aligned}$$

因假定对于给定购买行为, 性别和年龄段条件独立, 有:

$$\begin{aligned}
P(y=\text{yes} \mid X_1=1, X_2=A) &= \frac{P(y=\text{yes})P(X_1=1 \mid y=\text{yes})P(X_2=A \mid y=\text{yes})}{\sum\limits_{i=1}^{k} P(y=y_i)P(X_1=1,X_2=A \mid y=y_i)} \\
&= \frac{\frac{9}{14}\times\frac{3}{9}\times\frac{2}{9}}{\frac{9}{14}\times\frac{3}{9}\times\frac{2}{9}+\frac{5}{14}\times\frac{3}{5}\times\frac{3}{5}} = \frac{10}{37}
\end{aligned}$$

同理, 计算不购买的概率:

$$\begin{aligned}
P(y=\text{no} \mid X_1=1, X_2=A) &= \frac{P(y=\text{no})P(X_1=1 \mid y=\text{no})P(X_2=A \mid y=\text{no})}{\sum\limits_{i=1}^{k} P(y=y_i)P(X_1=1,X_2=A \mid y=y_i)} \\
&= \frac{\frac{5}{14}\times\frac{3}{5}\times\frac{3}{5}}{\frac{9}{14}\times\frac{3}{9}\times\frac{2}{9}+\frac{5}{14}\times\frac{3}{5}\times\frac{3}{5}} = \frac{27}{37}
\end{aligned}$$

根据最大后验概率原则, 该顾客购买的概率低于不购买的概率, 应预测为 no 不购买.

至此, 总结如下:

第一, 贝叶斯分类器的先验概率度量了上述第一方面的因素, 第二方面因素通过数据似然 L 测度.

第二, 最大化后验概率原则中并不需要计算式 (3.3) 分母的值. **后验概率正比于分子,** $P(y=y_i \mid X) \propto P(y=y_i)P(X \mid y=y_i)$, **只需计算和比较分子的大小即可进行决策**.

第三, 该示例中假设性别和年龄段对于给定购买行为条件独立, 即 $P(X_1, X_2 \mid y_i) = P(X_1 \mid y_i)P(X_2 \mid y_i)$. **在假定输入变量对于给定输出变量条件独立下, 该分类器称为朴素贝叶斯分类器** (Naïve Bayes Classifier). 尽管假定输入变量条件独立并不一定合理, 但大量应用实践证明, 朴素贝叶斯分类器在很多分类场景 (如文本分类) 下都有较好的表现.

第四, 对于数值型输入变量 X, 数据似然一般采用高斯分布密度函数: $f(X \mid y=y_i) = \dfrac{1}{\sqrt{2\pi}\sigma}\mathrm{e}^{\frac{(X-\overline{X})^2}{2\sigma^2}}$, $\overline{X}$ 和 σ^2 分别为 X 的期望和方差. 相应分类器称为**高斯朴素贝叶斯** (Gaussian Naïve Bayes, GNB) 分类器.

3.2.2　贝叶斯分类器的先验分布

对上述顾客购买问题, 预测时任一顾客都有购买或不购买两种可能. 在拿到数据之前, 确切地讲在没有观测到现有顾客的购买行为和特征之前, 是具有先验不确定性的. 如何给定这个先验信息, 即如何确定先验分布 (prior distribution) 是个关键问题. 一般有共轭先验和无信息先验两种策略.

一、共轭先验

贝叶斯学派认为事物某个特征的真值 (也称参数) 具有不确定性, 是服从某种概率分布的随机变量 θ. 首先需要对分布有个预判, 即给出所谓的先验分布, 它可以是参数空间 Θ 上的任一概率分布. 可用 $\pi(\theta)$ 表示随机变量 θ 的概率函数. θ 为连续型 (数值型) 随机变量时, $\pi(\theta)$ 为密度函数. θ 为离散型 (分类型) 随机变量时, $\pi(\theta)$ 为概率. 先验分布 $\pi(\theta)$ 是未见到数据 $\boldsymbol{D}$ 前对参数 θ 可能取值的初始认知. 获取数据 $\boldsymbol{D}$ 后, 由于 $\boldsymbol{D}$ 中 (准确地讲是数据似然中) 包含了 θ 的信息, 故对 θ 的初始认知会随之发生变化.

采用贝叶斯法则利用数据 $\boldsymbol{D}$ 对 θ 调整的结果, 就是参数 θ 的后验分布 (posterior distribution) $\pi(\theta \mid \boldsymbol{D})$. θ 为连续型随机变量时的后验分布为: $\pi(\theta \mid \boldsymbol{D}) = \dfrac{f(\boldsymbol{D} \mid \theta)\pi(\theta)}{\displaystyle\int_\theta f(\boldsymbol{D} \mid \theta)\pi(\theta)\mathrm{d}\theta}$. θ 为离散型随机变量时的后验分布为: $\pi(\theta=\theta_i \mid \boldsymbol{D}) = \dfrac{f(\boldsymbol{D} \mid \theta_i)\pi(\theta_i)}{\displaystyle\sum_{i=1}^{k} f(\boldsymbol{D} \mid \theta_i)\pi(\theta_i)}$. 其中, $f(\boldsymbol{D} \mid \theta)$ 是条件概率的形式. 当 θ 已知 $\boldsymbol{D}$ 为随机变量下, $f(\boldsymbol{D} \mid \theta)$ 是 $\boldsymbol{D}$ 的概率密度函数. 但这里 $\boldsymbol{D}$ 已知 θ 为随机变量, $f(\boldsymbol{D} \mid \theta)$ 描述的是不同参数 θ 下 $\boldsymbol{D}$ 出现的概率, 也称为参数 θ 的似然函数.

可见, 一个 "好" 的先验分布将有助于对数据 $\boldsymbol{D}$ 的认识, 并导致一个 "好" 后验分布的产生. 换言之, 先验分布的确定是具有主观性和随意性的. 若所给的先验分布与事物实际偏差较小, 贝叶斯解分类器的预测性能就会较为理想.

进一步，“经历”了数据似然的修正，先验分布将使自己“变为”后验分布. 从这个意义上讲，先验分布 $\pi(\theta)$ 应与后验分布 $\pi(\theta \mid \boldsymbol{D})$ 有相同的数学形式，即属于同一类分布. 问题的关键在于，确定的 $f(\boldsymbol{D} \mid \theta)$ 下应选择怎样的先验分布 $\pi(\theta)$? 一方面，$f(\boldsymbol{D} \mid \theta)\pi(\theta)$ 的计算要简单；另一方面，应确保后验分布与先验分布具有相同的数学形式. 基于上述考虑，应选择**共轭先验** (conjugate priors).

若后验分布 $\pi(\theta \mid \boldsymbol{D})$ 与先验分布 $\pi(\theta)$ 具有相同的数学形式，即 $\pi(\theta)$ 与 $\pi(\theta \mid \boldsymbol{D})$ 属于同一类分布 (如均属于指数分布族①)，此时 $\pi(\theta)$ 和 $\pi(\theta \mid \boldsymbol{D})$ 称为**共轭分布** (conjugate distribution)，$\pi(\theta)$ 称为似然函数 $f(\boldsymbol{D} \mid \theta)$ 的**共轭先验** (conjugate priors). 共轭先验的好处在于代数上的方便性，可直接给出后验分布的闭式解形式 (closed-form expression)，同时也可直观展现数据似然对先验分布的修正更新.

例如，二分类预测问题中可指定先验分布 $\pi(\theta)$ 为服从参数为 α 和 β 的贝塔分布 (Beta distribution): $\pi(\theta) = \dfrac{\Gamma(\alpha+\beta)}{\Gamma(\alpha)\Gamma(\beta)}\theta^{\alpha-1}(1-\theta)^{\beta-1} = \dfrac{1}{B(\alpha,\beta)}\theta^{\alpha-1}(1-\theta)^{\beta-1} \sim Beta(\alpha,\beta)$. 其中，$\Gamma(\alpha)$ 为伽马函数 ($\Gamma(\alpha+1)=\alpha!$)，$B(\alpha,\beta)$ 为贝塔函数. $\theta = P(y=1)(0 \leqslant \theta \leqslant 1)$ 为输出变量等于 1 的概率. 贝塔分布俗称“关于概率的分布”. 不同分布参数下的贝塔分布如图 3–1 所示 (Python 代码详见 3.4.1 节):

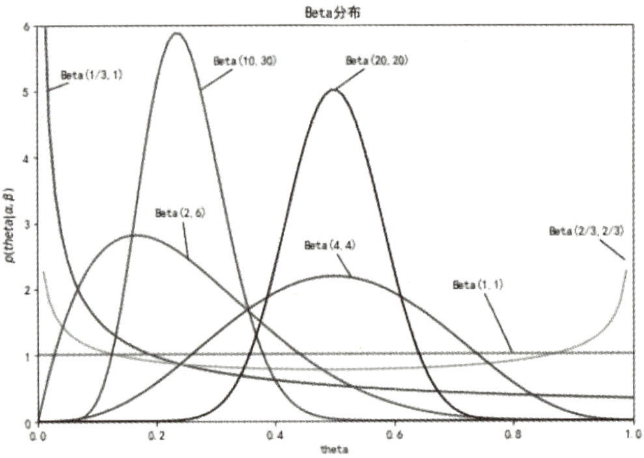

图 3–1　不同参数下的贝塔分布

图 3–1 表明，$\alpha=\beta=1$ 时为均匀分布，且随着 α 和 β 的增加，分布越来越“陡峭”并为对称分布. $\alpha \neq \beta$ 时为非对称分布.

进一步，若 θ 的似然函数为二项分布: $f(\boldsymbol{D} \mid \theta) = \binom{n_1+n_2}{n_1}\theta^{n_1}(1-\theta)^{n_2}$, $f(\boldsymbol{D} \mid \theta) \propto \theta^{n_1}(1-\theta)^{n_2}$，则有后验分布: $\pi(\theta \mid \boldsymbol{D}) = \dfrac{\theta^{n_1+\alpha-1}(1-\theta)^{n_2+\beta-1}}{B(n_1+\alpha, n_2+\beta)} \sim Beta(n_1+\alpha, n_2+\beta)$.

可见，后验分布和先验分布互为共轭分布，贝塔分布是二项分布的共轭先验. 此外，当样本量 n_1+n_2 趋于无穷过程中，先验分布的影响会不断减少. 但样本量较小时的先验分布有很重要的作用.

① 指数分布族 (exponential family of distributions): 也称指数型分布族，是统计中最重要的参数分布族. 包括正态分布、二项分布、泊松分布、伽马分布等.

多分类预测问题中的共轭先验为服从参数为 $\alpha_1, \alpha_2, \cdots, \alpha_K$ 的迪利克雷分布 (Dirichlet distributon): $\pi(\theta_1, \theta_2, \cdots, \theta_k) = \dfrac{\Gamma\left(\sum\limits_{i=1}^{K}\alpha_1\right)}{\prod\limits_{i=1}^{K}\Gamma(\alpha_i)}\prod\limits_{i=1}^{K}\theta_i^{\alpha_i-1}$, 其中 $\sum\limits_{i=1}^{K}\theta_i = 1$. $K=2$ 时为贝塔分布, 是对贝塔分布的推广.

二、无信息先验分布

在不确定共轭先验的情况下, 也可采用无信息先验分布. 一般有以下两种原则:

第一, 依据样本分布原则.

依据样本分布原则, 即直接基于数据集计算. 如上例中, 直接计算购买和不购买的样本比率作为先验概率.

第二, 熵值最大法原则.

熵值最大法原则中涉及熵的概念. 首先讨论什么是熵.

熵 (entropy) 也称信息熵. 1948 年香农 (C. E. Shannon) 借用热力学的热熵① 概念, 提出用信息熵度量信息论中信息传递过程中的信源不确定性. 可将信源 U 视为某种随机过程. 若其发送的信息为 u_i $(i=1,2,\cdots,K)$, 发送信息 u_i 的概率为 $P(u_i)$, 且 $\sum\limits_{i=1}^{K}P(u_i)=1$, 熵的数学定义为:

$$Ent(U) = -\sum_{i=1}^{K}P(u_i)\log_2 P(u_i) \tag{3.6}$$

熵为非负数. 如果 $Ent(U)=0$ 最小, 表示只存在唯一的信息发送方案: $P(u_i)=1$, $P(u_j)=0$ $(j \neq i)$, 意味着没有信息发送的不确定性. 如果信源的 K 个信息有相同的发送概率: $P(u_i)=\dfrac{1}{K}$, 此时信息发送的不确定性最大的, 熵达到最大 $Ent(U)=-\log_2\dfrac{1}{K}$. 所以, 信息熵越大表示平均不确定性越大. 反之, 信息熵越小表示平均不确定性越小.

熵值最大法原则意味着先验分布为均匀分布.

3.3 贝叶斯分类器的分类边界

贝叶斯分类器作为一种数据分类的预测方法, 最终会给出一个或多个分类边界. 如图 3–2 所示 (Python 代码详见 3.4.2 节).

图 3–2 左图中的所有点为训练集的样本观测点, 训练集的样本量 $N=50$. 颜色表示输出变量的实际类别值, 空心圆圈 (紫色) 表示 0 类, 实心圆圈 (黑色) 表示 1 类. 现要找到一个可将两类点分开的分类线. 图 3–2 右图中展示了采用贝叶斯分类器和 Logistic 回归模型的

① 度量分子状态混乱程度的物理量.

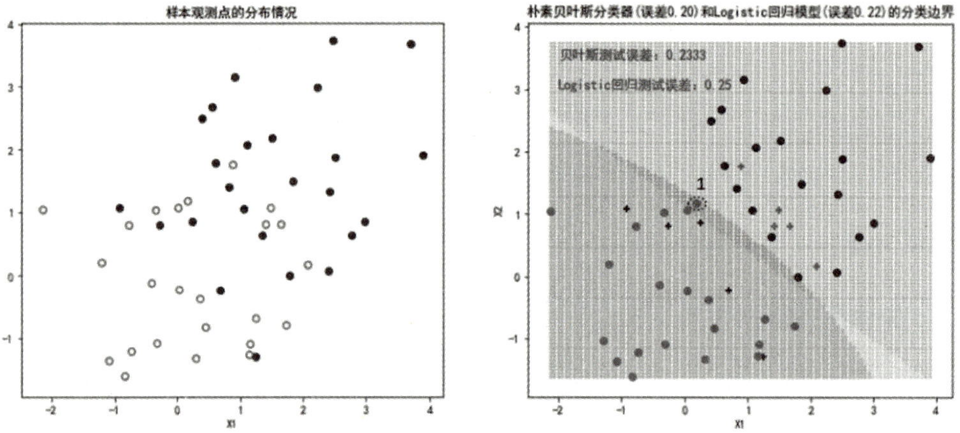

图 3–2　样本观测点和分类边界

分类预测情况. 与左图类似, 颜色仍表示点的实际类别, 但这里规定: 实心圆表示朴素贝叶斯分类器正确预测的点, 加号 (+) 表示预测错误的点. 这里有 5 个 0 类点 (紫色) 和 5 个 1 类点 (黑色) 被预测错误. 图中有两个分类边界, 也就是第 2 章提及的分类线 (或面).

深粉色区域下方和上方区域间的弧形边界线为贝叶斯分类器的分类边界, 也称**贝叶斯决策边界**. 首先, 基于训练集建立朴素贝叶斯分类器, 然后利用该分类器对图中所示位置上的任意点预测其类别, 从而得到贝叶斯决策边界. 落入决策边界右上区域的观测点将预测为 1 类, 落入左下区域的预测为 0 类. 可见, 有 5 个 0 类点 (紫色) 和 5 个 1 类点 (黑色) 落入了错误的区域, 总预测错误率为 $\dfrac{5+5}{50}=20\%$.

浅粉色区域和灰色区域间的直线边界线为 Logistic 回归的分类直线. 首先, 基于训练集建立 Logistic 回归模型, 然后利用该模型对图中所示位置上的任意点预测其类别, 从而得到 Logistic 决策边界. 落入直线下方和上方的点将分别预测为 0 类和 1 类. Logistic 回归模型的总预测错误率等于 $\dfrac{5+6}{50}=22\%$.

本例中的朴素贝叶斯决策边界是一条曲线, Logistic 决策边界为一条直线. 这表明朴素贝叶斯分类器能够解决非线性分类问题, 模型的复杂度高于 Logistic 回归. 进一步, 计算 10 折交叉验证的训练误差和测试误差. 朴素贝叶斯分类器分别为 21.34% 和 23.33%, Logistic 回归模型分别为 22.69% 和 25%. 贝叶斯分类器的预测性能均高于 Logistic 回归, 且没有出现模型过拟合.

此外, 两个分类模型对图 3–2 中 1 号点的预测结果不一致. Logistic 回归模型预测为 1 类 (落入分类边界上方) 预测错误, 但朴素贝叶斯分类器预测为 0 类 (落入分类边界下方) 预测正确, 这是两个模型分类边界 (模型不同) 不同导致的. 此外, 图中有些样本观测点位于分类边界附近. 若训练数据的随机变动导致分类边界出现微小移动, 便会得到截然不同的预测结果, 也即预测方差大. 如何找到尽量远离样本观测点的分类边界, 使预测更为稳健, 是需进一步探讨的问题. 该问题将在第 8 章集中讨论.

3.4 Python 实践课: 加深理论理解, 探索应用实践

在基本原理讨论的基础上, 本节将围绕以下方面设计 Python 实践课, 目的是通过 Python 代码进一步揭示原理的核心思想, 并探索贝叶斯分类器的应用.

第一, 探索不同参数下的贝塔分布特点.

第二, 对比贝叶斯分类器和 Logistic 回归模型, 绘制两个分类模型的分类边界.

第三, 针对第 1 章的空气质量监测数据, 利用贝叶斯分类器对是否有污染进行二分类预测.

第四, 探讨贝叶斯分类器在多分类的文本分类中的应用.

以下为本章需导入的 Python 模块:

```
1  #本章需导入的模块
2  import numpy as np
3  import pandas as pd
4  import matplotlib.pyplot as plt
5  %matplotlib inline
6  plt.rcParams['font.sans-serif']=['SimHei']  #解决中文显示乱码问题
7  plt.rcParams['axes.unicode_minus']=False
8  import warnings
9  warnings.filterwarnings(action = 'ignore')
10 from scipy.stats import beta
11 from sklearn.naive_bayes import GaussianNB
12 import sklearn.linear_model as LM
13 from sklearn.model_selection import cross_val_score,cross_validate,train_test_split
14 from sklearn.metrics import classification_report
15 from sklearn.metrics import roc_curve, auc,accuracy_score,precision_recall_curve
```

其中新增部分为:

(1) 第 10 行: 用于计算贝塔分布.

(2) 第 11 行: 用于实现朴素贝叶斯分类器.

(3) 第 14 行: 用于计算分类器的各种评价指标.

3.4.1 实践一: 探索不同参数下的贝塔分布特点

可通过以下代码 (文件名: chapter3-1.ipynb) 直观理解 3.2.2 节先验分布中提及的贝塔分布的特点.

```
alphas= [1/3,2/3,1,2,4,10,20]
betas = [1,2/3,1,6,4,30,20]
colors =  ['blue', 'orange', 'green', 'red', 'purple', 'brown', 'black']
theta = np.linspace(0, 1, 100)
fig, ax = plt.subplots(figsize=(9,6))
for a, b, c in zip(alphas, betas, colors):
    dist = beta(a, b)
    plt.plot(theta, dist.pdf(theta), c=c)
plt.xlim(0, 1)
plt.ylim(0, 6)
plt.xlabel("theta")
```

```
12 plt.ylabel(r'$p(theta|\alpha,\beta)$')
13 plt.title('Beta分布')
14 ax.annotate('Beta(1/3,1)', xy=(0.014, 5), xytext=(0.04, 5.2),arrowprops=dict(facecolor='black', arrowstyle='-'))
15 ax.annotate('Beta(10,30)', xy=(0.276, 5), xytext=(0.3, 5.4),arrowprops=dict(facecolor='black', arrowstyle='-'))
16 ax.annotate('Beta(20,20)', xy=(0.5, 5), xytext=(0.52, 5.4),arrowprops=dict(facecolor='black', arrowstyle='-'))
17 ax.annotate('Beta(2,6)', xy=(0.256, 2.41), xytext=(0.2, 3.1),arrowprops=dict(facecolor='black', arrowstyle='-'))
18 ax.annotate('Beta(4,4)', xy=(0.53, 2.15), xytext=(0.45, 2.6),arrowprops=dict(facecolor='black', arrowstyle='-'))
19 ax.annotate('Beta(1,1)', xy=(0.8, 1), xytext=(0.7, 2),arrowprops=dict(facecolor='black', arrowstyle='-'))
20 ax.annotate('Beta(2/3,2/3)', xy=(0.99, 2.4), xytext=(0.86, 2.8),arrowprops=dict(facecolor='black', arrowstyle='-'))
21 plt.show()
```

【代码说明】

(1) 第 1、2 行: 给定贝塔分布中参数 α 和 β 的各种可能取值. 如 $\alpha=\dfrac{1}{3},\beta=1$.

(2) 第 4 行: 给定参数 θ 的 100 个可能取值, 取值范围 $[0,1]$.

(3) 第 6~8 行: 通过 for 循环计算不同参数下贝塔分布的概率密度并绘制概率密度曲线. 其中, 函数 zip() 实现对多个列表元素按位置的一一匹配, 结果如: $a=\dfrac{1}{3},b=1,c=$ 'blue', $a=\dfrac{2}{3},b=\dfrac{2}{3},c=$ 'orange'. 循环中, 首先利用函数 beta() 创建指定参数 α,β 的对象 dist; 然后, 通过 .pdf() 方法计算特定贝塔分布的概率密度值, 并画图.

(4) 第 14~20 行: 利用 .annotate() 方法对图中元素添加说明信息.

所得图形如图 3-1 所示. 可见, 贝塔分布中横坐标 θ 的取值范围在 $[0,1]$, 纵坐标给出的是对于不同参数 α,β 下的贝塔分布, $\theta=\theta_i$ 的概率密度.

3.4.2 实践二: 绘制贝叶斯分类器的分类边界

本节 (文件名: chapter3-1.ipynb) 基于模拟数据, 首先, 分别建立朴素贝叶斯分类器和 Logistic 回归模型; 然后, 绘制两个分类模型的分类边界, 旨在直观理解朴素贝叶斯分类器的特点.

```
np.random.seed(123)
N=50
n=int(0.5*N)
X=np.random.normal(0,1,size=100).reshape(N,2)
Y=[0]*n+[1]*n
X[0:n]=X[0:n]+1.5

fig,axes=plt.subplots(nrows=1,ncols=2,figsize=(15,6))
axes[0].scatter(X[:n,0],X[:n,1],color='black',marker='o')
axes[0].scatter(X[(n+1):N,0],X[(n+1):N,1],edgecolors='magenta',marker='o',c='')
axes[0].set_title("样本观测点的分布情况")
axes[0].set_xlabel("X1")
axes[0].set_ylabel("X2")
```

这里, 基于模拟数据进行研究. 数据模拟方案为: 随机生成两组各 50 个服从标准正态分布的随机数, 分别作为输入变量 X_1 和 X_2; 然后, 指定相应样本观测点 (X_1,X_2) 对应的输出变量 y 取值为 0 或 1, 0 和 1 各占 50%; 最后, 调整输出变量 y 等于 0 的样本观测点在二维空间中的位置. 模拟数据的样本观测点的分布情况如图 3-2 左图所示.

接下来, 建立朴素贝叶斯分类器和 Logistic 回归模型:

```
15 modelNB = GaussianNB()
16 modelNB.fit(X, Y)
17 modelLR=LM.LogisticRegression()
18 modelLR.fit(X,Y)
19 Data=np.hstack((X,np.array(Y).reshape(N,1)))
20 Yhat=modelNB.predict(X)
21 Data=np.hstack((Data,Yhat.reshape(N,1)))
22 Data=pd.DataFrame(Data)
23
24 X1,X2 = np.meshgrid(np.linspace(X[:,0].min(),X[:,0].max(),100), np.linspace(X[:,1].min(),X[:,1].max(),100))
25 New=np.hstack((X1.reshape(10000,1),X2.reshape(10000,1)))
26 YnewHat1=modelNB.predict(New)
27 DataNew=np.hstack((New,YnewHat1.reshape(10000,1)))
28 YnewHat2=modelLR.predict(New)
29 DataNew=np.hstack((DataNew,YnewHat2.reshape(10000,1)))
30 DataNew=pd.DataFrame(DataNew)
31
32 for k,c in [(0,'silver'),(1,'red')]:
33     axes[1].scatter(DataNew.loc[DataNew[2]==k,0],DataNew.loc[DataNew[2]==k,1],color=c,marker='o',s=1)
34 for k,c in [(0,'silver'),(1,'mistyrose')]:
35     axes[1].scatter(DataNew.loc[DataNew[3]==k,0],DataNew.loc[DataNew[3]==k,1],color=c,marker='o',s=1)
```

【代码说明】

(1) 第 15、16 行: 建立朴素贝叶斯分类器, 并拟合数据.

(2) 第 17、18 行: 建立 Logistic 回归模型, 并拟合数据.

(3) 第 19、20 行: 构建数据框 Data (包含 50 个样本观测 4 个变量) 为绘图做准备.

数据框 Data 的前 2 列为输入变量 X_1 和 X_2, 后 2 列为输出变量的实际类别和朴素贝叶斯预测类别.

(4) 第 24~30 行: 绘制分类器的分类边界.

首先, 数据准备. 利用 Numpy 的 meshgrid 函数分别生成 X_1 和 X_2 取值范围内均匀分布的 10 000 个样本观测点; 然后, 两个分类模型分别给出 10 000 个样本观测点的预测类别. 结果保存到数据框 DataNew (包含 10 000 个样本观测 4 个变量) 中: 前 2 列为输入变量 X_1 和 X_2, 后 2 列分别为朴素贝叶斯和 Logistic 回归的预测类别.

(5) 第 32、33 行: 绘制朴素贝叶斯分类边界 (曲线), 0 类区域用银色表示, 1 类区域用红色表示.

(6) 第 34、35 行: 绘制 Logistic 回归的分类边界 (直线), 0 类区域用银色表示, 1 类区域用玫瑰色表示. 将与贝叶斯分类区域产生颜色重叠.

接下来, 将数据集中样本观测点添加到当前图中:

```
37 axes[1].scatter(X[:n,0],X[:n,1],color='black',marker='+')
38 axes[1].scatter(X[(n+1):N,0],X[(n+1):N,1],color='magenta',marker='+')
39 for k,c in [(0,'black'),(1,'magenta')]:
40     axes[1].scatter(Data.loc[(Data[2]==k) & (Data[3]==k),0],Data.loc[(Data[2]==k) & (Data[3]==k),1],color=c,marker='o')
41 axes[1].set_title("朴素贝叶斯分类器(误差%.2f)和Logistic回归模型(误差%.2f)的分类边界"%(1-modelNB.score(X,Y),1-modelLR.score(X,Y)))
42 axes[1].set_xlabel("X1")
43 axes[1].set_ylabel("X2")
44
45 np.random.seed(123)
46 k=10
47 CVscore=cross_validate(modelNB,X,Y,cv=k,scoring='accuracy',return_train_score=True)
48 axes[1].text(-2,3.5,'贝叶斯测试误差：%.4f' %(1-CVscore['test_score'].mean()),fontsize=12,color='r')
49 CVscore=cross_validate(modelLR,X,Y,cv=k,scoring='accuracy',return_train_score=True)
50 axes[1].text(-2,3,"Logistic回归测试误差：%.2f" %(1-CVscore['test_score'].mean()),fontsize=12,color='r')
51 plt.show()
```

【代码说明】

规定: 实心圆表示朴素贝叶斯分类器正确预测的点, 加号 (+) 表示预测错误的点.

(1) 第 37、38 行: 以不同颜色将两类样本观测点添加到图中 (点的形状均为加号 +).

(2) 第 39、40 行：将图中贝叶斯正确预测点的形状改为实心圆圈.

(3) 第 41 行：在图形标题中给出两个预测模型的训练误差 (直接利用.score() 方法计算).

(4) 第 45~50 行：分别计算两个分类模型的 10 折交叉验证下的训练误差和测试误差，并将计算结果以文字方式写到图的指定位置上.

最终所得图形如图 3-2 右图所示. 图形显示，本例中的朴素贝叶斯决策边界是一条曲线，Logistic 决策边界为一条直线，表明朴素贝叶斯分类器能够解决非线性分类问题，模型的复杂度高于 Logistic 回归.

3.4.3 实践三：二分类的空气污染预测

这里 (文件名：chapter3-2.ipynb)，首先，基于空气质量监测数据，采用朴素贝叶斯分类器对是否出现空气污染进行二分类预测；然后，采用各种方式对预测模型进行评价. 主要目的是探索朴素贝叶斯分类器的二分类应用.

```
1  data=pd.read_excel('北京市空气质量数据.xlsx')
2  data=data.replace(0,np.NaN)
3  data=data.dropna()
4  data['有无污染']=data['质量等级'].map({'优':0,'良':0,'轻度污染':1,'中度污染':1,'重度污染':1,'严重污染':1})
5  data['有无污染'].value_counts()
6  X=data.loc[:,['PM2.5','PM10','SO2','CO','NO2','O3']]
7  Y=data.loc[:,'有无污染']
8  
9  modelNB = GaussianNB()
10 modelNB.fit(X, Y)
11 print('评价模型结果：\n',classification_report(Y,modelNB.predict(X)))
12 
13 fig,axes=plt.subplots(nrows=1,ncols=2,figsize=(10,4))
14 fpr,tpr,thresholds = roc_curve(Y,modelNB.predict_proba(X)[:,1],pos_label=1)
15 axes[0].plot(fpr, tpr, color='r',linewidth=2, label='ROC curve (area = %0.5f)' % auc(fpr,tpr))
16 axes[0].plot([0, 1], [0, 1], color='navy', linewidth=2, linestyle='--')
17 axes[0].set_xlim([-0.01, 1.01])
18 axes[0].set_ylim([-0.01, 1.01])
19 axes[0].set_xlabel('FPR')
20 axes[0].set_ylabel('TPR')
21 axes[0].set_title('空气污染的朴素贝叶斯分类器的ROC曲线')
22 axes[0].legend(loc="lower right")
23 
24 pre, rec, thresholds = precision_recall_curve(Y,modelNB.predict_proba(X)[:,1],pos_label=1)
25 axes[1].plot(rec, pre, color='r',linewidth=2, label='总正确率 = %0.3f)' % accuracy_score(Y,modelNB.predict(X)))
26 axes[1].plot([0,1],[1,pre.min()],color='navy', linewidth=2, linestyle='--')
27 axes[1].set_xlim([-0.01, 1.01])
28 axes[1].set_ylim([pre.min()-0.01, 1.01])
29 axes[1].set_xlabel('查全率R')
30 axes[1].set_ylabel('查准率P')
31 axes[1].set_title('空气污染的朴素贝叶斯分类器的P-R曲线')
32 axes[1].legend(loc='lower left')
33 plt.show()
```

```
评价模型结果：
              precision    recall  f1-score   support

           0       0.86      0.94      0.90      1204
           1       0.90      0.79      0.84       892

    accuracy                           0.88      2096
   macro avg       0.88      0.87      0.87      2096
weighted avg       0.88      0.88      0.87      2096
```

【代码说明】

(1) 第 1~7 行：读入空气质量监测数据，进行数据预先处理，确定输入变量矩阵 $\boldsymbol{X}$ 和输

出变量 y.

(2) 第 9~11 行: 构建朴素贝叶斯分类器 (默认采用无信息先验分布中的依据样本分布原则) 并拟合数据, 计算各种模型评价指标.

这里, 直接采用函数 classification_report(), 给定输出变量的实际类别和预测类别后, 可计算总正确率 (0.88)、查准率 P、查全率 R、F1 分数以及各类的样本量. 这里关注对 1 类 (有污染共 892 天) 的评价: 查准率 P、查全率 R 分别为 0.90 和 0.79, F1 分数为 0.84. 评价结果中的 macro avg 为宏意义上的评价指标, 这里为各类结果的平均值, 如: $\frac{1}{2}(0.86+0.90)=0.88$, 等等.

(3) 第 14~22 行: 绘制朴素贝叶斯分类器的 ROC 曲线, 并计算 ROC 曲线下的面积.

(4) 第 24~32 行: 绘制朴素贝叶斯分类器的 P-R 曲线.

最终图形如图 3–3 所示.

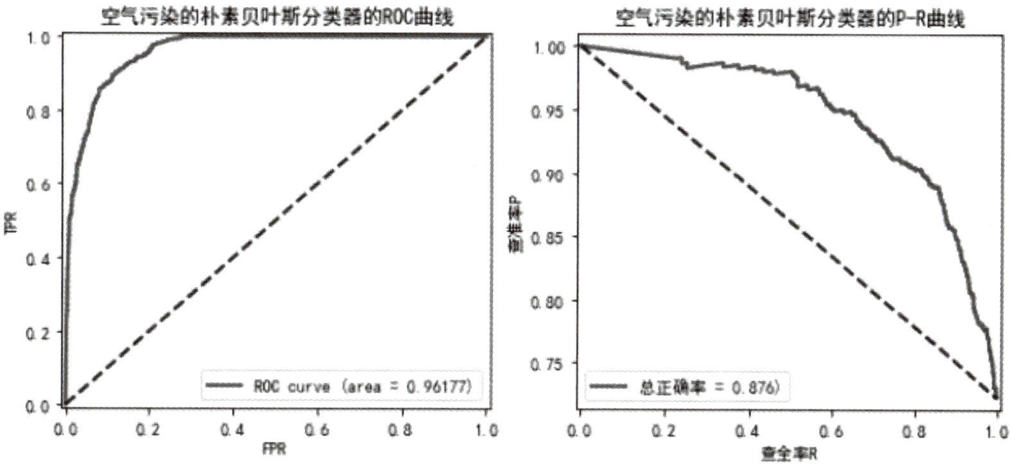

图 3–3　空气污染的朴素贝叶斯分类器的 ROC 和 P-R 曲线图

图 3–3 中, ROC 曲线远离基准线, 且曲线下的面积约等于 0.96, 表明朴素贝叶斯模型较好地实现了二分类预测. P-R 曲线中, 随查全率 R 的增加查准率 P 并没有快速下降, 同样说明朴素贝叶斯模型预测性能良好.

3.4.4　实践四: 多分类的文本分类预测

这里 (文件名: chapter3-3.ipynb) 以 2 665 条诉讼离婚的文本分类为例, 探索朴素贝叶斯分类器的多分类应用. **文本分类的目的是依据文本内容, 建立分类模型预测文本所属的类别.** 例如, 通过新闻文本的内容判断其是娱乐新闻、体育新闻或社会新闻, 等等.

文本分类是文本挖掘研究的重要组成部分, 涉及如下两个重要方面:

第一, 文本分类预测建模的数据预处理.

文本是文字形式的, 一般无法直接进行分类预测, 因此文本的量化处理是非常重要的. 需首先得到量化的文本, 然后才可以进行分类建模. 以下将对文本量化的主要问题进行介绍.

第二, 文本和文本标签的一般组织形式.

文本是可变长度的, 每个文本的字数都可能不相同. 通常采用 JSON 格式组织文本和对应的文本分类标签. 什么是 JSON 格式文本, Python 如何读取 JSON 格式等, 将在下面的示例中给出简要说明.

以下为本节新增的导入模块:

```
16 #本节增加导入的模块
17 import jieba
18 import jieba.analyse
19 from sklearn.feature_extraction.text import  TfidfVectorizer
20 import json
21 from sklearn.naive_bayes import MultinomialNB
```

其中:

(1) 第 17、18 行: 用于文本分词和分析.

(2) 第 19 行: 用于文本量化计算.

(3) 第 20 行: 用于处理 JSON 格式文件.

(4) 第 21 行: 用于建立多分类的朴素贝叶斯分类器.

一、文本分类的数据预处理：文本分词

文本是由句子组成的. 例如: “中国的发展是开放的发展”, “中国经济发展的质量在稳步提升, 人民生活在持续改善”, 等等. 文本分类的数据并非句子而是词. 也就是说需首先**将句子分割成若干个词, 该过程称为分词**. 例如: 上述两个句子的分词是: “中国 的 发展 是 开放 的 发展”, “中国 经济 发展 的 质量 在 稳步 提升, 人民 生活 在 持续 改善”. 这里以空格作为各个词的分割符.

此外, 对不同领域文本的分词涉及专用词汇问题. 例如, 对 “故宫的著名景点包括乾清宫、太和殿和黄琉璃瓦等” 分词时, 需指定 “乾清宫” “太和殿” “黄琉璃瓦” 等为专用词汇, 即不能在这些词中间做分割.

目前有多种中文分词工具, 其中结巴 (jieba) 是使用较为普遍的 Python 中文分词组件之一. 作为第三方库, 结巴尚没有进入 anaconda 的内置库, 需单独下载和安装. 这里介绍一种在 anaconda 中安装结巴的基本操作.

(1) 在官网 (https://pypi.org/project/jieba/) 下载结巴安装压缩包, 如 jieba-0.42.1.

(2) 将安装压缩包解压到 anaconda 的 pkgs 目录下.

(3) 从 Windows “开始” 处启动 Anaconda Prompt, 利用 cd 命令进入 anaconda/pkgs/jieba-0.42.1 目录, 应能够看到一个名为 setup.py 的程序文件.

(4) 输入命令: python setup.py install, 即可完成安装.

二、文本分类的数据预处理：文本量化

文本量化的本质是词的量化. 量化后的词将作为分类模型的输入变量. 直观上, 可将词在文本中出现的次数作为一个基本量化指标, 但并非出现次数越多的词对文本分类越有意

义. 例如, “的” 等字的出现次数通常是很高的, 但对文本分类并没有帮助. 因此, 文本挖掘中多采用 TF-IDF 作为词的基本量化指标.

TF-IDF (Term Frequency–Inverse Document Frequency), TF 是词频, IDF 是逆文本频率, 两者结合用于度量词对于某篇文本的重要程度. 通常, 词的重要程度随其在所属文本中出现次数的增加而增加, 同时也随其在文本集合中出现次数的增加而降低. 例如, “游戏” 这个词在一个文本中多次出现, 可视 “游戏” 是该文本的典型代表词. 但如果 “游戏” 也在其他多个文本中多次出现, 就不能认为 “游戏” 是该文本的典型代表词了. TF-IDF 很好地兼顾了这两个方面.

一方面, 词 i 在文本 j 中的 TF 定义为:

$$TF_{ji} = \frac{N_{ji}}{\sum_{k=1}^{K} N_{jk}} \tag{3.7}$$

式中, N_{ji} 表示词 i 在文本 j 中出现的次数, 文本 j 共包含 K 个不同的词, $\sum_{k=1}^{K} N_{jk}$ 表示总词数. TF_{ji} 越大, 词 i 对文本 j 可能越重要.

另一方面, 词 i 的 IDF 定义为:

$$IDF_i = \log\left(\frac{\text{总文本数}}{\text{包含词 } i \text{ 的文本数}}\right) \tag{3.8}$$

IDF_i 越大, 词 i 可能越重要. 词 i 在文本 j 中的 TF-IDF 定义为:

$$\mathrm{TF-IDF}_{ji} = TF_{ji} \times IDF_i \tag{3.9}$$

$TF-IDF_{ji}$ 越大, 词 i 对文本 j 越重要.

例如, “游戏” 这个词在文本 j 中多次出现, 其 TF_{ji} 较大, 但如果 “游戏” 也在其他多个文本中多次出现, 其 IDF_i 就较小. 此时 $\mathrm{TF-IDF}_{ji}$ 也会较小, 即不能认为 “游戏” 是文本 j 的典型代表词.

文本量化时应计算各个词的 TF-IDF. 通常选择若干 TF-IDF 较大的词作为文本的典型代表词, 并将相应的 TF-IDF 值作为输入变量参与文本的分类建模.

需要注意的是, 如果分词结果包含很多对文本预测没有意义的词, 将会影响 TF-IDF 的计算结果并对后续的分类建模产生负面作用. 通常将意义模糊、语气助词、标点符号等对文本分类没有意义的词称为停用词. 可事先准备停用词表并指定过滤掉文本中的停用词, 再计算 TF-IDF.

三、文本分类的数据预处理: 量化文本的重新组织

文本分类建模是要预测各个文本的类别, 通常将 TF-IDF 组织成矩阵形式. 其中, 行为文本, 列为词. 如表 3–2 所示.

表 3–2 文本分类中的数据组织

	词 1	词 2	···	词 K	文本类别
文本 1	TF-IDF_{11}	TF-IDF_{12}		TF-IDF_{1K}	2
文本 1	TF-IDF_{21}	TF-IDF_{22}		TF-IDF_{2K}	1
⋮					
文本 N	TF-IDF_{N1}	TF-IDF_{N2}		TF-IDF_{NK}	1

表 3–2 中, 共有 N 篇文本 K 个词. 若词 i 未出现在文本 j 中, 则 $\text{TF}-\text{IDF}_{ji}=0$. 前 K 列将作为输入变量, 最后一列为输出变量.

```
1  documents = ["中国的发展是开放的发展",
2      "中国经济发展的质量在稳步提升，人民生活在持续改善",
3      "从集市、超市到网购，线上年货成为中国老百姓最便捷的硬核年货",
4      "支付体验的优化以及物流配送效率的提升，线上购物变得越来越便利"]
5  documents = [" ".join(jieba.cut(item)) for item in documents]
6  print("文本分词结果：\n",documents)
7  vectorizer = TfidfVectorizer()  #定义TF-IDF对象
8  X = vectorizer.fit_transform(documents)
9
10 words=vectorizer.get_feature_names()
11 print("特征词表：\n",words)
12 print("idf:\n",vectorizer.idf_)  #idf
13 X=X.toarray() #print(X.toarray())   #文本-词的tf-idf矩阵
14 for i in range(len(X)): ##打印每类文本的tf-idf词语权重，第一个for遍历所有文本，第二个for便利某一类文本下的词语权重
15     for j in range(len(words)):
16         print(words[j],X[i][j])
```

【代码说明】

(1) 第 1 行: 给出 4 个小文本 (一个文本只有一句话).

(2) 第 5 行: 利用 jieba 分词, 并将分词结果存入列表 documents 中.

这里采用了综合的 for 循环语句写法, 表示对每个小文本 (item): 分词, 且分词结果通过 join 方法用空格连接, 并添加当前列表的后面. 如下所示:

```
文本分词结果：
['中国 的 发展 是 开放 的 发展', '中国 经济 发展 的 质量 在 稳步 提升 ， 人民 生活 在 持续 改善', '从 集市 、 超市 到 网购 ， 线上 年货
成为 中国 老百姓 最 便捷 的 硬核 年货', '支付 体验 的 优化 以及 物流配送 效率 的 提升 ， 线上 购物 变得 越来越 便利']
```

(3) 第 7、8 行: 定义 TF-IDF 对象, 对分词结果计算 TF-IDF.

这里, vectorizer 中保存了文本的词表和对应的 TF-IDF 等.

(4) 第 10、12 行: 输出文本的词表和 IDF.

```
特征词表：
['中国', '人民', '以及', '优化', '体验', '便利', '便捷', '发展', '变得', '年货', '开放', '成为', '持续', '提升', '支付', '改善', '效率',
'物流配送', '生活', '硬核', '稳步', '线上', '经济', '网购', '老百姓', '质量', '购物', '超市', '越来越', '集市']
idf:
[1.22314355 1.91629073 1.91629073 1.91629073 1.91629073 1.91629073
 1.91629073 1.51082562 1.91629073 1.91629073 1.91629073 1.91629073
 1.91629073 1.51082562 1.91629073 1.91629073 1.91629073 1.91629073
 1.91629073 1.91629073 1.91629073 1.51082562 1.91629073 1.91629073
 1.91629073 1.91629073 1.91629073 1.91629073 1.91629073 1.91629073]
```

(5) 第 13 行: 得到如表 3–2 所示的 TF-IDF 矩阵 (4 行 30 列对应 4 条小文本 30 个词).

(6) 第 14~16 行: 依次显示每个小文本中的词和 TF-IDF. 如第 1 条小文本的部分结果如下所示:

```
中国 0.32346721385745636
人民 0.0
以及 0.0
优化 0.0
体验 0.0
便利 0.0
便捷 0.0
发展 0.7990927223856119
变得 0.0
年货 0.0
开放 0.5067738969102946
```

其中, "人民" "以及" "优化" 等词没有在第 1 条小文本中出现, 因此 TF-IDF 等于 0. "发展" 出现两次, TF-IDF 值更大些. "中国" 在其他小文本中出现过, 因此其 TF-IDF 小于 "开放" 的 TF-IDF.

四、文本和文本标签的一般组织形式

文本是可变长度的, 每个文本的字数都可能不相同. 通常采用 JSON 格式组织文本和对应的文本分类标签. JSON(JavaScript Object Notation) 是一种典型的便于数据共享的格式文本, 在 Python 中与字典结构相对应.

Python 字典由多个键 (Key)–值 (Value) 对组成. 例如: namebook={"张三":"001","李四":"002","王五":"003"} 即为关于学生姓名和学号的字典. 其中, 张三、李四、王五为键, 001, 002, 003 为对应的值, 用: 隔开, 用 {} 括起来. 键不仅是字符串, 也可以是数值或元组等. 可通过键快速访问对应的值.

再例如, 诉讼离婚文本和类别标签, 对应的字典示例为: {"labels": [], "sentence": " 原告林某某诉称: 我与被告经人介绍建立恋爱关系, 于 1995 年在菏泽市民政局办理结婚登记手续. "}. labels、sentence 是文本标签和文本内容的键. :后为键对应的值. 这里, 键 labels 对应的值也即文本标签以列表形式组织, 有时为空 [], 有时为 DV1, DV2, ···, DV20 中的一个或多个元素. 这里, 略去诉讼离婚文本标签的具体含义, 且仅对只有一个标签的文本进行分类建模, 有效诉讼文本 2 665 条, 节选如下所示:

[{"labels": [], "sentence": "原告林某某诉称：我与被告经人介绍建立恋爱关系，于1995年在菏泽市民政局办理结婚登记手续。"}, {"label
15日生次女李某丙，2007年11月生一女李某丁。"}, {"labels": [], "sentence": "双方婚后因生活琐事产生矛盾。"}, {"labels": [], "sentenc
[{"labels": [], "sentence": "原告黄某某诉称：婚后，我们未能建立起夫妻感情，被告方某甲脾气暴躁，经常酗酒后殴打辱骂我。"}, {"labe
离婚。"}, {"labels": [], "sentence": "案件受理费100元，由原告黄某某负担。"}]


```
alltext=[]
label=[]
fenceText=[]
fn = open('离婚诉讼文本.json', 'r',encoding='utf-8')
line = fn.readline()
while line:
    data = json.loads(line)
    for sent in data:
        if len(sent['labels']) ==1:
            label.append(sent['labels'])
            alltext.append(sent['sentence'])
    line=fn.readline()
fn.close()
X_train, X_test, Y_train, Y_test = train_test_split(alltext,label,train_size=0.60, random_state=123)
fenceText=[" ".join(jieba.cut(item)) for item in X_train]
with open("停用词表.txt", "r",encoding='utf-8') as fn:
    stpwrdlst = fn.read().splitlines()
fn.close()
vectorizer = TfidfVectorizer(stop_words=stpwrdlst,max_features=400)
```

```
20 X_train = vectorizer.fit_transform(fenceText)
21 X_train=X_train.toarray()
22 modelNB = MultinomialNB()
23 modelNB.fit(X_train, Y_train)
24 print("朴素贝叶斯分类器的训练误差:%.3f"%(1-modelNB.score(X_train,Y_train)))
25
26 fenceText=[" ".join(jieba.cut(item)) for item in X_test]
27 X_test = vectorizer.fit_transform(fenceText)
28 X_test=X_test.toarray()
29 print("朴素贝叶斯分类器的测试误差:%.3f"%(1-modelNB.score(X_test,Y_test)))
30
```

```
朴素贝叶斯分类器的训练误差:0.191
朴素贝叶斯分类器的测试误差:0.521
```

【代码说明】

(1) 第 1~3 行: 分别定义 3 个列表, 依次存放诉讼文本 (alltext)、文本标签 (label) 和分词结果 (fenceText).

(2) 第 4~13 行: 读入 JSON 格式的诉讼文本并保存到字典中.

其中:

- fn = open('离婚诉讼文本.json', 'r',encoding='utf-8'): 以读方式打开诉讼文本文件. 中文采用 utf-8 编码方式①.
- line = fn.readline(): 逐行读入文本到 line(JSON 格式) 中.
- 通过 while 循环反复做以下处理:

■ 将通过 json.loads() 将 line 转成字典. 其中, labels、sentence 是文本标签和文本内容的键.

■ 分别将文本标签和文本内容保存到相应列表中.

■ 读入下一行文本 line (JSON 格式) 中.

(3) 第 14 行: 采用旁置法对文本和标签进行数据集划分, 得到训练集和测试集.

(4) 第 15 行: 对训练集中的文本进行分词.

(5) 第 16~18 行: 读取一个存储停用词的文本文件, 读入停用词.

(6) 第 19~21 行: 对训练集的分词结果, 在剔除停用词的条件下计算 TF-IDF, 此时, X_train 的格式如表 3–2 所示. 其中只包括 TF-IDF 值较大的前 400 个词.

(7) 第 22~24 行: 基于训练集建立多分类朴素贝叶斯分类器, 拟合数据并输出评价指标.

这里, 采用的是多项式朴素贝叶斯分类器 (multinomial NB), 适合基于计数的整型 (离散型) 输入变量. 尽管这里的输入变量 (TF-IDF) 是小数 (连续型), 但也可视为基于词频计算的特殊的小数型计数.

(8) 第 26~28 行: 处理测试集: 分词, 文本量化.

测试集需独立进行分词和文本量化. 若与训练集一同进行分词和文本量化, 将导致 "数据泄露", 即将测试集的信息 "泄露" 给模型, 测试集将不再是真正意义上的 "袋外观测".

(9) 第 29 行: 计算多分类朴素贝叶斯分类器的测试误差.

本例的文本分类预测效果不理想, 训练误差为 19%, 测试误差高达 52%. 该问题涉及的方面较多、相对复杂. 一方面可优化分词和 TF-IDF 计算. 例如补充法律专业用词, 完善停用词表等, 或者尝试其他分类模型. 另一方面也说明采用 TF-IDF 量化文本并非最佳方案.

---

① utf-8 是目前使用最广的一种万国码 unicode 实现方式.

目前, 较为流行的文本量化方式是采用基于 word2vec 的词向量. 有兴趣的读者可参考相关资料.

附录

围绕本章学习, 应重点掌握 Python 模块中的以下函数. 函数的具体格式参见 Python 帮助.

1. 建立朴素贝叶斯分类器

modelNB = GaussianNB(); modelNB.fit(X, Y)

2. 绘制分类边界时数据点的生成

np.meshgrid()

3. 分类模型的综合评价

classification_report()

第 4 章

数据预测建模：近邻分析

学习目标

1. 掌握近邻分析的基本原理.
2. 掌握 K–近邻分析中参数 K 的意义及对模型的影响.
3. 了解 K–近邻分析的适应性.
4. 掌握 K–近邻分析的 Python 实现.

一般线性模型、广义线性模型以及贝叶斯分类器都是数据预测建模的常用方法. 这些方法的共同特点是需要满足某些假定. 例如, 一般线性模型中的线性回归模型需假定输入变量全体和输出变量具有线性关系; 广义线性模型中的 Logistic 回归模型需假定输入变量全体和 Logit P 具有线性关系; 朴素贝叶斯分类器需假定输入变量条件独立, 计算数据似然时需假定数值型输入变量服从高斯分布, 离散型输入变量服从多项式分布等. 如果无法确定假定能否满足, 应如何进行预测建模呢?

近邻分析法是一种简单有效的方法, 本章将从以下方面重点讨论近邻分析.

第一, K–近邻分析;

第二, 加权 K–近邻分析;

第三, K–近邻分析的适用性.

后续给出 K–近邻分析的 Python 应用实践.

4.1 近邻分析: K–近邻法

近邻分析法实现数据预测的基本思想是: 为预测样本观测 $\boldsymbol{X}_0$ 输出变量 y_0 的取值, 首先, 在训练集中找到与 $\boldsymbol{X}_0$ 相似的若干 (如 K 个) 样本观测, 记为 $(\boldsymbol{X}_1, \boldsymbol{X}_2, \cdots, \boldsymbol{X}_K)$. 这些样本观测称为 $\boldsymbol{X}_0$ 的近邻. 然后, 对近邻 $(\boldsymbol{X}_1, \boldsymbol{X}_2, \cdots, \boldsymbol{X}_K)$ 的输出变量 $(y_1, y_2, \cdots, y_K)$, 计算诸如算术平均值 (或加权均值、中位数、众数), 并以此作为样本观测 $\boldsymbol{X}_0$ 输出变量取值 y_0 的预测值 $\widehat{y}_0$. 可见, **近邻分析并不需要假定输入变量和输出变量间关系的具体形式, 只需指定 $\widehat{y}_0$ 是 $(y_1, y_2, \cdots, y_K)$ 的函数 $\widehat{y}_0 = f(y_1, y_2, \cdots, y_k)$ 即可**.

典型的近邻分析法是 K–近邻法 (K-nearest neighbor, KNN). 它将训练集合中的 N 个样本观测看成 p 维 (p 个数值型输入变量) 空间 $\Re^p$ 中的点, 并根据 $\boldsymbol{X}_0$ 的 K 个近邻的 $(y_1, y_2, \cdots, y_K)$ 依函数 $f(y_1, y_2, \cdots, y_k)$ 计算 $\widehat{y}_0$. 通常, 函数 f 定义为:

$$\widehat{y}_0 = \frac{1}{K} \sum_{\boldsymbol{X}_i \in N_K(\boldsymbol{X}_0)} y_i \tag{4.1}$$

式中, $N_K(\boldsymbol{X}_0)$ 表示 $\boldsymbol{X}_0$ 的 K 个近邻的集合.

对于二分类 (只有 0 和 1 两个类别) 的预测问题: $\widehat{y}_0$ 是近邻中输出变量的类别值取 1 的概率 $\widehat{y}_0 = P(y_i = 1 \mid N_K(\boldsymbol{X}_0))$. 通常若概率大于 0.5, 意味着有超过半数的近邻的类别值为 1, 则预测值应为 1 类, 否则预测值为 0 类.

对于多分类的预测问题: $\widehat{y}_0 = P(y_i = m \mid N_K(\boldsymbol{X}_0))$, 即类别值取 m 类的概率. 预测值应为最大概率值对应的类别 m, 即 m 是众数类.

对于回归预测问题: $\widehat{y}_0$ 是近邻输出变量的均值.

总之, K–近邻法体现了 “近朱者赤, 近墨者黑” 的思想. K–近邻法的核心问题如下:

第一, 依怎样的标准测度与 $\boldsymbol{X}_0$ 的近邻关系, 即如何确定 $(\boldsymbol{X}_1, \boldsymbol{X}_2, \cdots, \boldsymbol{X}_K)$.

第二, 依怎样的原则确定 K 的取值, 即应找到 $\boldsymbol{X}_0$ 的几个近邻.

4.1.1　距离: K–近邻法的近邻度量

K–近邻法将样本观测点看成 p 维 (p 个数值型输入变量) 空间 $\Re^p$ 中的点, 所以可**在空间 $\Re^p$ 中定义某种距离, 并依此作为测度与 $\boldsymbol{X}_0$ 近邻关系的依据**. 常用的距离有: 闵可夫斯基距离、欧氏距离、曼哈顿距离、切比雪夫距离、夹角余弦距离等.

对两样本观测点 $\boldsymbol{X}_i$ 和 $\boldsymbol{X}_j$, 若 X_{ik} 和 X_{jk} 分别是 $\boldsymbol{X}_i$ 和 $\boldsymbol{X}_j$ 第 k 个输入变量的值, 两样本观测点 $\boldsymbol{X}_i$ 和 $\boldsymbol{X}_j$ 的上述距离定义如下.

一、闵可夫斯基距离 (Minkowski distance)

两样本观测点 $\boldsymbol{X}_i$ 和 $\boldsymbol{X}_j$ 间的闵可夫斯基距离, 是两点 p 个输入变量值绝对差 m 次方总和的 m 次方根 (m 可以任意指定), 数学表达为:

$$d_{\text{Minkowski}}(\boldsymbol{X}_i, \boldsymbol{X}_j) = \sqrt[m]{\sum_{k=1}^{p} |X_{ik} - X_{jk}|^m} \tag{4.2}$$

二、欧氏距离 (Euclidean distance)

两样本观测点 $\boldsymbol{X}_i$ 和 $\boldsymbol{X}_j$ 间的欧氏距离, 是两点 p 个变量值之差的平方和再开平方, 数学表达为:

$$d_{\text{Euclidean}}(\boldsymbol{X}_i, \boldsymbol{X}_j) = \sqrt{\sum_{k=1}^{p} (X_{ik} - X_{jk})^2} \tag{4.3}$$

欧氏距离是闵可夫斯基距离在 $m=2$ 时的特例.

三、曼哈顿距离 (Manhattan distance)

两样本观测点 $\boldsymbol{X}_i$ 和 $\boldsymbol{X}_j$ 间的曼哈顿距离, 是两点 p 个变量值绝对差的总和, 数学表达为:

$$d_{\text{Manhattan}}(\boldsymbol{X}_i,\boldsymbol{X}_j)=\sum_{k=1}^{p}|X_{ik}-X_{jk}| \tag{4.4}$$

曼哈顿距离是闵可夫斯基距离在 $m=1$ 时的特例.

四、切比雪夫距离 (Chebyshev distance)

两样本观测点 $\boldsymbol{X}_i$ 和 $\boldsymbol{X}_j$ 间的切比雪夫距离, 是两点 p 个变量值绝对差的最大值, 数学表达为:

$$d_{\text{Chebyshev}}(\boldsymbol{X}_i,\boldsymbol{X}_j)=Max(|X_{ik}-X_{jk}|),\quad k=1,2,\cdots,p \tag{4.5}$$

五、夹角余弦距离 (Cosine distance)

两样本观测点 $\boldsymbol{X}_i$ 和 $\boldsymbol{X}_j$ 间的夹角余弦距离的数学表达为:

$$d_{\text{Cosine}}(\boldsymbol{X}_i,\boldsymbol{X}_j)=\frac{\sum\limits_{k=1}^{p}X_{ik}X_{jk}}{\sqrt{\left(\sum\limits_{k=1}^{p}X_{ik}^2\right)\left(\sum\limits_{k=1}^{p}X_{jk}^2\right)}} \tag{4.6}$$

夹角余弦距离从两样本观测的变量整体结构相似性角度测度距离. 夹角余弦距离越大, 结构相似度越高.

值得注意的是: 若 p 个输入变量取值存在数量级差异, 数量级较大的变量对距离值的贡献会大于数量级较小的变量. 为使各输入变量对距离有 “同等” 贡献, 计算距离前应对数据进行预处理以消除数量级差异. 常见的预处理方法是极差法和标准分数法.

若 X_{*k} 是样本观测点 $\boldsymbol{X}_*$ 第 k 个输入变量的值, 对 X_{*k} 做标准化处理. 采用极差法:

$$X'_{*k}=\frac{X_{*k}-\min(X_{1k},X_{2k},\cdots,X_{Nk})}{\max(\min(X_{1k},X_{2k},\cdots,X_{Nk}))-\min(\min(X_{1k},X_{2k},\cdots,X_{Nk}))} \tag{4.7}$$

其中, max() 和 min() 分别表示求最大值和最小值. 采用标准分数法:

$$X'_{*k}=\frac{X_{*k}-\overline{X}_k}{\sigma_{X_k}} \tag{4.8}$$

其中, $\overline{X}_k$ 和 σ_{X_k} 分别表示第 k 个输入变量的均值和标准差.

综上, 计算训练集中样本观测点 $\boldsymbol{X}_i$ $(i=1,2,\cdots)$ 到 $\boldsymbol{X}_0$ 的距离 $d_i=d(\boldsymbol{X}_i,\boldsymbol{X}_0)$, 并根据距离的大小确定是否与 $\boldsymbol{X}_0$ 有近邻关系. 距离小 (夹角余弦距离大) 表明与 $\boldsymbol{X}_0$ 具有相似性, 存在近邻关系. 距离大 (夹角余弦距离小) 表明与 $\boldsymbol{X}_0$ 不具有相似性, 不存在近邻关系.

4.1.2 参数 K: 1–近邻法还是 K–近邻法

尽管距离是确定 $\boldsymbol{X}_0$ 近邻关系的重要指标, 但更重要的是应选择距离最近的多少个样本观测参与对 y_0 的预测, 也即如何确定 K. K **是 K–近邻法的关键参数.** 若 K 取一个很大的值, 意味着很可能所有样本观测点都是 $\boldsymbol{X}_0$ 的近邻. 此时就无须再用距离对近邻关系做度量.

一、1–近邻法

最简单情况下, 可只找到距离 $\boldsymbol{X}_0$ 最近的一个近邻 $\boldsymbol{X}_i$, 即参数 $K=1$, **称为 1–近邻法**. 此时 $\hat{y}_0 = y_i$, 表示以最近一个近邻的输出变量值作为 y_0 的预测值. 如图 4–1 左图所示.

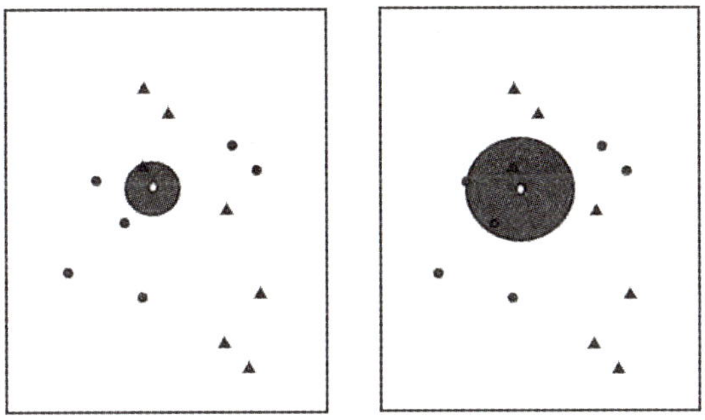

图 4–1 1–近邻法和 3–近邻法示意图

图 4–1 左图为两个输入变量下的 1–近邻法示意图. 实心圆圈和三角形分别表示输出变量的两个类别 (如 0 类和 1 类), 现希望预测图中空心圆圈位置上的样本观测点 $\boldsymbol{X}_0$ 应属于哪类. 依据 1–近邻法, 将以 $\boldsymbol{X}_0$ 为圆心以 $\min(d_i)$ 为半径画圆, 得到只包含一个样本观测点 $\boldsymbol{X}_0$ 的邻域圆. 这里, 对 $\boldsymbol{X}_0$ 的预测结果为三角形类.

可依据预测误差度量 1–近邻法的预测性能. 1967 年 Cover 和 Hart① 的研究结论是: 1–近邻法的错误率不高于贝叶斯分类器错误率的 2 倍. 若输出变量共有 K 个类别, 样本观测点 $\boldsymbol{X}$ 的真实类别是 k^*, $P_k(\boldsymbol{X})$ 表示 $\boldsymbol{X}$ 属于 k 类的条件概率. 贝叶斯分类器的错误率为: $1-P_{k^*}(\boldsymbol{X})$. 1–近邻法的错误率为: $\sum_{k=1}^{K} P_k(\boldsymbol{X})(1-P_k(\boldsymbol{X})) \geqslant 1-P_{k^*}(\boldsymbol{X})$.

采用 1–近邻法对 $\boldsymbol{X}_0$ 进行预测仅取决于 $\boldsymbol{X}_0$ 的一个近邻. 当 $K=2$ 时, 若该近邻以 $P_1(\boldsymbol{X})$ 的概率取类别 1, 则预测 $\boldsymbol{X}_0$ 的类别为 1 犯错的概率为 $1-P_1(\boldsymbol{X})$; 若该近邻以 $P_0(\boldsymbol{X})$ 的概率取类别 0, 则预测 $\boldsymbol{X}_0$ 的类别为 0 犯错的概率为 $1-P_0(\boldsymbol{X})$. 1–近邻法的错误率等于 $2P_{k^*}(\boldsymbol{X})(1-P_{k^*}(\boldsymbol{X})) \leqslant 2(1-P_{k^*}(\boldsymbol{X}))$, 不高于贝叶斯方法的 2 倍.

① Cover, T. and Hart, P. Nearest neighbor pattern classification. IEEE Transactions on Information Theory, 1967.

二、K–近邻法

1–近邻法简单且预测精度高，但由于只依据单个近邻类别做预测，预测结果受近邻差异的影响较大. 可通过增加近邻个数 K 解决该问题. 图 4–1 右图显示了 $K=3$ 也即 3–近邻法的示意. 依据 3–近邻法，得到以空心圆圈 $\boldsymbol{X}_0$ 为圆心、以 $Top\ 3(d_i)$ 为半径的 $\boldsymbol{X}_0$ 邻域圆. 因邻域内实心圆圈占多数，所以 $\boldsymbol{X}_0$ 的预测结果为实心圆圈类.

需要说明的是，可能出现以 $\boldsymbol{X}_0$ 为圆心、以 $Top\ K(d_i)$ 为半径的邻域圆内，样本观测点集合 $N_K(\boldsymbol{X}_0)$ 的样本量大于 K 的情况. 主要原因是：样本观测点 $\boldsymbol{X}_i$ 和 $\boldsymbol{X}_j$ 距 $\boldsymbol{X}_0$ 的距离相等：$d_i=d_j\ (i\neq j)$. 此时一般处理策略有两个：第一，在所有 $d_i=d_j\ (i\neq j)$ 中随机抽取一个样本观测点参与预测；第二，$N_K(\boldsymbol{X}_0)$ 中的全部观测均参与预测.

随着近邻个数 K 的增加，1–近邻法到 K–近邻法有怎样的特点？可从图 4–2 直观得到答案.

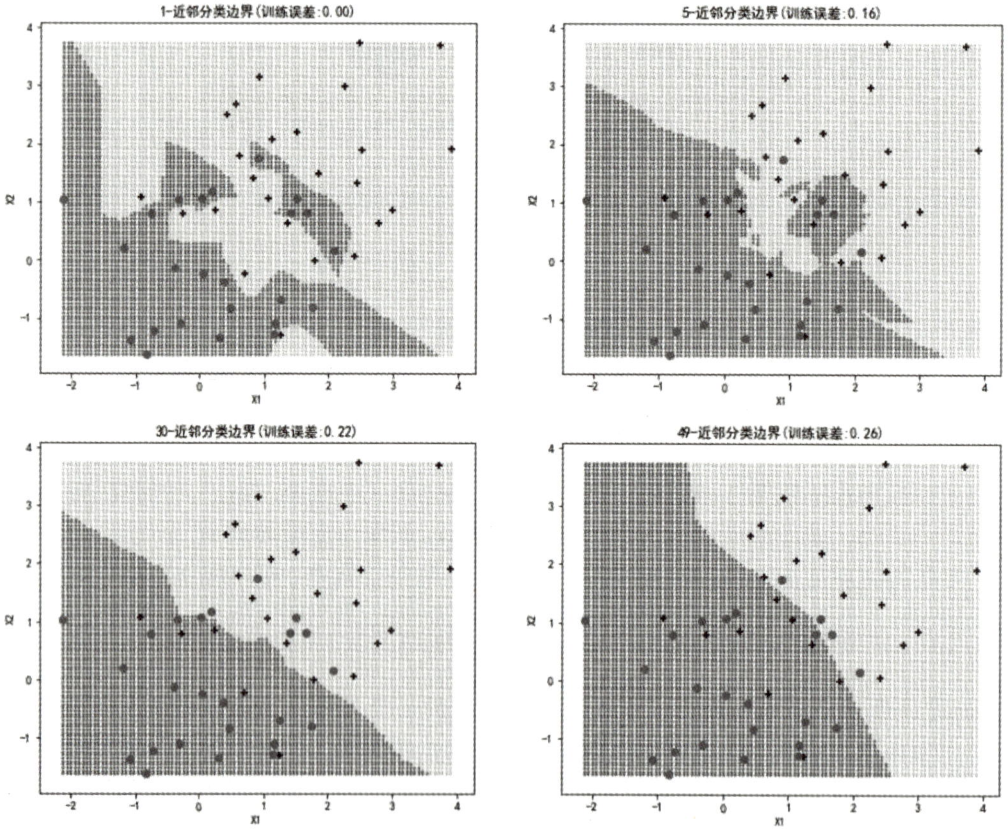

图 4–2　1–近邻法和 K–近邻法的分类边界

图 4–2 展示了基于 3.3 节的图 3–2 的模拟数据，依次采用 1–近邻法、5–近邻法、30–近邻法、49–近邻法进行分类预测的分类边界 (Python 代码详见 4.4.1 节). 图中的粉色圆圈和黑色加号分别表示输出变量的两个类别 0 类和 1 类. 粉色区域和灰色区域的边界为分类边

界 (分类线). 若样本观测点落入粉色区域, 类别值预测为 0. 落入灰色区域, 类别值预测为 1. 除左上图之外, 其他三幅图中均存在预测错误的点.

图 4–2 中, 1–近邻法给出了三条分类边界且形状很不规则, 是模型 “紧随数据点” 的典型表现. 同时, 所有粉色圆圈和黑色加号均落入了应落入的区域, 对训练集 100% 地正确预测 (训练误差等于 0). 因此, **1–近邻法特别适用于样本观测的实际类别边界极不规则的情况**. 随着 K–近邻法参数 K 由小增大, 分类边界越来越趋于规则和平滑, 边界不再 “紧随数据点”, 模型复杂度由高到低, 训练误差由小到大. 例如, 本例中 5–近邻法的训练误差为 16%, 30–近邻法为 22%, 49–近邻法为 26%.

此外, 当训练集出现随机变动时, 因 1–近邻法 “紧随数据点”, 预测偏差仍应是最小的. 同时, 由于其分类边界对训练集变化最为 “敏感”, 很可能导致预测结果 (尤其对处在分类边界附近的点) 随训练集的随机变动而变动, 即预测方差较大, 鲁棒性低. 训练集的随机变动对参数 K 很大的 K–近邻法影响不大, 其鲁棒性高但预测偏差较大.

可见, 参数 K 不能过小或过大. 过小则模型复杂度高, 很可能出现模型过拟合. 过大则模型太简单, 很可能出现模型欠拟合, 预测性能低下. **应如何选择模型呢? 答案是: 可采用旁置法或 K 折交叉验证法, 找到测试误差最小下的参数 K.** 以测试误差作为模型选择的依据, 是为了避免 2.4.2 节讨论的模型过拟合问题. 对于 K–近邻法, 测试误差是指对测试集的每个样本观测寻找其在训练集中的 K 个近邻, 进行预测从而得到的误差.

三、K–近邻法与朴素贝叶斯分类器和 Logistic 回归模型的对比

首先, 观察图 4–3 (同图 3–2 右图) 中朴素贝叶斯分类器和 Logistic 回归模型分类边界, 并与图 4–2 进行对比可知, K–近邻法的模型复杂度更高 (K 较小时), 更适合解决非线性分类问题.

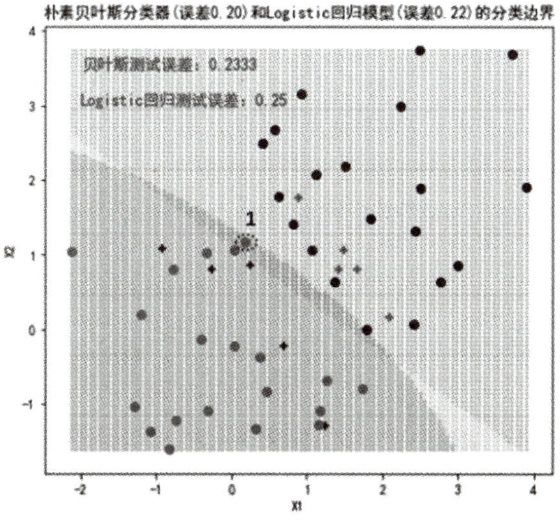

图 4–3　朴素贝叶斯分类器和 Logistic 回归模型的分类边界

其次, 相对朴素贝叶斯分类器和 Logistic 回归模型而言, K–近邻法是一种**基于局部的学习**. 主要特征是: 无论朴素贝叶斯分类器还是 Logistic 回归模型, 都是基于训练集的全部样本观测, 估计预测模型的参数并根据所得模型完成预测. 而 K–近邻法仅基于部分样本观测直接完成预测, 是一种基于以 $\boldsymbol{X}_0$ 为圆心、以较短长度为半径的邻域圆 (或球) 的局部方法 (local methods).

4.2 基于观测相似性的加权 K–近邻法

使用 K–近邻法预测时, $\boldsymbol{X}_0$ 的 K 个近邻对 $\boldsymbol{X}_0$ 的预测有同等的影响力度. 直观上, 距 $\boldsymbol{X}_0$ 近的近邻对预测的贡献应大于距离较远的近邻, 应是较为合理的. 为此, 2004 年克劳斯 · 赫琴比切勒 (Klaus Hechenbichler) 对 K–近邻法进行了改进, 提出了加权 K–近邻法.

加权 K–近邻法中的权重是针对样本观测 X_i 的权重. 权重值的大小取决于 X_i 与 X_0 的相似性. 其核心思想是: 将相似性定义为 X_i 与 X_0 距离的某种线性或非线性函数. 距离越近, X_i 与 X_0 的相似性越强, 权重值越高, 预测时的影响力度越大.

如何设置权重, 加权 K–近邻法的分类边界和预测效果如何, 是接下来讨论的主要问题.

4.2.1 加权 K–近邻法的权重

设 $\boldsymbol{X}_i$ 与 $\boldsymbol{X}_0$ 的距离为 $d_i, (d_i \geqslant 0, d_i \in \Re)$. 若函数 $K(d_i)$ 可将距离 d_i 转换为 $\boldsymbol{X}_i$ 与 $\boldsymbol{X}_0$ 的相似性, 则函数 $K(d_i)$ 应有以下三个主要特性:

第一, $K(d_i) \geqslant 0$;

第二, $d_i = 0$ 时, $K(d_i)$ 取最大值, 即零距离时相似性最大;

第三, $K(d_i)$ 是 d_i 的单调减函数, 即距离越大相似性越小.

显然, d_i 的倒数函数符合这些特性.

此外, 核函数 (kernel function) 也符合这些特性. 核函数是关于样本观测距离的一类函数的总称. 常用的核函数有: 均匀核函数 (uniform kernel) 和高斯核函数 (Gauss kernel).

设函数 $I(d_i)$ 为示性函数, 只有 0 和 1 两个值: $I(d_i) = \begin{cases} 1, & |d_i| \leqslant 1 \\ 0, & |d_i| > 1 \end{cases}$. 均匀核函数定义为:

$$K(d_i) = \frac{1}{2} \cdot I(|d_i| \leqslant 1) \tag{4.9}$$

高斯核函数定义为:

$$K(d_i) = \frac{1}{\sqrt{2\pi}} \exp\left(-\frac{d_i^2}{2}\right) \cdot I(|d_i| \leqslant 1) \tag{4.10}$$

两个核函数曲线如图 4–4 所示.

图 4–4 中 (Python 代码详见 4.4.2 节), 横坐标为距离 d_i. 因距离 $d_i \geqslant 0$ 仅有图的右半部分. 实线表示均匀核, 虚线表示高斯核. $|d_i| \leqslant 1$ 时: 均匀核表示, 无论 d_i 值大或小, $\boldsymbol{X}_i$ 与 $\boldsymbol{X}_0$ 的相似性都等于 0.5. 对于基于观测相似性的加权 K–近邻法来说, 即为等权重, 等同于

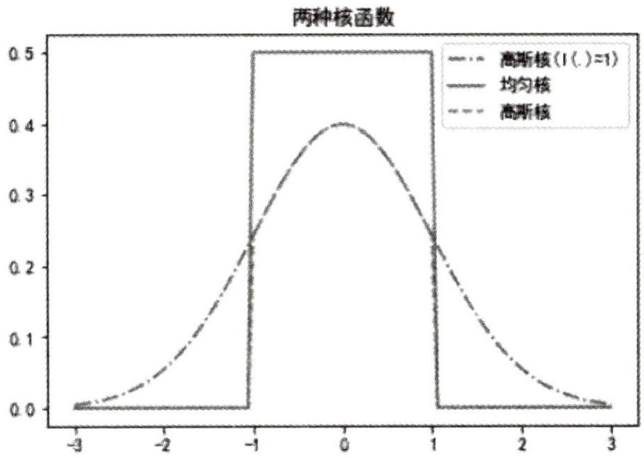

图 4–4　两种核函数曲线

不做加权处理, 也即 4.1 节的 K–近邻法. 高斯核函数核表示, $\boldsymbol{X}_i$ 与 $\boldsymbol{X}_0$ 的相似性是 d_i 的非线性单调减函数; $|d_i|>1$ 时: 均匀核和高斯核定义的相似性都等于 0, 意味着 $\boldsymbol{X}_i$ 不是 $\boldsymbol{X}_0$ 的近邻. 这里需注意的问题是: 如何保证 $\boldsymbol{X}_0$ 的 K 个近邻与 $\boldsymbol{X}_0$ 的距离 $|d_i|\leqslant 1$. 通常有以下两种计算策略.

第一, 找到 $\boldsymbol{X}_0$ 的 $K+1$ 个近邻, 调整距离 d_i 的取值范围.

为保证 $\boldsymbol{X}_0$ 的 K 个近邻与 $\boldsymbol{X}_0$ 的距离 $|d_i|\leqslant 1$, 可找到 $\boldsymbol{X}_0$ 的 $K+1$ 个近邻, 并采用式 (4.11) 调整距离的取值范围. 调整后的距离记为 D_i:

$$D_i=\frac{d(\boldsymbol{X}_i,\boldsymbol{X}_0)}{d(\boldsymbol{X}_{(K+1)},\boldsymbol{X}_0)},\quad i=1,2,\cdots,K \tag{4.11}$$

其中, $d(\boldsymbol{X}_i,\boldsymbol{X}_0)$ 表示 $\boldsymbol{X}_0$ 的 K 近邻 $\boldsymbol{X}_i$ 与 $\boldsymbol{X}_0$ 的距离 d_i, $\boldsymbol{X}_{(K+1)}$ 为 $\boldsymbol{X}_0$ 的第 $K+1$ 个近邻, $d(\boldsymbol{X}_{(K+1)},\boldsymbol{X}_0)$ 表示第 $K+1$ 个近邻与 $\boldsymbol{X}_0$ 的距离. 因第 $K+1$ 个近邻距 $\boldsymbol{X}_0$ 最远, 所以可保证: $0\leqslant D_i\leqslant 1$. 尽管需找出 $\boldsymbol{X}_0$ 的 $K+1$ 个近邻, 但第 $K+1$ 个近邻对预测结果并没有影响.

第二, 通过标准化处理, 调整距离 d_i 的取值范围.

如果距离 d_i 的数量较大, 所有样本观测点与 $\boldsymbol{X}_0$ 的距离 $|d_i|>1$, 上述核函数的结果均等于 0, 意味着不存在 $\boldsymbol{X}_0$ 的近邻, 这是不合理的. 为此, 可对 d_i 进行标准化处理: $D_i=\dfrac{d_i-\overline{d}_i}{\sigma_{d_i}}$. $\overline{d}_i$ 是 d_i 的均值, σ_{d_i} 是 d_i 的标准差. 标准化处理后的 D_i, 均值等于 0, 标准差等于 1, 图 4–4 左右两部分都存在.

此时, 根据高斯核函数 $D_i>1$ 的样本观测点将不是 $\boldsymbol{X}_0$ 的近邻. 而由高斯分布的 3σ 准则可知, 前 68% 的 D_i 对应的 $\boldsymbol{X}_i$ 将都是 $\boldsymbol{X}_0$ 的近邻, 此时近邻个数不再依赖参数 K. 解决该问题的一种办法是, 忽略高斯核函数中的 $I(|d_i|\leqslant 1)$, 令 $I(\cdot)=1$. 此时相似性 (也即权重) 曲线如图 4–4 的虚线和点线所示. 这意味着尽管每个样本观测都有一定的权重参与对 $\boldsymbol{X}_0$ 的预测, 都是 $\boldsymbol{X}_0$ 的近邻, 但真正参与预测的仅是 $|D_i|$ 较小的前 K 个近邻, 与参数 K 有关.

最终, 核函数是关于 D_i 的函数: $K(D(\boldsymbol{X}_i,\boldsymbol{X}_0))$, $\boldsymbol{X}_0$ 的第 i 个近邻的权重为: $w_i=K(D(\boldsymbol{X}_i,\boldsymbol{X}_0))$.

4.2.2　加权 K–近邻法的预测

利用加权 K–近邻法预测时, 回归预测中:

$$\widehat{y_0} = \frac{1}{K}\left(\sum_{i=1}^{K} w_i y_i\right) \tag{4.12}$$

预测值是近邻输出变量值的加权平均值. 分类预测中:

$$\widehat{y_0} = \arg\max_{C} \sum_{i=1}^{K} w_i I(y_i = C) \tag{4.13}$$

$I(\cdot)$ 仍为示性函数. 因 $\boldsymbol{X}_0$ 的 K 个近邻中属于 C 类的近邻权重之和最大, 所以预测结果 $\widehat{y_0}$ 为 C 类. 概率为: $P(\widehat{y_0} = C \mid X_0) = \dfrac{\sum_{i=1}^{K} w_i I(y_i = C)}{\sum_{i=1}^{K} w_i}$.

4.2.3　加权 K–近邻法的分类边界

采用倒数加权以及高斯核加权, 分别绘制加权的 30–近邻法和 40–近邻法的分类边界 (Python 代码详见 4.4.3 节), 如图 4–5 所示.

与图 4–2 训练误差为 22% 的普通 30–近邻法相比, 采用倒数加权的 30–近邻法的分类边界 (左上图) 不规则, 且粉色和灰色分别在对方区域中 "开辟" 了属于自己的新区域, 训练误差得到有效降低, 降为 0, 与普通 1–近邻法比肩. 采用高斯核函数加权的 30–近邻法 (右上图), 训练误差也有所下降, 降低到 20%. 加权 40–近邻法也有类似的特点. 总之, 这里的加权 K–近邻法, 不仅预测效果与普通 1–近邻法持平, 较为理想, 而且能够有效克服 1–近邻法方差大、鲁棒性低的不足.

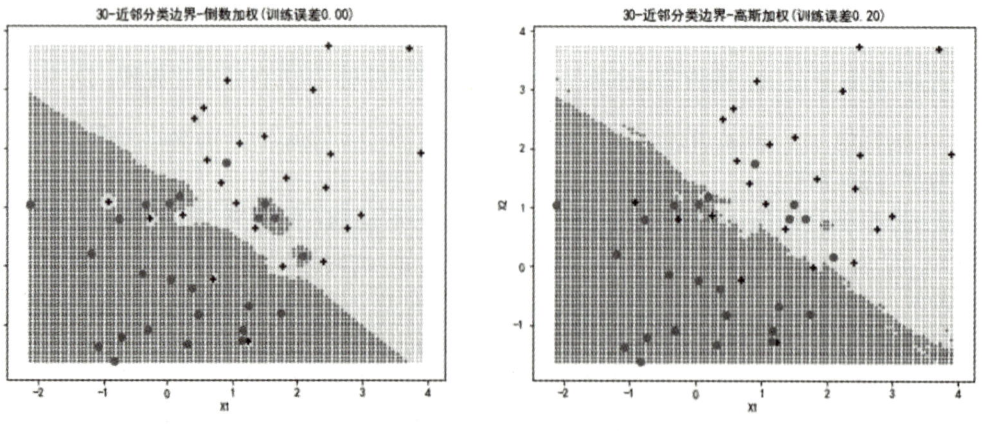

图 4–5　不同加权下的 K–近邻法的分类边界

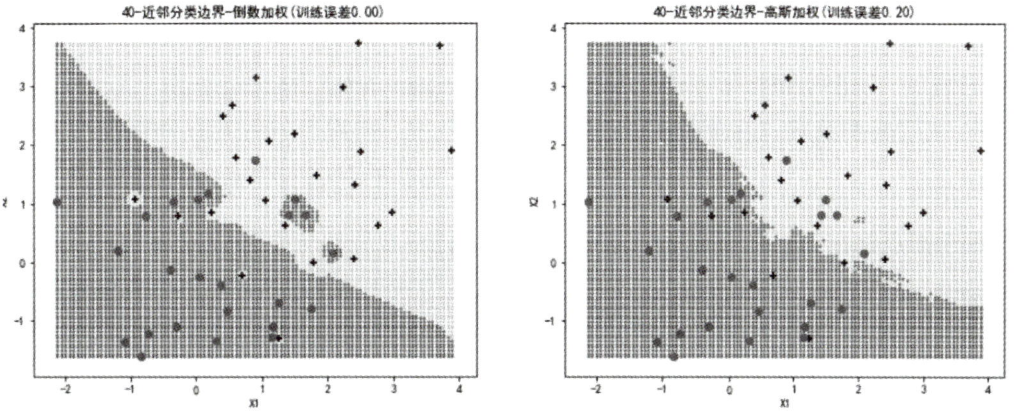

图 4–5 (续)

说明: 左上图分类边界上侧独立粉色点所在区域为粉色, 粉色区域被粉色圆圈覆盖.

4.3 K–近邻法的适用性

K–近邻法适用于输入变量空间 $\Re^p$ 维度较低, 且实际类别边界或回归线不规则情况下的分类和回归预测.

K–近邻法在实际类别边界不规则情况下优异的预测性能, 前面已经讨论, 此处不再赘述. 回归线不规则下 K–近邻法的表现将在 4.4.5 节讨论. 本节主要探讨空间维度高低所导致的问题.

如前文所述, K–近邻法是一种基于以 $\boldsymbol{X}_0$ 为圆心、以较短长度为半径的邻域圆 (或球) 的局部方法. 当空间维度 p 较低时, 大数据下样本观测在空间中分布的密集程度高于小样本, 会有更多的样本观测点进入 $\boldsymbol{X}_0$ 的邻域并参与预测, 从而弱化样本观测点随机变动对预测的影响. 在空间维度 p 较高时情况会变得较为复杂. 最突出的问题是, 随空间维度 p 的增加, K–近邻法基于 "邻域" 的局部性特征将逐渐丧失, 从而导致预测误差增大.

这里, 引用阿夫里姆 · 布鲁姆 (Avrim Blum) 等学者的观点进行说明. 先看看图 4–6.

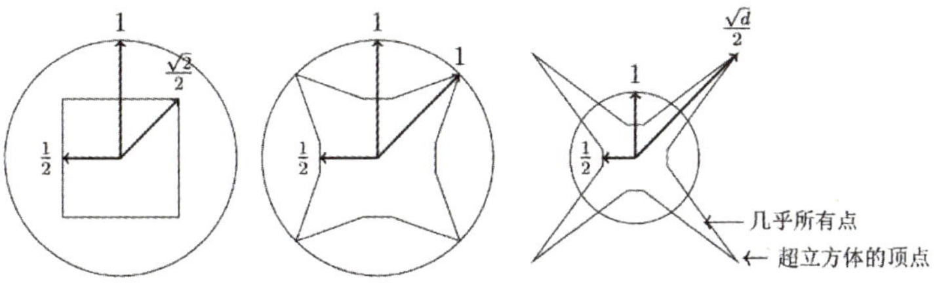

图 4–6 2 维、4 维和更高维空间中的距离和邻域

资料来源: Joho Hopcroft 和 Ravindran Kannan 的教学笔记 Foundations of Data Science 中图 2–3.

图 4–6 中的圆表示以 $\boldsymbol{X}_0$ 为圆心 $(0,0)$、半径为 1 的 $\boldsymbol{X}_0$ 的邻域, 邻域内的样本观测均

参与对 $\boldsymbol{X}_0$ 的预测. 假设样本观测点均匀分布在 $\left[-\frac{1}{2},+\frac{1}{2}\right]$ 的单位正方形内 ($p=2$ 时为单位正方形; $p=3$ 时为单位正立方体; $p>3$ 时为单位超立方体). 图 4–6 左图是 $p=2$ 维空间的情况. 距 $\boldsymbol{X}_0$ 最远的点在单位正方形的顶点, 记为 $\boldsymbol{X}_v$. 坐标为 $(0.5, 0.5)$ 的顶点 $\boldsymbol{X}_v$ 到 $\boldsymbol{X}_0$ 的欧式距离 $d(\boldsymbol{X}_v, \boldsymbol{X}_0)=\frac{\sqrt{2}}{2}<1$. 显然 $\boldsymbol{X}_v$ 在 $\boldsymbol{X}_0$ 的邻域内将参与预测. 可见, $p=2$ 维空间中的全部点都在 $\boldsymbol{X}_0$ 邻域范围内, 将有足够多的样本观测参与预测.

图 4–6 中图是 $p=4$ 维空间的情况: $d(\boldsymbol{X}_v, \boldsymbol{X}_0)=\frac{\sqrt{4}}{2}=1$, $\boldsymbol{X}_v$ 在 $\boldsymbol{X}_0$ 的邻域边界上, 仍将参与预测. 图 4–6 右图是 $p>4$ 更高维空间的情况: $d(\boldsymbol{X}_v, \boldsymbol{X}_0)=\frac{\sqrt{p}}{2}>1$, $\boldsymbol{X}_v$ "跨出" 了 $\boldsymbol{X}_0$ 的邻域边界, 将不再参与预测. 事实上, 此时超立方体中的绝大多数点都 "跨出" 了 $\boldsymbol{X}_0$ 的邻域, 跨到图所示的位置上. 这意味着 $\boldsymbol{X}_0$ 邻域内点的个数会远远小于 K–近邻法的参数 K (即使 K 较小). 为此不得不做的是: 第一, 牺牲原有的局部性, 扩大邻域范围去更远的地方找到 K 个近邻. 第二, 增大样本量 N 确保 $\boldsymbol{X}_0$ 原有邻域存在 K 个近邻. 当然这需要具备增大样本量的数据条件.

进一步, 引用特雷弗 · 哈斯蒂 (Trevor Hastie) 等学者的观点进行说明.

图 4–7 右图中, 样本观测点均匀分布在单位超立方体中, 且设 $\boldsymbol{X}_0$ 位于 $(0,0,0)$ 位置上. 左下角正方体为 $\boldsymbol{X}_0$ 的邻域. 当样本量 N 和参数 K 确定后, $\boldsymbol{X}_0$ 的近邻占比率 $r=\frac{K}{N}$ 也就随之确定. 研究表明: 若要找到近邻占比率等于 r 的 $\boldsymbol{X}_0$ 的近邻, 邻域边长的期望为: $Ed_p(r)=r^{1/p}$. 例如, 在 $p=10$ 维空间中, 若要找到 $r=0.01$ 和 $r=0.1$ 的近邻, $Ed_{10}(0.01)=0.01^{1/10}=0.63$, $Ed_{10}(0.1)=0.1^{1/10}=0.8$, 即 10 维空间中 $\boldsymbol{X}_0$ 的近邻边长将占到超立方体边长的 63% 和 80%. 显然这丧失了 K–近邻法原本的局部性质.

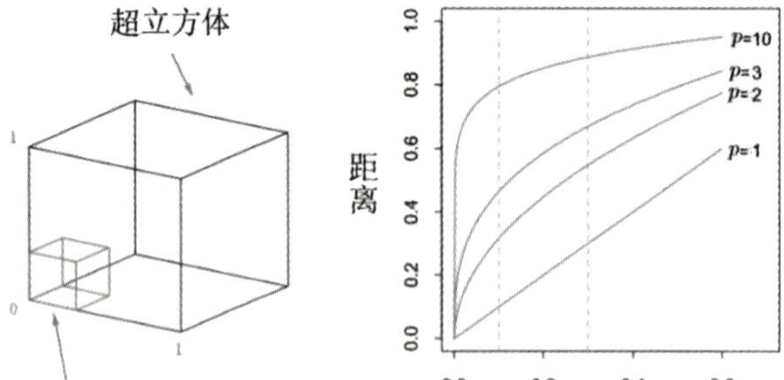

图 4–7 超立方体和近邻比例与距离

资料来源: Trevor Hastie et al. The Elements of Statistical Learning: Data Mining, Inference, and Prediction (2nd edition) Springer-Verlag. 2009.

减小近邻占比率 r 对解决问题并没有显著帮助, 如图 4–7 右图所示. 在 $p=10$ 维下, 近邻占比率 r 从 0.3 减至 0.2 或 0.1 时, 邻域边长期望的减少程度并不明显. 同时产生的负面影响是随 r 的减小, 模型的预测稳定性降低.

总之, K–近邻法适用于空间维度较低的情况. 降低空间维度, 选择对输出变量预测有重要影响的输入变量是非常重要的. 关于这个问题将在第 9、10 章集中讨论.

4.4 Python 实践课: 加深理论理解, 探索应用实践

为进一步加深对 K–近邻方法的理论理解, 并探索 K–近邻方法的实践应用, 本节设计如下 Python 实践内容:

第一, 利用模拟数据直观展示 K–近邻法不同参数 K 下的分类边界.

第二, 直观观察加权 K–近邻法中不同核函数的特点.

第三, 利用模拟数据直观展示加权 K–近邻法不同参数 K 和不同加权策略下的分类边界.

第四, 基于空气质量监测数据, 采用加权 K–近邻法对空气质量等级进行预测. 主要目的是展示如何基于测试误差确定最优参数 K.

第五, K–近邻法的回归预测问题.

以下为本章需导入的 Python 模块:

```
1  #本章需导入的模块
2  import numpy as np
3  import pandas as pd
4  import matplotlib.pyplot as plt
5  import warnings
6  warnings.filterwarnings(action = 'ignore')
7  %matplotlib inline
8  plt.rcParams['font.sans-serif']=['SimHei']  #解决中文显示乱码问题
9  plt.rcParams['axes.unicode_minus']=False
10 from sklearn.metrics import classification_report
11 from sklearn.model_selection import cross_validate,train_test_split
12 from sklearn import neighbors,preprocessing
```

其中, 第 12 行的 neighbors 为新增模块, 用于实现 K–近邻分析.

4.4.1 实践一: K–近邻法不同参数 K 下的分类边界

基于与图 3–2 相同的模拟数据, 绘制 K–近邻法不同参数 K 下的分类边界 (文件名: chapter4-1.ipynb). 一方面, 可帮助读者直观理解参数 K 对预测误差和预测稳定性的影响; 另一方面, 可便于对比 K–近邻法与朴素贝叶斯分类器及 Logistic 回归模型的特点.

```
np.random.seed(123)
N=50
n=int(0.5*N)
X=np.random.normal(0,1,size=100).reshape(N,2)
Y=[0]*n+[1]*n
X[0:n]=X[0:n]+1.5
X1,X2 = np.meshgrid(np.linspace(X[:,0].min(),X[:,0].max(),100), np.linspace(X[:,1].min(),X[:,1].max(),100))
data=np.hstack((X1.reshape(10000,1),X2.reshape(10000,1)))

fig,axes=plt.subplots(nrows=2,ncols=2,figsize=(15,12))
for K,H,L in [(1,0,0),(5,0,1),(30,1,0),(49,1,1)]:
    modelKNN=neighbors.KNeighborsClassifier(n_neighbors=K)
    modelKNN.fit(X,Y)
```

```
14         Yhat=modelKNN.predict(data)
15         for k,c in [(0,'silver'),(1,'red')]:
16             axes[H,L].scatter(data[Yhat==k,0],data[Yhat==k,1],color=c,marker='o',s=1)
17         axes[H,L].scatter(X[:n,0],X[:n,1],color='black',marker='+')
18         axes[H,L].scatter(X[(n+1):N,0],X[(n+1):N,1],color='magenta',marker='o')
19         axes[H,L].set_title("%d-近邻分类边界(训练误差:%.2f)"%((K,1-modelKNN.score(X,Y))))
20         axes[H,L].set_xlabel("X1")
21         axes[H,L].set_ylabel("X2")
22 
23 plt.show()
```

【代码说明】

(1) 第 1~6 行: 生成与图 3–2 相同的模拟数据, 便于对比 K–近邻法与朴素贝叶斯分类器及 Logistic 回归模型的特点.

(2) 第 7、8 行: 为绘制分类边界准备数据.

利用 Numpy 的 meshgrid 函数分别生成两个输入变量取值范围内均匀分布的 10 000 个样本观测点.

(3) 第 11~21 行: 利用 for 循环建立不同参数 K 下的 K–近邻预测模型, 并绘制分类边界.

可直接利用函数 neighbors.KNeighborsClassifier() 实现基于 K–近邻法的分类预测.

首先, 参数 K 将依次为 $1,5,30,49$, H 和 L 分别为四幅图在整幅画板上的坐标; 其次, 利用预测模型给出 10 000 个样本观测点的预测类别; 再次, 绘制 K–近邻的分类边界 (曲线), 0 类区域用银色表示, 1 类区域用红色表示; 最后, 将数据集中的样本观测点添加到图中, 并计算训练误差.

所得图形如图 4–2 所示. 图形显示, 1–近邻法的分类边界形状很不规则, “紧随数据点”变动. 随参数 K 由小增大, 分类边界越来越趋于规则和平滑, 模型复杂度由高到低, 训练误差由小到大. 当训练集出现随机变动时, 1–近邻法预测偏差小, 但分类边界对训练集变化 “敏感”, 可能导致预测方差较大. 此外, K–近邻可以解决非线性分类问题.

4.4.2 实践二: 探讨加权 K–近邻法中不同核函数的特点

通过 Python 编程 (文件名: chapter4-2.ipynb) 直观观察加权 K–近邻法中不同核函数的特点.

```
1  d=np.linspace(-3,3,100)
2  y1=[0.5]*100
3  y2=1/np.sqrt(2*np.pi)*np.exp(-d*d/2)
4  plt.plot(d,y2,label="高斯核(I(.)=1)",linestyle='-.')
5  y1,y2=np.where(d<-1,0,(y1,y2))
6  y1,y2=np.where(d>1,0,(y1,y2))
7  plt.plot(d,y1,label="均匀核",linestyle='-')
8  plt.plot(d,y2,label="高斯核",linestyle='--')
9  plt.legend()
10 plt.title("两种核函数")
```

【代码说明】

(1) 第 1 行: 指定样本观测 $\boldsymbol{X}_i$ 与 $\boldsymbol{X}_0$ 的距离 d_i 的 100 个取值. 取值范围为 $[-3,+3]$.

(2) 第 2、3 行: 忽略示性函数 $I(\cdot)$ 时的均匀核函数和高斯核函数.

(3) 第 4、5 行: 示性函数 $I(\cdot)$ 不同取值下的均匀核函数和高斯核函数.

所得图形如图 4–4 所示. 图形显示: 均匀核中, 无论 d_i 值大或小, $\boldsymbol{X}_i$ 与 $\boldsymbol{X}_0$ 的相似性都等于 0.5. 高斯核函数中, $\boldsymbol{X}_i$ 与 $\boldsymbol{X}_0$ 的相似性是 d_i 的非线性单调减函数.

4.4.3 实践三: 加权 K–近邻法不同参数和加权策略下的分类边界

基于与图 3–2 相同的模拟数据, 绘制加权 K–近邻法不同参数 K 和不同加权策略下的分类边界 (文件名: chapter4-2.ipynb), 以便于直观理解加权 K–近邻法的优势.

```
1  def guass(x):
2      x=preprocessing.scale(x)
3      output=1/np.sqrt(2*np.pi)*np.exp(-x*x/2)
4      return output
5  
6  np.random.seed(123)
7  N=50
8  n=int(0.5*N)
9  X=np.random.normal(0,1,size=100).reshape(N,2)
10 Y=[0]*n+[1]*n
11 X[0:n]=X[0:n]+1.5
12 X1,X2 = np.meshgrid(np.linspace(X[:,0].min(),X[:,0].max(),100), np.linspace(X[:,1].min(),X[:,1].max(),100))
13 data=np.hstack((X1.reshape(10000,1),X2.reshape(10000,1)))
14 
15 fig,axes=plt.subplots(nrows=2,ncols=2,figsize=(15,12))
16 for W,K,H,L,T in [('distance',30,0,0,'倒数加权'),(guass,30,0,1,'高斯加权'),('distance',40,1,0,'倒数加权'),(guass,40,1,1,'高斯加权')]:
17     modelKNN=neighbors.KNeighborsClassifier(n_neighbors=K,weights=W)
18     modelKNN.fit(X,Y)
19     Yhat=modelKNN.predict(data)
20     for k,c in [(0,'silver'),(1,'red')]:
21         axes[H,L].scatter(data[Yhat==k,0],data[Yhat==k,1],color=c,marker='o',s=1)
22     axes[H,L].scatter(X[:n,0],X[:n,1],color='black',marker='+')
23     axes[H,L].scatter(X[(n+1):N,0],X[(n+1):N,1],color='magenta',marker='o')
24     axes[H,L].set_xlabel("X1")
25     axes[H,L].set_ylabel("X2")
26     axes[H,L].set_title("%d-近邻分类边界-%s(训练误差%.2f)"%((K,T,1-modelKNN.score(X,Y))))
27 plt.show()
```

【代码说明】

(1) 第 1~4 行: 编写用户自定义函数, 实现高斯核函数加权.

(2) 第 6~13 行: 生成与图 3–2 相同的模拟数据. 为绘制分类边界准备数据.

(3) 第 16~26 行: 利用 for 循环建立不同参数 K、不同加权策略下的加权 K–近邻预测模型, 并绘制分类边界.

可直接利用函数 neighbors.KNeighborsClassifier(), 并指定 weight 参数实现基于加权 K–近邻法的分类预测. weight='distance'为倒数加权, 也可指定为一个用户自定义函数, 实现特定的加权.

首先, 参数 K 将依次为 30, 30, 40, 40, H 和 L 分别为四幅图在整幅画板上的坐标, W 为加权策略; 其次, 利用预测模型给出 10 000 个样本观测点的预测类别; 再次, 绘制加权 K–近邻的分类边界 (曲线), 0 类区域用银色表示, 1 类区域用红色表示; 最后, 将数据集中的样本观测点添加到图中, 并计算训练误差.

所得图形如图 4–5 所示. 图形显示, 加权 K–近邻法一般优于相同参数 K 下的普通 K–近邻法. 不仅可达到普通 1–近邻法的预先效果, 而且能够有效克服 1–近邻法方差大、鲁棒性低的不足.

4.4.4 实践三: 空气质量等级预测中的最优参数 K

这里, 基于空气质量监测数据, 采用基于倒数加权的 K–近邻法对空气质量等级进行多

分类预测 (文件名: chapter4-3.ipynb), 旨在展示如何基于测试误差确定最优参数 K.

```
1  data=pd.read_excel('北京市空气质量数据.xlsx')
2  data=data.replace(0,np.NaN)
3  data=data.dropna()
4  X=data.loc[:,['PM2.5','PM10','SO2','CO','NO2','O3']]
5  Y=data.loc[:,'质量等级']
6
7  testPre=[]
8  X_train, X_test, Y_train, Y_test = train_test_split(X,Y,train_size=0.70, random_state=123)
9  Ntrain=len(Y_train)
10 K=np.arange(1,int(Ntrain*0.20),10)
11 for k in K:
12     modelKNN=neighbors.KNeighborsClassifier(n_neighbors=k,weights='distance')
13     modelKNN.fit(X_train,Y_train)
14     testPre.append(modelKNN.score(X_test,Y_test))
15 plt.figure(figsize=(9,6))
16 plt.grid(True, linestyle='-.')
17 plt.xticks(K)
18 plt.plot(K,testPre,marker='.')
19 plt.xlabel("K")
20 plt.ylabel("测试精度")
21 plt.title("加权K-近邻的测试精度(1-测试误差)变化折线图\n(最优参数K=%d)"%(K[testPre.index(np.max(testPre))]))
```

【代码说明】

(1) 第 1~5 行: 读入空气质量监测数据. 确定输入变量和输出变量.

(2) 第 7 行: 创建列表存储测试精度. 精度等于 1-误差.

(3) 第 8 行: 利用旁置法将数据集按 70% 和 30% 划分成训练集和测试集.

(4) 第 10 行: 指定加权 K-近邻法中参数 K 的可能取值.

(5) 第 11~14 行: 建立基于倒数加权、参数 K 不同取值下的加权 K-近邻预测模型, 并计算测试精度.

(6) 第 15~21 行: 绘制测试精度随参数 K 变化的折线图, 令测试精度最大时的参数 K 为最优参数 K. 图形如图 4-8 所示.

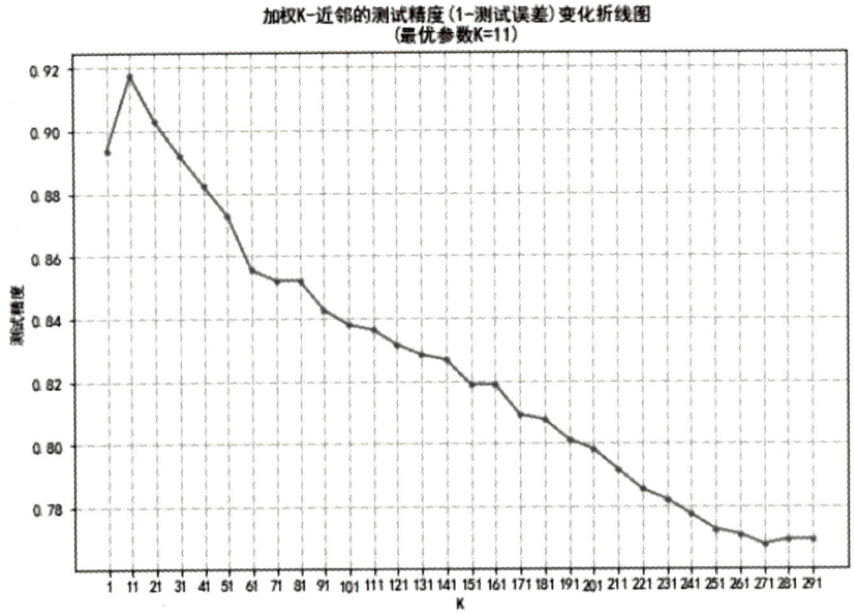

图 4–8　空气质量等级预测中的参数 K 和测试精度

图 4–8 中, 从右向左观察精度曲线. 随着参数 K 从最大值 291 开始逐步减小, 模型复杂度不断增加, 测试精度呈先上升后下降, 也即测试误差呈先下降后上升的形态. 当 $K=11$ 时测试精度最高, 测试误差最小. K 小于 11 后测试精度下降、误差上升, 表明出现了模型过拟合. 因此参数 K 不能小于 11, 最优参数 K 值应为 11.

4.4.5 K–近邻法的回归预测问题

2.5.5 节的复杂模型即为本章讨论的 K–近邻法. 具体内容不再赘述. 读者可重温 2.5.5 节的 Python 代码. 其中, 直接利用 neighbors.KNeighborsRegressor, 指定参数 K 等于 5 (5–近邻) 实现回归预测. 2.5.5 节 Python 的执行结果如图 2–16 所示. 可以看到, K–近邻法对样本点的拟合是比较理想的, 说明 K–近邻法在回归线不规则下有较优秀的表现, 但应注意模型过拟合问题.

附录

围绕本章学习, 应重点掌握 Python 模块中的以下函数. 函数的具体格式参见 Python 帮助.

1. 建立基于 K–近邻法的分类预测模型

modelKNN=neighbors.KNeighborsClassifier(n_neighbors=K);

modelKNN.fit(X,Y); modelKNN.predict(X)

2. 建立基于加权 K–近邻法的分类预测模型

modelKNN=neighbors.KNeighborsClassifier(n_neighbors=K,weight='');

modelKNN.fit(X,Y); modelKNN.predict(X)

3. 建立基于 K–近邻法的回归预测模型

KNNregr=neighbors.KNeighborsRegressor(n_neighbors=K);

KNNregr.fit(X,Y)

第 5 章

数据预测建模：决策树

学习目标

1. 掌握决策树的基本原理.
2. 了解决策树深度对分类边界的影响.
3. 了解后剪枝的基本思想.
4. 掌握决策树的 Python 实现.

决策树 (decision tree) 是机器学习的核心算法之一, 也是目前应用最为广泛的分类预测和回归预测方法.

决策树很好地规避了一般线性模型、广义线性模型以及贝叶斯分类器等经典方法对数据分布的要求, 在无分布限制的 “宽松” 条件下, 找出数据中输入变量和输出变量取值间的逻辑对应关系或规则, 并实现对新数据输出变量取值的预测. 特别适合输入变量为分类型变量的场景.

本章将从以下方面讨论决策树的基本原理:

第一, 决策树的核心问题;

第二, 分类回归树的生成;

第三, 分类回归树的剪枝.

后续给出决策树的 Python 应用实践.

5.1 决策树的核心问题

决策树的核心问题主要涉及以下方面:

第一, 什么是决策树;

第二, 决策树的分类边界和回归线 (面);

第三, 决策树的生长和剪枝.

5.1.1 什么是决策树

作为一种经典的数据分类预测和回归预测算法, 决策树得名于其分析结果的展示方式类似一棵倒置的树. 决策树又分为分类树和回归树, 分别实现分类预测和回归预测.

一、决策树的组成

图 5–1(Python 代码详见 5.4.4 节) 为基于空气质量监测数据, 为预测空气质量等级所建立的, 树根在上、树叶在下的分类树.

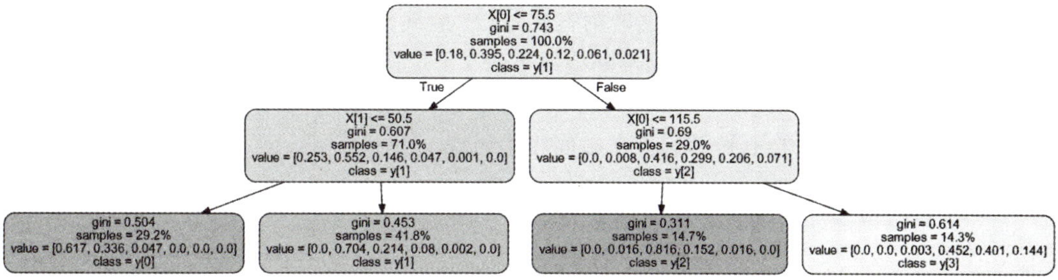

图 5–1 决策树示意图

图 5–1 中是一棵树深度等于 2 的决策树. **树深度是树根到树叶的最大层数, 通常作为决策树模型复杂度的一种度量**. 图中的一个方圆框表示树的一个节点, 相关说明信息显示在方圆框中. 有向箭头将各层节点连在一起构成树的一个分枝 (这里共有 4 个分枝). 一个分枝中的下层节点称为相邻上层节点的子节点, 上层节点称为相邻下层节点的父节点. **每个父节点下均仅有两个子节点的决策树称为 2 叉树** (这里为 2 叉树), 有两个以上子节点的称为多叉树. 因 2 叉树较为常见, 若不做特殊说明, 后续均指 2 叉树.

根据节点所在层, 节点由上至下分为根节点、中间节点和叶节点. 根节点是仅有子节点没有父节点的节点, 其中包含训练集的全部样本观测 (样本量最大). 中间节点是既有父节点又有子节点的节点, 仅包含其父节点中的部分样本观测; 叶节点是仅有父节点没有子节点的节点, 也仅包含其父节点中的部分样本观测.

例如, 图 5–1 最上层的方圆框为根节点, 包含训练集的 100% 的样本观测 (samples=100.0%). 空气质量等级 (一级优至六级严重污染) 由低至高的样本观测占比依次为 18%, 39.5%, 22.4%, 12%, 6.1% 和 2.1% (value=[0.18,0.395,0.224,0.12,0.061,0.021]). 因二级良的占比最高 (众数类), 根节点的类别标签为二级良 (class=y[1][①]).

图 5–1 有 2 个位于第一层的中间节点. 例如根节点的右侧子节点, 包含训练集 29% 的样本观测. 空气质量各等级的样本观测占比依次为 0.0%, 0.8%, 41.6%, 29.9%, 20.6% 和 7.1%. 因三级轻度污染的占比最高 (众数类), 该节点的类别标签为三级轻度污染 (class=y[2]).

图 5–1 有 4 个位于第二层的叶节点. 例如最左侧的叶节点, 包含训练集 29.2% 的样本观测, 空气质量各等级的样本观测占比依次为 61.7%, 33.6%, 4.7%, 0.0%, 0.0% 和 0.0%. 因一

① 这里显示的是 Python 从 0 开始的索引号.

级优的占比最高, 该节点的类别标签为一级优 (class=y[0]).

二、决策树是数据反复分组的图形化体现

决策树是数据反复分组的图形化体现.

例如, 图 5–1 根节点是以 PM2.5 小于 75.5[①] (X[0]<75.5[②]) 为条件, 将训练集全体分成左右两组, 完成第一次分枝, 形成第一层的两个子节点, 分别称为左子节点和右子节点 (样本量分别占总样本量的 71.0% 和 29.0%). 接下来将第一层左子节点中的样本观测, 以 PM10 低于 50.5[③] (X[1]<50.5[④]) 为条件, 分成第二层左侧分枝中的左右两个子节点 (样本量分别占总样本量的 29.2% 和 41.8%), 完成第二次分枝. 同理, 将第一层右子节点中的样本观测, 以 PM2.5 小于 115.5(X[0]<115.5) 为条件, 分成第二层右侧分枝中的左右两个子节点 (样本量分别占总样本量的 14.7% 和 14.3%), 完成第三次分枝. 最终得到对训练集的四个分组.

事实上, 这样的数据分组还可以不断继续下去. 于是将会得到更细的分组和树深度更大的决策树. 极端情况下经过 $N-1$ 次分枝得到 N 个组, 每个组只包含一个样本观测. 这样做的必要性以及由此带来的不利影响将在后面集中讨论.

三、决策树是推理规则的图形化展示

决策树中每个节点都对应一条推理规则, 决策树是推理规则集的图形化展示. 推理规则通过逻辑判断的形式反映输入变量和输出变量之间的取值规律.

例如, 图 5–1 第一层左侧中间节点对应的推理规则是: 如果 PM2.5 小于 75.5 则空气质量等级为一级优, 规则置信度[⑤] 等于众数类占比 0.552; 再例如, 图 5–1 最左侧叶节点对应的推理规则是: 如果 PM2.5 小于 75.5 且 PM10 小于 50.5, 则空气质量等级为一级优, 规则置信度等于众数类占比 0.617; 等等.

可见, 节点越靠近根节点, 对应的推理规则越简单; 越靠近叶节点, 对应的推规则越复杂. 决策树的树深度越大分枝越多, 叶节点的推理规则越复杂, 推理规则集越庞大.

四、决策树的预测

决策树基于叶节点的推理规则实现对新数据的分类或回归预测.

对于样本观测 $\boldsymbol{X}_0$, 预测只需从根节点开始依次根据输入变量取值, 沿着决策树的不同分枝 "走到" 样本量等于 n 的叶节点. 对于分类树 (输出变量有 K 个类别): $\widehat{y}_0 = \max\limits_{y_k}(n_{y_1}, n_{y_2}, \cdots, n_{y_K})$, 即叶节点输出变量的众数类 y_k, 规则置信度为众数类占比 $\frac{n_{y_k}}{n}$; 对于回归树: $\widehat{y}_0 = \dfrac{1}{n}\sum\limits_{i=1}^{n} y_i$, 即叶节点输出变量的均值.

---

① 计量单位: 微克/立方米.
② 输入变量 X[0] 为 PM2.5.
③ 计量单位: 微克/立方米.
④ 输入变量 X[1] 为 PM10.
⑤ 规则置信度仅针对分类预测.

5.1.2 分类树的分类边界

一条推理规则对应一条分类直线, 实现对 p 维 (p 个输入变量) 空间 $\Re^p$ 的两个区域划分. 多条推理规则对应多条分类直线, 它们将 p 维空间 $\Re^p$ 划分成若干小的、某条边平行于某个坐标轴的矩形区域. 这些矩形区域边界的连接便是整棵分类树的分类边界. 如图 5–2 所示.

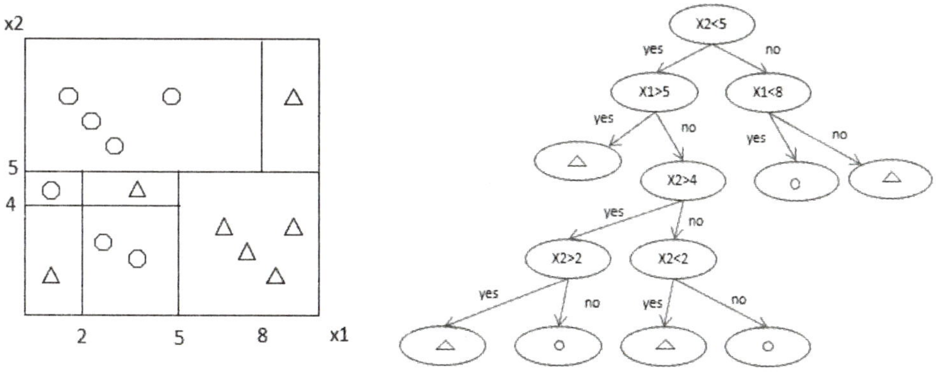

图 5–2　空间划分和决策树

图 5–2 左图展示了 $p=2$ 维空间输入变量 X_1, X_2 不同取值下, 各样本观测输出变量的类别分布情况. 圆圈和三角形分别对应输出变量的两个类别. 现基于所建立的决策树 (如图 5–2 右图所示), 对图中红色加号所在位置上的点的类别进行预测.

首先, 决策树依 $X_2<5$ 生成第一层左右两个子节点, 分别对应左图 $X_2=5$ 水平线分割形成的上下两个区域. 之后, 对于第一层的右子节点依 $X_1<8$ 生成第二层左右两个子节点, 分别对应左图虚线区域 $X_1=8$ 垂直线分割形成的左右两个区域. 其他同理. 可见, 经过决策树的 6 次分枝得到 7 个叶节点, 对应形成 7 个矩形区域. 因红色加号落入左上区域内且该区域的众数类别是圆圈, 所以其预测类别为圆圈类.

总之, 决策树各个子节点以及分枝决定了 p 维空间划分的先后顺序和位置. 叶节点的各个推理规则和矩形区域一一对应. 决策树的树深度越大, 相邻的矩形区域就越多. 这些矩形区域边界 (直线) 的连接将形成一个极不规则的分类边界 (曲线), 可有效解决非线性分类预测问题.

如何确定 p 维空间 $\Re^p$ 划分的先后顺序和位置是分类树算法的核心.

直观上, 每一步空间划分时应同时兼顾由此形成的两个区域. 应努力使两个区域包含的样本观测点尽量 “纯正”, 异质性 (impurity) 低, 即一个区域中多数样本观测点有相同的形状, 尽量少地掺杂其他形状的点. 换言之, 使得同一区域中样本观测点的输出变量尽可能取同一类别值. 原因在于, 低异质性下的分类预测错判率低或推理规则的置信度高, 这是优秀分类预测模型所必备的重要特征之一.

5.1.3 回归树的回归平面

回归树的本质也是对 I 维空间 $\Re^I$ 的划分. 图 5–3 是回归树空间划分的示例.

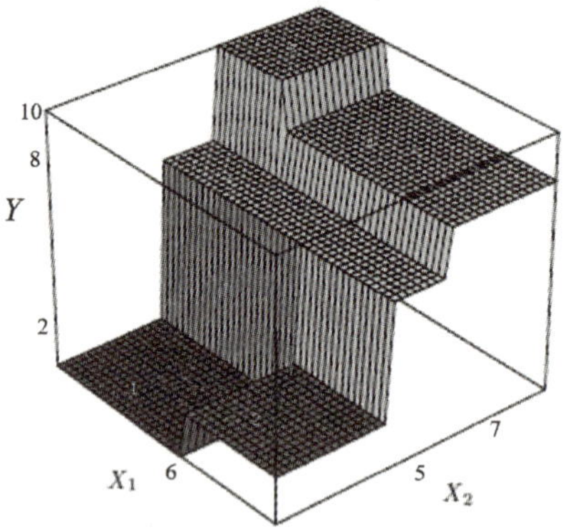

图 5–3 回归树对空间的划分示例

图 5–3 展示了基于两个输入变量 (X_1, X_2) 和输出变量 Y, 利用回归树进行预测时的空间划分情况. 分别对 X_1, X_2 分组. $X_1 > 6, X_2 < 5$ 时 Y 的预测值为 $\widehat{Y} = 0$, 回归平面为图中区域 1; $X_1 < 6, X_2 < 5$ 时 Y 的预测值 $\widehat{Y} = 2$, 回归平面为图中区域 2; $5 < X_2 < 7$ 时 Y 的预测值 $\widehat{Y} = 8$, 回归平面为图中区域 3; 等等. 每个区域都有自己的回归平面, 回归平面的高低取决于相应区域内样本观测点输出变量均值的大小.

若对 X_1, X_2 做更细的分组, 将会得到更多相邻的回归平面. 回归树的树深度越大, 相邻的回归平面就越多. 这些平面的平滑连接将形成一个极不规则的回归曲面.

图 5–4 左图是对模拟数据采用线性回归模型 $Y = \beta_0 + \beta_1 X_1 + \beta_2 X_2 + \varepsilon$ 所得的回归平面, 右图是回归树的回归曲面 (Python 代码详见 5.4.1 节). 图中蓝色观测点的输出变量实际值大于预测值, 点位于回归面上方; 灰色点的实际值小于预测值, 位于回归面下方. 可见, 回归树的模型复杂度较高, 能够有效分析输入变量和输出变量间的非线性关系, 解决非线性回归问题.

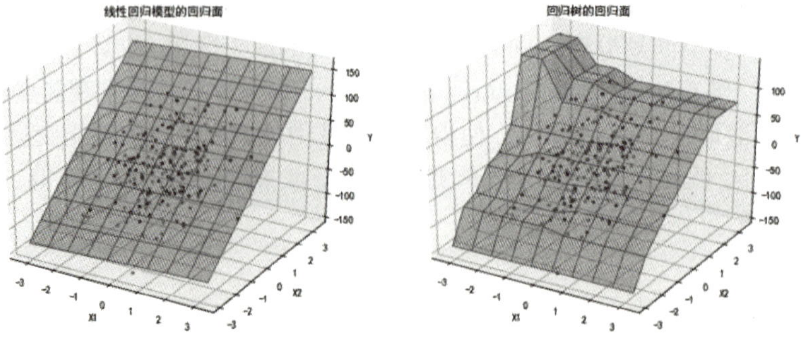

图 5–4 线性回归模型和回归树的回归面

如何确定 I 维空间 $\Re^I$ 划分的先后顺序和位置是回归树算法的核心.

与分类树类似, 直观上, 每一步空间划分时应同时兼顾由此形成的两个区域. 应努力使两个区域包含的观测点, 其输出变量的取值差异尽量小, 异质性尽量低. 原因在于, 低异质性下的回归预测误差小, 也即由此得到的两个区域是离差平方和 (或 MES) 最小下的区域:

$$\sum_{i:\boldsymbol{X}_i\in R_1}(y_i-\widehat{y}_{R_1})^2+\sum_{i:\boldsymbol{X}_i\in R_2}(y_i-\widehat{y}_{R_2})^2 \tag{5.1}$$

其中, R_1, R_2 分别表示划分所得的两个区域, $\widehat{y}_{R_1}, \widehat{y}_{R_2}$ 为两个区域输出变量的预测值 (预测值等于均值).

5.1.4 决策树的生长和剪枝

决策树有两大核心问题:

第一, 决策树的生长, 即如何基于训练集建立决策树, 得到推理规则集.

第二, 决策树的剪枝, 即如何对决策树进行必要精简, 得到具有恰当复杂度的推理规则集.

一、决策树生长

决策树的生长过程是对训练集的不断分组过程. 决策树的各个分枝是在数据不断分组过程中逐渐生长出来的. 当某组数据的继续分组不再有意义时, 它所对应的分枝便不再生长; 当所有数据组的继续分组均不再有意义时, 决策树生长结束. 此时将得到一棵完整的决策树. 因此, 决策树生长的关键有两点: 第一, 确定数据分组的基本原则; 第二, 确定决策树继续生长的条件.

第一, 确定数据分组的基本原则.

正如前面所述, 无论分类树还是回归树, **数据分组的基本原则是: 使每次分枝所得的两个区域内的输出变量取值的异质性尽量低. 应依据该原则从众多输入变量中选择一个当前的 "最佳" 分组变量和组限值.**

例如, 图 5–2 中根节点选择以输入变量 X_2 为分组变量、组限值等于 5 的原因是, 与其他划分方案相比, 这样划分所得两个区域内输出变量类别的异质性是最低的. 之后, 对于红色虚线区域, 选择以输入变量 X_1 为分组变量、组限值等于 8, 是因为这样划分所得的两个区域内输出变量的类别均相同.

需说明的是: 借助数据分组, **决策树能够给出输入变量重要性的排序**. 从根节点开始, 若 X_i 比 X_j "更早" 成为 "最佳" 分组变量, 说明当下 X_i 降低输出变量异质性的能力强于 X_j, X_i 的重要性高于 X_j.

此外还需说明的是: 决策树的输入变量可以是数值型的, 也可以是多分类型的. 首先, **决策树生长自动完成了对数值型输入变量的离散化 (分组)**. 因是在输出变量 "监督" 下进行的分组, 也称有监督分组. 其次, **决策树生长自动完成了对多分类型输入变量的类合并.** 例如, 若输入变量有 A, B, C 三个类别, 对于 2 叉树而言, 分组时需判断应将 A, B 合并为一类, 还是将 A, C 或 B, C 合并为一类. 决策树在处理分类型输入变量方面具有优势.

第二, 确定决策树继续生长的条件.

若不加限制条件, 决策树会不断生长, 树深度会不断增加. 事实上, 树生长过程是模型复杂度不断增加, 训练误差不断降低的过程. 可从图 5–5 中得到直观印证.

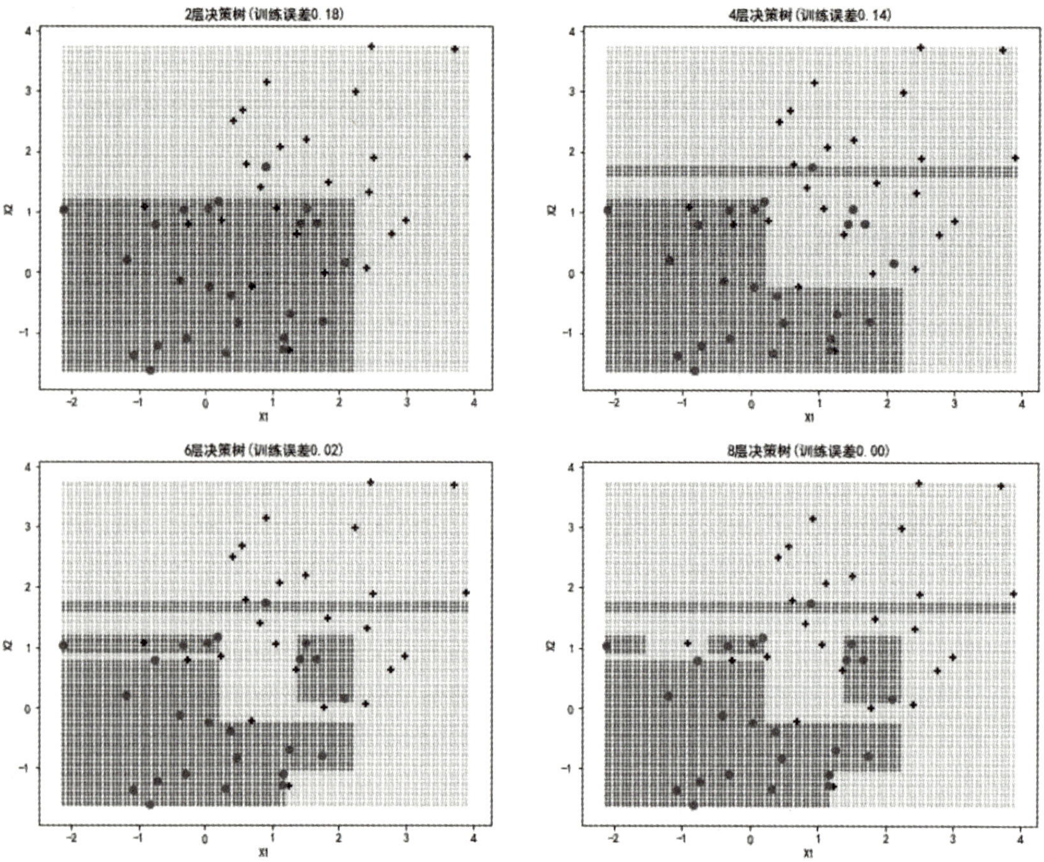

图 5–5 决策树的树深度和分类边界以及训练误差

图 5–5 展示了对与图 3–2 相同的模拟数据, 采用不同树深度的决策树进行分类预测时, 2 维空间划分所形成的多个矩形区域以及所构成的分类边界 (Python 代码详见 5.4.2 节). 树深度为 2 时整体分类边界比较规则, 训练误差 18% 较高. 树深度为 4 和 6 时, 区域划分更加细致, 分类边界增加且整体上逐渐复杂, 训练误差分别为 14% 和 2%. 树深度为 8 时的区域划分进一步细致, 整体上分类边界复杂, 训练误差降至 0.0%.

决策树生长的极端情况是对 N 个样本观测做 $N-1$ 分枝得到 N 个组对应 N 个叶节点. 此时决策树的树深度达到最大. 叶节点的推理规则不仅条数最多, 而且规则最为复杂, 分类边界或回归面最不规则, 模型复杂度最高. 由此带来的问题是模型过拟合. 2.4.2 节已经对模型过拟合的 “负作用” 进行了较为充分的讨论.

图 5–6 是利用不同深度的回归树对 PM2.5 进行回归预测的情况 (Python 代码详见 5.4.5 节). 图 5–6 左图的横坐标为树深度. 利用旁置法计算训练误差和测试误差, 计算 5 折交叉验证下的测试误差. 可见, 训练误差随树深度增加单调下降, 但测试误差先降后升. 树深度大于

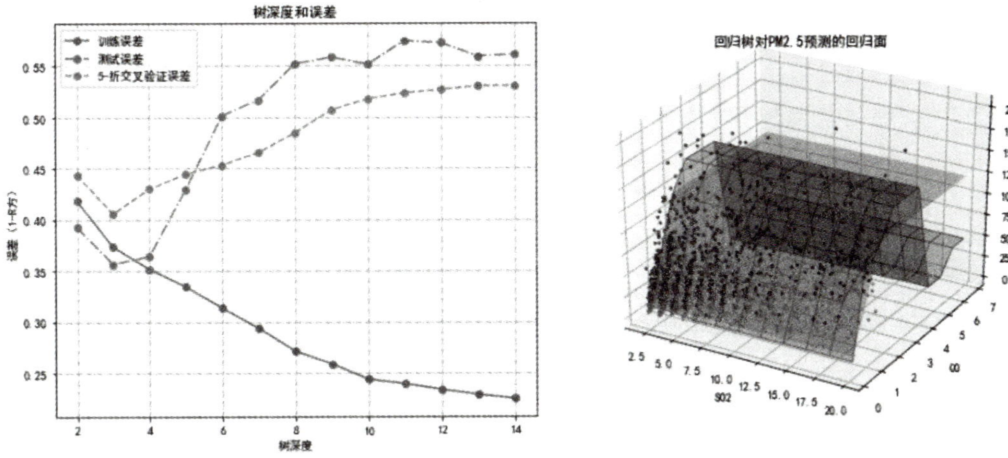

图 5-6 不同树深度下 PM2.5 的回归预测

3 的决策树都是过拟合的. 图 5-6 右图为树深度等于 3 和 5 的回归面. 相对树深度等于 3 的回归面 (不带网格线的浅蓝色曲面), 树深度等于 5 的回归面 (带网格线的棕黄色曲面) 更 "曲折".

决策树避免过拟合的有效方式是预设参数值, 限制树的 "过度" 生长. 通常有最大树深度、最小样本量、最小异质性下降值三个预设参数. 可事先指定决策树的最大树深度, 到达指定深度后就不再继续生长; 可事先指定节点的最小样本量, 节点样本量不应低于最小值, 否则相应节点将不能继续分枝; 可事先指定节点异质性下降的最小值, 异质性下降不应低于最小值, 否则相应节点将不能继续分枝. **一般将通过预设参数值限制树生长的策略称为对决策树做预修剪** (pre-pruning).

预修剪能够有效阻止决策树的充分生长, 但要求对数据有较为精确的了解, 需反复尝试预设参数值的大小. 否则, 很可能因参数值不合理导致: 决策树深度过小, 模型复杂度过低, 预测性能低下. 或者, 决策树深度仍过大, 模型复杂度高仍存在模型过拟合.

二、决策树剪枝

决策树剪枝是对所得的决策树, 按照从叶节点向根节点的方向, 逐层剪掉某些节点分枝的过程. 相对于预剪枝, 这里的剪枝也称为后剪枝 (post-pruning). 剪枝后的决策树, 树深度减少, 规则集中, 叶节点的推理规则不再那么复杂.

决策树剪枝的过程是模型复杂度不断降低的过程, 涉及的关键问题是采用怎样的策略剪枝, 以及何时停止剪枝. 不同决策树算法的剪枝策略不尽相同, 5.3 节将详细讨论这个问题. 这里仅通过图 5-7 的树深度和误差之间的关系, 讨论停止剪枝的理论时刻.

图 5-7 中, 横坐标为树深度, 测度了决策树模型的复杂度. 纵坐标为误差. 有训练误差和测试误差两条误差曲线. 首先, 从决策树生长过程看, 生长初期训练误差和测试误差快速减少. 但随树深度的增加, 训练误差和测试误差的减少速度开始放缓. 当树深度大于 m 后, 训练误差仍继续缓慢减少, 测试误差却开始增大. 正如 2.4.2 节所述, 树深度大于 m 的决策树出现了典型的模型过拟合特征 (随模型复杂度增加, 训练误差单调下降, 测试误差先降后升

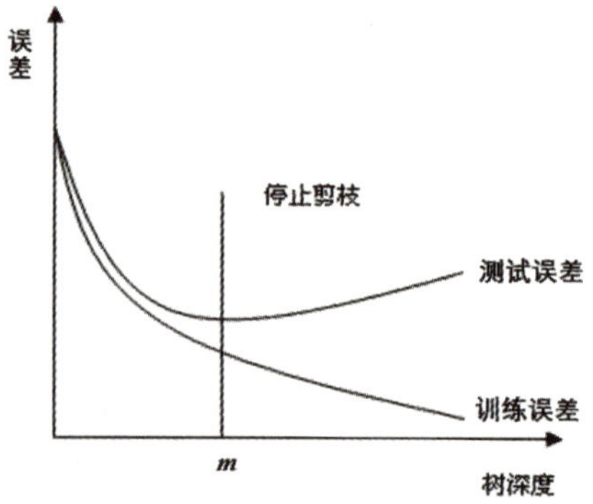

图 5–7 树深度和误差

呈 U 形). 适当剪枝降低过拟合模型的复杂度是极为必要的.

其次, 从决策树剪枝过程看, 训练误差会随树深度的减少、模型复杂度的下降而单调上升. 但测试误差会先下降再上升. 这意味着虽然需对决策树进行剪枝但不能 "过度" 剪枝. 停止剪枝的时刻应是测试误差达到最低的时刻.

总之, 决策树的核心问题讨论至此, 仍存在需进一步细致论述的方面. 例如, 如何度量输出变量的异质性, 决策树剪枝的具体策略, 等等. 目前, 有很多决策树算法, 其中应用较广的是分类回归树① (classification and regression tree, CART) 和 C4.5、C5.0 算法系列② 等. 不同算法对上述问题的处理策略略有不同, 以下将重点讨论分类回归树 CART.

5.2 分类回归树的生长

分类回归树 CART 为 2 叉树, 包括分类树和回归树.

分类回归树的建模过程同样涉及树生长和剪枝两个阶段. 从算法效率角度考虑, 树生长过程采用贪心算法③ , 确定当前 "最佳" 分组变量和组限值, 并通过自顶向下的递归二分策略④ 实现空间区域的划分. 因分类树和回归树研究的输出变量类型不同, 树生长中测度输

① 分类回归树是里奥 · 布莱曼 (Leo Breiman) 等学者于 1984 年提出的, 同年相关专著 *Classification and Regression Trees* 出版.

② C4.5、C5.0 算法系列是人工智能专家 Quinlan 对鼻祖级决策树 ID3 算法的延伸.

③ 贪心算法是一种不断寻找当前局部最优解的算法.

④ 相对下面的左图而言, 右图即是一种迭代二分策略. 引自 Gareth James. An Introduction to Statistical Learning with Applications in R. Springer, 2013.

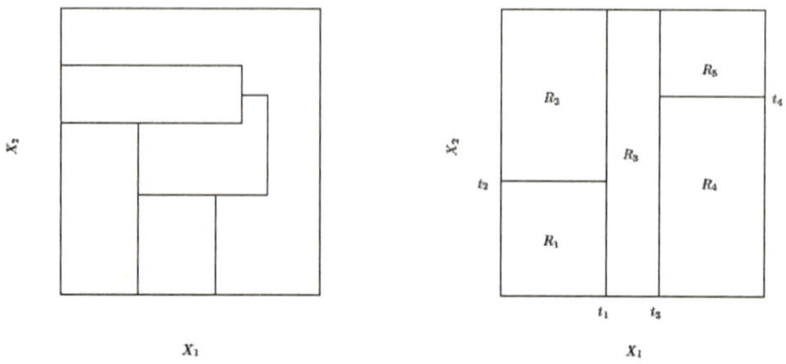

出变量异质性的指标不同, 以下将分别进行讨论.

分类回归树的树剪枝采用最小代价复杂度剪枝法.

5.2.1　分类树中的异质性度量

分类树的输出变量为分类型, 其异质性度量通常采用基尼 (Gini) 系数和熵 (详见式 (3.6)).

分类树节点 t 的基尼系数的数学定义为:

$$G(t) = 1 - \sum_{k=1}^{K} P^2(k|t) = \sum_{k=1}^{K} P(k|t)(1 - P(k|t)) \tag{5.2}$$

其中, K 为输出变量的类别数; $P(k|t)$ 是节点 t 中输出变量取第 k 类的概率.

当节点 t 中输出变量均取同一类别值, 输出变量没有取值异质性时, 基尼系数等于 0. 当各类别取值概率相等, 输出变量取值的异质性最大时, 基尼系数取最大值等于 $1 - \frac{1}{K}$. 换言之, 基尼系数等于 0 意味着节点 t 中输出变量没有异质性. 取最大值意味着节点 t 中输出变量的类别有着最大的不一致.

若节点 t 为父节点, 分枝时应依据树生长中确定数据分组的基本原则, 找到能够使 t 的左子节点 t_{left} 的基尼系数 $G(t_{\text{left}})$, 以及右子节点 t_{right} 的基尼系数 $G(t_{\text{right}})$, 均取最小下的分组变量和分组组限. 由于通常无法确保两者同时最小, 因此只需两者的加权平均 $\frac{N_{t_{\text{left}}}}{N_t}G(t_{\text{left}}) + \frac{N_{t_{\text{right}}}}{N_t}G(t_{\text{right}})$ 最小即可. $N_{t_{\text{left}}}, N_{t_{\text{right}}}, N_t$ 分别为左右子节点的样本量和父节点的样本量, 样本量占比为权重. 可见, 从父节点到子节点, 输出变量的异质性下降等于:

$$\Delta G(t) = G(t) - \left[\frac{N_{t_{\text{left}}}}{N_t}G(t_{\text{left}}) + \frac{N_{t_{\text{right}}}}{N_t}G(t_{\text{right}})\right] \tag{5.3}$$

"最佳" 分组变量和组限应是使 $\Delta G(t)$ 最大的输入变量和组限值.

同理, 依式 (3.6) 熵的定义, 熵等于 0 意味着节点 t 中输出变量没有异质性. 取最大值 $-\log_2 \frac{1}{K}$, 意味着节点 t, 中输出变量的类别有着最大的不一致. 若父节点 t 的熵记为 $Ent(t)$, 左右子节点的熵记为 $Ent(t_{\text{left}})$ 和 $Ent(t_{\text{right}})$, "最佳" 分组变量和组限应是使:

$$\Delta Ent(t) = Ent(t) - \left[\frac{N_{t_{\text{left}}}}{N_t}Ent(t_{\text{left}}) + \frac{N_{t_{\text{right}}}}{N_t}Ent(t_{\text{right}})\right] \tag{5.4}$$

最大的输入变量和组限值. 其中, $\Delta Ent(t)$ 也称为**信息增益**.

图 5–8 左图是二分类预测中, 1 类概率 P 从 0 至 1 变化时, 基尼系数和熵的计算结果曲线 (Python 代码详见 5.4.3 节). 右图为基尼系数和信息熵归一化处理后的情况. 处理后两测度曲线基本重合, 差异不明显.

5.2.2　回归树中的异质性度量

回归树的输出变量为数值型, 其异质性度量通常采用方差.

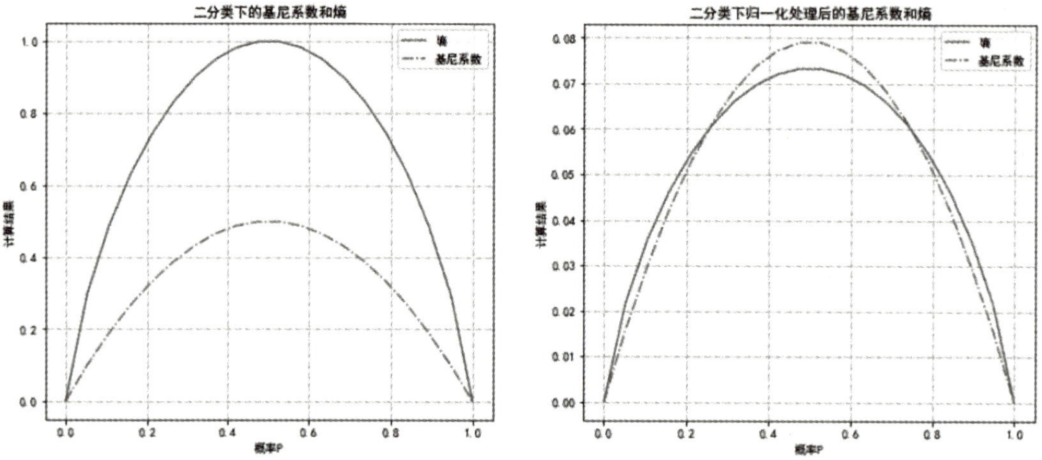

图 5–8　基尼系数和熵的比较

回归树节点 t 的方差的数学定义为:

$$S^2(t)=\frac{1}{N_t}\sum_{i=1}^{N_t}(y_i(t)-\overline{y}(t))^2 \tag{5.5}$$

其中, $y_i(t)$ 为节点 t 中样本观测 $\boldsymbol{X}_i$ 的输出变量值; $\overline{y}(t)$ 为节点 t 中输出变量的平均值.

若节点 t 为父节点, 分枝时应依据树生长中确定数据分组的基本原则, 找到能够使 t 的左子节点 t_{left} 的方差 $S^2(t_{\text{left}})$, 以及右子节点 t_{right} 的方差 $S^2(t_{\text{right}})$, 加权均值 $\frac{N_{t_{\text{left}}}}{N_t}S^2(t_{\text{left}})+\frac{N_{t_{\text{right}}}}{N_t}S^2(t_{\text{right}})$ 最小下的分组变量和分组组限. 从父节点到子节点, 输出变量的异质性下降等于:

$$\Delta S^2(t)=S^2(t)-\left[\frac{N_{t_{\text{left}}}}{N_t}S^2(t_{\text{left}})+\frac{N_{t_{\text{right}}}}{N_t}S^2(t_{\text{right}})\right] \tag{5.6}$$

“最佳” 分组变量和组限应是使 $\Delta S^2(t)$ 最大的输入变量和组限值.

5.3　分类回归树的剪枝

分类回归树采用最小代价复杂度剪枝法 (minimal cost complexity pruning, MCCP). 5.1.4 节指出, 决策树剪枝的目的是解决模型的过拟合, 以得到测试误差最小下的树.

本质上, 测试误差最小下的决策树是具有恰当复杂度, 偏差和方差均不大的最优树. 构建一个综合度量树优劣的指标, 依此修剪树并最终得到指标最优下的树, 是分类回归树剪枝的基本出发点. 代价复杂度就是这样一个度量指标.

5.3.1　代价复杂度和最小代价复杂度

决策树剪枝的目标是希望得到一棵 “大小恰当” 的树. 决策树的低误差是以高复杂度为

代价的. 过于精简的决策树又无法给出满意的预测效果. 复杂度和误差之间的权衡, 在决策树剪枝中非常关键. 既要尽量使修剪后的决策树不再有很高的复杂度, 又要保证其测试误差不明显高于修剪之前的树.

可借助叶节点的个数测度决策树的复杂程度, 叶节点个数与决策树的复杂程度成正比. 如果将误差看作树的 "预测代价", 以叶节点的个数作为树复杂度的度量, 则分类回归树 T 的代价复杂度 $R_\alpha(T)$ 定义为:

$$R_\alpha(T) = R(T) + \alpha|\widetilde{T}| \tag{5.7}$$

其中, $|\widetilde{T}|$ 表示树 T 的叶节点个数; α 为复杂度参数 (complexity parameter, 简称 CP 参数), 表示每增加一个叶节点所带来的复杂度单位, 取值范围 $[0,\infty]$; $R(T)$ 表示树 T 的测试误差. 测试误差是基于测试集的, 即计算误差时输出变量的实际值 y_i 来自测试集, 但预测值是基于训练集的预测结果. 对于分类树 $R(T)$ 为错判率. 对于回归树 $R(T)$ 为均方误差或离差平方和, 详尽表述为:

$$\sum_{m=1}^{|\widetilde{T}|}\sum_{i:x_i\in R_m}(y_i-\widehat{y}_{R_m})^2+\alpha|\widetilde{T}| \tag{5.8}$$

其中, R_m 表示区域 m; 这里的 y_i 来自测试集; $\widehat{y}_{R_m}$ 是基于训练集的预测结果.

通常, 希望模型的测试误差 $(R(T))$ 和模型的复杂度 $(\alpha|\widetilde{T}|)$ 都比较低. 但因测试误差 $R(T)$ 小的模型复杂度 $\alpha|\widetilde{T}|$ 高, 复杂度 $\alpha|\widetilde{T}|$ 低的模型测试误差 $R(T)$ 大, $R(T)$ 和 $\alpha|\widetilde{T}|$ 不可能同时小. 所以只要 $R(T)+\alpha|\widetilde{T}|$, 即代价复杂度 $R_\alpha(T)$ 较小即可. **代价复杂度最小的树是最优树**.

此外, 分类回归树 T 的代价复杂度 $R_\alpha(T)$ 是 α 的函数. CP 参数 α 等于 0 表示不考虑复杂度对 $R_\alpha(T)$ 的影响. 基于代价复杂度最小的树是最优树的原则, 此时的 "最优树" 是叶节点最多的树, 因为其测试误差是最小的 (在未出现过拟合时); CP 参数 α 逐渐增大时, 复杂度对 $R_\alpha(T)$ 的影响也随之增加. 当 CP 参数 α 足够大时, $R(T)$ 对 $R_\alpha(T)$ 的影响可以忽略, 此时的 "最优树" 是只有一个根节点的树, 因为其复杂度是最低的. 显然, 最优树与 CP 参数 α 的取值大小有关. $\alpha=0$ 和 $\alpha=\infty$ 时的树并不是真正的最优树. 但通过调整 CP 参数 α 的取值, 会得到一系列当前 "最优树", 真正的最优树就在其中.

5.3.2　分类回归树的剪枝过程

在从叶节点逐渐向根节点方向剪枝过程中, 会涉及先剪哪一枝的问题. 换言之, 在 CP 参数 α 当前取值下可否剪枝. 判断能否剪掉中间节点 $\{t\}$ 下的子树 T_t 时, 应计算中间节点 $\{t\}$ 和其子树 T_t 的代价复杂度. 树结构如图 5–9 所示.

首先, 中间节点 $\{t\}$ 的代价复杂度 $R_\alpha(\{t\})$, 通常视为减掉其所有子树 T_t 后的代价复杂度:

$$R_\alpha(\{t\}) = R(\{t\}) + \alpha \tag{5.9}$$

其中, $R(\{t\})$ 为中间节点 $\{t\}$ 对应推理规则的测试误差. 此时仅有一个叶节点.

其次, 中间节点 $\{t\}$ 的子树 T_t 的代价复杂度 $R_\alpha(T_t)$ 定义为:

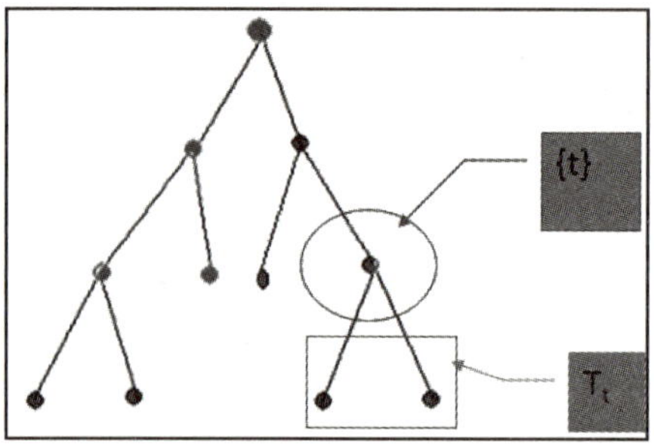

图 5–9 中间节点 $\{t\}$ 和它的子树 T_t

$$R_\alpha(T_t) = R(T_t) + \alpha|\widetilde{T}_t| \tag{5.10}$$

其中, $R(T_t)$ 是左右两个子节点对应推理规则的测试误差的加权平均值 (权重为左右两个子节点的样本量占比).

基于代价复杂度最小的树是最优树的原则, 如果 $R_\alpha(\{t\}) > R_\alpha(T_t)$, 则应该保留子树 T_t, 此时 $a < \dfrac{R(\{t\}) - R(T_t)}{|\widetilde{T}_t| - 1}$ 成立; 如果 $a \geqslant \dfrac{R(\{t\}) - R(T_t)}{|\widetilde{T}_t| - 1}$, 意味着 $R_\alpha(\{t\}) \leqslant R_\alpha(T_t)$, 显然应剪掉子树 T_t. 可见, $\dfrac{R(\{t\}) - R(T_t)}{|\widetilde{T}_t| - 1}$ 越小且小于当前 α 时, 说明子树 T_t 对降低测试误差的贡献很小, 越应首先剪掉子树.

分类回归树后剪枝过程分为两个阶段: 第一个阶段的任务是通过不断调整 CP 参数 α, 得到 k 个当前 "最优树". 第二个阶段的任务是在 k 个当前 "最优树" 中选出真正的最优树.

第一阶段, 开始时 $\alpha = \alpha_1 = 0$, 当前的 "最优树" 为未进行任何剪枝的最大树, 记为 T_{α_1}. 后续逐渐增大 CP 参数 α 的取值, 其间 $R_\alpha(\{t\})$ 和 $R_\alpha(T_t)$ 会同时增大. 尽管子树 T_t 的叶节点多, 复杂度 $\alpha|\widetilde{T}_t| > \alpha$, 但因 α 较小时 $R(\{t\})$ 和 $R(T_t)$ 仍起决定性作用. 若此时 $R(T_t) << R(\{t\})$, 就不能剪掉子树 T_t. 继续增大 CP 参数 α 的取值. 当 CP 参数 α 从 α_1 经过若干步长增大至 α_2 时, $R_\alpha(\{t\}) \leqslant R_\alpha(T_t)$, 即子树 T_t 的代价复杂度开始大于 $\{t\}$ 时, 应剪掉子树 T_t, 得到一个 "次茂盛" 的树, 记为 T_{α_2}.

重复上述步骤, 直到树只剩下一个根节点为止. 此时有 $\alpha_1 > \alpha_2 > \alpha_3 > \cdots > \alpha_K$, 并一一对应若干具有包含关系的当前 "最优树" 序列 $T_{\alpha_1}, T_{\alpha_2}, \cdots, T_{\alpha_K}$. 它们的叶节点个数依次减少, T_{α_K} 只有根节点.

第二阶段, 在 k 个当前 "最优树" 序列中确定一个真正的最优树作为最终的剪枝结果. 真正的最优树, 其代价复杂度 $R(T_{opt}) \leqslant \min_k[R_\alpha(T_{\alpha_k}) + m \times SE(R(T_{\alpha_k}))](k = 1, 2, \cdots, K)$. 其中, m 称为放大因子, $SE(R(T_{\alpha_k}))$ 为子树 T_{α_k} 的测试误差的标准误, 定义为:

$$SE(R(T_{\alpha_k})) = \sqrt{\frac{R(T_{\alpha_k})[1 - R(T_{\alpha_k})]}{N'}} \tag{5.11}$$

其中, N' 为测试集的样本量. $m \times SE(R(T_{\alpha_k}))$ 是对 T_{α_k} 测试误差的真值进行区间估计时的

边界误差①.

图 5–10 为代价② 、复杂度以及代价复杂度随树深度增加的理论曲线. $m=0$ 时, 最优树 $T_{opt(m=0)}$ 是 K 棵树中代价复杂度最小者, 即图中虚线箭头所指位置上的树. $m>0$ 时, 最优树 $T_{opt(m>0)}$ 的代价复杂度 $R(T_{opt(m>0)})>R(T_{opt(m=0)})$. 尽管虚线箭头左右两侧的树均满足 $R(T_{opt(m>0)})>R(T_{opt(m=0)})$, 但依据奥克姆剃刀原则, $T_{opt(m>0)}$ 应在树集合 1 中.

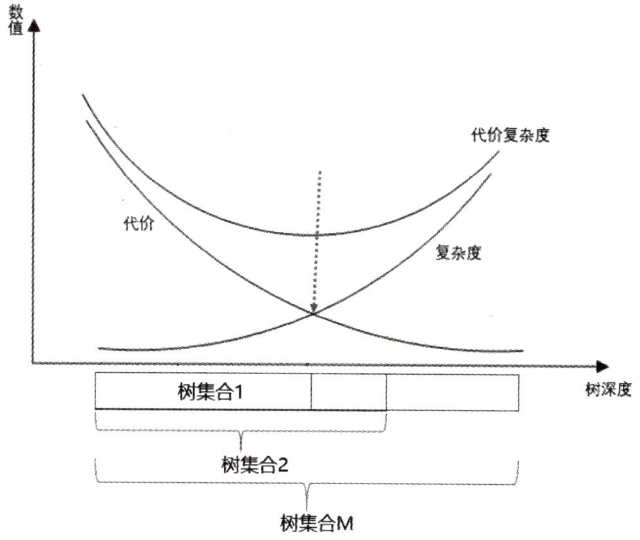

图 5–10 树深度和代价复杂度

5.4 Python 实践课: 加深理论理解, 探索应用实践

为进一步加深对决策树方法的理论理解, 并探索决策树方法的应用实践, 设计如下 Python 实践内容:

第一, 利用模拟数据直观展示回归树的回归面.

第二, 利用模拟数据直观展示不同树深度下分类树的分类边界.

第三, 比较分类树中的基尼系数和熵.

第四, 基于空气质量监测数据, 采用分类树对空气质量等级进行分类预测.

第五, 基于空气质量监测数据, 采用回归树对 PM2.5 浓度进行回归预测, 观察回归树的过拟合情况.

---

① 推论统计中, 总体参数的置信区间为 [样本统计量 ± 边界误差]. 例如, 总体均值的置信区间为: $[\overline{X}\pm Z_{\frac{\alpha}{2}}\times\frac{S}{\sqrt{N}}]$. $\overline{X}$ 为样本均值, $\frac{S}{\sqrt{N}}$ 为样本均值的标准误, $Z_{\frac{\alpha}{2}}$ 为正态分布的临界值, 与置信水平 α 有关. 总体比例的置信区间为: $[P\pm Z_{\frac{\alpha}{2}}\times\sqrt{\frac{P(1-P)}{N}}]$. P 为样本比例, $\sqrt{\frac{P(1-P)}{N}}$ 为样本比例的标准误.

② 这里的代价采用指数损失函数形式: $\exp(-y_i\widehat{f}(\boldsymbol{X}_i))$.

以下是本章需导入的 Python 模块:

```
1  import numpy as np
2  import pandas as pd
3  import matplotlib.pyplot as plt
4  from mpl_toolkits.mplot3d import Axes3D
5  import warnings
6  warnings.filterwarnings(action = 'ignore')
7  %matplotlib inline
8  plt.rcParams['font.sans-serif']=['SimHei']  #解决中文显示乱码问题
9  plt.rcParams['axes.unicode_minus']=False
10 import sklearn.linear_model as LM
11 from sklearn.model_selection import cross_val_score,train_test_split
12 from sklearn.datasets.samples_generator import make_regression
13 from sklearn import tree
```

其中:

(1) 第 12 行的 make_regression 为新增模块, 产生用于回归预测建模的模拟数据.

(2) 第 13 行的 tree 为新增模块, 用于实现决策树建模.

5.4.1 实践一: 回归树的回归面

本节基于模拟数据, 绘制回归树的回归面 (文件名: chapter5-1.ipynb), 旨在帮助读者直观理解回归树的非线性回归特点.

```
1  X,Y=make_regression(n_samples=200,n_features=2,n_informative=2,noise=10,random_state=666)
2  modelLR=LM.LinearRegression()
3  modelLR.fit(X,Y)
4  modelDTC = tree.DecisionTreeRegressor(max_depth=5,random_state=123)
5  modelDTC.fit(X,Y)
6  data=pd.DataFrame(X)
7  
8  x,y = np.meshgrid(np.linspace(X[:,0].min(),X[:,0].max(),10), np.linspace(X[:,1].min(),X[:,1].max(),10))
9  Xtmp=np.column_stack((x.flatten(),y.flatten())) #Xtmp=np.hstack((x.reshape(100,1),y.reshape(100,1)))
10 
11 fig = plt.figure(figsize=(15,6))
12 ax0 = fig.add_subplot(121, projection='3d')
13 data['col']='grey'
14 data.loc[modelLR.predict(X)<=Y,'col']='blue'
15 ax0.scatter(X[:,0],X[:,1],Y,marker='o',s=6,c=data['col'])
16 ax0.plot_wireframe(x, y, modelLR.predict(Xtmp).reshape(10,10),linewidth=1)
17 ax0.plot_surface(x, y, modelLR.predict(Xtmp).reshape(10,10), alpha=0.3)
18 ax0.set_xlabel('X1')
19 ax0.set_ylabel('X2')
20 ax0.set_zlabel('Y')
21 ax0.set_title('线性回归模型的回归面')
```

【代码说明】

(1) 第 1 行: 产生用于回归预测建模的模拟数据.

这里直接采用函数 make_regression() 产生样本量 $N=200$ 的随机模拟数据集. 其中包含 2 个输入变量 (特征). 输入变量 $\boldsymbol{X}$ 和输出变量 y 之间为线性关系, 但随机误差项 (噪声) 的标准差等于 10.

(2) 第 2、3 行: 建立一般线性回归模型并拟合数据.

(3) 第 4、5 行: 建立树深度等于 5 的回归树并拟合数据.

这里, 直接采用函数 tree.DecisionTreeRegressor() 建立回归树. 可指定树深度 max_depth 等参数. 为提高算法效率 tree.DecisionTreeRegressor() 以随机方式选择最佳输入变量, 并默认以基尼系数的变化量确定最佳组限值. 为重现模型结果, 可指定 random_state 为任意整数.

(4) 第 6 行: 为便于后续画图, 将输入变量 $\boldsymbol{X}$ 转为数据框.

(5) 第 8、9 行: 为绘制回归平面准备数据.

利用 Numpy 的 meshgrid 函数分别生成两个输入变量取值范围内均匀分布的 100 个样本观测点, 并组织成建模要求的格式.

(6) 第 12 行: 将整幅画布划分成 1 行 2 列两幅子图区域. 其中第 1 幅子图区域将显示三维图形.

(7) 第 13~15 行: 指定预测值小于实际值的点为蓝色, 其余为灰色, 并绘制散点图.

(8) 第 16、17 行: 绘制一般线性回归模型的回归平面网格图和表面图.

以下同理, 绘制回归树的回归平面网格图和表面图:

```
23 ax1 = fig.add_subplot(122, projection='3d')
24 data['col']='grey'
25 data.loc[modelDTC.predict(X)<=Y,'col']='blue'
26 ax1.scatter(X[:,0],X[:,1],Y,marker='o',s=6,c=data['col'])
27 ax1.plot_wireframe(x, y, modelDTC.predict(Xtmp).reshape(10,10),linewidth=1)
28 ax1.plot_surface(x, y, modelDTC.predict(Xtmp).reshape(10,10), alpha=0.3)
29 ax1.set_xlabel('X1')
30 ax1.set_ylabel('X2')
31 ax1.set_zlabel('Y')
32 ax1.set_title('回归树的回归面')
33 #fig.subplots_adjust(hspace=0.5)
34 fig.subplots_adjust(wspace=0)
```

所得图形如图 5-4 所示. 图形显示, 回归树的回归面为一个曲面, 模型复杂度较高, 能够有效分析输入变量和输出变量间的非线性关系, 解决非线性回归问题.

5.4.2 实践二: 不同树深度下分类树的分类边界

随着分类树树深度的增加, 分类树可以解决较为复杂的分类问题. 这里, 对图 3-2 所示的模拟数据, 绘制不同树深度下分类树的分类边界 (文件名: chapter5-2.ipynb). 一方面可以帮助读者直观了解分类树这一特点, 另一方面也便于对不同分类模型的分类边界进行对比.

```
np.random.seed(123)
N=50
n=int(0.5*N)
X=np.random.normal(0,1,size=100).reshape(N,2)
Y=[0]*n+[1]*n
X[0:n]=X[0:n]+1.5
X1,X2 = np.meshgrid(np.linspace(X[:,0].min(),X[:,0].max(),100), np.linspace(X[:,1].min(),X[:,1].max(),100))
data=np.hstack((X1.reshape(10000,1),X2.reshape(10000,1)))

fig,axes=plt.subplots(nrows=2,ncols=2,figsize=(15,12))
for K,H,L in [(2,0,0),(4,0,1),(6,1,0),(8,1,1)]:
    modelDTC = tree.DecisionTreeClassifier(max_depth=K,random_state=123)
    modelDTC.fit(X,Y)
    Yhat=modelDTC.predict(data)
    for k,c in [(0,'silver'),(1,'red')]:
```

```
16          axes[H,L].scatter(data[Yhat==k,0],data[Yhat==k,1],color=c,marker='o',s=1)
17      axes[H,L].scatter(X[:n,0],X[:n,1],color='black',marker='+')
18      axes[H,L].scatter(X[(n+1):N,0],X[(n+1):N,1],color='magenta',marker='o')
19      axes[H,L].set_xlabel("X1")
20      axes[H,L].set_ylabel("X2")
21      axes[H,L].set_title("%d层决策树(训练误差%.2f)"%((K,1-modelDTC.score(X,Y))))
22
```

【代码说明】

(1) 第 1~8 行: 生成与图 3–2 相同的模拟数据, 为绘制分类边界做数据准备 (10 000 个样本观测).

(2) 第 11~21 行: 利用 for 循环分别建立树深度等于 2, 4, 6, 8 的分类树. H 和 L 分别为四幅图在整幅画板上的坐标.

这里, 首先, 直接采用 tree.DecisionTreeClassifier() 函数建立分类树并拟合数据; 其次, 利用分类树给出 10 000 个样本观测点的预测类别; 再次, 绘制分类树的分类边界, 0 类区域用银色表示, 1 类区域用红色表示; 最后, 将数据集中的样本观测点添加到图中, 并计算训练误差.

所得图形如图 5–5 所示. 图形显示, 随树深度的增加区域划分愈发细致, 分类边界增加且整体上逐渐复杂, 训练误差不断降低. 可见, 分类树可解决非线性分类问题. 读者也可以将其与第 3、4 章的贝叶斯分类边界和 K–近邻分类边界做对比.

5.4.3 实践三: 分类树中的基尼系数和熵

分类树中节点的异质性可通过尼基系数和熵来度量, 它们是两个非常重要的指标. 这里通过 Python 编程 (文件名: chapter5-3.ipynb), 可直观展示尼基系数和熵的特点.

```
1   fig,axes=plt.subplots(nrows=1,ncols=2,figsize=(15,6))
2   P=np.linspace(0,1,20)
3   Ent=[]
4   Gini=[]
5   for p in P:
6       if (p==0) or (p==1):
7           ent=0
8       else:
9           ent = -p * np.log2(p)-(1-p)*np.log2(1-p)
10      Ent.append(ent)
11      gini=1-(p**2+(1-p)**2)
12      Gini.append(gini)
13  axes[0].plot(P,Ent,label='熵')
14  axes[0].plot(P,Gini,label='基尼系数',linestyle='-.')
15  axes[0].set_title('二分类下的基尼系数和熵')
16  axes[0].set_xlabel('概率P')
17  axes[0].set_ylabel('计算结果')
18  axes[0].grid(True, linestyle='-.')
19  axes[0].legend()
20
21  axes[1].plot(P,Ent/sum(Ent),label='熵')
22  axes[1].plot(P,Gini/sum(Gini),label='基尼系数',linestyle='-.')
23  axes[1].set_title('二分类下归一化处理后的基尼系数和熵')
24  axes[1].set_xlabel('概率P')
25  axes[1].set_ylabel('计算结果')
26  axes[1].grid(True, linestyle='-.')
27  axes[1].legend()
```

【代码说明】

(1) 第 2 行: 指定节点中输出变量属于 1 类的概率 P 的 20 个不同取值.

(2) 第 5~10 行: 依熵的定义计算概率 P 不同取值下的熵.

(3) 第 11、12 行: 依基尼系数的定义计算概率 P 不同取值下的基尼系数.

(4) 第 13~19 行: 绘制熵和基尼系数曲线图.

(5) 第 21~27 行: 计算归一化的熵和基尼系数并画图.

所得图形如图 5–8 所示. 图形显示, 归一化处理后两个测度异质性的指标曲线基本重合, 差异不明显.

5.4.4 实践四: 空气质量等级的分类预测

本节基于空气质量监测数据, 利用分类树对空气质量等级进行多分类预测 (文件名: chapter5-4.ipynb). 一方面展示决策树的实际应用, 另一方面讨论获得决策树图形表示的操作步骤.

```
1  data=pd.read_excel('北京市空气质量数据.xlsx')
2  data=data.replace(0,np.NaN)
3  data=data.dropna()
4  X_train=data.iloc[:,3:-1]
5  y_train=data['质量等级']
6  print(y_train.value_counts())
7  y_train=y_train.map({'优':'1','良':'2','轻度污染':'3','中度污染':'4','重度污染':'5','严重污染':'6'})
8  modelDTC = tree.DecisionTreeClassifier(max_depth=2,random_state=123)
9  modelDTC.fit(X_train, y_train)
10 print(tree.export_text(modelDTC))
11 #print(tree.plot_tree(modelDTC))
12 print("训练精度:%f"%(modelDTC.score(X_train,y_train)))
13
14 with open("D:\jueceshu.dot", 'w') as f:
15     f = tree.export_graphviz(modelDTC, out_file = f,filled=True,class_names=True,proportion=True,rounded=True)
16
```

```
良        827
轻度污染    470
优        377
中度污染    252
重度污染    127
严重污染     43
Name: 质量等级, dtype: int64
|--- feature_0 <= 75.50
|   |--- feature_1 <= 50.50
|   |   |--- class: 1
|   |--- feature_1 >  50.50
|   |   |--- class: 2
|--- feature_0 >  75.50
|   |--- feature_0 <= 115.50
|   |   |--- class: 3
|   |--- feature_0 >  115.50
|   |   |--- class: 4

训练精度:0.658874
```

【代码说明】

(1) 第 1~7 行: 读入空气质量监测数据, 进行数据预处理.

(2) 第 8、9 行: 建立树深度等于 2 的分类树模型, 并拟合数据.

(3) 第 10 行: 输出分类树的文本化表达结果.

文本化表达是以字符形式展示分类树的构成, 树根在左, 树叶在右. 规则集包含 4 条推理规则.

(4) 第 12 行: 计算分类树的训练精度. 因树深度较浅, 预测效果不理想.

(5) 第 14、15 行: 将分类树的图形结果保存到指定文件中.

这里, 利用函数 tree.export_graphviz() 将分类树的图形化结果 (如图 5–1 所示) 保存到指定目录 (D 盘根目录) 的指定文件 (jueceshu.dot) 中. 后续再将其转成 PDF 格式文件. 具体步骤是:

• 下载可视化包 GraphViz (例如 graphviz-2.38.msi 文件) 并安装 (如安装目录为 C:\Program Files (x86)\Graphviz2.38).

• 将 GraphViz 的 bin 目录添加到系统 path 环境变量中, 如图 5–11 所示.

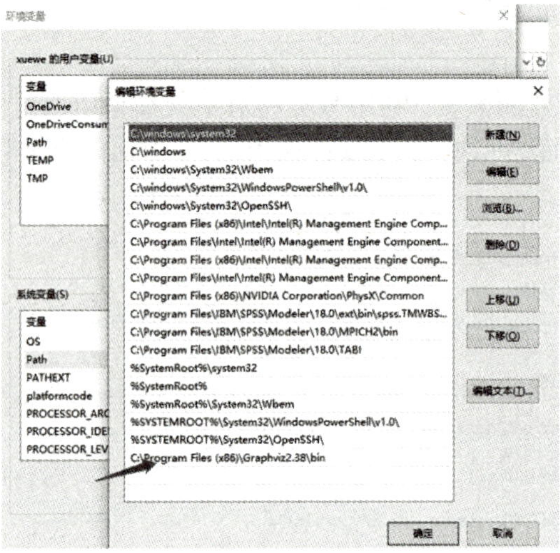

图 5–11 添加到环境变量中

• 在 Anaconda Prompt 窗口中安装 GraphViz:

输入: conda install python -graphviz

• 在 Windows 的命令行窗口 (CMD) 中, 进入 GraphViz 的 bin 目录:

输入: cd C:\Program Files (x86)\Graphviz2.38\bin

• 利用 dot 命令将指定的 dot 文件转成 PDF 格式文件 (如文件名为 output.pdf) :

输入: dot -T pdf D:\jueceshu.dot -o D:\output.pdf

5.4.5 实践五: 回归树和过拟合

5.4.4 节的分类模型不理想的重要原因, 是树生长不充分, 预修剪中的树深度参数过小. 因此指定合理的树深度参数是非常重要的. 一方面, 树深度不能过小, 否则会导致预测误差较大; 另一方面, 树深度也不能过大, 否则会导致模型过拟合. 应选择测试误差最小下的树深度. 本节基于空气质量监测数据, 利用回归树对 PM2.5 进行预测 (文件名: chapter5-5.ipynb). 旨在讨论如何借助测试误差, 确定合理的树深度参数.

```
data=pd.read_excel('北京市空气质量数据.xlsx')
data=data.replace(0,np.NaN)
data=data.dropna()
data=data.loc[(data['PM2.5']<=200) & (data['SO2']<=20)]

```

```
6 X=data[['SO2','CO']]
7 Y=data['PM2.5']
8 X_train, X_test, Y_train, Y_test = train_test_split(X,Y,train_size=0.70, random_state=123)
9 trainErr=[]
10 testErr=[]
11 CVErr=[]
12 for k in np.arange(2,15):
13     modelDTC = tree.DecisionTreeRegressor(max_depth=k,random_state=123)
14     modelDTC.fit(X_train,Y_train)
15     trainErr.append(1-modelDTC.score(X_train,Y_train))
16     testErr.append(1-modelDTC.score(X_test,Y_test))
17     Err=1-cross_val_score(modelDTC,X,Y,cv=5,scoring='r2')
18     CVErr.append(Err.mean())
19 
20 fig = plt.figure(figsize=(15,6))
21 ax1 = fig.add_subplot(121)
22 ax1.grid(True, linestyle='-.')
23 ax1.plot(np.arange(2,15),trainErr,label="训练误差",marker='o',linestyle='-')
24 ax1.plot(np.arange(2,15),testErr,label="测试误差",marker='o',linestyle='-.')
25 ax1.plot(np.arange(2,15),CVErr,label="5-折交叉验证误差",marker='o',linestyle='--')
26 ax1.set_xlabel("树深度")
27 ax1.set_ylabel("误差（1-R方）")
28 ax1.set_title('树深度和误差')
29 ax1.legend()
```

【代码说明】

(1) 第 1~7 行: 读入空气质量监测数据. 进行数据预处理. 确定建模的输入变量 (SO2, CO) 和输出变量 PM2.5.

(2) 第 8 行: 利用旁置法, 按 70% 和 30% 的比例将数据集划分成训练集和测试集.

(3) 第 9~11 行: 创建 3 个列表, 分别存储训练误差、基于旁置法的测试误差和基于 5 折交叉验证的测试误差.

(4) 第 12~18 行: 利用 for 循环, 分别建立树深度等于 $2,3,\cdots,15$ 的回归树. 拟合数据, 并计算误差. 这里误差采用回归中的 $1-R^2$. R^2 为拟合优度, 越接近 1 越好. $1-R^2$ 越接近 0, 误差越小.

(5) 第 21~29 行: 绘制随树深度增加, 各种误差的变化曲线, 如图 5-6 左图所示.

图形显示, 训练误差随树深度增加单调下降, 但测试误差先降后升. 树深度等于 3 时测试误差最小, 树深度等于 3 是比较恰当的. 大于 3 的决策树都是过拟合的.

进一步, 对比未过拟合和过拟合的回归平面.

```
31 modelDTC = tree.DecisionTreeRegressor(max_depth=3,random_state=123)
32 modelDTC.fit(X,Y)
33 data['col']='grey'
34 data.loc[modelDTC.predict(X)<=Y,'col']='blue'
35 ax2 = fig.add_subplot(122, projection='3d')
36 ax2.scatter(data['SO2'],data['CO'],data['PM2.5'],marker='o',s=3,c=data['col'])
37 ax2.set_xlabel('SO2')
38 ax2.set_ylabel('CO')
39 ax2.set_zlabel('PM2.5')
40 ax2.set_title('回归树对PM2.5预测的回归面')
41 
42 x,y = np.meshgrid(np.linspace(data['SO2'].min(),data['SO2'].max(),10), np.linspace(data['CO'].min(),data['CO'].max(),10))
43 Xtmp=np.column_stack((x.flatten(),y.flatten()))
44 ax2.plot_surface(x, y, modelDTC.predict(Xtmp).reshape(10,10), alpha=0.3,label="树深度=3")
45 modelDTC = tree.DecisionTreeRegressor(max_depth=5,random_state=123)
46 modelDTC.fit(X,Y)
47 ax2.plot_wireframe(x, y, modelDTC.predict(Xtmp).reshape(10,10),linewidth=1)
48 ax2.plot_surface(x, y, modelDTC.predict(Xtmp).reshape(10,10), alpha=0.3,label="树深度=5")
49 fig.subplots_adjust(wspace=0.05)
```

【代码说明】

(1) 第 31~32 行: 建立树深度等于 3 的较为合理的回归树.

(2) 第 33~40 行: 绘制散点图, 令预测值小于实际值的点为蓝色, 其余为灰色.

(3) 第 42、43 行: 为绘制回归面准备数据 (100 个样本观测点).

(4) 第 44 行: 绘制树深度等于 3 的回归树的回归面.

(5) 第 45~49 行: 建立树深度等于 5 的过拟合回归树, 并绘制对应的回归面.

所得图形如图 5–6 右图所示. 图形显示, 相对深度等于 3 的回归面 (不带网格线的浅蓝色曲面), 深度等于 5 的回归面 (带网格线的棕黄色曲面) 更 “曲折”, 模型复杂度更高. 尽管其训练误差较低, 但是个过拟合模型, 泛化能力较弱.

附录

围绕本章学习, 应重点掌握 Python 模块中的以下函数. 函数的具体格式参见 Python 帮助.

1. 建立基于分类树的分类预测模型

modelDTC = tree.DecisionTreeRegressor(); modelDTC.fit(X,Y)

2. 建立基于回归树的回归预测模型

modelDTC = tree.DecisionTreeRegressor(); modelDTC.fit(X,Y)

3. 生成用于回归预测的模拟数据

X,Y=make_regression()

第6章

数据预测建模：集成学习

学习目标

1. 掌握袋装策略的基本原理.
2. 掌握基于提升策略的建模原理.
3. 了解梯度提升树的基本原理.
4. 掌握各种集成学习方法的特点和 Python 实现.

与其他分类和回归模型相比, 决策树有一种 "天然" 的高方差特征, 即模型参数 (对于决策树来讲是指分组变量和组限等) 随训练集的变化出现较大变动, 导致各模型对样本观测 $\boldsymbol{X}_0$ 的预测值差异较大, 表现出预测的高方差. 图 6–1 是基于空气质量监测数据, 采用线性回归模型和回归树, 分别对样本观测 $\boldsymbol{X}_0$ 的 PM2.5 浓度进行预测时的情况 (Python 代码详见 6.6.1 节).

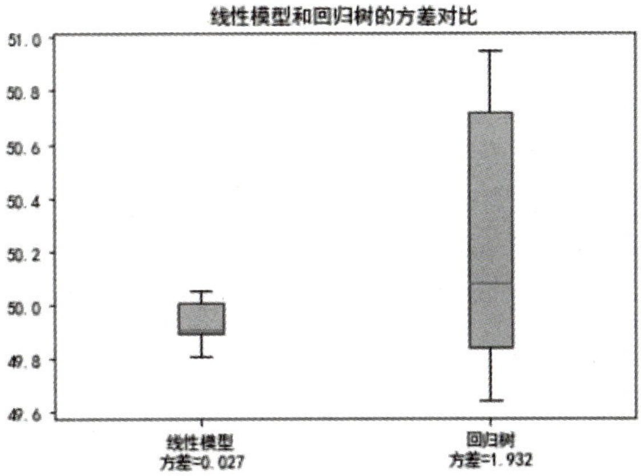

图 6–1　PM2.5 预测中的线性模型和回归树的方差对比图

图 6–1 中的线性模型为 $PM2.5 = \beta_0 + \beta_1 SO2 + \beta_2 CO + \varepsilon$, 回归树输入变量也是 SO2 和 CO 且树深度等于 3 (5.4.5 节确定的最优决策树). 采用 10 折交叉验证法, 分别建立 10 个线性模型和回归树, 各得到 10 个 $\boldsymbol{X}_0$ ($SO2$ 的均值, CO 的均值) 的 PM2.5 浓度的预测值. 分别绘制预测值的箱线图. 图 6–1 中, 回归树的箱体高度明显高于线性模型, 两者的方差分别等于 1.932 和 0.027, 是决策树 "天然" 高方差特征的具体体现. 事实上, 树深度越大的决策

树高方差的特征越突出.

解决预测高方差问题的一般方法是集成学习 (ensemble learning). 此外, 集成学习还可给出预测性能更理想的预测. 本章将从以下方面讨论集成学习:

第一, 集成学习的一般问题.

关于集成学习的一般问题, 将重点讨论集成学习的意义.

第二, 基于重抽样自举法的集成学习.

围绕减少模型方差的问题, 重点讨论基于重抽样自举法下袋装策略和随机森林算法.

第三, 集成学习: 从弱模型到强模型.

集成学习的重要优势就是具有较高的预测精度. 将通过对弱模型到强模型的讨论, 探究集成学习具有该优势的成因.

第四, 梯度提升树.

梯度提升树是当前应用最为广泛的决策树算法. 在前述讨论的基础上, 进一步认识梯度提升树具有重要的现实意义.

第五, XGBoost 算法精要.

XGBoost 算法的计算效率高, 是当下决策树算法的热点. 理解算法的基本原理和特点, 是正确应用算法的前提.

后续给出决策树的 Python 应用实践.

从循序渐进的学习角度看, 相比之前的章节, 本章的理论难度有了较大提升, 学习难度也增大许多. 为此, 建议读者首先聚焦方法主要解决什么问题, 以怎样的核心思路解决问题. 阅读本章 Python 实践课的代码将对此有很大帮助. 在有能力的条件下可进一步深入理论细节, 探讨原理背后的深层次问题.

6.1 集成学习的一般问题

集成学习的基本思路是: 建模阶段, 基于一组独立的训练集, 分别建立与之对应的一组回归或分类预测模型. 称这里的每个预测模型为基础学习器 (base learner). 预测阶段, 基础学习器将分别给出各自的预测结果. 对各预测结果进行平均或投票, 确定最终的预测结果.

一方面, 集成学习可以解决预测模型的高方差问题; 另一方面, 集成学习可将一组弱模型联合起来使其成为一个强模型.

6.1.1 集成学习: 解决高方差问题

集成学习能够解决高方差问题的基本理念源于统计学. 统计学指出, 对来自同一总体、方差等于 σ^2 的 N 个独立的随机样本观测 $Z_1, Z_2, \cdots, Z_N$, 其均值 $\overline{Z}$ 的方差等于 σ^2/N, 即一组样本观测平均值的方差仅是原方差的 $1/N$, 样本观测个数 N 越大方差越小.

借鉴该思想, 集成学习认为, 若能够基于来自同一总体的 B 个独立的训练集 $S_b(b = 1, 2, \cdots, B)$, 建立 B 个基础学习器得到对 $\boldsymbol{X}_0$ 的方差等于 σ^2 的 B 个回归预测值 $\widehat{f}^{(1)}(\boldsymbol{X}_0)$,

$\widehat{f}^{(2)}(\boldsymbol{X}_0),\cdots,\widehat{f}^{(B)}(\boldsymbol{X}_0)$, 则 B 个回归预测值的平均值 $\widehat{f}_{avg}(\boldsymbol{X}_0)=\dfrac{1}{B}\sum\limits_{i=1}^{B}\widehat{f}^{(i)}(\boldsymbol{X}_0)$, 其方差将降低到 σ^2/N. 需特别指出的是, **这里的 B 个预测模型是彼此独立的**.

当然, 实际中人们无法获得这 B 个独立的训练集, 通常会采用某种策略**模拟生成** B 个独立的训练集 $S_b^*(b=1,2,\cdots,B)$, 并由此建立 B 个独立的基础学习器, 得到对 $\boldsymbol{X}_0$ 的 B 个回归预测值 $\widehat{f}^{*(1)}(\boldsymbol{X}_0),\widehat{f}^{*(2)}(\boldsymbol{X}_0),\cdots,\widehat{f}^{*(B)}(\boldsymbol{X}_0)$. $\boldsymbol{X}_0$ 的最终回归预测结果为: $\widehat{f}_{avg}^{*}(\boldsymbol{X}_0)=\dfrac{1}{B}\sum\limits_{i=1}^{B}\widehat{f}^{*(i)}(\boldsymbol{X}_0)$.

同理, 对分类预测问题, 最终的分类预测结果是 B 个分类预测值的 “投票” 结果为其中的众数类.

模拟生成 B 个独立训练集的常见策略是重抽样自举法 (bootstrap). 基于重抽样自举法的常见集成学习法有: 袋装 (bagging) 策略和随机森林 (random forests).

集成学习聚焦解决高方差问题, 但不关注可能带来的模型过拟合. 因此, 评价袋装法和随机森林的预测性能时, 应尤其关注测试误差.

6.1.2 集成学习: 从弱模型到强模型

复杂模型导致高方差以及模型过拟合. 为解决这个问题, 集成学习的另一种策略是**将一组弱模型组成一个 “联合委员会” 并最终成为强模型. 弱模型一般指比随机猜测**[①] **的误差略低的模型.**

零模型 (zero model) 就是一种典型的弱模型, 是一种只关注输出变量取值本身而不考虑输入变量的模型. 例如, 零模型对 PM2.5 浓度的回归预测值, 等于训练集中 PM2.5 的均值, 不考虑当前 SO2, CO 等对 PM2.5 有重要影响的其他输入变量的取值. 再例如, 零模型对空气质量等级的分类预测值, 等于训练集中空气质量等级的众数类, 不考虑当前 PM2.5、PM10 等对空气质量等级有重要影响的其他输入变量的取值.

比零模型略好的弱模型考虑了输入变量, 但由于模型过于简单等原因, 训练误差较高, 但不会出现模型过拟合. 借鉴 “三个臭皮匠顶个诸葛亮” 的朴素思想, 集成学习认为, 若将多个弱模型集成起来, 让它们联合预测, 将会得到理想的预测效果, 也即一组弱模型的联合将变成训练误差较低的强模型, 但这个强模型不会像单个复杂模型那样存在过拟合问题.

将基于不同训练集的 B 个弱模型 (每个弱模型也称为基础学习器) 组成一个 “联合委员会”. 回归预测中, 若 B 个弱模型对 $\boldsymbol{X}_0$ 的回归预测值分别为: $\widehat{f}^{*(1)}(\boldsymbol{X}_0),\widehat{f}^{*(2)}(\boldsymbol{X}_0),\cdots,\widehat{f}^{*(B)}(\boldsymbol{X}_0)$, 则 “联合委员会” 的联合预测结果为: $f_a^*(\boldsymbol{X}_0)=a_1\widehat{f}^{*(1)}(\boldsymbol{X}_0)+a_2\widehat{f}^{*(2)}(\boldsymbol{X}_0)+\cdots+a_B\widehat{f}^{*(B)}(\boldsymbol{X}_0)$, a_b $(b=1,2,\cdots,B)$ 为模型权重. 同理, 分类预测中, “联合委员会” 的联合预测结果是 B 个弱模型分类预测值的加权 “投票” 结果, 为权重之和最大的类.

从弱模型到强模型的常见集成学习法有提升 (boosting) 策略和梯度提升树等. 需特别指出的是, 与 6.1.1 节不同的是, **这里的 B 个弱模型具有顺序 (sequential) 相关性.**

---

① 例如二分类预测中的随机猜测误差等于 0.5.

6.2 基于重抽样自举法的集成学习

重抽样自举法是模拟生成 B 个独立训练集的常见策略. 基于重抽样自举法的常见的集成学习法有: 袋装策略和随机森林.

6.2.1 重抽样自举法

重抽样自举法, 也称 0.632 自举法. 对样本量为 N 数据集 S, 重抽样自举法的基本做法是: 对 S 做有放回的随机抽样, 共进行 B 次, 分别得到 B 个样本容量均为 N 的随机样本 S_b^* $(b=1,2,\cdots,B)$. 称 S_b^* 为一个自举样本, B 为自举次数.

对每个样本观测 $\boldsymbol{X}_i$, 一次被抽中进入 S_b^* 的概率为 $\dfrac{1}{N}$, 未被抽中的概率为 $1-\dfrac{1}{N}$. 当 N 较大时, N 次均未被抽中的概率为 $\left(1-\dfrac{1}{N}\right)^N \approx \dfrac{1}{\mathrm{e}}=0.368$ (e 是自然对数的基数 2.718 3). 这意味着整体上有约 $1-0.368=63.2\%$ 的样本观测可进入自举样本, 这是重抽样自举法被称为 0.632 自举法的原因.

重抽样自举法在统计学中最常见的应用是估计统计量的标准误. 例如在没有任何理论假定下, 估计线性回归模型中回归系数估计值 $\widehat{\beta}_i$ $(i=0,1,\cdots,p)$ 的标准误. 具体做法是: 首先基于 B 个自举样本 S_b^* $(b=1,2,\cdots,B)$ 分别建立 B 个回归模型, 得到回归系数 β_i 的 B 个估计值 $\widehat{\beta}_i^{*(b)}$ $(b=1,2,\cdots,B)$; 然后计算 $\widehat{\beta}_i^{*(b)}$ 的标准差 $\sqrt{\dfrac{1}{B-1}\sum\limits_{b=1}^{B}(\widehat{\beta}_i^{*(b)}-\overline{\beta}_i^*)^2}$, $(\overline{\beta}_i^*=\dfrac{1}{B}\sum\limits_{b=1}^{B}\widehat{\beta}_i^{*(b)})$ 作为 $\widehat{\beta}_i$ $(i=0,1,\cdots,p)$ 标准误的估计, 并由此得到回归系数真值的置信区间.

机器学习中, 重抽样自举法用于模拟生成前述独立训练集. B 个自举样本 S_b^* $(b=1,2,\cdots,B)$ 对应 B 个独立的训练集, 后续将被应用于袋装策略和随机森林中.

6.2.2 袋装策略

袋装策略的英文 bagging 是 bootstrap aggregating 的缩写. **袋装策略是一种基于重抽样自举法的常见集成学习策略, 在单个学习器具有高方差和低偏差情况下非常有效.**

袋装策略涉及基于 B 个自举样本 S_b^* $(b=1,2,\cdots,B)$ 的建模、预测和模型评估, 以及输入变量重要性度量等方面.

一、建模、预测和测试误差估计

1. 建模

基于 B 个自举样本 S_b^* $(b=1,2,\cdots,B)$ 建模的核心是训练 B 个基础学习器. 通常基础学习器是训练误差较低的相对复杂的模型. 回归预测中可以是一般线性模型、K–近邻以及回归树等. 分类预测中可以是 Logistic 回归模型、贝叶斯分类器、K–近邻以及分类树等. 本章仅特指回归树或分类树.

2. 预测

回归预测中, 基于 B 个自举样本 S_b^* $(b=1,2,\cdots,B)$ 建立回归树, 得到 $\boldsymbol{X}_0$ 的 B 个回归预测值 $\widehat{T}^{*(i)}(\boldsymbol{X}_0),(b=1,2,\cdots,B)$, $\widehat{T}^{*(i)}$ 表示第 i 棵回归树. 计算 $\widehat{T}^{*(i)}(\boldsymbol{X}_0)$ 的均值, 得到 $\boldsymbol{X}_0$ 的袋装预测值:

$$\widehat{f}_{\text{bag}}^*(X_0)=\frac{1}{B}\sum_{b=1}^{B}\widehat{T}^{*(i)}(\boldsymbol{X}_0) \tag{6.1}$$

K 分类预测中, 基于 B 个自举样本 S_b^* $(b=1,2,\cdots,B)$ 建立分类树, 得到 $\boldsymbol{X}_0$ 的 B 个分类预测值 $\widehat{G}^{*(b)}(\boldsymbol{X}_0)=\arg\max\limits_{k}\widehat{T}^{*(b)}(\boldsymbol{X}_0)$ $(k=1,2,\cdots,K;b=1,2,\cdots,B)$. 计算预测 $\boldsymbol{X}_0$ 属第 k 类的分类树的占比 $\widehat{f}_{\text{bag}}^*(\boldsymbol{X}_0)=(P_1(\boldsymbol{X}_0),P_2(\boldsymbol{X}_0),\cdots,P_K(\boldsymbol{X}_0))$, 得到 $\boldsymbol{X}_0$ 的袋装预测值:

$$\widehat{G}_{\text{bag}}^*(\boldsymbol{X}_0)=\arg\max_{k}\widehat{f}_{\text{bag}}^*(\boldsymbol{X}_0) \tag{6.2}$$

即得票数最高的类. 需说明的是, 二分类预测中通常对预测值等于 1 和 0 的 B 个概率值进行平均, 袋装预测值为概率均值最大的类. 如图 6–2 所示.

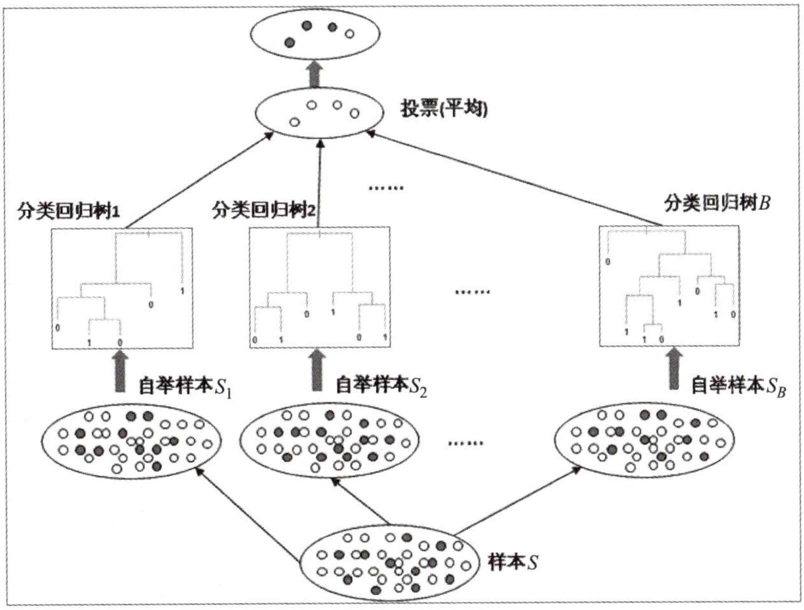

图 6–2　袋装策略示意图

图 6–2 中, 基于 B 个自举样本建立 B 棵分类回归树, 并共同对 4 个样本观测进行分类预测. 投票结果表明其中 3 个样本观测应预测为实心类.

无论是回归预测中求均值, 还是分类预测中的投票, 本质都是对基础学习器预测结果, 随自举样本随机性差异而变化的平滑, 是消除随机性影响后的结果. 理论上, 经平均或投票所得的预测结果是预测真值的无偏估计[①]. 由此计算所得的测试误差也是泛化误差真值的无偏估计.

3. 测试误差估计

计算基于袋装策略的测试误差时应特别注意 2.3.3 节提及的测试误差基于袋外观测 OOB 计算的特征. 这里, 基础学习器 $\widehat{T}^{*(b)}$ 的 OOB 是未出现在 S_b^* 内的样本观测. 计算分类预测的测试误差时, 应对每个样本观测 $\boldsymbol{X}_i$ $(i=1,2,\cdots,N)$, 得到其作为 OOB 时基础学习器给出的预测结果. 即若 $\boldsymbol{X}_i$ $(i=1,2,\cdots,N)$ 在建模过程中有 q $(q<B)$ 次作为 OOB 观测, 则只有 q 个基础学习器提供预测值, 最终预测结果是这个 q 值的均值或投票. 在此基础上计算的误差才是具有 OOB 特征的测试误差. 袋装策略可以方便地计算出具有 OOB 特征的测试误差, 无须再利用 2.3.4 节讨论的旁置法或 K 折交叉验证法.

图 6–3 是分别采用单棵回归树和袋装策略 (以单棵回归树为基础学习器) 下的回归树, 预测 PM2.5 浓度时 (输入变量是 SO2 和 CO) 的测试误差 (Python 代码详见 6.6.1 节). 虚线是单棵回归树测试误差的 10 折交叉验证估计. 实线是采用袋装策略建立回归树, 树棵数 B 从 10 增至 199 过程中的袋装策略下回归树的测试误差. B 大于 100 后误差曲线趋于平稳, 表现出测试误差估计的一致性[②]. 此外, 袋装策略下回归树的测试误差是自举次数 B 的函数. B 越大越有助于消除测试误差计算结果中的随机性, 且有助于降低方差. 这里的方差等于 0.026, 显著小于图 6–1 中单棵回归树的方差, 有效减少了方差. 同时, 随迭代次数增加, 袋装策略下回归树的测试误差 “断崖” 式下降并低于单棵回归树, 预测性能优于单棵回归树.

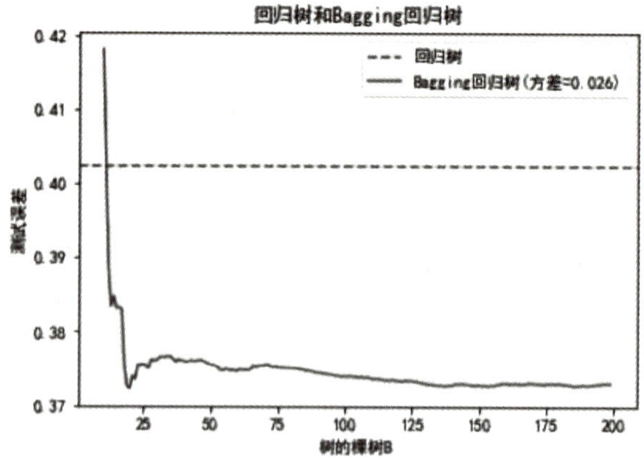

图 6–3　PM2.5 预测中回归树和袋装策略下回归树的测试误差

---

① 无偏估计是推论统计中衡量一个估计是否为好估计的标准之一. 待估参数的真值记为 θ, 估计值记为 $\widehat{\theta}$. 若 $\mathrm{E}(\widehat{\theta})=\theta$, E() 表示期望, 则 $\widehat{\theta}$ 是 θ 的无偏估计.

② 一致性估计也是推论统计中衡量一个估计是否为好估计的标准之一. 待估参数的真值记为 θ, 估计值记为 $\widehat{\theta}$. 若 $\lim_{N\to\infty}P[(|\theta-\widehat{\theta}|)<\varepsilon]=1$, 即不断增加样本量, 估计值 $\widehat{\theta}$ 和真值 θ 之差小于一个很小的正数 ε 的概率等于 1, 则 $\widehat{\theta}$ 是 θ 的一致性估计.

二、袋装策略中的输入变量重要性度量

对于单棵决策树, 越接近根节点的输入 (分组) 变量重要性越高. 袋装策略度量输入变量重要性需基于多棵树计算. 一般度量方法是: 每个输入变量作为最佳分组变量, 都会使输出变量的异质性下降. 计算 B 棵树异质性下降的总和. 总和最大值对应的输入变量重要性最高, 总和最小值对应的输入变量重要性最低.

6.2.3　随机森林

随机森林也是一种基于重抽样自举法的集成学习方法. 顾名思义, 随机森林是用随机方式建立包含多棵决策树的森林. 其中每棵树都是一个基础学习器, "整片" 森林对应着集成学习.

与袋装策略类似的是, 随机森林中的多棵树将共同参与预测. 不同的是, 随机森林通过随机方式, 努力使每棵树的 "外观" 因彼此 "看上去不相同" 而不相关.

袋装策略可降低预测方差的基本理论是: 来自同一总体、方差等于 σ^2 的 B 个预测值 $\widehat{T}^{*(i)}(X_0)$, 因彼此独立使得其均值 $\widehat{f}^*_{\text{bag}}(\boldsymbol{X}_0)$ 的方差降至 σ^2/B. 若无法满足独立的限制, 且两两相关系数均等于 ρ, 则方差等于 $\rho\sigma^2+\dfrac{1-\rho}{B}\sigma^2$. ①

可见, 随 B 的增加, 第二项趋于 0, 仅剩下第一项. 此时方差的降低取决于相关系数 ρ (σ^2 确定) 的大小. 若相关系数 ρ 较大, 方差也会较高. 随机森林通过减少预测值的相关性, 换言之, 通过降低树间的相似性 (高相似的决策树必然给出高相关的预测值) 的策略降低方差.

降低树间相似性的基本策略是采用**多样性增强**. **所谓多样性增强就是在机器学习过程中增加随机性扰动, 包括对训练数据增加随机性扰动、对输入变量增加随机性扰动以及对算法参数增加随机性扰动等.**

随机森林涉及如何实现多样性增强以及输入变量重要性度量等方面.

一、随机森林的实现

随机森林采用多样性增强策略, 对训练数据以及输入变量增加随机性扰动以降低树间的相似性. 其中, 重抽样自举是实现对训练数据增加随机性扰动的最直接的方法. 对输入变量增加随机性扰动的具体实现策略是: 决策树建立过程中的当前 "最佳" 分组变量, 是来自输入变量的一个随机子集 Θ_b 中的变量. 于是分组变量具有了随机性. 多样性增强策略可以使多棵树 "看上去不相同".

具体讲, 需进行 $b=1,2,\cdots,B$ 次如下迭代, 得到包括 B 棵树的随机森林.

---

① 统计学证明: 对来自总体方差等于 σ^2 的总体的 N 个随机观测 Z_i $(i=1,2,\cdots,N)$, 若两两相关系数等于 ρ, 均值 $\overline{Z}$ 的方差为: $\text{Var}(\overline{Z})=\text{Var}\left(\dfrac{1}{N}\sum_{i=1}^{N}Z_i\right)=\dfrac{1}{N^2}[N\sigma^2+N(N-1)\rho\sigma^2]=\dfrac{\sigma^2+(N-1)\rho\sigma^2}{N}=\rho\sigma^2+\dfrac{1-\rho}{N}\sigma^2$. $\rho=0$ 时 $\text{Var}(\overline{Z})=\dfrac{\sigma^2}{N}$.

第一步，对样本量等于 N 的数据集进行重抽样自举，得到自举样本 S_b^*.

第二步，基于自举样本 S_b^* 建立回归树或分类树 $\widehat{T}^{*(b)}$. 决策树从根节点开始按如下方式不断生长，直到满足树的预修剪参数为止:

(1) 从 p 个输入变量中随机选择 m 个输入变量构成输入变量的一个随机子集 Θ_b. 通常，$m=[\sqrt{p}]$ 或者 $m=[\log_2 p]$. [ ] 表示取正整.

(2) 从 Θ_b 中确定当前“最佳”分组变量，分组并生成两个子节点.

第三步，输出包括 B 棵树 $\{\widehat{T}^{*(b)}\}^B$ 的随机森林.

第四步，预测. 回归预测结果为 $\hat{f}_{rf}^*(\boldsymbol{X}_0)=\dfrac{1}{B}\sum\limits_{b=1}^{B}\widehat{T}^{*(i)}(\boldsymbol{X}_0)$，分类预测结果为得票数最高的类.

随机森林的评价也需计算基于 OOB 的测试误差.

二、随机森林中的输入变量重要性度量

随机森林通过添加随机化噪声的方式度量输入变量的重要性. 基本思路是：若某输入变量对输出变量预测有重要作用，那么在模型 OOB 的该输入变量上添加随机噪声，将显著影响模型 OOB 的计算结果. 首先，对 $\widehat{T}^{*(b)}$ $(b=1,2,\cdots,B)$ 计算基于 OOB 的测试误差，记为 $\mathrm{e}(\widehat{T}^{*(b)})$. 然后，为测度第 j 个输入变量对输出变量的重要性，进行如下计算:

(1) 随机打乱 $\widehat{T}^{*(b)}$ 的 OOB 在第 j 个输入变量上的取值顺序，重新计算 $\widehat{T}^{*(b)}$ 的基于 OOB 的测试误差，记为 $\mathrm{e}^j(\widehat{T}^{*(b)})$.

(2) 计算第 j 个输入变量添加噪声前后 $\widehat{T}^{*(b)}$ 的 OOB 误差变化: $c^j_{\widehat{T}^{*(b)}}=\mathrm{e}^j(\widehat{T}^{*(b)})-\mathrm{e}(\widehat{T}^{*(b)})$.

重复上述步骤 B 次，得到 B 个 $c^j_{\widehat{T}^{*(b)}}$ $(b=1,2,\cdots,B)$. 计算均值 $\dfrac{1}{B}\sum\limits_{b=1}^{B}c^j_{\widehat{T}^{*(b)}}$，为第 j 个输入变量添加噪声导致的随机森林总的 OOB 误差变化，变化越大第 j 个输入变量越重要.

图 6–4 是分别采用袋装策略和随机森林预测 PM2.5 浓度 (输入变量包括 SO2 和 CO) 的情况 (Python 代码详见 6.6.1 节).

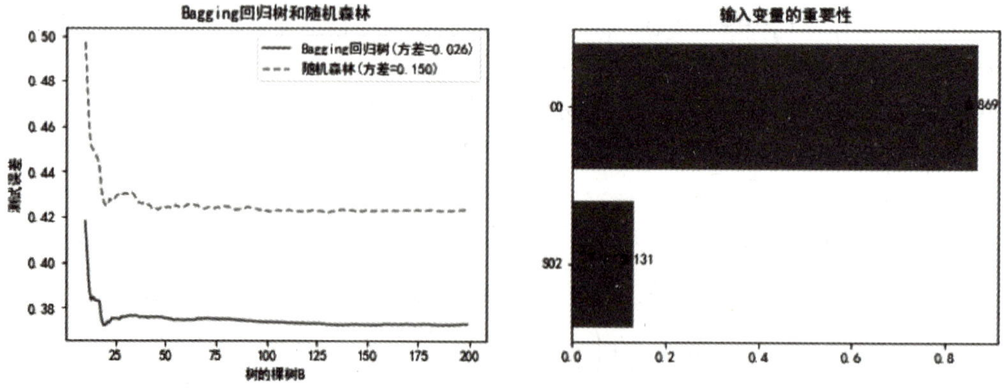

图 6–4　袋装策略和随机森林预测 PM2.5 (一)

图 6–4 左图为不同树棵数下袋装策略和随机森林的测试误差. 可见, 两测试误差在大约 50 次迭代后基本保持水平不变. 随机森林的测试误差大于袋装策略, 且其方差为 0.15, 尽管高于袋装策略但仍低于单棵回归树. 本例中只有 2 个输入变量, 随机森林无法充分发挥树生长中随机生成输入变量子集 Θ_b 并确定 "最佳" 分组变量的算法特点 (输入变量的多样性增强). 图 6–4 右图是随机森林 (树棵数 $B = 199$) 给出的变量重要性测度的归一化结果. CO 的重要性为 0.869, SO2 为 0.131, CO 对 PM2.5 有更重要的影响.

在输入变量较多的情况下, 随机森林的算法特点才能得以充分体现, 如图 6–5 所示 (Python 代码详见 6.6.1 节).

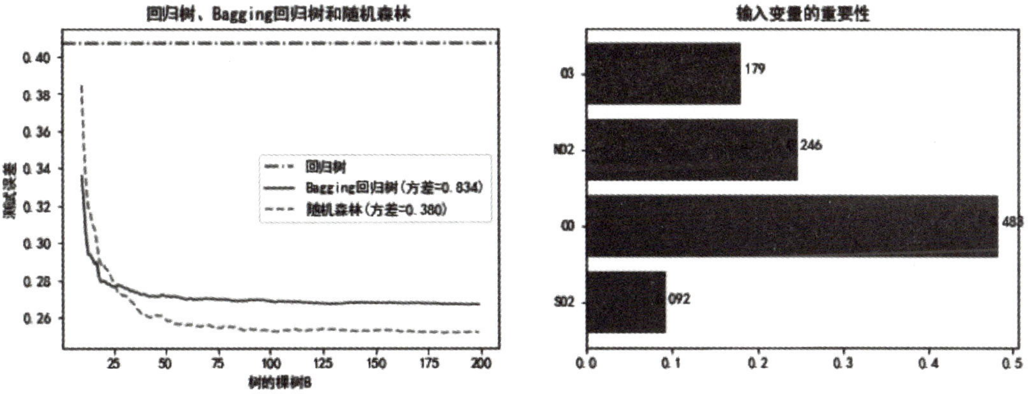

图 6–5　袋装策略和随机森林预测 PM2.5 (二)

图 6–5 是输入变量包括 SO2、CO、NO2、O3 时, 分别采用单棵回归树、袋装策略 (以单棵回归树为基础学习器) 和随机森林预测 PM2.5 浓度的情况. 首先, 建立单棵回归树, 依据测试误差的旁置法和 5 折交叉验证估计, 确定树深度等于 5 时的回归树最优. 该树的测试误差 10 折交叉验证估计值约等于 0.4. 然后, 建立袋装策略回归树和随机森林, 并绘制随树棵数增加的测试误差曲线. 其中, 令随机森林中的 $m = [\sqrt{p}]$. 可见, 两种集成学习方法的测试误差都低于单棵回归树, 随机森林低于袋装回归树且有更小的方差, 突出展示了随机森林的算法优势.

图 6–5 右图是随机森林 (树棵数 $B = 199$) 给出的变量重要性测度的归一化结果. CO 最重要, 其次是 NO2, SO2 的重要性最低.

6.3 集成学习: 从弱模型到强模型

集成学习的另一种策略是: **将 B 个具有顺序相关性的弱模型组成一个 "联合委员会" 并最终成为强模型**. 借鉴 "三个臭皮匠顶个诸葛亮" 的朴素思想, 这种集成学习策略认为, 若将多个弱模型 (即基础学习器, 可以是树深度很小的决策树等) 集成起来让它们联合预测, 将会得到理想的预测效果, 也即一组弱模型的联合将变成训练误差较低的强模型, 且这个强模型不会像单个复杂模型那样存在过拟合问题.

回归预测中, 若 B 个弱模型对 $\boldsymbol{X}_0$ 的回归预测值分别为: $\widehat{f}^{*(1)}(\boldsymbol{X}_0), \widehat{f}^{*(2)}(\boldsymbol{X}_0), \cdots,$

$\widehat{f}^{*(B)}(\boldsymbol{X}_0)$, 则 “联合委员会” 的联合预测结果为: $\widehat{f}_a^*(\boldsymbol{X}_0) = a_1\widehat{f}^{*(1)}(\boldsymbol{X}_0) + a_2\widehat{f}^{*(2)}(\boldsymbol{X}_0) + \cdots + a_B\widehat{f}^{*(B)}(\boldsymbol{X}_0)$, a_b $(b = 1, 2, \cdots, B)$ 为模型权重. 同理, 分类预测中, “联合委员会” 的联合预测结果是 B 个弱模型分类预测值的加权 “投票” 结果, 即为权重之和最大的类.

从弱模型到强模型的常见集成学习法有提升策略和梯度提升树等.

6.3.1 提升策略

提升策略是一类集成学习策略的统称, 其中的经典是 AdaBoost (Adaptive Boosting) 适应性提升策略, 提出时主要用于解决输出变量仅有 -1 和 $+1$ 两个类别, 即 $y \in \{-1, +1\}$ 时的分类预测问题.

一、提升策略的基本框架

这里以 -1 和 $+1$ 的二分类预测为例, 给出提升策略的基本框架, 如图 6–6 所示.

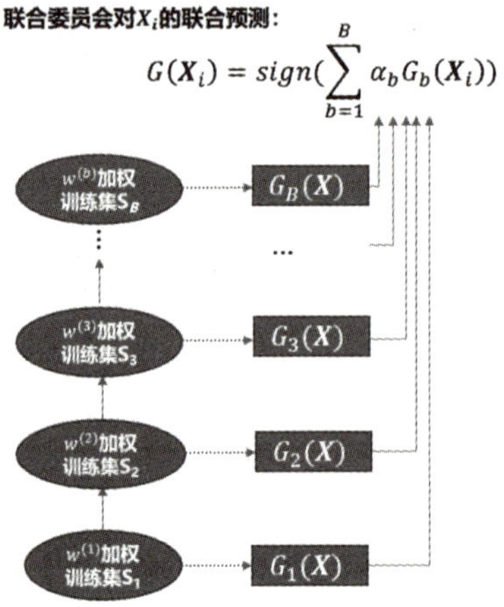

图 6–6　AdaBoost 的基本框架

图 6–6 显示了 AdaBoost 策略 B 次迭代建模的过程. 第一次迭代, 首先基于权重 $\boldsymbol{w}^{(1)}$ 下的训练集 S_1 (样本量等于 N) 建立弱模型 $G_1(\boldsymbol{X})$, 然后基于 $\boldsymbol{w}^{(1)}$ 得到更新的 $\boldsymbol{w}^{(2)}$; 第二次迭代, 首先基于权重 $\boldsymbol{w}^{(2)}$ 下的训练集 S_2 建立弱模型 $G_2(\boldsymbol{X})$, 然后基于 $\boldsymbol{w}^{(2)}$ 得到更新的 $\boldsymbol{w}^{(3)}$; 第三次迭代仍首先基于权重 $\boldsymbol{w}^{(3)}$ 下的训练集 S_3 建立弱模型 $G_3(\boldsymbol{X})$, 然后再基于 $\boldsymbol{w}^{(3)}$ 得更新的 $\boldsymbol{w}^{(4)}$; 等等. 算法的适应性提升 (adaptive boosting) 特点主要表现在基于 $\boldsymbol{w}^{(b-1)}$ 得到 $\boldsymbol{w}^{(b)}$ 方面. 经过 B 次迭代, 将得到 B 个弱模型 $G_1(\boldsymbol{X}), G_2(\boldsymbol{X}), G_3(\boldsymbol{X}), \cdots, G_B(\boldsymbol{X})$. 它们将组成一个弱模型的 “联合委员会”.

样本观测 $\boldsymbol{X}_i$ 的类别预测结果是 “联合委员会” 中 B 个弱模型预测值 $G_1(\boldsymbol{X}_i), G_2(\boldsymbol{X}_i), G_3(\boldsymbol{X}_i), \cdots, G_B(\boldsymbol{X}_i)$ 的加权 $\sum_{b}^{B}\alpha_b G_b(\boldsymbol{X}_i)$. 其中, α_b $(b = 1, 2, \cdots, B)$ 为联合预测中的模型权重, α_b $(b = 1, 2, \cdots, B)$ 越大, $G_b(\boldsymbol{X})$ 对预测结果的影响越大. 由于预测值 $G_b(\boldsymbol{X}_i) \in \{-1, +1\}$,

所以只需根据 $\sum_{b}^{B}\alpha_b G_b(\boldsymbol{X}_i)$ 的符号 $sign(\sum_{b}^{B}\alpha_b G_b(\boldsymbol{X}_i))$ 便可给出联合预测的类别 $G(\boldsymbol{X}_i)$.

以上建模过程涉及两个权重: 权重 $\boldsymbol{w}^{(b)}$ 和权重 α_b. 各种算法的具体计算方法略有不同. 后续将具体讨论.

最终, 集成学习的训练误差为: $err=\frac{1}{N}\sum_{i=1}^{N}I(y_i\neq G(\boldsymbol{X}_i))$, $I(\cdot)$ 为示性函数, $y_i\neq G(\boldsymbol{X}_i)$ 成立, 函数值等于 1, 否则等于 0. 测试误差仍为基于 OOB 计算的误差. B 个弱模型的 "联合委员会" 有着较高的预测性能, 图 6–7 中有直观体现.

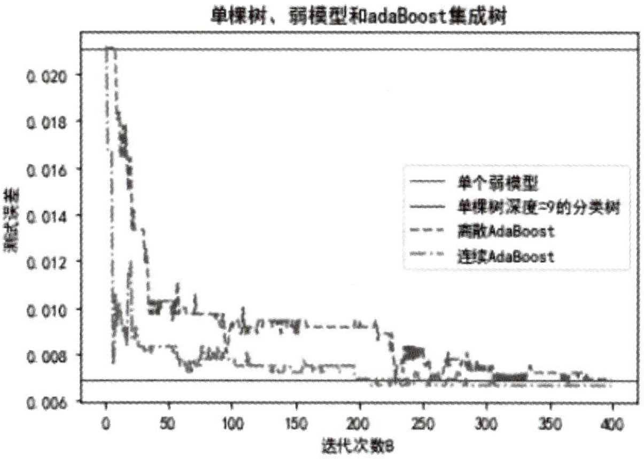

图 6–7　单个模型、弱模型和集成学习的预测对比

图 6–7 是基于模拟数据的二分类预测建模的结果 (Python 代码详见 6.6.2 节). 数据集包含 10 个输入变量、12 000 个样本观测. 利用旁置法将其划分成训练集 (70%) 和测试集 (30%). 分别建立单棵树深度等于 9 的复杂模型、树深度等于 1 的简单模型 (弱模型) 以及将多个弱模型按照 AdaBoost 策略构成的集成学习器, 并分别计算三个模型的测试误差. 图 6–7 中最上方实线为单个弱模型的测试误差, 最下方实线为复杂模型的测试误差. 虚线和点直线是分别采用 AdaBoost 策略的两种算法 (详见 6.3.3 节), 迭代次数 B 从 1 增加至 400 过程中的测试误差曲线. 显然, 单个弱模型的测试误差最高, 复杂模型有效降低了测试误差. 尽管单个弱模型预测误差很高, 但它们组成的 "联合委员会", 当 "成员数 B" 达到 250 时, 测试误差已降至复杂模型的水平, 之后甚至比复杂模型的测试误差还低. 可见, 弱模型 "联合委员会" 有着较高的预测性能.

二、提升策略的深入理解

若将联合预测中的 $\sum_{b}^{B}\alpha_b G_b(\boldsymbol{X}_i)$ 记为 $f_B(\boldsymbol{X}_i)$, 提升策略的预测过程可表述如下:

$$f_B(\boldsymbol{X}_i)=\sum_{b=1}^{B}\alpha_b G_b(\boldsymbol{X}_i)=\sum_{b=1}^{B-1}\alpha_b G_b(\boldsymbol{X}_i)+\alpha_B G_B(\boldsymbol{X}_i)=f_{B-1}(\boldsymbol{X}_i)+\alpha_B G_B(\boldsymbol{X}_i)$$

一般写法为:

$$f_b(\boldsymbol{X}_i) = f_{b-1}(\boldsymbol{X}_i) + \alpha_b G_b(\boldsymbol{X}_i) \tag{6.3}$$

即迭代次数每增加 1 次, 就有一个新的弱模型 $\alpha_b G_b(\boldsymbol{X}_i)$ 添加到当前的 "联合委员会" 中并参与预测, 这种建模是**向前式分步可加建模** (forward stagewise additive modeling) 的具体体现.

向前式分步可加建模的基本特征是: 迭代过程中, 模型成员 $G_b(X)$ 不断进入 "联合委员会". 先前进入 "联合委员会" 的模型 $G_b(X)$ 参数和模型权重 α_b 不受后续进入模型的影响, 且每次迭代仅需估计当前模型的参数和权重.

AdaBoost 提升策略涉及两个权重: 权重 $\boldsymbol{w}^{(b)}$ 和权重 α_b. 同时, 实际中会涉及二分类预测和多分类预测问题. 对此, 各种算法有各自的具体计算方法. 以下将主要讨论 AdaBoost.M1 算法及其推广的 SAMME 等算法.

6.3.2 AdaBoost.M1 算法

一、AdaBoost.M1 算法的基本内容

AdaBoost 策略中应用最广的算法是 1997 年弗罗因德 (Freund) 和沙皮雷 (Schapire) 提出的 AdaBoost.M1, 主要用于解决二分类预测问题.[①] 其中将输出变量的两个类别分别用 −1 和 +1 表示, 即 $y \in \{-1, +1\}$.

AdaBoost.M1 算法是 AdaBoost 策略的具体体现, 基本框架同图 6–6. 这里首先结合图 6–6 详细说明其中的两个权重: 权重 $\boldsymbol{w}^{(b)}$ 和权重 α_b, 然后给出算法的基本步骤.

每个样本观测在每次迭代中都有自己的权重 $\boldsymbol{w}^{(1)} = (w_1^{(b)}, w_2^{(b)}, \cdots, w_N^{(b)})$.

第一次迭代时, 权重 $w^{(1)} = (w_1^{(1)}, w_2^{(1)}, \cdots, w_N^{(1)})$ 都等于初始值 $\dfrac{1}{N}$. 权重相等, 等同于不加权, 因此基于权重 $\boldsymbol{w}^{(1)}$ 下的训练集 S_1 就是原有数据集, 由此将得到弱模型 $G_1(\boldsymbol{X})$. 接下来需基于 $\boldsymbol{w}^{(1)}$ 得到更新的 $\boldsymbol{w}^{(2)}$: 首先, 计算弱模型 $\widehat{G}_1(\boldsymbol{X})$ 的训练误差: $err^{(1)} = \dfrac{1}{N}\sum_{i=1}^{N} I(y_i \neq G_1(\boldsymbol{X}_i)) = \dfrac{\sum_{i=1}^{N} w_i^{(1)} I(y_i \neq G_1(\boldsymbol{X}_i))}{\sum_{i=1}^{N} w_i^{(1)}} < 0.5$[②]; 然后, 依据训练误差 $err^{(1)}$ 设置联合预测中 $G_1(\boldsymbol{X})$ 的模型权重: $\alpha_1 = \log\left(\dfrac{1-err^{(1)}}{err^{(1)}}\right)$. 可见, $\alpha_1 > 0$ 且训练误差 $err^{(1)}$ 越小权重 β_1 越大, $G_1(\boldsymbol{X})$ 对预测结果的影响越大; 最后, 基于 β_1 和 $\boldsymbol{w}^{(1)}$ 得到更新的 $\boldsymbol{w}^{(2)}$: $w_i^{(2)} = w_i^{(1)}\exp(\alpha_1 I(y_i \neq G_1(\boldsymbol{X}_i)))(i = 1, 2, \cdots, N)$. 若 $G_1(\boldsymbol{X})$ 对 $\boldsymbol{X}_i$ 的预测正确则 $w_i^{(2)} = w_i^{(1)}$, 权

① AdaBoost.M1 也可解决多分类预测问题, 但更多应用于二分类预测.

② 二分类预测中, 因随机猜测误差等于0.5, 所以弱模型的训练误差小于0.5.

重不变. 若预测错误则 $w_i^{(2)} = w_i^{(1)} \times \dfrac{1-err^{(1)}}{err^{(1)}}$① $(w_i^{(2)} > w_i^{(1)})$, 权重增大. 可见, 被 $\widehat{G}_1(\boldsymbol{X})$ 预测错误的样本观测, 权重大于预测正确的.

第二次迭代时, 首先依 $\boldsymbol{w}^{(2)}$ 对 S_1 进行加权有放回的随机抽样, 得到 S_2 (样本量等于 N). 显然 $G_1(\boldsymbol{X})$ 预测错误的样本观测有更大的概率进入训练集 S_2. 换言之, S_2 中的样本观测大多是 $G_1(\boldsymbol{X})$ 没有正确预测的. 将基于 S_2 建立 $G_2(\boldsymbol{X})$, 因此模型 $G_2(\boldsymbol{X})$ 关注的是 $G_1(\boldsymbol{X})$ 没有正确预测的样本. 从这个角度看, $G_1(\boldsymbol{X})$ 和 $G_2(\boldsymbol{X})$ 存在前后的顺序相关性. 接下来仍需计算模型 $G_2(\boldsymbol{X})$ 的训练误差 $err^{(2)}$, 并依此计算模型权重 β_2 和基于 $\boldsymbol{w}^{(2)}$ 得到更新的 $\boldsymbol{w}^{(3)}$. 第三次至第 B 次的迭代同理. 由于 $G_b(\boldsymbol{X})$ 专注的是 $G_{b-1}(\boldsymbol{X})$ 没有正确预测的观测, $G_b(\boldsymbol{X})$ 和 $G_{b-1}(\boldsymbol{X})$ 存在前后的顺序相关性.

AdaBoost.M1 算法的基本步骤如下:

首先初始化每个观测的权值: $w_i^{(1)} = \dfrac{1}{N}(i=1,2,\cdots,N)$. 然后进行 $b=1,2,\cdots,B$ 次如下迭代.

第一步, 基于权重 $\boldsymbol{w}^{(b)}$ 下的训练集 S_b 建立弱模型 $G_b(\boldsymbol{X})$.

第二步, 计算 $G_b(\boldsymbol{X})$ 的训练误差:

$$err^{(b)} = \frac{\sum_{i=1}^{N} w_i^{(b)} I(y_i \neq G_b(\boldsymbol{X}_i))}{\sum_{i=1}^{N} w_i^{(b)}} \tag{6.4}$$

预测错误的样本观测, 若其权重 $w_i^{(b)}$ 越大对 $err^{(b)}$ 的贡献越大. 这里分母的作用是进行权重的归一化处理, 确保各样本观测对 $err^{(b)}$ 的权重之和等于 1.

第三步, 设置联合预测中 $G_b(\boldsymbol{X})$ 的模型权重:

$$\alpha_b = \log\left(\frac{1-err^{(b)}}{err^{(b)}}\right) \tag{6.5}$$

α_b 是 $err^{(b)}$ 的单调减函数. $err^{(b)}$ 越小权重越大. 要满足权重 $\alpha_b > 0$, 需 $err^{(b)} < 0.5$ 成立, $G_b(\boldsymbol{X})$ 应是个弱模型.

第四步, 基于 $w_i^{(b)}$ 得到更新的 $w_i^{(b+1)}$:

$$w_i^{(b+1)} = w_i^{(b)} \exp(\alpha_b I(y_i \neq G_b(\boldsymbol{X}_i))), \quad i=1,2,\cdots,N \tag{6.6}$$

被 $G_b(\boldsymbol{X})$ 错误预测的样本观测的权重将是正确预测的 $\exp(\alpha_b I(y_i \neq G_b(\boldsymbol{X}_i))) = \dfrac{1-err^{(b)}}{err^{(b)}}$ 倍. 同理应满足 $\dfrac{1-err^{(b)}}{err^{(b)}} > 1$, 即要求 $err^{(b)} < 0.5$, $G_b(\boldsymbol{X})$ 应是个弱模型. 由于错误预测的样本观测有较高的权重, 在 $b+1$ 次迭代进行加权有放回的随机抽样时将有更大的概率进入训练集 S_{b+1}.

迭代结束时会得到包括 B 个弱模型的 "联合委员会". 将依据 $sign\left(\sum_{b}^{B} \alpha_b G_b(\boldsymbol{X}_i)\right)$ 预

---

① 因模型权重和样本观测权重分别采用对数和指数形式, 消去了模型权值 β_b. 采用其他形式时, 模型权值 a_b 将直接影响样本观测的权值.

测 $\boldsymbol{X}_i$ 的类别.

图 6–8 是基于模拟数据的算法示例.

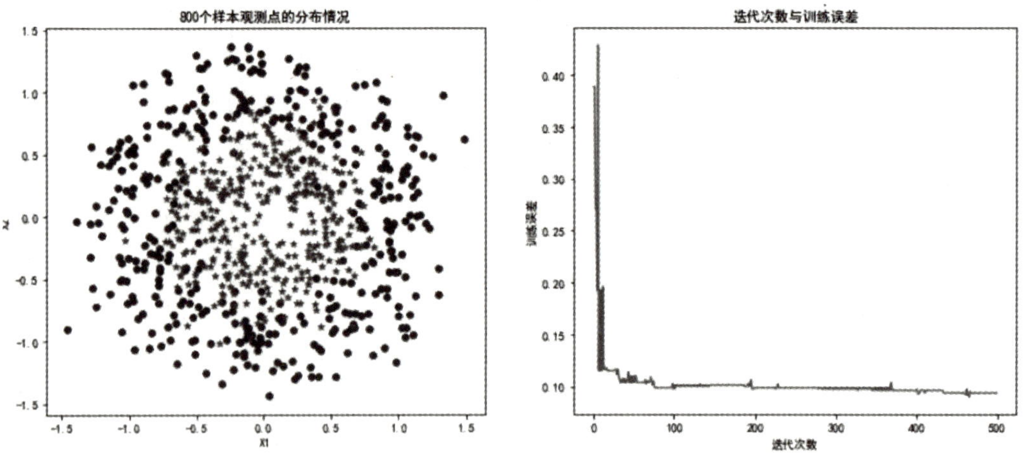

图 6–8 模拟数据和集成学习的训练误差

图 6–8 左图展示了模拟数据集中 800 个样本观测点在 X_1, X_2 两个输入变量上的联合分布情况 (Python 代码详见 6.6.3 节). 红色圆圈和蓝色五角星分别代表输出变量的两个类别. 现利用以决策树为基础学习器的集成学习方法进行二分类预测. 图 6–8 右图为决策树深度等于 1 的基础学习器个数从 1 增加 (迭代次数) 至 500 过程中训练误差的变化曲线. 可见, 训练误差在迭代次数小于 100 之前快速减少, 之后缓慢下降, 最终基本不变. 算法迭代效率较高.

图 6–9 展示了不同迭代次数下高权重样本观测点的分布情况 (Python 代码详见 6.6.3 节). 红色圆圈和蓝色五角星仍代表两个类别. 这里用符号的大小表示样本观测 $\boldsymbol{X}_i$ 在第 b 次迭代后的更新权重 $w_i^{(b+1)}$. 符号越大, 进入训练集合 S_{b+1} 的概率越大. 四幅图依次展示了 5 次、10 次、20 次、450 次迭代后的各样本观测更新权重的大小. 较大的点都是之前的弱模型没有正确预测的点, 基本集中在两类的边界处. 随迭代次数增加, 这个特点愈发明显.

二、AdaBoost.M1 算法的深入问题

AdaBoost.M1 算法是式 (6.3) 的向前式分步可加建模的具体体现. 迭代过程中, 模型成员不断进入 "联合委员会". 先前进入 "联合委员会" 的模型不受后续进入的模型的影响, 且每次迭代仅需估计当前模型的参数和模型系数.

模型 $\boldsymbol{G}_b(\boldsymbol{X})$ 的参数包括每棵树 (弱模型) 的最佳分组变量和组限以及样本观测权重 $\boldsymbol{w}^{(b)}$ 等, 参数集合记为 γ_b. 按照向前式分步可加建模思路, 可将 AdaBoost.M1 算法模型写为:

$$f_B(\boldsymbol{X}) = \sum_{b=1}^{B} \beta_b G_b(\boldsymbol{X}; \gamma_b) = f_{B-1}(\boldsymbol{X}) + \beta_B G_B(\boldsymbol{X}; \gamma_B) \tag{6.7}$$

第 b 次迭代时:

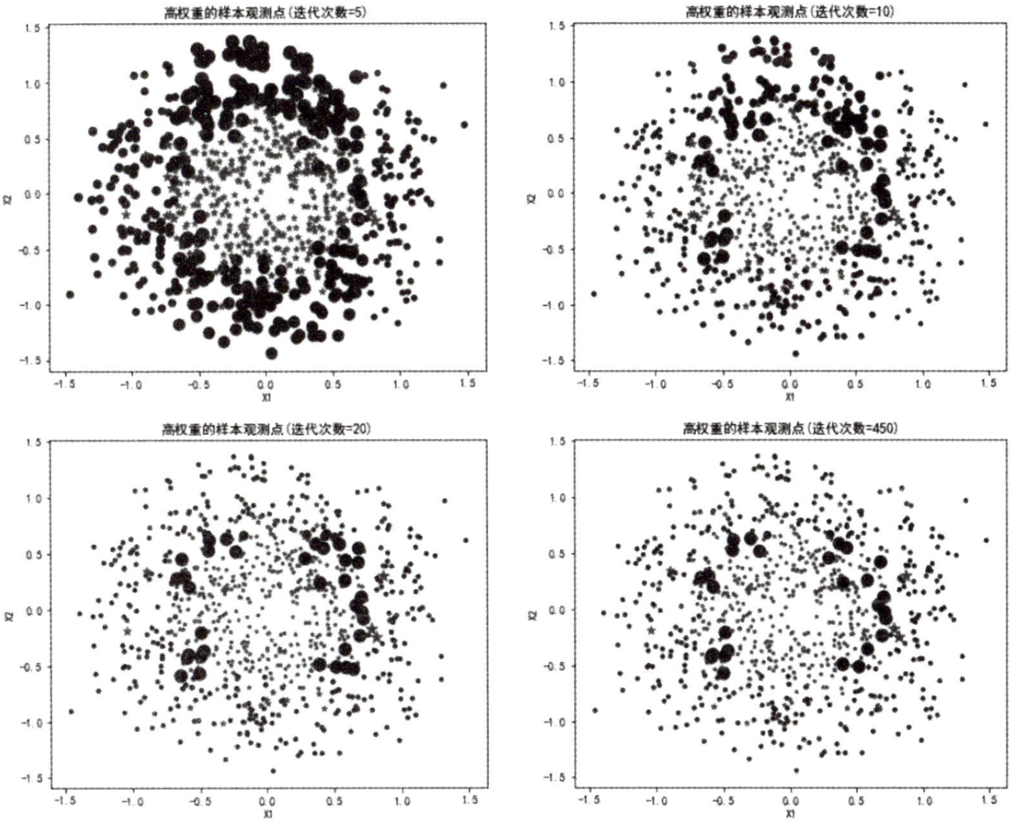

图 6–9　不同迭代次数下的高权重样本观测点

$$f_b(\boldsymbol{X}) = f_{b-1}(\boldsymbol{X}) + \beta_b G_b(\boldsymbol{X};\boldsymbol{\gamma}_b) \tag{6.8}$$

这里, β_b 为模型系数, 是式 (6.3) 中模型权重 α_b 的函数.

进一步, 若将第 b 次迭代时的损失函数记为: $\sum\limits_{i=1}^{N} L[y_i, f_{b-1}(\boldsymbol{X}_i)+\beta_b G_b(\boldsymbol{X}_i;\boldsymbol{\gamma}_b)]$, 则 $G_b(\boldsymbol{X}_i;\boldsymbol{\gamma}_b)$ 模型的待估参数 $\boldsymbol{\gamma}_b$ 和待估模型系数 β_b 应取损失函数最小下的值, 即:

$$(\beta_b, \boldsymbol{\gamma}_b) = \arg\min_{\beta,\boldsymbol{\gamma}} \sum_{i=1}^{N} L[y_i, f_{b-1}(\boldsymbol{X}_i) + \beta G_b(\boldsymbol{X}_i;\boldsymbol{\gamma})] \tag{6.9}$$

由于 AdaBoost.M1 中的 $y \in \{-1,+1\}$, 算法采用了**指数损失函数**: $L(y,f) = \exp(-yf(\boldsymbol{X}))$.[①] 所以式 (6.7) 的具体形式为:

$$\begin{aligned}(\beta_b, \boldsymbol{\gamma}_b) &= \arg\min_{\beta,\boldsymbol{\gamma}} \sum_{i=1}^{N} \exp[-y_i(f_{b-1}(\boldsymbol{X}_i) + \beta G_b(\boldsymbol{X}_i;\boldsymbol{\gamma}))] \\ &= \arg\min\nolimits_{\beta,\boldsymbol{\gamma}} \sum_{i=1}^{N} w_i^{(b)} \exp[-\beta y_i G_b(\boldsymbol{X}_i;\boldsymbol{\gamma})]\end{aligned} \tag{6.10}$$

其中, $w_i^{(b)} = \exp[-y_i(f_{b-1}(\boldsymbol{X}_i))]$, 仅取决于 $b-1$ 迭代的结果. 进一步, 因 $G_b(\boldsymbol{X}_i;\boldsymbol{\gamma}) \in \{-1,+1\}$,

① 分类预测中还有其他损失函数, 如 2.1.3 的对数损失函数.

有:

$$\sum_{i=1}^{N} w_i^{(b)} \exp[-\beta y_i G_b(\boldsymbol{X}_i;\boldsymbol{\gamma})] = \mathrm{e}^{-\beta} \sum_{y_i=G(\boldsymbol{X}_i)} w_i^{(b)} + \mathrm{e}^{\beta} \sum_{y_i \neq G(\boldsymbol{X}_i)} w_i^{(b)} \tag{6.11}$$

其中, 第一项为预测正确的样本观测, 第二项为预测错误的样本观测. 也可写为:

$$(\mathrm{e}^{\beta} - \mathrm{e}^{-\beta}) \sum_{i=1}^{N} w_i^{(b)} I(y_i \neq G(\boldsymbol{X}_i)) + \mathrm{e}^{-\beta} \sum_{i=1}^{N} w_i^{(b)} \tag{6.12}$$

可解得最小化式 (6.12) 下的 β_b: $\beta_b = \dfrac{1}{2}\log\left(\dfrac{1-err^{(b)}}{err^{(b)}}\right)$. $err^{(b)}$ 是最小化的加权错误率. 于是有: $f_b(\boldsymbol{X}) = f_{b-1}(\boldsymbol{X}) + \beta_b G_b(\boldsymbol{X};\boldsymbol{\gamma}_b)$, 导致各样本观测权重下一次迭代为:

$$w_i^{(b+1)} = w_i^{(b)} \exp[-\beta_b y_i G_b(\boldsymbol{X}_i;\boldsymbol{\gamma}_b)] \tag{6.13}$$

因 $-y_i G_b(\boldsymbol{X}_i) = 2 \cdot I(y_i \neq G_b(\boldsymbol{X}_i)) - 1$, 有:

$$w_i^{(b+1)} = w_i^{(b)} \exp[2\beta_b I(y_i \neq G_b(\boldsymbol{X}_i))] \exp(-\beta_b) \tag{6.14}$$

由于每个样本观测的权重都乘以相同的值 $\exp(-\beta_b)$, 它对差异化观测权重并没有影响, 所以等价于式 (6.6): $w_i^{(b+1)} = w_i^{(b)} \exp[\alpha_b I(y_i \neq G_b(\boldsymbol{X}_i))]$. 其中, $\alpha_b = 2\beta_b$ 即为式 (6.5) 中的模型权重 $\alpha_b = \log\left(\dfrac{1-err^{(b)}}{err^{(b)}}\right)$.

以上为 AdaBoost.M1 算法的理论陈述. 可见, **AdaBoost.M1 算法是一种最小化指数损失函数的向前式分步可加建模方法.** 指数损失函数对参数估计值变化的敏感程度大于训练误差, 应用更为广泛.

6.3.3 SAMME 算法和 SAMME.R 算法

一、SAMME 算法的基本内容

有很多基于 AdaBoost 策略的多分类预测算法, 其中应用较为广泛的是 SAMME (stage-wise additive modeling using a multi-class exponential loss function)① 算法. SAMME 将 AdaBoost.M1 的基本思路推广到 K ($K > 2$) 分类 (输出变量 $c \in \{1, 2, \cdots, K\}$, 记为 c 的原因见后) 预测中, 具体步骤与 AdaBoost.M1 类似.

首先初始化每个观测的权值: $w_i^{(1)} = \dfrac{1}{N}(i = 1, 2, \cdots, N)$, 然后进行 $b = 1, 2, \cdots, B$ 次如下迭代.

第一步, 基于权重 $\boldsymbol{w}^{(b)}$ 下的训练集 S_b 建立弱模型 $G_b(\boldsymbol{X})$.

---

① J. Zhu 等学者在题为 “Multi-class AdaBoost” 的论文中提出的算法. 该论文发表在 “Statistics and Its Interface”2009 年第 2 卷上. SAMME 算法已内置在 Python 的 Scikit-learn 中.

第二步, 计算 $G_b(\boldsymbol{X})$ 的训练误差: $err^{(b)} = \dfrac{\sum_{i=1}^{N} w_i^{(b)} I(c_i \neq G_b(\boldsymbol{X}_i))}{\sum_{i=1}^{N} w_i^{(b)}}$.

第三步, 设置联合预测中 $G_b(\boldsymbol{X})$ 的模型权重:

$$\alpha_b = \log\left(\frac{1 - err^{(b)}}{err^{(b)}}\right) + \log(K-1) \tag{6.15}$$

$K = 2$ 时即为原 AdaBoost.M1 算法. 为使 $\alpha_b = 0$, 需使得 $G_b(\boldsymbol{X})$ 的训练精度 $(1 - err^{(b)}) > \dfrac{1}{K}$ 成立. 弱模型可以满足这个要求.

第四步, 基于 $w_i^{(b)}$ 得到更新的 $w_i^{(b+1)}$:

$$w_i^{(b+1)} = w_i^{(b)} \exp(\alpha_b I(c_i \neq G_b(\boldsymbol{X}_i))), \quad i = 1, 2, \cdots, N \tag{6.16}$$

迭代结束时会得到包括 B 个弱模型的 "联合委员会". $\boldsymbol{X}_i$ 的类别预测值为:

$$c(\boldsymbol{X}_i) = \arg\max_{k} \sum_{b=1}^{B} \alpha_b I(G_b(\boldsymbol{X}_i) = k) \tag{6.17}$$

即对 B 个模型, 计算其中预测类别是 $k = 1, 2, \cdots, K$ 的模型权重之和. $\boldsymbol{X}_i$ 的类别预测值为权重之和最大的类别.

二、SAMME 算法的深入问题

SAMME 算法也是一种最小化指数损失函数的向前式分步可加建模方法.

首先, 算法用 K 维向量 $\boldsymbol{y}_k = (y_1, y_2, \cdots, y_K)^{\mathrm{T}}$ 描述输出变量 c 的第 k $(k = 1, 2, \cdots, K)$ 个类别. $y_k = \begin{cases} 1, & c = k \\ -\dfrac{1}{K-1}, & c \neq k \end{cases}$. 例如, 若样本观测 $\boldsymbol{X}_i$ 的类别 $c = 2$, 则 $\boldsymbol{y}_i = \left(-\dfrac{1}{K-1}, 1, -\dfrac{1}{K-1}, \cdots, -\dfrac{1}{K-1}\right)^{\mathrm{T}}$. 所以 $\boldsymbol{y}$ 是一个 K 维向量的集合:

$$\boldsymbol{y} = \left\{ \begin{array}{l} \left(1, -\dfrac{1}{K-1}, \cdots, -\dfrac{1}{K-1}\right)^{\mathrm{T}}, \\ \left(-\dfrac{1}{K-1}, 1, \cdots, -\dfrac{1}{K-1}\right)^{\mathrm{T}}, \\ \left(-\dfrac{1}{K-1}, -\dfrac{1}{K-1}, \cdots, 1\right)^{\mathrm{T}}, \end{array} \right\}.$$

建模的目的是找到损失函数最小下的 $\boldsymbol{f}(\boldsymbol{X}) = (f_1(\boldsymbol{X}), f_2(\boldsymbol{X}), \cdots, f_K(\boldsymbol{X}))^{\mathrm{T}}$, 即

$$\min_{\boldsymbol{f}(\boldsymbol{X})} \sum_{i=1}^{N} L(\boldsymbol{y}_i, \boldsymbol{f}(\boldsymbol{X}_i)) \tag{6.18}$$

同时满足约束条件: $f_1(\boldsymbol{X}) + f_2(\boldsymbol{X}) + \cdots + f_K(\boldsymbol{X}) = 0$.

进一步, 根据向前式分步可加建模策略可知: $\boldsymbol{f}^{(b)}(\boldsymbol{X})=\boldsymbol{f}^{(b-1)}(\boldsymbol{X})+\beta\boldsymbol{g}^{(b)}(\boldsymbol{X})$①. β 为待估的模型系数. $\boldsymbol{g}^{(b)}(\boldsymbol{X})=(g_1^{(b)}(\boldsymbol{X}),g_2^{(b)}(\boldsymbol{X}),\cdots,g_K^{(b)}(\boldsymbol{X}))$, 且 $g_1^{(b)}(\boldsymbol{X})+g_2^{(b)}(\boldsymbol{X})+\cdots+g_K^{(b)}(\boldsymbol{X})=0$. 于是式 (6.18) 可写为:

$$(\beta_b,\boldsymbol{g}^{(b)}(\boldsymbol{X}))=\arg\min_{\beta,\boldsymbol{g}}\sum_{i=1}^{N}L[\boldsymbol{y}_i,\boldsymbol{f}^{(b-1)}(\boldsymbol{X}_i)+\beta\boldsymbol{g}(\boldsymbol{X}_i)] \tag{6.19}$$

SAMME 采用**多分类的指数损失函数**:

$$L(\boldsymbol{y},\boldsymbol{f})=\exp\left(-\frac{1}{K}(y_1f_1+y_2f_2+\cdots+y_Kf_K)\right)=\exp\left(-\frac{1}{K}\boldsymbol{y}^{\mathrm{T}}\boldsymbol{f}\right) \tag{6.20}$$

于是式 (6.19) 具体写为:

$$(\beta_b,\boldsymbol{g}^{(b)}(\boldsymbol{X}))=\arg\min_{\beta,\boldsymbol{g}}\sum_{i=1}^{N}\exp\left(-\frac{1}{K}\boldsymbol{y}_i^{\mathrm{T}}(\boldsymbol{f}^{(b-1)}(\boldsymbol{X}_i)+\beta\boldsymbol{g}(\boldsymbol{X}_i))\right) \tag{6.21}$$

$$(\beta_b,\boldsymbol{g}^{(b)}(\boldsymbol{X}))=\arg\min_{\beta,\boldsymbol{g}}\sum_{i=1}^{N}w_i^{(b)}\exp\left(-\frac{1}{K}\beta\boldsymbol{y}_i^{\mathrm{T}}\boldsymbol{g}(\boldsymbol{X}_i)\right) \tag{6.22}$$

其中, $w_i^{(b)}=\exp\left(-\frac{1}{K}\boldsymbol{y}_i^{\mathrm{T}}\boldsymbol{f}^{(b-1)}(\boldsymbol{X}_i)\right)$. 进一步可解得:

$$\beta_b=\frac{(K-1)^2}{K}\left(\log\left(\frac{1-err^{(b)}}{err^{(b)}}\right)+\log(K-1)\right) \tag{6.23}$$

于是有 $\boldsymbol{f}^{(b)}(\boldsymbol{X})=\boldsymbol{f}^{(b-1)}(\boldsymbol{X})+\beta_b\boldsymbol{g}^{(b)}(\boldsymbol{X})$, 并导致各样本观测权重下一次迭代为:

$$w_i^{(b+1)}=w_i^{(b)}\exp\left(-\frac{1}{K}\beta_b\boldsymbol{y}_i^{\mathrm{T}}\boldsymbol{g}^{(b)}(\boldsymbol{X}_i)\right),i=1,2,\cdots,N \tag{6.24}$$

等价于 $w_i^{(b+1)}=w_i^{(b)}\mathrm{e}^{-\frac{(K-1)^2}{K^2}\alpha_b\boldsymbol{y}_i^{\mathrm{T}}\boldsymbol{g}^{(b)}(\boldsymbol{X}_i)}$. α_b 即为式 (6.15) 中的 $\alpha_b=\log\left(\frac{1-err^{(b)}}{err^{(b)}}\right)+\log(K-1)$. 对正确预测的观测, $\boldsymbol{y}_i^{\mathrm{T}}\boldsymbol{g}^{(b)}(\boldsymbol{X}_i)=\frac{K}{K-1}$, 权重更新为: $w_i^{(b+1)}=w_i^{(b)}\mathrm{e}^{-\frac{K-1}{K}\alpha_b}$. 对错误预测的观测, $\boldsymbol{y}_i^{\mathrm{T}}\boldsymbol{g}^{(b)}(\boldsymbol{X}_i)=-\frac{K}{(K-1)^2}$, 权重更新为: $w_i^{(b+1)}=w_i^{(b)}\mathrm{e}^{\frac{1}{K}\alpha_b}$.

以上为 SAMME 算法的理论陈述. 与 AdaBoost.M1 中的 $G_b(\boldsymbol{X})$ 类似, SAMME 算法中的 $\boldsymbol{g}^{(b)}(\boldsymbol{X})$ 也取离散值, 因此 AdaBoost.M1 和 SAMME 均属于**离散型提升 (discrete AdaBoost)** 算法.

三、SAMME.R 算法

可将 AdaBoost.M1 和 SAMME 等算法拓展到连续数值型的范畴. 前者派生出诸如 AdaBoost.R② 和 AdaBoost.RT③ 等算法, 通过改进的分类预测方法解决回归预测问题. 后

---

① 为使后续表述清晰明了, 这里将前文中的 $f_b(\boldsymbol{X})$ 用 $f^{(b)}(\boldsymbol{X})$ 的形式表述.

② Fredund et al. A decision-theoretic generalization of on-line learning and application of boosting. Journal of Computer and System Sciences, 1997, 55(1).

③ D.P.Solomatine et al. AdaBoost.RT: a boosting algorithm for regression problems. IEEE international Joint Conference, 2004.

者基础上的改进算法名为 SAMME.R①.

SAMME.R 算法也是一种最小化指数损失函数的向前式分步可加建模方法.

建模过程仍表述为: $f_b(\boldsymbol{X}) = f_{b-1}(\boldsymbol{X}) + \beta_b g_b(\boldsymbol{X};\gamma_b)$. 不同的是, 基础学习器 $g_b(\boldsymbol{X};\gamma_b)$ 的输出为连续型, 一般为类别概率的预测值 $\widehat{P}(y_i=1)$.② $\beta_b g_b(\boldsymbol{X};\gamma_b)$ 为概率预测值的非线性函数. 因此 **SAMME.R 属连续型提升 (real AdaBoost)** 算法.

算法首先初始化每个观测的权值: $w_i^{(1)} = \dfrac{1}{N}(i=1,2,\cdots,N)$, 然后进行 $b=1,2,\cdots,B$ 次迭代. 每次迭代均基于权重 $\boldsymbol{w}^{(b)}$ 下的训练集 S_b 建立弱模型 $g_b(\boldsymbol{X}) = \widehat{P}(y=1\mid\boldsymbol{X}) \in \{0,1\}$. $\beta_b g_b(\boldsymbol{X}) = \dfrac{1}{2}\log\left(\dfrac{g_b(\boldsymbol{X})}{1-g_b(\boldsymbol{X})}\right)$, 且基于 $w_i^{(b)}$ 得到更新的

$$w_i^{(b+1)}:\ w_i^{(b+1)} = w_i^{(b)}\exp(-y_i\beta_b g_b(\boldsymbol{X}_i)),\quad i=1,2,\cdots,N.$$

迭代结束时会得到包括 B 个弱模型的 "联合委员会". 将依据 $sign\left(\sum_b^B \beta_b g_b(\boldsymbol{X}_i)\right)$ 预测 $\boldsymbol{X}_i$ 的类别. 对第 b 个弱模型, 若 $g_b(\boldsymbol{X}_i) = \widehat{P}(y=1\mid\boldsymbol{X}_i) > 0.5$, 通常 $\widehat{P}(y=1\mid\boldsymbol{X}_i) > 0.5$ 类别预测值等于 1, 则 $\log\left(\dfrac{g_b(\boldsymbol{X}_i)}{1-g_b(\boldsymbol{X}_i)}\right) > 0$; 反之 $\log\left(\dfrac{g_b(\boldsymbol{X}_i)}{1-g_b(\boldsymbol{X}_i)}\right) < 0$. 所以若 $\sum_b^B \beta_b g_b(\boldsymbol{X}_i)$ 的符号为正, 则预测类别为 1 类.

图 6–7 中, SAMME.R 算法的误差曲线是点直线, 虚线为 SAMME 算法的误差曲线. 可见, 相对于 SAMME 算法, SAMME.R 算法的效率更高, 在迭代次数较少的情况下就可以获得较低的测试误差.

6.3.4 回归预测中的提升策略

回归预测中的提升策略通常采用德鲁克 (H. Drucker) 等学者 1997 年在 "Improving Regressors using Boosting Techniques" 一文中提出的算法. 该算法是 AdaBoost.R 的改进算法, 整体框架与 AdaBoost 类似. 具体过程不再赘述, 这里重点讨论以下几个关键点.

第一, 损失函数.

若已进行了 b 次迭代, 此时样本观测 $\boldsymbol{X}_i$ 的预测值为 $\widehat{y}_i^{(b)}$. 定义三种损失函数, 并确保损失函数值在 $[0,1]$ 间取值.

(1) 线性损失函数: $L_i = \dfrac{|\widehat{y}_i^{(b)} - y_i|}{D}$, 其中 $D = \max\limits_{L_i}(L_i = |\widehat{y}_i^{(b)} - y_i|)$.

(2) 平方损失函数: $L_i = \dfrac{|\widehat{y}_i^{(b)} - y_i|^2}{D^2}$.

(3) 指数损失函数: $L_i = 1 - \exp\left(\dfrac{-|\widehat{y}_i^{(b)} - y_i|}{D}\right)$.

---

① SAMME.R 算法已内置在 Python 的 Scikit-learn 中.

② 对多分类预测问题采用 1 对 1 或 1 对多策略转换为二分类预测问题.

基于上述损失函数定义，计算平均损失 $\overline{L}=\sum_{i=1}^{N}L_ip_i$. 其中，$p_i=\dfrac{w_i^{(b)}}{\sum_{i=1}^{N}w_i^{(b)}}$，为归一化的样本观测的权重.

第二，预测置信度.

基于平均损失，构造已完成 b 次迭代下的预测置信度：$\beta_b=\dfrac{\overline{L}}{1-\overline{L}}$ $(0<\beta_b<1)$ 可见，$\overline{L}$ 越小 β_b 越小，当前的预测置信度越高；反之，$\overline{L}$ 越大 β_b 越大，当前的预测置信度越低.

第三，样本观测的权值更新.

基于 $w_i^{(b)}$ 得到更新的 $w_i^{(b+1)}$：$w_i^{(b+1)}=w_i^{(b)}\beta_b^{\exp(1-L_i)}(i=1,2,\cdots,N)$. 可见，损失 L_i 越小，$w_i^{(b+1)}$ 越小，观测进入训练集 S_{b+1} 的概率越小. 所以，预测误差大的样本观测比预测误差小的观测有更大的概率进入 S_{b+1}.

第四，联合预测.

迭代结束后，B 个弱模型组成的"联合委员会"对样本观测 $\boldsymbol{X}_i$ 进行联合预测. B 个弱模型各自的预测值记为 $\widehat{\boldsymbol{y}}_i=(\widehat{y}_i^{(1)},\widehat{y}_i^{(2)},\cdots,\widehat{y}_i^{(B)})$，模型权重记为 $\boldsymbol{\alpha}_b=(\alpha_1,\alpha_2,\cdots,\alpha_B)=\dfrac{1}{\beta}$，预测值等于以 $\boldsymbol{\alpha}_b$ 为权重的 $\widehat{\boldsymbol{y}}_i$ 的加权中位数. 首先，将 $\widehat{\boldsymbol{y}}_i$ 按升序排序，权重 $\boldsymbol{\alpha}_b$ 也随之排序；然后，对排序后的权重计算累计的 $\log\left(\dfrac{1}{\beta_b}\right)$，即 $\sum_{b=1}^{t}\log\left(\dfrac{1}{\beta_b}\right)$，$t$ 是满足 $\sum_{b=1}^{t}\log\left(\dfrac{1}{\beta_b}\right)\geqslant\dfrac{1}{2}\sum_{b=1}^{B}\log\left(\dfrac{1}{\beta_b}\right)$ 时的最小值. 联合预测结果为 $\widehat{y}_i=\widehat{y}_i^{(t)}$. 可见，若 B 个弱模型的权重相等，预测值就是 $(\widehat{y}_i^{(1)},\widehat{y}_i^{(2)},\cdots,\widehat{y}_i^{(B)})$ 的中位数.

图 6–10 展示了对模拟数据，采用集成学习策略进行回归预测时，不同损失函数定义下，

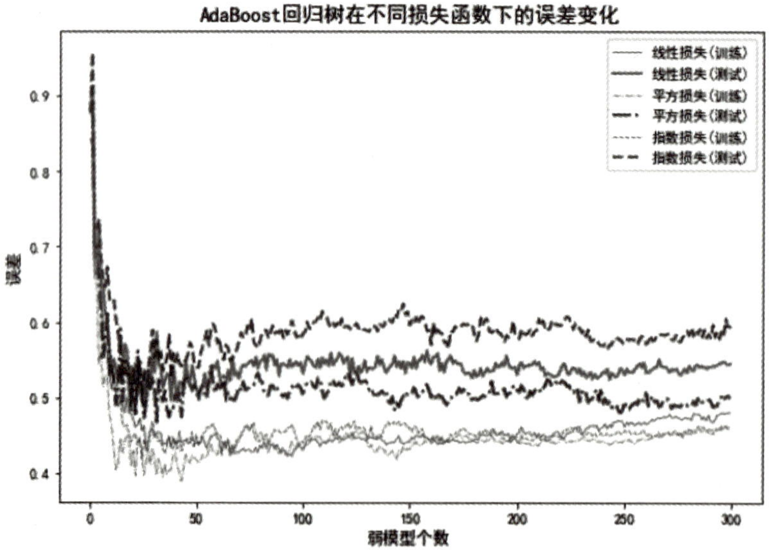

图 6–10　不同损失函数定义下的训练误差

误差随弱模型个数 (迭代次数) 变化而变化的情况 (Python 代码详见 6.6.4 节). 横坐标为弱模型个数, 纵坐标为误差. 这里采用 $1-\overline{R}^2$. $\overline{R}^2$ 为多元线性回归中的调整的判定系数. 首先, 随机生成样本量为 1 000 的数据集, 包括 10 个输入变量, 输出变量服从高斯分布. 然后, 利用旁置法将数据集划分为训练集 (70%) 和测试集 (30%). 之后, 选择树深度为 1 的回归树作为弱模型进行集成学习. 可见, 随迭代次数的增加, 初始阶段误差曲线 (细线为训练误差, 粗线为测试误差) 均快速下降. 100 次迭代后的训练误差和测试误差下降不明显. 本例中, 平方损失函数下模型的测试误差低于其他两种损失定义下模型的测试误差, 所以应选择平方损失函数下的集成学习预测模型.

此外, H. Drucker 等学者的研究表明, 上述算法在大多数情况下优于基于袋装策略的回归树.

至此, 从弱模型到强模型的集成学习的讨论告一段落. 需要强调的是: 该集成学习的核心思想是基于 AdaBoost 的提升策略. 所谓提升主要针对样本观测的权重 $\boldsymbol{w}^b$ 而言. 即通过不断迭代以不断调整样本观测的权重, 从而不断确定各弱模型建模的侧重对象 (训练集), 并通过 "联合委员会" 得到最终的预测结果.

6.4 梯度提升树

梯度提升树 (gradient boosted decision tree, GBDT) 是当下最为流行的集成学习算法之一, 由杰罗姆 · 弗里德曼 (Jerome H. Friedman) 2001 年提出.① **梯度提升树采用向前式分步可加建模方式.**

一方面, 采用提升策略, 迭代过程中模型成员不断进入 "联合委员会". 先前进入 "联合委员会" 的模型不受后续进入模型的影响, 且每次迭代仅需估计当前模型.

另一方面, 迭代过程中基于损失函数, 采用梯度下降法, 找到使损失函数下降最快的模型 (基础学习器或弱模型).

6.4.1 梯度提升算法

将从以下几个方面讨论梯度提升算法 (gradient boost algorithm):

第一, 提升的含义;

第二, 梯度下降和模型参数;

第三, 梯度提升算法的优化过程.

一、提升的含义

与前文所述不同的是, 这里的提升是针对预测模型而言的. 梯度提升算法沿用向前式分步可加方式, 提升过程是通过不断迭代, 不断将预测模型添加到 "联合委员会", 进而不断对

① Jerome H. Friedman. Greedy function approximation: a gradient boosting machine. The Annals of Statistics, 2001, 29(5).

当前预测值进行调整的过程. 最终的预测结果是经过 “联合委员会” 成员多次调整的结果. 下面以输出变量为数值型的情况为例讨论.

迭代开始前, 令当前预测值 $f_0(\boldsymbol{X})=0$. 然后开始 $b=1,2,\cdots,B$ 次的迭代. 其间模型 “联合委员会” 成员 (即基础学习器) 不断增加, 预测值不断调整: $f_1(\boldsymbol{X})=f_0(\boldsymbol{X})+\beta_1 h_1(\boldsymbol{X};\boldsymbol{\alpha}_1)$, $f_2(\boldsymbol{X})=f_1(\boldsymbol{X})+\beta_2 h_2(\boldsymbol{X};\boldsymbol{\alpha}_2)$, $f_3(\boldsymbol{X})=f_2(\boldsymbol{X})+\beta_3 h_3(\boldsymbol{X};\boldsymbol{\alpha}_3)$, 等等. 即

$$f_b(\boldsymbol{X})=f_{b-1}(\boldsymbol{X})+\beta_b h_b(\boldsymbol{X};\boldsymbol{\alpha}_b) \tag{6.25}$$

B 次迭代结束时的预测值为: $f_B(\boldsymbol{X})=\sum\limits_{b=1}^{B}\beta_b h_b(\boldsymbol{X};\boldsymbol{\alpha}_b)$. 其中, $h_b(\boldsymbol{X};\boldsymbol{\alpha}_b)$ 是基础学习器, 是 “联合委员会” 中的模型成员. 从预测角度看, $h_b(\boldsymbol{X};\boldsymbol{\alpha}_b)$ 本质是用于修正当前预测值的增量函数 (incremental functions). $\boldsymbol{\alpha}_b$ 为基础学习器的参数集合. 如果 h_b 为决策树, 则 $\boldsymbol{\alpha}_b$ 为决策树参数集合, 包括 “最佳” 分组变量、组限值以及树深度等. 系数 β_b 决定 $h_b(\boldsymbol{X};\boldsymbol{\alpha}_b)$ 对预测结果的实际影响大小. 该过程可形象地用图 6–11 表示.

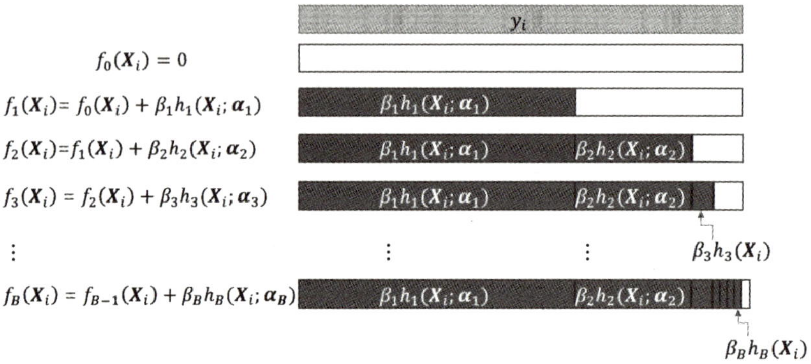

图 6–11 梯度提升算法中的提升过程

图 6–11 形象地展示了对样本观测 $\boldsymbol{X}_i$ 预测的提升过程. 最上方的带纹理的矩形面积表示 y_i 的大小, 蓝色矩形面积表示当前预测值. 可见每次迭代预测值都增加 $\beta_b h_b(\boldsymbol{X};\boldsymbol{\alpha}_b)$, 从而使蓝色矩形面积不断接近带纹理的矩形面积.

二、梯度下降和模型参数

应如何确定模型参数和模型权重呢? 正如 2.1.3 节论述的, 应以损失函数最小为原则确定 $\beta_b h_b(\boldsymbol{X};\boldsymbol{\alpha}_b)$. 具体而言, 基于训练集进行第 b 次迭代的目的是要找到损失函数最小下的由参数集合 $\boldsymbol{\alpha}_b$ 所决定的模型 $h_b(\boldsymbol{X};\boldsymbol{\alpha}_b)$ 以及 β_b, 即

$$(\beta_b,\boldsymbol{\alpha}_b)=\arg\min_{\beta,\boldsymbol{\alpha}}\sum_{i=1}^{N}L(y_i,f_{b-1}(\boldsymbol{X}_i)+\beta h(\boldsymbol{X}_i;\boldsymbol{\alpha})) \tag{6.26}$$

并在此基础上得到更新后的预测值: $f_b(\boldsymbol{X})=f_{b-1}(\boldsymbol{X})+\beta_b h_b(\boldsymbol{X};\boldsymbol{\alpha}_b)$.

如果式 (6.26) 中的基础学习器或损失函数比较复杂, 一般的求解方法是: 基于训练集, 在给定 $f_{b-1}(\boldsymbol{X})$ 的条件下, 采用梯度下降法在函数 $h(\boldsymbol{X};\boldsymbol{\alpha})$ 集合中寻找使当前损失函数最小的 $h_b(\boldsymbol{X};\boldsymbol{\alpha}_b)$.

如 2.3.1 节论述的那样, 梯度下降法通常是用于估计复杂模型参数的一种优化方法. 为便于理解, 通过一个简单例子进行说明.

假设有函数 $f(w) = w^2 + 1$, 现需要求解 $f(w)$ 最小时的 w 的值. 如图 6–12 左图所示.

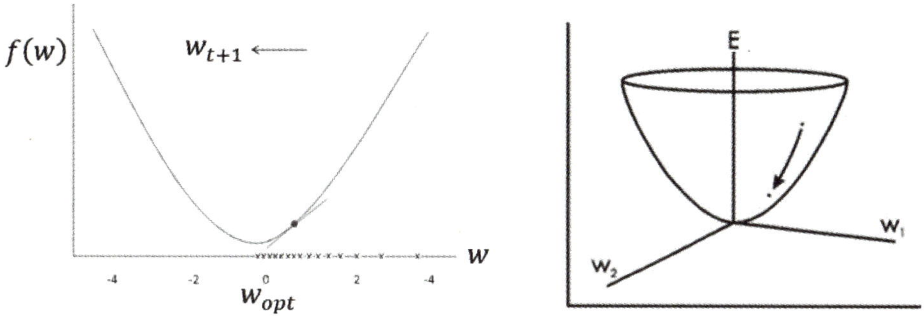

图 6–12 一维和二维情况下的梯度下降法示意

模型 $f(w)$ 很简单, 图形仅是一条抛物线. 可以通过对 w 求导并令导数等于 0 的方法直接计算出 w 的值. 显然最优解为 $w_{opt} = 0$, 此时 $f(w)$ 达到最小. 当然这种方法只适合于 $f(w)$ 具有单峰的情况. 更一般的情况是采用多次迭代, 计算 $f(w)$ 在 w_t 处的导数并不断更新 w 的方法求解.

例如, 图中 w 的初始值为 4, 记为 $w(0) = 4$. 计算 $f(w)$ 在 $w(0)$ 处导数的导数: $\left[\dfrac{\partial f(w)}{\partial w}\right]_{w=4} = 8 > 0$, 意味着 $w = 4$ 时 $f(w)$ 的斜率为正. 此时只有减小 w 的值, 才可能得到更小的 $f(w)$. 所以 $\left[\dfrac{\partial f(w)}{\partial w}\right]_{w=4}$ 的符号决定了对 w 更新的方向 (如这里是向右还是向左), 是与 $\left[\dfrac{\partial f(w)}{\partial w}\right]_{w=4}$ 符号相反的方向. 进一步, 若确定了 w 更新 "步伐", Δw 便可以得到一个更新的 w: $w(1) = w(0) + \Delta w = w(0) - \rho\left[\dfrac{\partial f(w)}{\partial w}\right]_{w=w(0)}$. 其中 ρ 称为学习率. 若假设 $\rho = 0.1$, 3 次迭代的结果为依次为:

$$w(1) = 4 - 0.1 \times (2 \times 4) = 3.2$$

$$w(2) = 3.2 - 0.1 \times (2 \times 3.2) = 2.56$$

$$w(3) = 2.56 - 0.1 \times (2 \times 2.56) = 2.04$$

可见, 随 w 的不断更新, $f(w)$ 逐渐逼近曲线最低处的最小值, 最终 $w = w_{opt}$ 为最优解. 该过程即为一个参数优化过程.

在二维 $\boldsymbol{w} = (w_1, w_2)$ 的情况下, w_1, w_2 不同的取值下都会对应一个 $f(\boldsymbol{w})$ 值. w_1, w_2 多个不同取值的组合将对应很多的 $f(\boldsymbol{w})$ 值, 它们将形成一个面, 也即图 6–12 左图的抛物线会演变成图 6–12 右图类似 "碗" 的形状 ("碗" 的纵切面是抛物线, 横切面一般是椭圆). 同样需要找到 $f(\boldsymbol{w})$ 减小最快的方向, 这个方向即为 $f(\boldsymbol{w})$ 的负梯度方向.① 同理, 更高维 $\boldsymbol{w} = (w_1, w_2, \cdots, w_p)$ 下, 第 t 次迭代时 $\boldsymbol{w}$ 更新的方向是 $f(\boldsymbol{w})$ 在 $\boldsymbol{w}_{t-1}$ 处的负梯度方向.

① 梯度方向是函数值增加最快的方向, 梯度的反方向是函数值减小最快的方向.

需要说明的是，**学习率 ρ 会影响 Δw，不可以太大或太小**. 若太大会导致 $\boldsymbol{w}$ 更新的 "步伐" 过大，呈现如图 6–13 所示的情况. $w(t)$ 在 w_{opt} 两侧不断 "震荡" 但无法到达 w_{opt}. 若太小会导致 $\boldsymbol{W}$ 更新的 "步伐" 过小，$w(t)$ 不能很快到达 w_{opt}.

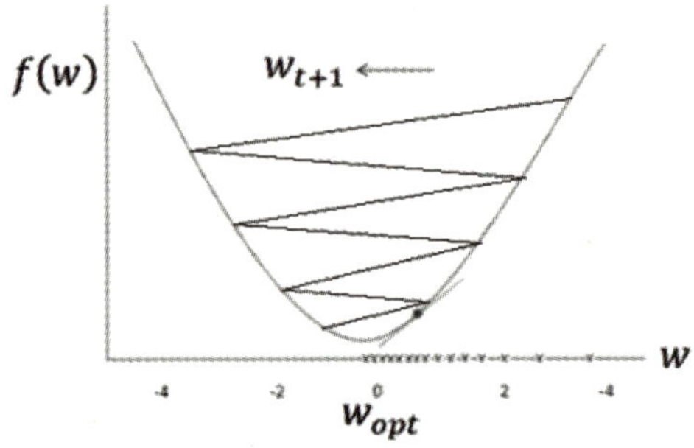

图 6–13　学习率对 w 求解的影响

在预测模型的参数求解中，上述 $\boldsymbol{w}$ 对应模型的参数，$f(\boldsymbol{w})$ 对应损失函数 $L(y, f(\boldsymbol{X};\boldsymbol{w}))$. 这就是梯度下降法在估计模型参数中的基本思路.

三、梯度提升算法的优化过程

回到梯度提升算法. 与上述参数优化过程相对应，也可将 $f_b(\boldsymbol{X}_i)=f_{b-1}(\boldsymbol{X}_i)+\beta_b h_b(\boldsymbol{X}_i;\boldsymbol{\alpha}_b)$ 视为一个优化过程，但这里是个模型的优化过程：在 $f_{b-1}(\boldsymbol{X}_i)$ 的基础上，通过增加更新值 $\beta_b h_b(\boldsymbol{X}_i;\boldsymbol{\alpha}_b)$ 得到一个更新的 $f_b(\boldsymbol{X}_i)$ 的过程.

按照梯度下降的思路，$\beta_b h_b(\boldsymbol{X}_i;\boldsymbol{\alpha}_b)$ 取决于损失函数 $L(y_i, f(\boldsymbol{X}_i))$ 在 $f_{b-1}(\boldsymbol{X}_i)$ 处的负梯度和学习率 ρ，即

$$\beta_b h_b(\boldsymbol{X}_i;\boldsymbol{\alpha}_b) = -\rho g_b(\boldsymbol{X}_i) \tag{6.27}$$

其中负号表示负梯度方向. 对样本观测 $\boldsymbol{X}_i$：$-g_b(\boldsymbol{X}_i) = -\left[\dfrac{\partial L(y_i, f(\boldsymbol{X}_i))}{\partial f(\boldsymbol{X}_i)}\right]_{f(\boldsymbol{X}_i)=f_{b-1}(\boldsymbol{X}_i)}$. 对 N 个样本观测：$-g_b(\boldsymbol{X}_i) = (-g_b(\boldsymbol{X}_1), -g_b(\boldsymbol{X}_2), \cdots, -g_b(\boldsymbol{X}_N))$，是已知的.

事实上，尽管当前模型 h 的参数 $\boldsymbol{\alpha}_b$ 和 β_b 是未知的，但可参照最小二乘法，求解在 $-g_b(\boldsymbol{X}_i)$ 和 $\beta h(\boldsymbol{X}_i;\boldsymbol{\alpha})$ 离差平方和最小下的参数：

$$\boldsymbol{\alpha}_b = \arg\min_{\boldsymbol{\alpha},\beta} \sum_{i=1}^{N} (-g_b(\boldsymbol{X}_i) - \beta h(\boldsymbol{X}_i;\boldsymbol{\alpha}))^2 \tag{6.28}$$

若 $\tilde{y}_i = -g_b(\boldsymbol{X}_i)$，则 $\boldsymbol{\alpha}_b = \arg\min_{\boldsymbol{\alpha},\beta} \sum_{i=1}^{N} (\tilde{y}_i - \beta h(\boldsymbol{X}_i;\boldsymbol{\alpha}))^2$. 一般称 $\tilde{y}$ 为伪响应 (pseudo responses) 变量①.

此外，学习率 ρ_b 可通过线搜索② (line search) 获得：

---

① 输出变量又称为响应变量.

② 线搜索是求解最优化问题中的重要迭代算法. 迭代过程为 $x_{k+1} = x_{k+1} + \alpha_k p_k$. α_k 和 p_k 分别表示搜索步长和搜索方向. 线搜索需关注如何求解步长和确定搜索方向. 该内容超出本书范围，读者可参考优化算法的相关文献.

$$\rho_b = \arg\min_{\rho} \sum_{i=1}^{N} L(y_i, f_{b-1}(\boldsymbol{X}_i) + \rho h_b(\boldsymbol{X}_i; \boldsymbol{\alpha}_b)) \tag{6.29}$$

此时将得到一个近似更新: $f_b(\boldsymbol{X}) = f_{b-1}(\boldsymbol{X}) + \rho_b h_b(\boldsymbol{X}; \boldsymbol{\alpha}_b)$.

以上就是梯度提升算法的基本思路. 总结如下:

迭代开始前, 令当前预测值 $f_0(\boldsymbol{X}) = 0$, 然后进行 $b = 1, 2, \cdots, B$ 次的如下迭代.

第一步, 计算伪响应变量: $\widetilde{y}_i = -g_b(\boldsymbol{X}_i) = -\left[\dfrac{\partial L(y_i, f(\boldsymbol{X}_i))}{\partial f(\boldsymbol{X}_i)}\right]_{f(\boldsymbol{X}_i)=f_{b-1}(\boldsymbol{X}_i)}$ $(i = 1, 2, \cdots, N)$.

第二步, 求解模型参数: $\boldsymbol{\alpha}_b = \arg\min\limits_{\boldsymbol{\alpha},\beta} \sum\limits_{i=1}^{N} (\widetilde{y}_i - \beta h(\boldsymbol{X}_i; \boldsymbol{\alpha}))^2$.

第三步, 线搜索学习率: $\rho_b = \arg\min\limits_{\rho} \sum\limits_{i=1}^{N} L(y_i, f_{b-1}(\boldsymbol{X}_i) + \rho h_b(\boldsymbol{X}_i; \boldsymbol{\alpha}_b))$.

第四步, 更新: $f_b(\boldsymbol{X}) = f_{b-1}(\boldsymbol{X}) + \rho_b h_b(\boldsymbol{X}; \boldsymbol{\alpha}_b)$.

算法结束.

6.4.2 梯度提升回归树

梯度提升回归树用于回归预测. 将梯度提升算法具体到回归预测中有两个特点:

第一, 损失函数一般定义为平方损失: $L(y_i, f(\boldsymbol{X}_i)) = \dfrac{1}{2}(y_i - f(\boldsymbol{X}_i))^2$. 于是伪响应变量 $\widetilde{y}_i = y_i - f(\boldsymbol{X}_i)$ 就是当前的残差.

第二, 基于损失函数的定义, 上述梯度提升算法第三步中的 ρ 即为 β.

基于上述两点, 回归预测中的梯度提升算法总结如下.

迭代开始前, 令当前预测值 $f_0(\boldsymbol{X}) = \overline{y}$, 然后进行 $b = 1, 2, \cdots, B$ 次的如下迭代.

第一步, 计算伪响应变量: $\widetilde{y}_i = y_i - f_{b-1}(\boldsymbol{X}_i), i = 1, 2, \cdots, N$.

第二步, 求解模型参数: $(\boldsymbol{\alpha}_b, \rho_b) = \arg\min\limits_{\boldsymbol{\alpha},\rho} \sum\limits_{i=1}^{N} (\overline{y}_i - \rho h(\boldsymbol{X}_i; \boldsymbol{\alpha}))^2$.

第三步, 更新: $f_b(\boldsymbol{X}) = f_{b-1}(\boldsymbol{X}) + \rho_b h_b(\boldsymbol{X}; \boldsymbol{\alpha}_b)$.

算法结束.

对于梯度提升回归树, 其基础学习器 $h_b(\boldsymbol{X}; \boldsymbol{\alpha}_b)$ 为含有 J 个叶节点的回归树, 可表示为:

$$h(\boldsymbol{X}; \{b_j, R_j\}^J) = \sum_{j=1}^{J} b_j I(\boldsymbol{X} \in R_j) \tag{6.30}$$

$I(\cdot)$ 为示性函数. 回归树将输入变量和输出变量组成的空间划分成 J 个不相交的区域 $\{R_j\}^J$. 若样本观测点落入区域 R_j, 预测值为 b_j, 否则为 0. 若将 $\{b_j\}^J$ 视为 J 个模型的参数, 梯度提升回归树每次迭代的预测值将更新为:

$$f_b(\boldsymbol{X}) = f_{b-1}(\boldsymbol{X}) + \rho_b \sum_{j=1}^{J} b_{jb} I(\boldsymbol{X} \in R_{jb}) \tag{6.31}$$

其中, R_{jb} 为第 b 次迭代基于伪响应变量 $\widetilde{y}$ 建树获得的区域划分. $b_{jb} = \text{ave}_{\boldsymbol{X}_i \in R_{jb}} \widetilde{y}_i$, 即预测值为落入 R_{jb} 区域的样本观测点的 $\widetilde{y}_i$ 的均值. ρ_b 为线搜索所得. 若令 $\gamma_{jb} = \rho_b b_{jb}$, 则式 (6.31) 可写为:

$$f_b(\boldsymbol{X}) = f_{b-1}(\boldsymbol{X}) + \sum_{j=1}^{J} \gamma_{jb} I(\boldsymbol{X} \in R_{jb}) \tag{6.32}$$

这意味着, 可将每次迭代的更新视为 J 个在 $I(\boldsymbol{X} \in R_{jb})$ 基础上的基础学习器 γ_{jb} 的叠加, 应找到使损失函数最小下的 J 个 γ_{jb}, 记为 $\{\gamma_{jb}\}^J$:

$$\{\gamma_{jb}\}^J = \arg\min_{\{\gamma_j\}^J} \sum_{i=1}^{N} L(y_i, f_{b-1}(\boldsymbol{X}_i)) + \sum_{j=1}^{J} \gamma_j I(\boldsymbol{X} \in R_{jb}) \tag{6.33}$$

此时, 学习率等于 1. 由于 J 个区域不相交, 所以对每个区域有

$$\gamma_{jb} = \arg\min_{\gamma} \sum_{\boldsymbol{X}_i \in R_{jb}} L(y_i, f_{b-1}(\boldsymbol{X}_i) + \gamma) \tag{6.34}$$

于是, 上述第二步由 J 个小步组成: $\gamma_{jb} = \arg\min\limits_{\gamma} \sum\limits_{\boldsymbol{X}_i \in R_{jb}} (\widetilde{y}_i - \gamma)^2$. 显然, $\gamma_{jb} = \text{ave}_{\boldsymbol{X}_i \in R_{jb}} \widetilde{y}_i$. 且第三步的更新为式 (6.32).

图 6–14 是梯度提升树和 AdaBoost 提升策略回归树的预测对比.

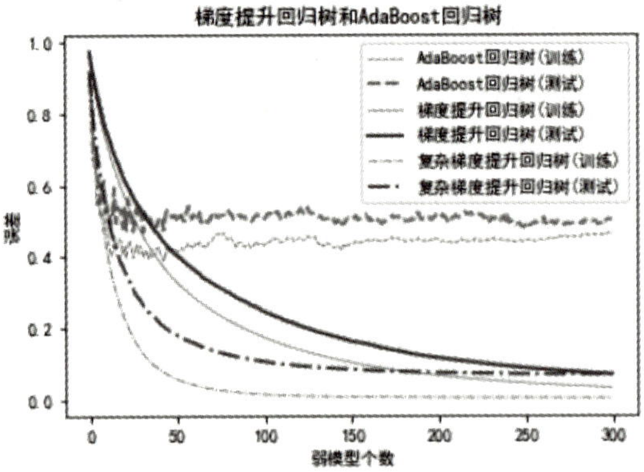

图 6–14 梯度提升回归树和 AadBoost 回归树的预测对比

这里仍采用图 6–10 中的模拟数据, 考察采用 AadBoost 集成学习策略的回归树和梯度提升回归树的预测性能 (Python 代码详见 6.6.5 节). 图中粗线为测试误差, 细线为训练误差. 实线表示梯度提升回归树的情况, 虚线对应 AadBoost 集成学习策略, 两种算法的基础学习器都是树深度为 1 的回归树. 可见, 大约 25 次迭代后, AadBoost 集成学习策略的训练误差下降不明显, 基本保持不变, 但梯度提升树的训练误差呈现持续降低的趋势, 这是梯度提升树的算法机理决定的, 且没有出现模型过拟合. 梯度提升树优于 AadBoost 集成学习策略. 进一步, 提高梯度提升算法中基础学习器的复杂度 (这里指定树深度等于 3), 误差用点线表示. 显然该模型的训练误差和测试误差在迭代次数较少时就快速下降到一个较低水平.

6.4.3 梯度提升分类树

梯度提升分类树用于分类预测. 这里仅对 $y \in \{-1, +1\}$ 的二分类预测问题进行讨论. 首先, 将梯度提升算法具体到 $y \in \{-1, +1\}$ 的二分类预测时, 损失函数一般定义为:

$$L(y_i, f(\boldsymbol{X}_i)) = \log(1 + \exp(-2y_i f(\boldsymbol{X}_i))) \tag{6.35}$$

称为负二项对数似然 (negative binomial log-likelihood) 损失. 其中,

$$f(\boldsymbol{X}_i) = \frac{1}{2}\log\left[\frac{P(y_1 = 1 \mid \boldsymbol{X}_i)}{P(y_1 = -1 \mid \boldsymbol{X}_i)}\right].$$

于是, 伪响应变量为:

$$\widetilde{y}_i = -\left[\frac{\partial L(y_1, f(\boldsymbol{X}_i))}{\partial(\boldsymbol{X}_i)}\right]_{f(\boldsymbol{X})=f_{b-1}(\boldsymbol{X})} = 2y_i/(1 + \exp(-2y_i f_{b-1}(\boldsymbol{X}_i))) \tag{6.36}$$

其次, 与梯度提升回归树类似, 分类树也将空间划分成 J 个不相交区域, 所以对每个区域有: $\gamma_{jb} = \arg\min\limits_{\gamma} \sum\limits_{\boldsymbol{X}_i \in R_{jb}} L(y_i, f_{b-1}(\boldsymbol{X}_i) + \gamma)$. 因采用式 (6.35) 的损失函数, 有

$$\gamma_{jb} = \arg\min_{\gamma} \sum_{\boldsymbol{X}_i \in R_{jb}} \log(1 + \exp(-2y_i(f_{b-1}(\boldsymbol{X}_i) + \gamma)))$$

依据 Jerome H. Friedman 的论文, 其近似解为: $\gamma_{jb} = \sum\limits_{\boldsymbol{X}_i \in R_{jb}} \widetilde{y}_i \Big/ \sum\limits_{\boldsymbol{X}_i \in R_{jb}} |\widetilde{y}_i|(2 - |\widetilde{y}_i|)$.

学习率仍通过线搜索获得:

$$\rho_b = \arg\min_{\rho} \sum_{i=1}^{N} \log(1 + \exp(-2y_i(f_{b-1}(\boldsymbol{X}_i) + \rho h(\boldsymbol{X}_i; \alpha_b)))) \tag{6.37}$$

二分类预测的梯度提升分类树算法总结如下.

迭代开始前, 令当前预测值 $f_0(\boldsymbol{X}) = \dfrac{1}{2}\log\dfrac{1+\overline{y}}{1-\overline{y}}$, 然后进行 $b = 1, 2, \cdots, B$ 次的如下迭代.

第一步, 计算伪响应变量: $\widetilde{y}_i = \dfrac{2y_i}{1 + \exp(-2y_i f_{b-1}(\boldsymbol{X}_i))} (i = 1, 2, \cdots, N)$.

第二步, 求解模型参数: $\gamma_{jb} = \sum\limits_{\boldsymbol{X}_i \in R_{jb}} \widetilde{y}_i \Big/ \sum\limits_{\boldsymbol{X}_i \in R_{jb}} |\widetilde{y}_i|(2 - |\widetilde{y}_i|)$.

第三步, 更新: $f_b(\boldsymbol{X}) = f_{b-1}(\boldsymbol{X}) + \sum\limits_{j=1}^{J} \gamma_{jb} I(\boldsymbol{X} \in R_{jb})$.

算法结束. 最终的预测结果为 $f_B(\boldsymbol{X}_i) = \dfrac{1}{2}\log\left[\dfrac{P(y_1 = 1 \mid \boldsymbol{X}_i)}{P(y_1 = -1 \mid \boldsymbol{X}_i)}\right]$.

进一步, 可依据 $f_B(\boldsymbol{X}_i)$ 计算 $\boldsymbol{X}_i$ 输出变量取 $+1$ 类和 -1 类的概率: $\widehat{P}(y_i = 1 \mid \boldsymbol{X}_i) = \dfrac{1}{1 + \exp(-2f_B(\boldsymbol{X}_i))}$, $\widehat{P}(y_i = -1 \mid \boldsymbol{X}_i) = \dfrac{1}{1 + \exp(2f_B(\boldsymbol{X}_i))}$. 若 $\widehat{P}(y_i = 1 \mid \boldsymbol{X}_i) > \widehat{P}(y_1 = -1 \mid \boldsymbol{X}_i)$, 在预测类别为 $+1$ 类, 否则为 -1 类.

图 6–15 是基于空气质量监测数据，以 PM2.5、PM10、SO2、CO、NO2、O3 为输入变量，采用不同集成学习策略对空气质量等级进行预测的情况 (Python 代码详见 6.6.6 节).

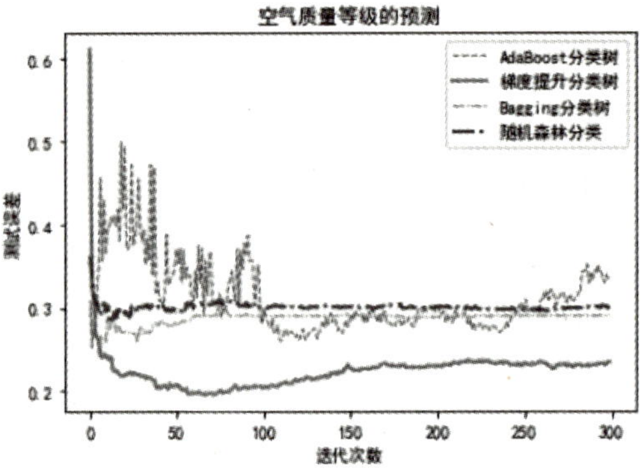

图 6–15　空气质量等级的预测

图 6–15 的横坐标为迭代次数，纵坐标为测试误差. 图中实线对应梯度提升树，虚线对应提升策略，细点线对应袋装策略，粗点线对应随机森林. 基础学习器均为树深度等于 3 的分类树. 可见，100 次迭代后随机森林、袋装策略的测试误差基本保持在各自的水平上. 梯度提升树的测试误差最低，但大约迭代 70 次后出现了过拟合线性，70 次的迭代模型是较为理想的. 迭代 300 次时提升策略分类树的测试误差仍有较大波动，表明还需更多次的迭代.

至此，梯度提升树的讨论告一段落. 综上，梯度提升树采用向前式分步可加建模方式，基于损失函数采用梯度下降法，通过不断迭代最终获得理想的预测模型.

6.5 XGBoost 算法精要

XGBoost 也是目前流行的集成学习算法之一. 与梯度提升树类似，同样采用向前式分步可加建模方式，且基础学习器为包含 J 个叶节点的决策树，表示为:

$$f_b(\boldsymbol{X}) = f_{b-1}(\boldsymbol{X}) + \beta_b h_b(\boldsymbol{X}; \boldsymbol{\alpha}_b) = f_{b-1}(\boldsymbol{X}) + \sum_{i=1}^{J} \gamma_{jb} I(\boldsymbol{X} \in R_{jb}) \tag{6.38}$$

XGBoost 的算法精要有如下几点:

第一，每次迭代均针对目标函数进行.

第二，通过泰勒展开得到损失函数在 $f_b(\boldsymbol{X})$ 处的近似表达.

第三，依据结构分数最小求解决策树.

6.5.1 XGBoost 算法中的目标函数

XGBoost 算法每次迭代，不再仅仅以损失函数最小为目标求解决策树参数，而是构造目标函数 (object function)，并以目标函数最小为目标求解决策树. 目标函数由损失函数和复

杂度函数两个部分组成:

$$
\begin{aligned}
obj_B(\Theta) &= \sum_{i=1}^{N} L(y_i, f_B(\boldsymbol{X}_i)) + \Omega(f_B(\boldsymbol{X})) \\
&= \sum_{i=1}^{N} L\left(y_i, \sum_{b=1}^{B}\sum_{j=1}^{J} \gamma_{jb} I(\boldsymbol{X} \in R_{jb})\right) + \Omega(f_B(\boldsymbol{X}))
\end{aligned} \tag{6.39}
$$

其中, $L(y_i, f_B(\boldsymbol{X}_i))$ 为损失函数 (回归预测可采用平方损失函数, 分类预测可采用交互熵, 详见 2.1.3 节); $\Omega(f_B(\boldsymbol{X}))$ 表示模型 (决策树) 的复杂度. 对第 b 次迭代, 目标函数为:

$$
\begin{aligned}
obj_B(\Theta) = &\sum_{i=1}^{N} L\left(y_i, f_{b-1}(\boldsymbol{X}_i) + \sum_{j=1}^{J} \gamma_{jb} I(\boldsymbol{X} \in R_{jb})\right) \\
&+\Omega(f_{b-1}(\boldsymbol{X})) + \Omega\left(\sum_{j=1}^{J} \gamma_{jb} I(\boldsymbol{X} \in R_{jb})\right)
\end{aligned} \tag{6.40}
$$

其中, $\Omega(f_{b-1}(\boldsymbol{X}))$ 为 $f_{b-1}(\boldsymbol{X})$ 的复杂度; $\Omega\left(\sum_{j=1}^{J} \gamma_{jb} I(\boldsymbol{X} \in R_{jb})\right)$ 为第 b 次迭代新增决策树的复杂度. XGBoost 以损失函数和复杂度之和最小为目标, 每次迭代的目的是要找到目标函数最小下的新增决策树.

6.5.2 目标函数的近似表达

XGBoost 算法通过泰勒展开得到损失函数在 $f_b(\boldsymbol{X})$ 处的近似值, 并得到 b 次迭代结束后目标函数的近似表达.

首先, 设有函数 $F(x)$ 在 x_0 处可导且高阶导数存在, 则 $F(x)$ 的泰勒展开为: $F(x_0 + \Delta x) = F(x_0) + \left[\dfrac{\partial F(x)}{\partial x}\right]_{x=x_0} (\Delta x) + \left[\dfrac{\partial^2 F(x)}{\partial x^2}\right]_{x=x_0} \dfrac{(\Delta x)^2}{2!} + \cdots$. 其中, $\left[\dfrac{\partial F(x)}{\partial x}\right]_{x=x_0}$ 和 $\left[\dfrac{\partial^2 F(x)}{\partial x^2}\right]_{x=x_0}$ 分别为 $F(x)$ 在 x_0 处的一阶导数和二阶导数. 泰勒展开的目的是通过以导数值为系数构建多项式, 得到函数 $F(x)$ 在 $x_0 + \Delta x$ 处的近似值.

这里, $F(x)$ 对应损失函数 $L\left(y_i, f_{b-1}(\boldsymbol{X}_i) + \sum_{j=1}^{J} \gamma_{jb} I(\boldsymbol{X} \in R_{jb})\right)$. x_0 对应 $f_{b-1}(\boldsymbol{X}_i)$, Δx 对应 $\sum_{j=1}^{J} \gamma_{jb} I(\boldsymbol{X} \in R_{jb})$. 如果损失函数处处可导且高阶导数存在, 对 $L\Bigg(y_i, f_{b-1}(\boldsymbol{X}_i) + \sum_{j=1}^{J} \gamma_{jb} I(\boldsymbol{X} \in R_{jb})\Bigg)$ 做泰勒展开, 就可得到损失函数在 $f_{b-1}(\boldsymbol{X}_i) + \sum_{j=1}^{J} \gamma_{jb} I(\boldsymbol{X} \in R_{jb})$ 处的近似值.

记 $\xi_b(\boldsymbol{X}) = \sum_{j=1}^{J} \gamma_{jb} I(\boldsymbol{X} \in R_{jb})$. 若 $L(y_i, f_{b-1}(\boldsymbol{X}_i) + \xi_b(\boldsymbol{X}_i))$ 在 $f_{b-1}(\boldsymbol{X}_i)$ 处的一阶导数记

为 $g_i = \left[\dfrac{\partial L(y_i, f(\boldsymbol{X}_i))}{\partial F(\boldsymbol{X}_i)}\right]_{f(\boldsymbol{X}_i)=f_{b-1}(\boldsymbol{X}_i)}$，二阶导数记为 $h_i = \left[\dfrac{\partial^2 L(y_i, f(\boldsymbol{X}_i))}{\partial f(\boldsymbol{X}_i)^2}\right]_{f(\boldsymbol{X}_i)=f_{b-1}(\boldsymbol{X}_i)}$，则 b 次迭代结束时损失函数的近似值为:

$$L(y_i, f_{b-1}(\boldsymbol{X}_i)) + g_i\xi_b(\boldsymbol{X}_i) + \frac{1}{2}h_i[\xi_b(\boldsymbol{X}_i)]^2 \tag{6.41}$$

于是, b 次迭代结束后的目标函数近似为:

$$obj_b(\Theta) \approx \sum_{i=1}^{N}\left[L(y_i, f_{b-1}(\boldsymbol{X}_i)) + g_i\xi_b(\boldsymbol{X}_i) + \frac{1}{2}h_i[\xi_b(\boldsymbol{X}_i)]^2\right] + \Omega(f_{b-1}(\boldsymbol{X})) + \Omega(\xi_b(\boldsymbol{X}))$$

其中, $L(y_i, f_{b-1}(\boldsymbol{X}_i))$ 和 $\Omega(f_{b-1}(\boldsymbol{X}))$ 取决于第 $b-1$ 次迭代, 与第 b 次迭代无关, 可以略去. 略去后的目标函数近似为:

$$obj_b(\Theta) \approx \sum_{i=1}^{N}\left[g_i\xi_b(\boldsymbol{X}_i) + \frac{1}{2}h_i[\xi_b(\boldsymbol{X}_i)]^2\right] + \Omega(\xi_b(\boldsymbol{X})) \tag{6.42}$$

可见, 目标函数值取决于损失函数的一阶和二阶导数在每个样本观测 $\boldsymbol{X}_i$ 上的取值, 以及新增决策树 $\xi_b(\boldsymbol{X})$ 的复杂度.

XGBoost 算法定义的模型复杂度为:

$$\Omega(\xi_b(\boldsymbol{X})) = \omega J + \frac{1}{2}\alpha\sum_{j=1}^{J}\gamma_{jb}^2 I(\boldsymbol{X} \in R_{jb}) \tag{6.43}$$

其中, J 为叶节点个数; γ_{jb} 为新增决策树的 j 个叶节点的预测值 (待估参数), 这里称为**预测得分**; ω 为复杂度系数, 度量了每增加一个叶节点对模型复杂度的实际影响力度, 可指定为某特定值; α 为收缩参数, 可指定为某特定值. 详细内容可参见 9.3.1 节.

于是, 目标函数近似为:

$$\begin{aligned}
obj_b(\Theta) &\approx \sum_{i=1}^{N}\left[g_i\xi_b(\boldsymbol{X}_i) + \frac{1}{2}h_i[\xi_i(\boldsymbol{X}_i)]^2\right] + \omega J + \frac{1}{2}\alpha\sum_{j=1}^{J}\gamma_{jb}^2 I(\boldsymbol{X}_i \in R_{jb}) \\
&= \sum_{i=1}^{N}\left[g_i\sum_{j=1}^{J}\gamma_{jb}I(\boldsymbol{X}_i \in R_{jb}) + \frac{1}{2}h_i\left[\sum_{j=1}^{J}\gamma_{jb}I(\boldsymbol{X}_i \in R_{jb})\right]^2\right] + \omega J \\
&\quad + \frac{1}{2}\alpha\sum_{j=1}^{J}\gamma_{jb}^2 I(\boldsymbol{X}_i \in R_{jb}) \\
&= \sum_{j=1}^{J}\left[\gamma_{jb}I(\boldsymbol{X}_i \in R_{jb})\sum_{\boldsymbol{X}_j\in\{j\}}g_i + \gamma_{jb}^2 I(\boldsymbol{X}_i \in R_{jb})\frac{1}{2}\left(\sum_{\boldsymbol{X}_i\in\{j\}}h_i + \alpha\right)\right] + \omega J
\end{aligned}$$

其中, $\boldsymbol{X}_i \in \{j\}$ 表示被分组归入第 j 个叶节点的样本观测. 进一步, 记 $G_j = \sum_{\boldsymbol{X}_j\in\{j\}} g_i$, $H_j = \sum_{\boldsymbol{X}_j\in\{j\}} h_i$, $\gamma_{jb}I(\boldsymbol{X}_i \in R_{jb}) = \Theta_{jb}$, 有

$$obj_b(\Theta) \approx \sum_{j=1}^{J}\left[G_j\Theta_{jb} + \frac{1}{2}(H_j + \alpha)\Theta_{jb}^2\right] + \omega J \tag{6.44}$$

6.5.3 决策树的求解

由式 (6.44) 可知, G_j 和 H_j 已知, $G_j\Theta_{jb}+\frac{1}{2}(H_j+\alpha)\Theta_{jb}^2$ 是 Θ_{jb} 的二次函数, 且存在最小值. 于是可对 Θ_{jb} 求导并令导数等于 0, 求得

$$\Theta_{jb}=-\frac{G_j}{H_j+\alpha} \tag{6.45}$$

即 $\Theta_{jb}=-\frac{G_j}{H_j+\alpha}$ 时, 目标函数最小且等于:

$$obj_b(\Theta)\approx-\frac{1}{2}\sum_{j=1}^{J}\frac{G_j^2}{H_j+\alpha}+\omega J \tag{6.46}$$

称为新增决策树的**结构分数**. 显然, 决策树的结构分数越低, 说明该树的结构越合理. 图 6–16 为一个计算示意图.

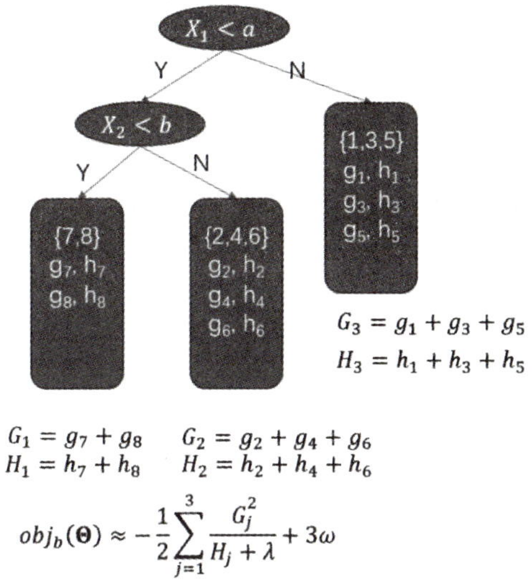

图 6–16 决策树的结构分数计算示意图

假设训练样本的样本量 $N=8$. 若决策树首先以 $x_1<a$, 再以 $X_2<b$ 为分组标准将样本观测分成 3 组, 得到图 6–16 所示的包含 3 个叶节点的决策树. 分别计算每个叶子的 G_j 和 H_j, 并计算决策树的结构分数. 如果该树的结构分数小于任何其他树的结构分组, 则该树就为新增决策树. 树生长过程中, XGBoost 通过贪心算法, 在预修剪参数确定 (如最大树深度、叶节点样本量、结构分数下降的最小值等) 的条件下, 依据结构分数下降最大为标准, 确定当前最佳分组变量 (如 X_1 还是 X_2) 和组限 (如 a,b 或是其他等), 进而找到结构分数最小下的决策树, 作为新增决策树的解.

目前 XGBoost 算法尚未内置在 Python 的 Scikit-learn 包中, 读者可自行查找相关资源并下载使用.

6.6 Python 实践课：加深理论理解，探索应用实践

为进一步加深对集成学习方法的理论理解，并探索集成学习各种算法的应用实践，设计如下 Python 实践内容：

第一，基于空气质量监测数据，探讨袋装策略和随机森林对减少模型方差的作用.

第二，利用模拟数据探讨提升策略的预测效果.

第三，利用模拟数据探讨提升策略中高样本观测权重的实际意义.

第四，利用模拟数据对比不同损失函数下 AdaBoost 回归预测效果.

第四，利用模拟数据对梯度提升算法和提升策略集成学习进行对比.

第五，基于空气质量监测数据，对比集成学习的各种策略.

以下是本章需导入的 Python 模块：

```
1  import numpy as np
2  import pandas as pd
3  import warnings
4  warnings.filterwarnings(action = 'ignore')
5  import matplotlib.pyplot as plt
6  %matplotlib inline
7  plt.rcParams['font.sans-serif']=['SimHei']  #解决中文显示乱码问题
8  plt.rcParams['axes.unicode_minus']=False
9  from sklearn.model_selection import train_test_split,KFold,cross_val_score
10 from sklearn import tree
11 import sklearn.linear_model as LM
12 from sklearn import ensemble
13 from sklearn.datasets.samples_generator import make_classification,make_circles,make_regression
14 from sklearn.metrics import zero_one_loss,r2_score,mean_squared_error
```

其中新增模块包括：

第 12 行：用于实现集成学习.

第 13 行：用于方便生成各种模拟数据.

第 14 行：用于方便计算各种误差.

6.6.1 实践一：探讨袋装策略和随机森林的方差

决策树具有 “天然” 高方差的特点. 集成学习中的袋装策略和随机森林，能够很好地克服这个问题. 本节 (文件名：chapter6-1.ipynb) 将首先基于空气质量监测数据，直观展现决策树高方差的特点. 然后，讨论袋装策略和随机森林. 最后，对单个预测模型和集成学习策略进行综合对比，以突出袋装策略和随机森林的建模优势.

一、决策树模型的高方差特点

```
1  data=pd.read_excel('北京市空气质量数据.xlsx')
2  data=data.replace(0,np.NaN)
3  data=data.dropna()
4  data=data.loc[(data['PM2.5']<=200) & (data['SO2']<=20)]
5  X=data[['SO2','CO']]
6  Y=data['PM2.5']
7  X0=np.array(X.mean()).reshape(1,-1)
8
9  modelDTC = tree.DecisionTreeRegressor(max_depth=3,random_state=123)
10 modelLR=LM.LinearRegression()
11 model1,model2=[],[]
12 kf = KFold(n_splits=10,shuffle=True,random_state=123)
13 for train_index, test_index in kf.split(X):
14     Ntrain=len(train_index)
15     XKtrain=X.iloc[train_index]
16     YKtrain=Y.iloc[train_index]
17     modelLR.fit(XKtrain,YKtrain)
18     modelDTC.fit(XKtrain,YKtrain)
19     model1.append(float(modelLR.predict(X0)))
20     model2.append(float(modelDTC.predict(X0)))
21
22 plt.boxplot(x=model1,sym='rd',patch_artist=True,boxprops={'color':'blue','facecolor':'pink'},
23             labels ={"线性模型\n方差=%.3f"%np.var(model1)},showfliers=False)
24 plt.boxplot(x=model2,sym='rd',positions=[2],patch_artist=True,boxprops={'color':'blue','facecolor':'pink'},
25             labels ={"回归树\n方差=%.3f"%np.var(model2)},showfliers=False)
26 plt.title("线性模型和回归树的方差对比")
```

【代码说明】

(1) 第 1~7 行: 读入空气质量监测数据, 进行数据预处理. 确定输入变量 (SO2,CO) 和输出变量 (PM2.5). 确定待预测的新样本观测 $\boldsymbol{X}_0$.

(2) 第 9、10 行: 指定建立用于预测 PM2.5 的树深度等于 3 的回归树 (为 5.4.5 节确定的最优决策树).

(3) 第 12~20 行: 采用 10 折交叉验证, 依次基于 10 个存在随机性差异的训练集, 分别建立一般线性回归模型和回归树, 并给出对 $\boldsymbol{X}_0$ 的各 10 个预测结果.

(4) 第 22~26 行: 分别绘制一般线性模型和回归树预测结果的箱线图.

所得图形如图 6-1 所示. 图形显示, 回归树的箱体高度明显高于线性模型, 决策树的方差明显大于线性模型. 事实上, 树深度越大的决策树高方差的特征越突出.

二、袋装策略和随机森林策略的建模

```
dtrErr=1-cross_val_score(modelDTC,X,Y,cv=10,scoring='r2')
BagY0=[]
bagErr=[]
rfErr=[]
rfY0=[]
for b in np.arange(10,200):
    Bag=ensemble.BaggingRegressor(n_estimators=b,oob_score=True,random_state=123,bootstrap=True)
    Bag.fit(X,Y)
    bagErr.append(1-Bag.oob_score_)
    BagY0.append(float(Bag.predict(X0)))
    RF=ensemble.RandomForestRegressor(n_estimators=b,oob_score=True,random_state=123,bootstrap=True)
    RF.fit(X,Y)
    rfErr.append(1-RF.oob_score_)
    rfY0.append(float(RF.predict(X0)))
```

【代码说明】

(1) 第 1 行: 计算前述单棵回归树的 10 折交叉验证下的测试误差.

(2) 第 2~5 行: 创建 4 个列表, 分别存储不同迭代次数下, 袋装策略和随机森林的 OOB 误差和对 $\boldsymbol{X}_0$ 的预测结果.

(3) 第 6~14 行: 指定共迭代 10 次、11 次至 199 次等 190 个迭代方案.

在每个迭代方案下, 均依次采用袋装策略和随机森林, 计算 OOB 误差, 得到对 $\boldsymbol{X}_0$ 的预测结果. 接下来, 可视化计算结果:

```
1  plt.axhline(y=dtrErr.mean(),linestyle='--',label='回归树')
2  plt.plot(np.arange(10,200),bagErr,linestyle='-',label='Bagging回归树(方差=%.3f)'%np.var(BagY0))
3  plt.title("回归树和Bagging回归树")
4  plt.xlabel("树的棵树B")
5  plt.ylabel("测试误差")
6  plt.legend()
7  plt.show()
8
9  fig,axes=plt.subplots(nrows=1,ncols=2,figsize=(12,4))
10 axes[0].plot(np.arange(10,200),bagErr,linestyle='-',label='Bagging回归树(方差=%.3f)'%np.var(BagY0))
11 axes[0].plot(np.arange(10,200),rfErr,linestyle='--',label='随机森林(方差=%.3f)'%np.var(rfY0))
12 axes[0].set_title("Bagging回归树和随机森林")
13 axes[0].set_xlabel("树的棵树B")
14 axes[0].set_ylabel("测试误差")
15 axes[0].legend()
16 axes[1].barh(y=(1,2),width=RF.feature_importances_,tick_label=X.columns)
17 axes[1].set_title("输入变量的重要性")
18 for x,y in enumerate(RF.feature_importances_):
19     axes[1].text(y+0.01,x+1,'%s' %round(y,3),ha='center')
```

【代码说明】

(1) 第 1 行: 绘制单棵回归树 10 折交叉验证下的测试误差线.

(2) 第 2 行: 绘制不同迭代次数下袋装策略的 OOB 测试误差曲线.

(3) 第 10~15 行: 绘制不同迭代次数下袋装策略和随机森林的 OOB 测试误差曲线.

(4) 第 16~19 行: 绘制随机森林中变量重要性的条形图, 并标出重要性得分.

变量重要性的信息存储在.feature_importances_的属性中. 所得图形如图 6-3 和图 6-4 所示. 图形显示, 两种策略均有效降低了方差. 此外, 两个测试误差在大约 50 次迭代后基本保持水平不变, 随机森林的测试误差大于袋装策略.

三、综合对比

进一步展示随机森林引入输入变量多样性增强后的优势. 增加输入变量 (输入变量包括 SO2、CO、NO2、O3) 预测 PM2.5. 首先, 利用旁置法和 5 折交叉验证法, 确定单棵回归树的最佳树深度参数.

```
1  X=data[['SO2','CO','NO2','O3']]
2  X0=np.array(X.mean()).reshape(1,-1)
3  X_train, X_test, Y_train, Y_test = train_test_split(X,Y,train_size=0.70, random_state=123)
4  trainErr=[]
5  testErr=[]
6  CVErr=[]
7  K=np.arange(2,15)
8  for k in K:
9      modelDTC = tree.DecisionTreeRegressor(max_depth=k,random_state=123)
10     modelDTC.fit(X_train,Y_train)
11     trainErr.append(1-modelDTC.score(X_train,Y_train))
12     testErr.append(1-modelDTC.score(X_test,Y_test))
13     Err=1-cross_val_score(modelDTC,X,Y,cv=5,scoring='r2')
14     CVErr.append(Err.mean())
15 
16 fig = plt.figure(figsize=(15,6))
17 ax1 = fig.add_subplot(121)
18 ax1.grid(True, linestyle='-.')
19 ax1.plot(K,trainErr,label="训练误差",marker='o',linestyle='-')
20 ax1.plot(K,testErr,label="旁置法测试误差",marker='o',linestyle='-.')
21 ax1.plot(K,CVErr,label="5-折交叉验证误差",marker='o',linestyle='--')
22 ax1.set_xlabel("树深度")
23 ax1.set_ylabel("误差（1-R方）")
24 ax1.set_title('树深度和误差')
25 ax1.legend()
```

【代码说明】

(1) 第 1~7 行: 确定输入变量. 确定新样本观测 $\boldsymbol{X}_0$. 将数据集划分为训练集和测试集. 创建存储训练误差和测试误差的列表.

(2) 第 8~14 行: 计算不同树深度下回归树的训练误差、基于旁置法的测试误差和 5 折交叉验证的测试误差.

(3) 第 16~25 行: 绘制回归树的训练误差、基于旁置法的测试误差和 5 折交叉验证的测试误差随树深度增加的变化折线图, 如图 6–17 所示.

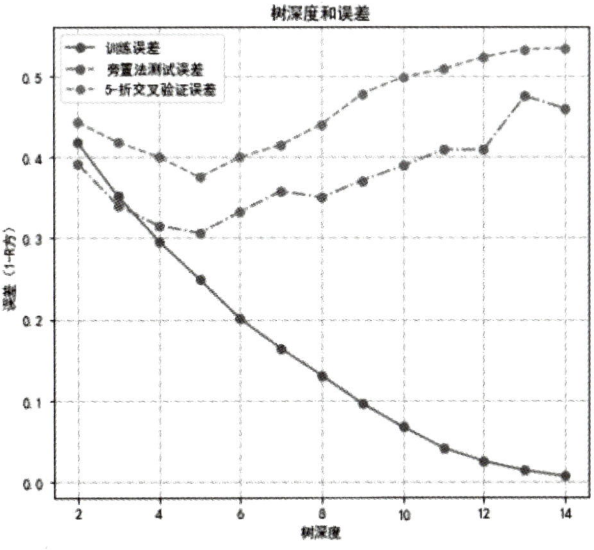

图 6–17　树深度和误差

图 6–17 显示, 随树深度增加, 尽管回归树的训练误差单调下降, 但两个测试误差估计均出现先下降后上升的情况. 树深度的合理取值等于 5, 大于 5 的回归树均为过拟合的.

然后, 建立最优树深度下的回归树, 计算 10 折交叉验证测试误差. 进一步, 指定 190 个迭代方案, 在每个方案下分别采用袋装策略 (以最优树深度下的回归树为基础学习器) 和随机森林建立预测模型, 计算 OOB 误差, 给出 $\boldsymbol{X}_0$ 的预测值. 最后, 综合对比单棵回归树和两种集成学习策略.

```
modelDTC = tree.DecisionTreeRegressor(max_depth=5,random_state=123)
dtrErr=1-cross_val_score(modelDTC,X,Y,cv=10,scoring='r2')
BagY0=[]
bagErr=[]
rfErr=[]
rfY0=[]
for b in np.arange(10,200):
    Bag=ensemble.BaggingRegressor(base_estimator=modelDTC,n_estimators=b,oob_score=True,random_state=123,bootstrap=True)
    Bag.fit(X,Y)
    bagErr.append(1-Bag.oob_score_)
    BagY0.append(float(Bag.predict(X0)))
    RF=ensemble.RandomForestRegressor(n_estimators=b,oob_score=True,random_state=123,bootstrap=True,max_features="sqrt")
    RF.fit(X,Y)
    rfErr.append(1-RF.oob_score_)
    rfY0.append(float(RF.predict(X0)))
```

这里, 袋装策略的基础学习器为单棵最优回归树.

```
fig,axes=plt.subplots(nrows=1,ncols=2,figsize=(12,4))
axes[0].axhline(y=dtrErr.mean(),linestyle='-.',label='回归树')
axes[0].plot(np.arange(10,200),bagErr,linestyle='-',label='Bagging回归树(方差=%.3f)'%np.var(BagY0))
axes[0].plot(np.arange(10,200),rfErr,linestyle='--',label='随机森林(方差=%.3f)'%np.var(rfY0))
axes[0].set_title("回归树、Bagging回归树和随机森林")
axes[0].set_xlabel("树的棵树B")
axes[0].set_ylabel("测试误差")
axes[0].legend()

axes[1].barh(y=(1,2,3,4),width=RF.feature_importances_,tick_label=X.columns)
axes[1].set_title("输入变量的重要性")
for x,y in enumerate(RF.feature_importances_):
    axes[1].text(y+0.01,x+1,'%s' %round(y,3),ha='center')
```

可视化误差曲线, 如图 6–5 所示. 图形显示, 两种集成学习方法的测试误差都低于单棵回归树, 随机森林低于袋装回归树且有更小的方差, 随机森林的算法优势较为突出. 此外, CO 对预测 PM2.5 浓度有很重要的影响.

6.6.2 实践二: 探讨提升策略集成学习的预测效果

将多个弱模型 (即基础学习器, 可以是树深度很小的决策树等) 集成起来将会得到理想的预测效果. 一组弱模型的联合将变成训练误差较低的强模型. 以下将直观展示提升策略的这个特点 (文件名: chapter6-2.ipynb).

```
X,Y=make_classification(n_samples=12000,n_features=10,n_redundant=0,n_informative=2,random_state=123,n_clusters_per_class=1)
X_train, X_test, Y_train, Y_test = train_test_split(X,Y,train_size=0.70, random_state=123)
dt_stump = tree.DecisionTreeClassifier(max_depth=1, min_samples_leaf=1)
dt_stump.fit(X_train, Y_train)
dt_stump_err = 1.0 - dt_stump.score(X_test, Y_test)
dt = tree.DecisionTreeClassifier(max_depth=9, min_samples_leaf=1)
dt.fit(X_train, Y_train)
dt_err = 1.0 - dt.score(X_test, Y_test)

```

```
10 B=400
11 ada_discrete = ensemble.AdaBoostClassifier(base_estimator=dt_stump,n_estimators=B,algorithm="SAMME")
12 ada_discrete.fit(X_train, Y_train)
13 ada_real = ensemble.AdaBoostClassifier(base_estimator=dt_stump,n_estimators=B,algorithm="SAMME.R")
14 ada_real.fit(X_train, Y_train)
15 
16 ada_discrete_err = np.zeros((B,))
17 for i,Y_pred in enumerate(ada_discrete.staged_predict(X_test)):
18     ada_discrete_err[i] = zero_one_loss(Y_pred, Y_test)
19 ada_real_err = np.zeros((B,))
20 for i, Y_pred in enumerate(ada_real.staged_predict(X_test)):
21     ada_real_err[i] = zero_one_loss(Y_pred, Y_test)
```

【代码说明】

(1) 第 1、2 行: 利用函数 make_classification() 生成样本量为 12 000, 包含 10 个输入变量, 输出变量为二分类的模拟数据集. 利用旁置法划分训练集和测试集.

(2) 第 3~5 行: 建立树深度等于 1 的弱模型, 计算测试误差.

(3) 第 6~8 行: 建立树深度等于 9 的复杂决策树, 计算测试误差.

(4) 第 10~14 行: 采用提升策略迭代 400 次, 采用 SAMME 和 SAMME.R 算法拟合训练数据.

(5) 第 16~21 行: 计算不同迭代次数下的提升策略测试误差.

这里直接采用提升策略对象的.staged_predict() 方法, 访问迭代过程中的每个中间模型, 并对测试集预测. 利用函数 zero_one_loss() 计算测试集上的错判率, 即测试误差.

```
1  fig = plt.figure()
2  axes = fig.add_subplot(111)
3  axes.axhline(y=dt_stump_err,c='red',linewidth=0.8,label='单个弱模型')
4  axes.axhline(y=dt_err,c='blue',linewidth=0.8,label='单棵树深度=9的分类树')
5  axes.plot(np.arange(B), ada_discrete_err,linestyle='--',label='离散AdaBoost')
6  axes.plot(np.arange(B), ada_real_err,linestyle='-.',label='连续AdaBoost')
7  axes.set_xlabel('迭代次数B')
8  axes.set_ylabel('测试误差')
9  axes.set_title('单棵树、弱模型和adaBoost集成树')
10 axes.legend()
11 #leg = axes.legend(loc='upper right', fancybox=True)
12 #leg.get_frame().set_alpha(0.7)
13 plt.show()
```

【代码说明】

(1) 第 3、4 行: 绘制弱模型和复杂模型的测试误差线.

(2) 第 5~10 行: 绘制两种提升策略算法的测试误差随迭代次数增加的变化折线图, 如图 6-7 所示. 图形显示, 单个弱模型的测试误差最高, 复杂模型有效降低了测试误差. 尽管单个弱模型预测误差很高, 但它们组成的“联合委员会”的预测误差低于复杂模型. 弱模型“联合委员会”的预测性能优异.

6.6.3 实践三: 提升策略集成学习下高权重样本观测的变化

提升策略集成学习的核心是通过不断改变样本观测的权重而调整训练集, 使得模拟依顺序关注以前模型无法正确预测的样本. 本节 (文件名: chapter6-3.ipynb) 将直观展示迭代过程中样本观测权重的变化, 并体现未能被正确预测的样本的特点.

```
1  N=800
2  X,Y=make_circles(n_samples=N,noise=0.2,factor=0.5,random_state=123)
3  unique_lables=set(Y)
4  fig,axes=plt.subplots(nrows=1,ncols=2,figsize=(15,6))
5  colors=plt.cm.Spectral(np.linspace(0,1,len(unique_lables)))
6  markers=['o','*']
7  for k,col,m in zip(unique_lables,colors,markers):
8      x_k=X[Y==k]
9      #plt.plot(x_k[:,0],x_k[:,1],'o',markerfacecolor=col,markeredgecolor="k",markersize=8)
10     axes[0].scatter(x_k[:,0],x_k[:,1],color=col,s=30,marker=m)
11 axes[0].set_title('%d个样本观测点的分布情况'%N)
12 axes[0].set_xlabel('X1')
13 axes[0].set_ylabel('X2')
14 dt_stump = tree.DecisionTreeClassifier(max_depth=1, min_samples_leaf=1)
15 B=500
16 adaBoost = ensemble.AdaBoostClassifier(base_estimator=dt_stump,n_estimators=B,algorithm="SAMME",random_state=123)
17 adaBoost.fit(X,Y)
18 adaBoostErr = np.zeros((B,))
19 for b,Y_pred in enumerate(adaBoost.staged_predict(X)):
20     adaBoostErr[b] = zero_one_loss(Y,Y_pred)
21 axes[1].plot(np.arange(B),adaBoostErr,linestyle='-')
22 axes[1].set_title('迭代次数与训练误差')
23 axes[1].set_xlabel('迭代次数')
24 axes[1].set_ylabel('训练误差')
```

【代码说明】

(1) 第 1~3 行: 随机生成样本量 $N=800$ 的一组模拟数据. 确定输入变量 $\boldsymbol{X}$, 输出变量 y. 函数 make_circles() 可生成两类分布呈大致圆形的一组随机数.

(2) 第 4~13 行: 绘制数据集的散点图, 展现样本观测点的分布特点, 如图 6–8 左图所示. 图形显示, 模拟数据中两类的分类边界大致为圆形, 是个非线性分类样本.

(3) 第 14~17 行: 创建一个弱分类器 (树深度等于 1) 作为提升策略的基础学习器. 指定迭代次数等于 500. 基于提升策略拟合数据集.

(4) 第 18~20 行: 计算各迭代次数下提升策略的训练误差.

(5) 第 21~24 行: 绘制训练误差随迭代次数增加的变化曲线图, 如图 6–8 右图所示. 图形显示, 训练误差在迭代次数小于 100 之前快速减少, 之后缓慢下降, 最终基本不变. 算法迭代效率较高.

接下来, 观察每次迭代各样本观测的权重变化:

```
26 fig = plt.figure(figsize=(15,12))
27 data=np.hstack((X.reshape(N,2),Y.reshape(N,1)))
28 data=pd.DataFrame(data)
29 data.columns=['X1','X2','Y']
30 data['Weight']=[1/N]*N
31 for b,Y_pred in enumerate(adaBoost.staged_predict(X)):
32     data['Y_pred']=Y_pred
33     data.loc[data['Y']!=data['Y_pred'],'Weight'] *= (1.0-adaBoost.estimator_errors_[b])/adaBoost.estimator_errors_[b]
34     if b in [5,10,20,450]:
35         axes = fig.add_subplot(2,2,[5,10,20,450].index(b)+1)
36         for k,col,m in zip(unique_lables,colors,markers):
37             tmp=data.loc[data['Y']==k,:]
38             tmp['Weight']=10+tmp['Weight']/(tmp['Weight'].max()-tmp['Weight'].min())*100
39             axes.scatter(tmp['X1'],tmp['X2'],color=col,s=tmp['Weight'],marker=m)
40             axes.set_xlabel('X1')
41             axes.set_ylabel('X2')
42             axes.set_title("高权重的样本观测点(迭代次数=%d)"%b)
```

【代码说明】

(1) 第 26~30 行: 为方便处理将输入变量、输出变量以及各样本观测的权重组织成 Pandas 的数据框.

(2) 第 31~42 行: 利用 for 循环得到每次迭代的预测值和模型误差, 并更新各样本观测的权重.

其中, 对于预测值不等于实际值 (预测错误) 的观测, 依式 (6.6) 更新权重. 预测正确的权重不变. 进一步, 指定展示迭代次数为 5, 10, 20, 450 时各样本观测的权重. 为便于图形展示调整了权值的取值范围, 并通过符号大小表示权重大小, 所得图形如图 6–9 所示. 图形显示, 较大的点, 即未被之前的弱模型正确预测的点, 基本集中在两类的边界圆处. 随迭代次数的增加这个特点愈发明显.

6.6.4　实践四: 不同损失函数下 AdaBoost 回归预测

本节 (文件名: chapter6-4.ipynb) 基于模拟数据, 采用提升策略建立回归树. 目的是对比不同损失函数下的回归预测误差, 展示不同损失函数的特点, 以及应用中损失函数选择的必要性.

```
1  N=1000
2  X,Y=make_regression(n_samples=N,n_features=10,random_state=123)
3  X_train, X_test, Y_train, Y_test = train_test_split(X,Y,train_size=0.70, random_state=123)
4  
5  B=300
6  dt_stump = tree.DecisionTreeRegressor(max_depth=1, min_samples_leaf=1)
7  Loss=['linear', 'square', 'exponential']
8  LossName=['线性损失','平方损失','指数损失']
9  Lines=['-','-.','--']
10 plt.figure(figsize=(9,6))
11 for lossname,loss,lines in zip(LossName,Loss,Lines):
12     TrainErrAdaB=np.zeros((B,))
13     TestErrAdaB=np.zeros((B,))
14     adaBoost = ensemble.AdaBoostRegressor(base_estimator=dt_stump,n_estimators=B,loss=loss,random_state=123)
15     adaBoost.fit(X_train,Y_train)
16     for b,Y_pred in enumerate(adaBoost.staged_predict(X_train)):
17         TrainErrAdaB[b]=1-r2_score(Y_train,Y_pred)
18     for b,Y_pred in enumerate(adaBoost.staged_predict(X_test)):
19         TestErrAdaB[b]=1-r2_score(Y_test,Y_pred)
20     plt.plot(np.arange(B),TrainErrAdaB,linestyle=lines,label="%s(训练)"%lossname,linewidth=0.8)
21     plt.plot(np.arange(B),TestErrAdaB,linestyle=lines,label="%s(测试)"%lossname,linewidth=2)
22 plt.title("不同损失下的误差变化",fontsize=15)
23 plt.xlabel("弱模型个数",fontsize=12)
24 plt.ylabel("误差",fontsize=12)
25 plt.legend()
```

【代码说明】

(1) 第 1~3 行: 生成样本量 $N = 1\ 000$, 包含 10 个输入变量, 且输入变量和输出变量具有一定线性关系的一组随机数集合. 利用旁置法将数据集按 70% 和 30% 划分成训练集和测试集.

(2) 第 5、6 行: 构建以树深度等于 1 的弱模型为基础学习器的 AdaBoost 回归树, 并指定迭代 300 次.

(3) 第 11~21 行: 指定三种损失函数, 利用 for 循环分别基于各损失函数, 训练提升策略回归树. 计算不同迭代次数下的训练误差和测试误差, 并绘图.

所得图形如图 6–10 所示. 图形显示, 随迭代次数增加, 初始阶段误差曲线均快速下降, 后续基本平稳. 平方损失函数下模型的测试误差低于其他两种损失定义下模型的测试误差. 所以本例应选择平方损失函数.

6.6.5 实践五: 梯度提升算法和提升策略集成学习的对比

本节 (文件名: chapter6-5.ipynb) 旨在直观展现梯度提升算法的优异预测性能. 基于与 6.6.4 节相同的数据集, 以相同的学习器分别构建提升策略回归树和梯度提升回归树. 通过两者训练误差和测试误差的比较, 展示梯度提升的特点. 进一步, 增加基础学习器的复杂度, 观测误差变化情况.

```
1  N=1000
2  X,Y=make_regression(n_samples=N,n_features=10,random_state=123)
3  X_train, X_test, Y_train, Y_test = train_test_split(X,Y,train_size=0.70, random_state=123)
4
5  B=300
6  dt_stump = tree.DecisionTreeRegressor(max_depth=1, min_samples_leaf=1)
7  TrainErrAdaB=np.zeros((B,))
8  TestErrAdaB=np.zeros((B,))
9  adaBoost = ensemble.AdaBoostRegressor(base_estimator=dt_stump,n_estimators=B,loss='square',random_state=123)
10 adaBoost.fit(X_train,Y_train)
11 for b,Y_pred in enumerate(adaBoost.staged_predict(X_train)):
12     TrainErrAdaB[b]=1-r2_score(Y_train,Y_pred)
13 for b,Y_pred in enumerate(adaBoost.staged_predict(X_test)):
14     TestErrAdaB[b]=1-r2_score(Y_test,Y_pred)
15
16 GBRT=ensemble.GradientBoostingRegressor(loss='ls',n_estimators=B,max_depth=1,min_samples_leaf=1,random_state=123)
17 GBRT.fit(X_train,Y_train)
18 TrainErrGBRT=np.zeros((B,))
19 TestErrGBRT=np.zeros((B,))
20 for b,Y_pred in enumerate(GBRT.staged_predict(X_train)):
21     TrainErrGBRT[b]=1-r2_score(Y_train,Y_pred)
22 for b,Y_pred in enumerate(GBRT.staged_predict(X_test)):
23     TestErrGBRT[b]=1-r2_score(Y_test,Y_pred)
24
25 GBRT0=ensemble.GradientBoostingRegressor(loss='ls',n_estimators=B,max_depth=3,min_samples_leaf=1,random_state=123)
26 GBRT0.fit(X_train,Y_train)
27 TrainErrGBRT0=np.zeros((B,))
28 TestErrGBRT0=np.zeros((B,))
29 for b,Y_pred in enumerate(GBRT0.staged_predict(X_train)):
30     TrainErrGBRT0[b]=1-r2_score(Y_train,Y_pred)
31 for b,Y_pred in enumerate(GBRT0.staged_predict(X_test)):
32     TestErrGBRT0[b]=1-r2_score(Y_test,Y_pred)
33
34 plt.plot(np.arange(B),TrainErrAdaB,linestyle='--',label="AdaBoost回归树(训练)",linewidth=0.8)
35 plt.plot(np.arange(B),TestErrAdaB,linestyle='--',label="AdaBoost回归树(测试)",linewidth=2)
36 plt.plot(np.arange(B),TrainErrGBRT,linestyle='-',label="梯度提升回归树(训练)",linewidth=0.8)
37 plt.plot(np.arange(B),TestErrGBRT,linestyle='-',label="梯度提升回归树(测试)",linewidth=2)
38 plt.plot(np.arange(B),TrainErrGBRT0,linestyle='-.',label="复杂梯度提升回归树(训练)",linewidth=0.8)
39 plt.plot(np.arange(B),TestErrGBRT0,linestyle='-.',label="复杂梯度提升回归树(测试)",linewidth=2)
40 plt.title("梯度提升回归树和AdaBoost回归树")
41 plt.xlabel("弱模型个数")
42 plt.ylabel("误差")
43 plt.legend()
```

【代码说明】

(1) 第 1~3 行: 生成与 6.6.4 节相同的一组随机数, 便于对比. 将数据集划分为训练集和测试集.

(2) 第 5~14 行: 以树深度等于 1 的回归树作为基础学习器构建 AdaBoost 回归树, 指定迭代次数为 300. 拟合训练集并计算各迭代次数下的训练误差和测试误差.

(3) 第 16~23 行: 建立梯度提升回归树, 采用线性损失函数, 基础学习器为树深度等于 1 的回归树. 指定迭代次数为 300. 拟合训练集并计算各迭代次数下的训练误差和测试误差.

(4) 第 25~32 行: 增加基础学习器的复杂度 (树深度等于 3 的回归树), 建立梯度提升回归树, 采用线性损失函数. 指定迭代次数为 300. 拟合训练集并计算各迭代次数下的训练误差和测试误差.

(5) 第 34~43 行: 绘制三种建模策略下的训练误差和测试误差随迭代次数增加的变化曲线, 如图 6-14 所示. 图形显示, 大约 25 次迭代后, AdaBoost 集成学习策略的训练误差下降不明显, 基本保持不变, 但梯度提升树的训练误差呈现持续降低的趋势, 且没有出现模型过拟合. 提高基础学习器的复杂度后, 梯度提升回归树的训练误差和测试误差在迭代次数较少时就快速下降到一个较低水平, 收敛速度较快.

6.6.6 实践六: 基于空气质量监测数据, 对比集成学习的各种策略

本节 (文件名: chapter6-6.ipynb) 将基于空气质量监测数据, 采用本章讨论的各种集成学习方法, 对空气质量等级进行预测, 旨在综合展现各种集成学习方法的特点.

```
1  data=pd.read_excel('北京市空气质量数据.xlsx')
2  data=data.replace(0,np.NaN)
3  data=data.dropna()
4  X=data.iloc[:,3:-1]
5  Y=data['质量等级']
6  Y=Y.map({'优':'1','良':'2','轻度污染':'3','中度污染':'4','重度污染':'5','严重污染':'6'})
7  X_train, X_test, Y_train, Y_test = train_test_split(X,Y,train_size=0.70, random_state=123)
8
9  B=300
10 dt_stump = tree.DecisionTreeClassifier(max_depth=3, min_samples_leaf=1)
11 TestErrAdaB=np.zeros((B,))
12 adaBoost = ensemble.AdaBoostClassifier(base_estimator=dt_stump,n_estimators=B,random_state=123)
13 adaBoost.fit(X_train,Y_train)
14 for b,Y_pred in enumerate(adaBoost.staged_predict(X_test)):
15     TestErrAdaB[b]=zero_one_loss(Y_test,Y_pred)
16
17 TestErrGBRT=np.zeros((B,))
18 GBRT=ensemble.GradientBoostingClassifier(loss='deviance',n_estimators=B,max_depth=3,min_samples_leaf=1,random_state=123)
19 GBRT.fit(X_train,Y_train)
20 for b,Y_pred in enumerate(GBRT.staged_predict(X_test)):
21     TestErrGBRT[b]=zero_one_loss(Y_test,Y_pred)
22
23 TestErrBag=np.zeros((B,))
24 TestErrRF=np.zeros((B,))
25 for b in np.arange(B):
26     Bag=ensemble.BaggingClassifier(base_estimator=dt_stump,n_estimators=b+1,oob_score=True,random_state=123,bootstrap=True)
27     Bag.fit(X_train,Y_train)
28     TestErrBag[b]=1-Bag.score(X_test,Y_test)
29     RF=ensemble.RandomForestClassifier(max_depth=3,n_estimators=b+1,oob_score=True,random_state=123,
30                                        bootstrap=True,max_features="auto")
31     RF.fit(X_train,Y_train)
32     TestErrRF[b]=1-RF.score(X_test,Y_test)
33
34 plt.plot(np.arange(B),TestErrAdaB,linestyle='--',label="AdaBoost分类树",linewidth=1)
35 plt.plot(np.arange(B),TestErrGBRT,linestyle='-',label="梯度提升分类树",linewidth=2)
36 plt.plot(np.arange(B),TestErrBag,linestyle='-.',label="Bagging分类树",linewidth=1)
37 plt.plot(np.arange(B),TestErrRF,linestyle='-.',label="随机森林分类",linewidth=2)
38 plt.title("空气质量等级的预测")
39 plt.xlabel("迭代次数")
40 plt.ylabel("测试误差")
41 plt.legend()
```

【代码说明】

(1) 第 1~8 行: 读入空气质量监测数据, 进行数据预处理. 确定输入变量和输出变量. 利用旁置法将数据集划分成训练集和测试集.

(2) 第 9~15 行: 指定树深度等于 3 的分类树为基础学习器. 构建 AdaBoost 分类树. 迭代 300 次. 拟合训练集, 计算各迭代次数下 AdaBoost 分类树的测试误差.

(3) 第 17~21 行: 构建梯度提升分类树, 基础学习器仍为树深度等于 3 的分类树. 迭代 300 次. 拟合训练集, 计算各迭代次数下梯度提升分类树的测试误差.

(4) 第 23~32 行：采用袋装策略和随机森林建立分类模型，迭代 300 次．拟合训练集合，计算各迭代次数下两种基础学习方法的测试误差．

(5) 第 34~41 行：绘制各集成学习方法的测试误差随迭代次数增加的变化曲线．如图 6–15 所示．图形显示，100 次迭代后随机森林、袋装策略的测试误差基本保持在各自的水平上．梯度提升树的测试误差最低，70 次的迭代模型是较为理想的．AdaBoost 需更多次的迭代才可得到稳定的测试误差估计．

附录

围绕本章学习，应重点掌握 Python 模块中的以下函数．函数的具体格式参见 Python 帮助．

1．建立基于袋装策略的回归树和分类树

Bag=ensemble.BaggingRegressor(); Bag.fit(X,Y)

Bag=ensemble.AdaBoostClassifier; Bag.fit(X,Y)

2．建立随机森林实现回归预测和分类预测

RF=ensemble.RandomForestRegressor(); RF.fit(X,Y)

RF=ensemble.RandomForestClassifier(); RF.fit(X,Y)

3．建立提升策略的回归预测和分类预测模型

Ada=ensemble.AdaBoostClassifier(); Ada.fit(X,Y)

Ada= ensemble.AdaBoostRegressor(); Ada.fit(X,Y)

获得各迭代次数下的预测模型：Ada.staged_predict()

4．建立梯度提升树

GBRT=ensemble.GradientBoostingRegressor(); GBRT.fit(X,Y)

GBRT=ensemble.GradientBoostingClassifier(); GBRT.fit(X,Y)

5．生成用于分类预测的模拟数据

X,Y=make_circles()

X,Y=make_classification()

第 7 章

数据预测建模：人工神经网络

学习目标

1. 掌握人工神经网络的基本构成以及各层节点的作用.
2. 理解人工神经网络中节点加法器和激活函数的意义.
3. 掌握二层感知机网络的权重更新过程.
4. 理解三层或多层网络中隐藏节点的意义.
5. 掌握人工神经网络的 Python 实现.

神经网络起源于生物神经元的研究, 研究对象是人脑. 人脑是一个高度复杂的非线性并行处理系统, 具有联想推理和判断决策能力. 对人脑活动机理的研究一直是一个挑战.

研究发现, 人脑大约拥有 10^{11} 个相互连接的生物神经元. 通常认为, 人脑智慧的核心在于生物神经元的连接机制. 大量神经元的巧妙连接使得人脑成为一个高度复杂的大规模非线性自适应系统. 婴儿出生后大脑不断发育, 本质为通过外界刺激信号不断调整或加强神经元之间的连接及强度, 最终形成成熟稳定的连接结构. 如图 7–1 所示.

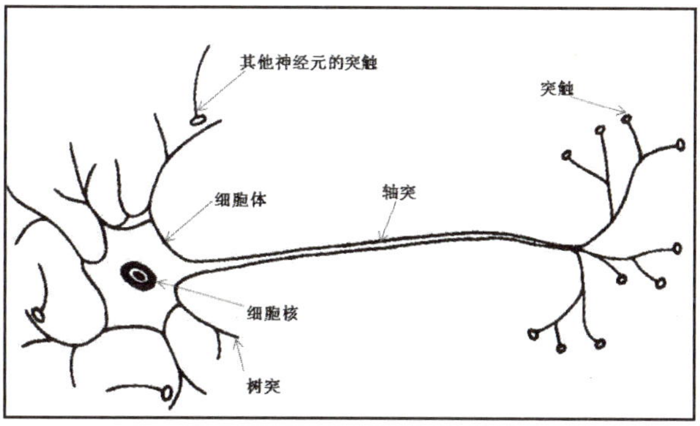

图 7–1　生物神经元

人工神经网络 (artificial neural network, ANN) 是一种人脑的抽象计算模型, 是一种模拟人脑思维的计算机建模方式. 20 世纪 40 年代人们开始对人工神经网络进行研究. 随着计算机技术的迅猛发展, 人们希望通过计算机程序实现对人脑系统的模拟. 通过类似于生物神经元的处理单元, 以及处理单元之间的有机连接, 解决现实世界的模式识别、联想记忆、优化计算等复杂问题. 目前, 人工神经网络在聚焦人工智能应用领域的同时, 也成为机器学习中解决数据预测问题的重要的黑箱 (black box) 方法① .

本章重点围绕人工神经网络如何实现数据预测展开讨论, 将涉及如下方面:

第一, 人工神经网络的基本概念.

人工神经网络的基本概念是人工神经网络学习的基础, 应关注不同网络的拓扑结构以及网络节点的实际意义.

第二, 感知机网络.

感知机网络是人工神经网络中的经典网络, 其核心思想, 尤其是网络权重的更新策略, 广泛应用于后续很多的复杂网络中. 理解感知机网络的基本原理是学习其他复杂网络的基础.

第三, 多层感知机及 B-P 反向传播算法.

多层感知机网络是一种更具实际应用价值的感知机网络. 应重点关注隐藏节点的意义以及预测误差的反向传播机制.

后续给出人工神经网络的 Python 应用实践.

7.1 人工神经网络的基本概念

7.1.1 网络的基本构成

与人脑类似, 人工神经网络由相互连接的神经元 (这里称为节点或处理单元) 组成. 人脑神经元的连接和连接强弱, 在人工神经网络中体现为节点间的连线(称为连接或边) 以及连接权重的大小上.

人工神经网络种类繁多. 根据网络的层数, 从拓扑结构上神经网络可分为**两层神经网络、三层及以上的多层神经网络**. 图 7–2(a) 和图 7–2(b) 显示的就是经典的两层神经网络和三层神经网络.

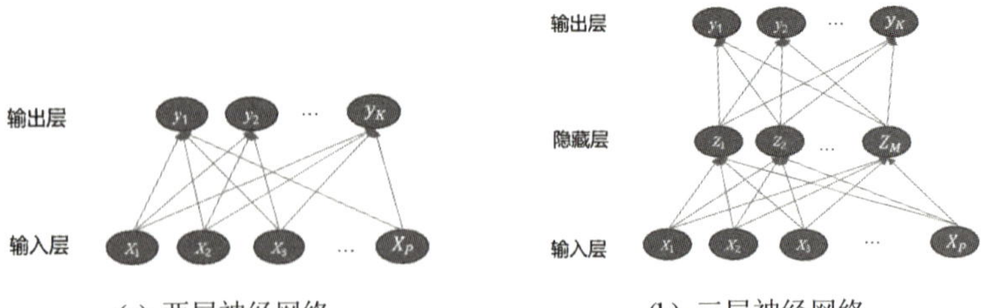

(a) 两层神经网络　　(b) 三层神经网络

图 7–2 两层和三层神经网络

图 7–2 中, 神经网络的最底层称为**输入层** (input layer), 最顶层称为**输出层** (output layer), 中间层称为**隐藏层** (hidden layers). 两层网络没有隐藏层, 多层网络具有一个及以上的隐藏

① 黑箱方法是把研究对象作为黑箱, 在不直接观察研究对象内部结构的前提下, 仅仅通过考察对象的输入和输出特征, 探索和揭示其内在结构机理的研究方法.

层. 因绘图时还可以将神经网络倒置或旋转 90 度, 为便于论述, 后续统称接近输入层的层为上层, 接近输出层的层为下层.

图中的椭圆表示节点, 有向线段表示节点之间的连接. 连接的方向是由上至下, 即从输入层到隐藏层再到输出层. 带这种方向性连接的网络也称**前馈式网络**. 各层的节点之间是全连接的, 是一种**全连接网络**.

图 7–2(a) 显示的是最早的名为感知机 (perception) 的网络. 它通过模拟人脑神经元对刺激信号的激活反应和传导机制, 解决输入变量不相关下的回归和分类预测问题. 感知机的预测能力是有限的, 于是后续又出现了如图 7–2(b) 所示的三层网络以及包含更多隐藏层的多层网络, 称为**多层感知机** (multiple layers perception), 能够解决更为复杂的回归和分类预测问题.

目前流行的深度学习框架中的卷积网络和循环网络等是对上述网络的进一步拓展. 首先, 网络层数可高达千层①, 节点数量可达到上亿②. 其次, 节点间的连接不仅有由上至下的全连接, 而且有反向连接、部分连接以及同层节点间的侧向连接等, 主要用于解决图像识别和语音识别等人工智能中的复杂问题.

本章后续将以感知机和多层感知机为对象, 重点对实现数据分类和回归预测的基本原理进行说明.

7.1.2 网络节点的功能

正如图 7–2 所示, 人工神经网络中的节点按层次分布于神经网络的输入层、隐藏层和输出层中, 因而得名**输入节点、隐藏节点和输出节点**, 它们有各自的职责.

一、输入节点

图 7–2 中标为 $X_1, X_2, \cdots, X_P$ 的椭圆即为输入节点, 负责接收和传送刺激信号. 这里的刺激信号为训练集中样本观测 $\boldsymbol{X}_i$ 的 P 个输入变量 $(X_{i1}, X_{i2}, \cdots, X_{iP})(i = 1, 2, \cdots, N)$. 输入节点将以一次仅接收一个样本观测的方式接收数据, 然后按 "原样" 将其分别传送给与其连接的下层节点. 对于两层网络直接传送给输出节点, 对于三层或多层网络传送给隐藏节点. 输入节点的个数取决于输入变量的个数. 通常一个数值型输入变量对应一个输入节点, 一个分类型变量依类别个数对应多个输入节点.

二、隐藏节点

图 7–2 中标为 $Z_1, Z_2, \cdots, Z_M$ 的椭圆即为隐藏节点, 负责对所接收的刺激信号进行加工处理, 并将处理结果传送出去. 在三层网络中, 刺激信号是输入节点传送的样本观测 $\boldsymbol{X}_i$ 的 P 个输入变量 $(X_{i1}, X_{i2}, \cdots, X_{iP})(i = 1, 2, \cdots, N)$. 在多层网络中还包括上个隐藏层传送的处理结果. 总而言之, **上层节点输出的处理结果就是下层节点的输入**.

---

① 如微软研究院的 ResNet 卷积神经网络等.

② 如谷歌的 AlphaGo 等.

从预测建模角度看, 隐藏节点将通过对输入的某种计算, 完成非线性样本的线性变换, 或输入变量相关时的特征提取等. 之后再将计算结果也即自身的输出, 分别传送给与其连接的下层隐藏节点或输出节点. 通常可依所建模型的预测误差调整隐藏层的层数和隐藏节点的个数. 层数和节点个数越多, 预测模型越复杂.

三、输出节点

图 7–2 中标为 $y_1, y_2, \cdots, y_K$ 的椭圆即为输出节点. 与隐藏节点类似, 输出节点也将上层节点的输出作为自身的输入, 并对输入加工处理后予以输出. 对于预测建模, 输出即为预测值.

输出节点的个数取决于进行的是回归预测还是分类预测. 回归预测 (只针对仅一个输出变量的情况) 时只有一个输出节点, 处理结果为样本观测 $\boldsymbol{X}_i$ 输出变量的预测值 $\hat{y}_i$. K 分类预测时, 通常输出节点的个数等于 K, 每个输出节点对应一个类别 $k(k=1,2,\cdots,K)$, 处理结果为样本观测 $\boldsymbol{X}_i$ 属于类别 k 的概率: $\hat{P}(y=k|\boldsymbol{X})$.

节点和节点之间的连接权重是人工神经网络的重点, 也是人工神经网络能够实现数据预测的核心所在. 为有助于理解, 以下将从最简单的感知机网络开始讨论.

7.2 感知机网络

如图 7–2(a) 所示, 感知机是一种最基本的前馈式两层神经网络模型, 仅由输入层和输出层构成. 虽然感知机处理问题的能力有限, 但其核心原理在人工神经网络的众多改进模型中得到广泛应用.

7.2.1 感知机网络中的节点

节点是感知机网络的核心. 生物神经元会对不同类型和强度的刺激信号呈现出不同的反应状态 (state) 或激活水平 (activity level). 同理, 感知机的节点也会对不同的输入给出不同的输出. 如图 7–3 所示, 其中大圆圈部分展示了节点的内部构成情况.

图 7–3 为一个感知机的示意图. 输入层包含 X_1, X_2, X_3, X_4 4 个输入节点, 分别对应 4 个输入变量. 有 y_1, y_2 两个输出节点, 每个输出节点都有各自的输出 (预测结果), 记为 $\hat{y}_1, \hat{y}_2$. 输入节点和输出节点连接上的 w_{11}, w_{12} 等, 表示输入节点与输出节点的连接权重. 例如 w_{11} 表示第 1 个输入节点与第 1 个输出节点的连接权重, w_{21} 表示第 2 个输入节点与第 1 个输出节点的连接权重.

此外, 除输入节点外, 图中的输出节点 y_1, y_2 都另有一个统称为偏差的节点与之相连接. 例如偏差 1 和偏差 2, θ_1 和 θ_2 称为偏差节点的连接权重. 事实上, 为简化问题, 若将每个输出节点的偏差节点均视为一种 "虚拟" 的输入节点 X_0 且 $X_0=1$, 则 θ_1 和 θ_2 的含义便无异于 w_{11}, w_{12} 等.

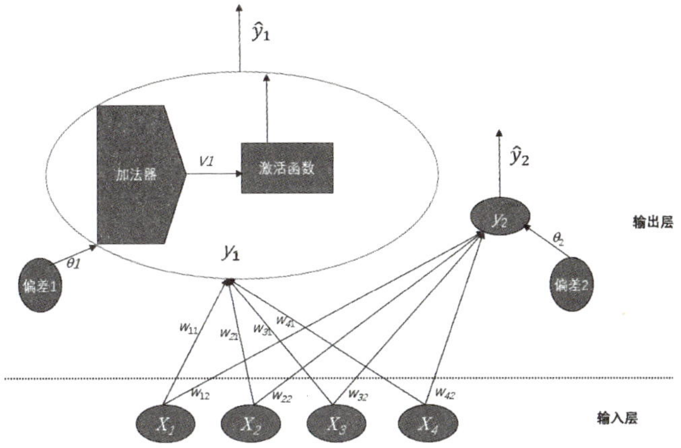

图 7–3　感知机网络中的节点

输入节点没有计算功能, 对此不做讨论, 只需关注输出节点. 输出节点将上层节点的输出作为自身的输入并进行计算. 计算包括两部分: 第一, 加法器; 第二, 激活函数 (activation function). 如图 7–3 中的大圆圈部分所示.

7.2.2　感知机节点中的加法器

感知机节点中的加法器是对生物神经元接受的刺激信号的模拟. 在图 7–3 所示的感知机中, 输出节点 y_1 的加法器记为 V_1, 定义为: $V_1 = w_{11}X_1 + w_{21}X_2 + w_{31}X_3 + w_{41}X_4 + \theta_1 = \sum_{p=1}^{P} w_{p1}X_p + \theta_1$, 这里 $P = 4$. 同理, 若节点 y_2 的加法器记为 V_2, 则有 $V_2 = w_{12}X_1 + w_{22}X_2 + w_{32}X_3 + w_{42}X_4 + \theta_2 = \sum_{p=1}^{P} w_{p2}X_p + \theta_2$.

推广到一般情况, 节点 k 的加法器记为: $V_k = \sum_{p=1}^{P} w_{pk}X_p + \theta_k$. P 为输入变量个数. 从定义可知, 加法器是 P 个输入变量 $X_1, X_2, \cdots, X_P$ 的线性组合, 权重 w_{pk} 为线性组合的系数, θ_k 为常数项, 都是模型未知的估计参数. 当然, 若将偏差节点视为一种 “虚拟” 的输入节点 X_0, $X_0 = 1$ 并令 $w_{0k} = \theta_k$, 则节点 k 的加法器也可统一表示为: $V_k = \sum_{p=0}^{P} w_{pk}X_p = \boldsymbol{w}_k^{\mathrm{T}}\boldsymbol{X}$. $\boldsymbol{w}_k^{\mathrm{T}}$ 为权重的行向量.

需要说明的是: 输入变量的不同量级会对加法器的计算结果产生重要影响. 通常可通过数据的标准化处理消除这种影响. 例如, 对样本观测 $\boldsymbol{X}_i$ 中的变量 X_{ip} 标准化处理: $Z_{ip} = \dfrac{X_{ip} - \overline{X}_p}{\sigma_{X_p}}$, $\overline{X}_p$ 和 σ_{X_p} 分别为变量 X_{ip} 的均值和标准差.

以下将从分类预测和回归预测两个方面讨论加法器的实际意义.

一、分类预测

分类预测中, 若令加法器 $V_k=\sum_{p=1}^{P}w_{pk}X_p+\theta_k=0$, 即 $w_{1k}X_1+w_{2k}X_2+\cdots+w_{pk}X_P+\theta_k=0$. 正如 2.1.2 节曾讨论过的, $w_{1k}X_1+w_{2k}X_2+\cdots+w_{Pk}X_P+\theta_k=0$ 恰恰表示的是 P 维输入变量空间中的一个超平面. 该超平面就是分类平面, 平面的位置取决于连接权重 $w_{pk}(p=1,2,\cdots,P)$ 和偏差权重 θ_k.

从这个意义上看, 感知机解决分类预测问题, 每个输出节点在几何上将与一个超平面对应, 将空间划分成两个区域实现二分类预测. K 个输出节点与 K 个超平面对应, 将空间至少划分 $K+1$ 个区域实现多分类预测. 例如, 图 7–3 的网络可用于 3 分类预测. 两个输出节点 y_1,y_2 的输出 $\widehat{y}_1,\widehat{y}_2$ 将共同决定最终的预测结果. 如两个输出结果为 $(\widehat{y}_1=0,\widehat{y}_2=1)$ 代表预测结果为 1 类, $(\widehat{y}_1=1,\widehat{y}_2=0)$ 代表 2 类, $(\widehat{y}_1=1,\widehat{y}_2=1)$ 代表 3 类, 等等. 对此样本观测 $\boldsymbol{X}_i$ 的输出变量的实际值 y_i 也需用 (y_{i1},y_{i2}) 两个值表示. 所以, 对多分类问题, 样本观测 $\boldsymbol{X}_i$ 的输出变量的实际值 y_i 需拆分为多个变量值 $(y_{i1},y_{i2},\cdots,y_{ik})$, 对应的输出单元的预测值为 $(\widehat{y}_{i1},\widehat{y}_{i2},\cdots,\widehat{y}_{ik})$.

进一步, 感知机中输入节点不同时刻的输入是不同的, 时刻 t 节点 k 的加法器记为: $V_k(t)=\sum_{p=1}^{P}w_{pk}(t)X_p(t)+\theta_k(t)=\boldsymbol{w}_k^{\mathrm{T}}(t)\boldsymbol{X}(t)+\theta_k(t)$. 其中 t 的取值范围与样本量 N 和训练周期 (training epoch) 有关 (详见 7.2.4 节). $w_{pk}(t)$ 和 $\theta_k(t)$ 表明不同时刻 t 的权重 w_{pk} 和偏差权重 θ_k 不尽相等, 意味着分类平面在不同时刻 t 的位置是不同的, 会随输入节点不断接收和传递数据而不断移动.

再进一步, 对于样本观测点 $\boldsymbol{X}_i$, t 时刻的加法器为: $V_{ik}(t)=\sum_{p=1}^{P}w_{pk}(t)X_{ip}+\theta_k(t)=\boldsymbol{w}_k^{\mathrm{T}}(t)\boldsymbol{X}_i+\theta_k(t)$. 若 $V_{ik}(t)=0$ 表明点 $\boldsymbol{X}_i$ 落在分类平面上; 若 $V_{ik}(t)>0$ 表明点 $\boldsymbol{X}_i$ 落在分类平面一侧; 若 $V_{ik}(t)<0$ 表明点 $\boldsymbol{X}_i$ 落在分类平面另一侧. 可见, $V_{ik}(t)$ 反映了 t 时刻样本观测点 $\boldsymbol{X}_i$ 与分类平面的位置关系.

二、回归预测

正如 2.1.2 节曾讨论的, 回归预测中 $V_k=\sum_{p=1}^{P}w_{pk}X_p+\theta_k$ 表示的是一个回归面, V_k 就是回归预测值 $\widehat{y}_k$. 由此可知, 感知机进行回归预测时仅需一个输出节点.

同理, 时刻 t 节点 k 的加法器记为: $V_k(t)=\boldsymbol{w}_k^{\mathrm{T}}(t)\boldsymbol{X}(t)+\theta_k(t)$. 它表明不同时刻 t 的权重 $w_{pk}(t)$ 和偏差权重 $\theta_k(t)$ 不尽相等, 意味着回归平面在不同时刻 t 的位置是不同的, 会随输入节点不断接收和传递数据而不断移动. 对于样本观测点 $\boldsymbol{X}_i$, t 时刻的加法器为: $V_{ik}(t)=\boldsymbol{w}_k^{\mathrm{T}}(t)\boldsymbol{X}_i+\theta_k(t)$. 若 $V_{ik}(t)=y_{ik}$ 表明点 $\boldsymbol{X}$ 落在回归平面上; 若 $V_{ik}(t)>y_{ik}$ 表明点 $\boldsymbol{X}_i$ 落在回归平面一侧; 若 $V_{ik}(t)<y_{ik}$ 表明点 $\boldsymbol{X}_i$ 落在回归平面另一侧. 可见, $V_{ik}(t)$ 同样反映了 t 时刻样本观测点 $\boldsymbol{X}_i$ 与回归平面的位置关系.

7.2.3 感知机节点中的激活函数

感知机节点中的激活函数是对生物神经元的状态或激活水平的模拟. 节点 k 的激活函数定义为: $\widehat{y}_k = f(V_k)$. 其中, $\widehat{y}_k$ 是激活函数值, 也是节点 k 的输出; f 是加法器 V_k 的函数. 激活函数 f 的具体形式通常如下.

一、[0, 1] 阶跃函数

感知机解决分类预测问题时常采用 [0, 1] 阶跃函数 (step function).

[0, 1] 阶跃函数的定义为:

$$f(V_k) = \begin{cases} 1, & V_k > 0 \\ 0, & V_k < 0 \end{cases} \tag{7.1}$$

如图 7–4 所示.

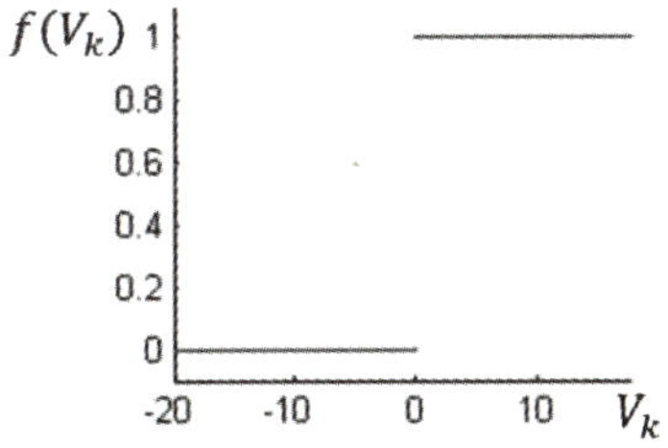

图 7–4 阶跃函数

图 7–4 中, 横坐标为加法器, 纵坐标为激活函数. 若加法器大于 0, 则 $\widehat{y}_k = f(V_k) = 1$. 若加法器小于 0, 则 $\widehat{y}_k = f(V_k) = 0$. 对应生物神经元来说, 激活函数刻画了神经元对不同强度刺激信号的不同反应状态. 对分类预测来说, 若 t 时刻样本观测点 $\boldsymbol{X}_t$ 的加法器 $V_{ik}(t) = \sum_{p=1}^{P} w_{pk}(t)X_{ip} + \theta_k(t) = \boldsymbol{w}_k^{\mathrm{T}}(t)\boldsymbol{X}_i + \theta_k(t) > 0$, 即点 $\boldsymbol{X}_i$ 落在平面一侧, 则指派其类别为 1 类; 若 $V_{ik}(t) < 0$ 即点 $\boldsymbol{X}_i$ 落在平面的另一侧, 则指派其类别为 0 类; 若 $V_{ik}(t) = 0$ 即点 $\boldsymbol{X}_i$ 落在平面上, 则因无法确定而不指派类别.

可见, 分类预测中 [0,1] 阶跃函数的作用, 是依据 $V_{ik}(t)$ 所反映的点 $\boldsymbol{X}_i$ 与 t 时刻分类平面的位置关系, 直接预测 $\boldsymbol{X}_i$ 所属的类别.

需要说明的是, 感知机中的偏差节点具有实际意义. 在没有偏差节点的情况下, 如果 $\boldsymbol{X}_i = 0$, 则 $V_{ik}(t) = 0$, 一定成立, 点 $\boldsymbol{X}_i$ 一定落在平面上与 $\boldsymbol{w}_k(t)$ 无关, 这显然是不合理的. 加法器中引入偏差节点就是要解决这个问题. 它模拟生物神经元对刺激信号的激活门槛 (activity threshold) 反应机制, 只有输入水平达到 $-\theta_k$ 这个门槛值, 也即 $V_{ik} = \sum_{p=1}^{P} w_{pk}X_{ip} = -\theta_k$

时, 点 $\boldsymbol{X}_i$ 才落在平面上. $V_{ik}=\sum_{p=1}^{P}w_{pk}X_{ip}>-\theta_k$ 或 $V_{ik}=\sum_{p=1}^{P}w_{pk}X_{ip}<-\theta_k$, 点 $\boldsymbol{X}_i$ 落在平面的两侧, 分别指派为 1 类或 0 类. 若不特殊说明, 后续加法器均包含偏差节点.

[0, 1] 阶跃函数是个非连续函数, 不适用于回归预测问题.

二、(0, 1) 型 Logistic 函数

(0, 1) 型 Logistic 函数是感知机中常用的激活函数, 定义为:

$$f(V_k)=\frac{1}{1+\mathrm{e}^{-V_k}} \tag{7.2}$$

Logistic 函数是统计学中 Logistic 随机变量的累计分布函数, 如图 7–5 所示.

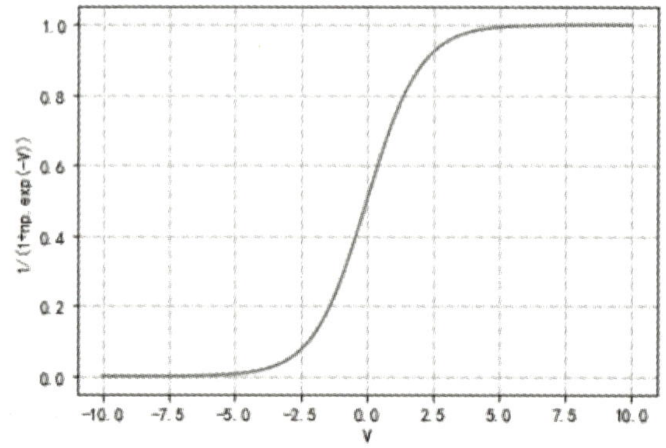

图 7–5 Logistic 激活函数

图 7–5 中, 横坐标为加法器, 纵坐标为激活函数, 取值在 $0\sim1$ 之间. 可见, Logistic 函数是加法器的非线性函数, 属非线性激活函数.

分类预测中, 2.1.1 节曾经出现过 Logistic 函数的形式: $P=\dfrac{1}{1+\mathrm{e}^{-V_k}}$. 与此对应, 激活函数为 $f(V_k)=P(y=1)$, 即输出变量等于 1 的概率值. 通常若 $P(y=1)>0.5$, 则预测类别为 1; 若 $P(y=1)<0.5$, 则预测类别为 0. 具体而言, 若 t 时刻样本观测点 $\boldsymbol{X}_i$ 的加法器 $V_{ik}(t)>0$, 即点 $\boldsymbol{X}_i$ 落在平面一侧, 因 $P(y=1|\boldsymbol{X}_i)>0.5$ 指派为 1 类; 若 $V_{ik}(t)<0$ 即点 $\boldsymbol{X}_i$ 落在平面的另一侧, 因 $P(y=1|\boldsymbol{X}_i)<0.5$ 指派为 0 类; 若 $V_{ik}(t)=0$ 即点 $\boldsymbol{X}_i$ 落在平面上, 因 $P(y=1|\boldsymbol{X}_i)=0.5$ 无法确定类别. 可见, (0, 1) 型 Logistic 函数在分类预测中的作用, 是依据 $V_{ik}(t)$ 所反映的点 $\boldsymbol{X}_i$ 与分类平面的位置关系, 给出 $\boldsymbol{X}_i$ 属于 1 类的概率. 图 7–6 左图展示了输入变量 X_1,x_2 和概率 P 之间的非线性关系 (Python 代码详见 7.4.1 节). 其中的激活函数为: $\widehat{y}_k=f(V_k)=1/\left(1+\mathrm{e}^{-(\frac{1}{\sqrt{2}}X_1+\frac{1}{\sqrt{2}}X_2+0.5)}\right)$.

此外, 激活函数还有其他常见形式. 例如, 双曲正切 (tanh) 函数: $f(V_k)=\dfrac{\mathbf{e}^{V_k}-\mathbf{e}^{-V_k}}{\mathbf{e}^{V_k}+\mathbf{e}^{-V_k}}$; 整流线性单元 (rectified linear unit, ReLU) 或修正线性单元激活函数: $f(V_k)=\max(V_k,0)$, $V_k>0$ 时, $f(V_k)=V_k$, 是加法器的分段线性函数, 如图 7–7 所示.

激活函数应用到回归预测中实现的是非线性的**投影寻踪回归** (projection pursuit regres-

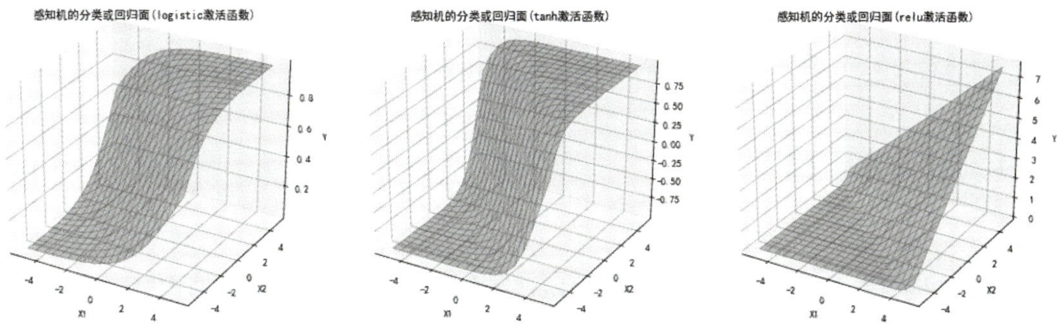

图 7–6　感知机的分类或回归面

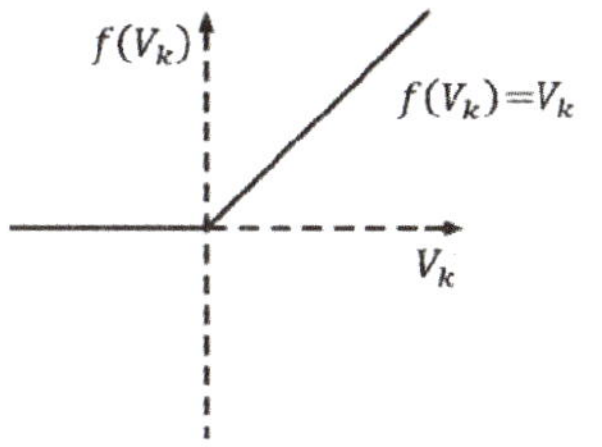

图 7–7　ReLU 激活函数

sion, PPR).① 投影寻踪是处理和分析高维数据的一类统计方法, 其基本思想是通过数据变换, 将样本观测点投影到一个待估计的新空间中. 确定最优新空间的依据是: 在这个空间易于找到变换后的输入变量和输出变量间的数量关系, 且回归预测的误差较低.

投影寻踪回归的模型形式为:

$$f(\boldsymbol{X})=\sum_{k=1}^{K}g_k(\boldsymbol{w}_k^{\mathrm{T}}\boldsymbol{X}) \tag{7.3}$$

式 (7.3) 表明, 首先将原空间中的样本观测点投影到包含 P 个元素的单位向量 $\boldsymbol{w}_k^{\mathrm{T}}(k=1,2,\cdots,K)$ 决定的方向上, 然后采用岭函数 (ridge function) $g_k()$ 去拟合变换后的样本观测点 $\boldsymbol{w}_k^{\mathrm{T}}\boldsymbol{x}_i(i=1,2,\cdots,N)$. 此外, 投影寻踪回归模型是可加式模型, 由 K 个模型 $g_k(\boldsymbol{w}_k^{\mathrm{T}}\boldsymbol{X})(k=1,2,\cdots,K)$ 组成. 其中, $\boldsymbol{w}_k^{\mathrm{T}}\boldsymbol{X}=w_{1w}X_1+w_{2k}X_2+\cdots+w_{Pk}X_P$, 即为不带常数项的回归模型, 对应一个过原点的回归平面. 在带常数项的一般情况下, $\boldsymbol{w}_k^{\mathrm{T}}\boldsymbol{X}$ 即为感知机中的加法器 $V_k=\boldsymbol{w}_k^{\mathrm{T}}\boldsymbol{X}+\theta_k$. 显然 $g_k(\boldsymbol{w}_k^{\mathrm{T}}\boldsymbol{X})$ 对应感知机中的激活函数 $f(V_K)=\widehat{y}_k$. 对感知机的一个输出节点来说, $K=1$.

总之, 感知机中一个输出节点的加法器和激活函数相结合, 本质上实现了最简单的投影寻踪回归, 通过恰当的激活函数, 能够揭示输入变量和输出变量间的非线性关系, 实现非线性回归预测.

事实上, 式 (7.3) 的模型形式同样适用于图 7–3 所示的进行多分类预测的感知机网络. 如前文所示, 由于最终的预测结果由两个输出节点 y_1,y_2 的输出 $\widehat{y}_1,\widehat{y}_2$ 共同决定, 此时 $f(\boldsymbol{X})=\sum_{k=1}^{K}g_k(\boldsymbol{w}_k^{\mathrm{T}}\boldsymbol{X})$ 中的 $K=2$.

综上所述, 分类预测中, 加法器给出了样本观测点与当前超平面的相对位置, 激活函数

① 投影寻踪回归是美国斯坦福大学的 Friedman 和 Tukey 在 1974 年首次提出的.

依据这个位置关系, 将位于超平面两侧的样本观测点指派为不同的类别, 或给出属于某类的概率. 回归预测中, 加法器和激活函数的组合实现了输入变量和输出变量的非线性回归.

7.2.4 感知机的权重训练

人工神经网络的建立是通过恰当的网络结构, 探索输入变量和输出变量间的数量关系, 并体现于连接权重中的过程. 因此, 神经网络训练的核心是连接权重不断迭代更新的过程.

一、连接权重更新的一般步骤

首先, 就单个输出节点 k 而言, 感知机将首先初始化连接权重向量 $\boldsymbol{w}_k$. 初始值默认为来自均值为 0、取值区间较小的均匀分布的随机数. 令初始权重均值为 0 的原因是, 对于 Logistic 激活函数而言, 初始阶段的节点模型会退化为近似线性的模型. 因此, 模型训练是从简单的接近线性的模型开始, 然后随连接权重的调整逐步演变成相对复杂的非线性模型. 初始权重取值区间较小的原因是避免各节点连接权重差异过大, 以确保各节点学习进度的均衡与协调, 各权重大致同时达到稳态.

初始时, 因输出节点 k 对应的超平面的位置由随机取值的连接权重 $\boldsymbol{w}_k$ 决定, 无法保证分类预测中大部分样本观测点落入超平面的正确一侧 (预测类别等于实际类别), 或者无法保证回归预测中预测值 (由回归曲面决定) 与实际值吻合或误差较小.

所以, 后续感知机需不断向训练样本学习, 通过不断迭代的方式, 基于训练集和当前的误差情况, 在 t 时刻 $\boldsymbol{w}_k(t)$ 的基础上, 得到更新后 $t+1$ 时刻的 $\boldsymbol{w}_k(t+1)$. 迭代的过程是超平面不断移动的过程. 以分类为例, 对于实际类别 $y_i=0$ 的样本观测点 $\boldsymbol{X}_i$, 若 t 时刻落在超平面的上方且该侧的指派类别为 1 类, 说明点 $\boldsymbol{X}_i$ 落入了错误的一侧. 此时只有将超平面继续向上方移动, 不断靠近并最终 "跨过" 点 $\boldsymbol{X}_i$ 才会得到正确的预测结果. 可见, 迭代过程是超平面不断向错误点 (错误分类或有较大的回归预测误差的点) 移动靠近和跨越的过程. 最终应将超平面定位到整体错判率或误差最小的位置上.

感知机的迭代步骤如下:

第一步, 计算各节点的加法器和激活函数, 给出节点的输出结果, 即样本观测的预测值.

第二步, 计算样本观测的预测值与实际值间的误差, 根据误差重新调整各连接权重.

需反复执行上述两步. 其间将依次向每个样本观测学习. 对所有样本观测学习结束后, 如果模型误差仍然较大, 则需重新开始新一轮 (周期) 的学习. 如果第二轮学习后仍不理想, 还需进行第三轮、第四轮的学习, 直到满足迭代终止条件为止. 迭代结束后将得到一组合理的连接权重和对应的理想超平面. 后续将依据超平面进行预测.

以上仅是训练连接权重的大体过程, 其中会涉及的细致问题包括: 第一, 如何度量误差; 第二, 如何通过迭代逐步调整网络权重. 以下将详细讨论这两个问题.

二、如何度量误差

理想的超平面应是总的误差最小时的超平面. 依据 2.1.3 节, 严谨的表述是: 理想的超平面应是损失函数最小时的超平面.

正如 2.1.3 节所述, 对于回归预测问题, 损失函数常采用平方损失函数: $L(y_i,\widehat{y}_i)=(y_i-\widehat{y}_i)^2$. 这里为方便计算采用 $L(y_i,\widehat{y}_i)=\dfrac{1}{2}(y_i-\widehat{y}_i)^2$ 的形式. 总的损失为 $\sum\limits_{i=1}^{N}L(y_i,\widehat{y}_i)=\dfrac{1}{2}\sum\limits_{i=1}^{N}(y_i-\widehat{y}_i)^2$. 因此, 对单个输出节点 k 来讲, 最优的网络权重和偏差权重为:

$$(\widehat{\boldsymbol{w}}_k,\widehat{\theta}_k)=\arg\min_{\boldsymbol{w}_k,\theta_k}\sum\frac{1}{2}[y_i-f(\boldsymbol{w}^{\mathrm{T}}\boldsymbol{X}_i+\theta_k)]^2 \tag{7.4}$$

正如 2.1.3 节所述, 对 $y\in\{0,1\}$ 的二分类预测问题, 损失函数一般为: $L(y_i,\widehat{P}(\boldsymbol{X}_i))=y_i\log\widehat{P}(\boldsymbol{X}_i)+(1-y_i)\log(1-\widehat{P}(\boldsymbol{X}_i))$. $\widehat{P}(\boldsymbol{X}_i)$ 为预测类别为 1 类的概率. 这种损失函数适合节点能够给出概率, 例如节点采用 Logistic 激活函数的情况. 若激活函数采用阶跃函数, 该损失函数就不再适用. 为此, 感知机采用基于错误分类的样本观测点定义损失函数, 并将输出变量类别值重新编码为 $y_i\in\{-1,+1\}$.

具体讲, 感知机输出节点 k 对应的超平面方程: $\theta_k+\boldsymbol{w}_k^{\mathrm{T}}\boldsymbol{X}=0$. 同时指定阶跃为:

$$\widehat{y}_i=f(V_k)=\begin{cases}+1, & \theta_k+\boldsymbol{w}_k^{\mathrm{T}}\boldsymbol{X}_i>0\\ -1, & \theta_k+\boldsymbol{w}_k^{\mathrm{T}}\boldsymbol{X}_i<0\end{cases} \tag{7.5}$$

于是, 对正确分类的样本观测有: $y_i(\theta_k+\boldsymbol{w}_k^{\mathrm{T}}\boldsymbol{X}_i)>0$ 成立; 对错误分类的样本观测有: $y_i(\theta_k+\boldsymbol{w}_k^{\mathrm{T}}\boldsymbol{X}_i)<0$ 成立. 错分样本观测点 $\boldsymbol{X}_i$ 到超平面的距离: $d_i=\dfrac{|\theta_k+\boldsymbol{w}_k^{\mathrm{T}}\boldsymbol{X}_i|}{\|\boldsymbol{w}_k\|}=\dfrac{-y_i(\theta_k+\boldsymbol{w}_k^{\mathrm{T}}(\boldsymbol{X}_i))}{\|\boldsymbol{w}_k\|}$, 其中, $\|\boldsymbol{w}_k\|=\sqrt{\boldsymbol{w}^{\mathrm{T}}\boldsymbol{w}_k}$. 于是, 总的损失为:

$$\sum_{\boldsymbol{X}_i\in\boldsymbol{E}}L(\boldsymbol{w}_k,\theta_k)=-\sum_{\boldsymbol{X}_i\in\boldsymbol{E}}y_i(\theta_k+\boldsymbol{w}_k^{\mathrm{T}}\boldsymbol{X}_i) \tag{7.6}$$

其中, $\boldsymbol{E}$ 表示错误分类的样本观测集合. 可见, 总的损失函数为正数, 值越大表示错误分类的样本观测越多, 或者错误分类的样本观测点到超平面的距离越大. 对单个输出节点 k 来讲, 最优的网络权重为:

$$(\widehat{\boldsymbol{w}}_k,\widehat{\theta}_k)=\arg\min_{\boldsymbol{w}_k,\theta_k}\left[-\sum_{\boldsymbol{X}_i\in\boldsymbol{E}}y_i(\theta_k+\boldsymbol{w}_k^{\mathrm{T}}\boldsymbol{X}_i)\right] \tag{7.7}$$

三、如何通过迭代逐步调整网络权重

对感知机的输出节点 k 迭代过程如下:

第一步, 迭代开始前即 0 时刻, 初始化各个连接权重和偏差权重, 记为: $\boldsymbol{w}_k(0)=\{w_{pk}(0),1\leqslant p\leqslant P,1\leqslant k\leqslant K\}$ 和 $\theta_k(0),1\leqslant k\leqslant K$. 图 7–3 中, $K=2$.

第二步, t 时刻输入节点接收并传递一个样本观测 $\boldsymbol{X}_i$ 给下层节点. 此时的连接权重记为: $\boldsymbol{w}_k(t)$. 输出节点 k 依据加法器和激活函数计算并给出预测结果:

$$\widehat{y}_{ik}(t)=f\left(\sum_{p=1}^{P}w_{pk}(t)\boldsymbol{X}_{ip}+\theta_k(t)\right),\quad k=1,2,\cdots,K$$

第三步, 计算 t 时刻总的损失函数:

$$E_i(t)=\sum_{k=1}^{K}L(y_{ik},\widehat{y}_{ik}) \tag{7.8}$$

这里的损失函数仅为 t 时刻读入的样本观测 $\boldsymbol{X}_i$ 的损失.

第四步, 在 $\boldsymbol{w}_k(t)$ 和 $\theta_k(t)$ 的基础上, 得到更新的连接权重 $\boldsymbol{w}_k(t+1)$ 和 $\theta_k(t+1)$.

同 6.4.1 节讨论的那样, 可采用梯度下降法, 权重更新应沿着损失函数在 $\boldsymbol{w}_k(t)$ 处的负梯度方向进行, 即 $\boldsymbol{w}_k(t+1)=\boldsymbol{w}_k(t)-\rho\left[\dfrac{\partial E}{\partial \boldsymbol{w}_k}\right]_{\boldsymbol{w}_k=\boldsymbol{w}_k(t)}$, $\theta_k(t+1)=\theta_k(t)-\rho\left[\dfrac{\partial E}{\partial \theta_k}\right]_{\theta_k=\theta_k(t)}$. 其中, 负号表示负梯度方向; ρ 为学习率. 有时第一项也可为 $\alpha\boldsymbol{w}_k(t)$ 和 $\alpha\theta_k(t)$, 其中 α 称为冲量, 可加速参数 $\boldsymbol{w}_k$ 和 $\theta_k(t)$ 收敛的速度并避免局部最优.

具体讲, 对于平方损失函数有:

$$\boldsymbol{w}_k(t+1)=\boldsymbol{w}_k(t)+\rho e_i(t)\boldsymbol{X}_i \tag{7.9}$$

$$\theta_k(t+1)=\theta_k(t)+\rho e_i(t) \tag{7.10}$$

其中, $e_i(t)=y_i-\widehat{y}_i(t)$ 为残差 (损失). 如果将偏差节点看作输入 X_0 等于常数 1 的特殊输入节点, 那么偏差权重的更新方法与连接权重的更新方法相同. 以后将不再重复给出偏差权重的更新.

对于式 (7.6) 的损失函数: $\boldsymbol{w}_k(t+1)=\boldsymbol{w}_k(t)+\eta y_i\boldsymbol{X}_i$. 因 $y_i\in\{-1,+1\}$, 等价为:

$$\boldsymbol{w}_k(t+1)=\boldsymbol{w}_k(t)+\frac{1}{2}\eta e_i(t)\boldsymbol{X}_i \tag{7.11}$$

式 (7.9) 至式 (7.11) 的第二项为权重的调整量, 记为 $\Delta\boldsymbol{w}(t)$, 有: $\boldsymbol{w}_k(t+1)=\boldsymbol{w}(t)+\Delta\boldsymbol{w}(t)$. 这种连接权重的更新规则是 delta 规则 (delta rule) 的具体体现, 即权重的调整量应与损失及节点的输入成正比.

第五步, 判断是否满足迭代终止条件.

如果满足, 则算法终止, 否则重新回到第二步, 直到满足终止条件为止.

迭代终止条件一般包括: 迭代次数等于指定的迭代次数; 或者训练周期等于指定的次数; 或者权重的最大调整量小于一个指定值, 权重基本稳定; 或者 $\sum_{i=1}^{N}E_i(t)<\varepsilon$, ε 为一个很小的正数. 其中一个条件满足即结束迭代.

用一个简单的回归预测示例说明以上计算过程. 表 7–1 中, X_1, X_2, X_3 为输入变量, y 为数值型输出变量, 样本量 $N=3$.

表 7–1　连接权重更新计算示例数据

样本观测	X_1	X_2	X_3	y
1	1	1	0.5	0.7
2	-1	0.7	-0.5	0.2
3	0.3	0.3	-0.3	0.5

为便于计算, 设 $\rho=0.1$, 激活函数 $f=V$. 对如图 7–8 所示的感知机, 0 时刻连接权重 $\boldsymbol{w}(0)=\{0.5,-0.3,0.8\}$.

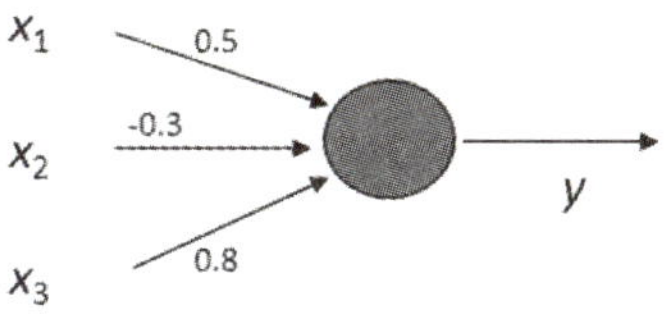

图 7–8　连接权重调整示例

$V(0) = 0.5 \times 1 + (-0.3) \times 1 + 0.8 \times 0.5 = 0.6$; 预测值 $\widehat{y}(0) = f(0.6) = 0.6$; 残差 $e(0) = y(0) - \widehat{y}(0) = 0.7 - 0.6 = 0.1$. $t = 1$ 时刻各连接权重更新为:

$$\Delta w_1(1) = 0.1 \times 0.1 \times 1 = 0.01, \quad w_1(1) = w_1(0) + \Delta w(1) = 0.5 + 0.01 = 0.51$$

$$\Delta w_2(1) = 0.1 \times 0.1 \times 1 = 0.01, \quad w_2(1) = w_2(0) + \Delta w(1) = -0.3 + 0.01 = -0.29$$

$$\Delta w_3(1) = 0.1 \times 0.1 \times 0.5 = 0.005, \quad w_3(1) = w_3(0) + \Delta w(1) = 0.8 + 0.005 = 0.805$$

同理, 可依据第 2、3 个样本观测进行第 2、3 次迭代. 第 2、3 次迭代后的权重更新值为: $\boldsymbol{w}(2) = \{0.6, -0.35, 0.85\}$, $\boldsymbol{w}(3) = \{0.45, -0.25, 0.78\}$. 此时总的损失为 1.165. 后续可能还需新一轮的学习.

连接权重的更新导致超平面移动. 这里以分类预测为例, 通过近似度量错误分类点 $\boldsymbol{X}_i$ 到超平面的距离变化, 进一步证明前文所述的超平面移动的方向. 设 $d_i(t+1), d_i(t)$ 分别为权重调整之后和之前, 错误分类点 $\boldsymbol{X}_i$ 到超平面的距离. 当学习率 η 很小时, 距离的变化量为:

$$\begin{aligned}
\Delta d_i = d_i(t+1) - d_i(t) &= \frac{-y_i(\theta_k(t+1) + \boldsymbol{w}_k^{\mathrm{T}}(t+1)\boldsymbol{X}_i)}{\|\boldsymbol{w}_k(t+1)\|} - \frac{-y_i(\theta_k(t) + \boldsymbol{w}_k^{\mathrm{T}}(t)\boldsymbol{X}_i)}{\|\boldsymbol{w}_k(t)\|} \\
&\approx -\frac{y_i}{\|\boldsymbol{w}_k(t)\|}[(\boldsymbol{w}_k^{\mathrm{T}}(t+1) - \boldsymbol{w}_k^{\mathrm{T}}(t))\boldsymbol{X}_i + (\theta_k(t+1) - \theta_k(t))] \\
&= -\frac{y_i}{\|\boldsymbol{w}_k(t)\|}[\eta y_i \boldsymbol{X}_i^{\mathrm{T}} \cdot \boldsymbol{X}_i + \eta y_i] = -\frac{\eta y_i^2}{\|\boldsymbol{w}_k(t)\|}(\boldsymbol{X}_i^{\mathrm{T}} \cdot \boldsymbol{X}_i + 1) < 0
\end{aligned}$$

可见, 经过一次迭代后错误分类的样本观测点更接近新的超平面, 所以连接权重更新的过程是将超平面向错误分类的样本观测点移动的过程.

此外需要说明的是, 由于连接权重和偏差权重的初始值是随机的, 因此相同迭代策略下迭代结束时的权重最终值可能是不等的, 有些可能是最优解, 有些可能仅是局部最优解. 如图 7–9 所示.

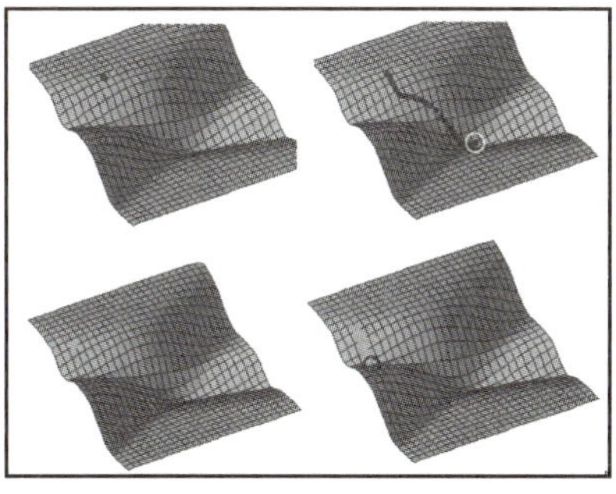

图 7–9　不同参数初始值下的解

图 7–9 中, 损失曲面上的起点位置由权重的初始值确定. 之后, 每步都沿着曲面向使损失函数下降最快的方向移动. 两次起点位置不同, 最终所得的参数解也不同. 右上图达到了损失函数的最低处, 得到的是全局最优解. 右下图只是局部最优解. 一般可通过迭代的多次重启动方式解决这个问题.

四、在线更新、批量更新和小批量更新

以上连接权重更新的策略称为**在线更新 (on-line), 即每次迭代的损失定义为当前 t 时刻输入的单个样本观测的损失**. 因这里的权重更新只与当前输入的单个样本观测有关, 且针对当前样本观测都实时进行一次权重更新, 因此称为在线更新. 进一步, 由于样本观测输入的顺序是随机的, 导致损失函数的梯度 (详见 7.3 节) 具有随机性, 这种方法也称为随机梯度下降法 (stochastic gradient descent, SGD).

随机梯度下降法是指基于随机抽取的一个样本观测上的损失更新参数. 这里, 当每个样本观测均参与过一次权重更新, 即在所有训练数据上均迭代一次, 就认为完成了一个训练周期或轮次. 在线更新策略中的学习率 ρ 通常是迭代次数 t 的非线性减函数, 迭代次数 $t \to \infty, \rho \to 0$.

在线更新的计算效率很高, 但存在的问题是: 单个样本观测损失函数 $E_i(t)=\sum\limits_{k=1}^{K} L(y_{ik}, \widehat{y}_{ik})$ 的负梯度方向, 并不一定是总损失函数 $E(t) = \sum\limits_{i=1}^{N}\sum\limits_{k=1}^{K} L(y_{ik}, \widehat{y}_{ik})$ 损失下降最快的方向, 导致每一次的更新不一定准确. 为此应采用批量 (batch) 更新策略.

批量更新策略中每次迭代均基于数据全体的总损失, 即式 (7.8) 的损失函数改为:

$$E(t) = \sum_{i=1}^{N}\sum_{k=1}^{K} L(y_{ik}, \widehat{y}_{ik}) \tag{7.12}$$

批量更新策略中, 每个训练周期只更新一次权重, 可指定进行多周期的训练. 批量更新策略中的学习率 ρ 通常为常数, 整个训练期保持不变.

尽管批量更新策略每次的权重更新更加准确, 但计算代价很高. 为兼顾计算效率和准确性两个方面, 可采用**小批量随机梯度下降法** (mini-batch stochastic gradient descent). 即基于随机抽取的部分样本 ($n < N$) 上的损失更新参数, 在线更新策略是 $n = 1$ 时的小批量随机梯度下降法的特例, 因而称为真 SGD 策略. 小批量 SGD 是针对真 SGD 而言的, 其中随机样本的样本量 $n < N$ 且 $n > 1$. 每个训练周期更新 N/n 次权重, 可指定进行多个周期的训练. 有很多有关随机梯度下降法的改进算法, 如带动量的 SGD、AdaGrad、RMSProp 等. 因相关内容属优化算法的范畴, 超出本书范围, 有兴趣的读者可自行参考相关资料学习.

7.3 多层感知机及 B-P 反向传播算法

多层感知机网络一般为图 7–2(b) 所示的前馈式三层网络, 以及包含更多隐藏层的多层网

络. 多层感知机是对感知机的有效拓展, 基本原理大致相同, 但有很多新的亮点. 因连接权重的更新通常采用反向传播算法, 所以有时也称多层感知机网络为 B-P (back propagation) 反向传播网络. 本节将首先对多层感知机的结构做简单说明, 然后重点讨论网络中隐藏层的意义, 以及连接权重 (包括偏差权重) 的反向传播更新策略.

7.3.1　多层网络的结构

多层网络一般为前馈式多层感知机网络. 其中简单的三层网络和节点情况如图 7–10 所示.

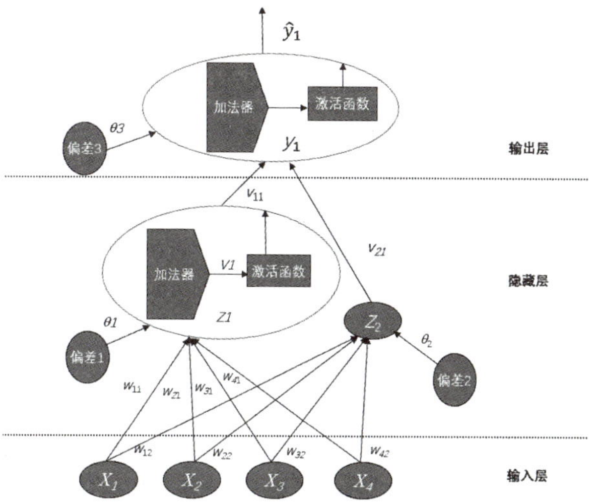

图 7–10　多层网络示意

图 7–10 为三层网络, 增加了包含 Z_1, Z_2 两个隐藏节点的隐藏层. 输入节点和隐藏节点连接上的 w_{11}, w_{12} 等, 表示输入节点与隐藏节点的连接权重. 偏差节点 θ_1, θ_2 分别与两个隐藏节点相连. 隐藏层数和隐藏节点个数决定了网络的复杂程度. 层数和节点个数越少, 网络越简单, 训练误差越高; 反之, 层数和节点个数越多, 网络越复杂, 训练误差越低, 但也可能出现过拟合. 因此两者的权衡是值得关注的. 实验表明, 一般较为简单的预测问题建议采用仅包含一个隐藏层的三层网络. 图 7–10 中输出节点仅有 y_1, 输出 (预测结果) 记为 $\hat{y}_1$. 隐藏节点和输出节点连接上的 v_{11}, v_{12} 表示隐藏节点与输出节点的连接权重. 偏差节点 θ_3 与输出节点相连.

与感知机网络类似, 多层网络中的隐藏节点也由加法器 V 和激活函数 f 组成. 图 7–10 中 t 时刻隐藏节点 $Z_m(m = 1, 2)$ 可表示为:

$$Z_m(t) = f(V_m(t)) = f\left(\sum_{p=1}^{P} w_{pm}(t)X_p(t) + \theta_m(t) = f(\boldsymbol{w}_m^{\mathrm{T}}(t)\boldsymbol{X}(t) + \theta_m(t))\right).$$

对有多个隐藏层的更一般情况, t 时刻对上层有 L 个隐藏节点与其连接的隐藏节点 Z_m 可表示为:

$$Z_m(t) = f\left(\sum_{l=1}^{L} w_{lm}(t)O_l(t) + \theta_m(t)\right) = f(\boldsymbol{w}_m^{\mathrm{T}}(t)O(t) + \theta_m(t)) \tag{7.13}$$

其中, $O_l(t)$ 表示 t 时刻上层第 l 个隐藏节点的输出.

三层或多层网络的输出节点, 如图 7–10 中的 y_1, 也由加法器 V 和激活函数 f 组成. 通常回归预测中激活函数 $f = V$, 分类预测中激活函数 f 常采用 softmax 函数 (多分类) 或 Logistic 函数 (二分类). 设输出节点的上层有 M 个隐藏节点与之相连 (如图 7–2(b) 所示), t 时刻输出节点 $y_k(k = 1, 2, \cdots, K)$ 的输出, 因回归预测和分类预测采用的激活函数不同而不同.

回归预测中, t 时刻输出节点 y_k 的输出为:

$$\widehat{y}_k = f(V_{yk}(t)) = f\left(\sum_{m=1}^{M} v_{mk}O_m(t) + \theta_{yk}(t)\right) = \boldsymbol{v}_k^{\mathrm{T}}(t)\boldsymbol{O}(t) + \theta_{yk}(t) \tag{7.14}$$

其中, $\theta_{yk}(t)$ 为 t 时刻输出节点 y_k 的偏差权重. 激活函数 f 为一个线性函数, 也可视为未设置激活函数. 进一步, 将图 7–10 所示的三层网络中隐藏节点的输出展开: $\boldsymbol{O}(t) = \boldsymbol{Z}(t) = (f(\boldsymbol{w}_1^{\mathrm{T}}(t)\boldsymbol{X}(t)), f(\boldsymbol{w}_2^{\mathrm{T}}(t)\boldsymbol{X}(t)), \cdots, f(\boldsymbol{w}_M^{\mathrm{T}}(t)\boldsymbol{X}(t)))^{\mathrm{T}}$. 结合式 (7.3) 可见, 三层网络恰恰是投影寻踪回归的具体体现. 式 (7.3) 中的 $K = M$, 且模型系数为 $\boldsymbol{v}_k^{\mathrm{T}}(t)$.

多分类预测中, 输出节点的激活函数多采用如下 softmax 函数. t 时刻输出节点 y_k 的输出为:

$$\widehat{y}_k = f(V_{yk}(t)) = \frac{\mathrm{e}^{V_yk(t)}}{\sum_{k=1}^{K} \mathrm{e}^{V_{yk}(t)}} = \frac{\mathrm{e}^{[\boldsymbol{v}_k^{\mathrm{T}}(t)\boldsymbol{O}(t)+\theta_{yk}(t)]}}{\sum_{k=1}^{K} \mathrm{e}^{[\boldsymbol{v}_k^{\mathrm{T}}(t)\boldsymbol{O}(t)+\theta_{yk}(t)]}} \tag{7.15}$$

显然, 输出结果在 (0, 1) 之间, 可视为输出变量预测为类别 k 的概率.

7.3.2 多层网络的隐藏节点

多层网络的重要特征之一是包含隐藏层. 在分类预测中, 隐藏层有非常重要的作用, 可实现非线性样本的线性化变换.

分类预测中的线性样本是指, 对 P 维输入变量空间的两类样本, 若能找到一个超平面将两类分开, 则该样本为线性样本, 否则为非线性样本.

实践中非线性样本普遍存在. 例如, 表 7–2 所示就是典型的二维非线性样本.

表 7–2 二维非线性样本

X_1	X_2	y
0	0	0
0	1	1
1	0	1
1	1	0

X_1, X_2 输入变量空间中的 4 个样本观测点的分布如图 7–11 所示. 其中, 实心点表示 0

类, 空心点表示 1 类.

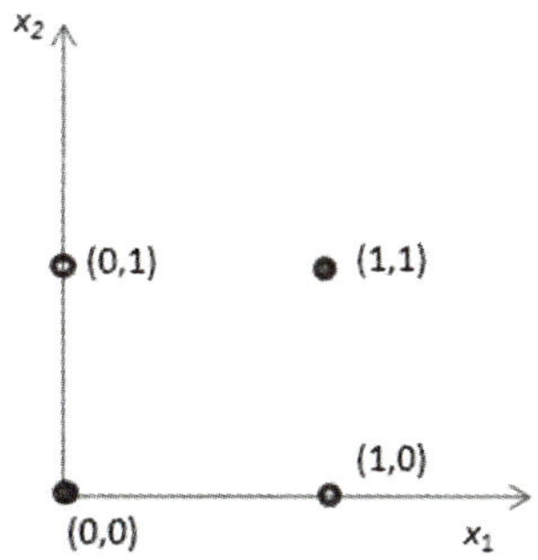

图 7–11　非线性样本示例

解决非线性样本的分类问题的一般方式是: 通过一定的变换, 将非线性样本变成在另一新空间中的线性样本, 然后再分类. 多层网络中的隐藏层节点的意义就在于此. 为阐明这个问题, 仍以表 7–2 的数据为例. 设三层网络结构为: 2 个输入节点, 分别对应输入变量 X_1, X_2; 1 个隐藏层, 包含 2 个隐藏节点 Z_1, Z_2; 1 个输出节点 Y; 3 个偏差节点. 如图 7–12 所示.

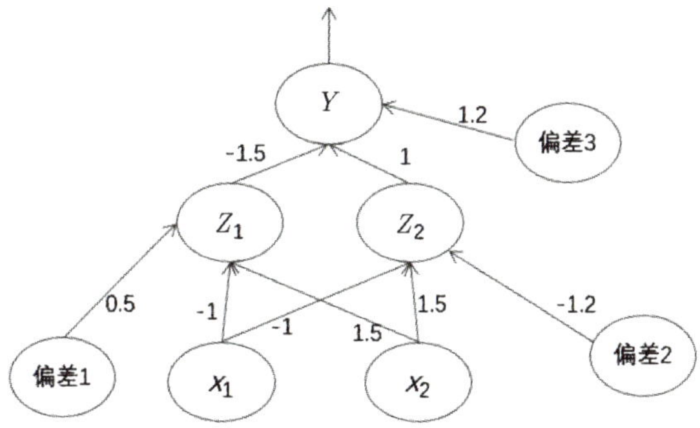

图 7–12　非线性样本的线性变换

图 7–12 中的连接权重和偏差权重是迭代结束后的结果. 为便于理解, 激活函数采用 [0, 1] 阶跃函数. 对于样本观测点$(X_1 = 1, X_2 = 1)$ 有

- Z_1 节点的输出为: $f(V_{Z_1}) = f((-1) \times 1 + 1.5 \times 1 + 0.5) = 1$;
- Z_2 节点的输出为: $f(V_{Z_2}) = f((-1) \times 1 + 1.5 \times 1 - 1.2) = 0$;
- y 节点的输出为: $f(V_y) = f((-1.5) \times 1 + (1) \times 0 + 1.2) = 0$.

可见, 样本观测点 $(X_1 = 1, X_2 = 1)$ 经过隐藏节点的作用, 最终输出节点 y 的输出为 0.

同理, 对于样本观测点 $(X_1 = 0, X_2 = 1)$ 有

- Z_1 节点的输出为: $f(V_{Z_1}) = f((-1) \times 0 + 1.5 \times 1 + 0.5) = 1$;
- Z_2 节点的输出为: $f(V_{Z_2}) = f((-1) \times 0 + 1.5 \times 1 - 1.2) = 1$;
- y 节点的输出为: $f(V_y) = f((-1.5) \times 1 + (1) \times 1 + 1.2) = 1$.

可见, 样本观测点 $(X_1 = 0, X_2 = 1)$ 经过隐藏节点的作用, 最终输出节点 y 的输出为 1.

其他类似. 事实上, 正如前文所述, 隐藏节点 Z_1, Z_2 分别代表两个超平面 (这里为直线), 将输入变量 (X_1, X_2) 构成的空间划分为 3 个区域, 如图 7–13 左图所示.

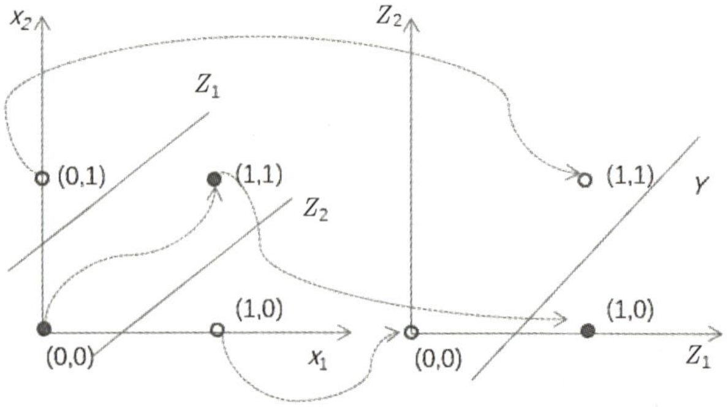

图 7–13 隐藏节点的空间变换以及超平面

在输入变量 (X_1, X_2) 空间中, 隐藏节点对应的两条直线 Z_1, Z_2 将 4 个样本观测点划分在 3 个区域内:

- 点 $(X_1 = 0, X_2 = 0)$ 和点 $(X_1 = 1, X_2 = 1)$ 落入两条直线 Z_1, Z_2 的中间区域, 两个隐藏节点的输出分别为 $(f(V_{Z_1}) = 1, f(V_{Z_2}) = 0)$.
- 点 $(X_1 = 0, X_2 = 1)$ 和点 $(X_1 = 1, X_2 = 0)$ 落入两条直线 Z_1, Z_2 外侧区域, 两个隐藏节点的输出分别为 $(f(V_{Z_1}) = 1, f(V_{Z_2}) = 1)$ 和 $(f(V_{Z_1}) = 0, f(V_{Z_2}) = 0)$.

将 (X_1, X_2) 空间中的点变换到 (Z_1, Z_2) 空间中, 如图 7–13 右图所示. 其中, 点 $(X_1 = 0, X_2 = 0)$ 和点 $(X_1 = 1, X_2 = 1)$ 在 Z_1, Z_2 空间中重合为一个点 $(Z_1 = 1, Z_2 = 0)$. 可见, 在 Z_1, Z_2 空间中节点 y 可将两类样本分开. 原来的非线性样本变换为线性样本.

进一步, 与投影寻踪回归的模型形式相结合可知, 一个隐藏节点的作用是将样本观测点投影到由连接权重 (权重取决于预测误差) 决定的一个方向上. 多个隐藏节点会将样本观测点投影到由多组连接权重决定的多个方向上. 隐藏节点的输出就是样本观测点在由多个方向决定的新空间中的坐标. 通过多个隐藏节点的空间变换作用, 多层感知机能够很好地解决非线性分类预测问题, 如图 7–14 所示 (Python 代码详见 7.4.2 节).

仍采用图 6–8 左图所示的模拟数据, 不同颜色和符号 (圆圈和五角星) 的点分别代表输出变量的两个类别 (0 和 1 类, 各占约 50%), 显然这是个非线性样本. 这里采用三层感知机进行分类预测. 四幅图中背景为浅粉色和浅灰色的两块区域分别代表预测类别为 0 类和 1 类的区域. 第一行两幅图为隐藏节点数分别等于 1 和 2 的情况. 尽管两个模型的训练误差都等于 0.5, 但第一幅图将整个区域都预测为 1 类没有分类边界, 而第二幅图给出了分类边界. 左下图的预测效果明显改善, 其隐藏节点数等于 4, 分类边界也从右上图的直线变成了曲线, 训练误差降低到 0.16. 右下图为隐藏节点为 30 个时的情况, 分类边界变成了圆圈, 错误率降至 0.11. 可见, 隐藏节点增加可导致分类边界从直线逐步变为曲线和圆圈, 实现了非线性样本的分类.

此外, 隐藏节点的个数远远小于输入变量的个数时, 隐藏节点可起到降维作用, 并可类似主成分回归那样解决原始输入变量存在相关性下的非线性预测问题.

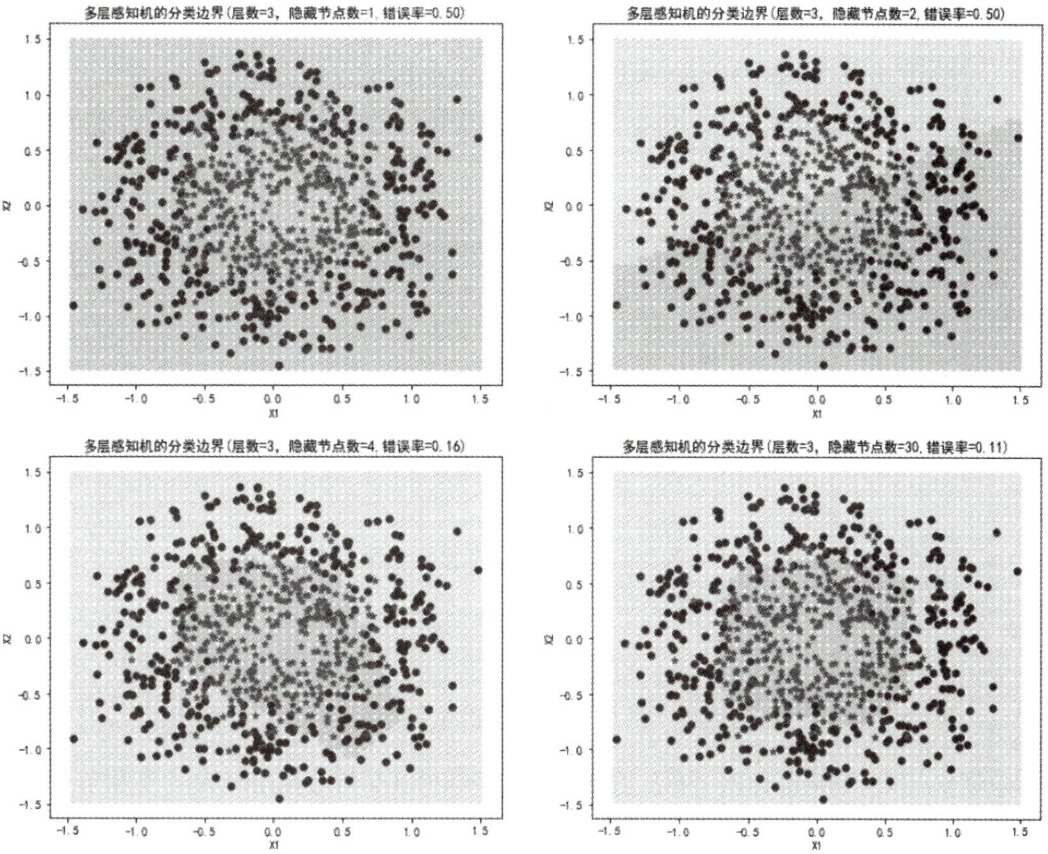

图 7–14　多层感知机隐藏节点的意义

7.3.3 B-P 反向传播算法

反向传播是多层网络权重更新的重要特点. 正如前文所述, 输入节点和输出节点之间权重更新是基于输出节点的误差. 二层感知机网络中输出变量的实际值已知, 误差可直接计算并用于权重更新. 但该策略无法直接应用于三层或多层反向传播网络, 原因在于隐藏节点并没有 "实际输出". 为此, 多层网络引入了反向传播机制传递误差并完成权重更新.

B-P 反向传播算法包括正向传播和反向传播两个阶段. 正向传播阶段, 样本信息从输入层开始, 由上至下逐层经隐藏节点计算处理, 上层节点的输出作为下层节点的输入, 最终样本信息被传播到输出层节点, 得到预测结果和预测误差. 正向传播期间所有权重保持不变. 计算出预测误差后进入反向传播阶段. B-P 反向传播算法将输出节点的预测误差反方向逐层传播到上层隐藏节点, 逐层更新权重, 直至隐藏节点和输出节点、输入节点和隐藏节点间的权重全部更新为止. 以下仅给出三层 B-P 反向传播算法在回归预测中的权重更新.

t 时刻隐藏节点 Z_m 和输出节点 y_k 的权重更新, 以及输入节点 X_p 和隐藏节点 Z_m 的权重更新, 可分别表示为:

$$v_{mk}(t+1) = v_{mk}(t) + \Delta v_{mk}(t)$$

$$w_{pm}(t+1) = w_{pm}(t) + \Delta w_{pm}(t)$$

t 时刻, 为更新隐藏节点 Z_m 和输出节点 y_k 的权重, 计算仅针对样本观测 $\boldsymbol{X}_i$ 损失的梯度:

$$\left[\frac{\partial E_i}{\partial v_{mk}}\right]_{\boldsymbol{v}_{mk}=v_{mk}(t)} = -(y_{ik} - \widehat{y}_{ik})f'(\boldsymbol{v}_k^{\mathrm{T}}\boldsymbol{Z}_i)Z_{im} \tag{7.16}$$

并令

$$\delta_{ik} = (y_{ik} - \widehat{y}_{ik})f'(\boldsymbol{v}_k^{\mathrm{T}}\boldsymbol{Z}_i) \tag{7.17}$$

称为输出节点 y_k 的局部梯度. 可见, 局部梯度中包含了误差信息 $(y_{ik} - \widehat{y}_{ik})$.

t 时刻, 为更新输入节点 X_p 和隐藏节点 Z_m 的权重, 计算仅针对样本观测 $\boldsymbol{X}_i$ 损失的梯度:

$$\left[\frac{\partial E_i}{\partial w_{pm}}\right]_{w_{pm}=w_{pm}(t)} = -\sum_{k=1}^{K}(y_{ik} - \widehat{y}_{ik})f'(\boldsymbol{v}_k^{\mathrm{T}}\boldsymbol{Z}_i)v_{mk}f'(\boldsymbol{w}_m^{\mathrm{T}}\boldsymbol{X}_i)X_{ip} \tag{7.18}$$

并令

$$S_{mi} = f'(\boldsymbol{w}_m^{\mathrm{T}}\boldsymbol{X}_i)\sum_{k=1}^{K}(y_{ik} - \widehat{y}_{ik})f'(\boldsymbol{v}_k^{\mathrm{T}}\boldsymbol{Z}_i)v_{mk} = f'(\boldsymbol{w}_m^{\mathrm{T}}\boldsymbol{X}_i)\sum_{k=1}^{K}\delta_{ik}v_{mk} \tag{7.19}$$

称为隐藏节点 Z_m 的局部梯度. 可见, 隐藏节点的局部梯度受与之相连的 K 个下层节点 (这里为输出节点) 的局部梯度 δ_{ik} 的影响, 可将 v_{mk} 视为影响的权重. δ_{ik} 中包含的误差信息 $(y_{ik} - \widehat{y}_{ik})$ 也传递到这里的局部梯度中, 这正是误差反向传播的具体体现, 并对输入节点和隐藏节点间的权重更新产生影响.

对于批处理策略, 权重更新量分别为:

$$\Delta v_{mk}(t) = -\rho(-\sum_{i=1}^{N}\delta_{mi}Z_{im}) \tag{7.20}$$

$$\Delta w_{pm}(t) = -\rho\left(-\sum_{i=1}^{N}S_{mi}X_{ip}\right) \tag{7.21}$$

权重更新为:

$$v_{mk}(t+1) = v_{mk}(t) + \rho\sum_{i=1}^{N}\delta_{mi}Z_{im} \tag{7.22}$$

$$w_{pm}(t+1) = w_{pm}(t) + \rho\sum_{i=1}^{N}S_{mi}X_{ip} \tag{7.23}$$

综上, B-P 反向传播算法的最大特点就是误差的反向传播. 误差以局部梯度的形式逐层反向传递给下层的所有隐藏节点, 体现在下层隐藏节点的局部梯度中, 并最终影响各个权重的更新.

7.3.4 多层网络的其他问题

这里, 对以下问题做简要说明.

一、多层网络中若隐藏节点较多 (模型复杂度高) 会导致过拟合问题

对此, 可像 5.3.1 节和 6.5 节讨论的那样, 在式 (7.12) 损失函数中增加复杂模型, 得到目标函数: $E(t)+\alpha J(t)$, 并估计目标函数最小下的连接权重. 其中, $\alpha \geqslant 0$ 为一个可调的复杂度参数, 度量了模型复杂度增加对目标函数的影响系数. $J(t)$ 为模型复杂度, 如定义为: $J(t)=\sum\limits_{mk} v_{mk}^2(t)+\sum\limits_{pm} w_{pm}^2(t)$, 或者定义为: $J(t)=\sum\limits_{mk}\dfrac{v_{mk}^2(t)}{1+v_{mk}^2(t)}+\sum\limits_{pm}\dfrac{w_{pm}^2(t)}{1+w_{pm}^2(t)}$. 在以目标函数最小为目标时, 当 α 设置为较大值时 $J(t)$ 趋于 0. 这意味着有些连接权重近似等于 0, 本质上实现了减少隐藏节点个数, 降低模型复杂度的目的. 相关内容还会在 9.3 节讨论.

二、多层网络中若隐藏层较多会导致梯度消失问题

在 B-P 反向传播过程中, 由式 (7.23) 可知, 输入节点 X_p 和隐藏节点 Z_m 间的连接权重 w_{pm} 的更新取决于隐藏节点 Z_m 的局部梯度 S_{mi}, 而 S_{mi} 又受下层输出节点局部梯度 δ_{ik} 的影响, 即受激活函数导数 $f'(\boldsymbol{v}_k^{\mathrm{T}}\boldsymbol{Z}_i)$ 的影响. 在如图 7–15 所示的多层网络中, 这种情况表现为下层的局部梯度受上层局部梯度的影响, 输入层与隐藏层间的连接权重的更新将受逐层激活函数导数的连乘积影响. 若单个节点激活函数的导数较小 (如采用 Logistic 激活函数, 当加法器的绝对值较大时激活函数的导数近似为 0), 导数的多个连乘将更小并接近 0. 这样不仅会导致预测误差信息的反向传播随层次的增加而不断衰减, 也使得连接权重的更新量近似为 0, 这就是所谓的梯度消失问题 (vanishing gradient problem).

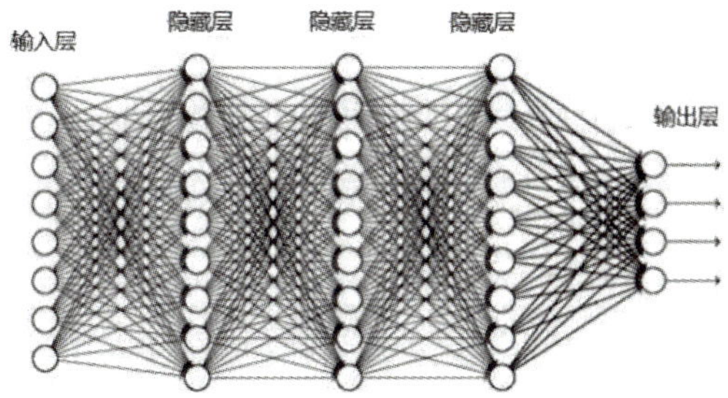

图 7–15 多层网络示意图

为此, 解决方案之一就是隐藏节点的激活函数采用 ReLU 激活函数: $f(V_k)=\max(V_k,0)$. 因 ReLU 激活函数的导数等于 1 (在正数区间上), 可有效解决梯度消失问题.

此外, 大量实践表明, 采用 ReLU 激活函数的多层网络, 权重更新更准确, 计算效率更高, 收敛速度更快.

这里以手写体邮政编码数字的识别为例讨论 (Python 代码详见 7.4.3 节). 图 7–16 左图为邮政编码数字不同手写体下的 16×16 点阵的灰度图. 现基于点阵数据采用三层感知机网络对手写体数字进行识别. 图 7–16 右图为分别采用 ReLU 激活函数和 Logistic 激活函数, 训练得到的两个网络的训练误差和测试误差随隐藏节点数增加的变换曲线. 显然, 当隐藏节点个数等于 3 时,ReLU 激活函数的测试误差约为 0.15, 但 Logistic 激活函数的测试误差约为 0.32. 当隐藏节点个数等于 5 时,ReLU 激活函数的测试误差约为 0.1,Logistic 激活函数的测试误差约降至 0.20. 后续继续增加隐藏节点, 两种激活函数的测试误差基本维持在同一水平上, 且 ReLU 激活函数略优于 Logistic 激活函数. 可见,ReLU 激活函数可在很简单的网络结构下获得比较理想的预测效果, 有利于避免模型的过拟合问题.

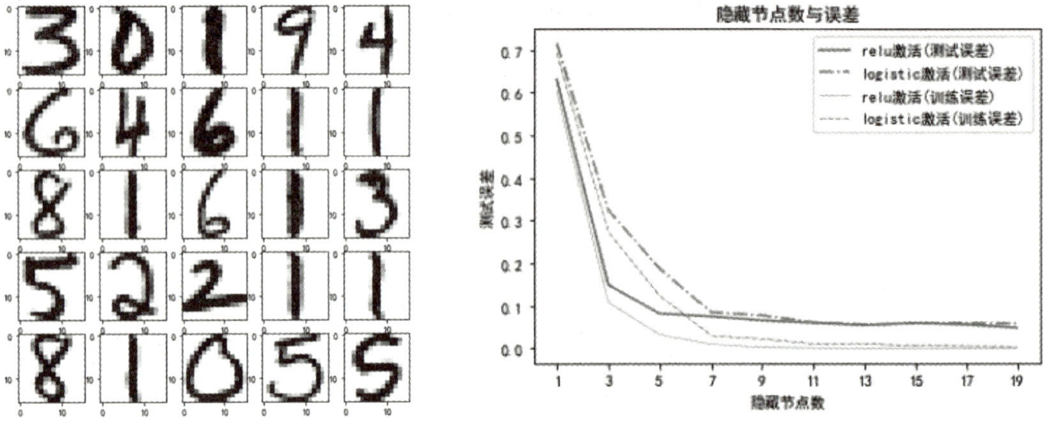

图 7–16 ReLU 与 Logistic 激活函数的对比 (一)

图 7–17 是基于空气质量监测数据, 采用多层网络预测 PM2.5 浓度的损失曲线 (Python 代码详见 7.4.4 节). 其中, 横坐标为迭代次数, 纵坐标为当前的平方损失值, 展示了分别采用 ReLU 和 Logistic 激活函数下平方损失随迭代次数增加而下降的情况. 实线和点直线分别为三层网络下采用 ReLU 和 Logistic 激活函数的损失值. 可见, ReLU 激活函数可使损失值很

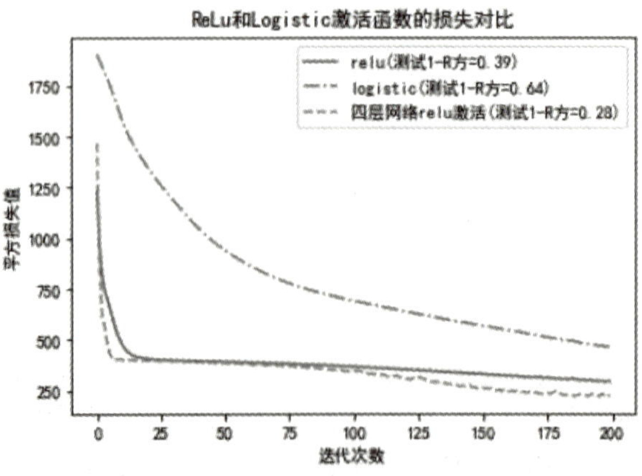

图 7–17 ReLU 与 Logistic 激活函数的对比 (二)

快下降并快速收敛. 迭代 100 次后平方损失变化不大, 表明权重趋于收敛. Logistic 激活函数的平方损失降低较慢. 从趋势看还需更多次数的迭代方可收敛. 此外, ReLU 激活函数下的损失值始终小于 Logistic 激活函数, ReLU 的权重更新更准确. 但因三层网络层数不多, 两种激活函数下的测试误差 $(1-R^2)$ 均很高. 进一步, 建立包含两个隐藏层的四层网络并采用 ReLU 激活函数, 平方损失随迭代次数增加下降的情况如虚线所示. 可以看到, 增加网络结构的复杂度需要更多次的迭代. 迭代 100 次之后平方损失仍继续下降, 大约 175 次迭代后权重趋于收敛, 模型预测效果得到改善.

三、B-P 反向传播算法的执行效率较低

B-P 反向传播算法的执行效率是较低的. 为此涌现了一些高效率的基于 SGD 的优化算法. 例如, 2011 年 Duchi 等学者提出的适用于稀疏梯度 (sparse gradients) 的 AdaGrad 算法①, 2012 年 Tieleman 等学者提出的适用于在线和非稳定梯度的 RMSProp 算法②, 以及 2015 年 Diederik P. Kingma 等学者提出的基于 AdaGrad 和 RMSProp 结合的 Adam 算法③ 等. 读者如有兴趣可查阅相关文献.

7.4 Python 实践课：加深理论理解，探索应用实践

为进一步加深对神经网络的理论理解, 并探索神经网络的应用实践, 设计如下 Python 实践内容:

第一, 探讨二层感知机输出节点不同激活函数的情况.

第二, 利用模拟数据探讨多层感知机网络中隐藏节点的影响.

第三, 基于手写体邮政编码点阵数据实现数字识别.

第四, 基于空气质量监测数据对 PM2.5 的浓度进行预测.

以下是本章需导入的 Python 模块:

```
#本章需导入的模块
import numpy as np
import pandas as pd
import matplotlib.pyplot as plt
from pylab import *
import matplotlib.cm as cm
import warnings
warnings.filterwarnings(action = 'ignore')
%matplotlib inline
plt.rcParams['font.sans-serif']=['SimHei']  #解决中文显示乱码问题
plt.rcParams['axes.unicode_minus']=False
from mpl_toolkits.mplot3d import Axes3D
from sklearn.datasets.samples_generator import make_circles
```

① Duchi et al. Adaptive subgradient methods for online learning and stochastic optimization. The Journal of Machine Learning Research, 2011 (12).

② Tieleman T and Hinton G. Lecture 6.5-RMSProp, Coursera: neural networks for machine learning. Technical Report, 2012.

③ DiederikP.Kingma et al. Adam: a method for stochastic optimization. ICLR, 2015.

```
14 from sklearn.model_selection import train_test_split
15 from sklearn.metrics import zero_one_loss,r2_score,mean_squared_error
16 import sklearn.neural_network as net
```

其中，第 16 行为新增模块，用于实现感知机网络.

7.4.1 实践一：探讨二层感知机输出节点不同激活函数的情况

激活函数是感知机网络的重要组成部分，对数据预测起着非常重要的作用. 这里 (文件名:chapter7-1.ipynb) 基于模拟数据，展示二层感知机网络中不同激活函数对预测结果的实际影响.

一、Logistic 激活函数

```
1 x1=np.linspace(-5,5,20)
2 x2=np.linspace(-5,5,20)
3 X1,X2= np.meshgrid(np.linspace(x1.min(),x1.max(),20), np.linspace(x2.min(),x2.max(),20))
4 w=[1/np.sqrt(2),1/np.sqrt(2)]
5 V=w[0]*X1+w[1]*X2+0.5
6 Y=1/(1+np.exp(-V))
7 fig = plt.figure(figsize=(20,6))
8 ax1 = fig.add_subplot(131, projection='3d')
9 ax1.plot_wireframe(X1,X2,Y,linewidth=0.5)
10 ax1.plot_surface(X1,X2,Y,alpha=0.3)
11 ax1.set_xlabel('X1')
12 ax1.set_ylabel('X2')
13 ax1.set_zlabel('Y')
14 ax1.set_title('感知机的分类或回归面(logistic激活函数)')
```

【代码说明】

(1) 第 1～3 行：生成变量 X_1, X_2，变量值为 $[-5,+5]$ 间均匀分布的 20 个值. 为展示二层感知机网络输出节点的预测结果，准备数据：$[-5,+5]$ 间均匀分布的 400 个样本观测数据.

(2) 第 4、5 行：指定二层感知机网络中，输入节点 X_1, X_2 与输出节点 y 的连接权重为 $\left(\frac{1}{\sqrt{2}},\frac{1}{\sqrt{2}}\right)^{\mathrm{T}}$，偏差权重等于 0.5. 因此加法器为：$\frac{1}{\sqrt{2}}X_1+\frac{1}{\sqrt{2}}X_2+0.5$.

(3) 第 6 行：指定激活函数为 Logistic 函数，于是输出节点的输出为：

$$\widehat{y}=\frac{1}{1+\exp\left(-\left(\frac{1}{\sqrt{2}}X_1+\frac{1}{\sqrt{2}}X_2+0.5\right)\right)}$$

(4) 第 8～14 行：绘制输入节点 X_1, X_2 的取值与输出节点 y 预测值间的关系曲面图，如图 7-6 左图所示. 图形显示，输入节点 X_1, X_2 与输出节点 y 预测值间的关系呈一个曲面，表明 Logistic 激活函数可以刻画和体现输入变量和输出变量间的非线性关系.

二、tanh 激活函数

```
Y=(np.exp(V)-np.exp(-V))/(np.exp(V)+np.exp(-V))
ax2 = fig.add_subplot(132, projection='3d')
ax2.plot_wireframe(X1,X2,Y,linewidth=0.5)
```

```
19 ax2.plot_surface(X1,X2,Y,alpha=0.3)
20 ax2.set_xlabel('X1')
21 ax2.set_ylabel('X2')
22 ax2.set_zlabel('Y')
23 ax2.set_title('感知机的分类或回归面(tanh激活函数)')
24 #fig.subplots_adjust(hspace=0.5)
25 fig.subplots_adjust(wspace=0)
```

【代码说明】

(1) 第 16 行: 计算输出节点 y 的加法器等于 $V_k=\dfrac{1}{\sqrt{2}}X_1+\dfrac{1}{\sqrt{2}}X_2+0.5$ 时, 采用双曲正切 (tanh) 函数的输出结果 $\widehat{y}=\dfrac{\mathrm{e}^{V_k}-\mathrm{e}^{-V_k}}{\mathrm{e}^{V_k}+\mathrm{e}^{-V_k}}$.

(2) 第 18~23 行: 绘制输入节点 X_1,X_2 的取值与输出节点 y 预测值间的关系曲面图, 如图 7-6 中图所示. 图形显示, 输入节点 X_1,X_2 与输出节点 y 预测值间的关系呈一个更为陡峭的曲面, 表明 tanh 激活函数也可以刻画和体现输入变量和输出变量间的非线性关系.

三、ReLU 激活函数

```
27 Y=np.zeros((V.shape))
28 id=np.where(V>0)
29 Y[id]=V[np.where(V>0)]
30 ax3 = fig.add_subplot(133, projection='3d')
31 ax3.plot_wireframe(X1,X2,Y,linewidth=0.5)
32 ax3.plot_surface(X1,X2,Y,alpha=0.3)
33 ax3.set_xlabel('X1')
34 ax3.set_ylabel('X2')
35 ax3.set_zlabel('Y')
36 ax3.set_title('感知机的分类或回归面(relu激活函数)')
```

【代码说明】

(1) 第 27~29 行: 计算输出节点 y: 的加法器等于 $V_k=\dfrac{1}{\sqrt{2}}X_1+\dfrac{1}{\sqrt{2}}X_2+0.5$ 时, 采用 ReLU 激活函数的输出结果 $\widehat{y}=\max(V_k,0)$.

(2) 第 31~36 行: 绘制输入节点 X_1,X_2 的取值与输出节点 y 预测值间的关系曲面图, 如图 7-6 右图所示. 图形显示, 输入节点 X_1,X_2 与输出节点 y 预测值间的关系具有分段特点. 从定义上看, $V_k\leqslant 0$ 时 $\widehat{y}=0$, $V_k>0$ 时 $\widehat{y}=V_k$. 但由于 V_k 为 X_1,X_2 的线性组合, 因此 ReLU 激活函数可展示输入变量和输出变量间更复杂的关系.

7.4.2 实践二: 利用模拟数据探讨多层感知机网络中隐藏节点的影响

多层感知机网络的重要特征是拥有隐藏层. 隐藏层能够有效实现非线性样本的线性变换. 这里 (文件名:chapter7-2.ipynb) 将以分类边界的形式直观展示多层感知机的这个特点.

```
N=800
X,Y=make_circles(n_samples=N,noise=0.2,factor=0.5,random_state=123)
unique_lables=set(Y)
X1,X2= np.meshgrid(np.linspace(X[:,0].min(),X[:,0].max(),50),np.linspace(X[:,1].min(),X[:,1].max(),50))
X0=np.hstack((X1.reshape(len(X1)*len(X2),1),X2.reshape(len(X1)*len(X2),1)))

fig,axes=plt.subplots(nrows=2,ncols=2,figsize=(15,12))
```

```
8  colors=plt.cm.Spectral(np.linspace(0,1,len(unique_lables)))
9  markers=['o','*']
10 for hn,H,L in [(1,0,0),(2,0,1),(4,1,0),(30,1,1)]:
11     NeuNet=net.MLPClassifier(hidden_layer_sizes=(hn,),random_state=123)
12     NeuNet.fit(X,Y)
13     Y0=NeuNet.predict(X0)
14     axes[H,L].scatter(X0[np.where(Y0==0),0],X0[np.where(Y0==0),1],c='mistyrose')
15     axes[H,L].scatter(X0[np.where(Y0==1),0],X0[np.where(Y0==1),1],c='lightgray')
16     axes[H,L].set_xlabel('X1')
17     axes[H,L].set_ylabel('X2')
18     axes[H,L].set_title('多层感知机的分类边界(层数=%d,隐藏节点数=%d,错误率=%.2f)'%(NeuNet.n_layers_,hn,1-NeuNet.score(X,Y)))
19     for k,col,m in zip(unique_lables,colors,markers):
20         axes[H,L].scatter(X[Y==k,0],X[Y==k,1],color=col,s=30,marker=m)
```

【代码说明】

(1) 第 1、2 行: 生成同图 6-8 左图所示的模拟数据, 是一个典型的非线性样本.

(2) 第 3、4 行: 为绘制分类边界准备数据: 在两个输入变量的取值范围内的 2 500 个样本观测点.

(3) 第 10~20 行: 利用 for 循环分别建立四个具有不同隐藏节点的多层感知机网络. 拟合训练数据并计算训练误差. 预测 2 500 个样本观测点的类别. 指定 0 类区域为粉色,1 类区域为灰色, 形成两类的分类边界. 最后将样本数据添加到图上. 所得四幅图如图 7-14 所示. 图形显示, 隐藏节点增加导致分类边界从直线逐步变为曲线和圆圈, 实现了非线性样本的分类.

这里, 利用函数 MLPClassifier() 实现多层感知机分类. 其中, 参数 hidden_layer_sizes 用于指定隐藏层和隐藏节点个数. 如:(100,20) 表示有两个隐藏层分别包含 100 和 20 个隐藏节点. MLPClassifier() 默认的激活函数为 ReLU 函数, 最大迭代次数为 200, 三层网络 (一个隐藏层包含 100 个隐藏节点). 采用 Adam 随机梯度优化算法.

7.4.3 实践三: 基于手写体邮政编码点阵数据实现数字识别

本节 (文件名: 插入 chapter7-3.ipynb) 基于手写体邮政编码点阵数据, 利用多层感知机网络实现数字识别, 并对比不同激活函数的差异.

一、手写体邮政编码点阵数据的可视化

```
1  data=pd.read_table('邮政编码数据.txt',sep=' ',header=None)
2  X=data.iloc[:,1:-1]
3  Y=data.iloc[:,0]
4  #print(Y.unique())
5  np.random.seed(1)
6  ids=np.random.choice(len(Y),25)
7  plt.figure(figsize=(8,8))
8  for i,item in enumerate(ids):
9      img=np.array(X.iloc[item,]).reshape((16,16))
10     plt.subplot(5,5,i+1)
11     plt.imshow(img,cmap=cm.gray_r)
12 plt.show()
```

【代码说明】

(1) 第 1~3 行: 读入手写体邮政编码数字数据.

手写体邮政编码数字以文本文件格式存储. 数据为 16×16 的灰度点阵值, 存放在第 2~257 列上, 将作为输入变量. 第 1 列为灰度点阵数据对应的实际数字, 将作为输出变量.

(2) 第 5、6 行: 随机抽取 25 个邮政编码数字以备后续展现.

(3) 第 8~11 行: 利用 for 循环展现 25 个邮政编码数字.

对每个数字, 需首先将以行组织的数据转换成 16×16 的二维数组. 然后, 采用函数 imshow() 将存储在数组中的点阵数据显示为图像. 图像数据通常用数组的第三维表示颜色. 因本例没有颜色, 可通过指定参数 cmap 为 cm.gray_rcm.gray_r, 表示以白色为背景显示灰度图像. 所得图形如图 7–16 左图所示.

二、基于手写体邮政编码点阵数据的数字识别

基于点阵数据采用三层感知机网络对手写体邮政编码数字进行识别.

```
1  X_train, X_test, Y_train, Y_test = train_test_split(X,Y,train_size=0.60, random_state=123)
2  #NeuNet=net.MLPClassifier(activation='logistic',solver='sgd',batch_size=50)
3  nodes=np.arange(1,20,2)
4  acts=['relu','logistic']
5  errTrain=np.zeros((len(nodes),2))
6  errTest=np.zeros((len(nodes),2))
7  for i,node in enumerate(nodes):
8      for j,act in enumerate(acts):
9          NeuNet=net.MLPClassifier(hidden_layer_sizes=(node,),activation=act,random_state=1)
10         NeuNet.fit(X_train,Y_train)
11         errTrain[i,j]=1-NeuNet.score(X_train,Y_train)
12         errTest[i,j]=1-NeuNet.score(X_test,Y_test)
```

【代码说明】

(1) 第 1 行: 利用旁置法, 将数据集按 60%和 40%划分成训练集和测试集.

(2) 第 3~6 行: 建模准备. 指定激活函数分别为 ReLU 和 Logistic 函数. 隐藏节点个数为 1、3、5 至 19. 定义两个数组分别存储不同模型的训练误差和测试误差.

(3) 第 7~12 行: 通过两个 for 循环依次建立多个三层感知机网络.

首先, 建立拥有不同个数隐藏节点的三层感知机网络, 激活函数依次为 ReLU 和 Logistic 函数. 拟合训练集, 计算训练误差和测试误差.

```
1  plt.plot(nodes,errTest[:,0],label="relu激活(测试误差)",linestyle='-')
2  plt.plot(nodes,errTest[:,1],label="logistic激活(测试误差)",linestyle='-.')
3  plt.plot(nodes,errTrain[:,0],label="relu激活(训练误差)",linestyle='-',linewidth=0.5)
4  plt.plot(nodes,errTrain[:,1],label="logistic激活(训练误差)",linestyle='-.',linewidth=0.5)
5  plt.title('隐藏节点数与误差')
6  plt.xlabel('隐藏节点数')
7  plt.ylabel('误差')
8  plt.xticks(nodes)
9  plt.legend()
```

【代码说明】

(1) 第 1、2 行: 绘制采用 ReLU 和 Logistic 激活函数时, 测试误差随隐藏节点个数增加的变换曲线.

(2) 第 3、4 行: 绘制采用 ReLU 和 Logistic 激活函数时, 训练误差随隐藏节点个数增加的变换曲线.

所得图形如图 7–16 右图所示. 图形显示,ReLU 激活函数可在较简单的网络结构下获得比较理想的预测效果, 有利于避免模型的过拟合问题.

7.4.4 实践四: 基于空气质量监测数据对 PM2.5 的浓度进行预测

本节 (文件名:chapter7-4.ipynb) 基于空气质量监测数据, 采用人工神经网络对 PM2.5 进行回归预测. 一方面展示如何利用 Python 实现回归预测, 另一方面展示随迭代次数增加, 不同激活函数下的损失函数的变化情况.

```
1  data=pd.read_excel('北京市空气质量数据.xlsx')
2  data=data.replace(0,np.NaN)
3  data=data.dropna()
4  data=data.loc[(data['PM2.5']<=200) & (data['SO2']<=20)]
5  X=data[['SO2','CO','NO2','O3']]
6  Y=data['PM2.5']
7  X_train, X_test, Y_train, Y_test = train_test_split(X,Y,train_size=0.70, random_state=123)
8
9  acts=['relu','logistic']
10 lts=['-','-.']
11 for lt,act in zip(lts,acts):
12     NeuNet=net.MLPRegressor(activation=act,random_state=123,hidden_layer_sizes=(100,))
13     NeuNet.fit(X_train,Y_train)
14     Y_pred=NeuNet.predict(X_test)
15     plt.plot(NeuNet.loss_curve_,label=act+"(测试1-R方=%.2f)"%(1-r2_score(Y_test,Y_pred)),linestyle=lt)
16
17 NeuNet=net.MLPRegressor(activation='relu',random_state=123,hidden_layer_sizes=(100,50))
18 NeuNet.fit(X_train,Y_train)
19 Y_pred=NeuNet.predict(X_test)
20 plt.plot(NeuNet.loss_curve_,label="四层网络relu激活(测试1-R方=%.2f)"%(1-r2_score(Y_test,Y_pred)),linestyle='--')
21 plt.legend()
22 plt.title("ReLu和Logistic激活函数的损失对比")
23 plt.xlabel("迭代次数")
24 plt.ylabel("平方损失值")
```

【代码说明】

(1) 第 1~7 行: 读入空气质量数据, 进行数据预处理. 确定输入变量和输出变量. 将数据集划分成训练集和测试集.

(2) 第 9~10 行: 建模准备. 将采用 ReLU 和 Logistic 激活函数.

(3) 第 11~15 行: 利用 for 循环, 分别采用 ReLU 和 Logistic 激活函数, 建立包含 100 个隐藏节点的三层感知机网络. 拟合训练集, 计算测试误差. 绘制随迭代次数增加, 两种激活函数下的损失函数的变化曲线.

Python 中默认采用小批量随机梯度下降法估计参数. 默认计算 $n = 200$ 的随机样本的总损失并迭代更新一次权重. 本例训练集样本量等于 1 257, 一个训练周期约迭代更新 $1\ 257/200 \approx 6$ 次权重.

MLPRegressor 对象有很多属性, 其中 loss_curve_存储了各次迭代时的损失值. 此外还有 coefs_、intercepts_等, 分别存储各个节点的连接权重和偏差权重.

(4) 第 17~24 行: 采用 ReLU 激活函数, 建立包含两个隐藏层 (分别包括 100 和 50 个隐藏节点) 的多层感知机网络. 拟合训练集, 计算测试误差, 绘制随迭代次数增加损失函数的变化曲线.

所得图形如图 7–17 所示. 图形显示,ReLU 激活函数可使损失值很快下降并快速收敛. Logistic 激活函数的平方损失降低较慢. ReLU 激活函数下的损失值始终小于 Logistic 激活函数,ReLU 的权重更新更准确. 包含两个隐藏层的四层网络需要更多次的迭代, 模型预测效果有所提高.

附录

围绕本章学习, 应重点掌握 Python 模块中的以下函数. 函数的具体格式参见 Python 帮助.

1. 建立用于分类预测的人工神经网络

NeuNet=net.MLPClassifier();NeuNet.fit(X,Y)

2. 建立用于回归预测的人工神经网络

NeuNet=net.MLPRegressor();NeuNet.fit(X,Y)

第 8 章

数据预测建模：支持向量机

学习目标

1. 理解支持向量机的最大边界超平面的意义.
2. 掌握完全线性可分下的支持向量分类的目标函数和约束条件的含义.
3. 理解广义线性可分下的松弛变量的意义.
4. 理解非线性可分下支持向量分类中核函数的意义.
5. 理解支持向量回归中的 ε-带和惩罚参数 C 的意义.
6. 掌握 Python 支持向量机的实现.

支持向量机 (support vector machine,SVM) 是在统计学习理论 (statistical learning theory, SLT) 基础上发展起来的一种机器学习方法, 1992 年由 Boser, Guyon 和 Vapnik 提出, **在解决小样本、非线性和高维的回归和分类预测问题上有许多优势**.

支持向量机分为支持向量分类机和支持向量回归机. 顾名思义, 支持向量分类机用于研究输入变量与二分类输出变量间的数量关系和分类预测, 简称为支持向量分类 (support vector classification, SVC); 支持向量回归机用于研究输入变量与数值型输出变量间的数量关系和回归预测, 简称为支持向量回归 (support vector regression, SVR).

以下将从分类预测和回归预测两个方面分别讨论支持向量分类的基本原理. 将涉及如下方面:

第一, 支持向量分类的一般问题.

支持向量分类的一般问题将聚焦支持向量分类中最大边界超平面的特点.

第二, 完全线性可分下的支持向量分类.

完全线性可分下的支持向量分类是一种非常理想的分类建模策略, 是后续进一步学习的基础.

第三, 广义线性可分下的支持向量分类.

相对于完全线性可分下的支持向量分类, 广义线性可分下的支持向量分类更具现实意义.

第四, 线性不可分下的支持向量分类.

线性不可分下的支持向量分类是支持向量机的灵魂, 如何通过核函数巧妙解决非线性可分问题, 是本节关注的重点.

第五, 常见的支持向量回归算法.

支持向量机同样可以实现回归预测, 它与一般线性回归有怎样的联系和不同, 是本节讨论的重要问题.

后续给出支持向量机的 Python 应用实践.

8.1 支持向量分类的一般问题

支持向量分类以训练集为数据对象, 分析输入变量和二分类输出变量之间的数量关系, 并实现对新数据输出变量类别的预测.

8.1.1 支持向量分类的基本思路

正如以前章节讨论的, 在分类预测问题时, 需将训练集中的 N 个样本观测看成 p 维输入变量空间中的 N 个点, 以点的不同形状 (或颜色) 代表输出变量的不同类别取值. 支持向量分类建模的目的是基于训练集在 p 维空间中找到将两类样本有效分开的分类超平面. 以二维空间为例, 分类超平面为一条直线, 如图 8–1 中的直线所示.

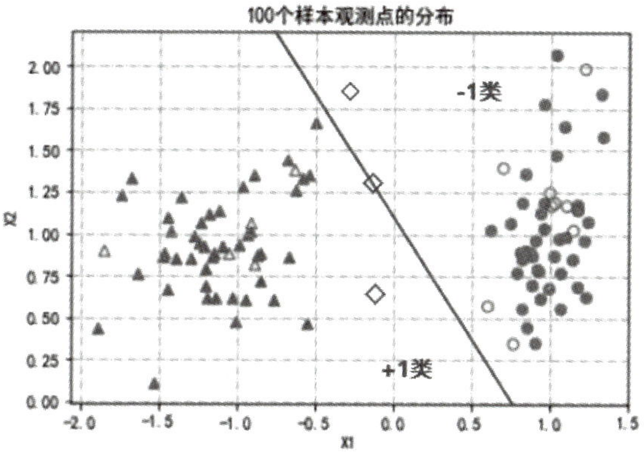

图 8–1　支持向量分类的目标示意图

图 8–1 中展示了 100 个样本观测点在输入变量 X_1, X_2 的二维空间中的分布情况. 三角形代表的样本观测属于一类 (如输出变量 $y = +1$), 圆点代表的样本观测属于另一类 (输出变量 $y = -1$). 图中红色菱形对应的样本观测是输出变量取值未知的新样本观测, 记为 $\boldsymbol{X}_0$. 预测 $\boldsymbol{X}_0$ 的输出变量类别时需考察样本观测点 $\boldsymbol{X}_0$ 位于直线的哪一侧. 图 8–1 中, 位于直线右上方的菱形所代表的样本观测 $\boldsymbol{X}_0$, 其输出变量的类别预测值应为 -1; 直线左下方的菱形代表的样本观测 $\boldsymbol{X}_0$, 类别预测值应为 $+1$; 位于直线上的菱形代表的样本观测 $\boldsymbol{X}_0$, 无法给出类别预测值. 可见, 支持向量分类的核心目标就是要基于训练集 (图中实心点), 估计分类直线对应的方程: $b + w_1X_1 + w_2X_2 = 0$, 进而确定这条直线在二维平面上的位置, 并基于测试集 (图中空心点) 估计测试误差, 为后续预测服务.

在 p 维输入变量空间中, 分类直线将演变为一个分类超平面: $b + w_1X_1 + w_2X_2 + \cdots + w_pX_p = 0$, 即 $b + \boldsymbol{w}^{\mathrm{T}}\boldsymbol{X} = 0$. 分类超平面的位置由待估参数 b 和 $\boldsymbol{w}$ 决定. 如果参数 b 和 $\boldsymbol{w}$

的估计值 $\widehat{b}$ 和 $\widehat{\boldsymbol{w}}$ 是合理的, 那么, 对实际属于某一类的样本观测点 $\boldsymbol{X}_i$, 带入 $\widehat{b}+\widehat{\boldsymbol{w}}^{\mathrm{T}}\boldsymbol{X}_i$ 计算, 绝大部分的计算结果应大于 0. 对实际属于另一类的样本观测点 $\boldsymbol{X}_i$, 带入 $\widehat{b}+\widehat{\boldsymbol{w}}^{\mathrm{T}}\boldsymbol{X}_i$ 计算, 绝大部分的计算结果应小于 0. 支持向量机规定: $\widehat{b}+\widehat{\boldsymbol{w}}^{\mathrm{T}}\boldsymbol{X}_i>0$ 的样本观测 (位于超平面的一侧), 输出变量 $\widehat{y}_i=+1$; $\widehat{b}+\widehat{\boldsymbol{w}}^{\mathrm{T}}\boldsymbol{X}_i<0$ 的样本观测 (位于超平面的另一侧), 输出变量 $\widehat{y}_i=-1$.

前面章节已讨论过超平面方程中参数估计的多种策略和具体方法. 但可能出现这样的情况: 如果两类样本观测点能够被超平面有效分开, 则可能会找到多个这样的超平面. 应采用哪个超平面进行预测呢? 这里以二维空间为例说明.

图 8–2 是三层神经网络, 采用 Logistic 激活函数, 连接权重初始值不同, 迭代 200 次后的多个分类直线的情况 (Python 代码详见 8.6.1 节). 其中, 实心点表示样本观测来自训练集, 空心点表示来自测试集. 灰色和粉色区域的边界即为分类直线. 落入两个区域的点预测类别分别为三角形类和圆点类. 图 8–2 中四个分类直线的训练误差都等于 0. 但值得注意的是: 左侧两条分类直线均距训练集中的圆点类很近, 有些几乎贴在分类直线上. 右侧两条分类直线则距两类点都比较远. 从预测置信度上考虑, 利用右侧两条分类直线进行预测的把握程度较高. 此外, 从测试误差看, 左侧两条分类直线下的测试误差都大于零, 右侧均等于 0. 显然, 应选择右侧两条距两类别边缘上的点较远的分类直线.

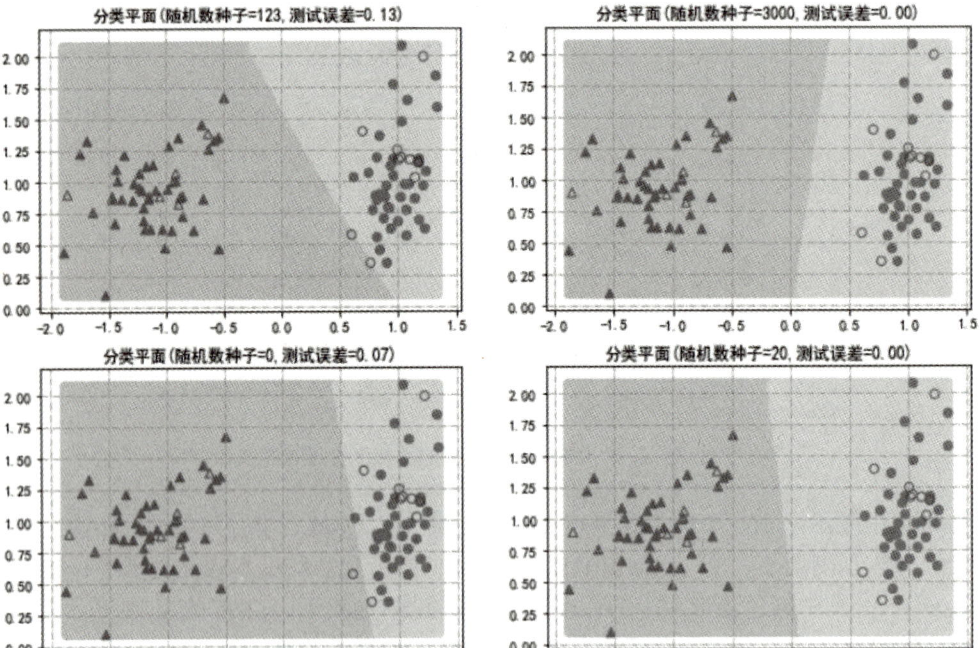

图 8–2　多个超平面示意图

与此类似, **支持向量分类的意义在于: 算法确定的分类超平面, 是具有最大边界的超平面, 是距两类别的边缘观测点最远的超平面**.

具体讲, 图 8–3 (图 8–2 右侧的两幅图) 中两类的边缘点分别在两条虚线上. 因左图的两条虚线边界间的宽度大于右图, 所以支持向量分类的最大边界超平面, 应是左图中平行于虚线边界且位于两边界中间的实线. 可见, 它没有与三层神经网络给出的分类直线重合.

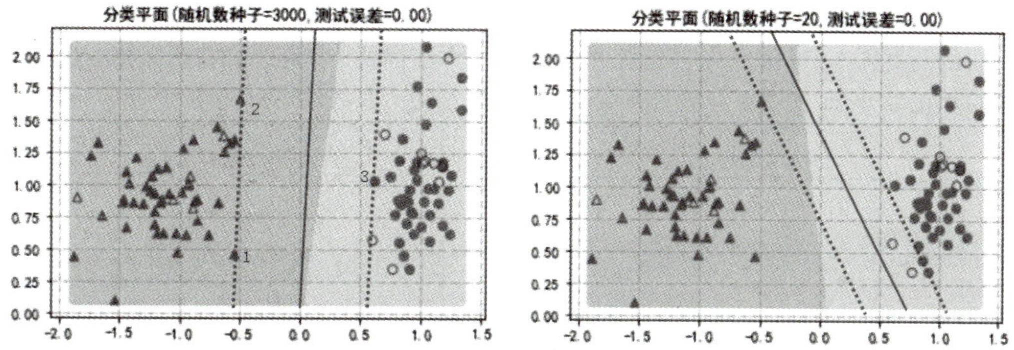

图 8–3　最大边界超平面

基于最大边界超平面 $b+W^{\mathrm{T}}\boldsymbol{X}=0$ 进行预测时, 对新样本观测 $\boldsymbol{X}_0$, 只需计算 $b+\boldsymbol{w}^{\mathrm{T}}\boldsymbol{X}_0$ 并判断计算结果的正负符号. 若 $b+\boldsymbol{w}^{\mathrm{T}}\boldsymbol{X}_0>0$, 则 $\widehat{y}_0=1$; 若 $b+\boldsymbol{w}^{\mathrm{T}}\boldsymbol{X}_0<0$, 则 $\widehat{y}_0=-1$.

最大边界超平面的重要意义在于:

第一, 有较高的预测置信度.

既然最大边界超平面 $b+\boldsymbol{w}^{\mathrm{T}}\boldsymbol{X}=0$ 是距训练集中的边缘点最远的, 那么, 对任一来自训练集的样本观测 $\boldsymbol{X}_i$ 和一个较小正数 $\varepsilon>0$, 若输出变量 $y_i=1$, 不仅有 $b+\boldsymbol{w}^{\mathrm{T}}\boldsymbol{X}_i>0$ 成立, 也有 $b+\boldsymbol{w}^{\mathrm{T}}\boldsymbol{X}_i\geqslant 0+\varepsilon$ 成立; 若输出变量 $y_i=-1$, 不仅有 $b+\boldsymbol{w}^{\mathrm{T}}\boldsymbol{X}_i<0$ 成立, 也有 $b+\boldsymbol{w}^{\mathrm{T}}\boldsymbol{X}_i\leqslant 0-\varepsilon$ 成立.

既然最大边界超平面 $b+\boldsymbol{w}^{\mathrm{T}}\boldsymbol{X}=0$ 是距训练集中的边缘点最远的, 就有较大信心认为测试集中的边缘点也会远离最大边界超平面. 对任一来自测试集的样本观测 $\boldsymbol{X}_0$ 和一个较小正数 $\varepsilon>0$, 若 $b+\boldsymbol{w}^{\mathrm{T}}\boldsymbol{X}_0>0$, 则有较大信心认为 $b+\boldsymbol{w}^{\mathrm{T}}\boldsymbol{X}_0>0+\varepsilon$ 成立; 若 $b+\boldsymbol{w}^{\mathrm{T}}\boldsymbol{X}_0<0$ 成立, 也有较大信心认为 $b+\boldsymbol{w}^{\mathrm{T}}\boldsymbol{X}_0<0-\varepsilon$ 成立. 基于该超平面预测正确的把握程度将高于其他超平面. 就如同图 8–2 左侧的两条分类直线, 因距训练样本观测点很近, 不仅预测把握程度不高, 也容易导致预测错误.

第二, 最大边界超平面仅取决于两类的边缘观测点.

例如, 图 8–3 左图中仅取决于样本观测点 1, 2, 3, 这些样本观测称为支持向量. 最大边界超平面对支持向量的位置移动极为敏感, 且仅依赖于这些数量较少的支持向量. 最大边界超平面能够有效克服模型的过拟合问题, 即如果训练集的随机变动没有体现在支持向量上, 超平面就不会随之移动, 基于超平面的预测结果就不会改变. 因此最大边界超平面的预测具有很强的鲁棒性.

8.1.2　支持向量分类的三种情况

确定最大边界超平面时会有如下情况出现.

第一, 线性可分样本.

线性可分样本是指样本观测点可被超平面线性分开. 进一步, 还需考虑样本**完全线性可分和样本无法完全线性可分**两种情况.

前者意味着输入变量空间中的两类样本观测点彼此不重合, 可以找到一个超平面将两类样本百分之百地正确分开, 如图 8–3 所示. 这种情况称为线性可分问题. 后者表示输入变量空间中的两类样本点彼此 "你中有我, 我中有你", 无法找到一个超平面将两类样本观测点百分之百地正确分开, 如图 8–4 左图所示. 这种情况称为广义线性可分问题.

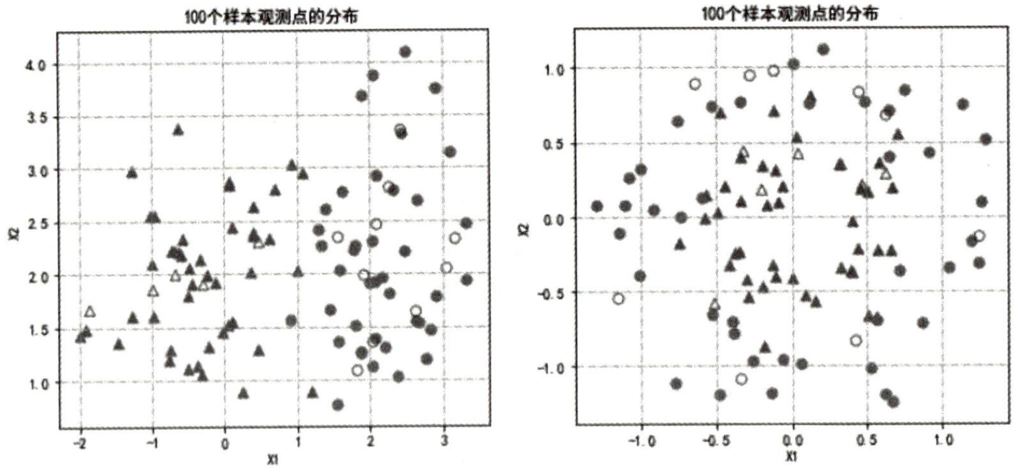

图 8–4 广义线性可分和非线性可分示意图

图 8–4 中的实心点为训练集, 空心点来自测试集.

第二, 线性不可分样本.

线性不可分样本是指样本观测点无法被超平面线性分开, 如图 8–4 右图所示. 无论是否允许错分, 均无法找到能将两类样本分开的直线, 只能是曲线.

以下将就上述三种情况分别讨论.

8.2 完全线性可分下的支持向量分类

8.2.1 如何求解超平面

在完全线性可分的情况下, 以二维空间为例, 可通过以下途径确定并求解超平面.

首先, 分别将两类的最外围的样本观测点连线, 形成两个多边形, 它应是关于两类样本点集的凸包 (convex hull), 即最小凸多边形. 各类样本观测点均在多边形内或边上. 然后, 以一类的凸包边界为基准线, 找到另一类凸包边界上的点, 过该点做基准线的平行线, 得到一对平行线.

显然, 可以有多条这样的基准线和对应的平行线, 应找到能正确划分两类且相距最远的一对平行线. 最大边界超平面 (线) 是该对平行线垂线的垂直平分线. 如图 8–5 所示.

由此可见, 找到凸多边形上的点, 得到相距最远的一对平行线是关键.

一方面, 若以 $y_i = 1$ 类凸包边界为基准线 (线上的样本观测点记为 $\boldsymbol{X}^+$). 令该直线方程为: $b + \boldsymbol{w}^{\mathrm{T}}\boldsymbol{X}^+ = 1$. 若超平面方程为: $b + \boldsymbol{w}^{\mathrm{T}}\boldsymbol{X} = 0$, 则基准线的并行线方程为: $b + \boldsymbol{w}^{\mathrm{T}}\boldsymbol{X}^- =$

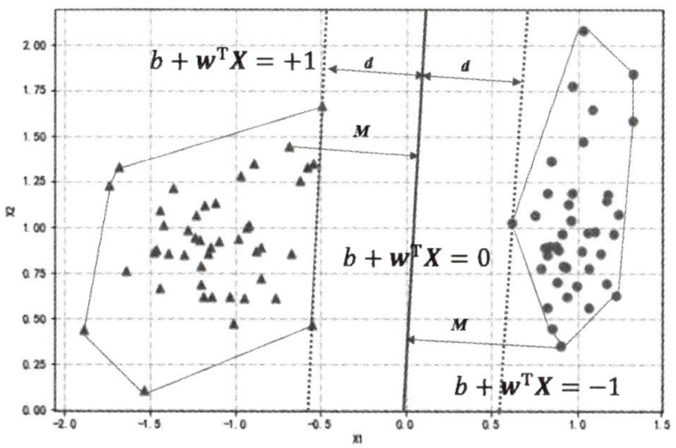

图 8–5　凸包和超平面示意图

$-1, y_i=-1$ 类凸包边界上的样本观测点 $\boldsymbol{X}^-$ 在该直线上. 于是, 两平行直线间的距离为: $\lambda=\dfrac{2}{\|\boldsymbol{w}\|}$, 距离的一半为 $d=\dfrac{1}{\|\boldsymbol{w}\|}$.

另一方面, 不仅要找到 d 最大的一对平行线, 同时还要求 $b+\boldsymbol{w}^{\mathrm{T}}\boldsymbol{X}=0$ 能够正确分类, 这意味着: 对 $y_i=1$ 的样本观测 $\boldsymbol{X}_i$, 应有 $b+\boldsymbol{w}^{\mathrm{T}}\boldsymbol{X}_i\geqslant 1$ 成立, $\widehat{y}_i=1$ 且预测正确; 对 $y_i=-1$ 的样本观测 $\boldsymbol{X}_i$, 应有 $b+\boldsymbol{w}^{\mathrm{T}}\boldsymbol{X}_i\leqslant -1$ 成立, $\widehat{y}_i=-1$ 且预测正确. 于是, 对于任意样本观测 $\boldsymbol{X}_i$ 应有式 (8.1) 成立:

$$y_i(b+\boldsymbol{w}^{\mathrm{T}}\boldsymbol{X}_i)\geqslant 1 \tag{8.1}$$

综上, 从支持向量分类的基本思路可知: 超平面参数求解的目标是使 d 最大, 且需满足式 (8.1) 的约束条件, 表述为:

$$\begin{aligned}&\max_{b,\boldsymbol{w}} d\\ &\text{s.t.}\quad y_i(b+\boldsymbol{w}^{\mathrm{T}}\boldsymbol{X}_i)\geqslant 1,\quad i=1,2,\cdots,N\end{aligned} \tag{8.2}$$

从几何角度理解, 要求 $b+w^{\mathrm{T}}\boldsymbol{X}=0$ 能够正确分类意味着: 凸多边形内或边上的样本观测点 $\boldsymbol{X}_i$ 到超平面的距离 M_i 应大于等于 d: $M_i=\dfrac{|b+\boldsymbol{w}^{\mathrm{T}}\boldsymbol{X}_i|}{\|\boldsymbol{w}\|}\geqslant d$, 也即 $y_i\dfrac{b+\boldsymbol{w}^{\mathrm{T}}\boldsymbol{X}_i}{\|\boldsymbol{w}\|}\geqslant d$ 成立. 由于 $\lambda=\dfrac{2}{\|\boldsymbol{w}\|}$, $d=\dfrac{1}{\|\boldsymbol{w}\|}$, 有式 (8.1) 成立, 这意味着, 对于来自训练集的任意样本观测 $\boldsymbol{X}_i$:

- 若样本观测 $\boldsymbol{X}_i$ 的输出变量 $y_i=+1$, 则正确的超平面应使 $b+\boldsymbol{w}^{\mathrm{T}}\boldsymbol{X}_i\geqslant 1$ 成立, 观测点落在如图 8–5 所示的边界 $b+\boldsymbol{w}^{\mathrm{T}}\boldsymbol{X}_i=1$ 的外侧.
- 若样本观测 $\boldsymbol{X}_i$ 的输出变量 $y_i=-1$, 则正确的超平面应使 $b+\boldsymbol{w}^{\mathrm{T}}\boldsymbol{X}_i\leqslant -1$ 成立, 观测点落在如图 8–5 所示的边界 $b+\boldsymbol{w}^{\mathrm{T}}\boldsymbol{X}_i=-1$ 的外侧.

根据支持向量分类的研究思路, 使 d 最大即使 $\|\boldsymbol{W}\|$ 最小. 为求解方便, 即求 $\tau(\boldsymbol{w})=\dfrac{1}{2}\|\boldsymbol{w}\|^2=\dfrac{1}{2}\boldsymbol{w}^{\mathrm{T}}\boldsymbol{w}$ 最小. 所以, **超平面参数求解的目标函数为**:

$$\min_{\boldsymbol{w}}\tau(\boldsymbol{w})=\frac{1}{2}\|\boldsymbol{w}\|^2=\frac{1}{2}\boldsymbol{w}^{\mathrm{T}}\boldsymbol{w} \tag{8.3}$$

约束条件为:

$$y_i(b+\boldsymbol{w}^{\mathrm{T}}\boldsymbol{X}_i)-1\geqslant 0,\quad i=1,2,\cdots,N \tag{8.4}$$

该问题是一个典型的凸二次型规划求解问题.

8.2.2 参数求解的拉格朗日乘子法

支持向量机分类超平面的参数求解, 是个典型的带约束条件的求解目标函数最小下的参数问题. 与前面章节讨论的利用梯度下降法求解最小化损失函数的参数类似, 但不同点在于这里附加了 N 个约束条件 $y_i(b+\boldsymbol{w}^{\mathrm{T}}\boldsymbol{X}_i)-1\geqslant 0(i=1,2,\cdots,N)$. 对此, 从以下方面对参数求解方法进行简要讨论.

一、单一等式约束条件下的求解

设目标函数为 $f(\boldsymbol{X})$, 单一等式约束条件为 $g(\boldsymbol{X})=0$. 现希望求得在 $g(\boldsymbol{X})=0$ 约束条件下 $f(\boldsymbol{X})$ 取最小值时的 $\boldsymbol{x}$ (最优解). 假设 $f(\boldsymbol{X})=x_1^2+X_2^2$, $g(\boldsymbol{X})=x_1+x_2-1=0$, $f(\boldsymbol{X})$ 等高线图和 $g(\boldsymbol{X})=0$ 的函数图像如图 8–6 左图所示.

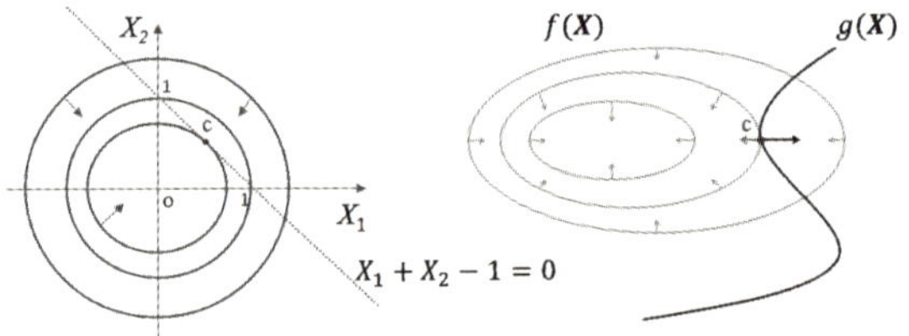

图 8–6 单一等式约束条件下的目标函数和约束条件

图 8–6 中椭圆为 $f(\boldsymbol{X})$ 的等高线图, 蓝色小箭头所指方向为 $f(\boldsymbol{X})$ 的负梯度方向. 在没有约束条件的情况下, $f(\boldsymbol{X})$ 最小在原点 O 处, 此时 $\boldsymbol{X}$ 的最优解 $\boldsymbol{X}_{opt}$ 为 $(X_1=0,X_2=0)$. 现增加约束条件 $g(\boldsymbol{X})=0$, 表示在 $X_1+X_2-1=0$ 的约束下找 $f(\boldsymbol{X})$ 取最小值时的 $\boldsymbol{X}_{opt}$. 此时, $f(\boldsymbol{X})$ 的最小值只能出现在 $X_1+X_2-1=0$ 对应的直线上 (称为可行域在直线上). 显然在直线与等高线相切的切点 C 处 $f(\boldsymbol{X})$ 取得最小值, 此时 $\boldsymbol{X}_{opt}$ 为 $X_1=0.5, X_2=0.5$.

当然 $f(\boldsymbol{X})$ 可以是其他更复杂的形式, $g(\boldsymbol{X})=0$ 也可以是曲线, 如图 8–6 右图所示. 最小值在 $g(\boldsymbol{X})=0$ 与 $f(\boldsymbol{X})$ 等高线切点 C 处.

二、单一不等式约束条件下的求解

假设 $f(\boldsymbol{X})=X_1^2+X_2^2$, $g(\boldsymbol{X})=X_1+X_2-1\leqslant 0$ 或 $g(\boldsymbol{X})=X_1+X_2+1\leqslant 0$. $f(\boldsymbol{X})$ 等高线图和 $g(\boldsymbol{X})\leqslant 0$ 的函数图像如图 8–7 所示.

对于不等式约束条件, 可行域为图 8–7 所示的米色阴影区域, 应在这个区域中找到 $f(\boldsymbol{X})$ 的最小值. 当然 $f(\boldsymbol{X})$ 可以是其他更复杂的形式, $g(\boldsymbol{X})\leqslant 0$ 也可以是其他规则或不规则的区域, 如图 8–7 右图所示. 这里有两种情况.

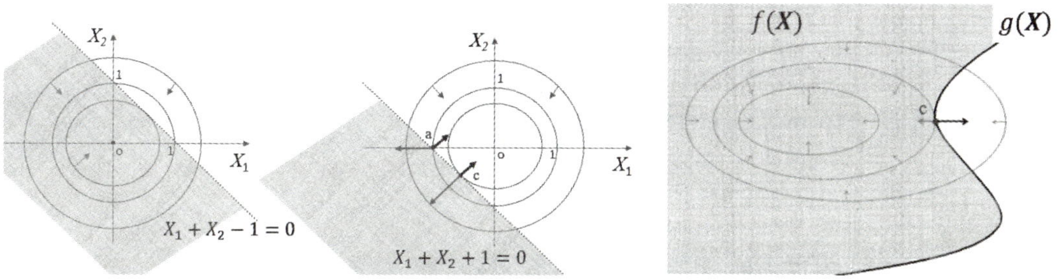

图 8–7 单一不等式约束条件下的目标函数和约束条件

第一种情况: $f(\boldsymbol{X})$ 的最小值在可行域内, 如图 8–7 左图所示. 此时约束条件没有起作用, 等同于没有约束条件.

第二种情况: $f(\boldsymbol{X})$ 的最小值在可行域的边界 $g(\boldsymbol{X})=0$ 与 $f(\boldsymbol{X})$ 等高线相切点 C 处, 如图 8–7 中图所示. 在点 C 处有这样的特征: $f(\boldsymbol{X})$ 的梯度向量是切线 ($g(\boldsymbol{X})=0$ 蓝色虚线) 的法向量. $f(\boldsymbol{X})$ 梯度 (黄色长粗箭头) 和 $g(\boldsymbol{X})$ 的梯度 (紫色粗短箭头) 共线但方向相反, 其他点 (如点 a) 都没有这个特点. 对此可表示为: $\nabla f(\boldsymbol{X})=-\alpha\nabla g(\boldsymbol{X})$. 因方向相反有 $\alpha>0$ 成立. 整理得

$$\nabla(f(\boldsymbol{X})+\alpha g(\boldsymbol{X}))=0 \tag{8.5}$$

式 (8.5) 可视为对函数 $L(\boldsymbol{X},\alpha)=f(\boldsymbol{X})+\alpha g(\boldsymbol{X})$ 求导, 并令导数等于 0 的方程. 该函数 $L(\boldsymbol{X},\alpha)$ 称为拉格朗日函数, $\alpha\geqslant 0$ 称拉格朗日乘子. 这里, 增加 $\alpha=0$ 的目的是对应第一种情况. 于是可将两种情况统一表述为: $\alpha g(\boldsymbol{X})=0$.

具体讲, 对于第一种最小值在可行域内的情况, 尽管 $g(\boldsymbol{X})\leqslant 0$, 但因 $\alpha=0$, $\alpha g(\boldsymbol{X})=0$ 成立. 因此, 若 $\alpha=0$, 意味着约束条件没有起作用. 对于第二种最小值在可行域边界上的情况, 尽管 $\alpha>0$, 但因 $g(\boldsymbol{X})=0$, $\alpha g(\boldsymbol{X})=0$ 也成立. 一般将以下条件

$$\begin{cases}\nabla L(\boldsymbol{X},\alpha)=\nabla f(\boldsymbol{x})+\nabla\alpha g(\boldsymbol{X})=0\\ g(\boldsymbol{X})\leqslant 0\\ \alpha\geqslant 0\\ \alpha g(\boldsymbol{X})=0\end{cases} \tag{8.6}$$

合称为 KKT (Karush-Kuhn-Tucker) 条件.

进一步, 对参数求偏导并令导数等于 0, 并结合 KKT 条件中的其他条件解方程可求得参数. 例如对图 8–7 中图解得: $X_1=-0.5, X_2=-0.5, \alpha=1$.

可将以上情况推广至多个约束等式与约束不等式的情况, 无非就是在拉格朗日函数中逐一增加约束条件.

三、支持向量机的超平面参数求解

首先, 构造拉格朗日函数, 将目标函数 $\tau(\boldsymbol{w})$ 与 N 个约束条件 $-(y_i(b+\boldsymbol{w}^{\mathrm{T}}\boldsymbol{X}_i)-1)\leqslant 0(i=1,2,\cdots,N)$ 连接起来, 有

$$L(\boldsymbol{w}, b, \boldsymbol{a}) = \frac{1}{2}\|\boldsymbol{w}\|^2 - \sum_{i=1}^{N} a_i(y_i(b + \boldsymbol{w}^{\mathrm{T}}\boldsymbol{X}_i) - 1) \tag{8.7}$$

这是规划求解的原 (primal) 问题. 其中, $a_i \geqslant 0$. 首先对 $\boldsymbol{w}$ 和 b 求偏导并且令偏导数等于 0: $\dfrac{\partial L(\boldsymbol{w}, b, a)}{\partial \boldsymbol{w}} = 0$, $\dfrac{\partial L(\boldsymbol{w}, b, a)}{\partial b} = 0$, 整理有

$$\sum_{i=1}^{N} a_i y_i \boldsymbol{X}_i = \boldsymbol{w} \tag{8.8}$$

$$\sum_{i=1}^{N} a_i y_i = 0 \tag{8.9}$$

式 (8.8) 表明, **超平面系数向量 $\boldsymbol{w}$ 是所有 $a_i \neq 0$ 的样本观测的 $y_i\boldsymbol{X}_i$ 的线性组合. $a_i = 0$ 的样本观测对超平面不起作用. 换言之, 只有 $a_i > 0$ 的样本观测点才对超平面的系数向量产生影响, 这样的样本观测点即为前述支持向量. 最大边界超平面由支持向量决定.**

进一步, 因需满足式 (8.6) 的 KKT 条件中的 $\alpha g(\boldsymbol{X}) = 0$, 对应到这里即应满足: $a_i(y_i(b + \boldsymbol{w}^{\mathrm{T}}\boldsymbol{X}_i) - 1) = 0 (i = 1, 2, \cdots, N)$. 由此可知, 对于 $a_i > 0$ 的样本观测点即支持向量, $y_i(b + \boldsymbol{w}^{\mathrm{T}}\boldsymbol{X}_i) - 1 = 0$ 成立, 这意味着支持向量均落在两类的边界线上.

为便于求解, 通常可将式 (8.8) 带入拉格朗日函数并依据式 (8.9) 整理得到原问题的对偶[①] (dual) 问题:

$$\begin{aligned}
L &= \frac{1}{2}\left(\sum_{i=1}^{N} a_i y_i \boldsymbol{X}_i\right)^{\mathrm{T}}\left(\sum_{i=1}^{N} a_i y_i \boldsymbol{X}_i\right) - \sum_{i=1}^{N} a_i\left\{y_i[b + \left(\sum_{i=1}^{N} a_i y_i \boldsymbol{X}_i^{\mathrm{T}}\right)\boldsymbol{X}_i] - 1\right\} \\
&= \frac{1}{2}\left(\sum_{i=1}^{N} a_i y_i \boldsymbol{X}_i^{\mathrm{T}}\right)\left(\sum_{i=1}^{N} a_i y_i \boldsymbol{X}_i\right) - b\sum_{i=1}^{N} a_i y_i + \sum_{i=1}^{N} a_i - \sum_{i=1}^{N} a_i y_i \boldsymbol{X}_i^{\mathrm{T}} \sum_{i=1}^{N} a_y y_i \boldsymbol{X}_i \\
&= \sum_{i=1}^{N} a_i - \frac{1}{2}\sum_{i=1}^{N}\sum_{j=1}^{N} a_i a_j y_i y_j (\boldsymbol{X}_i^{\mathrm{T}}\boldsymbol{X}_j)
\end{aligned}$$

$$\max L(\boldsymbol{a}) = \sum_{i=1}^{N} a_i - \frac{1}{2}\sum_{i=1}^{N}\sum_{j=1}^{N} a_i a_j y_i y_j (\boldsymbol{X}_i^{\mathrm{T}}\boldsymbol{X}_j) \tag{8.10}$$

进一步, 如果有 L 个支持向量, 则 $\boldsymbol{w} = \sum_{i=1}^{L} a_i y_i \boldsymbol{X}_i$. 可从 L 个支持向量中任选一个 $\boldsymbol{X}_i$, 代入边界线方程即可计算得到: $b = y_i - \boldsymbol{w}^{\mathrm{T}}\boldsymbol{X}_i$. 为得到 b 的更稳定的估计值, 可随机多选些 $\boldsymbol{X}_i$, 用多个 b 的均值作为最终的估计值.

到此, 超平面的参数求解过程结束, 超平面被确定下来.

综上所述, 支持向量是位于两类边界上的样本观测点, 它们决定了最大边界超平面. 此外, 支持向量分类能够有效避免过拟合问题. 过拟合的典型表现是模型 "过分依赖" 训练样本. 训练样本的微小变动便会导致模型参数的较大变动, 在支持向量分类中表现为超平面出现较大移动. 由于最大边界超平面仅依赖于少数支持向量, 所以只有当支持向量发生变化时,

① 在线性规划早期发展中最重要的发现是对偶问题, 即每一个线性规划问题 (称为原问题), 都有一个与它对应的对偶线性规划问题 (称为对偶问题).

最大边界超平面才会移动. 相对于其他分类预测模型, 最大边界超平面的预测稳健性较高.

8.2.3　支持向量分类的预测

依据支持向量分类的超平面对新样本观测 $\boldsymbol{X}_0$ 进行预测时, 只需关注 $b+\boldsymbol{w}^{\mathrm{T}}\boldsymbol{X}_0$ 的符号:

$$h(\boldsymbol{X}_0)=Sign(b+\boldsymbol{w}^{\mathrm{T}}\boldsymbol{X}_0)=Sign\left[b+\sum_{i=1}^{L}(a_i y_i \boldsymbol{X}_i^{\mathrm{T}})\boldsymbol{X}_0\right]$$

$$=Sign\left[b+\sum_{i=1}^{L}a_i y_i(\boldsymbol{X}_i^{\mathrm{T}}\boldsymbol{X}_0)\right] \tag{8.11}$$

其中, $\boldsymbol{X}_i$ 为支持向量, 共有 L 个支持向量. 若 $h(\boldsymbol{X}_0)>0, \hat{y}_0=1$; 若 $h(\boldsymbol{X}_0)<0, \hat{y}_0=-1$.

例如, 基于图 8–1 所示的 100 样本观测点中的训练样本 (85 个样本观测), 得到如图 8–8 所示的最大边界超平面 (Python 代码详见 8.6.2 节).

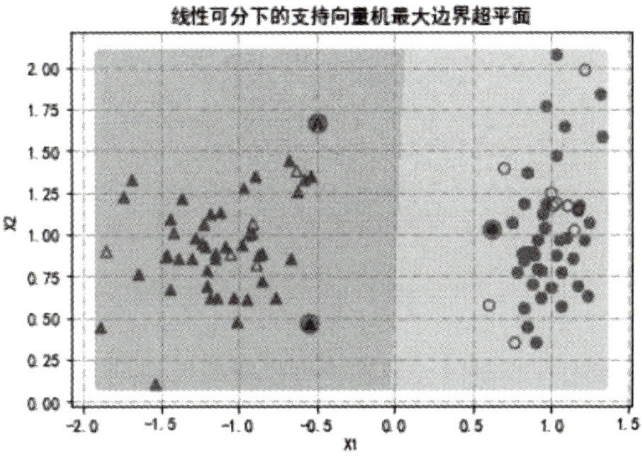

图 8–8　支持向量分类中的超平面

正如前文所述, 图 8–8 中的超平面确实接近于图 8–3 右图所示的神经网络的分类平面, 而非图 8–2 左图的两个平面. 图中大圆圈圈住的点为支持向量. 两条边界线平行于分类平面 (直线, 两个颜色区域的交接线).

完全线性可分是一种非常理想的情况, 更常见的情况是广义线性可分. 完全线性可分下的支持向量分类是广义线性可分的基础.

8.3　广义线性可分下的支持向量分类

广义线性可分下的支持向量分类适合输入变量空间中, 两类样本观测点彼此交织在一起, 无法找到一个超平面将两类百分之百正确分开的情况. 如图 8–4 左图所示.

8.3.1 广义线性可分下的超平面

完全线性可分情况下, 样本观测点是不能进入两类边界内部这个 “禁区” 的. 但在无法完全线性可分的广义线性可分情况下, 这种要求是无法实现的, 因此只能采用适当的宽松策略, 允许部分样本观测点进入 “禁区”, 如图 8–9 所示.

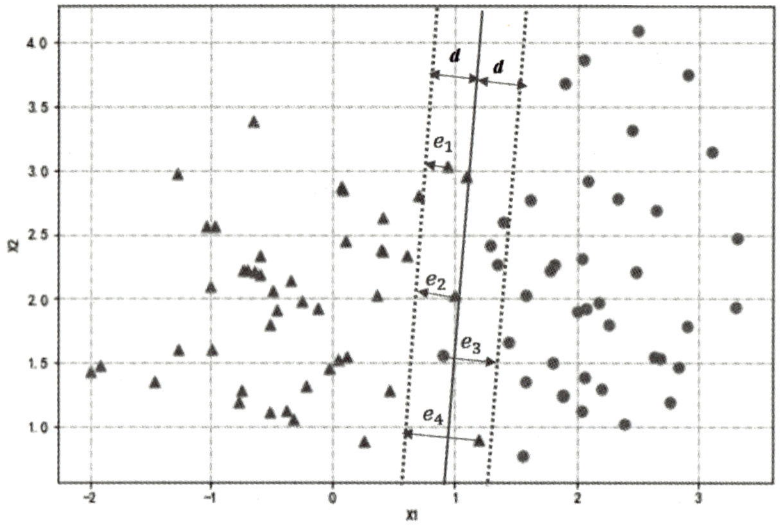

图 8–9 广义线性可分下支持向量分类示意图

图 8–9 中, 有少量样本观测点进入两类边界虚线的内部, 同时有一些样本观测点不但进入 “禁区” 而且 “跨过” 了超平面到达超平面的另一侧. 这种情况下的支持向量分类称为广义线性支持向量分类或线性软间隔支持向量分类.

广义线性可分问题不能要求所有样本观测点均满足完全线性可分下的约束条件 $M_i = \dfrac{\|b+\boldsymbol{w}^{\mathrm{T}}\boldsymbol{X}_i\|}{\|\boldsymbol{w}\|} \geqslant d$, 不得已而为之的做法是允许部分样本观测点进入 “禁区”, 但需对进入 “禁区” 的 “深度” 进行度量. 将进入边界内部的样本观测点 $\boldsymbol{X}_i$ 到所属类边界虚线的距离记为 e_i, 如图 8–9 中的 e_1, e_2, e_3, e_4 等. 可见, 若 $e_i > d$ 将导致预测结果错误, 应避免. 若 $e_i < d$, 虽然进入 “禁区” 但预测结果仍然正确. 因此只需要求凸多边形内或边上的样本观测点 $\boldsymbol{X}_i$ 到超平面的距离 M_i 大于等于 $d-e_i$, 即 $M_i = \dfrac{|b+\boldsymbol{w}^{\mathrm{T}}\boldsymbol{X}_i|}{\|\boldsymbol{w}\|} \geqslant (d-e_i)$, 有 $y_i\dfrac{b+\boldsymbol{w}^{\mathrm{T}}\boldsymbol{X}_i}{\|\boldsymbol{w}\|} \geqslant (d-e_i)$ 成立即可.

进一步, 因 $d = \dfrac{1}{\|w\|}$, 若记 $\xi_i = e_i\|\boldsymbol{w}\| = \dfrac{e_i}{d}$, 则广义线性可分下的约束条件可表述为:

$$y_i(b+\boldsymbol{w}^{\mathrm{T}}\boldsymbol{X}_i) \geqslant 1-\xi_i, \xi_i \geqslant 0, \quad i = 1, 2, \cdots, N \tag{8.12}$$

可见, e_i 是宽松策略下样本观测点 $\boldsymbol{X}_i$ 进入 “禁区深度” 的绝对度量, 而非负值 ξ_i 就是相对度量, 通常称为**松弛变量** (slack variable). ξ_i 可度量样本观测点 $\boldsymbol{X}_i$ 与类边界和超平面的位置关系: $\xi_i = 0$ 意味着样本观测点 $\boldsymbol{X}_i$ 位于所属类别边界的外侧; $0 < \xi_i < 1$ 意味着点

$\boldsymbol{X}_i$ 进入了 "禁区" 但并未 "跨越" 超平面到错误的一侧, 预测结果正确; $\xi_i > 1$ 意味着点 $\boldsymbol{X}_i$ 不仅进入 "禁区" 而且 "跨越" 了超平面到了错误的一侧, 预测结果错误.

8.3.2 广义线性可分下的错误惩罚和目标函数

广义线性可分下, 若目标函数仍为最大化边界: $\min\limits_{\boldsymbol{w}} \tau(\boldsymbol{w}) = \dfrac{1}{2}\|\boldsymbol{w}\|^2 = \dfrac{1}{2}\boldsymbol{w}^{\mathrm{T}}\boldsymbol{w}$, 约束条件调整为 $y_i(b + \boldsymbol{w}^{\mathrm{T}}\boldsymbol{X}_i) \geqslant 1 - \xi_i(\xi_i \geqslant 0; i = 1, 2, \cdots, N)$ 是存在一定问题的. 其中之一是: 因为约束条件可表述为 $y_i(b + \boldsymbol{w}^{\mathrm{T}}X_i) + \xi_i \geqslant 1$, 所以只要 ξ_i 足够大就总能满足约束条件, 但显然应避免 ξ_i 过大. 过大的 ξ_i 意味着允许对 $\boldsymbol{X}_i$ 预测错误, 因广义线性可分下本就无法保证百分之百预测正确, 所以允许个别样本观测 $\boldsymbol{X}_i$ 的松弛变量 $\xi_i > 1$ 具有合理性, 但应限制总松弛度 $\sum\limits_{i}^{N}\xi_i$ 小于一个非负阈值 E.

显然, 若阈值 $E = 0$ 表示不允许任何一个样本观测点进入 "禁区", 等同于完全线性可分下的支持向量分类; 若阈值 E 较小意味着策略 "偏紧", 不允许较多的样本观测点进入 "禁区" 或 ξ_i 较大; 若阈值 E 较大意味着策略 "偏松", 允许较多的样本观测点进入 "禁区" 或 ξ_i 较大.

从另一个角度看, 在 E 较小的 "偏紧" 策略下, 因不允许较多的样本观测点进入 "禁区" 或 ξ_i 较大, 所以只能缩小两边界宽度, 最终选择边界宽度相对较小的超平面; 反之, 在 E 较大的 "偏松" 策略下可以扩大边界宽度, 于是最终的超平面为边界宽度相对较大的超平面. 因此, 阈值 E 的大小与两分类边界间的宽度密切相关.

进一步, 通常用对错误分类的惩罚参数 $C > 0$, 间接体现阈值 E 的大小. **惩罚参数 C 是根据对预测误差容忍程度而设置的可调参数. 惩罚参数 C 越大对误差的容忍度越低, 此时只能选择 E 较小下的边界较窄的超平面; 反之, 惩罚参数 C 越小对误差的容忍度越高, 便可选择 E 较大下的边界较宽的超平面**. 如图 8–10 所示 (Python 代码详见 8.6.3 节).

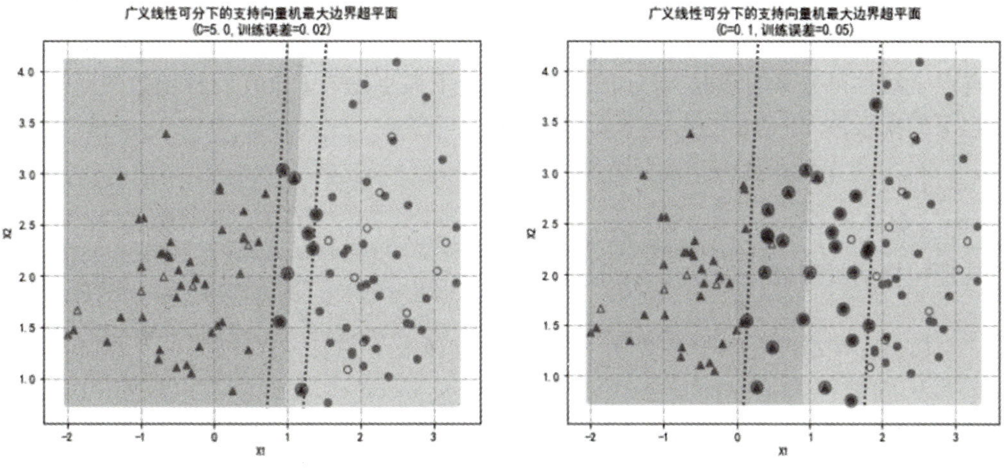

图 8–10　边界宽度与参数 C

图 8–10 左图中惩罚参数 C 较大、边界较窄, 进入 "禁区" 的点较少, 不易出现预测错

误, 训练误差为 2%. 图 8–10 右图中惩罚参数 C 较小、边界较宽, 进入 "禁区" 的点较多, 易出现预测错误, 训练误差为 5%.

综上, 一味追求目标函数 $\min_{\boldsymbol{w}} \tau(\boldsymbol{w}) = \frac{1}{2}\|\boldsymbol{w}\|^2 = \frac{1}{2}\boldsymbol{w}^{\mathrm{T}}\boldsymbol{w}$ 最小, 即边界最大化, 在广义线性可分下只能得到预测误差较高的分类, 适当缩小边界宽度才可降低预测误差, 且与对误差的容忍程度或惩罚参数 $\boldsymbol{C}$ 密切相关. 对此, 将**目标函数**调整如下:

$$\min_{\boldsymbol{w},\xi} \tau(\boldsymbol{w},\xi) = \frac{1}{2}\|\boldsymbol{w}\|^2 + C\sum_{i=1}^{N}\xi_i = \frac{1}{2}\boldsymbol{w}^{\mathrm{T}}\boldsymbol{w} + C\sum_{i=1}^{N}\xi_i \tag{8.13}$$

式 (8.13) 由两项组成. 第二项中的 $\sum_{i=1}^{N}\xi_i$ 为总松弛度. C 为可调惩罚参数. 当 C 指定为一个极小值 (极小惩罚), 极端情况下 $C \to 0$ 时, 最小化目标函数即是最小化第一项, 此时得到的是边界最宽的超平面. 因对预测误差是 0 惩罚, 所以预测模型等价于随机 "猜测", 模型的复杂度是最低的, 但该模型没有实际意义. 当 C 指定为一个极大值 (极大惩罚), 极端情况下 $C = \infty$ 时, 最小化目标函数将主要取决于最小化 $\frac{1}{N}\sum_{i=1}^{N}\xi_i$, 此时得到的是边界最窄的超平面, 即两个边界与超平面重合. 因对预测误差极大惩罚, 此时的预测模型是预测精度最高的线性模型 (这里仅为直线或超平面, 8.4 节将拓展到曲线或曲面的更复杂的非线性模型).

从这个角度看, 惩罚参数 C 起到了平衡误差和模型复杂度的作用. 理想情况是两者都较小. 在这里, C 较小时模型较简单、超平面较宽, 式 (8.13) 第一项较小, 但误差较大, 式 (8.13) 第二项较大. 反之, C 较大时模型较复杂超平面较窄, 式 (8.13) 第一项较大, 但误差较小, 式 (8.13) 第二项较小. 因无法确保式 (8.13) 两项同时小, 只能要求两项之和最小, 这也是式 (8.13) 目标函数如此设置的原因. 显然, 过大或过小的 C 都是不恰当的. 过大可能导致模型的过拟合, 过小模型的误差大, 没有预测价值. 一般可通过 K 折交叉验证确定惩罚参数 C.

8.3.3 广义线性可分下的超平面参数求解

与完全线性可分下的情况类似, 广义线性可分下最小化式 (8.13) 目标函数的同时, 还需满足以下**约束条件**:

$$\begin{cases} y_i(b + \boldsymbol{w}^{\mathrm{T}}\boldsymbol{X}_i) \geqslant 1 - \xi_i, \quad i = 1, 2, \cdots, N \\ \xi_i \geqslant 0 \end{cases} \tag{8.14}$$

构造拉格朗日函数:

$$L(\boldsymbol{w}, b, \boldsymbol{a}, \xi) = \frac{1}{2}\|\boldsymbol{w}\|^2 + C\sum_{i=1}^{N}\xi_i - \sum_{i=1}^{N}a_i[y_i(b + \boldsymbol{w}^{\mathrm{T}}\boldsymbol{X}_i) - (1 - \xi_i)] - \sum_{i=1}^{N}\mu_i\xi_i \tag{8.15}$$

这是规划求解的原问题. 其中, $a_i \geqslant 0, \mu_i \geqslant 0$ 为拉格朗日乘子. 对参数求偏导并令导数等于 0, 有

$$\sum_{i=1}^{N}a_i y_i \boldsymbol{X}_i = \boldsymbol{w} \tag{8.16}$$

$$\sum_{i=1}^{N} a_i y_i = 0 \tag{8.17}$$

$$a_i = C - \mu_i \tag{8.18}$$

为便于求解, 可将上式带入式 (8.15) 整理得到原问题的对偶问题:

$$\max L(\boldsymbol{a}) = \sum_{i=1}^{N} a_i - \frac{1}{2}\sum_{i=1}^{N}\sum_{j=1}^{N} a_i a_j y_i y_j (\boldsymbol{X}_i^{\mathrm{T}}\boldsymbol{X}_j) \tag{8.19}$$

同式 (8.10). 其中约束条件为: $0 \leqslant a_i \leqslant C$.

进一步, 如果有 L 个支持向量, 则 $\boldsymbol{w} = \sum_{i=1}^{L} a_i y_i \boldsymbol{X}_i$. 可从 L 个支持向量中任选一个 $\boldsymbol{X}_i$, 代入边界线方程即可计算得到: $b = y_i - \boldsymbol{w}^{\mathrm{T}}\boldsymbol{X}_i$. 为得到 b 的更稳定的估计值, 可随机多选些 $\boldsymbol{X}_i$, 用多个 b 的均值作为最终的估计值. 至此, 超平面的参数求解过程结束, 超平面被确定下来.

应关注广义线性可分下的支持向量与完全线性可分下的有什么异同. 同 8.2.2 节所述, 因 $\sum_{i=1}^{N} a_i y_i \boldsymbol{X}_i = \boldsymbol{w}$, 超平面由 $a_i > 0$ 的样本观测点即支持向量决定. 进一步, 因需满足前述 KKT 条件中的 $ag(\boldsymbol{X}) = 0$, 在这里即应对 $i = 1, 2, \cdots, N$ 满足$a_i[y_i(b + \boldsymbol{w}^{\mathrm{T}}\boldsymbol{X}_i) - (1 - \xi_i)] = 0$, $\mu_i \xi_i = 0, a_i = C - \mu_i$. 可知, 对于 $a_i > 0$ 即支持向量, $[y_i(b + \boldsymbol{w}^{\mathrm{T}}\boldsymbol{X}_i) - (1 - \xi_i)] = 0$ 成立, 这意味着支持向量落在两类边界线上和 "禁区" 内. 落在边界线上的支持向量 $\boldsymbol{X}_i$ 的松弛变量 $\xi_i = 0$. 落在 "禁区" 内的支持向量 $\boldsymbol{X}_i$, 因 $\xi_i > 0, \mu_i = 0$, 由 $a_i = C - \mu_i$ 可知它们的 $a_i = C$.

结合惩罚参数 C, C 较大时边界较窄, 误差较小, 支持向量较少; C 较小时边界较宽, 误差较大, 支持向量较多. 由此导致前者的预测方差相对于后者要更大些. 这也印证了复杂模型偏差小方差大, 简单模型偏差大方差小的基本观点.

同 8.2.2 节所述, 广义线性可分问题下, 依据支持向量分类的超平面对新样本观测 $\boldsymbol{X}_0$ 进行预测时, 只需关注 $b + \boldsymbol{w}^{\mathrm{T}}\boldsymbol{X}_0$ 的符号:

$$\begin{aligned} h(\boldsymbol{X}) &= Sign(b + \boldsymbol{w}^{\mathrm{T}}\boldsymbol{X}_0) \\ &= Sign\left[b + \sum_{i=1}^{L}(a_i y_i \boldsymbol{X}_i^{\mathrm{T}})\boldsymbol{X}_0\right] = Sign\left[b + \sum_{i=1}^{L} a_i y_i (\boldsymbol{X}_i^{\mathrm{T}}\boldsymbol{X}_0)\right] \end{aligned} \tag{8.20}$$

其中, $\boldsymbol{X}_i$ 为支持向量, 共有 L 个支持向量. 若 $h(\boldsymbol{X}) > 0$, $\widehat{y}_0 = 1$; 若 $h(\boldsymbol{X}) < 0$, $\widehat{y}_0 = -1$.

例如, 图 8–10 所示的 100 样本观测点中的训练样本 (85 个样本观测), 在惩罚参数分别为 $C = 5, C = 0.1$ 下有最大边界超平面. 图中大圆圈圈住的点为支持向量. 两个边界线平行于分类平面 (直线).

8.4 线性不可分问题下的支持向量分类

8.4.1 线性不可分问题的一般解决方式

线性不可分样本是指样本观测点无法被超平面线性分开, 如图 8–4 右图所示, 无论是否允许错分, 均无法找到能将两类样本分开的直线 (这里只能是个近似圆).

解决线性不可分问题的一般解决方式是进行非线性空间转换. 其核心思想是: 低维空间中的线性不可分问题, 通过恰当的非线性转换可转化为高维空间中的线性可分问题. 如图 8–11 所示.

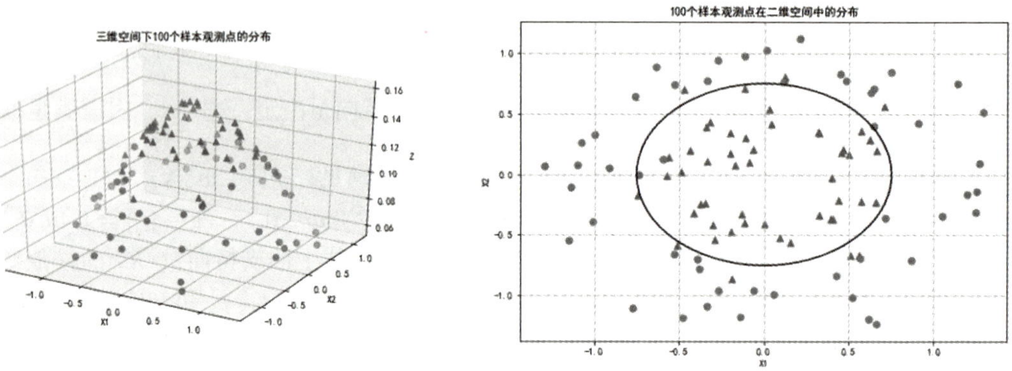

图 8–11　空间变换和分类曲线

图 8–11 左图是对图 8–4 右图在 X_1, X_2 二维空间中线性不可分的样本观测点, 进行非线性变换到 X_1, X_2, Z 三维空间中的分布情况. 显然, 在三维空间中是可以找到一个平面将两类分开的, 线性不可分问题就变成了一个线性可分问题 (Python 代码详见 8.6.4 节).

为此, 可首先通过特定的非线性映射函数 $\varphi_m()$, 将原来低维空间中的样本观测点 $\boldsymbol{X}_i$ 映射到 M 维空间 $\Re^M$ 中, 然后沿用 8.3 节所述的方法, 在空间 $\Re^M$ 中寻找最大边界超平面. 由于采用了非线性映射函数, 空间 $\Re^M$ 中的一个超平面在原空间中看起来可能是一个曲面 (线). 如图 8–11 右图所示, 三维空间中的平面围绕样本观测点投影到二维空间中, 是包含分类曲线在内的一组曲线 (这里近似是个圆). 可见, 为找到低维空间中可将两类分开的分类曲线 (曲面), 需到高维空间中寻找与其对应的平面.

非线性映射函数 $\varphi_M()$ 有很多形式. 常见的是原有输入变量的多项式形式. 例如, 原有两个输入变量 X_1, X_2, 有映射函数 $\varphi_3(X_1, X_2) = (X_1^2, X_2^2, Z)^{\mathrm{T}}, Z = \sqrt{2}X_1, X_2$. 于是, 可首先对训练集中的样本观测 $\boldsymbol{X}_i$, 依函数 $\varphi_3(X_1, X_2)$ 计算 $(X_{i1}^2, X_{i2}^2, Z_i)^{\mathrm{T}}$, 将其映射到三维空间中. 然后, 在三维空间中得到超平面 $b + w_1X_1^2 + w_2X_2^2 + w_3Z = 0$ 的参数估计值, 方程左侧是一个多项式形式. 最后, 对新样本观测 $\boldsymbol{X}_0$ 预测时, 需首先依函数 $\varphi_3(X_1, X_2)$ 计算 $(X_{01}^2, X_{02}^2, Z_0)^{\mathrm{T}}$, 然后依 $sign(b + w_1X_{01}^2 + w_2X_{02}^2 + w_3Z_0)$ 给出 $\boldsymbol{X}_0$ 的预测类别.

上述做法在高维空间中会出现严重的**维灾难** (curse of dimensionality) 问题: 因超平面待估参数过多导致计算问题或无法估计. 对原 p 维空间通过 d 阶交乘变换到高维空间后, 待估参数个数为 $\dfrac{(p+d-1)!}{d!(p-1)!}$. 例如, 原 $p=2$ 维空间的超平面待估参数个数为 2 (不考虑常数项). 多项式阶数为 $d=2$ 时, 超平面待估参数个数增加到 3. 若 $p=10, d=3$, 则需估计 220 个参数, 等等. 可见, 高维将导致计算的复杂度急剧增加, 且模型的参数估计在小样本下几乎无法实现, 这就是所谓的维灾难问题.

支持向量分类通过核函数克服维灾难问题.

8.4.2　支持向量分类克服维灾难的途径

线性不可分问题下的支持向量分类, 整体解决思路与 8.2 节和 8.3 节相同. **其核心技巧是从点积入手解决线性不可分问题**.

一方面, 从支持向量分类的对偶目标函数 $\max L(\boldsymbol{a})=\sum\limits_{i=1}^{N}a_i-\dfrac{1}{2}\sum\limits_{i=1}^{N}\sum\limits_{j=1}^{N}a_ia_jy_iy_j(\boldsymbol{X}_i^{\mathrm{T}}\boldsymbol{X}_j)$ 可知, 样本观测输入变量的点积 $\boldsymbol{X}_i^{\mathrm{T}}\boldsymbol{X}_j$ 决定了超平面的参数; 另一方面, 从支持向量分类预测 $Sign\left[b+\sum\limits_{i=1}^{L}a_iy_i(\boldsymbol{x}_i^{\mathrm{T}}\boldsymbol{X}_0)\right]$ 可知, 分类预测结果取决于新样本观测 $\boldsymbol{X}_0$ 与 L 个支持向量输入变量的点积.

从点积的数学形式上, 若 $\boldsymbol{X}_i=(X_{1i},X_{2i},\cdots,X_{Ni}), \boldsymbol{X}_j=(X_{1j},X_{2j},\cdots,X_{Nj})$ 且均视为标准化值, 点积就是两个变量 $\boldsymbol{X}_i,\boldsymbol{X}_j$ 的相关系数. 当然, 这里 $\boldsymbol{X}_i=(X_{i1},X_{i2},\cdots,X_{ip}), \boldsymbol{X}_j=(X_{j1},X_{j2},\cdots,X_{jp})$ 是两个样本观测点, 所以点 $\boldsymbol{X}_i,\boldsymbol{X}_j$ 的点积度量是两个点 $\boldsymbol{X}_i,\boldsymbol{X}_j$ 的相似性.

为直观理解可举一个通俗的例子. 若 $\boldsymbol{X}_i,\boldsymbol{X}_j$ 分别代表张三和李四, 若张三的身高、体重、体脂率均高于平均水平, 且李四也均高于平均水平, 则可认为张三和李四具有特征结构上的相似性; 反之, 若李四的身高高于平均水平, 但体重和体脂率均低于平均水平, 则可认为张三和李四并不具有特征结构上的相似性.

进一步, 若两个点 $\boldsymbol{X}_i,\boldsymbol{X}_j$ 具有较高相似性, 则空间上两点的距离较近, 反之较远. 因此从这个意义上看, 可将 $\boldsymbol{X}_i,\boldsymbol{X}_j$ 的点积视为两点空间位置关系的一种度量, 而位置关系是建模的关键.

基于非线性映射函数 $\varphi()$, 对训练集中的样本观测 $\boldsymbol{X}_i$ 和新样本观测 $\boldsymbol{X}_0$ 做非线性变换后, 对偶目标函数为: $\max L(\boldsymbol{a})=\sum\limits_{i=1}^{N}a_i-\dfrac{1}{2}\sum\limits_{j=1}^{N}\sum\limits_{j=1}^{N}a_ia_jy_iy_j([\varphi_M(\boldsymbol{X}_i)]^{\mathrm{T}}\varphi_M(\boldsymbol{X}_j))$, 分类预测函数为: $Sign\left[b+\sum\limits_{i=1}^{L}a_iy_i([\varphi_M(\boldsymbol{X}_i)]^{\mathrm{T}}\varphi_M(\boldsymbol{X}_0))\right]$. 可知, 超平面参数和预测结果取决于数据变换后的点积, 也即两点在高维空间 $\Re^M$ 中位置关系的度量. 可见, 点积计算是关键.

非线性可分下支持向量分类的基本思路是: 希望找到一个函数 $K(\boldsymbol{X}_i,\boldsymbol{X}_j)$, 若它仅基于低维空间的特征就能够度量出两点 $\boldsymbol{X}_i,\boldsymbol{X}_j$ 在高维空间 $\Re^M$ 中的位置关系, 也即其函数值恰好等于变换后的点积: $K(\boldsymbol{X}_i,\boldsymbol{X}_j)\equiv[\varphi_M(\boldsymbol{X}_i)]^{\mathrm{T}}\varphi_M(\boldsymbol{X}_j)$, 则对偶目标函数有式 (8.21) 成立:

$$\begin{aligned}L(\boldsymbol{\alpha})&=\sum_{i=1}^{N}a_i-\frac{1}{2}\sum_{i=1}^{N}\sum_{j=1}^{N}a_ia_jy_iy_j([\varphi_M(\boldsymbol{X}_i)]^{\mathrm{T}}\varphi_M(\boldsymbol{X}_j))\\&=\sum_{i=1}^{N}a_i-\frac{1}{2}\sum_{i=1}^{N}\sum_{j=1}^{N}a_ia_jy_iy_jK(\boldsymbol{X}_i,\boldsymbol{X}_j)\end{aligned}\tag{8.21}$$

预测决策函数有式 (8.22) 成立:

$$Sign\left[b+\sum_{i=1}^{L}a_iy_i([\varphi_M(\boldsymbol{X}_i)]^{\mathrm{T}}\varphi_M(\boldsymbol{X}_0))\right]=Sign\left[b+\sum_{i=1}^{L}a_iy_iK(\boldsymbol{X}_i,\boldsymbol{X}_0)\right]\tag{8.22}$$

于是, 超平面的参数估计和预测函数的计算, 便可依式 (8.21) 和式 (8.22) 在原来的低维空间中进行, 而不必将样本观测映射到空间 $\Re^M$ 中, 从而避免了维灾难问题.

是否存在这样的函数 $K(\boldsymbol{X}_i,\boldsymbol{X}_j)$, 可看一个简单示例. 原有 $p=2$ 的两个输入变量 X_1,X_2, 有映射函数 $\varphi_3(X_1,X_2)=(X_1^2,X_2^2,Z)^{\mathrm{T}},Z=\sqrt{2}X_1X_2$. 存在函数 $K(\boldsymbol{X}_i,\boldsymbol{X}_j)=(\boldsymbol{X}_i^{\mathrm{T}}\boldsymbol{X}_j)^2$. 首先, 依函数 $\varphi_3(\boldsymbol{X}_1,\boldsymbol{X}_2)$ 对样本观测 $\boldsymbol{X}_i,\boldsymbol{X}_j$ 做非线性变换: $\varphi_3(X_{i1},X_{i2})=(X_{i1}^2,X_{i2}^2,Z_i)^{\mathrm{T}},\varphi_3(X_{j1},X_{j2})=(X_{j1}^2,X_{j2}^2,Z_j)^{\mathrm{T}}$; 然后, 计算变换后的点积为:

$$\begin{aligned}[\varphi_3(\boldsymbol{X}_i)]^{\mathrm{T}}\varphi_3(\boldsymbol{X}_j)&=(X_{i1}^2X_{j1}^2+X_{i2}^2X_{j2}^2+2X_{i1}X_{i2}X_{j1}X_{j2})=(X_{i1}X_{j1}+X_{i2}X_{j2})^2\\&=(\boldsymbol{X}_i^{\mathrm{T}}\boldsymbol{X}_j)^2=K(\boldsymbol{X}_i,\boldsymbol{X}_j)\end{aligned}$$

可见, 对样本观测 $\boldsymbol{X}_i,\boldsymbol{X}_j$ 做非线性变换后, 其空间 $\Re^3$ 上的点积恰好等于空间 $\Re^2$ 上函数 $K(\boldsymbol{X}_i,\boldsymbol{X}_j)$ 的函数值. 这样就不必要通过函数 $\varphi_3(X_1,X_2)$ 进行非线性的空间变换, 只需直接在二维空间中计算 $K(\boldsymbol{X}_i,\boldsymbol{X}_j)$ 即可.

函数 $K(\boldsymbol{X}_i,\boldsymbol{X}_j)$ 一般为核函数. 核函数通常用于测度两个样本观测 $\boldsymbol{X}_i,\boldsymbol{X}_j$ 的相似度. 例如, 最常见的核函数是线性核函数: $K(\boldsymbol{X}_i,\boldsymbol{X}_j)=(\boldsymbol{X}_i^{\mathrm{T}}\boldsymbol{X}_j)=\sum\limits_{p=1}^{P}X_{ip}X_{jp}$, 即为两个样本观测 $\boldsymbol{X}_i,\boldsymbol{X}_j$ 的简单相关系数 (已标准化处理, 均值为 0, 标准差为 1). 线性核函数 $K(\boldsymbol{X}_I,\boldsymbol{X}_j)$ 就等于原空间中 $\boldsymbol{X}_i,\boldsymbol{X}_j$ 的点积. 常见的其他核函数还有:

- d 阶–多项式核 (polynomial kernel):

$$K(\boldsymbol{X}_i,\boldsymbol{X}_j)=(1+\gamma\boldsymbol{X}_i^{\mathrm{T}}\boldsymbol{X}_j)^d\tag{8.23}$$

其中, 阶数 d 决定了空间 $\Re^M$ 的维度 M, 一般不超过 10.

- 径向基核 (radial basis function, RBF Kernel):

$$K(\boldsymbol{X}_i,\boldsymbol{X}_j)=\mathrm{e}^{-\frac{\|\boldsymbol{X}_i-\boldsymbol{X}_j\|^2}{2\sigma^2}}=\mathrm{e}^{-\gamma\|\boldsymbol{X}_i-\boldsymbol{X}_j\|^2},\gamma=\frac{1}{2\sigma^2}\tag{8.24}$$

其中, $\|\boldsymbol{X}_i-\boldsymbol{X}_j\|^2$ 样本观测 $\boldsymbol{X}_i,\boldsymbol{X}_j$ 间的平方欧氏距离; σ^2 为广义方差; γ 为 RBF 的核宽.

- Sigmoid 核:

$$K(\boldsymbol{X}_i,\boldsymbol{X}_j)=\frac{1}{1+\mathrm{e}^{-\gamma\|\boldsymbol{X}_i-\boldsymbol{X}_j\|^2}}\tag{8.25}$$

总之, 支持向量分类中的核函数① 极为关键. **一旦核函数确定下来, 在参数估计和预测时, 就不必事先进行空间变换, 更无须关心非线性映射函数 $\varphi_M()$ 的具体形式. 只需计算相应的核函数便可完成所有计算, 从而实现低维空间向高维空间的隐式变换, 有效克服维灾难问题**. 但选择怎样的核函数以及核函数中的参数并没有确定的准则, 需要经验和反复尝试. 不恰当的核函数可能将低维空间中原本关系并不复杂的样本, 隐式地映射到维度过高的新空间中, 从而导致过拟合问题等.

图 8–12 为分别采用多项式核和径向基核, 在不同惩罚参数 C 下的非线性样本的分类情况 (Python 代码详见 8.6.5 节).

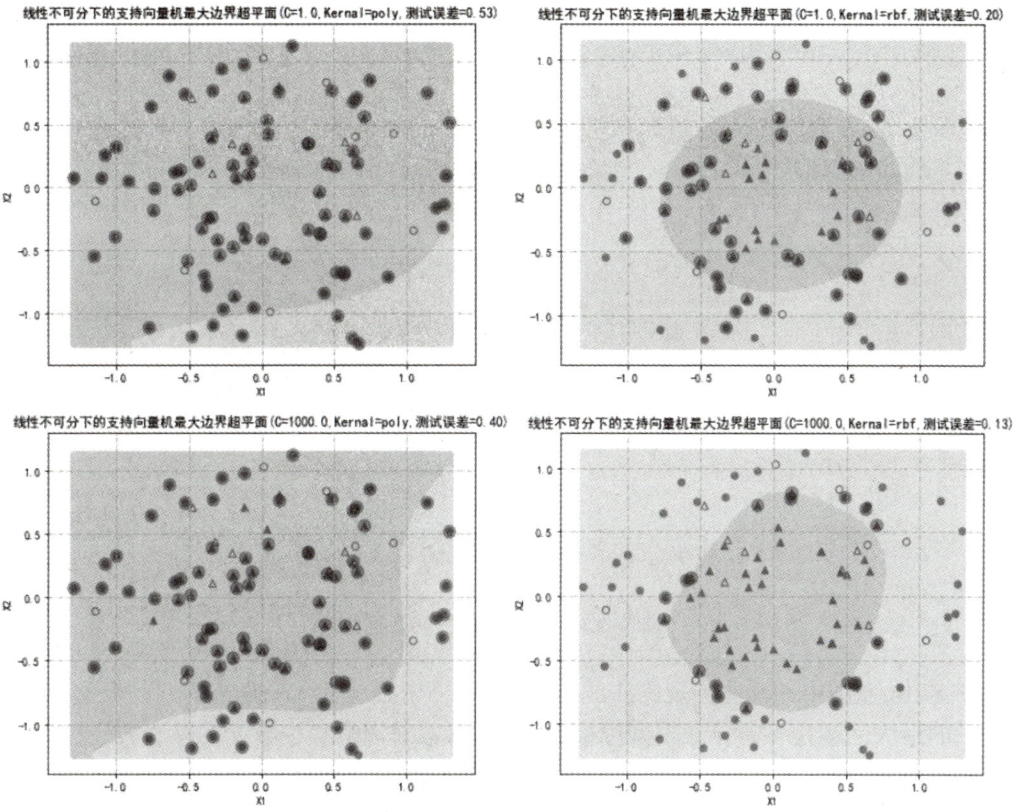

图 8–12　不同核函数和惩罚参数下的分类

图 8–12 不同颜色的区域分别对应两个预测类别区域. 大圆圈圈住的点为支持向量. 在惩罚参数 C 分别为 1 和 1 000 下, 左侧两幅图为采用 3 阶多项式核的最大边界超平面, 右侧两幅图为采用径向基核的最大边界超平面. 可见, 惩罚参数 C 较大将导致因分类边界 "努力" 拟合边界点而呈现更多的弯曲变化. 从样本观测点的分布特点以及测试误差看, 该问题适合采用径向基核.

需说明的是, 采用线性核函数 $K(\boldsymbol{X}_i, \boldsymbol{X}_j) = (\boldsymbol{X}_i^{\mathrm{T}} \boldsymbol{X}_j) = \sum_{p=1}^{P} X_{ip} X_{jp}$, 点积计算结果等于

① 理论上, 任何一个核函数都隐式地定义了一个空间, 称为再生核希尔伯特空间 (Reproducing Kernel Hilbert Space, RKHS). 希尔伯特空间是一个点积空间, 是欧几里德空间的推广.

不采用核函数下的点积结果，等价于广义线性可分的情况. 因此，广义线性可分下的支持向量分类是线性不可分下支持向量分类的特例.

8.5 支持向量回归

支持向量回归以训练集为数据对象，通过分析输入变量和数值型输出变量之间的数量关系，找到最大边界回归平面以实现对新观测输出变量值的稳健预测.

8.5.1 支持向量回归的基本思路

由 8.4 节的讨论可知，支持向量机通过核函数可以给出一个弯曲多变的不规则超平面. 这个超平面在回归中就是一个会 “紧随” 其附近样本观测点的弯曲多变的回归曲面，实现的是非线性回归. 为便于直观观察，以图 8–13 所示的一元回归为例说明.

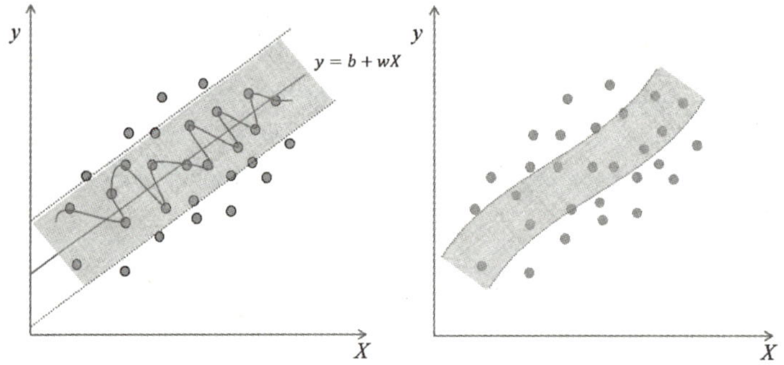

图 8–13 回归曲线和回归直线

图 8–13 左图中的弯曲不规则曲线就是回归线，显然这是个很复杂的回归模型. 这种复杂模型的最大问题是可能导致模型过拟合. 模型参数对训练集中数据的微小波动极为敏感，随之出现较大变化，预测的鲁棒性差且测试误差较大. 为克服这个问题，支持向量回归沿用前述支持向量分类的基本策略，给出的回归平面是具有最大边界的回归面. 如图 8–13 左图中，两条虚线对应着支持向量分类中的两条分类边界，中间的实线为回归线，回归方程为：$y = \beta_0 + \beta_1 X$. 这里回归线是直线而非不规则曲线的原因是：用一条 “宽带” 代替传统意义上回归 “细线” 去贯穿和拟合样本观测点. 除非数据轮廓呈现大的规律性变化或者对预测误差要求严格，这条 “宽带” 会随样本观测点 “上下弯曲” (如图 8–13 右图所示)，否则它就是一条扁平化 (flatten) 的平整宽带，且具有预测稳健性.

一、ε–带和 “管道”

支持向量回归的根本是认为 “宽带” 内样本观测点的变动是微小的，是可以被忽略的. 这条 “宽带” 在支持向量回归中称为 ε–带.

在一般线性回归建模中, 回归方程的参数估计采用最小二乘法, 以使输出变量的实际值 y 与预测值 $\widehat{y}$ 间的差, 即残差 $e_i = y_i - \widehat{y}_i$ 的平方和最小, 以此为原则求解回归方程的参数:

$$\min_{b,\boldsymbol{w}} \sum_{i=1}^{N} L(y_i \widehat{y}_i) = \sum_{i=1}^{N} (y_i - \widehat{y}_i)^2 = \sum_{i=1}^{N} (y_i - b - \boldsymbol{w}_i^{\mathrm{T}} \boldsymbol{X}_i)^2 \tag{8.26}$$

其损失函数 $L(y_i, \widehat{y}_i)$ 为平方损失 $(y_i - \widehat{y}_i)^2$, 且每个样本观测的残差平方都计入损失函数. 与之不同的是, 支持向量回归采用的是 ε–不敏感损失函数 (ε-insensitive error function), 即若样本观测 $\boldsymbol{X}_i$ 的残差 $e_i = y_i - (b + \boldsymbol{w}_i^{\mathrm{T}} \boldsymbol{X}_i)$, 不大于事先给定的可调参数 $\varepsilon > 0$, 则 e_i 不计入损失函数, 损失函数对此呈不敏感 "反应". 因此, 样本观测点 $\boldsymbol{X}_i$ 对损失函数的贡献定义为:

$$V_\varepsilon(e_i) = \begin{cases} 0, & |e_i| < \varepsilon \\ |e_i| - \varepsilon, & |e_i| \geqslant \varepsilon \end{cases} \tag{8.27}$$

如图 8–14 所示.

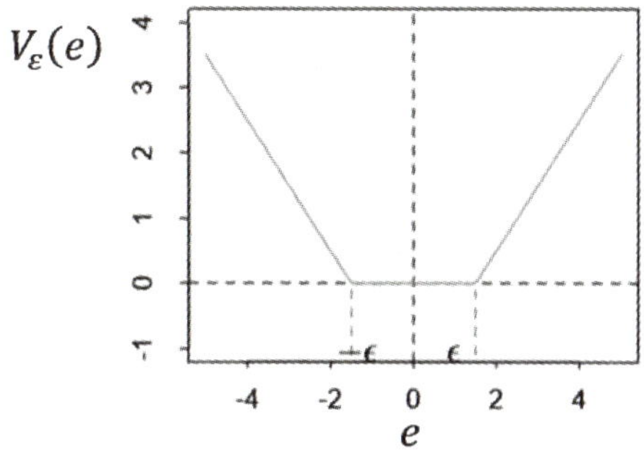

图 8–14　ε–不敏感损失函数

图 8–14 中, 若样本观测 $\boldsymbol{X}_I$ 的绝对残差 $|e_i|$ 大于 ε 时, 对损失函数的贡献 $V_\varepsilon(e_i)$ 随 $|e_i|$ 线性增加; 否则贡献等于 0. 按照这个原则, 在输入变量和输出变量组成的空间中将出现一条 ε–带, 如图 8–15 图所示.

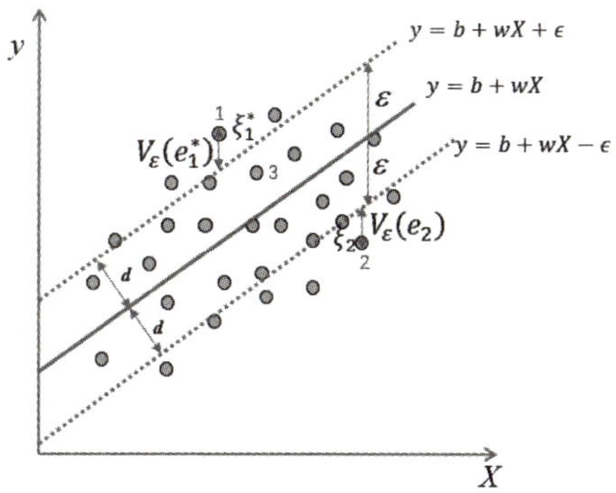

图 8–15　ε–带和损失贡献

图 8–15 图中的实线表示支持向量回归超平面 (线). 超平面两侧竖直距离为 2ε 的两条平行虚线的中间区域称为 ε–带 (与图 8–13 相对应). 图中 1, 2 两个样本观测的 $|e_1^*| > \varepsilon, |e_2| > \varepsilon$, 样本观测点没有落入 ε–带内, 其残差通过 $V_\varepsilon(e_i)$ 计入损失函数. 落入 ε–带的所有样本观测

点 (如 3) 的残差小于 ε, $V_\varepsilon(e_i) = 0$ 不计入损失函数. 可见, ε–带是不贡献损失的区域. 落入该区域的样本观测的残差均被忽略, 本质是认为这些点的变动是微小的, 是无须被回归线 "跟随" 的.

推而广之, 在多个输入变量的情况下, ε–带会演变为一根直径大于 0 的 "管道","管道" 内样本观测的残差将被忽略或认为是 0 残差. 当然直径等于 0 的 "管道" 即为通常意义上的回归 "细线".

二、决定 "管道" 宽度的可调参数 ε

决定 "管道" 宽度的可调参数 ε 有很重要的作用. 一方面, 图 8–15 中, 如果 ε 过大, 两条虚线间的宽度 d 过大, 极端情况是 "管道" 过宽以至于所有样本观测点均位于 "管道" 内. 所有样本观测的 $V_\varepsilon(e_i) = 0$, 均对损失函数贡献为 0. 此时图 8–15 中的回归直线是不考虑任何输入变量影响下的回归线. 它平行于 x 轴并位于输出变量均值的位置上, 是一条最简单的扁平化程度最大 (平直) 回归线, 如图 8–16 左图所示. 该情况下无论输入变量如何取值, 所有样本的预测值均取训练集输出变量的均值, 预测误差大, 模型不具实用价值.

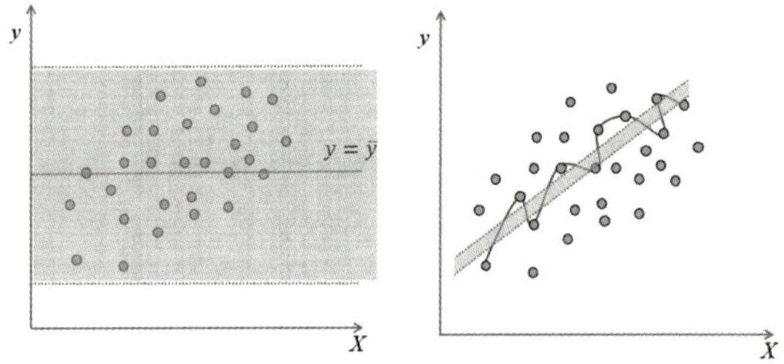

图 8–16 ε 过大和过小下的支持向量回归线

另一方面, 如果 ε 过小, 两条虚线间的宽度 d 过小, 极端情况是 $d \approx 0$ 会导致 "管道" 过窄以至于所有样本观测点均位于 "管道" 之外. 此时, 所有样本观测的 $V_\varepsilon(e_i) > 0$, 均对损失函数有非 0 贡献, 均对回归超平面的位置产生影响. 由此必然会导致回归曲面 "紧随" 样本观测点, 这是个最复杂的模型, 如图 8–16 右图所示. 这不仅可能导致模型过拟合, 而且也背离了支持向量机实现稳健预测的初衷. 因此应适当增加 "管道" 宽度.

总之, **可调参数 ε 不能过大也不能过小**. 可通过 K 折交叉验证确定.

8.5.2 支持向量回归的目标函数和约束条件

支持向量回归沿用 8.4 节支持向量分类的基本策略, 对每个样本观测点 $\boldsymbol{X}_i$ 都设置一个非负的松弛变量 $\xi_i : \xi_i = V_\varepsilon(e_i) = V(y_i - (b + \boldsymbol{w}_i^{\mathrm{T}}\boldsymbol{X}_i))$, 如图 8–15 所示的 ξ_1^*, ξ_2. 将回归超平面上方样本观测点的松弛变量记为 ξ_i^*, 下方点的松弛变量记为 ξ_i. 同样,"管道" 外的样本观测点 $\xi_i > 0$,"管道" 内的点 $\xi_i = 0$.

一、支持向量回归的目标函数

在支持向量回归中, 若仅以 “管道” 最宽为目标找最大边界下的回归超平面, 必然要忽略 “管道” 内大量样本观测的损失贡献, 从而导致模型整体预测误差偏高, 这显然是不合理的. 故支持向量回归的**目标函数**设置为:

$$\min_{\boldsymbol{w},\xi,\xi^*} \frac{1}{2}\|\boldsymbol{w}\|^2 + C\sum_{i=1}^{N}(\xi_i + \xi_i^*) \tag{8.28}$$

其中, 第二项为样本观测的损失. 一方面, 从增强模型鲁棒性出发, 通常希望第一项较小即 “管道” 较宽. 但若 “管道” 过宽或超平面位置不恰当, 第二项的 $\sum\limits_{i=1}^{N}(\xi_i + \xi_i^*)$ 会较大, 模型整体误差偏高; 另一方面, 从模型整体误差出发, 应希望第二项的 $\sum\limits_{i=1}^{N}(\xi_i + \xi_i^*)$ 较小. 可通过两个途径实现: 第一, 增大第一项, 通过减少 “管道” 宽度降低 $\sum\limits_{i=1}^{N}(\xi_i + \xi_i^*)$. 此时 “管道” 较窄、模型较复杂, 但可能导致模型过拟合. 第二, 将回归超平面放在一个最佳位置上从而降低 $\sum\limits_{i=1}^{N}(\xi_i + \xi_i^*)$. 可通过最小化 $\sum\limits_{i=1}^{N}(\xi_i + \xi_i^*)$ 确定超平面位置和角度. 当然为防止过拟合, 应使 “管道” 具有一定宽度但不能过宽, 也即第一项不能太小.

可见, 两项同时小是无法实现的, 因此支持向量回归希望找到两者之和最小下的回归超平面, 它位于合理宽度的 “管道” 内且是位置和角度均恰当的超平面.

式 (8.28) 中的 C 是损失惩罚参数, 可依对预测误差的容忍程度调整. 在 “管道” 宽度确定的前提下, 当惩罚参数 C 较大, 极端情况 $C \to \infty$ 时, 为最小化目标函数倾向最小化 $\sum\limits_{i=1}^{N}(\xi_i + \xi_i^*)$, 此时在一定的 “管道” 宽度约束下, 超平面将努力跟随 “管道” 外部的样本观测点并呈现弯曲多变 (复杂模型) 的形态.

当惩罚参数 C 较小, 意味着允许 “管道” 外部观测有较大损失 (误差), 此时超平面倾向扁平化 (简单模型). 极端情况 $C \to 0$ 时, 为最小化目标函数倾向最小化第一项, 此时若没有约束条件, 超平面将是位于最大 “管道” 内的最扁平化的超平面. 可见, 惩罚参数 C 控制着模型的复杂度, 不能太大也不能太小. 可通过 K 折交叉验证确定参数 C.

二、支持向量回归的约束条件

对每个样本观测 $\boldsymbol{X}_i(i = 1, 2, \cdots, N)$ 的**约束条件**如下:

$$\begin{cases} b + \boldsymbol{w}^{\mathrm{T}}\boldsymbol{X}_i - y_i \leqslant \varepsilon + \xi_i \\ y_i - b - \boldsymbol{w}^{\mathrm{T}}\boldsymbol{X}_i \leqslant \varepsilon + \xi_i^* \\ \xi_i, \xi_i^* \geqslant 0 \end{cases} \tag{8.29}$$

约束条件的含义是: 样本观测 $\boldsymbol{X}_i$ 的预测值可以大于实际值, 即 $\widehat{y}_i = b + \boldsymbol{w}^{\mathrm{T}}\boldsymbol{X}_i > y_i$, 但绝对残差 $e_i = \widehat{y}_i - y_i$ 应小于 $\varepsilon + \xi_i$; 反之, 预测值也可以小于实际值, 即 $\widehat{y}_i = b + \boldsymbol{w}^{\mathrm{T}}\boldsymbol{X}_i < y_i$, 但绝对残差 $e_i = y_i - \widehat{y}_i$ 也应小 $\varepsilon + \xi_i^*$. 以上约束是对训练残差上限的限定. 一方面, 若回归超平面很好地拟合样本观测点 $\boldsymbol{X}_i$, ξ_i 或 ξ_i^* 很小就可以满足约束条件. 另一方面, 若令 ε 较大也可以满足约束条件. 虽然满足了约束条件, 但预测误差 e_i 还是偏大的. 所以, ε 较大意味着允许的残差上限较大, ε 较小意味着允许的残差上限较小. 可见, 这里参数 ε 控制着对最大误差的容忍度, 与前述 ε 的作用是一致的. 可通过 K 折交叉验证等方式确定.

此外, KKT 条件中还包括:

$$\begin{cases} a_i(b + \boldsymbol{w}^{\mathrm{T}}\boldsymbol{X} - y_i - (\varepsilon + \xi_i)) = 0 \\ a_i^*(y_i - b - \boldsymbol{w}^{\mathrm{T}}\boldsymbol{X} - (\varepsilon + \xi_i^*)) = 0 \\ \mu_i\xi_i = 0 \\ \mu_i^*\xi_i^* = 0 \end{cases} \tag{8.30}$$

其中, $\alpha_i, a_i^*, \mu_i, \mu_i^*(i = 1, 2, \cdots, N)$ 均为拉格朗日乘子. 由于 $\alpha_i(b + \boldsymbol{w}^{\mathrm{T}}\boldsymbol{X} - y_i - (\varepsilon + \xi_i)) = 0$ 和 $a_i^*(y_i - b - \boldsymbol{w}^{\mathrm{T}}\boldsymbol{X} - (\varepsilon + \xi_i^*)) = 0$ 不能同时成立, α_i 和 a_i^* 至少有一个等于 0. 可见, 对支持向量因 $\alpha_i > 0$ 或 $a_i^* > 0$, 分别有 $b + \boldsymbol{w}^{\mathrm{T}}\boldsymbol{X} - y_i = \varepsilon + \xi_i$ 和 $y_i - b - \boldsymbol{w}^{\mathrm{T}}\boldsymbol{X} = \varepsilon + \xi_i^*$ 成立, 即支持向量落在 "管道" 的边缘和外部.

这里略去拉格朗日函数和原问题的对偶问题及其解, 仅给出回归超平面系数的解:

$$\boldsymbol{w} = \sum_{i=1}^{N}(a_i^* - \alpha_i)\boldsymbol{X}_i \tag{8.31}$$

以及对样本观测点 $\boldsymbol{X}_0$ 的回归预测值:

$$\sum_{i=1}^{L}(a_i^* - \alpha_i)\boldsymbol{X}_i^{\mathrm{T}}\boldsymbol{X}_0 + b \tag{8.32}$$

其中, 有 L 个支持向量.

需要说明的是, 仍然与支持向量分类类似, 支持向量回归通过核函数实现非线性回归. 此时预测模型为: $\sum\limits_{i=1}^{L}(a_i^* - \alpha_i)K(\boldsymbol{X}_i, \boldsymbol{X}_0) + b$, 其中 $K(\boldsymbol{X}_i, \boldsymbol{X}_0)$ 是支持向量 $\boldsymbol{X}_i$ 和新观测 $\boldsymbol{X}_0$ 的核函数.

图 8–17 是支持向量回归的一个示例 (Python 代码参见 8.6.6 节).

图 8–17 中的蓝色圆点代表的样本观测点来自训练集, 五角星来自测试集. 其中的黄色虚线为线性回归的回归直线, 蓝色实线为支持向量回归的回归线, 显然它可以刻画输入变量和输出变量间的非线性关系. 大圆圈住的点为支持向量.

第一行两幅图中的惩罚参数 C 相等, 左图 ε 较小, 右图 ε 较大. 右图的 ε 较大, 允许的误差上限较大, 因此回归线比左图简单且更扁平化, 训练误差大于左图, 且 "管道" 外的支持向量较少; 第一列两幅图中的 ε 相等, 上图的惩罚参数 C 小于下图, 因而超平面的扁平化程度大于下图. 下图的惩罚参数 C 较大, 因而回归线更复杂, 训练误差更低. ε 较小 "管道" 外的支持向量较多. 右上图中惩罚参数 C 小而 ε 大, 是最简单的模型, 训练误差最大. 右下图的惩罚参数 C 很大而 ε 很小, 模型的复杂度最高, 训练误差最小, 但测试误差并没有小于左

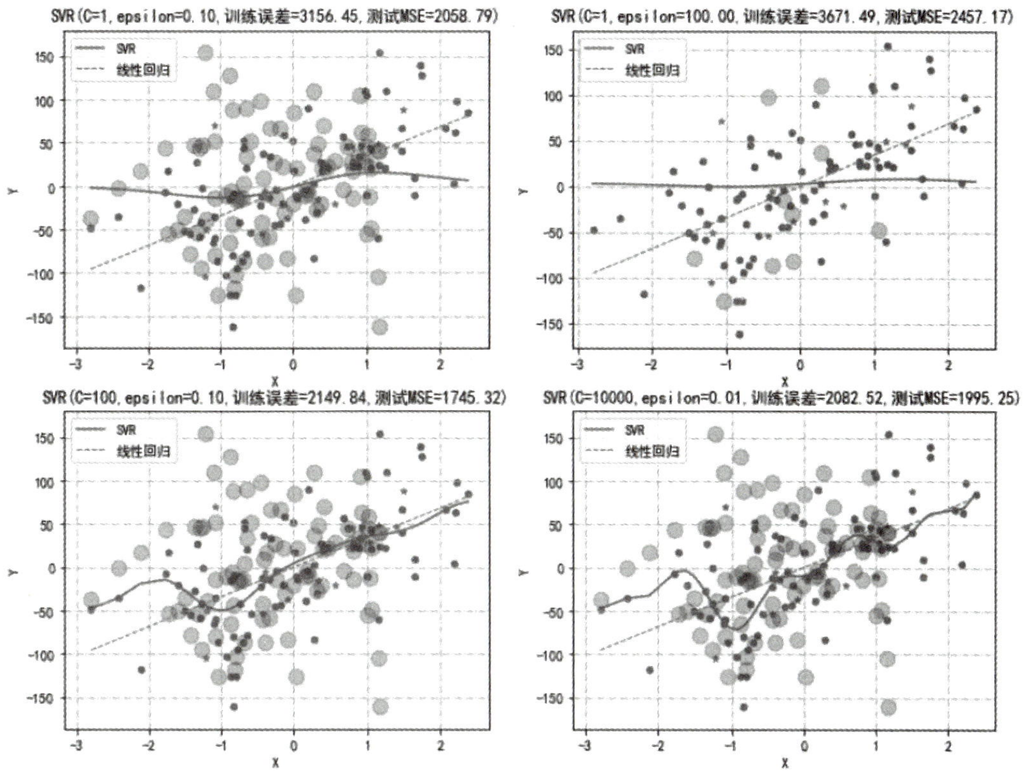

图 8–17　不同惩罚参数 C 和 ε 下的支持向量回归线

下图, 表明出现了模型过拟合. 左下图模型是四个中最优的.

8.6　Python 实践课: 加深理论理解, 探索应用实践

为进一步加深对支持向量机的理论理解, 并探索支持向量机的应用实践, 设计如下 Python 实践内容:

第一, 探讨感知机网络超平面的不确定性, 说明支持向量机研究的意义.

第二, 利用模拟数据探讨完全线性可分下的支持向量分类, 进一步认识支持向量和最大边界超平面.

第三, 利用模拟数据探讨广义线性可分下的支持向量分类, 比较不同惩罚参数 C 下的分类边界.

第四, 利用模拟数据探讨非线性可分下的空间变化思路.

第五, 利用模拟数据探讨非线性可分下不同惩罚参数 C 和核函数下的分类曲面.

第六, 利用模拟数据探讨支持向量回归中不同惩罚参数 C 和 ε 对回归预测的影响.

以下是本章需导入的 Python 模块:

```
1 #本章需导入的模块
2 import numpy as np
3 import matplotlib.pyplot as plt
4 from mpl_toolkits.mplot3d import Axes3D
5 import warnings
6 warnings.filterwarnings(action = 'ignore')
7 %matplotlib inline
8 plt.rcParams['font.sans-serif']=['SimHei']  #解决中文显示乱码问题
9 plt.rcParams['axes.unicode_minus']=False
10 from sklearn.datasets.samples_generator import make_classification,make_circles,make_regression
11 from sklearn.model_selection import train_test_split
12 import sklearn.neural_network as net
13 import sklearn.linear_model as LM
14 from scipy.stats import multivariate_normal
15 from sklearn.metrics import r2_score,mean_squared_error
16 from sklearn import svm
```

其中第 16 行为新增模块, 用于实现支持向量机.

8.6.1 实践一: 探讨支持向量机分类的意义

本节 (文件名:chapter8-1.ipynb) 基于模拟数据, 采用感知机网络建立分类预测模型, 确定分类超平面. 模拟研究发现, 感知机连接权值的初始值不同, 对应的分类超平面也会不同.

```
1 N=100
2 X,Y=make_classification(n_samples=N,n_features=2,n_redundant=0,n_informative=2,class_sep=1,random_state=1,n_clusters_per_class=1)
3 X_train, X_test, Y_train, Y_test = train_test_split(X,Y,train_size=0.85, random_state=123)
4 markers=['^','o']
5 for k,m in zip([1,0],markers):
6     plt.scatter(X_train[Y_train==k,0],X_train[Y_train==k,1],marker=m,s=40)
7 for k,m in zip([1,0],markers):
8     plt.scatter(X_test[Y_test==k,0],X_test[Y_test==k,1],marker=m,s=40,c='',edgecolors='g')
9 plt.title("100个样本观测点的分布")
10 plt.xlabel("X1")
11 plt.ylabel("X2")
12 plt.grid(True,linestyle='-.')
13 plt.show()
```

【代码说明】

(1) 第 1、2 行: 生成用于二分类的样本量 $N = 100$ 的一组随机样本, 包括两个输入变量. 同时指定两个分类的样本观测点彼此不相交.

(2) 第 3 行: 利用旁置法按 85%和 15%将数据集划分成训练集和测试集.

(3) 第 5~13 行: 分别将训练集和测试集的样本观测以不同符号和颜色绘制在图上, 如图 8-1 所示. 接下来, 利用感知机网络建立分类模型, 绘制分类边界.

```
X1,X2= np.meshgrid(np.linspace(X_train[:,0].min(),X_train[:,0].max(),300),np.linspace(X_train[:,1].min(),X_train[:,1].max(),300))
X0=np.hstack((X1.reshape(len(X1)*len(X2),1),X2.reshape(len(X1)*len(X2),1)))

fig,axes=plt.subplots(nrows=2,ncols=2,figsize=(12,8))
for seed,H,L in [(123,0,0),(3000,0,1),(0,1,0),(20,1,1)]:
    NeuNet=net.MLPClassifier(activation='logistic',random_state=seed,hidden_layer_sizes=(10,),max_iter=200)
    NeuNet.fit(X_train,Y_train)
    #NeuNet.out_activation_  #输出节点的激活函数
    Y0=NeuNet.predict(X0)
    axes[H,L].scatter(X0[np.where(Y0==1),0],X0[np.where(Y0==1),1],c='lightgray')
    axes[H,L].scatter(X0[np.where(Y0==0),0],X0[np.where(Y0==0),1],c='mistyrose')
    for k,m in [(1,'^'),(0,'o')]:
        axes[H,L].scatter(X_train[Y_train==k,0],X_train[Y_train==k,1],marker=m,s=40)
        axes[H,L].scatter(X_test[Y_test==k,0],X_test[Y_test==k,1],marker=m,s=40,c='',edgecolors='g')
    axes[H,L].grid(True,linestyle='-.')
    axes[H,L].set_title("分类平面(随机数种子=%d,测试误差=%.2f)"%(seed,1-NeuNet.score(X_test,Y_test)))
```

【代码说明】

(1) 第 1、2 行: 为绘制分类边界准备数据: 在训练集两个输入变量取值范围内的 90 000 个样本观测点.

(2) 第 4~16 行: 利用 for 循环进行四次感知机网络的训练.

首先, 感知机网络为包含 10 个隐藏节点的三层网络. 四次感知机训练的初始权重随机数依次由四个随机数种子 (123, 3 000, 0, 20) 确定, 均进行 200 次迭代; 然后, 依次拟合训练集, 并分别对 90 000 个样本观测的所属类别进行预测; 接下来, 绘制两个分类区域. 指定灰色区域对应 1 类, 粉色区域对应 0 类, 两个区域的交接处为分类边界 (直线); 最后, 将训练集和测试集中的样本观测点添加到图中. 落入灰色区域的样本观测点将预测为 1 类, 其他预测为 0 类. 所得的四个分类边界如图 8–2 所示. 图形显示, 四个分类直线的训练误差都等于零. 但左侧两条分类直线均距训练集中的圆点类很近, 右侧两条分类直线则距两类点都比较远. 从预测置信度以及测试误差来看, 右侧两条分类直线是比较理想的. 支持向量分类正是基于同样的考虑设计算法.

8.6.2 实践二: 探讨完全线性可分下的支持向量分类

完全线性可分下的支持向量分类是支持向量分类的理想场景, 探索其基本原理有助于理解更现实场景下的支持向量分类算法. 本节 (文件名:chapter8-2.ipynb) 基于 8.6.1 节的模拟数据, 通过绘制完全线性可分下的支持向量分类边界, 直观展示解决 8.6.1 节问题的预期思路和结果.

```
1  N=100
2  X,Y=make_classification(n_samples=N,n_features=2,n_redundant=0,n_informative=2,class_sep=1,random_state=1,n_clusters_per_class=1)
3  X_train, X_test, Y_train, Y_test = train_test_split(X,Y,train_size=0.85, random_state=123)
4  X1,X2= np.meshgrid(np.linspace(X_train[:,0].min(),X_train[:,0].max(),500),np.linspace(X_train[:,1].min(),X_train[:,1].max(),500))
5  X0=np.hstack((X1.reshape(len(X1)*len(X2),1),X2.reshape(len(X1)*len(X2),1)))
6  modelSVC=svm.SVC(kernel='linear',random_state=123,C=2)  #modelSVC=svm.LinearSVC(C=2,dual=False)
7  modelSVC.fit(X_train,Y_train)
8  print("超平面的常数项b: ",modelSVC.intercept_)
9  print("超平面系数W: ",modelSVC.coef_)
10 print("支持向量的个数: ",modelSVC.n_support_)
11 Y0=modelSVC.predict(X0)
12 plt.figure(figsize=(6,4))
13 plt.scatter(X0[np.where(Y0==1),0],X0[np.where(Y0==1),1],c='lightgray')
14 plt.scatter(X0[np.where(Y0==0),0],X0[np.where(Y0==0),1],c='mistyrose')
15 for k,m in [(1,'^'),(0,'o')]:
16     plt.scatter(X_train[Y_train==k,0],X_train[Y_train==k,1],marker=m,s=40)
17     plt.scatter(X_test[Y_test==k,0],X_test[Y_test==k,1],marker=m,s=40,c='',edgecolors='g')
18 
19 plt.scatter(modelSVC.support_vectors_[:,0],modelSVC.support_vectors_[:,1],marker='o',c='b',s=120,alpha=0.3)
20 plt.xlabel("X1")
21 plt.ylabel("X2")
22 plt.title("线性可分下的支持向量机最大边界超平面")
23 plt.grid(True,linestyle='-.')
24 plt.show()
25 
```

```
超平面的常数项b:  [0.00427528]
超平面系数W:  [[-1.75478826  0.07731007]]
支持向量的个数:  [1 2]
```

【代码说明】

(1) 第 1~5 行: 生成与 8.6.1 节相同的模拟数据. 采用旁置法将数据集划分为训练集和测试集. 为绘制分类边界准备数据: 在训练集两个输入变量取值范围内的 250 000 个样本观测点.

(2) 第 6、7 行: 建立完全线性可分下的支持向量分类机, 并拟合训练数据.

不同场景下的支持向量分类均可通过函数 svm.SVC() 实现. 其中指定参数 kernel='linear' 即为线性可分场景. 参数 C 为式 (8.13) 中的 C.

(3) 第 8~10 行: 输出最大边界超平面参数以及支持向量的个数. 这里分别在两个类别中找到了 1 个和 2 个支持向量 (如图 8-8 所示). 最大边界超平面参数以及支持向量的个数依次存储在模型对象的.intercept_、.coef_和.n_support_属性中.

(4) 第 11 行: 基于最大边界超平面预测 250 000 个样本观测的类别.

(5) 第 13、14 行: 绘制两个类别区域. 指定灰色为 1 类区域, 粉色为 0 类区域. 两个区域的边界即为最大边界超平面.

(6) 第 15~17 行: 将样本观测点添加到图中. 落入灰色区域的样本观测点将预测为 1 类, 落入粉色区域的将预测为 0 类.

(7) 第 19 行: 在图中标记出支持向量. 支持向量的坐标存储在模型对象的. support_vectors_属性中.

所得图形如图 8-8 所示. 图形显示, 超平面确实正如我们期望的那样接近图 8-2 右图而非接近图 8-2 左图的两个平面.

8.6.3 实践三: 探讨广义线性可分下不同惩罚参数 C 下的分类边界

广义线性可分下, 惩罚参数 C 是一个非常重要的参数. 本节 (文件名: chapter8-3.ipynb) 通过图形方式, 直观展示惩罚参数 C 的大小对支持向量分类的影响.

```
1  N=100
2  X,Y=make_classification(n_samples=N,n_features=2,n_redundant=0,n_informative=2,class_sep=1.2,random_state=1,n_clusters_per_class=1)
3  rng=np.random.RandomState(2)
4  X+=2*rng.uniform(size=X.shape)
5  X_train, X_test, Y_train, Y_test = train_test_split(X,Y,train_size=0.85, random_state=1)
6  X1,X2= np.meshgrid(np.linspace(X_train[:,0].min(),X_train[:,0].max(),500),np.linspace(X_train[:,1].min(),X_train[:,1].max(),500))
7  X0=np.hstack((X1.reshape(len(X1)*len(X2),1),X2.reshape(len(X1)*len(X2),1)))
8  fig,axes=plt.subplots(nrows=1,ncols=2,figsize=(15,6))
9  for C,H in [(5,0),(0.1,1)]:
10     modelSVC=svm.SVC(kernel='linear',random_state=123,C=C)
11     modelSVC.fit(X_train,Y_train)
12     Y0=modelSVC.predict(X0)
13     axes[H].scatter(X0[np.where(Y0==1),0],X0[np.where(Y0==1),1],c='lightgray')
14     axes[H].scatter(X0[np.where(Y0==0),0],X0[np.where(Y0==0),1],c='mistyrose')
15     for k,m in [(1,'^'),(0,'o')]:
16         axes[H].scatter(X_train[Y_train==k,0],X_train[Y_train==k,1],marker=m,s=40)
17         axes[H].scatter(X_test[Y_test==k,0],X_test[Y_test==k,1],marker=m,s=40,c='',edgecolors='g')
18
19     axes[H].scatter(modelSVC.support_vectors_[:,0],modelSVC.support_vectors_[:,1],marker='o',c='b',s=120,alpha=0.3)
20     axes[H].set_xlabel("X1")
21     axes[H].set_ylabel("X2")
22     axes[H].set_title("广义线性可分下的支持向量机最大边界超平面\n(C=%.1f,训练误差=%.2f)"%(C,1-modelSVC.score(X_train,Y_train)))
23     axes[H].grid(True,linestyle='-.')
```

【代码说明】

(1) 第 1~5 行: 生成用于二分类的包含两个输入变量的模拟数据. 为方便在原有输入变量的基础上添加随机数, 如图 8-4 左图所示. 利用旁置法, 将数据集按 85%和 15%划分成训练集和测试集.

(2) 第 6、7 行: 为绘制分类边界准备数据: 数据为在两个输入变量取值范围内的 250 000 个样本观测点.

(3) 第 9~23 行: 利用 for 循环建立惩罚参数 C 取 5 和 0.1 时的支持向量分类机.

其中, 指定参数 kernel='linear' 即为线性可分场景. 参数 C 为式 (8.13) 中的 C. 拟合训练数据; 预测 250 000 个样本观测点的类别. 绘制两个类别区域. 指定灰色为 1 类区域, 粉色为 0 类区域. 两个区域的边界即为惩罚参数 C 下的最大边界超平面; 将样本观测点添加到图中, 落入灰色区域的样本观测点将预测为 1 类, 落入粉色区域的将预测为 0 类; 标志出支持向量并计算训练误差. 所得图形如图 8–10 所示. 图形显示, 参数 C 较大边界较窄, 进入 "禁区" 的点较少, 训练误差较小. 参数 C 较小边界较宽, 进入 "禁区" 的点较多, 训练误差较大.

8.6.4 实践四: 探讨非线性可分下的空间变化思路

对非线性可分样本只能通过曲面来分割. 具体实施策略是通过非线性函数实现空间变化, 使非线性可分样本转换成高维空间中的线性可分样本, 并寻找分割平面. 高维空间中的平面与低维空间的曲面相对应. 本节 (文件名:chapter8-4.ipynb) 将直观展示非线性可分下的空间变化思路.

```
1  N=100
2  X,Y=make_circles(n_samples=N,noise=0.2,factor=0.5,random_state=123)
3  fig = plt.figure(figsize=(20,6))
4  markers=['^','o']
5  ax = fig.add_subplot(121, projection='3d')
6  var = multivariate_normal(mean=[0,0], cov=[[1,0],[0,1]])
7  Z=np.zeros((len(X),))
8  for i,x in enumerate(X):
9      Z[i]=var.pdf(x)
10 for k,m in zip([1,0],markers):
11     ax.scatter(X[Y==k,0],X[Y==k,1],Z[Y==k],marker=m,s=40)
12 ax.set_xlabel('X1')
13 ax.set_ylabel('X2')
14 ax.set_zlabel('Z')
15 ax.set_title('三维空间下100个样本观测点的分布')
```

【代码说明】

(1) 第 1、2 行: 生成用于二分类的包含两个输入变量 X_1, X_2 的模拟数据, 该数据为非线性样本. 如图 8–4 右图所示.

(2) 第 6 行: 定义一个二元高斯分布, 均值向量为 $(0,0)^{\mathrm{T}}$, 协方差阵为: $\begin{bmatrix}1,0\\0,1\end{bmatrix}$, 即 X_1, X_2 的方差等于 1, 协方差等于 0 (不具有线性相关性).

(3) 第 7~9 行: 对二维空间中的数据点, 通过二元高斯分布函数变换映射到三维空间中. 第三维 (Z) 的取值为高斯分布函数的概率密度, 完成空间变换.

(4) 第 10~15 行: 以不同颜色和形状展示两类样本观测点在三维空间中的分布形态. 如图 8–11 左图所示. 图形显示, 在原来二维输入变量 X_1, X_2 空间中无法找到一条直线将两类样本分开, 但在三维空间中可以找到一个平面.

以下将展示三维空间中的平面与二维空间圆的对应关系.

```
17 ax = fig.add_subplot(122)
18 X1,X2= np.meshgrid(np.linspace(X[:,0].min(),X[:,0].max(),500),np.linspace(X[:,1].min(),X[:,1].max(),500))
19 X0=np.hstack((X1.reshape(len(X1)*len(X2),1),X2.reshape(len(X1)*len(X2),1)))
20 Z=np.zeros((len(X0),))
21 for i,x in enumerate(X0):
22     Z[i]=var.pdf(x)
23 for k,m in zip([1,0],markers):
24     ax.scatter(X[Y==k,0],X[Y==k,1],marker=m,s=50)
25 ax.set_title("100个样本观测点在二维空间中的分布")
26 ax.set_xlabel("X1")
27 ax.set_ylabel("X2")
28 ax.grid(True,linestyle='-.')
29 contour = plt.contour(X1,X2,Z.reshape(len(X1),len(X2)),[0.12],colors='k')
```

【代码说明】

(1) 第 18~20 行: 为绘图准备数据: 数据为在输入变量取值范围内的 250 000 个样本观测点.

(2) 第 21、22 行: 将 250 000 个样本观测映射到三空间中 (非线性函数为二元高斯函数).

(3) 第 23、24 行: 在原来的二维空间中展示样本观测的分布特点. 基于三维空间中的 250 000 个样本观测点绘制其等高线图, 展示三维空间中的点投影到二维平面上的分布特征. 如图 8-11 右图所示. 图形显示, 三维空间中可将两类分开的一个平面 (横切面) 与二维空间中的曲线相对应, 可间接实现对二维空间中非线性样本的分割.

8.6.5 实践五: 探讨非线性可分下不同惩罚参数 C 和核函数下的分类曲面

非线性可分下的核函数至关重要, 同时分类预测性能与惩罚参数 C 密切相关. 本节 (文件名: chapter8-4.ipynb) 将直观展示不同核函数以及惩罚参数 C 对分类曲线的影响.

```
1  N=100
2  X,Y=make_circles(n_samples=N,noise=0.2,factor=0.5,random_state=123)
3  X_train, X_test, Y_train, Y_test = train_test_split(X,Y,train_size=0.85, random_state=1)
4  X1,X2= np.meshgrid(np.linspace(X_train[:,0].min(),X_train[:,0].max(),500),np.linspace(X_train[:,1].min(),X_train[:,1].max(),500))
5  X0=np.hstack((X1.reshape(len(X1)*len(X2),1),X2.reshape(len(X1)*len(X2),1)))
6  fig,axes=plt.subplots(nrows=2,ncols=2,figsize=(15,12))
7  for C,ker,H,L in [(1,'poly',0,0),(1,'rbf',0,1),(1000,'poly',1,0),(1000,'rbf',1,1)]:
8      modelSVC=svm.SVC(kernel=ker,random_state=123,C=C)
9      modelSVC.fit(X_train,Y_train)
10     Y0=modelSVC.predict(X0)
11     axes[H,L].scatter(X0[np.where(Y0==1),0],X0[np.where(Y0==1),1],c='lightgray')
12     axes[H,L].scatter(X0[np.where(Y0==0),0],X0[np.where(Y0==0),1],c='mistyrose')
13     for k,m in [(1,'^'),(0,'o')]:
14         axes[H,L].scatter(X_train[Y_train==k,0],X_train[Y_train==k,1],marker=m,s=40)
15         axes[H,L].scatter(X_test[Y_test==k,0],X_test[Y_test==k,1],marker=m,s=40,c='',edgecolors='g')
16
17     axes[H,L].scatter(modelSVC.support_vectors_[:,0],modelSVC.support_vectors_[:,1],marker='o',c='b',s=120,alpha=0.3)
18     axes[H,L].set_xlabel("X1")
19     axes[H,L].set_ylabel("X2")
20     axes[H,L].set_title("线性不可分下的支持向量机最大边界超平面(C=%.1f,Kernal=%s,测试误差=%.2f)"%(C,ker,1-modelSVC.score(X_test,Y_test)))
21     axes[H,L].grid(True,linestyle='-.')
```

【代码说明】

(1) 第 1~3 行: 生成与 8.6.4 节相同的模拟数据, 包含两个输入变量, 为非线性可分样本. 利用旁置法将数据集划分为训练集和测试集.

(2) 第 4、5 行: 为绘制分类边界准备数据: 数据为在输入变量取值范围内的 250 000 个样本观测点.

(3) 第 7~21 行: 利用 for 循环建立多个支持向量分类机.

支持向量分类机的核函数依次为多项式核函数和径向基核函数, 并且惩罚参数 C 依次取 1 和 1 000. 拟合训练集. 预测 250 000 个样本观测点的类别. 绘制两个类别区域. 指定灰色为 1 类区域, 粉色为 0 类区域. 两个区域的边界即为相应核函数和惩罚参数 C 下的最大边界超平面; 将样本观测点添加到图中, 落入灰色区域的样本观测点将预测为 1 类, 落入粉色区域的将预测为 0 类; 标出支持向量并计算测试误差. 所得图形如图 8-12 所示. 图形显示, 惩罚参数 C 较大将导致因分类边界 "努力" 拟合边界点而呈现更多的弯曲变化. 此外, 两个核函数在二维空间中的曲线形态不同. 从样本观测点的分布特点以及测试误差看, 该问题适合采用径向基核函数.

8.6.6　实践六：探讨支持向量回归中不同惩罚参数 C 和 ε 对回归的影响

惩罚参数 C 和 ε 是支持向量回归的两个重要参数. 本节 (文件名：chapter8-4.ipynb) 将直观展示两个参数对支持向量回归预测的影响.

```
1  N=100
2  X,Y=make_regression(n_samples=N,n_features=1,random_state=123,noise=50,bias=0)
3  X_train, X_test, Y_train, Y_test = train_test_split(X,Y,train_size=0.85, random_state=123)
4  plt.scatter(X_train,Y_train,s=20)
5  plt.scatter(X_test,Y_test,s=20,marker='*')
6  plt.title("100个样本观测点的SVR和线性回归")
7  plt.xlabel("X")
8  plt.ylabel("Y")
```

【代码说明】

(1) 第 1~3 行：生成用于回归仅包含一个输入变量的模拟数据. 利用旁置法将数据集划分为训练集和测试集.

(2) 第 4~8 行：绘制输入变量和输出变量的散点图. 如图 8–18 所示.

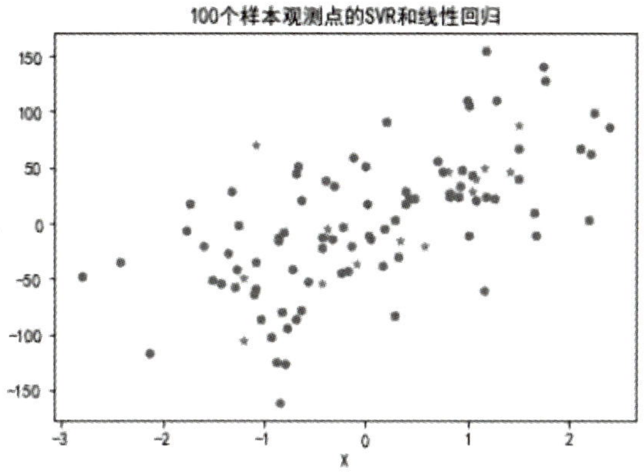

图 8–18　支持向量回归中的样本数据

图 8–18 中的圆圈表示样本观测来自训练集，五角星表示来自测试集. 整体上输入变量和输出变量呈一定的线性关系. 接下来，利用支持向量回归进行回归预测，并绘制回归线.

```
10 modelLM=LM.LinearRegression()
11 modelLM.fit(X_train,Y_train)
12 X[:,0].sort()
13 fig,axes=plt.subplots(nrows=2,ncols=2,figsize=(12,9))
14 for C,E,H,L in [(1,0.1,0,0),(1,100,0,1),(100,0.1,1,0),(10000,0.01,1,1)]:
15     modelSVR=svm.SVR(C=C,epsilon=E)
16     modelSVR.fit(X_train,Y_train)
17     axes[H,L].scatter(X_train,Y_train,s=20)
18     axes[H,L].scatter(X_test,Y_test,s=20,marker='*')
19     axes[H,L].scatter(X[modelSVR.support_],Y[modelSVR.support_],marker='o',c='b',s=120,alpha=0.2)
20     axes[H,L].plot(X,modelSVR.predict(X),linestyle='-',label="SVR")
21     axes[H,L].plot(X,modelLM.predict(X),linestyle='--',label="线性回归",linewidth=1)
22     axes[H,L].legend()
23     ytrain=modelSVR.predict(X_train)
24     ytest=modelSVR.predict(X_test)
25     axes[H,L].set_title("SVR(C=%d,epsilon=%.2f,训练误差=%.2f,测试MSE=%.2f)"%(C,E,mean_squared_error(Y_train,ytrain),
26                                              mean_squared_error(Y_test,ytest)))
27     axes[H,L].set_xlabel("X")
28     axes[H,L].set_ylabel("Y")
29     axes[H,L].grid(True,linestyle='-.')
```

【代码说明】

(1) 第 10、11 行：建立一般线性回归模型，拟合训练集数据.

(2) 第 14~29 行：利用 for 循环分别建立四个支持向量回归机.

支持向量回归机的惩罚 C 依次取 1, 1, 100, 10 000，对错误的惩罚越来越大. 同时参数 ε 依次取 0.1, 100, 0, 1, 0.01，规定了多个误差上限. 拟合训练集数据. 绘制样本观测点的散点图. 标出支持向量. 绘制一般支持向量回归机的回归线和一般线性回归模型的回归线. 计算训练误差和测试误差 (MSE).

所得图形如图 8-17 所示. 图形显示，在惩罚参数 C 相等的条件下，较大的 ε 意味着允许较大的误差上限，此时的回归线简单且更扁平化，训练误差较大且 “管道” 外的支持向量较少. 在 ε 相等的条件下，较小的惩罚参数 C 将导致超平面的扁平化程度更大，训练误差较大. 惩罚参数 C 小而 ε 大将对应简单模型，惩罚参数 C 很大而 ε 很小将对应复杂模型，但应注意模型过拟合问题. 左下图模型是四个中最优的.

附录

围绕本章学习，应重点掌握 Python 模块中的以下函数. 函数的具体格式参见 Python 帮助.

1. 建立用于分类预测的支持向量分类机

modelSVC=svm.SVC();modelSVC.fit(X,Y)

2. 建立用于回归预测的支持向量回归机

modelSVR=svm.SVR();modelSVR.fit(X,Y)

第 9 章

特征选择：过滤、包裹和嵌入策略

学习目标

1. 掌握低方差过滤法和高相关过滤法的基本原理和应用.
2. 理解包裹式策略下特征选择的基本思路.
3. 掌握嵌入式策略中 Lasso 回归和岭回归的特点，以及收缩参数的意义.
4. 了解基于弹性网络的特征选择.
5. 掌握各种策略下特征选择的 Python 实现.

通常认为，收集的数据 (变量) 越多，对研究问题的描述会越全面，由此建立的预测模型就越能精准反映事物间的相互影响关系，进而会有较高的预测精度. 例如，某健身中心为全面刻画会员的身体特征，除收集会员的身高和体重之外，还收集了诸如腿长、臂长、臂围、肩宽、腰围、胸围、臀围、鞋尺码、手掌宽度、性别、年龄、体脂率、训练总时长等很多指标，并相信基于如此详尽的数据对体重进行控制和预测，会得到更好的效果. 但可能出现如下问题:

第一，训练集中的某输入变量，因取值差异不大而对预测建模没有意义.

例如，男女体重差异的成因可能不同，现仅基于年轻女性数据，建立年轻女性体重的预测模型. 此时由于训练集中性别这个输入变量均取值为女性，因而对体重预测没有作用. 此外，年轻女性的年龄相近且通常鞋尺码差异不大，所以年龄和鞋尺码对体重预测的作用也是非常有限的.

第二，训练集中的某输入变量，因与输出变量没有较强相关性而对预测建模没有意义.

例如，手掌宽度和体重的相关性一般比较弱，所以预测体重时可以不考虑手掌宽度.

第三，输入变量对输出变量的影响，会因输入变量间存在一定的相关性而具有相互替代性.

例如，身高和腿长及臂长、肩宽和胸围及臀围，两两之间通常密切相关，成正比. 在体重预测的回归模型中，腿长或臂长对体重的影响很可能完全被身高对体重的影响替代，当身高作为输入变量进入模型后，腿长或臂长就无须再引入模型.

综上，预测建模中并非输入变量越多越好. 这样不仅不能有效降低模型的测试误差，反而会因带来更多的数据噪声导致模型的过拟合；或者因输入变量的相关性使得某因素对输出变量影响效应的估计出现大的偏差；或者因输入变量过多增加模型计算的时间复杂度和存储复杂度；或者因输入变量过多且大于样本量无法求解模型参数；或者如 4.3 节讨论的那样，样

本量为 N 的数据集在高维下的稀疏性远高于低维, 因而不利于数据建模; 等等.

特征选择的目的是服务于预测建模:

一是需从众多输入变量中筛选出对输出变量预测有意义的重要变量, 减少输入变量个数, 实现输入变量空间的降维. 该过程称为**特征选择.**

二是从众多具有相关性的输入变量中提取出较少的综合变量, 用综合变量代替原有输入变量, 实现输入变量空间的降维. 该过程称为**特征提取**.

本章将围绕变量重要性, 讨论如何从以下三个角度考察变量重要性, 实现特征选择.

第一, 考察变量取值的差异程度;

第二, 考察输入变量与输出变量的相关性;

第三, 考察输入变量对测试误差的影响.

具体策略通常包括:

(1) 过滤式 (filter) 策略. 即特征选择与预测建模 "分而治之". 考察变量取值的差异程度以及输入变量与输出变量的相关性, 筛选出重要变量并由此构建新的训练集, 为后续建立基于重要变量的预测模型奠定基础. 这里的 "过滤" 是指以阈值为标准, 过滤掉某些指标较高或较低的变量.

(2) 包裹式 (wrapper) 策略. 即将特征选择 "包裹" 到一个指定的预测模型中. 它将预测模型作为评价变量重要性的工具, 完成重要变量子集的筛选, 并由此构建新的训练集, 为后续建立基于重要变量的预测模型奠定基础.

(3) 嵌入式 (embedding) 策略. 即特征选择 "嵌入" 整个预测建模, 与预测建模 "融为一体". 在预测建模的同时度量变量的重要性, 并最终给出基于重要变量的预测模型. 没有进入预测模型的变量重要性较低.

本章将集中讨论特征选择和相关的 Python 实现. 特征提取将在第 10 章讨论.

9.1 过滤式策略下的特征选择

过滤式策略下的特征选择, 主要从两个方面考察变量的重要性:

第一, 考察变量取值的差异程度, 即认为只有变量取值差异明显的输入变量才可能是重要的变量. 依该思路实施特征选择的方法称为**低方差过滤法** (low variance filter). 其中涉及的问题是如何度量变量取值的差异性. 不同类型的变量, 取值差异性的度量指标是不同的.

第二, 输入变量与输出变量的相关性, 即认为只有与输出变量具有较高相关性的变量才可能是重要的变量. 依该思路实施特征选择的方法称为**高相关过滤法** (high correlation filter).

这里的相关性指的是统计相关性, 即当变量 X 取某值时, 另一变量 y 并不依确定的函数取唯一确定的值, 而是可能取若干值. 例如, 月收入 X 和消费水平 y、学历 X 和收入水平 y、家庭收入 X 和支出 y 之间的关系等. 统计关系普遍存在, 有强有弱, 且包括线性相关和非线性相关. 其中的核心是如何考察变量之间的相关性. 分类预测和回归预测中, 因输出变量的类型不同 (分别为分类型和数值型), 考察与输入变量的相关性的方法也不同. 回归预测中输出变量为数值型, 输入变量通常也是数值型. 对此有很多方法可用. 例如计算可度量线性相关性强弱的 Pearson 相关系数, 或者利用 2.1.1 节讨论的回归模型等. 本章仅讨论分类预测中的变量相关性问题.

对于上述两个方面, 总会得到一个度量结果. 之后会以某个阈值为标准, 过滤掉度量结果较高或较低的不重要的变量, 筛选出重要变量并由此构建新的训练集. 后续将基于新的训练集建立预测模型.

9.1.1 低方差过滤法

从预测建模看, 若变量的取值差异很小, 意味着该变量不会对预测模型产生任何影响. 这点很容易理解. 例如, 建立年轻女性的体重预测模型时, 训练集中每个样本观测的性别变量都为 “女”. 因性别变量没有其他取值 (“男”), 因此在预测体重时就无须考虑性别. 性别对预测建模没有意义. 依该思路实施特征选择的方法称为低方差过滤法. 变量取值差异性的度量是该方法的关键.

变量取值差异性的度量方法依变量类型不同而不同. 对数值型变量 X 一般计算方差. 若方差小于某阈值 ε, 表明取值近乎一致, 离散程度很低. 变量 X 近似 0 方差, 对预测建模没有意义. 对有 K 个类别的分类型变量 X, 一般可计算以下两个指标.

第一, 计算类别 $k(k=1,2,\cdots,K)$ 的样本量 N_k 与样本量 N 之比 $\dfrac{N_k}{N}\left(0<\dfrac{N_k}{N}\leqslant 1\right)$.

若最大占比值 $\max\left(\dfrac{N_k}{N}\right)$ 大于某阈值 α: $\max\left(\dfrac{N_k}{N}\right)>a$, 则该变量不重要. 例如, 前述训练集的年轻女性样本中, 女性占比等于 100%, 假设全职妈妈的占比等于 98%. $\max\left(\dfrac{N_k}{N}\right)$ 很高意味着变量 X 取值近乎一致, 对预测建模没有意义.

第二, 计算类别数 K 与样本量 N 之比 $\dfrac{K}{N}\left(0<\dfrac{K}{N}\leqslant 1\right)$.

若 $\dfrac{K}{N}$ 大于某阈值 α: $\dfrac{K}{N}>\alpha$, 则该变量不重要. 例如, 前述训练集的年轻女性样本中, 因每个会员都有一个会员号 (分类型变量), $K=N$, $\dfrac{K}{N}=1$ 为最大值. $\dfrac{K}{N}=1$ 时, $P(X=k)=\dfrac{1}{K}=\dfrac{1}{N}$, 变量 X 的熵 (详见 3.2.2 节) 取最大值, 表明变量 X 有最大的取值不确定性. 由于变量 X 有最大的不确定性, 所以对预测建模同样没有意义.

为直观展示低方差过滤的效果, 可观察图 9–1 中手写体邮政编码数字的低方差过滤处理前后的图像 (Python 代码详见 9.4.1 节).

图 9–1 左图是手写体邮政编码数字的 16×16 点阵灰度数据对应的原始图像. 其中共涉及 256 个变量, 但并非所有变量对识别数字 3 都有作用. 现采用低方差过滤法过滤掉方差低于 0.05 的变量, 之后剩余 221 个变量. 为直观展示变量过滤效果, 将过滤掉的 35 个变量均替换为 0, 处理后的图像输出结果如图 9–1 右图所示. 右图中每个数字四周的灰色部分对应的变量均替换为 0. 可见剔除这 35 个变量对识别数字 3 并没有影响.

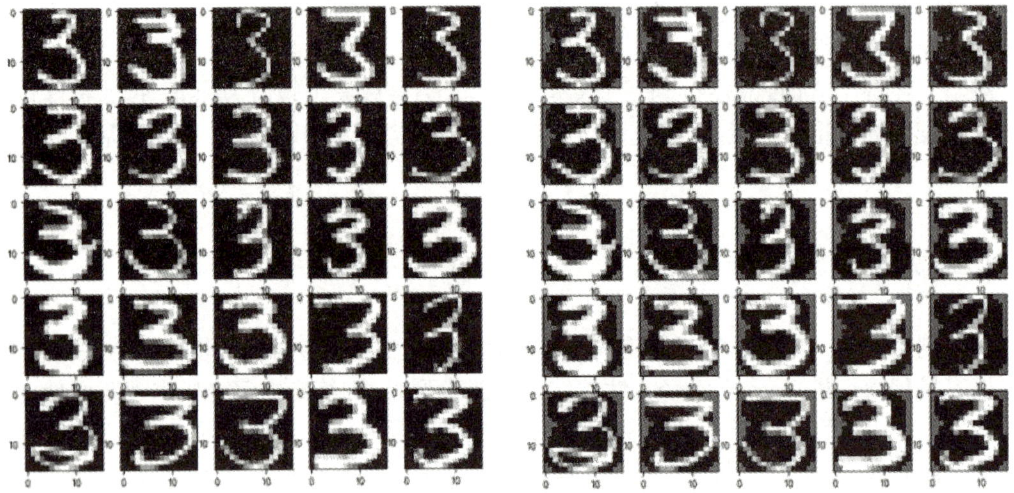

图 9–1　低方差过滤法处理前后的数字

9.1.2　分类预测中的高相关过滤法: F 统计量

高相关过滤法认为, 只有与输出变量具有较高相关性的变量才可能是重要的变量. 分类预测中输出变量为分类型, 输入变量可以是数值型也可以是分类型. 本节讨论考察单个数值型输入变量与输出变量相关性的方法: **涉及 F 统计量的方差分析**.

首先, **方差分析是统计学的经典分析方法, 用来研究一个分类型的控制变量, 其各类别值是否对数值型的观测变量产生了显著影响**. 例如: 分析不同施肥量级 (分类型控制变量) 是否给农作物亩产量 (数值型观测变量) 带来显著影响; 考察地区差异 (分类型控制变量) 是否会影响多孩生育率 (数值型观测变量); 研究学历 (分类型控制变量) 对工资收入 (数值型观测变量) 的影响; 等等. **所谓 "影响" 是指在一定假设条件下, 若控制变量为不同类别值, 也称水平值下的输入变量的总体均值存在显著差异, 即认为控制变量对观测变量产生了影响, 两者具有相关性.**

因方差分析可分析分类型变量和数值型变量之间的相关型, 所以可将方差分析应用于分类预测中变量相关性的研究中. 例如, 分析消费水平 y (分类型) 是否与月收入 X (数值型) 有关. 其中的控制变量对应分类型输出变量 y, 观测变量对应数值型输入变量 X. 后续将采用方差分析的术语. 此外需强调的是, 统计学研究的出发点是: 将训练集的输出变量 y 和输入变量 $X_1, X_1, \cdots, X_p$ 均视为来自各自总体的一个随机样本.

其次, 方差分析方法借助统计学中的假设检验进行研究. **假设检验是一种基于样本数据以小概率原理为指导的反证方法**. 小概率原理的核心思想是发生概率很小的小概率事件, 在一次特定的观察中是不会出现或发生的. 假设检验的首要任务是提出原假设 (记为 H_0) 和备择假设 (记为 H_1). 其中, 原假设是基于样本数据希望推翻的假设, 备择假设是希望证明成立的假设. 在单因素方差分析中, 若控制变量 y 有 K 个水平, 原假设 H_0 为: $\mu_1 = \mu_2 = \cdots = \mu_k$, 备择假设 H_1 为: $\mu_1 \neq \mu_2 \neq \cdots \neq \mu_k$. 其中, $\mu_1, \mu_2, \cdots, \mu_k$ 为观测变量 X 在观测变量 K 个水平下的总体均值. 如图 9–2 所示.

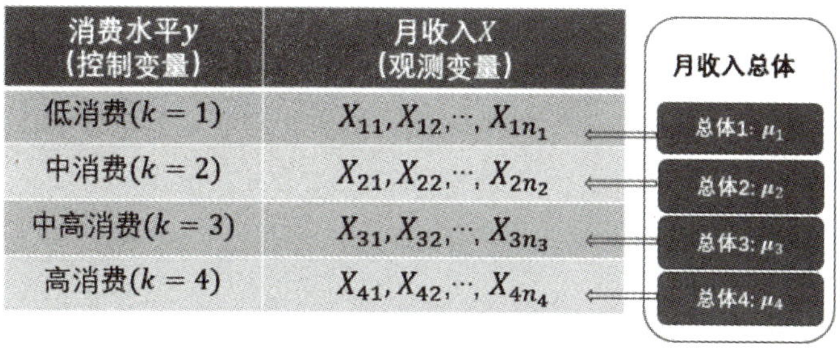

图 9–2　方差分析示意

图 9–2 中控制变量 y 为消费水平, 观测变量 X 为月收入. 视数据 $X_{11}, X_{12}, \cdots, X_{1n_1}$; $X_{21}, X_{22}, \cdots, X_{2n_2}$ 等为来自总体均值分别为 μ_1, μ_2 (未知) 等的各总体的一组随机样本. 可见, 原假设意味着控制变量的不同水平未对观测变量产生影响, 不能认为 X 与 y 有关. 备择假设是相反的结论, 即 X 与 y 有关. 后续需基于样本数据判定是否可以推翻原假设接受备择假设.

接下来假设检验的研究思路是: 计算在原假设成立的前提下, 得到当前样本所反映出的特定特征或更极端特征的概率, 称为概率 P–值. 若概率 P–值很小, 即原假设成立的前提下得到当前样本特征的概率是一个小概率事件, 则依据小概率原理, 这个小概率事件本不应出现, 而出现的原因是原假设是错误的, 应推翻原假设接受备择假设. 因此, 问题的关键有两个: 第一, 如何计算原假设成立的前提下获得当前样本特征或更极端特征的概率; 第二, 如何判断是否为小概率事件.

对于第二个问题, 统计学一般以显著性水平 α (通常取 0.05) 作为小概率的标准. 显著性水平 α 是一个概率值, 测度的是原假设为真却拒绝它而犯错误的概率, 也称弃真误错概率. 如果概率 P–值小于显著性水平 α, 表明原假设成立的前提下, 获得当前样本特征或更极端特征的概率是一个小概率, 依小概率原理可以拒绝原假设接受备择假设, 且此时犯弃真错误的概率较小, 小于 α. 反之, 如果概率 P–值大于显著性水平 α, 表明原假设成立的前提下获得当前样本特征的概率不是个小概率, 不能拒绝原假设, 因为此时若拒绝原假设犯弃真错误的概率较大且大于 α.

为解决第一个问题, 方差分析的出发点是认为: 观测变量 X 的取值变动 (变差) 受到控制变量 y 和随机因素两方面的影响, 于是可将观测变量 X 总的离差平方和 (用于测度变差) 分解为与之对应的两个部分: $SST = SSA + SSE$. SST (sum square of total) 为 X 的总离差平方和; SSA (sum square of factor A) 称为组间 (between group) 离差平方和, 是对 y (这里称 A 因素) 不同水平所导致的 X 取值变差的测度; SSE (sum square of error) 称为组内 (within group) 离差平方和, 是对抽样随机性导致的 X 取值变差的测度. 具体讲, 总离差平方和定义为:

$$SST = \sum_{k=1}^{K} \sum_{i=1}^{N_k} (X_{ki} - \overline{X})^2 \tag{9.1}$$

其中, X_{ki} 表示 y 第 k 水平下的第 i 个样本观测值; N_k 为 y 第 k 个水平下的样本量; $\overline{X}$ 为 X 总的样本均值. 组间离差平方和定义为:

$$SSA=\sum_{k=1}^{K}N_k(\overline{X}_k-\overline{X})^2 \tag{9.2}$$

其中, $\overline{X}_k$ 为 y 第 k 水平下 X 的样本均值. 可见, 组间离差平方和是各水平均值与总均值离差的平方和, 反映了 y 的不同水平对 X 的影响. 组内离差平方和定义为:

$$SSE=\sum_{k=1}^{K}\sum_{i=1}^{N_k}(X_{ki}-\overline{X}_k)^2 \tag{9.3}$$

可见, 组内离差平方和是每个样本观测与本水平样本均值离差的平方和, 反映了随机抽样对 X 的影响.

进一步, 方差分析研究 SST 与 SSA 和 SSE 的大小比例关系. 容易理解: 若在 SST 中 SSA 和 SSE 各占近一半, 即 $SSA:SSE\approx 1$, 则不能说明 X 的变动主要是由 y 的不同水平引起的; 若 $SSA:SSS\gg 1$, 则可以说明 X 的变动主要是由 y 的不同水平导致的, X 与 y 有关. 但由于 SSA 和 SSE 的计算结果掺杂了样本量 N_k 和 y 的水平数 K 的大小的影响, 应剔除这些影响. 为此上述比例计算修正为: $F_{观测值}=\dfrac{SSA/(K-1)}{SSE/(N-K)}=\dfrac{MSA}{MSE}$. 其中, MSA 是平均的组间离差平方和, 称为组间方差; MSE 是平均的组内离差平方和, 称为组内方差. 可见, 若 $F_{观测值}$ 远远大于 1, 即可认为 X 与 y 有关. 但判定 $F_{观测值}$ 是否远远大于 1 需要一个公认的标准.

绝妙之处在于, 理论上 $F_{观测值}$ 在原假设成立的条件下恰好服从 $K-1$ 和 $N-K$ 个自由度的 F 分布①, 因而称之为 F 统计量. 知道了分布就可据此计算任意 $F\geqslant F_{观测值}$ 的概率, 这个概率就是前文所述的概率 P–值.

若概率 P–值较大且大于显著性水平 α, 则说明在原假设成立的条件下, 有较大的概率得到当前样本的特征或更极端的特征, 因此无法拒绝原假设, 即不能拒绝 X 与 y 无关; 反之, 若概率 P–值较小且小于显著性水平 α, 则说明在原假设成立的条件下, 仅有很小的概率得到当前样本的特征或更极端的特征, 是个小概率事件, 大概率下是无法得到的, 因此应推翻原假设接受备择假设, 即认为 X 与 y 有关. 可见, F 分布起了非常重要的作用. 图 9–3 给出了不同自由度下 F 分布的密度函数曲线 (Python 代码详见 9.4.2 节).

图 9–3 显示, 随着两个自由度的不断增大, F 分布逐渐趋于对称分布. $P(F\geqslant F_{观测值})$ 为图中右侧斜线部分的面积.

针对过滤策略下的特征选择, 相关性的度量结果就是 $P(F\geqslant F_{观测值})$, 阈值即为显著性水平 α. 应过滤掉 $P(F\geqslant F_{观测值})>\alpha$ 的不重要的变量, 筛选出重要变量并由此构建新的训练集.

图 9–4 为手写体邮政编码数字进行高相关过滤处理前后的图像 (Python 代码详见 9.4.2 节).

图 9–4 左图是手写体邮政编码数字的 16×16 点阵灰度数据对应的原始图像, 其中共涉及 256 个变量. 图中黑色 (变量) 均为数字的背景, 不包含对识别数字有用的信息, 其余部分 (变量) 对识别数字有用. 现采用高相关过滤法找到有助于识别 1 和 3 的最重要的 100 个输入变量. 为直观展示变量筛选效果, 将剩余的 156 个变量均替换为 0, 处理后的图像输出结

① 分子和分母服从卡方分布的统计量服从 F 分布.

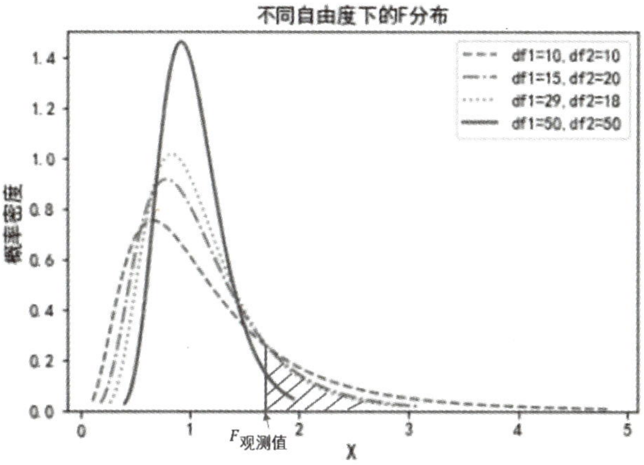

图 9–3　不同自由度下的 F 分布

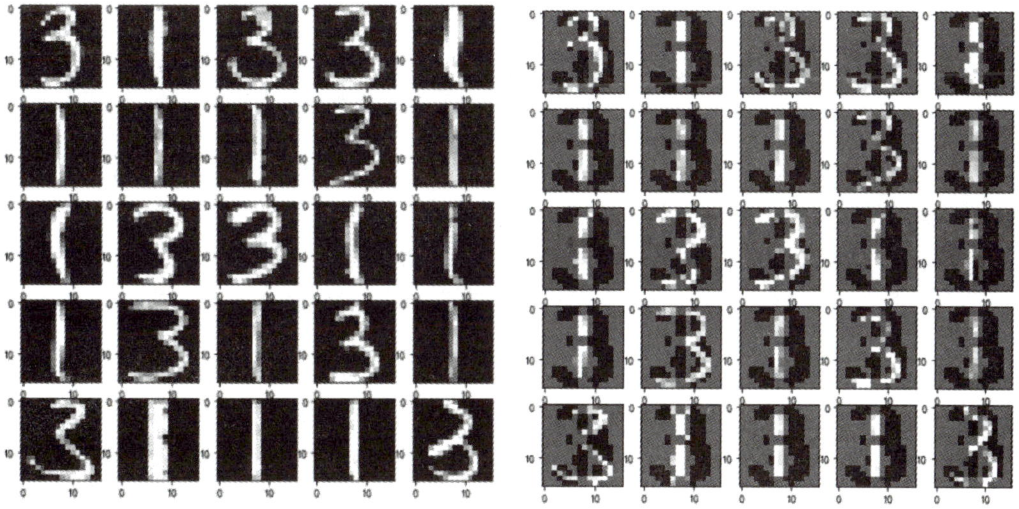

图 9–4　高相关过滤法处理前后的数字

果如图 9–4 右图所示.

右图中的每个数字四周的灰色部分对应的变量均替换为 0, 极少包含对识别数字有用的信息. 其余非灰色部分都包含有用信息, 和输出变量高相关. 白色展示原数字, 黑色是其余的重要变量. 例如第一行第二列原本是数字 1, 处理后白色部分对应着对识别数字 1 重要的变量. 其余本应均为灰色, 之所以留有黑色, 是因为黑色部分对应着对识别数字 3 重要的变量 (这些变量是不能替换为 0 的), 因而呈现出 1 和 3 叠加的现象.

9.1.3　分类预测中的高相关过滤法: χ^2 统计量

高相关过滤法认为, 只有与输出变量具有较高相关性的变量才可能是重要的变量. 分类预测中输出变量为分类型, 输入变量可以是数值型也可以是分类型. 本节讨论考察单个分类型输入变量与输出变量相关性的方法: **涉及 χ^2 统计量的卡方检验**.

卡方检验也是统计学中的经典方法，它基于表 9–1 所示的列联表，研究表中两分类型变量之间的相关性. 可将卡方检验应用于分类预测中变量相关性的研究. 例如，分析收入水平 y (分类型) 是否与学历水平 X (分类型) 相关.

表 9–1 列联表示例

收入水平 y (输出变量)	学历水平 X (输入变量)			合计
	低学历 1	中学历 2	高学历 3	
低收入 1	N_{11}	N_{12}	N_{13}	$N_{1.}$
中收入 2	N_{21}	N_{22}	N_{23}	$N_{2.}$
中高收入 3	N_{31}	N_{32}	N_{33}	$N_{3.}$
高收入 4	N_{41}	N_{42}	N_{43}	$N_{4.}$
合计	$N_{.1}$	$N_{.2}$	$N_{.3}$	N

表 9–1 中涉及两个分类型变量，其中收入水平为输出变量 y，学历水平为输入变量 X. 表格单元中的 $N_{11}, N_{12}, \cdots, N_{43}$ 为两变量交叉水平下的样本量，也称实际频数 (人数). $N_{.1}, N_{.2}$ 等为列合计，$N_{1.}, N_{2.}$ 等为行合计. 需强调的是，统计学研究的出发点是：将基于训练集生成的上述列联表，视为来自两个总体 (y 的总体和 X 的总体) 的一个随机样本的随机结果.

卡方检验以 $N_{11}, N_{12}, \cdots, N_{43}$ 为数据对象，借助统计学中的假设检验，对 y 和 X 的相关性进行研究. 与 9.1.2 节类似，首先提出原假设 H_0 为：y 和 X 无相关性，备择假设 H_1 为：y 和 X 有相关性. 然后基于列联表数据考察是否可以推翻原假设接受备择假设.

对于表 9–1 原假设 H_0 中 y 和 X 无相关性的含义是：整体上各学历水平的人数之比等于 $N_{.1} : N_{.2} : N_{.3}$. y 和 X 无相关性意味着，理论上，任意第 $i(i = 1, 2, 3, 4)$ 个收入水平组中的各学历水平的理论 (或期望) 人数 F_{i1}, F_{i2}, F_{i3} 之比，应均等于整体比例 $N_{.1} : N_{.2} : N_{.3}$: $F_{i1} : F_{i2} : F_{i3} = N_{.1} : N_{.2} : N_{.3}$，也即 $\dfrac{F_{i1}}{N_{i.}} : \dfrac{F_{i2}}{N_{i.}} : \dfrac{F_{i3}}{N_{i.}} = \dfrac{N_{.1}}{N} : \dfrac{N_{.2}}{N} : \dfrac{N_{.3}}{N}$. 这意味着：$F_{i1} = N_{i.}\dfrac{N_{.1}}{N}, F_{i2} = N_{i.}\dfrac{N_{.2}}{N}, F_{i3} = N_{i.}\dfrac{N_{.3}}{N}$. 当然这仅是个假设，需基于实际频数 N_{i1}, N_{i2}, N_{i3} 与原假设成立下的期望频数 F_{i1}, F_{i2}, F_{i3} 的整体差异大小，判断是否可以推翻原假设.

度量这个整体差异的统计量定义为：

$$\chi^2_{\text{观测值}} = \sum_{i=1}^{r}\sum_{j=1}^{c}\frac{(F_{ij} - N_{ij})^2}{F_{ij}} \tag{9.4}$$

其中，r, c 分别代表列联表的行数和列数 (不包含合计). 可见，$\chi^2_{\text{观测值}}$ 的大小取决于各单元格的 $(F_{ij} - N_{ij})^2$，若各单元格的实际频数和期望频数均差异较大进而导致 $\chi^2_{\text{观测值}}$ 很大，就不得不推翻原假设. 判断 $\chi^2_{\text{观测值}}$ 是否很大同样需要一个公认的标准.

绝妙之处在于，理论上 $\chi^2_{\text{观测值}}$ 在原假设成立的条件下恰好服从自由度为 $(r-1)(c-1)$ 的卡方分布①，因而称之为 χ^2 统计量. 知道了分布就可以依据分布计算任意 $\chi^2 \geqslant \chi^2_{\text{观测值}}$ 的概率，这个概率就是前文的概率 P–值.

若概率 P–值较大且大于显著性水平 α，则说明在原假设成立的条件下，有很大的概率得到当前的实际频数 N_{i1}, N_{i2}, N_{i3}，它们与原假设成立下的期望频数 F_{i1}, F_{i2}, F_{i3} 的整体差异较

① 随机变量 X 服从正态分布，$\sum X^2$ 服从卡方分布.

小, 因此无法拒绝原假设, 即不能拒绝 X 与 y 无关. 反之, 若概率 P–值较小且小于显著性水平 α, 则说明在原假设成立的条件下, 仅有很小的概率得到当前的实际频数 N_{i1}, N_{i2}, N_{i3}, 是一个小概率事件. 在大概率下实际频数与原假设成立下的期望频数 F_{i1}, F_{i2}, F_{i3} 的整体差异较大, 所以应推翻原假设接受备择假设, 即认为 X 与 y 有关. 可见, 卡方分布起了非常重要的作用. 图 9–5 给出了不同自由度下卡方分布的密度函数曲线 (Python 代码详见 9.4.2 节).

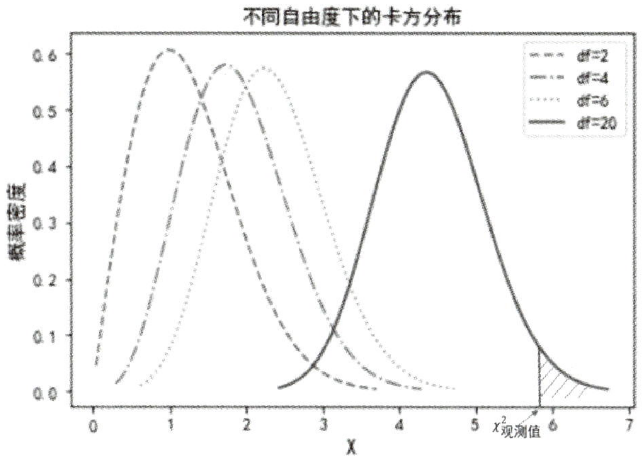

图 9–5　不同自由度下的卡方分布

图 9–5 显示, 卡方分布 (自由度大于 1 时) 是个近似对称分布. $P(\chi^2 \geqslant \chi^2_{观测值})$ 为图中右侧斜线部分的面积.

针对过滤策略下的特征选择, 相关性的度量结果就是 $P(\chi^2 \geqslant \chi^2_{观测值})$, 阈值即为显著性水平 α. 应过滤掉 $P(\chi^2 \geqslant \chi^2_{观测值}) > \alpha$ 的不重要的变量, 筛选出重要变量并由此构建新的训练集.

9.1.4　分类预测中的高相关过滤法: 其他统计量

还有其他测度输入变量和输出变量相关性的度量. 较为著名的是 1999 年 Golub 等学者在研究基因表达 (gene expression) 与病患症状关系时提出的相关系数, 定义为: $w_p = \dfrac{\mu_{p(+)} + \mu_{p(-)}}{\sigma_{p(+)} + \sigma_{p(-)}}$. 其中, $(+), (-)$ 分别表示病患一组和病患二组. $\mu_{p(+)}$ 和 $\mu_{p(-)}$ 分别表示两组第 p 个基因表达的均值, $\sigma_{p(+)}$ 和 $\sigma_{p(-)}$ 为两组第 p 个基因表达的标准差. 可见, 若系数 $w_p \approx 0$, 表示第 p 个基因表达与病患组的划分不相关. 系数 w_p 的绝对值越大, 第 p 个基因表达与病患组的划分越相关.

依据这个思路可度量输入变量 X_i 与输出变量 y (二分类) 的相关性强弱:

$$w_{X_i} = \frac{\overline{X}_i^{(1)} - \overline{X}_i^{(2)}}{\sigma_{X_i}^{(1)} + \sigma_{X_i}^{(2)}} \tag{9.5}$$

$\overline{X}_i^{(1)}, \overline{X}_i^{(2)}, \sigma_{X_i}^{(1)}, \sigma_{X_i}^{(2)}$ 分别为 X_i 在两类中的均值和标准差. 2000 年 Pavlidis 等学者将上述相关系数修正为:

$$w_{X_i} = \frac{(\overline{X}_i^{(1)} - \overline{X}_i^{(2)})^2}{(\sigma_{X_i}^2)^{(1)} + (\sigma_{X_i}^2)^{(2)}} \tag{9.6}$$

$(\sigma_{X_i}^2)^{(1)}, (\sigma_{X_i}^2)^{(2)}$ 分别为 X_i 在两类中的方差. 该系数与 1973 年 Duda 提出的 Fisher 判别思想类似.

Fisher 判别是统计学中经典的分类预测模型. 它通过建立判别函数

$$y = a_1X_1 + a_2X_2 + \cdots + a_pX_p$$

将 p 个输入变量 X_i 以 a_i 为系数 (待估计的) 进行线性组合并得到新特征 y. 确定系数 $a_i(i=1,2,\cdots,p)$ 的原则是: 基于以 $\widehat{a}_i$ 为系数的线性组合得到的新特征 $\widehat{y}$, 将更易于区分两个类别. 如图 9–6 所示.

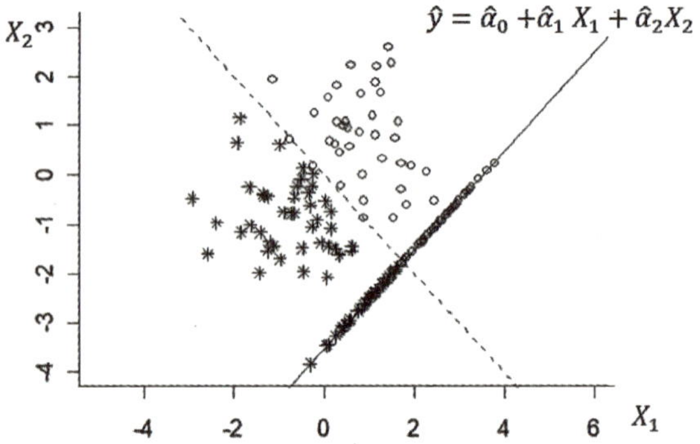

图 9–6 Fisher 判别示意

图 9–6 中在 X_1, X_2 为坐标轴的二维空间中, 用平行或垂直于坐标轴的直线, 即仅关注 X_1 或 X_2, 将星号和圆圈 (两个类别) 两类点分开会有较大的误差. 但若将样本数据点投影到从左至右、由下至上的直线 $\widehat{\alpha}_0 + \widehat{\alpha}_1X_1 + \widehat{\alpha}_2X_2 = 0$ 上, 则仅依据单个 $\widehat{y} = \widehat{\alpha}_0 + \widehat{\alpha}_1X_1 + \widehat{\alpha}_2X_2$ 的值就可轻松将两类分开.

那么应如何确定系数 a_i 呢? 若将两个类别 (1 类和 2 类) 的样本观测 $\boldsymbol{X}_i^{(1)}$ $(i=1,2,\cdots,N_1)$, $\boldsymbol{X}_i^{(2)}$ $(i=1,2,\cdots,N_2)$ (样本量分别为 N_1 和 N_2) 代入待估的判别函数, 有

$$y_i^{(1)} = a_1X_{i1}^{(1)} + a_2X_{i2}^{(1)} + \cdots + a_pX_{ip}^{(1)}, \qquad i=1,2,\cdots,N_1$$

$$y_i^{(2)} = a_1X_{i1}^{(2)} + a_2X_{i2}^{(2)} + \cdots + a_pX_{ip}^{(2)}, \qquad i=1,2,\cdots,N_2$$

且两组新特征 y 的均值分别为: $\overline{y}^{(1)} = \sum_{i=1}^{p} a_i\overline{X}_i^{(1)}$, $\overline{y}^{(2)} = \sum_{i=1}^{p} a_i\overline{X}_i^{(2)}$. 可见, 为使判别函数 (新特征 y) 能够很好地区分两类, 应使 $\overline{y}^{(1)}$ 和 $\overline{y}^{(2)}$ 相差越大越好且两组内的离差平方和越小越好, 也即

$$I = \frac{(\overline{y}^{(1)} - \overline{y}^{(2)})^2}{\sum_{i=1}^{N_1}(y_i^{(1)} - \overline{y}_i^{(1)})^2 + \sum_{i=1}^{N_2}(y_i^{(2)} - \overline{y}_i^{(2)})^2} \tag{9.7}$$

越大越好. 应找到 I 最大时的系数 $a_i(i=1,2,\cdots,p)$.

类似地, 为度量输入变量 X_i 与输出变量 y 的相关性, Pavlidis 将式 (9.7) 中的 y 替换为

输入变量 X_i, 将分母两组的离差平方和替换为方差, 分别计算输入变量 X_i 在两个组的均值和方差, 并依式 (9.6) 计算相关系数. 显然, 相关系数越大表明输入变量 X_i 与输出变量 y 的相关性越强; 反之, 相关性越弱.

同理, 针对过滤策略下的特征选择, 若变量 X_i 的上述相关系数大于设定的阈值, 则该变量重要, 应进入新的训练集.

综上, 过滤式策略下可实现对单个变量重要性的逐一判断. 当输入变量相互独立时是个不错的策略. 但若输入变量 X_i 和输入变量 X_j 存在一定相关性, 当变量 X_i 较为重要并进入新的训练集后, 与 X_i 同等重要的变量 X_j 会因与 X_i 相关而 "显得不再重要" 进而无须再进入训练集. 所以, 当输入变量存在相关性时应通过以下其他方法进行特征选择.

9.2 包裹式策略下的特征选择

包裹式 (wrapper) 策略, 即将特征选择 "包裹" 到一个指定的预测模型中. 它将预测模型作为评价变量重要性的工具, 完成重要变量子集的筛选, 并由此构建新的训练集, 为后续建立基于重要变量的预测模型奠定基础.

包裹式策略通常借助一个预测模型, 依据变量对预测模型损失函数 (或目标函数) 影响的大小, 给出变量重要性的打分. 在全部变量 $X_1, X_2, \cdots, X_p$ 中, 若变量 X_i 可以最大限度地减少损失函数值, 则变量 X_i 的重要性最高. 相反, 若变量 X_i 仅能最小限度地减少损失函数值, 则变量 X_i 的重要性最低. 因此最终可得到变量重要性的排序结果. 可依据排序结果筛选前若干个重要变量构建新的训练集, 为后续基于新训练集建立预测建模奠定变量基础.

事实上, 当前较为流行的包裹式策略下的特征选择方法并不关注变量重要性得分本身, 而是希望给出一系列具有嵌套关系的输入变量子集 $\mathbf{F1} \subset \mathbf{F2} \subset \cdots \subset \mathbf{F}$. 其中, $\mathbf{F1}$ 包含重要性最高的前 m 个变量, $\mathbf{F2}$ 包含前 $m+n$ 个变量, 通常 $n=1$. 依次类推, $\mathbf{F}$ 包含全体共 p 个变量 $X_1, X_2, \cdots, X_p$. 可见, 输入变量子集同样起到了变量重要性排序的作用.

9.2.1 包裹式策略的基本思路

包裹式策略的基本思路是进行反复迭代. 每次迭代均给出剔除当前最不重要变量后的特征 (变量) 子集. 设当前变量集 $\mathbf{S} = \mathbf{F} = \{X_1, X_2, \cdots, X_p\}$, 当前的重要变量集 $\mathbf{r}_0 = \mathbf{F}$. 进行第 p 次如下迭代过程:

第一步, 基于包含 $|\mathbf{S}|$ 个输入变量的集合 $\mathbf{S}$, 建立预测模型 $M_{\mathbf{S}}$; 计算损失函数 (或目标函数) 在 $M_{\mathbf{S}}$ 上的值 $L_{\mathbf{S}}$.

第二步, 执行 $|\mathbf{S}|$ 次以下循环:

(1) 剔除 $\mathbf{S}$ 中的一个变量 $X_i (i = 1, 2, \cdots, p_s)$, 建立预测模型 $M_{\mathbf{S}}^{-k(X_i)}$. $-k(X_i)$ 表示除变量 X_i 之外的变量 (例如, $-k(X_i) = \{X_1, X_2, \cdots, X_{i-1}, X_{i+1}, \cdots, X_p\}$).

(2) 计算损失函数 (或目标函数) 在 $M_{\mathbf{S}}^{-k(X_i)}$ 上的值 $L_{\mathbf{S}}^{-k(X_i)}$, 以及 $\Delta L^{-k(X_i)} = |L_{\mathbf{S}}^{-k(X_i)} - L_{\mathbf{S}}|$. 显然, $\Delta L^{-k(X_i)}$为剔除 X_i 所导致的损失函数 (或目标函数) 值的变化量. $\Delta L^{-k(X_i)}$ 越大意味着 X_i 越重要, $\Delta L^{-k(X_i)}$ 越小意味着 X_i 越不重要.

第三步, 找到 $\min(\Delta L^{-k(X_i)})$ 的变量 X_i, 将其从 $\mathbf{S}$ 中剔除, 且 $\mathbf{r}_p \leftarrow \mathbf{S}$. $\mathbf{r}_p$ 为第 p 次迭代后的重要变量子集.

第四步, 重复第一至第三步, 直到 $\mathbf{S} = \{\}$ 迭代结束.

迭代结束将得到若干重要变量子集: $\mathbf{r}_0 \supset \mathbf{r}_1 \supset \mathbf{r}_2 \supset \cdots \supset \mathbf{r}_p$. 其中包含的变量个数依次减少. $\mathbf{r}_1$ 为剔除了最不重要变量的变量子集, $\mathbf{r}_p$ 中为最重要的变量.

2007 年 Cunningham 和 Delany 提出的特征选择方法就是包裹式策略的具体体现. 不同之处在于, 以上算法是从当前变量集合 $\mathbf{S}$ 中不断剔除最不重要变量的过程, 而 Cunningham 的算法迭代开始时变量集合 $\mathbf{S}$ 是空集, 后续将不断从备选变量集中挑选出当前最重要的变量依次进入集合 $\mathbf{S}$.

包裹式策略中的预测模型, 理论上可以是包括支持向量机在内的任何其他模型. 例如贝叶斯分类器、KNN、决策树以及神经网络等. 这些预测模型有的以损失函数最小为目标, 有的考虑了模型的复杂度, 以目标函数最小为目标求解参数. 此外, 每次迭代均是在控制模型中其他输入变量 $X_j(j \neq i)$ 影响的条件下, 判定变量 X_i 的重要性, 因此是对 X_i 与输出变量 y 净相关① 或对 y 净贡献程度的度量, 从而很好地排除了输入变量相关性对变量重要性评价的影响.

9.2.2 递归式特征剔除法

包裹式策略下较为著名的特征选择方法是 2002 年 Vapnik 等学者提出的递归特征剔除 (recursive feature elimination, RFE) 算法②, 其预测模型为支持向量机. 后续人们也将该算法推广到能给出变量系数的其他线性预测模型中.

RFE 算法从计算效率角度对包裹式策略进行了优化, 提出可直接依据预测模型中变量 $\boldsymbol{X_i}$ 的系数判断变量的重要性. 例如, 一般线性回归方程为: $y = \beta_0 + \beta_1 X_1 + \beta_2 X_2 + \cdots + \beta_p X_p$. 若每个输入变量 $X_i(i = 1, 2, \cdots, p)$ 均经过了标准化处理, β_i 和 β_j 就具有可比性. 具有较大 $|\beta_i|$ 值的变量 X_i 重要性较高; 反之, $|\beta_i|$ 值越小变量 X_i 越不重要.

设当前变量集 $\mathbf{S} = \mathbf{F} = \{X_1, X_2, \cdots, X_p\}$, 当前的重要变量集 $\mathbf{r}_0 = \mathbf{F}$. 基于上述思想, RFE 算法进行第 p 次如下迭代过程:

第一步, 基于包含 $|\mathbf{S}|$ 个输入变量的集合 $\mathbf{S}$, 训练支持向量机 $M_{\mathbf{S}}$.

第二步, 计算变量重要性.

由第 8 章的讨论可知, 支持向量机 $M_{\mathbf{S}}$ 中超平面参数为: $\boldsymbol{w}^{(M_{\mathbf{S}})} = \sum_{i=1}^{L} a_i y_i \boldsymbol{X}_i$ (有 L 个支持向量). 于是可方便地得到超平面方程中任意输入变量 $X_i \in \mathbf{S}$ 前的系数 $w_i^{(M_{\mathbf{S}})} = \sum_{n=1}^{L} a_n y_n X_{ni}$. 且以 $[w_i^{(M_{\mathbf{S}})}]^2$ 作为变量 X_i 重要性的度量, 绝对值越大变量越重要.

第三步, 找到 $\min([w_i^{(M_{\mathbf{S}})}]^2)$ 的变量 X_i, 将其从 $\mathbf{S}$ 中剔除, 且 $\mathbf{r}_p \leftarrow \mathbf{S}$. $\mathbf{r}_p$ 为第 p 次迭代后的重要变量子集.

---

① X 和 y 的净相关是排除了其他变量与 X 和 y 的相关性之后的 X 和 y 的相关.

② Vapnik. Gene selection for cancer classification using support vector machines. Machine Learning, 2002(46).

第四步, 重复第一至第三步, 直到 $\mathbf{S}=\{\}$ 迭代结束.

迭代结束将得到若干重要变量子集: $\mathbf{r}_0 \supset \mathbf{r}_1 \supset \mathbf{r}_2 \supset \cdots \supset \mathbf{r}_p$. 其中包含的变量个数依次减少. $\mathbf{r}_1$ 为剔除了最不重要变量的变量子集, $\mathbf{r}_p$ 中为最重要的变量.

在后续的 RFE 拓展算法中, 预测模型可以是包括支持向量机在内的其他, 诸如 Logistic 回归模型等广义线性模型. 只要这些模型能够给出变量 $X_i(i=1,2,\cdots,p)$ 的系数 w_i, 就可以 w_i 的函数 (如 w_i^2) 作为变量重要性的度量.

图 9–7 显示了对图 9–4 左图的手写体邮政编码数字, 采用 RFE 算法找到最重要的 80 个输入变量后的情况 (Python 代码详见 9.4.3 节).

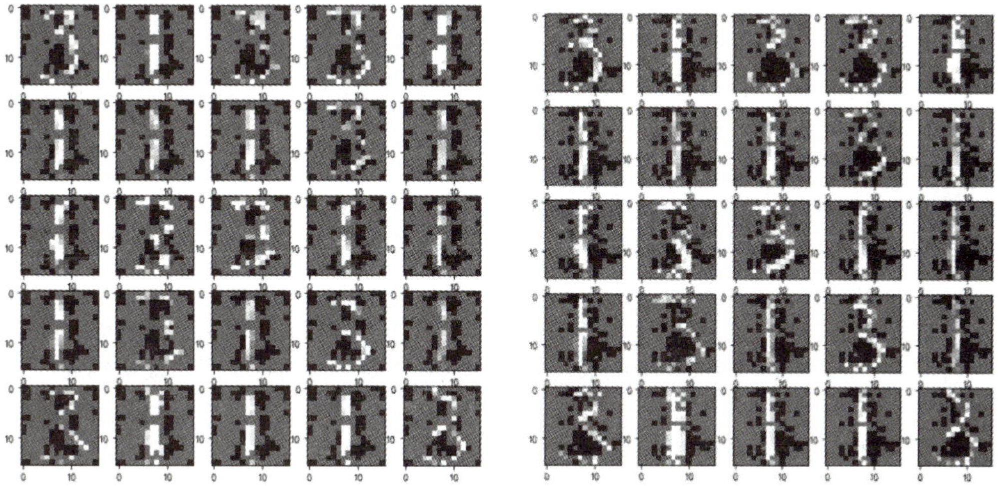

图 9–7　RFE 算法的特征选择结果示意

图 9–7 左图为预测模型为 Logistic 回归模型的情况, 右侧为预测模型为广义线性可分下支持向量分类的情况. 与图 9–4 类似, 不重要的变量全部以 0 替换, 对应图中灰色区域. 其他区域为重要变量对应的区域. 可见,Logistic 回归模型与支持向量机给出的特征选择结果有一定差异, 主要表现在图像边缘部分. 直观上图像左右边缘对识别数字的作用相对较小, 支持向量机筛掉了这部分对应的变量. 可基于特征选择结果建模做进一步的验证.

9.2.3　基于交叉验证的递归式特征剔除法

基于交叉验证的递归式特征剔除法 (recursive feature elimination based on cross-validation, RFECV) 的基本原理与 RFE 相同. 不同之处在于, 以 K 折交叉验证下的测试误差最小为标准确定预测模型参数.

设当前变量集 $\mathbf{S}=\mathbf{F}=\{X_1,X_2,\cdots,X_p\}$, 当前的重要变量集 $\mathbf{r}_0=\mathbf{F}$. RFECV 算法进行第 p 次如下迭代过程:

第一步, 基于包含 $|\mathbf{S}|$ 个输入变量的集合 $\mathbf{S}$, 采用 K 折交叉验证法建立 K 个支持向量机 $M_{\mathbf{S}}(k)(k=1,2,\cdots,K)$.

第二步, 找到 K 折交叉验证下测试误差最低的 $M_{\mathbf{S}}(k)$.

第三步, 基于 $M_{\mathbf{S}}(k)$ 计算变量重要性.

同理, $M_{\mathbf{S}}(k)$ 中超平面参数为: $\boldsymbol{w}^{(M_{\mathbf{S}}(k))}=\sum_{i=1}^{L}a_iy_i\boldsymbol{X}_i$ (有 L 个支持向量). 于是可方便地得到超平面方程中任意输入变量 $X_i \in \mathbf{S}$ 前的系数 $w_i^{(M_{\mathbf{S}}(k))}=\sum_{n=1}^{L}a_ny_nX_{ni}$. 且以 $[w_i^{(M_{\mathbf{S}}(k))}]^2$ 作为变量 X_i 重要性的度量, 值越大变量越重要.

第四步, 找到 $\min([w_i^{(M_{\mathbf{S}}(k))}]^2)$ 的变量 X_i, 将其从 $\mathbf{S}$ 中剔除, 且 $\mathbf{r} \leftarrow \mathbf{S}$. $\mathbf{r}_p$ 为第 p 次迭代后的重要变量子集.

第五步, 重复第一至第四步, 直到 $\mathbf{S}=\{\}$ 迭代结束.

迭代结束将得到若干重要变量子集: $\mathbf{r}_0 \supset \mathbf{r}_1 \supset \mathbf{r}_2 \supset \cdots \supset \mathbf{r}_p$. 其中包含的变量个数依次减少. $\mathbf{r}_1$ 为剔除了最不重要变量的变量子集, $\mathbf{r}_p$ 中为最重要的变量.

RFECV 基于测试误差判定变量重要性, 考虑了输入变量对模型泛化性能的影响.

9.3 嵌入式策略下的特征选择

嵌入式策略下的特征选择, 将特征选择过程嵌套在预测模型的训练中, 既能够考察输入变量的重要性, 也可同时给出最终的预测模型. 嵌入式策略下的特征选择借助带约束的预测建模实现.

以下重点讨论著名的岭回归、Lasso 回归和弹性网回归.

9.3.1 岭回归和 Lasso 回归

一、基本思路

带约束的预测建模与 RFE 算法有相同的设计出发点, 认为: 以一般线性回归为例, $y=\beta_0+\beta_1X_1+\beta_2X_2+\cdots+\beta_pX_p$ 中, 系数 β_i^2 越大, 变量 X_i 越重要; 系数 β_i^2 越小, 变量 X_i 越不重要. 如果回归方程中 $X_1,X_2,\cdots,X_p$ 均为很重要的变量, 则 $\sum_{i=1}^{p}\beta_i^2$ 或 $\sum_{i=1}^{p}|\beta_i|$ 应很大; 反之, 如果回归方程的 $X_1,X_2,\cdots,X_p$ 均为不重要的变量, 则 $\sum_{i=1}^{p}\beta_i^2$ 或 $\sum_{i=1}^{p}|\beta_i|$ 应很小.

应注意的是: p 很大会导致 $\sum_{i=1}^{p}\beta_i^2$ 或 $\sum_{i=1}^{p}|\beta_i|$ 不那么小, 所以 $\sum_{i=1}^{p}\beta_i^2$ 或 $\sum_{i=1}^{p}|\beta_i|$ 值中 "掺杂" 了 p 大小的影响, 值本身 "虚夸" 了输入变量整体的重要性.

进一步, 如果模型中包含了少量重要变量和大量不重要变量, $\sum_{i=1}^{p}\beta_i^2$ 或 $\sum_{i=1}^{p}|\beta_i|$ 可能并不小, 但为使大量不重要的变量不进入模型, 可指定进入模型的所有变量, 其系数 $\sum_{i=1}^{p}\beta_i^2$ 或

$\sum_{i=1}^{p}|\beta_i|$ 小于某个阈值 s 即可.

二、岭回归和 Lasso 回归模型

基于上述设计出发点, 在基于平方损失函数估计模型参数时, 不仅要求损失函数最小:

$$\widehat{\beta}=\arg\min_{\boldsymbol{\beta}}\sum_{i=1}^{N}L(y_i,\widehat{y}_i)=\arg\min_{\boldsymbol{\beta}}\sum_{i=1}^{N}(y_i-(\beta_0+\beta_1X_1+\beta_2X_2+\cdots+\beta_pX_p))^2$$

还需增加约束条件:

$$\sum_{i=1}^{p}\beta_i^2\leqslant s \tag{9.8}$$

或

$$\sum_{i=1}^{p}|\beta_i|\leqslant s \tag{9.9}$$

s 为阈值, 是一个可调参数. 增加约束条件之后, 可确保回归方程中包含的 $k<p$ 个输入变量 $X_i(i=1,2,\cdots,k)$ 的整体重要性较高. 通常, 式 (9.8) 左侧开平方, $\sqrt{\sum_{i=1}^{p}\beta_i^2}$ 称为 L2 范数, 记为 $\|\beta\|_2$; $\sum_{i=1}^{p}\beta_i^2$ 记为 $\|\beta\|_2^2$, 称为平方 L2 范数. 式 (9.9) 中的 $\sum_{i=1}^{p}|\beta_i|$ 称为 L1 范数, 记为 $\|\boldsymbol{\beta}\|_1$.

显然该问题的参数求解应采用 8.2.2 节讨论的不等式约束条件下的求解方法. 为便于阐述平方 L2 范数约束和 L1 范数约束的实际意义, 以仅包含 X_1,X_2 两个变量的二元回归模型为例讨论. 其中, 损失函数为: $\arg\min_{\boldsymbol{\beta}}\sum_{i=1}^{N}L(y_i,\widehat{y}_i)=\arg\min_{\boldsymbol{\beta}}\sum_{i=1}^{N}(y_i-(\beta_0+\beta_1X_1+\beta_2X_2))^2$, 约束条件为: $\sum_{i=1}^{p}\beta_i^2\leqslant s$ 或 $\sum_{i=1}^{p}|\beta_i|\leqslant s$. 两者的不同可从图 9–8 中直观看到.

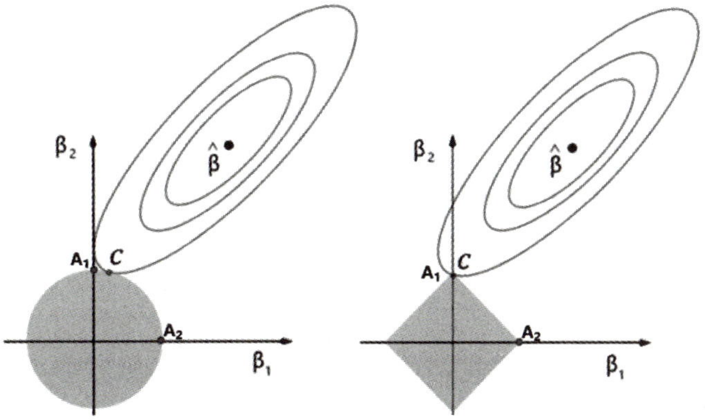

图 9–8 平方 L2 范数约束和 L1 范数约束

图 9–8 中的椭圆为损失函数的等高线. 越接近椭圆内部, 损失值越小. 没有约束条件时, 在 $\boldsymbol{\beta}=\widehat{\boldsymbol{\beta}}$ (椭圆中心位置) 时损失函数取得最小值, $\widehat{\boldsymbol{\beta}}$ 为参数 $\boldsymbol{\beta}$ 的最优解. 当增加约束条件时, 对于平方 L2 范数约束: $\beta_1^2+\beta_2^2\leqslant s$, 对应图 9–8 左图中的圆 ($s$ 为圆的半径). 对于 L1 范数约束: $|\beta_1|+|\beta_2|\leqslant s$, 对应图 9–6 右图中的菱形 ($s$ 为 1/2 的菱形对角线长). 根据 8.2.2 节讨论的, 参数 $\boldsymbol{\beta}$ 的最优解应在等高线与圆或菱形的相切点 C 处.

上述规划求解可以等价表述为以下目标函数:

$$\text{obj}(\boldsymbol{\beta})=\sum_{i=1}^{N}\left(y_i-\beta_0-\sum_{j=1}^{p}\beta_jX_{ij}\right)^2+\alpha\sum_{i=1}^{p}\beta_i^2 \tag{9.10}$$

$$\text{odj}(\boldsymbol{\beta})=\sum_{i=1}^{N}\left(y_i-\beta_0-\sum_{j=1}^{p}\beta_jX_{ij}\right)^2+\alpha\sum_{i=1}^{p}|\beta_i| \tag{9.11}$$

式 (9.10) 就是名为**岭回归** (ridge regression) 的目标函数, 式 (9.11) 就是名为最小绝对收缩选择因子 (least absolute shrinkage and selection operator), 简称 **Lasso 回归**的目标函数. α 为一个非负的可调参数, 称为**收缩参数**.

两种回归的目标函数均由两项组成: 第一项为平方损失 (损失函数), 度量模型的训练误差; 第二项度量了模型的复杂度 (通常模型的复杂度以待估参数的个数度量), 也称为模型的正则化 (regularization) 项, 两式分别采用 L2 正则化和 L1 正则化.

理想情况下希望得到训练误差和模型复杂度均最小时的模型. 但由于训练误差小时模型复杂度高, 模型复杂度低时训练误差大, 两项不能同时最小, 因此只能求两者之和最小下的模型, 即

$$\widehat{\boldsymbol{\beta}}=\min_{\boldsymbol{\beta}}\left[\sum_{i=1}^{N}(y_i-\beta_0-\sum_{j=1}^{p}\beta_jX_{ij})^2+\alpha\sum_{i=1}^{p}\beta_i^2\right] \tag{9.12}$$

$$\widehat{\boldsymbol{\beta}}=\min_{\boldsymbol{\beta}}\left[\sum_{i=1}^{N}(y_i-\beta_0+\sum_{j=1}^{p}\beta_jX_{ij})^2+\alpha\sum_{i=1}^{p}|\beta_i|\right] \tag{9.13}$$

式中, 收缩参数 α 本质上是个惩罚参数, 起到了对模型复杂度的惩罚作用. 当 α 较小, 极端情况下 $\alpha\to 0$ 时, 最小化目标函数即为最小化损失函数, 等价于采用最小二乘估计的普通线性回归. 此时模型的训练误差最小, 复杂度最高 (包含 p 个输入变量); 当 α 较大, 极端情况下 $\alpha\to\infty$ 时, 最小化目标函数即为最小化正则项, 此时模型为所有系数 $\beta_i=0$ 的最简单的模型, 训练误差最大. 可见, α 起到了平衡模型训练误差和复杂度的作用.

三、收缩参数 α 对回归系数和模型误差的影响

图 9–9 展示了对图 9–3 左图的手写体邮政编码数字采用 Lasso 回归识别数字 1 和 3 时, 收缩参数 α 的变化给各回归系数以及模型训练误差带来的变化 (Python 代码详见 9.4.4 节). 这里, 收缩参数 α 从小到大分别取 22 个不同值 ($[0,0.052,0.105,0.157,\cdots,1,2,3]$). 将 $\alpha=0$, 即采用最小二乘估计的普通线性回归的回归系数记为 $\beta_i(i=1,2,\cdots,p)$, 将 $\alpha=0$ 时的 Lasso 回归系数记为 $\beta_i^{(\alpha-Lasso)}$, 图 9–9 左图的纵坐标为两种回归系数之比: $\beta_i^{(\alpha-Lasso)}/\beta_i$. 比值越

接近 0 表明 $\beta_i^{(\alpha-Lasso)}$ 越接近 0.

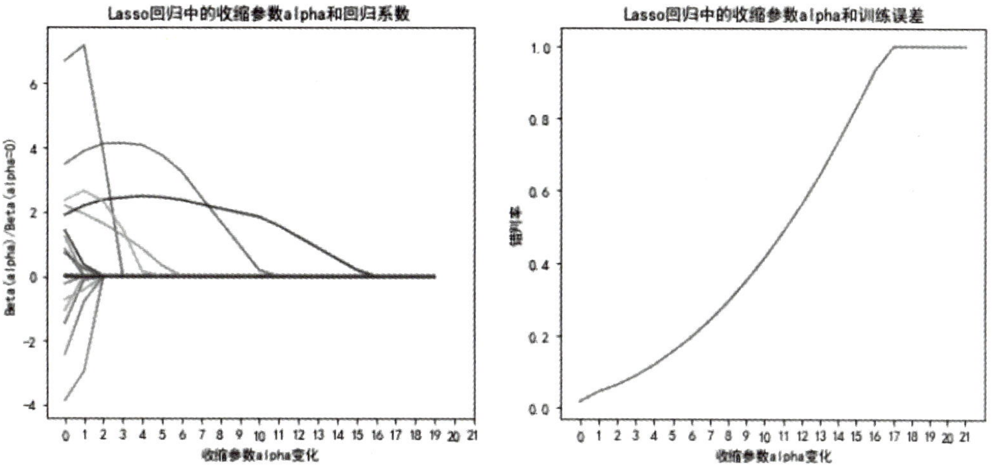

图 9–9 Lasso 回归系数和误差与收缩参数 α 的变化

可见, $\alpha = 0.052$ 时有较多系数 $\beta_i^{(\alpha-Lasso)}$ 与 0 有较大差异, 模型较为复杂但程度低于一般线性模型, 相应的图 9–9 右图的模型训练误差接近 0. 随 α 增大, 有大量系数 $\beta_i^{(\alpha-Lasso)}$ 快速近似为 0, 比值近似等于 0. 大约 16 次变化后几乎所有系数 $\beta_i^{(\alpha-Lasso)}$=0 或 $\beta_i^{(\alpha-Lasso)}\to 0$, 模型最简单, 相应图 9–9 右图的模型训练误差很大. 进一步, 观察 α 在很小取值范围内更多次变化导致系数 $\beta_i^{(\alpha-Lasso)}$ 变化的情况, 如图 9–10 所示 (Python 代码详见 9.4.4 节).

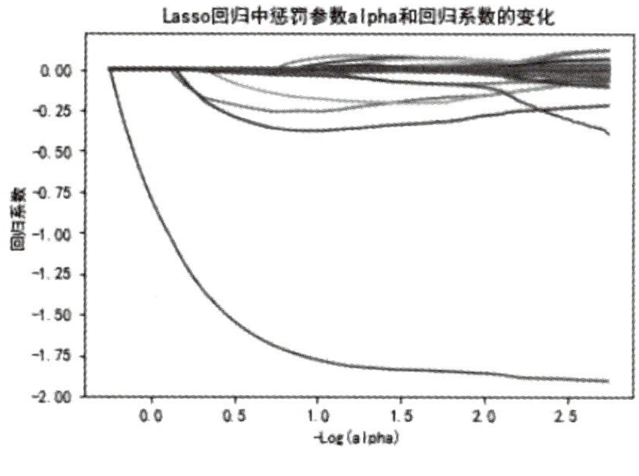

图 9–10 Lasso 回归系数和惩罚参数 α

图 9–10 中横坐标为 $-\log_{10}(\alpha)$. 从右向左可以看到 α 从小变大 (100 次变化) 对系数 $\beta_i^{(\alpha-Lasso)}$ 的影响. 有很多系数快速收缩为 0 或近似为 0.

通常可采用 K 折交叉验证确定收缩参数 α. 为对图 9–4 左图的手写体邮政编码数字采用 Lasso 回归识别数字 1 和 3, 采用 3 折交叉验证确定 α. 图 9–11 显示了 3 折交叉验证确定 $\alpha = 0.002$ 时, Lasso 回归筛掉 159 个 $\beta_i^{(\alpha-Lasso)} = 0$ 的变量, 特征选择保留 97 个变量的情况.

图 9–11 的含义同图 9–5. 其中灰色之外区域对应的变量都是对识别数字 1 和 3 有意义

图 9–11 Lasso 回归特征选择展示

的变量. 尽管特征选择仅保留 97 个变量, 但最终的训练误差仅为 2% (Python 代码详见 9.4.4 节).

四、L2 正则化还是 L1 正则化

进一步, 正则项应采用 L2 正则化还是 L1 正则化? 从降低模型复杂度角度看, 总是希望得到有较多的 $\beta_i = 0$ 下的简单模型. 以二元回归模型为例, 总是希望 $\beta_1 = 0$ 或 $\beta_2 = 0$. 由于最优解只能出现在图 9–8 所示的圆周或菱形边上, 因此只可能在 A_1, A_2 两个点上得到简单模型. 若 $s = 1$, 因 L1 正则化 A_1 到 A_2 的直线长 ($\sqrt{2}$) 小于 L2 正则化 A_1 到 A_2 的弧线长 $\left(\frac{\pi}{2}\right)$, 所以 L1 正则化较 L2 正则化有更高的概率处于 A_1, A_2 两个点上, 也即有更多的机会将 β_i 严格约束为 0. 可见, 从特征选择角度应倾向采用 L1 正则化, $\beta_i = 0$ 的变量 X_i 是不重要的变量.

例如, 对图 9–4 左图的手写体邮政编码数字采用岭回归 (L2 正则化) 识别数字 1 和 3 时, 即使不断增加收缩参数 α, 也几乎没有使回归系数严格收缩为 0 (Python 代码详见 9.4.4 节).

总之, **Lasso 回归是嵌入策略下特征选择的优秀方法, 而且可同时实现预测建模.**

9.3.2 弹性网回归

由 9.3.1 节的讨论可知,L1 范数约束 (Lasso 回归) 更适于进行特征选择. 同时正如图 9–12 左图显示, 平方 L2 范数约束 (岭回归) 最优解下的损失函数小于 L1 范数约束最优解下的损失函数, 因此两者各有所长. 为此可将其结合, 这就是弹性网 (elastic net) 回归.

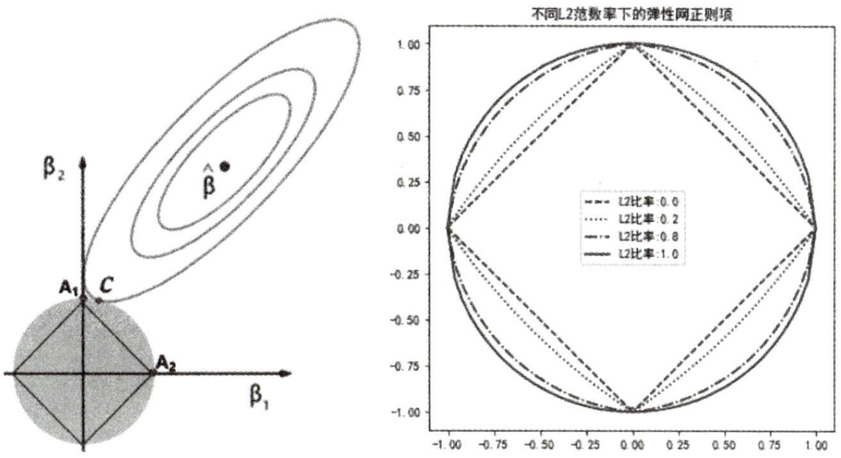

图 9–12　L1 和 L2 范数约束叠加和弹性网

弹性网回归是对 Lasso **回归和岭回归的结合及拓展, 它同时引入** L1 **正则化和** L2 **正则化**, 目标函数为:

$$\sum_{i=1}^{N}(y_i-\beta_0-\sum_{j=1}^{p}\beta_jX_{ij})^2+\alpha\sum_{i=1}^{p}(\gamma\beta_i^2+(1-\gamma)|\beta_i|) \tag{9.14}$$

其中, α 仍为收缩参数. $0\leqslant\gamma\leqslant1$, $\gamma=0$ 时为 Lasso 回归, $\gamma=1$ 时为岭回归. 该系数可控制岭回归和 Lasso 回归的 “贡献” 率, 称为 L2 **范数率**. γ 取不同比率值时的约束如图 9–9 右图所示. 例如, $\gamma=0.2$ 时较偏 Lasso 回归, 约束条件不仅保留了 Lasso 回归中的 “顶角”(肉眼识别较困难), 同时最优解下的损失函数较小且低于 Lasso 回归 (Python 代码详见 9.4.5 节).

Python 中弹性网回归的目标函数调整为:

$$\frac{1}{2N}\sum_{i=1}^{N}(y_i-\beta_0-\sum_{j=1}^{p}\beta_jX_{ij})^2+\frac{\alpha(1-\gamma)}{2}\sum_{i=1}^{p}\beta_i^2+\alpha\gamma\sum_{i=1}^{p}|\beta_i| \tag{9.15}$$

损失函数为均方误差. 注意这里的 $\gamma=0$ 时为岭回归, $\gamma=1$ 时为 Lasso 回归, 并称 γ 为 L1 范数率.

图 9–13 展示了对图 9–4 左图的手写体邮政编码数字采用弹性网回归, L1 范数率分别为 $\gamma=0.2, \gamma=0.8$ 时, 回归系数随收缩参数 α 变化而变化的情况 (Python 代码详见 9.4.5 节).

图 9–13 中从右至左的虚线为弹性网回归中收缩参数 α 从小到大变化过程中回归系数的变化情况. 左图的 L1 范数率 $\gamma=0.2$, 右图的 $\gamma=0.8$, 左图偏岭回归, 右图偏 Lasso 回归. 偏岭回归和 Lasso 回归的性质决定了, 与左图相比, 右图无须 $-\log_{10}(\alpha)$ 取很小值 (α 取很大值) 就可以将更多回归系数约束为 0, 更利于特征选择. 偏岭回归的最优 α 值为 0.007 1, 偏 Lasso 的为 0.002 0.

进一步, 在最优 α 值下左图偏岭回归的训练误差 (0.022 0) 略低于右图偏 Lasso 的情况 (0.022 2). 对于右图偏 Lasso 的弹性网回归, 若令其 α 等于左图的最优 α 值 (0.007 1), 即具有相同的复杂度惩罚, 其训练误差 (0.026) 高于偏岭回归的情况, 这与岭回归的正则化特点

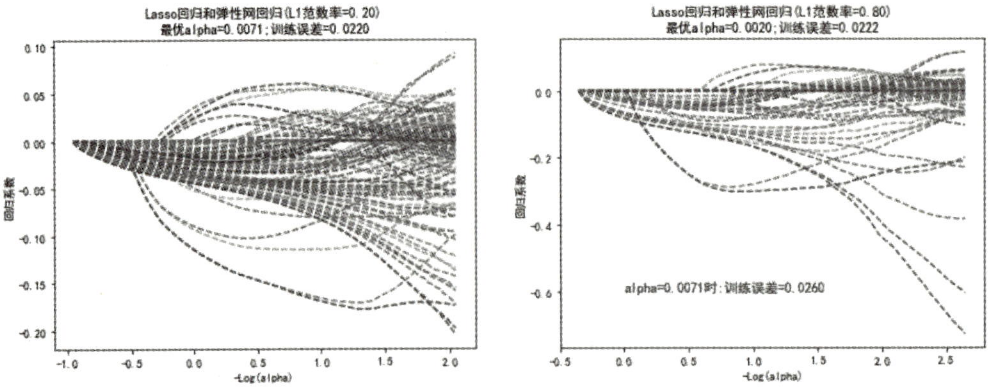

图 9–13　弹性网回归的特征选择

密切相关.

图 9–14 是采用弹性网回归对手写体邮政编码数字进行特征选择后的直观展示 (Python 代码详见 9.4.5 节).

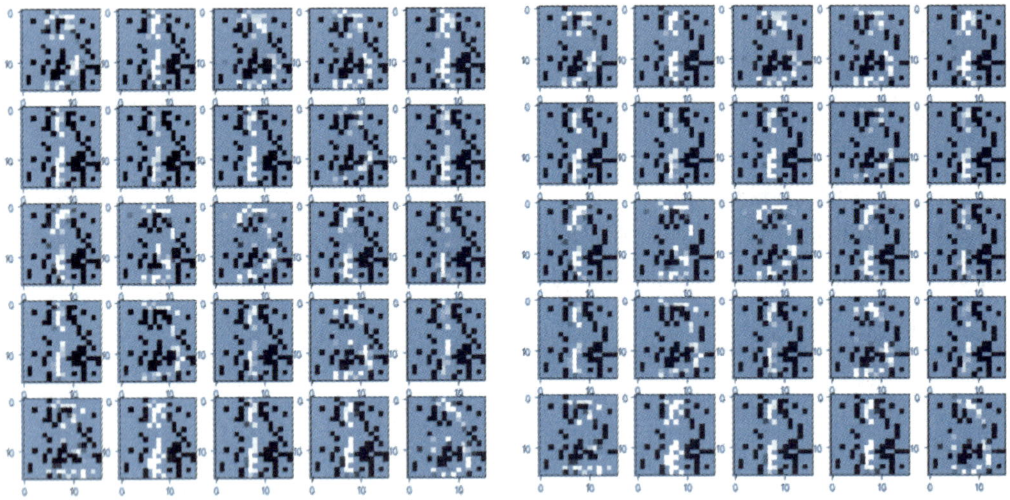

图 9–14　弹性网回归的特征选择

图 9–14 左图的 $\gamma = 0.2$, 右图的 $\gamma = 0.8$, 左图偏岭回归, 右图偏 Lasso 回归. 在最优 α 值下两者分别选择了 93 个和 67 个特征, 邮政编码数字的直观展示存在一些差异. 可进一步对比特征选择后两者的训练误差和测试误差.

总之, **弹性网回归是嵌入策略下特征选择的优秀方法, 而且可同时实现预测建模**.

至此, 嵌入式策略下的特征选择的讨论结束. 其核心思想是在对模型的复杂度施加约束的条件下进行回归, 也即在损失函数的基础上增加正则化项构造目标函数, 并在最小化目标函数下求得模型参数.

事实上, 前面章节已讨论过这类问题. 例如, 广义线性可分下的支持向量机中, 超平面参

数求解的目标函数为 $\min\limits_{\boldsymbol{w},\xi} \tau(\boldsymbol{w},\xi) = \frac{1}{2}\|\boldsymbol{w}\|^2 + C\sum_{i=1}^{N}\xi_i = \frac{1}{2}\boldsymbol{w}^{\mathrm{T}}\boldsymbol{w} + C\sum_{i=1}^{N}\xi_i$. 尽管此处的参数 C 是对损失的惩罚, 但其实可等价于 $\min\limits_{\boldsymbol{w},\xi} \tau(\boldsymbol{w},\xi) = \frac{1}{2C}\boldsymbol{w}^{\mathrm{T}}\boldsymbol{w} + \sum_{i=1}^{N}\xi_i$, $\frac{1}{2C}$ 就是对模型复杂度施加的约束. 再例如, 支持向量回归的目标函数 $\min\limits_{\boldsymbol{w},\xi,\xi^*} \frac{1}{2}\|\boldsymbol{w}\|^2 + C\sum_{i=1}^{N}(\xi_i + \xi_i^*)$ 也是类似的; 再例如, 多层神经网络中的目标函数 $E(t) + \lambda J(t)$, $E(t) = \sum_{i=1}^{N}\sum_{k=1}^{K} L(y_{ik}, \widehat{y}_{ik})$, $J(t) = \sum_{mk} v_{mk}^2(t) + \sum_{pm} w_{pm}^2(t)$, 等等. 读者可自行回顾和温习.

9.4 Python 实践课: 加深理论理解, 探索应用实践

为进一步加深对特征选择的理论理解, 并探索特征选择的应用实践, 设计如下 Python 实践内容:

第一, 基于手写体邮政编码点阵数据, 探讨低方差过滤法的应用意义.

第二, 探索高相关过滤法中的 F 分布和卡方分布的特点, 并应用于手写体邮政编码点阵数据的特征选择中.

第三, 基于手写体邮政编码点阵数据, 探索包裹式策略下的特征选择.

第四, 探索 Lasso 回归中收缩参数 α 变化对特征选择的影响以及 α 的优化过程, 并应用于手写体邮政编码点阵数据的特征选择中.

第五, 探索弹性网回归中不同 L1 范数率对模型的影响, 并应用于手写体邮政编码点阵数据的特征选择中.

以下是本章需导入的 Python 模块:

```
#本章需导入的模块
import numpy as np
import pandas as pd
import matplotlib.pyplot as plt
from pylab import *
import matplotlib.cm as cm
import warnings
warnings.filterwarnings(action = 'ignore')
%matplotlib inline
plt.rcParams['font.sans-serif']=['SimHei']  #解决中文显示乱码问题
plt.rcParams['axes.unicode_minus']=False
from sklearn import svm
import sklearn.linear_model as LM
import scipy.stats as st
from scipy.optimize import root,fsolve
from sklearn.feature_selection import  VarianceThreshold,SelectKBest,f_classif,chi2
from sklearn.feature_selection import RFE,RFECV,SelectFromModel
from sklearn.linear_model import Lasso,LassoCV,lasso_path,Ridge,RidgeCV
from sklearn.linear_model import enet_path,ElasticNetCV,ElasticNet
```

其中新增的模块如下:

(1) 第 14 行: 用于计算与 F 分布和卡方分布相关的统计量和概率 P–值等.

(2) 第 15 行: 用于非线性方程求解等.

(3) 第 16、17 行: 用于实现过滤式和包裹式策略下的特征选择.

(4) 第 18 行: 用于实现嵌入式策略下的特征选择: Lasso 回归和岭回归.

(5) 第 19 行: 用于实现嵌入式策略下的特征选择: 弹性网回归.

9.4.1 实践一: 探讨低方差过滤法的应用意义

本节 (文件名:chapter9-1.ipynb) 基于手写体邮政编码数字, 直观探讨低方差过滤的应用意义.

```
1  data=pd.read_table('邮政编码数据.txt',sep=' ',header=None)
2  tmp=data.loc[data[0]==3]
3  X=tmp.iloc[:,1:-1]
4  Y=tmp.iloc[:,0]
5  np.random.seed(1)
6  ids=np.random.choice(len(Y),25)
7  plt.figure(figsize=(8,8))
8  for i,item in enumerate(ids):
9      img=np.array(X.iloc[item,]).reshape((16,16))
10     plt.subplot(5,5,i+1)
11     plt.imshow(img,cmap=cm.gray)
12 plt.show()
```

【代码说明】

(1) 第 1~4 行: 读入手写体邮政编码数字的点阵数据. 仅选择数字 3 作为分析对象. 确定输入变量和输出变量 (这里可以略去输出变量).

(2) 第 5、6 行: 随机抽样 25 个手写体数字 3 的点阵数据.

(3) 第 8~11 行: 利用 for 循环逐个展示 25 个手写体数字 3.

每个数字都是 16×16 的灰度点阵数据, 对应 256 个变量. 通过函数 imshow() 转换为图像并显示, 如图 9–1 左图所示. 其中黑色部分均可视为数字背景, 对所有的 3 来讲, 它们对应的变量取值差异是很小的. 以下将采用低方差过滤法过滤掉方差较低的变量:

```
selector=VarianceThreshold(threshold=0.05)
selector.fit(X)
print("剩余变量个数: %d"%len(selector.get_support(True)))
X=selector.inverse_transform(selector.transform(X))
plt.figure(figsize=(8,8))
for i,item in enumerate(ids):
    img=np.array(X[item,]).reshape((16,16))
    plt.subplot(5,5,i+1)
    plt.imshow(img,cmap=cm.gray)
plt.show()
```

剩余变量个数: 221

【代码说明】

(1) 第 1、2 行: 定义低方差过滤法的对象, 并拟合数据.

直接利用函数 VarianceThreshold() 实现低方差过滤, 其中 threshold=0.05 指定过滤阈值等于 0.05, 即过滤掉方差低于 0.05 的变量.

(2) 第 3 行: 显示特征选择的结果.

利用低方差过滤对象的方法.get_support(True) 得到特征选择结果. 本例保留了 221 个特征 (变量), 其余的 35 个变量均为低方差变量 (方差值存储在.variances_属性中), 对后续研究的意义不大.

(3) 第 4 行: 基于低方差过滤结果, 将所有低方差变量的变量值替换为 0, 为后续直观展示低方差变量的具体情况做数据准备.

(4) 第 6~9 行: 利用 for 循环再次逐个展示 25 个经低方差过滤处理后的手写体数字 3. 图像输出结果如图 9-1 右图所示. 图中每个数字四周的灰色部分对应的变量均为低方差过滤处理后的变量. 从它们在图像中的位置看, 剔除这 35 个变量对识别数字 3 并没有影响.

9.4.2 实践二: 探索高相关过滤法中的 F 分布和卡方分布特点及应用

本节 (文件名: chapter9-2.ipynb) 基于手写体邮政编码数字, 直观探讨高相关过滤法中的 F 分布和卡方分布的特点, 以及高相关过滤的应用意义.

一、F 分布和 F 分布的特点

```
1  plt.figure(figsize=(6,4))
2  for df1,df2,lt in [(10,10,'--'),(15,20,'-.'),(29,18,':'),(50,50,'-')]:
3      x = np.linspace(st.f.ppf(0.001, df1, df2),st.f.ppf(0.99, df1, df2), 100)
4      plt.plot(x, st.f.pdf(x, df1, df2),label='df1=%d,df2=%d'%(df1,df2),linestyle=lt)
5  plt.legend()
6  plt.title("不同自由度下的F分布",fontdict={'fontsize':12})
7  plt.xlabel("X",fontdict={'fontsize':12})
8  plt.ylabel("概率密度",fontdict={'fontsize':12})
9  plt.ylim((0,1.5))
10
```

【代码说明】

第 2~4 行: 利用 for 循环绘制不同自由度下的 F 分布的分布曲线.

这里涉及 4 个 F 分布, 自由度分别为 $(10,10),(15,20),(29,18),(50,50)$. 不同自由度下的 F 分布的形态是不同的. 概率分布图的横坐标为随机变量 X 的取值 X_0, 纵坐标为 X_0 在 F 分布中的概率密度 (可直接利用函数 f.pdf() 计算). 为便于展示, 这里令 X_0 取值为: $X_L \leqslant X_0 \leqslant X_U$ 间的 100 个数. 其中, $P(X \leqslant X_L|df1,df2)=0.001$, $P(X \leqslant X_U|df1,df2)=0.99$. 可直接利用 f.ppf() 计算 X_L, X_U.

所得图形如图 9-3 所示. 图形显示, 随着两个自由度的不断增大, F 分布逐渐趋于对称分布.

二、卡方分布和卡方分布的特点

```
1 plt.figure(figsize=(6,4))
2 for df,lt in [(2,'--'),(4,'-.'),(6,':'),(20,'-')]:
3     x = np.linspace(st.chi.ppf(0.001, df),st.chi.ppf(0.999, df), 100)
4     plt.plot(x, st.chi.pdf(x, df),label='df=%d'%df,linestyle=lt)
5 plt.legend()
6 plt.title("不同自由度下的卡方分布",fontdict={'fontsize':12})
7 plt.xlabel("X",fontdict={'fontsize':12})
8 plt.ylabel("概率密度",fontdict={'fontsize':12})
```

【代码说明】

第 2~4 行: 利用 for 循环绘制不同自由度下的卡方分布的分布曲线.

这里涉及 4 个卡方分布, 自由度分别为 2,4,6,20. 不同自由度下的卡方分布的形态是不同的. 概率分布图的横坐标为随机变量 X 的取值 X_0, 纵坐标为 X_0 在卡方分布中的概率密度 (可直接利用函数 chi.pdf() 计算). 为便于展示, 这里令 X_0 取值为: $X_L \leqslant X_0 \leqslant X_U$ 间的 100 个数. 其中, $P(X \leqslant X_L|df) = 0.001$, $P(X \leqslant X_U|df) = 0.999$. 可直接利用 chi.ppf() 计算 X_L, X_U.

所得图形如图 9–5 所示. 图形显示, 卡方分布 (自由度大于 1 时) 是个近似对称分布.

三、基于 F 分布的高相关过滤法应用

手写体邮政编码数字的点阵数据中, 输入变量为数值型 (灰度值), 所以高相关过滤法中应基于 F 分布研究.

```
1  data=pd.read_table('邮政编码数据.txt',sep=' ',header=None)
2  tmp=data.loc[(data[0]==1) | (data[0]==3)]
3  X=tmp.iloc[:,1:-1]
4  Y=tmp.iloc[:,0]
5  np.random.seed(1)
6  ids=np.random.choice(len(Y),25)
7  plt.figure(figsize=(8,8))
8  for i,item in enumerate(ids):
9      img=np.array(X.iloc[item,]).reshape((16,16))
10     plt.subplot(5,5,i+1)
11     plt.imshow(img,cmap=cm.gray)
12 plt.show()
```

【代码说明】

(1) 第 1、2 行: 读入手写体邮政编码数字数据. 选择数字 1 和 3 的点阵数据, 后续将采用高相关过滤法直接服务于数字 1 和 3 的识别. 确定输入变量和输出变量.

(2) 第 5、6 行: 随机抽样 25 个手写体数字 1 和 3 的点阵数据.

(3) 第 8~11 行: 利用 for 循环逐个展示 25 个手写体数字 1 和 3.

每个数字都是 16×16 的灰度点阵数据, 对应 256 个变量. 如图 9–4 左图所示. 其中黑色部分均可视为数字背景, 直观上对识别 1 和 3 的作用不大. 以下将采用高相关过滤法过滤掉不相关的变量:

```
1  selector=SelectKBest(score_func=f_classif,k=100)
2  selector.fit(X,Y)
3  print("变量重要性评分：",selector.scores_[0:5])
4  print("变量的概率P-值:",selector.pvalues_[0:5])
5  X=selector.inverse_transform(selector.transform(X))
6  plt.figure(figsize=(8,8))
7  for i,item in enumerate(ids):
8      img=np.array(X[item,]).reshape((16,16))
9      plt.subplot(5,5,i+1)
10     plt.imshow(img,cmap=cm.gray)
11 plt.show()
```

```
变量重要性评分： [  5.10898495  21.93357405  82.3841514  282.84509937 719.07806468]
变量的概率P-值: [2.39312394e-002 3.05218712e-006 3.08578340e-019 9.82205018e-059
 6.44143983e-132]
```

【代码说明】

(1) 第 1、2 行: 定义高相关过滤法对象并拟合数据.

直接利用函数 SelectKBest() 实现高相关过滤法. 参数 score_func=f_classif 指定采用 F 统计量; 参数 $k = 100$ 表示筛选出最重要的前 100 个变量.

(2) 第 3、4 行: 输出前 5 个变量的特征选择结果, 分别为 9.1.2 节的 $F_{观测值}$ 以及相应的概率 P–值: $P(F \geqslant F_{观测值})$, 依次存储在高相关过滤对象的.scores_和.pvalues_属性中.

从输出结果看, 第 3、4、5 个变量的概率 P–值极小, 对识别数字 1 和 3 有重要意义.

(3) 第 5 行: 基于高相关过滤结果, 将概率 P–值较大、排在 156 位之前的变量的变量值均替换为 0, 为后续直观展示高相关过滤效果做数据准备.

(4) 第 7~10 行: 利用 for 循环再次逐个展示 25 个高相关过滤处理后的手写体数字 1 和 3. 图像输出结果如图 9–4 右图所示. 图中非灰色部分都包含对识别数字 1 和 3 有用的信息. 灰色部分对应的变量与输出变量没有高相关性, 被过滤掉.

9.4.3 实践三: 探索包裹式策略下的特征选择及应用

本节 (文件名:chapter9-3.ipynb) 基于手写体邮政编码数字, 直观探讨探索包裹式策略下的特征选择及应用.

```
data=pd.read_table('邮政编码数据.txt',sep=' ',header=None)
tmp=data.loc[(data[0]==1) | (data[0]==3)]
X=tmp.iloc[:,1:-1]
Y=tmp.iloc[:,0]
np.random.seed(1)
ids=np.random.choice(len(Y),25)
estimators=[LM.LogisticRegression(),svm.SVC(kernel='linear',random_state=1)]
for estimator in estimators:
    selector=RFE(estimator=estimator,n_features_to_select=80)
    selector.fit(X,Y)
```

```
11      #print("N_features %s"%selector.n_features_)
12      print("变量重要性排名 %s"%selector.ranking_[0:5])
13      Xtmp=selector.inverse_transform(selector.transform(X))
14      plt.figure(figsize=(8,8))
15      for i,item in enumerate(ids):
16          img=np.array(Xtmp[item,]).reshape((16,16))
17          plt.subplot(5,5,i+1)
18          plt.imshow(img,cmap=cm.gray)
19      plt.show()
```

```
变量重要性排名 [  1   1  35 140 123]
变量重要性排名 [ 177  176  110   69   7]
```

【代码说明】

(1) 第 1~4 行：读入手写体邮政编码数字数据. 选择数字 1 和 3 的点阵数据, 后续将采用包裹式策略中的 RFE 算法找到对识别数字 1 和 3 有重要作用的变量. 确定输入变量和输出变量.

(2) 第 7 行：指定 RFE 算法中的预测模型, 分别为 Logistic 回归和广义线性可分下的支持向量分类机. 后续将依据预测模型给出的变量系数判断变量重要性.

(3) 第 8~18 行：分别借助 Logistic 回归和广义线性可分下的支持向量分类机, 进行特征选择以及结果可视化.

直接利用函数 RFE() 实现包裹式策略的特征选择, 这里定义了 RFE 对象并指定选出最重要的 80 个特征. 将不重要变量的变量值均替换为 0. 可视化特征提取对识别数字 1 和 3 的影响. 如图 9-7 所示. 图形显示,Logistic 回归与支持向量机特征选择结果的不同, 主要体现在对图像边缘部分对应变量的评价上. 例如,RFE 对象的.ranking_属性中存储着变量重要性的排名. Logistic 回归认为变量 1 和变量 2 是同等重要的变量 (第 1 名), 但支持向量机给出的排名顺序较靠后 (177 名和 176 名). 直观上图像左右边缘对识别数字的作用相对较小, 支持向量机筛掉了这部分对应的变量, 可基于特征选择结果建模做进一步的验证.

9.4.4 实践四：探索 Lasso 回归中收缩参数 α 变化对特征选择的影响

本节 (文件名:chapter9-4.ipynb) 基于手写体邮政编码数字, 直观探索 Lasso 回归中收缩参数 α 变化对特征选择的影响以及 α 的优化过程, 并应用于手写体邮政编码点阵数据的特征选择中.

一、收缩参数 α 变化对特征选择的影响

```
data=pd.read_table('邮政编码数据.txt',sep=' ',header=None)
tmp=data.loc[(data[0]==1) | (data[0]==3)]
X=tmp.iloc[:,1:-1]
Y=tmp.iloc[:,0]
fig,axes=plt.subplots(nrows=1,ncols=2,figsize=(12,5))
alphas=list(np.linspace(0,1,20))
alphas.extend([2,3])
coef=np.zeros((len(alphas),X.shape[1]))
err=[]
for i,alpha in enumerate(alphas):
    modelLasso = Lasso(alpha=alpha)
```

```
12         modelLasso.fit(X,Y)
13         if i==0:
14             coef[i]=modelLasso.coef_
15         else:
16             coef[i]=(modelLasso.coef_/coef[0])
17         err.append(1-modelLasso.score(X,Y))
18     print('前5个变量的回归系数(alpha=0):%s'%coef[0,][0:5])
19     for i in np.arange(0,X.shape[1]):
20         axes[0].plot(coef[1:-1,i])
21     axes[0].set_title("Lasso回归中的收缩参数alpha和回归系数")
22     axes[0].set_xlabel("收缩参数alpha变化")
23     axes[0].set_xticks(np.arange(len(alphas)))
24     axes[0].set_ylabel("Beta(alpha)/Beta(alpha=0)")
25
26     axes[1].plot(err)
27     axes[1].set_title("Lasso回归中的收缩参数alpha和训练误差")
28     axes[1].set_xlabel("收缩参数alpha变化")
29     axes[1].set_xticks(np.arange(len(alphas)))
30     axes[1].set_ylabel("错判率")
31
```

```
前5个变量的回归系数(alpha=0):[ 0.10647164  0.08368913 -0.04294124  0.00500405 -0.03054124]
```

【代码说明】

(1) 第 1~4 行: 读入手写体邮政编码数字数据. 选择数字 1 和 3 的点阵数据, 后续将采用嵌入式策略, 在 256 个变量中找到对识别数字 1 和 3 有重要作用的变量. 确定输入变量和输出变量.

(2) 第 6、7 行: 给定收缩参数 α 的取值范围: $[0, 0.052, 0.105, 0.157, \cdots, 1, 2, 3]$.

(3) 第 8、9 行: 准备. coef 的第一行存储 $\alpha = 0$ (即一般线性回归) 下的各回归系数. 之后各行存储 α 从小到大的取值下, Lasso 回归系数与一般线性回归系数的比值, 即 9.3.1 节的 $\beta_i^{(\alpha-Lasso)}/\beta_i (i = 1, 2, \cdots, 256)$.

(4) 第 10~17 行: 利用 for 循环建立不同收缩参数 α 下的 Lasso 回归模型, 并计算 $\beta_i^{(\alpha-Lasso)}/\beta_i$, 以及模型的训练误差.

(5) 第 18 行: 输出 $\alpha = 0$ 时前 5 个变量的回归系数. 回归系数表明相应变量对识别数字 1 和 3 都有一定作用.

(6) 第 19~24 行: 绘制 $\beta_i^{(\alpha-Lasso)}/\beta_i (i = 1, 2, \cdots, 256)$ 随 $\alpha > 0$ 增大变化的曲线图, 如图 9-9 左图所示.

图形显示, $\alpha = 0.052$ 时有较多系数 $\beta_i^{(\alpha-Lasso)}$ 与 0 有较大差异, 模型较为复杂但程度低于一般线性模型. 后续随 α 增大有大量系数 $\beta_i^{(\alpha-Lasso)}$ 快速近似为 0, 比值近似等于 0. 大约 16 次变化后几乎所有系数 $\beta_i^{(\alpha-Lasso)} = 0$ 或 $\beta_i^{(\alpha-Lasso)} \to 0$, 模型最简单.

(7) 第 26~30 行: 绘制不同收缩参数 α 下模型的训练误差曲线, 如图 9-9 右图所示.

图形显示, $\alpha = 0.052$ 时模型较为复杂, 训练误差接近 0. 随 α 增大模型复杂度降低, 训练误差快速升高.

二、细致观察收缩参数 α 变化对特征选择的影响

```
1  alphas_lasso, coefs_lasso, _ = lasso_path(X, Y)
2  l1 = plt.plot(-np.log10(alphas_lasso), coefs_lasso.T)
3  plt.xlabel('-Log(alpha)')
4  plt.ylabel('回归系数')
5  plt.title('Lasso回归中的收缩参数alpha和回归系数')
6  plt.show()
```

【代码说明】

(1) 第 1 行: 直接利用函数 lasso_path() 计算不同收缩参数 α 下的各个回归系数. 函数 lasso_path() 将返回 α 的取值以及对应的回归系数.

(2) 第 2 行: 绘制不同收缩参数 α 下回归系数的变化曲线图.

为便于展示, 图中横坐标为 $-\log(\alpha)$, 值越大 α 越小. 纵坐标为回归系数. 所得图形如图 9–10 所示. 该图更为细致地刻画了随 α 增大回归系数逐渐收缩为 0 的过程.

三、采用高相关过滤策略基于 Lasso 回归进行特征选择和建模

```
1  model = LassoCV() #默认采用3-折交叉验证确定的alpha
2  model.fit(X,Y)
3  print('Lasso剔除的变量:%d'%sum(model.coef_==0))
4  print('Lasso的最佳的alpha:',model.alpha_)  # 只有在使用LassoCV有效
5  lassoAlpha=model.alpha_
6
7  estimator = Lasso(alpha=lassoAlpha)
8  selector=SelectFromModel(estimator=estimator)
9  selector.fit(X,Y)
10 print("阈值:%s"%selector.threshold_)
11 print("保留的特征个数:%d"%len(selector.get_support(indices=True)))
12 Xtmp=selector.inverse_transform(selector.transform(X))
13 plt.figure(figsize=(8,8))
14 np.random.seed(1)
15 ids=np.random.choice(len(Y),25)
16 for i,item in enumerate(ids):
17     img=np.array(Xtmp[item,]).reshape((16,16))
18     plt.subplot(5,5,i+1)
19     plt.imshow(img,cmap=cm.gray)
20 plt.show()
21
```

```
Lasso剔除的变量:159
Lasso的最佳的alpha:  0.0016385673057918155
阈值: 1e-05
保留的特征个数:97
```

【代码说明】

(1) 第 1、2 行: 采用默认 3 折交叉验证确定 Lasso 回归中的最优收缩参数 α, 并拟合数据.

(2) 第 3~5 行: 输出最优收缩参数 α 值以及剔除的变量个数. 这里最优收缩参数 $\alpha = 0.001\,6$, 总共剔除了 159 个变量. 保存最优参数值.

(3) 第 7~9 行: 采用高相关过滤策略, 基于最优收缩参数 α 下的 Lasso 回归进行特征选择. 这里给出的变量重要性阈值为 1×10^{-5} 且仅保留了 97 个变量.

(4) 第 12~20 行: 将剔除变量的变量值均替换为 0. 可视化特征选择后数字 1 和 3 的图像. 如图 9–11 所示, 图形中灰色之外区域对应的变量都是对识别数字 1 和 3 有意义的变量.

进一步, 基于特征选择后的 97 个重要变量, 建立识别数字 1 和 3 的分类模型:

```
1 modelLasso = Lasso(alpha=lassoAlpha)
2 modelLasso.fit(X,Y)
3 print("lasso训练误差: %.2f"%(1-modelLasso.score(X,Y)))
4 modelRidge = RidgeCV()   # RidgeCV自动调节alpha可以实现选择最佳的alpha。
5 modelRidge.fit(X,Y)
6 print('岭回归剔除的变量:%d'%sum(modelRidge.coef_==0))
7 print('岭回归最优alpha: ',modelRidge.alpha_)
8 print("岭回归训练误差: %.2f"%(1-modelRidge.score(X,Y)))
```

```
lasso训练误差: 0.02
岭回归剔除的变量:0
岭回归最优alpha:  10.0
岭回归训练误差: 0.02
```

【代码说明】

(1) 第 1~3 行: 仍采用基于最优收缩参数的 Lasso 回归进行分类预测. 模型的训练误差为 2%.

(2) 第 4~5 行: 直接利用函数 RidgeCV() 确定岭回归的最优收缩参数 α 并拟合数据.

结果显示, 在最优收缩参数 α 下, 岭回归的训练误差也可到达 2%, 但此时没有变量的回归系数等于 0. 在相同训练误差下, 岭回归模型的复杂度高于 Lasso 回归.

9.4.5 实践五: 探索弹性网回归中不同 L2 范数率变化对模型的影响

本节 (文件名: chapter9-5.ipynb) 基于手写体邮政编码数字, 直观探索弹性网回归中, 不同 L2 范数率变化对模型的影响.

一、探讨弹性网回归中的约束条件

弹性网回归是对 Lasso 回归和岭回归的结合及拓展, 它同时引入 L1 正则化和 L2 正则化. 这里, 将直观展示两个输入变量下, 弹性网回归中 L2 范数率取不同值时的约束特征.

首先, 根据式 (9.14) 第二项, 当仅包含两个输入变量时, 弹性网的约束条件为: $(\gamma\beta_1^2 + (1-\gamma)|\beta_1|) + (\gamma\beta_2^2 + (1-\gamma)|\beta_2|) \leqslant 1$. 计算当给定 L2 范数率 γ 且 β_1 在 $[-1, +1]$ 内取不同值时 β_2 的取值. 然后, 绘制关于 β_1, β_2 取值的线图, 以直观展示弹性网的约束特征.

```
1  def fun(x,r,sb1):
2      return np.array(r*(x**2)+(1-r)*abs(x)+sb1-1)
3  
4  rs=[0,0.2,0.8,1]
5  b1=np.linspace(-1,1,50)
6  y1=np.zeros((len(b1),))
7  y2=np.zeros((len(b1),))
8  ltype=['--',':','-.','-']
9  plt.figure(figsize=(6,6))
10 for r,lt in zip(rs,ltype):
11     sb1=r*(b1**2)+(1-r)*abs(b1)
12     for i in np.arange(len(b1)):
13         sol=fsolve(fun,[-1,1],args=(r,sb1[i]))
14         y1[i]=sol[0]
15         y2[i]=sol[1]
16     plt.plot(b1,y1,linestyle=lt,c='b',label='L2比率:%.1f'%r)
17     plt.plot(b1,y2,linestyle=lt,c='b')
18     plt.title("不同L2范数率下的弹性网正则项")
19 plt.legend()
```

【代码说明】

(1) 第 1、2 行: 定义名为 fun 的用户自定义函数以描述上述方程, 其中 sb_1 等于 $\gamma\beta_2^2+(1-\gamma)|\beta_2|$.

(2) 第 4~5 行: 指定 L2 范数率依次为 $[0,0.2,0.8,1]$. 指定 β_1 在 $[-1,+1]$ 内均匀取 50 个不同值.

(3) 第 6、7 行: 定义保存方程解的对象.

(4) 第 10~18 行: 利用 for 循环, 依次令 L2 范数率为 $[0,0.2,0.8,1]$, 并计算不同 L2 范数率和 β_1 下 β_2 的解.

这里, 令 $\boldsymbol{sb}_1=(\gamma\boldsymbol{\beta}_1^2+(1-\gamma)|\boldsymbol{\beta}_1|)$, $\boldsymbol{sb}1,\boldsymbol{\beta}_1$ 均为包含 50 个元素的向量. 利用函数 fsolve() 得到指定的非线性方程: $(\gamma\beta_1^2+(1-\gamma)|\beta_1|)+(\gamma\beta_2^2+(1-\gamma)|\beta_2|)-1=0$ 的解 (解的初始猜测值为 $[-1,+1]$). 两组解保存在 y1 和 y2 中. 最后绘图如图 9–12 右图所示. 图形显示, L2 范数率 $\gamma=0.2$ 较偏 Lasso 回归时, 约束条件不仅保存了 Lasso 回归中的 “顶角” (肉眼识别较困难), 同时最优解下的损失函数值较小, 低于 Lasso 回归.

二、探讨弹性网回归的应用

基于手写体邮政编码数字, 采用弹性网回归,L1 范数率分别为 $\gamma=0.2,\gamma=0.8$ 时, 观察回归系数随收缩参数 α 变化而变化的情况.

```
data=pd.read_table('邮政编码数据.txt',sep=' ',header=None)
tmp=data.loc[(data[0]==1) | (data[0]==3)]
X=tmp.iloc[:,1:-1]
Y=tmp.iloc[:,0]

fig,axes=plt.subplots(nrows=1,ncols=2,figsize=(15,5))
ratios=[0.2,0.8]
bestalpha=[]
for i,ratio in enumerate(ratios):
    alphas_enet, coefs_enet, _ = enet_path(X,Y,l1_ratio=ratio)
    axes[i].plot(-np.log10(alphas_enet), coefs_enet.T, linestyle='--')
```

```
12        model=ElasticNetCV(l1_ratio=ratio)
13        model.fit(X,Y)
14        bestalpha.append(model.alpha_)
15        axes[i].set_xlabel('-Log(alpha)')
16        axes[i].set_ylabel('回归系数')
17        axes[i].set_title('Lasso回归和弹性网回归(L1范数率=%.2f)\n最优alpha=%.4f;训练误差=%.4f'
18                          %(ratio,model.alpha_,1-model.score(X,Y)))
19        axes[i].axis('tight')
20    model=ElasticNet(l1_ratio=0.8,alpha=bestalpha[0])
21    model.fit(X,Y)
22    axes[1].text(0,-0.6,"alpha=%.4f时:训练误差=%.4f"%(bestalpha[0],1-model.score(X,Y)),
23                fontdict={'size':'12','color':'b'})
```

【代码说明】

(1) 第 1~4 行: 读入手写体邮政编码数据. 仅分析数字 1 和 3. 确定输入变量和输出变量.

(2) 第 7 行: 令 L1 范数率分别取 0.2 (偏岭回归) 和 0.8 (偏 Lasso 回归).

(3) 第 9~19 行: 利用 for 循环, 计算并展示 L1 范数率分别取 0.2 和 0.8 时, 弹性网回归系数随收缩参数 α 变化而变化的情况.

直接利用 enet_path() 找到指定 L1 范数率下的收缩参数 α 的最优取值. 函数将返回不同收缩参数下的回归系数. 画图展示收缩参数变化过程中各回归系数的变化曲线, 如图 9–13 所示. 图形显示, Lasso 回归可将更多回归系数快速约束为 0, 更利于特征选择.

(4) 第 20~22 行: 建立偏 Lasso 的弹性网回归模型, 且强制收缩参数等于偏岭回归下的最优收缩参数. 拟合数据. 计算训练误差, 并显示在图 9–13 右图中. 结果表明, 本例中偏 Lasso 的弹性网回归, 与岭回归有相等的复杂度惩罚, 其训练误差高于偏岭回归, 这与岭回归的正则化特点密切相关.

接下来, 采用高相关过滤策略, 基于弹性网回归进行特征选择. 可视化特征选择结果. 建立基于重要变量的分类模型.

```
1   np.random.seed(1)
2   ids=np.random.choice(len(Y),25)
3   for ratio,alpha in [(0.2,bestalpha[0]),(0.8,bestalpha[1])]:
4       estimator = ElasticNet(l1_ratio=ratio,alpha=alpha)
5       selector=SelectFromModel(estimator=estimator)
6       selector.fit(X,Y)
7       #print("阈值(%f,%f): %s"%(ratio,alpha,selector.threshold_))
8       print("保留的特征个数(%f,%f) : %d"%(ratio,alpha,len(selector.get_support(indices=True))))
9       Xtmp=selector.inverse_transform(selector.transform(X))
10      plt.figure(figsize=(8,8))
11      for i,item in enumerate(ids):
12          img=np.array(Xtmp[item,]).reshape((16,16))
13          plt.subplot(5,5,i+1)
14          plt.imshow(img,cmap=cm.gray)
15      plt.show()
```

```
保留的特征个数(0.200000,0.007126) : 73
保留的特征个数(0.800000,0.002048) : 67
```

【代码说明】

(1) 第 1、2 行: 随机抽取 25 个数字 1 和 3 以直观展示特征选择结果.

(2) 第 3~14 行: 利用 for 循环, 分别基于两个弹性网模型, 采用高相关过滤策略进行特征选择.

偏岭回归的弹性网 (L1 范数率等于 0.2, 最优收缩参数等于 0.007) 选择了 73 个重要变量, 偏 Lasso 回归的弹性网 (L1 范数率等于 0.8, 最优收缩参数等于 0.002) 选择了 67 个重要变量. 不同特征选择方案下的可视化结果如图 9–14 所示.

附录

围绕本章学习, 应重点掌握 Python 模块中的以下函数. 函数的具体格式参见 Python 帮助.

1. 过滤策略下的特征选择

低方差过滤法: VarianceThreshold(threshold=)

高相关过滤法: SelectKBest(score_func=,k=)

2. 包裹策略下的特征选择

selector=RFE(estimator=,n_features_to_select=); selector.fit(X,Y)

3. 嵌入策略下的特征选择

Lasso 回归:modelLasso = Lasso(alpha=);modelLasso.fit(X,Y);lasso_path(X, Y);LassoCV()

岭回归:modelRidge=Ridger(alpha=),RidgeCVRidgeCV()

弹性网回归:model=ElasticNet(l1_ratio=,alpha=);model.fit(X,Y); enet_path();ElasticNet-CV()

第 10 章 特征提取：空间变换策略

学习目标

1. 掌握主成分分析的基本原理.
2. 了解矩阵的奇异值分解思路及特征提取.
3. 掌握核主成分分析与主成分分析的关系.
4. 掌握基于主成分分析的因子分析的基本原理和评价.
5. 掌握上述方法的 Python 实现.

正如第 9 章讨论的, 预测建模中并非输入变量越多越好. 应通过特征选择, 从众多输入变量中筛选出对输出变量预测有意义的重要变量, 减少输入变量个数, 实现输入变量空间的降维. 这种特征选择策略可能存在的问题是: 直接从众多变量中简单剔除某些变量, 必然会不同程度地导致数据信息丢失. 所以, 探索一种既能有效减少变量个数又不致数据信息大量丢失的特征提取策略是极为必要的.

基于空间变换的特征提取是解决该类问题的有效途径. 空间变换是机器学习的重要手段, 在很多场合中均有应用. 本章将围绕空间变换, 讨论以下方面的内容:

第一, 主成分分析;

第二, 奇异值分解;

第三, 核主成分分析;

第四, 因子分析.

后续给出特征提取的 Python 应用实践.

10.1 主成分分析

主成分分析 (principal component analysis, PCA) 是一种通过坐标变换实现特征提取的经典统计分析方法. 特征提取中为什么需要坐标变换, 如何实现变换等, 是本节讨论的主要问题.

10.1.1　主成分分析的基本出发点

回顾 9.1 节讨论的低方差过滤法，其基本出发点是：若某变量的方差很小，或者几乎没有取值差异，则这个变量对预测建模是没有意义的，可以略去. 通常，对于有 $X_1, X_2, \cdots, X_p$ 共 p 个输入变量的样本数据来讲，在变量 $X_i(i=1,2,\cdots,p)$ 上近似 0 方差的情况并不多见，所以低方差过滤法的直接应用并不是非常广泛. 但若能够通过某种手段，将位于 $X_1, X_2, \cdots, X_p$ 空间中的样本观测点 “放置” 到另一个 $y_1, y_2, \cdots, y_p$ 空间中，并且使数据点在较多的变量 $y_i(i=1,2,\cdots,p)$ 上近似 0 方差，就可依据低方差过滤法的思想，略去相应的 y_i. 于是变量维度就可以从 p 维降低到 $k(k<p)$ 维. 进一步，如果能够确保样本观测点的相对位置关系不变，就可以在维度较低的 $y_1, y_2, \cdots, y_k$ 空间中继续后续的建模. 可从图 10–1 直观理解 (Python 代码详见 10.5.1 节).

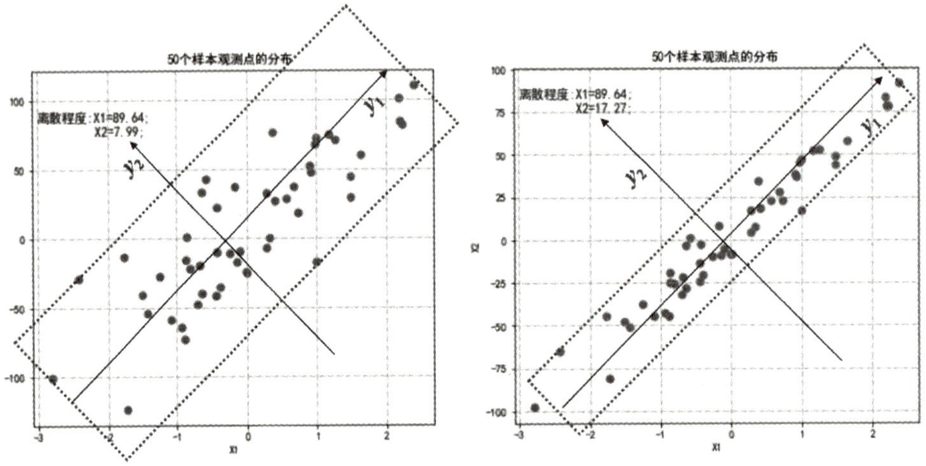

图 10–1　空间变换示意图

图 10–1 左图是 50 个样本观测点在以 X_1, X_2 为坐标轴所构成的空间中的散点图. 散点图表明 X_1, X_2 具有一定的线性相关性 (X_2 随 X_1 增大而增大). 数据在变量 X_1, X_2 上的离散程度用变异系数 (coefficient of variation, 样本标准差除以样本均值 $\dfrac{S}{\bar{X}}$) 度量，分别为 89.64 和 7.99. 同理，右图类似，但 X_1, X_2 具有更强的线性相关性，且在变量 X_2 上的离散程度更大些 (17.27). 基于低方差过滤法，X_1, X_2 都不能忽略.

现分别将两幅图中的样本观测点 “放置” 到以 y_1, y_2 为坐标轴构成的空间中. 直观观察图中两对虚线间的宽度可知，两幅图中样本观测点在 y_1 上有很高的离散性，但在 y_2 上的离散程度均远小于在 y_1 上的. 依据低方差过滤法的思想，是可以忽略 y_2 的. 但左图被忽略的方差较高，右图的较低，忽略右图的 y_2 是 “划算” 的，因为空间维度可从 2 降到 1.

进一步，在 y_1, y_2 空间中观察样本观测点的散点图发现，样本观测点在 X_1, X_2 上的高度线性相关性在 y_1, y_2 上消失了，呈现出了无线性相关性 (y_2 不随 y_1 增大而增大) 的特点.

同理，还可以拓展到三维空间中，如图 10–2 所示.

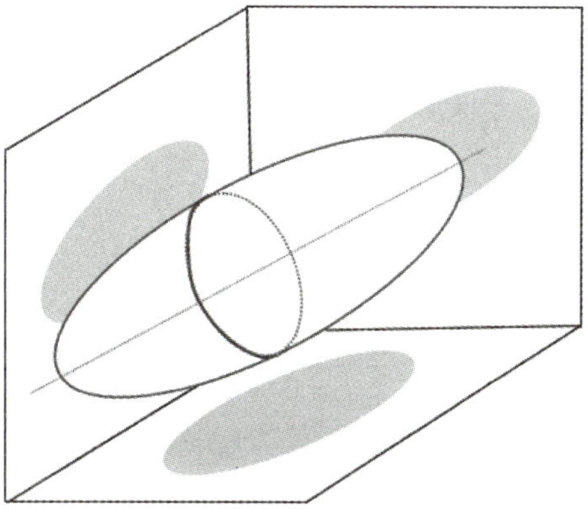

图 10–2　三维空间下的样本观测散点图示意

图 10–2 中样本观测点的散点图大致呈橄榄球形状. 三个方向上数据的离散程度不尽相同, 在长轴上离散性最大, 其他两个轴依次减小. 按照上述逻辑, 数据在底面阴影方向 y_1 的离散性最大, 其次是背面 y_2 和侧立面 y_3 的阴影方向. 因数据在侧立面 y_3 方向上仅有较小的离散性, 所以可以忽略 y_3.

主成分分析法的基本出发点就在于此. 关键是如何确定 y_1, y_2, y_3 等.

10.1.2　主成分分析的基本原理

一、主成分分析的数学模型

为准确度量图 10–1 中样本数据在 y_1, y_2 上的离散程度, 需已知每个样本观测点在 y_1, y_2 上的坐标 (取值). 为此, 可将坐标轴 y_1, y_2 视为坐标轴 X_1, X_2 按逆时针方向旋转一个 θ 角的结果. 于是, 各样本观测点在 y_1, y_2 上的坐标为:

$$\begin{cases} y_1 = \cos\theta \cdot X_1 + \sin\theta \cdot X_2 \\ y_2 = -\sin\theta \cdot X_1 + \cos\theta \cdot X_2 \end{cases}$$

若将各个系数分别记为: $\mu_{11} = \cos\theta, \mu_{12} = \sin\theta; \mu_{21} = -\sin\theta, \mu_{22} = \cos\theta$. 显然, $\mu_{11}^2 + \mu_{12}^2 = 1, \mu_{21}^2 + \mu_{22}^2 = 1$. 由此可见, y_1 是以 μ_{11}, μ_{12} 为系数的 X_1, X_2 的一个线性组合, y_2 是以 μ_{21}, μ_{22} 为系数的 X_1, X_2 的另一个线性组合. y_1, y_2 的方向分别取决于 (μ_{11}, μ_{12}) 和 (μ_{21}, μ_{22}).

若记 $\boldsymbol{X} = (X_1, X_2)$, $\boldsymbol{\mu}_1 = (\mu_{11}, \boldsymbol{\mu}_{12})^{\mathrm{T}}$, $\boldsymbol{\mu}_2 = (\mu_{21}, \mu_{22})^{\mathrm{T}}$, 以上式子可表示为: $y_1 = \boldsymbol{X}\boldsymbol{\mu}_1, y_2 = \boldsymbol{X}\boldsymbol{\mu}_2$, 即通过行向量 $\boldsymbol{X}$ 乘以列向量 $\boldsymbol{\mu}_1$ (或 $\boldsymbol{\mu}_2$), 将样本观测点投影到 $\boldsymbol{\mu}_1$ (或 $\boldsymbol{\mu}_2$) 决定的方向上.

通常情况下, 若样本数据有 p 个输入变量 $X_1, X_2, \cdots, X_p$, 推而广之就要有关于 $X_1, X_2, \cdots, X_p$ 的 p 个线性组合, 并分别与 $y_1, y_2, \cdots, y_p$ 对应. 数学表述为:

$$\begin{cases} y_1 = \mu_{11}X_1 + \mu_{12}X_2 + \cdots + \mu_{1p}X_p \\ y_2 = \mu_{21}X_1 + \mu_{22}X_2 + \cdots + \mu_{2p}X_p \\ y_3 = \mu_{31}X_1 + \mu_{32}X_2 + \cdots + \mu_{3p}X_p \\ \vdots \\ y_p = \mu_{p1}X_1 + \mu_{p2}X_2 + \cdots + \mu_{pp}X_p \end{cases} \tag{10.1}$$

其中要求:

(1) X_i 是经过标准化处理的, 即 $\mathrm{E}(X_i)=0, \mathrm{Var}(X_i)=1$ (E, Var 分别表示期望和方差).

(2) $\mu_{i1}^2+\mu_{i2}^2+\mu_{i3}^2+\cdots+\mu_{ip}^2=1(i=1,2,\cdots,p)$.

(3) $y_1,y_2,\cdots,y_p$ 间两两不相关.

这就是主成分分析的数学模型, 图形化表示如图 10–3 所示.

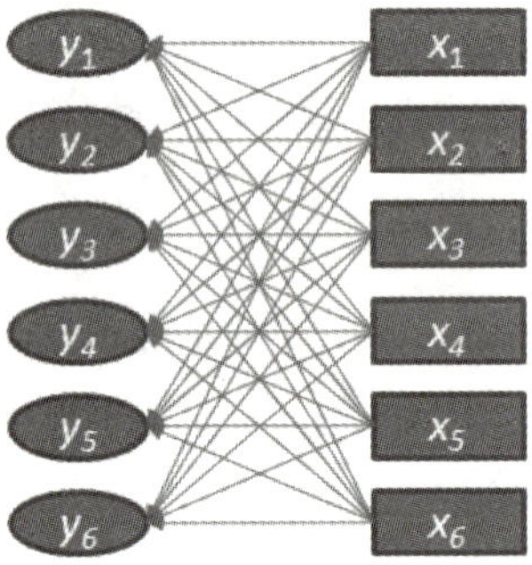

图 10–3　主成分分析数学模型示意图

总之, 主成分分析法通过坐标变换, 将 p 个具有相关性的变量 X_i (标准化处理后) 进行线性组合, 变换成另一组不相关的变量 y_i. 用矩阵表示为:

$$\boldsymbol{y} = \boldsymbol{X}\boldsymbol{\mu} \tag{10.2}$$

其中, $\boldsymbol{y}_{(1\times p)}=(y_1,y_2,\cdots,y_p)$, $\boldsymbol{X}_{(1\times p)}=(X_1,X_2,\cdots,X_p)$ 是个行向量,

$$\boldsymbol{\mu}_{(p\times p)} = \begin{pmatrix} \mu_1 & \mu_{21} & \cdots & \mu_{p1} \\ \mu_{12} & \mu_{22} & \cdots & \mu_{p2} \\ \vdots & \vdots & & \vdots \\ \mu_{1p} & \mu_{2p} & \cdots & \mu_{pp} \end{pmatrix} = (\boldsymbol{\mu}_1, \boldsymbol{\mu}_2, \cdots, \boldsymbol{\mu}_p).$$

二、主成分分析中的参数求解

$\boldsymbol{\mu}$ 以如下目标求解:

首先, y_i 与 $y_j(i\neq j;i,j=1,2,\cdots,p)$ 相互独立;

其次, y_1 是 $X_1,X_2,\cdots,X_p$ 的一切线性组合 (系数满足上述方程组) 中方差最大的;

再次, y_2 是与 y_1 不相关的 $X_1,X_2,\cdots,X_p$ 的一切线性组合中方差次大的;

最后, y_p 是与 $y_1,y_2,y_3,\cdots,y_{p-1}$ 都不相关的 $X_1,X_2,\cdots,X_p$ 的一切线性组合中方差最小的.

由于 $y_1, y_2, \cdots, y_p$ 的方差依次减小, 故依次称其是原有变量 $X_1, X_2, \cdots, X_p$ 的第 1、第 2、第 3、…、第 p 个主成分. 高方差是变量重要性的关键特征. 由于 y_1 的方差最大, 包含变量 $X_1, X_2, \cdots, X_p$ 的 “信息” 最多, 所以最重要. 后续其他主成分 $y_2, \cdots, y_p$ 的方差依次递减, 包含变量 $X_1, X_2, \cdots, X_p$ 的 “信息” 也依次递减. 由于低方差的变量重要性低, 所以即使略去这些变量, 后果也就是损失了很少的本就可以忽略的方差 (信息) 而已. 因此, 主成分分析中一般会略去最后若干方差很小的主成分, 用极少的方差损失换得变量的降维.

主成分分析中系数矩阵 $\boldsymbol{\mu}$ 的求解以最大化 $\boldsymbol{y}$ 的方差为目标. 为便于理解, 首先以仅有 X_1, X_2 两个变量的最简单的情况说明. y_1 的方差 $\mathrm{Var}(y_1)$ 和 y_2 的方差 $\mathrm{Var}(y_2)$ 为:

$$\begin{cases}\mathrm{Var}(y_1)=\mathrm{Var}(\mu_{11}X_1+\mu_{12}X_2)=\mu_{11}^2\mathrm{Var}(X_1)+\mu_{12}^2\mathrm{Var}(X_2)+2\mu_{11}\mu_{12}\mathrm{Cov}(X_1,X_2)\\ \mathrm{Var}(y_2)=\mathrm{Var}(\mu_{21}X_1+\mu_{22}X_2)=\mu_{21}^2\mathrm{Var}(X_1)+\mu_{22}^2\mathrm{Var}(X_2)+2\mu_{21}\mu_{22}\mathrm{Cov}(X_1,X_2)\end{cases} \tag{10.3}$$

其中, $\mathrm{Cov}(X_1, X_2)$ 是 X_1, X_2 的协方差①.

进一步, 将 X_1, X_2 的协方差矩阵记为:

$$\sum_{(X_1,X_2)}=\begin{pmatrix}\mathrm{Var}(X_1),\mathrm{Cov}(X_1,X_2)\\ \mathrm{Cov}(X_1,X_2),\mathrm{Var}(X_2)\end{pmatrix}$$

因 X_i 是经过标准化处理的 (X_i 的标准差 $\sigma_{X_i}=1$), 因此有

$$\sum_{(X_1,X_2)}=\boldsymbol{R}_{(X_1,X_2)}=\begin{pmatrix}1,\mathrm{Corr}(X_1,X_2)\\ \mathrm{Corr}(X_1,X_2),1\end{pmatrix}$$

$\boldsymbol{R}_{(X_1,X_2)}$ 为 X_1, X_2 的相关系数矩阵②.

对式 (10.3) 可等价写为:

$$\begin{cases}\mathrm{Var}(y_1)=(\mu_{11},\mu_{12})\boldsymbol{R}_{(X_1,X_2)}(\mu_{11},\mu_{12})^{\mathrm{T}}\\ \mathrm{Var}(y_2)=(\mu_{21},\mu_{22})\boldsymbol{R}_{(X_1,X_2)}(\mu_{21},\mu_{22})^{\mathrm{T}}\end{cases}$$

因 $\boldsymbol{\mu}_1^{\mathrm{T}}=(\mu_{11},\mu_{12}), \boldsymbol{\mu}_2^{\mathrm{T}}=(\mu_{21},\mu_{22})$, 有

$$\begin{cases}\mathrm{Var}(y_1)=\boldsymbol{\mu}_1^{\mathrm{T}}\boldsymbol{R}_{(X_1,X_2)}\boldsymbol{\mu}_1\\ \mathrm{Var}(y_2)=\boldsymbol{\mu}_2^{\mathrm{T}}\boldsymbol{R}_{(X_1,X_2)}\boldsymbol{\mu}_2\end{cases}$$

当然同时还需满足: $\boldsymbol{\mu}_1^{\mathrm{T}}\boldsymbol{\mu}_1=(\mu_{11},\mu_{12})(\mu_{11},\mu_{12})^{\mathrm{T}}=1$.

推而广之, 当有 $X_1, X_2, \cdots, X_p$ 共 p 个变量时, $\boldsymbol{y}_{(1\times p)}=(y_1,y_2,\cdots,y_p)$的方差 $\mathrm{Var}(\boldsymbol{y})$ 即为:

$$\mathrm{Var}(\boldsymbol{y})=\boldsymbol{\mu}^{\mathrm{T}}\boldsymbol{R}\boldsymbol{\mu} \tag{10.4}$$

---

① $\mathrm{Cov}(X_j,X_k)=\dfrac{\sum\limits_{i=1}^{N}(X_{ij}-\overline{X}_j)(X_{ik}-\overline{X}_k)}{N}$

② $\mathrm{Corr}(X_j,X_k)=\dfrac{\sum\limits_{i=1}^{N}(X_{ij}-\overline{X}_j)(X_{ik}-\overline{X}_k)}{N\sqrt{\sum\limits_{i=1}^{N}(X_{ij}-\overline{X}_j)^2)(x_{ik}-\overline{X}_k)^2}}=\dfrac{1}{N}\sum\limits_{i=1}^{N}\dfrac{(X_{ij}-\overline{X}_j)}{\sigma_{X_j}}\dfrac{(X_{ik}-\overline{X}_k)}{\sigma_{X_k}}=\dfrac{\mathrm{Cov}(X_j,X_k)}{\sigma_{X_j}\sigma_{X_k}}$

其中, $\boldsymbol{R}$ 为 $\boldsymbol{X}=(X_1,X_2,\cdots,X_p)$ 的相关系数矩阵.

式 (10.4) 是主成分分析系数 $\boldsymbol{\mu}$ 求解的目标函数, 希望得到式 (10.4) 最大下的系数 $\widehat{\boldsymbol{\mu}}$. 进一步, 因对 $\boldsymbol{\mu}$ 有约束: $\boldsymbol{\mu}^{\mathrm{T}}\boldsymbol{\mu}=\boldsymbol{I}$ ($\boldsymbol{I}$ 为单位阵), 所有行列向量都是单位正交向量, 所以这是个带等式约束的规划求解. 为此, 构造拉格朗日函数:

$$\boldsymbol{L}=\boldsymbol{\mu}^{\mathrm{T}}\boldsymbol{R}\boldsymbol{\mu}-\lambda(\boldsymbol{\mu}^{\mathrm{T}}\boldsymbol{\mu}-I) \tag{10.5}$$

$\lambda=(\lambda_1,\lambda_2,\cdots,\lambda_p)^{\mathrm{T}}$ 为一组值大于零的拉格朗日乘子.

对此, 求 $\boldsymbol{L}$ 关于 $\boldsymbol{\mu}$ 的导数且令导数等于 0, 即 $\dfrac{\partial L}{\partial \boldsymbol{\mu}}=2\boldsymbol{R}\boldsymbol{\mu}-2\lambda\boldsymbol{\mu}=0$, 有

$$\boldsymbol{R}\boldsymbol{\mu}=\lambda\boldsymbol{\mu} \tag{10.6}$$

可见, 主成分分析的参数求解问题为: 求相关系数矩阵 $\boldsymbol{R}$ 的特征值 $\lambda_1\geqslant\lambda_2\geqslant\lambda_3\geqslant\cdots\geqslant\lambda_p>0$ 及对应的单位特征向量 $\boldsymbol{\mu}_1,\boldsymbol{\mu}_2,\boldsymbol{\mu}_3,\cdots,\boldsymbol{\mu_p}$.

最后, 只需计算 $y_i=\boldsymbol{X}\boldsymbol{\mu_i}(i=1,2,\cdots,p)$ 便得到主成分 y_i.

10.1.3 确定主成分

哪些主成分是可以忽略的, 应保留几个主成分, 是本节讨论的重点.

一、哪些主成分是可以忽略的

被忽略的主成分应是低方差的主成分. 为此应首先度量各个主成分 y_i 上的方差.

在式 (10.5) 的基础上重写 y_i 的方差:

$$\mathrm{Var}(y_i)=\boldsymbol{\mu}_i^{\mathrm{T}}\boldsymbol{R}\boldsymbol{\mu}_i=\boldsymbol{\mu}_i^{\mathrm{T}}\lambda_i\boldsymbol{\mu}_i=\lambda_i \tag{10.7}$$

可见, 主成分 y_i 的方差等于特征值 λ_i. 也正因此, 加之 $\lambda_1\geqslant\lambda_2\geqslant\lambda_3\geqslant\cdots\geqslant\lambda_p>0$, 第 1、第 2、第 3、$\cdots$、第 p 个主成分上的方差依次递减: $\mathrm{Var}(y_1)\geqslant\mathrm{Var}(y_2)\geqslant\cdots\geqslant\mathrm{Var}(y_p)$. 显然, 后几个主成分是可以忽略的.

二、保留几个主成分

从特征降维角度看, 只需保留前 k 个大方差的主成分即可. 确定 k 一般有以下两个标准:

第一, 根据特征值 λ_i 确定 k.

一般选取 $\lambda_i>1$ 的特征值, 表示该主成分至少包含 $X_1,X_2,\cdots,X_p$ 的 “平均信息”, 即至少包含 $X_1,X_2,\cdots,X_p$ 总共 p 个方差中的 1 个 (平均方差).

第二, 根据累计方差贡献率确定 k.

第 i 个主成分的方差贡献率定义为: $R_i=\lambda_i/\sum\limits_{i=1}^{p}\lambda_i$. 于是, 前 k 个主成分的累计方差贡献率为: $cR_k=\sum\limits_{i=1}^{k}\lambda_i/\sum\limits_{i=1}^{p}\lambda_i$. 通常, 可选择累计方差贡献率大于 0.80 时的 k.

至此, 对主成分分析基本原理的讨论告一段落. 需要说明的是, 主成分分析中 p 个变量 X_i 通常是无量纲的标准化值, 原因是: 系数矩阵 $\boldsymbol{\mu}$ 的求解是基于 $\boldsymbol{X}$ 的协方差阵 $\boldsymbol{\Sigma}$ 的, 在标准化值下 $\boldsymbol{\Sigma}$ 即为无量纲的相关系数矩阵 $\boldsymbol{R}$. 基于相关系数矩阵 $\boldsymbol{R}$ 求解, 可有效避免不同量级的变量 X_i 对系数矩阵 $\boldsymbol{\mu}$ 的影响. 当然, 若强调高方差的变量重要性高且应体现在主成分分析中, 也可以直接基于 $\boldsymbol{X}$ 的协方差阵 $\boldsymbol{\Sigma}$ 求解系数矩阵 $\boldsymbol{\mu}$.

对于图 10–1 中的样本数据, 进行主成分分析的结果如图 10–4 所示 (Python 代码详见 10.5.1 节).

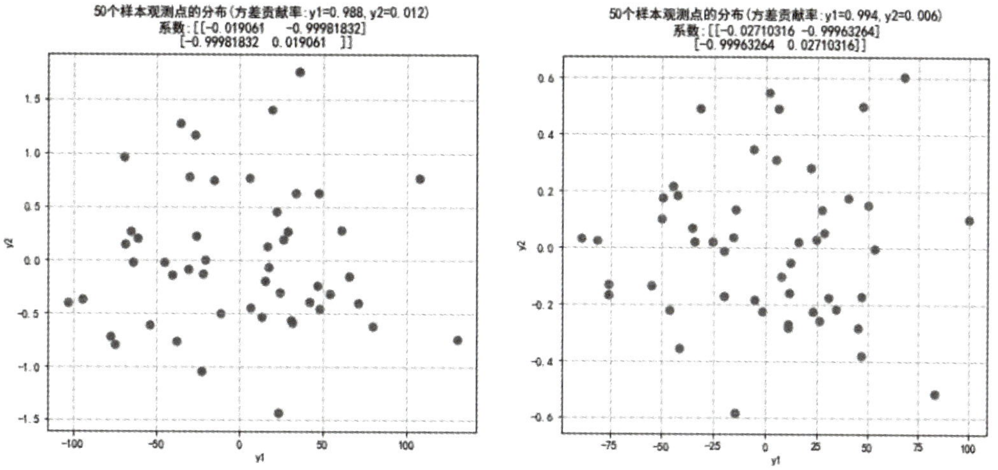

图 10–4　主成分分析结果示意图

图 10–4 是对图 10–1 左右两份样本数据做主成分分析 (提取两个主成分), 并将样本观测点 "放置" 到主成分 y_1, y_2 空间中的情况. 观察可见: 首先, 样本观测在 X_1, X_2 上原本的高度线性相关在 y_1, y_2 上呈现出无线性相关的特点. 其次, 左图中第 1 主成分 y_1 的方差贡献率为 98.8%, 右图为 99.4%. 两个第 1 主成分均几乎包含 X_1, X_2 的绝大部分方差信息, 两个第 2 主成分的方差信息很少, 其实是可以忽略的. 忽略后特征空间从 2 维降至 1 维. 最终, 两个主成分分析的数学模型分别为: $y_1 = -0.019X_1 - 0.999X_2$, $y_1 = -0.027X_1 - 0.999X_2$. 从系数绝对值大小看, 两个主成分均分别是对原变量 X_2 的体现.

10.2 矩阵的奇异值分解

10.2.1 奇异值分解的基本思路

奇异值分解的 "源头" 是主成分分析. 主成分分析的本质是: 对图 10–1 中坐标 X_1, X_2 逆时针正交旋转一个角度, 即通过两个矩阵的乘积 $\boldsymbol{X}_{(N\times 2)}\boldsymbol{\mu}_{(2\times 2)}$ 实现坐标变换, 得到如图 10–5 所示的轮廓大致呈长椭圆的样子. 其中的样本观测记为 $\boldsymbol{Y}_{(N\times 2)} = \boldsymbol{X}_{(N\times 2)}\boldsymbol{\mu}_{(2\times 2)}$.

其实, 由于 y_1, y_2 两个维上的方差可能有较大的量级差异, 为得到一个标准化的变量

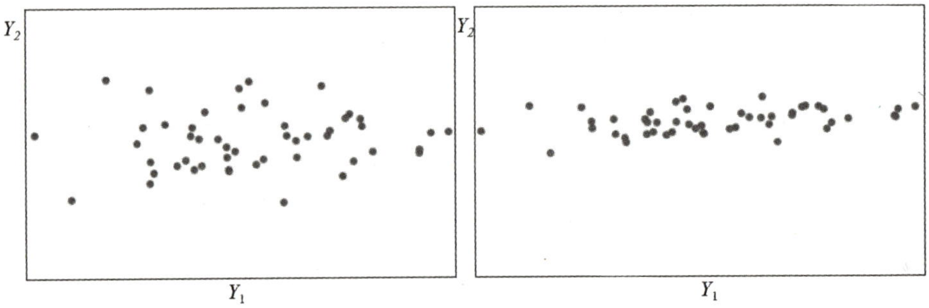

图 10–5　图 10–1 坐标旋转后的结果

$\boldsymbol{Z}_{(N\times 2)}$, 可对此再乘以一个矩阵 $\boldsymbol{D}^{-1}_{(2\times 2)} = \begin{pmatrix} \frac{1}{\sqrt{\lambda_1}} & 0 \\ 0 & \frac{1}{\sqrt{\lambda_2}} \end{pmatrix}$, 其中 λ_2, λ_2 分别为 y_1, y_2 的方差, $\boldsymbol{D}^{-1}$ 为矩阵 $\boldsymbol{D} = \begin{pmatrix} \sqrt{\lambda_1} & 0 \\ 0 & \sqrt{\lambda_2} \end{pmatrix}$ 的逆. 于是有 $\boldsymbol{Z}_{(N\times 2)} = \boldsymbol{Y}_{(N\times 2)}\boldsymbol{D}^{-1}_{(2\times 2)}$, 本质上是对长椭圆做 "伸缩" 处理, 使其呈一个近似圆.

所以, 上述过程可综合表示为: $\boldsymbol{Z} = \boldsymbol{X}\boldsymbol{\mu}\boldsymbol{D}^{-1}$, 其中 $\boldsymbol{\mu}$ 为正交矩阵实现正交旋转, $\boldsymbol{D}^{-1}$ 是个对角阵, 实现 "伸缩" 处理. 经简单变换后有: $\boldsymbol{Z}\boldsymbol{D} = \boldsymbol{X}\boldsymbol{\mu}$. 进一步, 因为 $\boldsymbol{\mu}\boldsymbol{\mu}^{\mathrm{T}} = \boldsymbol{\mu}^{\mathrm{T}}\boldsymbol{\mu} = I$, 所以有: $\boldsymbol{X} = \boldsymbol{Z}\boldsymbol{D}\boldsymbol{\mu}^{\mathrm{T}}$. 这就是最基本的奇异值分解 (singular value decomposition, SVD) 思路和目标: 分解数据矩阵 $\boldsymbol{X}$.

奇异值分解, 将任意 $M \times N$ 的数据矩阵 X 分解为三个成分: 第一, 具有单位方差 (方差等于 1) 的正交矩阵 $\boldsymbol{Z}$; 第二, 包含对数据矩阵 "伸缩" 信息的 $\boldsymbol{D}$; 第三, 实现正交旋转的矩阵 $\boldsymbol{\mu}^{\mathrm{T}}$. 由于数据矩阵 $\boldsymbol{X}$ 可以为任意 $M \times N$ 的矩阵, 因此三个成分分别应为: $\boldsymbol{Z}_{(M\times M)}, \boldsymbol{D}_{(M\times N)}, \boldsymbol{\mu}^{\mathrm{T}}_{(N\times N)}$.

这里略去计算三个成分的细节, 仅给出奇异值分解的常规记法和计算结论:

$$\boldsymbol{X} = \boldsymbol{U}\boldsymbol{D}\boldsymbol{V}^{\mathrm{T}} \tag{10.8}$$

其中, $\boldsymbol{U}$ 是具有单位方差的 $M \times M$ 的正交矩阵, 每列由 $\boldsymbol{X}\boldsymbol{X}^{\mathrm{T}}$ 的特征向量组成. $\boldsymbol{D}$ 为对角矩阵, 对角元素为 $\boldsymbol{X}\boldsymbol{X}^{\mathrm{T}}$ 从大到小的 M 个特征值. $\boldsymbol{V}$ 是 $M \times M$ 的正交矩阵, 每行由 $\boldsymbol{X}\boldsymbol{X}^{\mathrm{T}}$ 的特征向量组成. 若仅选择前若干较大特征值对应的特征向量, 则 $\boldsymbol{X} \approx \boldsymbol{U}\boldsymbol{D}\boldsymbol{V}^{\mathrm{T}}$.

10.2.2 基于奇异值分解的特征提取

以下给出利用奇异值分解, 实现特征提取和数据降维的一个典型应用.

图 10–6 数据来自 www.Kaggle.com 的公开数据集, 图中是 96 × 96 的人脸点阵灰度数据的图像展示 (Python 代码详见 10.5.2 节).

现对 96 × 96 的点阵灰度数据矩阵 $\boldsymbol{X}$ 进行奇异值分解. 分别选取 $\boldsymbol{D}$ 中前 5, 10, 15, 20 个最大特征值, 以及 $\boldsymbol{U}, \boldsymbol{V}^{\mathrm{T}}$ 中对应的特征向量, 且强制令其余的特征值和对应的特征向量均

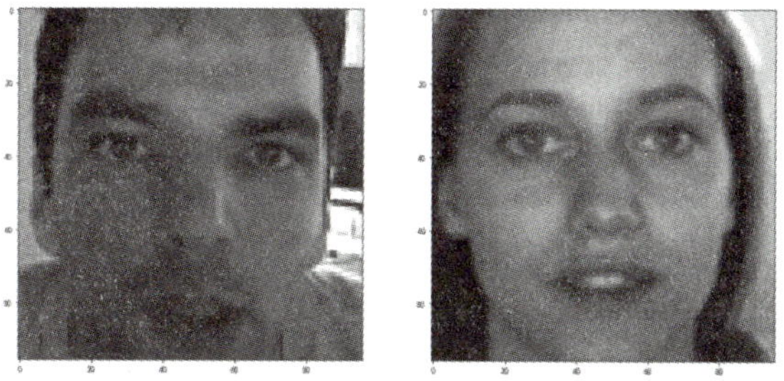

图 10–6　基于点阵灰度数据的人脸图像

等于 0. 重新绘制人脸图像, 如图 10–7 所示 (Python 代码详见 10.5.2 节).

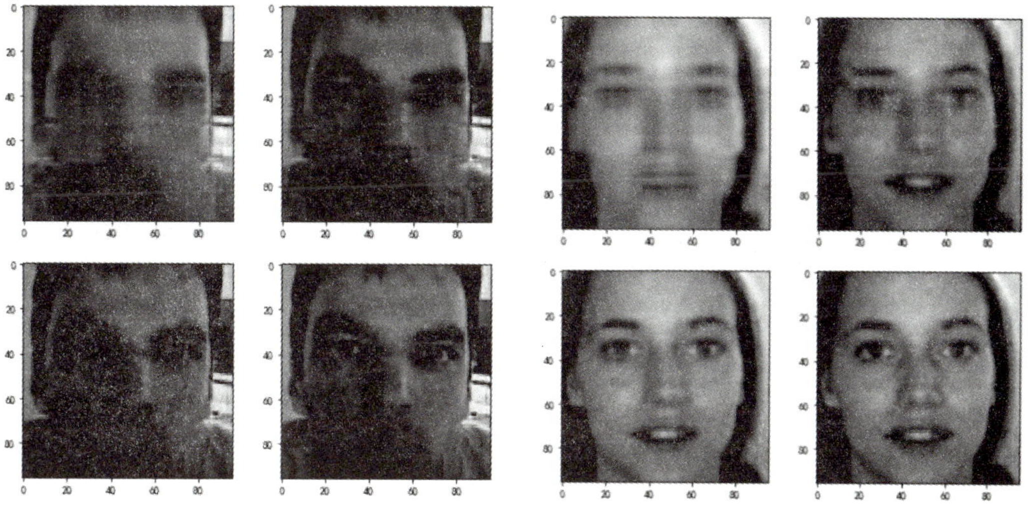

图 10–7　人脸灰度数据奇异值分解结果

对图 10–7 的每张人脸图像, 从上至下、从左至右观察发现, 当仅选取前 5,10 个最大特征值和对应的特征向量时, 奇异值分析后人脸灰度数据的信息丢失较为严重, 图像失真. 当选取前 15 个最大特征值时, 人脸图像的清晰度改善明显. 当选取前 20 个时人脸的基本特征已经比较清晰. 这意味着后面剩余的 76 个特征值以及对应的特征向量均是可以忽略的. 从数据存储角度看, 原本一张脸的灰度数据要求 $96 \times 96 = 9\ 216$ 个变量存储, 但经过奇异值分解后, 仅需要 $96 \times 20 \times 2 + 20 = 3\ 860$ 个变量存储. 同时, 后续也可仅依据 3 860 个变量进行分类建模, 从而有效实现了服务于建模的特征提取和变量降维.

10.3 核主成分分析

核主成分分析 (kernelized principal component analysis, KPCA) 是对主成分分析的非线性拓展, 基本思路是首先通过一个非线性映射函数将输入变量空间转换到一个更高维的特征空间中, 然后通过引入核函数解决高维空间可能存在的 “维灾难” 问题, 并在高维特征空间中进行主成分分析.

10.3.1 核主成分分析的出发点

事物具有复杂性, 数据集中的若干变量数据可能只反映了事物某个侧面的特征轮廓, 更完整的特征轮廓需要通过更多的变量数据去丰富完善. 当然增加变量的同时也可能带来数据噪声, 扭曲数据真实的特征轮廓.

例如, 图 10–8 左图是数据集中两个变量所展示的数据特征. 图中不同颜色和形状的点表示样本观测来自两个不同的类别, 这里两类呈现出近似的 “圆环包围” 特征. 但若增加变量信息, 会发现两类在三维下的关系近似为一个 “倒扣的碗”, 如图 10–8 右图所示 (Python 代码详见 10.5.3 节). 这里, 所增加的变量究竟是更利于体现事物的完整关系, 还是增加了负面的数据噪声, 是需要不断探索和研究的.

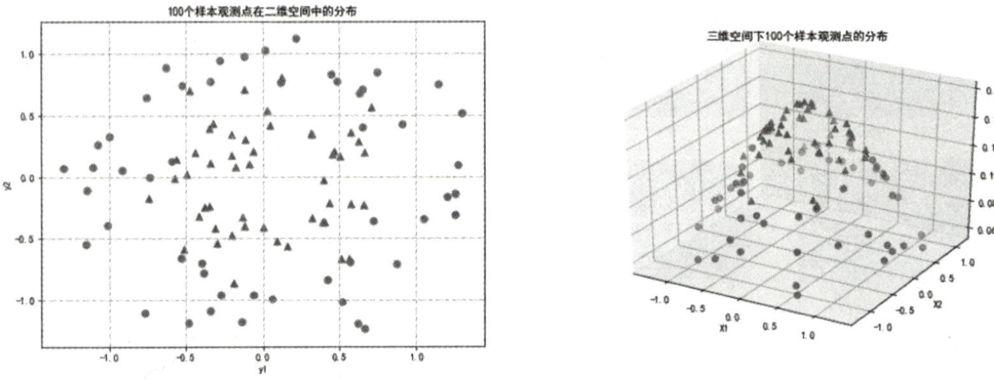

图 10–8 样本观测数据在二维和三维空间中的形态

主成分分析的本质是希望通过尽量少的变量展示事物最核心的特征轮廓. 若对图 10–8 右图数据进行主成分分析, 提取两个主成分之后展示出的特征轮廓与图 10–8 左图类似, 如图 10–9 所示, 则可相信数据的核心特征就是左图, 人们看到的就是最核心的特征轮廓.

事实上, 更丰富的外在数据信息永远都是无穷尽和未知的, 人们永远无法拥有 “上帝” 的视角. 数据在低维展现出的特征可能是核心本质, 也可能仅是一个局部侧面. 如图 10–10 和图 10–11 所示.

图 10–10 是数据集中样本观测点在两个变量上的散点图 (非线性关系), 特征轮廓是字母 S. 若增加变量 (即获取更多的信息), 并进行主成分分析提取两个主成分. 此时在二维空间表现出了不同形态的核心特征轮廓, 如图 10–11 所示 (Python 代码详见 10.5.3 节). 其中第一幅图就是图 10–10 的转置, 对此可认为人们看到的图 10–10 就是数据的核心特征轮廓. 而基于其余的两幅图, 则只能认为图 10–10 仅是一个局部侧面的体现. 当然, 这里核心特征不同的原因是所增加的变量不同.

核主成分分析希望在更丰富的变量基础或更高的维度上, 帮助人们不断探究数据的核心特征轮廓.

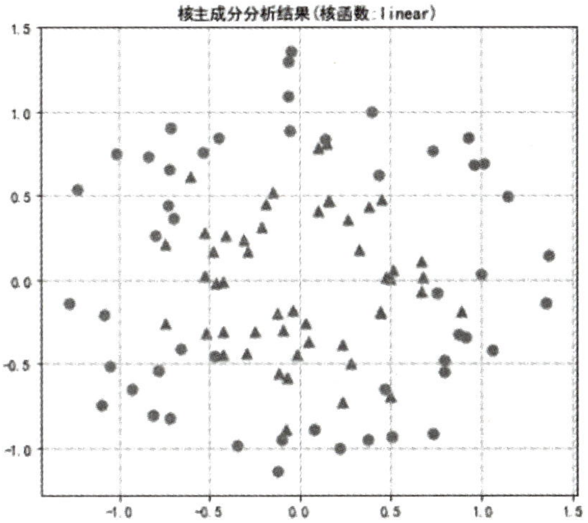

图 10–9 图 10–8 右图的主成分分析结果

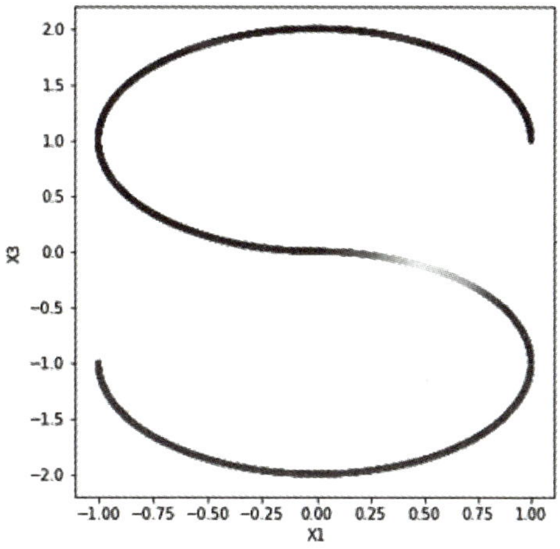

图 10–10 数据在二维空间中的特征轮廓

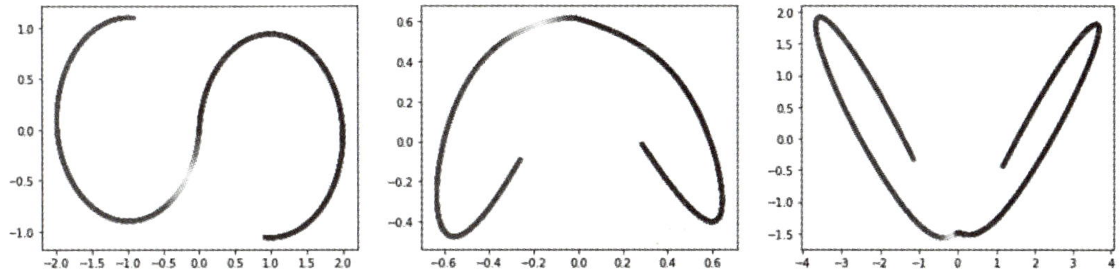

图 10–11 不同外部信息下的特征轮廓

10.3.2 核主成分分析的基本原理

核主成分分析是对主成分分析的非线性拓展. 首先通过一个非线性映射函数将输入变量空间转换到一个更高维的特征空间中, 然后通过引入核函数解决高维空间可能存在的“维灾难”问题并在高维特征空间中的实施主成分分析. 具体如下:

首先, 对由 $\boldsymbol{X}=(X_1,X_2,\cdots,X_p)$ 为坐标轴构成的输入变量空间 $\boldsymbol{X}$ 中的任意样本观测点 $\boldsymbol{X}_i\in\Re^p$, 通过一个非线性映射函数 $\varphi(\boldsymbol{X})$, 将其映射到由 $\boldsymbol{F}=(F_1,F_2,\cdots,F_M)$ 为坐标轴构成的一个极大 M 维特征空间 $\mathcal{F}$ 中: $\boldsymbol{F}_i=\varphi(\boldsymbol{X}_i),\boldsymbol{F}_i\in\Re^M$.

然后, 在 $\mathcal{F}$ 空间中进行主成分分析提取 m 个主成分. 具体讲, 在 $\mathcal{F}$ 空间中通过正交矩阵 $\boldsymbol{b}$ ($\boldsymbol{b}^{\mathrm{T}}\boldsymbol{b}=\boldsymbol{I}$) 实施坐标变换:

$$\boldsymbol{y}=\boldsymbol{F}\boldsymbol{b} \tag{10.9}$$

其中, $\boldsymbol{y}_{(1\times m)}=(y_1,y_2,\cdots,y_m)$, $\boldsymbol{F}_{(1\times m)}=(F_1,F_2,\cdots,F_m)$ 是个行向量.

$$\boldsymbol{b}_{(m\times m)} = \begin{pmatrix} b_{11} & b_{21} & \cdots & b_{m1} \\ b_{12} & b_{22} & \cdots & b_{m2} \\ \vdots & \vdots & & \vdots \\ b_{1m} & b_{2m} & \cdots & b_{mm} \end{pmatrix} = (\boldsymbol{b}_1, \boldsymbol{b}_2, \cdots, \boldsymbol{b}_m)$$

即将 $\mathcal{F}$ 空间中的样本观测点 $\boldsymbol{F}_i$ (等价写为 $\varphi(\boldsymbol{X}_i)$) 投影到由 $(\boldsymbol{b}_1, \boldsymbol{b}_2, \cdots, \boldsymbol{b}_m)$ 所决定的 m 个方向上, $\boldsymbol{y}_i$ 就是 $\varphi(\boldsymbol{X}_i)$ 在 $\boldsymbol{y}$ 上的坐标. $y_1, y_2, \cdots, y_m$ 依次为第 1 主成分, 第 2 主成分, …, 第 m 主成分.

接下来, 与 10.1 节类似求解主成分分析的参数, 但应注意这里的主成分分析是在 $\mathcal{F}$ 空间中进行的. 系数矩阵 $\boldsymbol{b}$ 的求解仍以最大化 y 的方差为目标. 此时, $\text{Var}(\boldsymbol{y})$ 表达为:

$$\text{Var}(\boldsymbol{y}) = \boldsymbol{b}^{\text{T}}\boldsymbol{\Sigma}^{(\boldsymbol{F})}\boldsymbol{b} \tag{10.10}$$

其中, $\boldsymbol{\Sigma}^{(\boldsymbol{F})}$ 为 $\boldsymbol{F}$ 的协方差矩阵, 且希望得到式 (10.10) 最大下的系数 $\widehat{\boldsymbol{b}}$. 同时, 结合 $\boldsymbol{b}^{\text{T}}\boldsymbol{b} = \boldsymbol{I}$ 的约束条件, 构造拉格朗日函数:

$$\boldsymbol{L} = \boldsymbol{b}^{\text{T}}\boldsymbol{\Sigma}^{(\boldsymbol{F})}\boldsymbol{b} - \lambda^{(\boldsymbol{F})}(\boldsymbol{b}^{\text{T}}\boldsymbol{b} - \boldsymbol{I}) \tag{10.11}$$

其中, $\lambda^{(\boldsymbol{F})} = (\lambda_1^{(\boldsymbol{F})}, \lambda_2^{(\boldsymbol{F})}, \cdots, \lambda_m^{(\boldsymbol{F})})^{\text{T}}$ 为一组值大于 0 的拉格朗日乘子.

进一步, 求 $\boldsymbol{L}$ 关于 $\boldsymbol{b}$ 的导数且令导数等于 0, 即 $\dfrac{\partial \boldsymbol{L}}{\partial \boldsymbol{b}} = 2\boldsymbol{\Sigma}^{(\boldsymbol{F})}\boldsymbol{b} - 2\lambda^{(\boldsymbol{F})}\boldsymbol{b} = 0$, 有

$$\boldsymbol{\Sigma}^{(\boldsymbol{F})}\boldsymbol{b} = \lambda^{(\boldsymbol{F})}\boldsymbol{b} \tag{10.12}$$

可见, 该问题即为求协方差矩阵 $\boldsymbol{\Sigma}^{(\boldsymbol{F})}$ 的特征值 $\lambda_1^{(\boldsymbol{F})} \geqslant \lambda_2^{(\boldsymbol{F})} \geqslant \cdots \geqslant \lambda_m^{(\boldsymbol{F})} > 0$ 及对应的单位特征向量 $\boldsymbol{b}_1, \boldsymbol{b}_2, \boldsymbol{b}_3, \cdots, \boldsymbol{b}_m$, 且 $\lambda_1^{(\boldsymbol{F})}, \lambda_2^{(\boldsymbol{F})}, \cdots, \lambda_m^{(\boldsymbol{F})}$ 依次为 $F_1, F_2, \cdots, F_m$ 的方差.

这里, 需要重点讨论 $\boldsymbol{\Sigma}^{(\boldsymbol{F})}$.

10.3.3 核主成分分析中的核函数

由统计学的基本理论可知, $\boldsymbol{F}$ 的协方差矩阵的定义为:

$$\boldsymbol{\Sigma}^{(\boldsymbol{F})} = \begin{pmatrix} \text{Var}(F_1) & \text{Cov}(F_1, F_2) & \cdots & \text{Cov}(F_1, F_m) \\ \text{Cov}(F_2, F_1) & \text{Var}(F_2) & \cdots & \text{Cov}(F_2, F_m) \\ \vdots & \vdots & & \vdots \\ \text{Cov}(F_m, F_1) & \text{Cov}(F_m, F_2) & \cdots & \text{Var}(F_m) \end{pmatrix} \tag{10.13}$$

其中, 第 j 行的对角元素为: $\text{Var}(F_j) = \dfrac{1}{N}\sum\limits_{i=1}^{N}(F_{ij} - \overline{F}_j)^2$, 第 j 行第 k 列的元素为: $\text{Cov}(F_i, F_j) = \dfrac{1}{N}\sum\limits_{i=1}^{N}(F_{ij} - \overline{F}_j)(F_{ik} - \overline{F}_k)$. $F_{ij} - \overline{F}_j$ (以及 $F_{ik} - \overline{F}_k$) 是在进行中心化处理, 即坐标平移. 若记 $\widetilde{F}_{ij} = F_{ij} - \overline{F}_j$, 式 (10.13) 可等价表示为:

$$\boldsymbol{\Sigma}^{(\widetilde{\boldsymbol{F}})}=\begin{pmatrix}\operatorname{Var}(\widetilde{F}_1) & \operatorname{Cov}(\widetilde{F}_1,\widetilde{F}_2) & \cdots & \operatorname{Cov}(\widetilde{F}_1,\widetilde{F}_m)\\ \operatorname{Cov}(\widetilde{F}_2,\widetilde{F}_1) & \operatorname{Var}(\widetilde{F}_2) & \cdots & \operatorname{Cov}(\widetilde{F}_2,\widetilde{F}_m)\\ \vdots & \vdots & & \vdots\\ \operatorname{Cov}(\widetilde{F}_m,\widetilde{F}_1) & \operatorname{Cov}(\widetilde{F}_m,\widetilde{F}_2) & \cdots & \operatorname{Var}(\widetilde{F}_m)\end{pmatrix}$$

样本观测点 $\boldsymbol{F}_i$ 坐标平移后记为 $\widetilde{\boldsymbol{F}}_i=(\widetilde{F}_{i1},\widetilde{F}_{i2},\cdots,\widetilde{F}_{im})$. $\boldsymbol{\Sigma}^{(\widetilde{\boldsymbol{F}})}$ 也可以表示为多个矩阵和的形式:

$$\boldsymbol{\Sigma}^{(\widetilde{\boldsymbol{F}})}=\frac{1}{N}\sum_{i=1}^{N}\widetilde{F}_i^{\mathrm{T}}\widetilde{\boldsymbol{F}}_i \tag{10.14}$$

即为特征空间 $\mathcal{F}$ 中样本观测点的点积, 度量了点和点的相似性. 事实上, 因为 $\boldsymbol{F}_i=\varphi(\boldsymbol{X}_i)$, 相应的 $\widetilde{\boldsymbol{F}}_i=\varphi(\boldsymbol{X}_i)-\dfrac{1}{N}\displaystyle\sum_{j=1}^{N}\varphi(\boldsymbol{X}_j)$. 为方便叙述, 记 $\varphi(\boldsymbol{X}_i)-\dfrac{1}{N}\displaystyle\sum_{j=1}^{N}\varphi(\boldsymbol{X}_j)$ 为 $\Psi(\boldsymbol{X}_i)$, 于是 $\boldsymbol{\Sigma}^{(\widetilde{\boldsymbol{F}})}$ 等价写为另外一种点积形式:

$$\boldsymbol{\Sigma}^{(\widetilde{\boldsymbol{F}})}=\frac{1}{N}\sum_{i=1}^{N}\widetilde{\boldsymbol{F}}_I^{\mathrm{T}}\widetilde{\boldsymbol{F}}_i=\frac{1}{N}\sum_{i=1}^{N}\Psi(\boldsymbol{X}_i)^{\mathrm{T}}\Psi(\boldsymbol{X}_i) \tag{10.15}$$

式 (10.15) 中最大的难点是: 仅假设可通过一个非线性映射函数得到 $\boldsymbol{F}_i=\varphi(\boldsymbol{X}_i)$, 但并不知道 $\varphi()$ 的具体形式, 也就无法计算 $\Psi(\boldsymbol{X}_i)^{\mathrm{T}}$ 和 $\Psi(\boldsymbol{X}_i)$ 的点积.

核主成分分析引入核函数解决这个问题. 其基本思路是: 虽然因 $\varphi()$ 的具体形式未知而无法直接计算高维特征空间 $\mathcal{F}$ 中的点积, 但若能基于低维的输入变量空间, 找到一个函数 $K(\boldsymbol{X}_i,\boldsymbol{X}_j)$ 等于 $\Psi(\boldsymbol{X}_i)$ 和 $\Psi(\boldsymbol{X}_j)$ 的点积: $K(\boldsymbol{X}_i,\boldsymbol{X}_j)\equiv\Psi(\boldsymbol{X}_i)^{\mathrm{T}}\Psi(\boldsymbol{X}_i)$, 则就无须关心 $\varphi()$ 的具体形式, 因为只要能够度量出 $\Psi(\boldsymbol{X}_i)^{\mathrm{T}}\Psi(\boldsymbol{X}_i)$, 就可以确定矩阵 $\boldsymbol{\Sigma}^{(\widetilde{\boldsymbol{F}})}$, $\varphi()$ 的具体形式已经无关紧要了. 这就是核主成分分析的核心观点. 相关内容在 8.4.2 节的支持向量机中曾经讨论过.

将 $\boldsymbol{\Sigma}^{(\widetilde{\boldsymbol{F}})}$ 矩阵等价记为 $\boldsymbol{K}$, 称为核矩阵. 进一步, 依据式 (10.12) 的思路, 应计算 $\boldsymbol{K}$ 的特征值和对应的特征向量, 即

$$\boldsymbol{K}\widetilde{\boldsymbol{b}}=\lambda^{(\widetilde{\boldsymbol{F}})}\widetilde{\boldsymbol{b}} \tag{10.16}$$

可计算核矩阵 $\boldsymbol{K}$ 的特征 $\lambda^{(\widetilde{\boldsymbol{F}})}$ 和对应的特征向量 $\widetilde{\boldsymbol{b}}$, 最终确定得到 $\mathcal{F}$ 空间的若干主成分. 当然这里还涉及诸如如何具体计算 $\boldsymbol{K}$、如何分解 $\widetilde{\boldsymbol{b}}$ 等细节, 这里不再做详细讨论.①

常用的核函数一般有线性核函数 $K(\boldsymbol{X}_i,\boldsymbol{X}_j)=\boldsymbol{X}_i^{\mathrm{T}}\boldsymbol{X}_j$, 等于输入变量空间中 $\boldsymbol{X}_i,\boldsymbol{X}_j$ 的点积, 这意味着特征空间就是输入变量空间, 等同于 10.1 节介绍的常规主成分分析. 其他常见的其他核函数还有:

- d 阶–多项式核 (polynomial kernel):

$$K(\boldsymbol{X}_i,\boldsymbol{X}_j)=(1+\gamma\boldsymbol{X}_i^{\mathrm{T}}\boldsymbol{X}_j)^d \tag{10.17}$$

其中, 阶数 d 决定了特征空间 $\mathcal{F}$ 的维度, 一般不超过 10.

① 感兴趣的读者可参考 Advances in kernel methods: support vector learning. 1999, pp:327-352, 名为 kernel principal component analysis 的章节.

• 径向基核 (radial basis function, RBF Kernel):

$$K(\boldsymbol{X}_i,\boldsymbol{X}_j)=\mathrm{e}^{-\frac{\|\boldsymbol{X}_i-\boldsymbol{X}_j\|^2}{2\sigma^2}}=\mathrm{e}^{-\gamma\|\boldsymbol{X}_i-\boldsymbol{X}_j\|^2},\gamma=\frac{1}{2\sigma^2} \tag{10.18}$$

其中, $\|\boldsymbol{X}_i-\boldsymbol{X}_j\|^2$ 样本观测 $\boldsymbol{X}_i,\boldsymbol{X}_j$ 间的平方欧氏距离, σ^2 为广义方差, γ 为 RBF 的核宽.

• Sigmoid 核:

$$K(\boldsymbol{X}_i,\boldsymbol{X}_j)=\frac{1}{1+\mathrm{e}^{-\gamma\|\boldsymbol{X}_i-\boldsymbol{X}_j\|^2}} \tag{10.19}$$

核函数的选择具有很强的主观性. 不同核函数 “隐式” 对应着增加若干不同变量的特征空间. 对不同特征空间的主成分分析结果可能存在较大差异.

例如, 图 10–12 左图是数据集中样本观测点在三维空间 X_1,X_2,X_3 中的散点图, 特征轮廓大致为一个立体的字母 S.

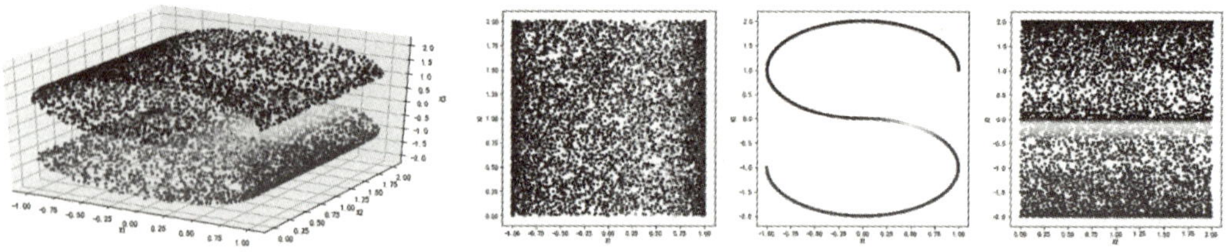

图 10–12 观测点在三维空间中的特征轮廓

图 10–12 第二、三、四幅图分别是 X_1 和 X_2、X_1 和 X_3、X_2 和 X_3 两两变量的散点图. 现基于输入变量 X_1,X_2,X_3, 利用核主成分分析, 采用不同的核函数在更高维度上寻找两个主成分. 图 10–13 是基于两个主成分的散点图 (Python 代码详见 10.5.3 节).

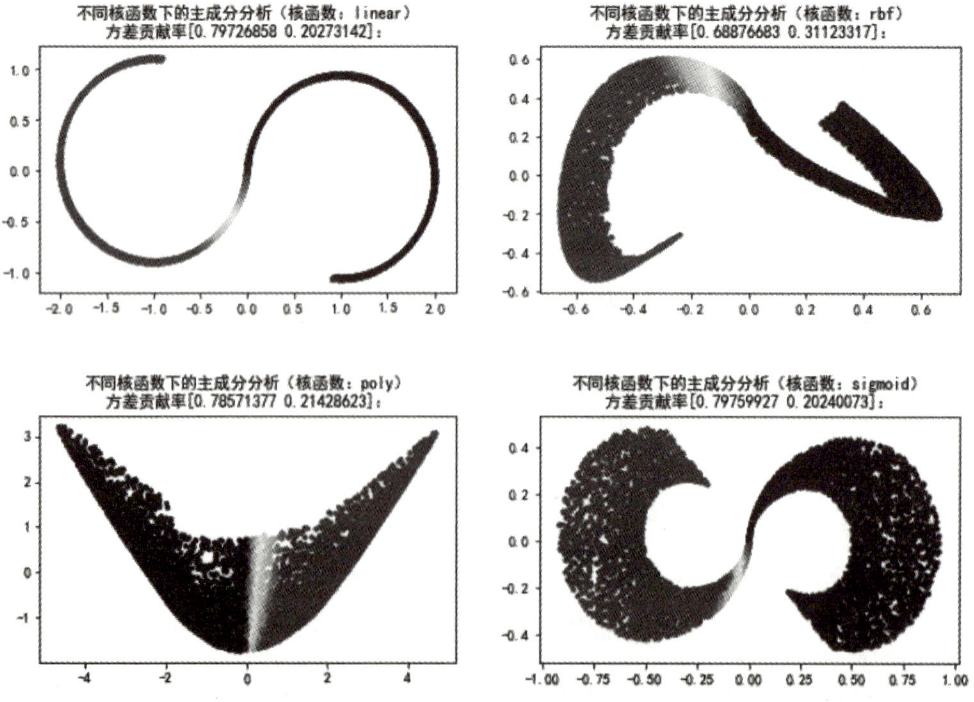

图 10–13 不同核函数下的主成分分析结果

图 10–13 中各主成分分析的累计方差贡献率均高于近似 99%, 信息丢失很少, 对数据特征的展示是较为全面的. 图 10–13 左上图是采用线性核函数的情况, 意味着是在输入变量空间上进行主成分分析. 结果与图 10–12 中的第三幅图类似 (转置后), 表明输入变量 X_2 并没有提供更有效的信息. 其余三幅图分别采用了径向基核、多项式核以及 Sigmoid 核, 可以看到不同核函数下的主成分分析体现了近似但又不同的核心特征轮廓, 表明不同的外在信息对事物本质特征会产生不同的影响.

10.4 因子分析

因子分析也是一种常用的通过空间变换策略实施特征提取的经典统计方法. **核心目的是将众多具有相关性的输入变量综合成较少的综合变量, 用综合变量代替原有输入变量, 实现输入变量空间的降维.**

10.4.1 因子分析的基本出发点

因子分析起源于 1904 年斯皮尔曼研究一个班级学生课程成绩相关性时提出的方法. 斯皮尔曼研究的数据对象是 33 名学生六门课程成绩的相关系数矩阵:

$$\begin{bmatrix} 1.00 & 0.83 & 0.78 & 0.70 & 0.66 & 0.63 \\ 0.83 & 1.00 & 0.67 & 0.67 & 0.65 & 0.57 \\ 0.78 & 0.67 & 1.00 & 0.64 & 0.54 & 0.51 \\ 0.70 & 0.67 & 0.64 & 1.00 & 0.45 & 0.51 \\ 0.66 & 0.65 & 0.54 & 0.45 & 1.00 & 0.40 \\ 0.63 & 0.57 & 0.51 & 0.51 & 0.40 & 1.00 \end{bmatrix}$$

他发现, 若不考虑相关系数矩阵的对角元素, 任意两列的各行元素均大致成一定的比例. 例如, 第一门课程成绩和除第三门外的其他成绩的相关系数, 与第三门课程成绩和除第一门外的其他成绩的相关系数之比 $\dfrac{0.83}{0.67} \approx \dfrac{0.70}{0.64} \approx \dfrac{0.66}{0.54} \approx \dfrac{0.63}{0.51} \approx 1.2$, 近似为一个常量.

斯皮尔曼希望从理论上对该现象做出解释. 他认为, 学习成绩一定受某种潜在的共性因素影响, 它可能是班级整体某方面的学习能力或者智力水平等. 此外, 还可能受其他未知的独立因素影响, 如图 10–14 所示.

图 10–14 中, 圆圈 f 表示某一个潜在共性因素, 方框为观测到的原有变量 $X_1, X_2, \cdots, X_p$ (这里为各科课程成绩). 圆圈 ε 表示其他未知的独立因素影响.

斯皮尔曼指出, 对任意课程成绩 X_i 做标准化 $(\mathrm{E}(X_i) = 0, \mathrm{Var}(X_i) = 1)$ 处理后, 均可表示为: $X_i = \alpha f + \varepsilon_i$. 其中, f 表示标准化 $(\mathrm{E}(f) = 0, \mathrm{Var}(f) = 1)$ 的潜在因素, ε_i 是与 f 无关 $(\mathrm{Cov}(\varepsilon_i, f) = 0)$ 的其他因素.

在此基础上, 计算成绩 X_i 和成绩 X_j 的协方差: $\mathrm{Cov}(X_i, X_j) = \mathrm{E}[(X_i - \mathrm{E}(X_i))(X_j - \mathrm{E}(X_j))] = \mathrm{E}[(a_i f + \varepsilon_i)(a_j f + \varepsilon_j)] = a_i a_j \mathrm{E}(f^2) = a_i a_j \mathrm{Var}(f) = a_i a_j$[①] . 同理, 计算成绩 X_k 和成

① $\mathrm{Var}(X) = \mathrm{E}(X^2) - [\mathrm{E}(X)]^2$

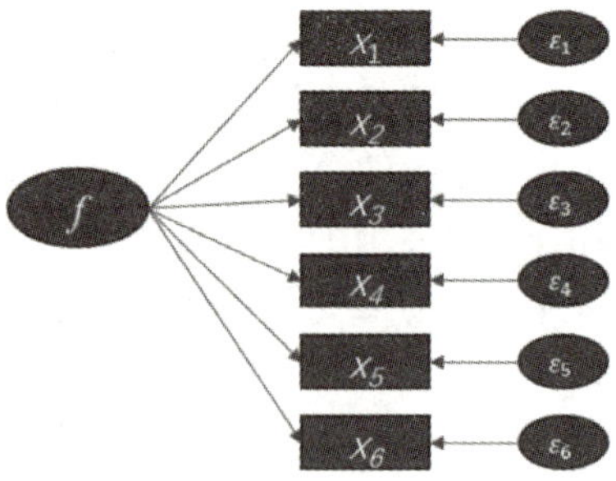

图 10–14 因子分析数学模型示意图

绩 X_j 的协方差 $\mathrm{Cov}(X_k, X_j) = a_k a_j$. 进一步, 计算两个成绩协方差之比: $\dfrac{\mathrm{Cov}(X_i, X_j)}{\mathrm{Cov}(X_k, X_j)} = \dfrac{a_i}{a_k}$. 可见, 两个成绩协方差之比也即相关系数之比与成绩 X_j 无关, 比值只取决于潜在共性因素对不同课程 X_i, X_k 成绩影响的程度 a_i 和 a_k. 至此给出了上述现象的理论解释.

因子分析是对上述研究的拓展, 提出潜在的共性因素可以是多个互不相关的 f, 并通过尽可能多地找到变量 $X_1, X_2, \cdots, X_p$ 的潜在因素, 也称潜在的一组结构特征, 来解释已观测到的变量 $X_1, X_2, \cdots, X_p$ 间的相关性.

10.4.2 因子分析的基本原理

一、因子分析的数学模型

设有 p 个原有变量 $X_1, X_2, \cdots, X_p$, 且每个变量 X_i 均为标准化值 $(\mathrm{E}(X_i) = 0, \mathrm{Var}(X_i) = 1)$. 现将每个原有变量 X_i 用 $k(k < p)$ 个变量 $f_1, f_2, f_3, \cdots, f_k$ 的线性组合来表示:

$$\begin{cases} X_1 = a_{11}f_1 + a_{12}f_2 + a_{13}f_3 + \cdots + a_{1k}f_k + \varepsilon_1 \\ X_2 = a_{21}f_1 + a_{22}f_2 + a_{23}f_3 + \cdots + a_{2k}f_k + \varepsilon_2 \\ \vdots \\ X_p = a_{p1}f_1 + a_{p2}f_2 + a_{p3}f_3 + \cdots + a_{pk}f_k + \varepsilon_p \end{cases} \tag{10.20}$$

这就是因子分析的数学模型.

用矩阵的形式表示为: $\boldsymbol{X} = \boldsymbol{AF} + \varepsilon$. 其中, $\boldsymbol{X} = (X_1, X_2, \cdots, X_p)^{\mathrm{T}}$ 是原有变量; $\boldsymbol{F} = (f_1, f_2, \cdots, f_k)^{\mathrm{T}}$ 称为因子, 因其均出现在每个原有变量 X_i 的线性组合中, 又称为公共因子, 是潜在因素的测度, 是不可见的, $\boldsymbol{A} = (\alpha_1, \alpha_2, \cdots, \alpha_p)^{\mathrm{T}}$ 称为因子载荷矩阵, $\boldsymbol{\alpha}_i = (\alpha_{i1}, \alpha_{i2}, \cdots, \alpha_{ik})$. 其中元素 $a_{ij}(i = 1, 2, \cdots, p; j = 1, 2, \cdots, k)$ 称为因子载荷, 是 X_i 在 f_i 上的负荷; $\boldsymbol{\varepsilon}$ 称为特殊因子, 即其他未知的独立因素影响, $\mathrm{E}(\varepsilon_i) = 0; \mathrm{Cov}(\varepsilon_i, f) = 0; \mathrm{Cov}(\varepsilon_i, \varepsilon_j) = 0$, 表示了原有变量 X_i 尚未被因子全体 $\boldsymbol{F}$ 解释的部分.

因子分析的核心是因子载荷 a_{ij}. 因子不相关的条件下, 因为:

$$\mathrm{Corr}(X_i, f_j) = \mathrm{Cov}(X_i, f_j) = \mathrm{Cov}\left(\sum_{q=1}^{k} a_{iq}f_q + \varepsilon_i, f_j\right)$$

$$= \mathrm{Cov}\left(\sum_{q=1}^{k} a_{iq} f_q, f_j\right) + \mathrm{Cov}(\varepsilon_i, f_j) = a_{ij} \tag{10.21}$$

所以, a_{ij} 为 X_i 与 f_j 的相关系数. 绝对值越接近 1, 表明因子 f_j 与变量 X_i 的相关性越强. 进一步, a_{ij}^2 反映了因子 f_j 对变量 X_i 方差的解释程度, 取值在 0~1 之间.

对于特殊因子 ε_i, 因 $\mathrm{Var}(X_i) = 1$, 所以:

$$\mathrm{Var}(X_i) = \mathrm{Var}\left(\sum_{j=1}^{k} a_{ij} f_j + \varepsilon_i\right) = \mathrm{Var}\left(\sum_{j=1}^{k} a_{ij} f_j\right) + \mathrm{Var}(\varepsilon_i)$$

$$= \sum_{j=1}^{k} a_{ij}^2 \mathrm{Var}(f_j) + \mathrm{Var}(\varepsilon_i) = \sum_{j=1}^{k} a_{ij}^2 + \mathrm{Var}(\varepsilon_i) = \sum_{j=1}^{k} a_{ij}^2 + \varepsilon_i^2 = 1 \tag{10.22}$$

即 $\mathrm{Var}(\varepsilon_i) = \varepsilon_i^2 = 1 - \sum_{j=1}^{k} a_{ij}^2$. 所以, 特殊因子方差 ε_i^2 等于原有变量 X_i 方差中因子全体 $\boldsymbol{F}$ 无法解释的部分, 也称为剩余方差. ε_i^2 越小, 表明因子全体 $\boldsymbol{F}$ 对原有变量 $\boldsymbol{X}_i$ 方差的解释越充分, 原有变量 X_i 的信息丢失越少, 这是因子分析所希望的.

那么, 应如何评价因子分析的效果呢?

二、因子分析模型的评价

事实上, 因子分析的核心是以最少的信息丢失 (ε_i^2) 为前提找到众多原有变量 $X_1, X_2, \cdots$, X_p 中共有的少量潜在因素 $\boldsymbol{F}$ (因子). 因此, **因子分析的模型评价应以信息丢失为重要依据, 涉及度量每个变量 X_i 的信息丢失和测度变量全体的信息丢失**.

1. 度量单个变量 X_i 的信息丢失

变量共同度, 也称变量方差, 是对原有变量 X_i 信息保留程度的测度. 变量 X_i 的共同度的数学定义为:

$$h_i^2 = \sum_{j=1}^{k} a_{ij}^2 \tag{10.23}$$

可见, 变量 X_i 的共同度是因子载荷阵 $\boldsymbol{A}$ 中第 i 行元素的平方和. 由式 (10.22) 知因变量 X_i 的方差: $\mathrm{Var}(X_i) = h_i^2 + \varepsilon_i^2 = 1$. 于是, 原有变量 X_i 的方差由两个部分解释: 第一部分为变量共同度 h_i^2, 是全部因子 $\boldsymbol{F}$ 对变量 X_i 方差解释程度的度量. 变量共同度 h_i^2 接近 1, 说明因子全体 $\boldsymbol{F}$ 解释了变量 X_i 的较大部分方差; 第二部分 ε_i^2 为特殊因子的方差, 是变量 X_i 方差中不能由因子全体 $\boldsymbol{F}$ 解释程度的度量. ε_i^2 越接近 0, 说明用因子全体 $\boldsymbol{F}$ 刻画变量 X_i 时其信息丢失越少.

总之, 变量 X_i 的共同度 h_i^2 刻画了因子全体 $\boldsymbol{F}$ 对变量 X_i 信息解释的程度, 是评价原有变量 X_i 信息丢失程度的重要指标. 如果大多数原有变量的变量共同度 h_i^2 均较高 (如高于 0.8), 说明因子能够反映原有变量的大部分 (如 80%以上) 信息, 仅有较少的信息丢失, 因子分析较为理想.

2. 度量变量全体的信息丢失

显然, p 个原有变量全体 $\boldsymbol{X}$ 的信息保留为:

$$\sum_{i=1}^{p} h_i^2 = (a_{11}^2+a_{12}^2+\cdots+a_{1k}^2)+(a_{21}^2+a_{22}^2+\cdots+a_{2k}^2)+\cdots+(a_{p1}^2+a_{p2}^2+\cdots+a_{pk}^2)$$
$$= (a_{11}^2+a_{21}^2+\cdots+a_{p1}^2)+(a_{12}^2+a_{22}^2+\cdots+a_{p2}^2)+\cdots+(a_{1k}^2+a_{2k}^2+\cdots+a_{pk}^2)$$
$$= \sum_{i=1}^{p} a_{i1}^2+\sum_{i=1}^{p} a_{i2}^2+\cdots+\sum_{i=1}^{p} a_{ik}^2 \tag{10.24}$$

$\sum_{i=1}^{p} h_i^2$ 越大越接近 p (p 个原有变量方差之和等于 p), 表明变量全体的信息丢失越小, 因子分析越理想. 通常因 $\sum_{i=1}^{p} h_i^2$ 为绝对指标不方便应用, 可采用相对指标 $\left(\sum_{i=1}^{p} h_i^2\right)/p$ 评价, 该值越接近 1 越好.

从另一个角度看, 也可将式 (10.24) 中各项表示为: $S_j^2 = \sum_{i=1}^{p} a_{ij}^2 (j = 1, 2, \cdots, k)$, 称 S_j^2 为因子 f_j 的**方差贡献**, 则 $R_j = \frac{S_j^2}{p}$ 为因子 f_j 的方差贡献率. 因此, 可用 k 个因子的方差贡献 S_j^2 之和, 或 k 个因子的**累计方差贡献率**, 度量变量全体 $\boldsymbol{X}$ 的信息保留. 累计方差贡献率越大, 越接近 1, 说明总量信息丢失越少, 因子分析越理想. 通常累计方差贡献率应大于 80%.

此外, 由于因子 f_j 的方差贡献 S_j^2 是因子载荷阵 $\boldsymbol{A}$ 中第 j 列元素的平方和, 恰好反映了因子 f_j 对原有变量总方差的解释能力. 该值越高, 说明相应的因子越重要. 同理, 因子 f_j 的方差贡献率 R_j 越高, 越接近 1, 说明因子 f_j 越重要.

10.4.3 因子载荷矩阵的求解

因子分析的关键是如何求解因子载荷矩阵. 有很多求解方法, 其中主成分分析法应用最为普遍. 10.1 节已讨论了主成分分析, 可得到系数矩阵 $\boldsymbol{\mu}_{(p\times p)} = \begin{pmatrix} \mu_{11} & \mu_{21} & \cdots & \mu_{p1} \\ \mu_{12} & \mu_{22} & \cdots & \mu_{p2} \\ \vdots & \vdots & & \vdots \\ \mu_{1p} & \mu_{2p} & \cdots & \mu_{pp} \end{pmatrix} = (\boldsymbol{\mu}_1, \boldsymbol{\mu}_2, \cdots, \boldsymbol{\mu}_p)$.

尽管因子分析的数学模型不同于主成分分析, 但两者之间存在如下关系. 主成分分析中的特征向量正交, $\boldsymbol{X}$ 到 $\boldsymbol{y}$ 的转换关系可逆. 因此基于第 i 个主成分:

$$y_i = \mu_{i1}X_1 + \mu_{i2}X_2 + \cdots + \mu_{ip}X_p$$

有

$$X_i = \mu_{1i}y_1 + \mu_{2i}y_2 + \cdots + \mu_{pi}y_p \tag{10.25}$$

进一步, 还需满足因子的单位方差要求. 为此, 对 $y_j (j = 1, 2, \cdots, p)$ 进行标准化处理使其方差等于 1, 标准化值记为: $f_j = \frac{y_j}{\sqrt{\lambda_j}}$ (10.1.3 节已证明 $\mathrm{Var}(y_i) = \lambda_j$), 代入式 (10.25) 且令 $\alpha_{ij} = \mu_{ji}\sqrt{\lambda_j}$, 便得到因子分析模型:

$$X_i = a_{i1}f_1 + a_{i2}f_2 + a_{i3}f_3 + \cdots + a_{ik}f_k + \varepsilon_i$$

所以, 因子载荷矩阵为:

$$\boldsymbol{A} = \begin{pmatrix} a_{11} & a_{12} & \cdots & a_{1p} \\ a_{21} & a_{22} & \cdots & a_{2p} \\ \vdots & \vdots & & \vdots \\ a_{p1} & a_{p2} & \cdots & a_{pp} \end{pmatrix} = \begin{pmatrix} u_{11}\sqrt{\lambda_1} & u_{21}\sqrt{\lambda_2} & \cdots & u_{p1}\sqrt{\lambda_p} \\ u_{12}\sqrt{\lambda_1} & u_{22}\sqrt{\lambda_2} & \cdots & u_{p2}\sqrt{\lambda_p} \\ \vdots & \vdots & & \vdots \\ u_{1p}\sqrt{\lambda_1} & u_{2p}\sqrt{\lambda_2} & \cdots & u_{pp}\sqrt{\lambda_p} \end{pmatrix} \tag{10.26}$$

进一步, 由于因子个数 k 小于原有变量个数 p, 所以因子载荷矩阵只需选取前 k 列即前 k 个重要的因子即可. 与主成分分析类似,**确定 k 通常有以下两个标准**:

第一, 根据特征值 λ_i 确定因子个数 k.

一般选取大于 1 的特征值. 原因是: 特征值 λ_i 即为依据因子载荷矩阵 $\boldsymbol{A}$ 计算出的因子 f_i 的方差贡献. 应根据因子的方差贡献判断因子的重要性. 若因子 f_i 是不应略去的重要因子, 则它至少应能够解释 p 个原有变量总方差 p 中的 1 个.

第二, 根据因子的累计方差贡献率确定因子个数 k.

根据因子的方差贡献率定义, 前 k 个因子的累计方差贡献率为: $cR_k = \sum_{i=1}^{k} R_i = \sum_{i=1}^{k} S_i^2/p = \sum_{i=1}^{k}\lambda_i / \sum_{i=1}^{p}\lambda_i$. 通常, 累计方差贡献率大于 0.80 时的 k 即为因子个数 k.

10.4.4　因子得分的计算

因子得分是因子分析的最终体现. 在因子分析的实际应用中, 为实现变量降维和简化问题, 求解因子载荷矩阵确定因子之后, 还需确定各个样本观测点在已降维的因子空间 (以 $\boldsymbol{F} = (f_1, f_2, \cdots, f_k)$ 为坐标轴) 上的位置, 称为因子得分. 后续将用因子得分 $\boldsymbol{F}$ 代替原有变量 $\boldsymbol{X}$ 进行后续建模.

希望通过以下形式计算样本观测 $\boldsymbol{X}_i$ 在 f_j 上的得分:

$$f_{ij} = \varpi_{j1}X_{i1} + \varpi_{j2}X_{i2} + \cdots + \varpi_{jp}X_{ip}, \quad j = 1, 2, \cdots, k; i = 1, 2, \cdots, N \tag{10.27}$$

其中, $\varpi_{j1}, \varpi_{j2}, \varpi_{j3}, \cdots, \varpi_{jp}$ 称为因子值系数, 分别度量了原有变量 $X_1, X_2, \cdots, X_p$ 对 f_j 的权重贡献.

一个自然的想法是基于式 (10.20) 的因子分析模型, 将 f_j 写成 $X_1, X_2, \cdots, X_p$ 的函数形式, 但由于 $\varepsilon_i (i = 1, 2, \cdots, p)$ 未知而无法实现. 为此, 一般的做法是利用以下线性组合去近似计算因子得分:

$$\boldsymbol{F} = \boldsymbol{X}\boldsymbol{w} \tag{10.28}$$

其中, $\boldsymbol{w}_{(p\times k)} = (\varpi_1, \varpi_2, \cdots, \varpi_k)$ 为因子值系数矩阵, $\varpi_j = (\varpi_{1j}, \varpi_{2j}, \cdots, \varpi_{pj})^{\mathrm{T}}$ $(j = 1, 2, \cdots, k)$.

因为因子分析中的 $\boldsymbol{F}$ 是观测不到的, 所以不能采用一般的最小二乘估计系数 $\boldsymbol{w}$. 为此, 在式 (10.28) 两边各乘以 $\dfrac{1}{N}\sum_{i=1}^{N}\boldsymbol{X}^{\mathrm{T}}$, 即

$$\frac{1}{N}\sum_{i=1}^{N}\boldsymbol{X}^{\mathrm{T}}\boldsymbol{F}=\frac{1}{N}\sum_{i=1}^{N}\boldsymbol{X}^{\mathrm{T}}\boldsymbol{X}\boldsymbol{w} \tag{10.29}$$

因数据均是标准化值, 有 $\boldsymbol{A}=\boldsymbol{R}\boldsymbol{w}$, $\boldsymbol{R}$ 为输入变量 $\boldsymbol{X}$ 的相关系数矩阵, $\boldsymbol{A}$ 为因子载荷阵. 进一步, 因为 $\boldsymbol{w}=\boldsymbol{R}^{-1}\boldsymbol{A}$, 将其代入式 (10.28) 有

$$\boldsymbol{F}=\boldsymbol{X}\boldsymbol{R}^{-1}\boldsymbol{A} \tag{10.30}$$

可依式 (10.30) 计算 N 个样本观测的因子得分.

图 10–15 为对图 10–12 左图数据进行因子分析的结果 (Python 代码详见 10.5.4 节).

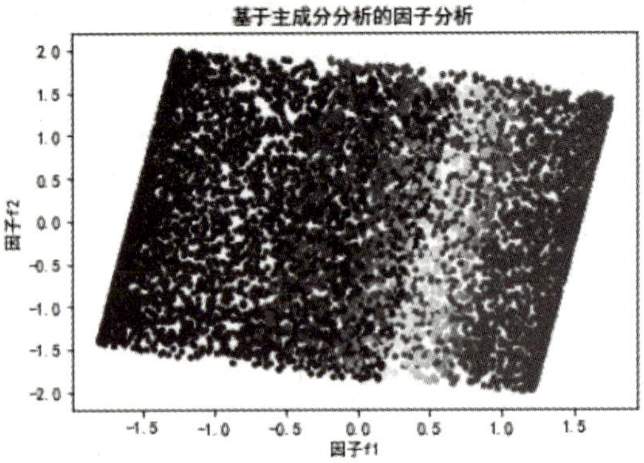

图 10–15 因子分析结果展示

图 10–15 为指定因子个数 $k=2$ 计算两个因子得分, 并基于因子得分绘制的散点图. 它与 10.12 右图较为接近.

对因子分析的讨论到此告一段落. 还需对以下方面做必要说明。

10.4.5 因子分析的其他问题

一、因子分析的适用性问题

基于主成分分析的因子分析, 通常适合原有变量 $X_1, X_2, \cdots, X_p$ 具有中度以上相关性的情况. 直观地理解, 基于斯皮尔曼最初的研究, 若各门课程之间没有相关性, 也就无从提取潜在的共性因素. 当然在弱相关下也可以得到分析结果, 但实际解释意义不大, 而且无法真正实现降维目的 (Python 代码详见 10.5.4 节).

二、因子的可解释性问题

在因子分析的很多实际应用中, 通常希望因子具有一定的实际意义. 例如: 在图 10–15 所示的因子分析中, 其因子载荷矩阵如表 10–1 所示.

表 10–1 各单元格为相应原有变量与因子的相关系数. 可以看到, 第一列中因子 f_1 与 X_1, X_3 的相关系数绝对值较大, 因子 f_2 与 X_2 的相关系数较大. 于是可以认为, f_1 主要解释 X_1, X_3, f_2 主要解释 X_2. 从这个角度看, 因子就有一定的实际含义.

表 10–1 因子载荷矩阵示例

因子载荷	因子载荷矩阵因子 $\boldsymbol{F}$	旋转后的因子载荷矩阵因子 $\boldsymbol{F}$
原有变量 $\boldsymbol{X}$	[0.73408195 – 0.16654497]	[0.75119892 – 0.04810104]
	[0.1772608 0.98206173]	[0.019381 0.99774295]
	[– 0.74247119 0.06979852]	[– 0.74414953 0.04875225]

但如果某一个因子 f_i 与所有 X_i 均有较高的相关系数, 或者某一个 X_i 与所有 f_i 均有较高的相关系数, 那么因子的实际含义就比较模糊. 此时, 可以通过旋转因子载荷矩阵使某一个因子 f_i 仅与少数 X_i 有较高的相关系数, 或者某一个 X_i 仅与少数 f_i 有较高的相关系数, 以清晰因子的实际含义. 如图 10–16 所示.

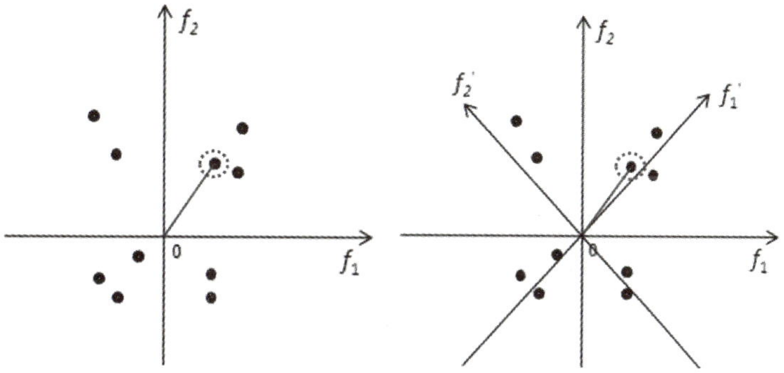

图 10–16 因子载荷与因子旋转

图 10–16 中, 以因子 f_1, f_2 为坐标轴, 基于因子载荷矩阵绘制散点图, 称为因子载荷图. 图中 10 个点代表 10 个原有变量. 每个点的横纵坐标分别为因子载荷矩阵中的因子载荷 a_{ij}, 刻画了相应原有变量与因子 f_1, f_2 的相关性. 左图中 10 个原有变量在因子 f_1, f_2 上均有一定的相关性, 因子含义不清. 现在将坐标 f_1, f_2 逆时针旋转至右图所示的 f_1', f_2' 位置上. 在 f_1', f_2' 坐标下,10 个原有变量中的 6 个在 f_1' 上有较高的载荷, 在 f_2' 上的载荷几乎为 0; 其余 4 个在因子 f_2' 上有较高的载荷, 在因子 f_1' 上的载荷几乎为 0. 此时, 因子 f_1', f_2' 的含义就较为清楚, 它们分别是对 6 个原有变量和剩余 4 个变量的综合.

进一步, 计算图 10–16 左右两图中虚线圆圈所圈变量 X_i 的变量共同度 h_i^2. 对比发现, 变量的共同度均等于红色线段长度的平方. 可见, 因子旋转并不影响原有变量 X_i 的共同度 h_i^2, 不会导致变量信息的丢失. 改变的仅是因子 f_i 的方差贡献 S_j^2, 也即重新分配各因子 f_i 解释原有变量 X_i 方差的比例, 旨在使因子的实际意义更明确.

实现因子矩阵旋转的途径是将因子载荷矩阵 $\boldsymbol{A}$ 右乘一个正交矩阵 $\boldsymbol{\tau}$ 后得到一个新矩阵 $\boldsymbol{B}$. 有很多求解正交矩阵 $\boldsymbol{\tau}$ 的方法, 其中应用较为普遍的是方差极大法 (varimax). 对只包含两个因子的因子载荷矩阵 $\boldsymbol{A}$ 右乘一个正交矩阵 $\boldsymbol{\tau}$, 将计算结果矩阵 $\boldsymbol{B}$ 表示为: $\boldsymbol{B} = \begin{bmatrix} b_{11} & b_{12} \\ b_{21} & b_{22} \\ \vdots & \vdots \\ b_{p1} & b_{p2} \end{bmatrix}$. 为达到因子旋转的目标, 极端情况下希望使因子 f_1 仅与某些变量 X_i (例如

$X_1, X_2, \cdots, X_k$) 相关, 因子 f_2 仅与其他变量 X_j (例如 $X_{k+1}, X_{k+2}, \cdots, X_p$) 相关, 表现为矩阵 $\boldsymbol{B}$ 的第一列第 $k+1$ 至 p 行的元素等于 0, 第二列第 1 至 k 行的元素等于 0. 此时两列元素的方差 V_1, V_2 是最大的, $V_k = \frac{1}{p}\sum_{i=1}^{p}(b_{ik}^2)^2 - \frac{1}{p^2}\left(\sum_{i=1}^{p} b_{ik}^2\right)^2 (k=1,2)$[①]. 因此求解正交矩阵 $\boldsymbol{\tau}$ 的目标就是最大化 V_1+V_2. 一般目标函数为: $V = p(V_1+V_2) = \sum_{j=1}^{k}\sum_{i=1}^{p}(b_{ij}^2)^2 - \frac{1}{p}\sum_{j=1}^{k}\left(\sum_{i=1}^{p} b_{ij}^2\right)^2 (k=1,2)$. 进一步, 为消除变量共同度数量级对计算结果造成的影响, 可将目标函数调整为: $V = \sum_{j=1}^{k}\sum_{i=1}^{p}\left(\frac{b_{ij}^2}{h_i^2}\right)^2 - \frac{1}{p}\sum_{j=1}^{k}\left(\sum_{i=1}^{p}\frac{b_{ij}^2}{h_i^2}\right)^2$.

例如, 表中第三列就是旋转后的因子载荷矩阵 (因本例旋转前因子的含义比较清楚, 所以旋转后变化不大), 结果的直观展示如图 10–17 所示 (Python 代码详见 10.5.4 节).

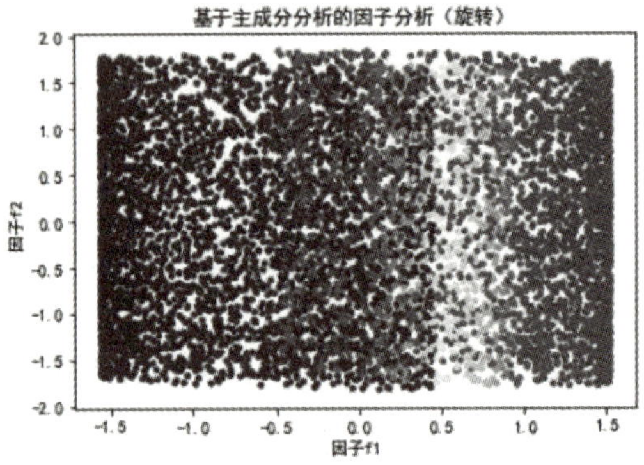

图 10–17 旋转后的因子分析结果展示

图 10–17 与图 10–15 相比可知, 前者是后者转了一个角度的结果, 这对直观理解因子载荷矩阵旋转的实际含义较有帮助.

三、Python 没有内置基于主成分的因子分析模块

Python 只是内置了基于数据矩阵 $\boldsymbol{X}$ 的奇异值分解的因子分析. 其中, 因子载荷矩阵中的特征值和特征向量为 $\boldsymbol{X}\boldsymbol{X}^{\mathrm{T}}$ 的前 k 个最大特征值和对应的特征向量.

例如, 图 10–18 为对图 10–12 左图数据基于奇异值分解进行因子分析的结果.

与图 10–15 基于主成分分析的因子分析结果相比, 基于奇异值分析的降维更接近其原本三维下的特征轮廓, 并更多体现了空间变换的特点.

可通过 pip install factor_analyzer 安装第三方 factor_analyzer 包, 直接引用包的相关函数实现基于主成分分析的因子分析. 也可以手工编写程序实现 (Python 代码详见 10.5.4 节).

① $\mathrm{Var}(X) = E(X^2) - [E(X)]^2$

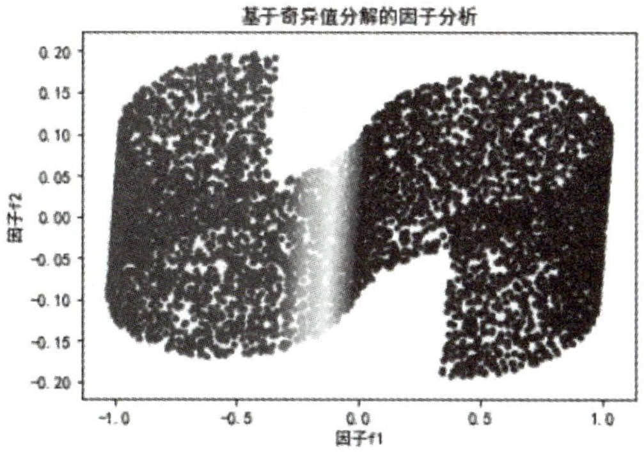

图 10–18 基于奇异值分解的因子分析结果

至此, 基于空间变化策略的特征提取的讨论告一段落. 目前还有很多较为流行的特征提取方法. 例如, t-SNE (t-distributed stochastic neighbor embedding) 算法、流行学习 (manifold learning) 以及度量学习 (metric learning) 等. 有兴趣的读者可以参考相关资料.

10.5 Python 实践课: 加深理论理解, 探索应用实践

为进一步加深基于空间变化的特征提取理论的理解, 探索特征选择的应用实践, 设计如下 Python 实践内容:

第一, 探索主成分分析的基本原理和实践.

第二, 基于脸部点阵灰度数据, 探索奇异值分解的应用.

第三, 基于模拟数据, 探索核主成分分析的意义和应用.

第四, 探索因子分析的基本原理.

第五, 基于空气质量监测数据, 探索因子分析的应用.

以下是本章需导入的 Python 模块:

```
#本章需导入的模块
import numpy as np
import pandas as pd
import matplotlib.pyplot as plt
from mpl_toolkits.mplot3d import Axes3D
from pylab import *
import matplotlib.cm as cm
import warnings
warnings.filterwarnings(action = 'ignore')
%matplotlib inline
plt.rcParams['font.sans-serif']=['SimHei']  #解决中文显示乱码问题
plt.rcParams['axes.unicode_minus']=False
from sklearn.datasets.samples_generator import make_regression,make_circles,make_s_curve
from sklearn.model_selection import train_test_split
from scipy.stats import multivariate_normal
from sklearn import decomposition
from factor_analyzer import FactorAnalyzer
```

其中新增模块如下:

(1) 第 13 行: 用于生成本章字母 S 的模拟数据.

(2) 第 16 行: 用于实现主成分分析和核主成分分析.

(3) 第 17 行: 用于实现因子分析.

10.5.1 实践一: 探索主成分分析的基本原理和实践

本节 (文件名: chapter10-1.ipynb) 给出主成分分析的基本应用场景和具体实现.

```
1  fig,axes=plt.subplots(nrows=1,ncols=2,figsize=(15,6))
2  N=50
3  for i,noise in enumerate([30,10]):
4      X,Y=make_regression(n_samples=N,n_features=1,random_state=123,noise=noise,bias=0)
5      X=np.hstack((X,Y.reshape(len(X),1)))
6      axes[i].scatter(X[:,0],X[:,1],marker="o",s=50)
7      axes[i].set_title("%d个样本观测点的分布"%N)
8      axes[i].set_xlabel("X1")
9      axes[i].set_ylabel("X2")
10     axes[i].grid(True,linestyle='-.')
11     axes[i].text(-3,75,"离散程度:X1=%.2f;\n              X2=%.2f;"
12                  %(np.std(X[:,0])/np.mean(X[:,0]),np.std(X[:,1])/np.mean(X[:,1])),fontdict={'size':'12','color':'b'})
```

【代码说明】

(1) 第 2 行: 给定样本量 N.

(2) 第 3~12 行: 利用 for 循环生成两个数据集并绘图和计算描述统计量.

利用函数 make_regression() 生成的数据集, 两个变量 X_1, X_2 (程序中的 X 和 Y) 具有线性相关性, 且两个数据集变量 X_2 的方差不同. 绘制 X_1, X_2 的散点图, 并计算 X_1, X_2 的均值和方差, 将计算结果显示在图上. 所得图形如图 10–1 所示.

接下来, 对两个数据集进行主成分分析, 提取两个主成分:

```
1  fig,axes=plt.subplots(nrows=1,ncols=2,figsize=(15,6))
2  pca=decomposition.PCA(n_components=2,random_state=1)
3  for i,noise in enumerate([30,10]):
4      X,Y=make_regression(n_samples=N,n_features=1,random_state=123,noise=noise,bias=0)
5      X=np.hstack((X,Y.reshape(len(X),1)))
6      pca.fit(X)
7      p1=pca.singular_values_[0]/sum(pca.singular_values_) #p1=pca.explained_variance_ratio_[0]
8      p2=pca.singular_values_[1]/sum(pca.singular_values_) #p2=pca.explained_variance_ratio_[1]
9      a=pca.components_
10     y=pca.transform(X)
11     axes[i].scatter(y[:,0],y[:,1],marker="o",s=50)
12     axes[i].set_title("%d个样本观测点的分布(方差贡献率:y1=%.3f,y2=%.3f)\n系数:%s"%(N,p1,p2,a))
13     axes[i].set_xlabel("y1")
14     axes[i].set_ylabel("y2")
15     axes[i].grid(True,linestyle='-.')
```

【代码说明】

(1) 第 2 行: 利用函数 decomposition.PCA() 定义主成分分析对象, 指定提取两个主成分.

(2) 第 3~15 行: 生成数据集. 进行主成分分析. 计算各主成分的方差贡献率. 可视化主成分分析结果.

令主成分分析对象去拟合数据. 主成分分析对象的.singular_values_属性中存储着各主成分的方差; .components_属性中存储着主成分分析的参数. 利用.transform() 方法获得各样本观测在各主成分上的取值. 绘制关于两个主成分的散点图, 如图 10–4 所示. 图形显示, 样本

观测在 X_1, X_2 上原本的高度线性相关在 y_1, y_2 上呈现出无线性相关的特点. 第 1 主成分均包含 X_1, X_2 的绝大部分方差信息, 可以略去第 2 主成分.

10.5.2 实践二: 基于脸部点阵灰度数据, 探索奇异值分解的应用

本节 (文件名: chapter10-2.ipynb) 基于脸部点阵灰度数据, 直观展示奇异值分解对特征提取的意义.

```
1  data=pd.read_csv('脸部数据.txt',header=0)    #第30列为像素数据
2  tmp=data.iloc[0:10,30]
3  X=[]
4  for i in np.arange(len(tmp)):
5      Xstr=tmp[i].split(" ")
6      X.append(np.array([int(x) for x in Xstr ]))
7
8  np.random.seed(1)
9  ids=np.random.choice(len(X),2)
10 plt.figure(figsize=(16,8))
11 for i,item in enumerate(ids):
12     img=np.array(X[item].reshape((96,96)))
13     plt.subplot(1,2,i+1)
14     plt.imshow(img,cmap=cm.gray)
15 plt.show()
```

【代码说明】

(1) 第 1、2 行: 读入人脸灰度点阵数据. 数据文件的第 30 列为 96×96 的灰度点阵数据. 仅读取前 30 张脸的数据.

(2) 第 3∼6 行: 整理点阵数据.

利用 for 循环整理每张脸的点阵数据. 原始数据以字符串形式存储 96×96 个灰度值, 各个灰度值以空格分割. 依据空格拆分字符串得到 96×96 个灰度值存储于列表中.

(3) 第 8、9 行: 随机抽取两张脸的点阵数据.

(4) 第 11∼14 行: 可视化两张脸的点阵数据, 如图 10–6 所示.

接下来, 分别对两张脸的 96×96 灰度矩阵进行奇异值分解:

```
for i,item in enumerate(ids):
    U, D,Vt=np.linalg.svd(X[item].reshape((96,96)),full_matrices=True)
    print(U.shape,D.shape,Vt.shape)
    plt.figure(figsize=(8,8))
    ks=[5,10,15,20]
    for i,k in enumerate(ks):
        D0=np.mat(diag(D[0:k]))
        img=U[:,:k]*D0*Vt[:k,:]
        plt.subplot(2,2,i+1)
        plt.imshow(img,cmap=cm.gray)
    plt.show()

```

```
(96, 96) (96,) (96, 96)
```

【代码说明】

(1) 第 2 行: 利用函数 np.linalg.svd() 对当前脸部灰度矩阵 $\boldsymbol{X}$ 进行奇异值分解, 分解所得三个成分依次存储于 U, D, Vt 中.

(2) 第 3 行: 输出 U, D, Vt 的形状 (维度). 结果显示, U, Vt 均为 96×96 的矩阵. Python 以一维数组 (包含 96 个元素) 形式存储矩阵 D 的对角元素.

(3) 第 5 行: 指定选取前 5, 10, 15, 20 个最大特征值.

(4) 第 6~10 行: 利用 for 循环, 依次可视化选取前 5, 10, 15, 20 个最大特征值时的奇异值分析结果.

第 7 行生成奇异值分解中的对角矩阵 $\boldsymbol{D}$; 第 8 行依据式 (10.8) 得到脸部灰度矩阵 $\boldsymbol{X}$ 的近似分解结果. 可视化结果如图 10–7 所示. 图形显示, 当选取前 20 个最大特征值时, $\boldsymbol{X}$ 的奇异值分解结果已接近真实图像, 有效实现了服务于建模的特征提取和变量降维.

10.5.3 实践三: 探索核主成分分析的意义和应用

本节 (文件名: chapter10-3.ipynb) 基于模拟数据, 直观探索核主成分分析的意义以及应用实现.

一、探讨核主成分分析的意义 (一)

利用模拟数据和对模拟数据的核主成分分析, 讨论核主成分分析的意义.

```
1  N=100
2  X,Y=make_circles(n_samples=N,noise=0.2,factor=0.5,random_state=123)
3  fig = plt.figure(figsize=(18,6))
4  markers=['^','o']
5  ax = fig.add_subplot(121)
6  for k,m in zip([1,0],markers):
7      ax.scatter(X[Y==k,0],X[Y==k,1],marker=m,s=50)
8  ax.set_title("100个样本观测点在二维空间中的分布")
9  ax.set_xlabel("y1")
10 ax.set_ylabel("y2")
11 ax.grid(True,linestyle='-.')
12 ax = fig.add_subplot(122, projection='3d')
13 var = multivariate_normal(mean=[0,0], cov=[[1,0],[0,1]])
14 Z=np.zeros((len(X),))
15 for i,x in enumerate(X):
16     Z[i]=var.pdf(x)
17 X=np.hstack((X,Z.reshape(len(X),1)))
18 for k,m in zip([1,0],markers):
19     ax.scatter(X[Y==k,0],X[Y==k,1],X[Y==k,2],marker=m,s=40)
20 ax.set_xlabel('X1')
21 ax.set_ylabel('X2')
22 ax.set_zlabel('X3')
23 ax.set_title('三维空间下100个样本观测点的分布')
```

【代码说明】

(1) 第 1、2 行: 生成用于二分类的呈圆形 (两个输入变量 X_1, X_2) 分布, 样本量 $N=100$ 的模拟数据.

(2) 第 4~11 行: 可视化二维空间上的模拟数据, 如图 10–8 左图所示.

(3) 第 13 行: 对原本二维空间中的 100 个样本观测点, 人为指定其在第三个维度上的取值函数为标准二元高斯分布的密度值.

(4) 第 14~17 行: 利用 for 循环, 对每个样本观测点计算其在第三个维度上的取值, 并重新组织三个输入变量 X_1, X_2, X_3 数据.

(5) 第 18~23 行: 可视化 100 个样本观测点在三维空间上的分布, 如图 10–8 右图所示. 从程序上看, 模拟的核心特征轮廓应为二维空间中的圆形.

以下利用核主成分分析, 基于特征空间 $\mathcal{F}$ 揭示模拟数据的核心特征轮廓:

```
1  plt.figure(figsize=(15,6))
2  kernels=['linear','rbf']
3  for i,kernel in enumerate(kernels):
4      kpca=decomposition.KernelPCA(n_components=2,kernel=kernel)
5      kpca.fit(X)
6      y=kpca.transform(X)
7      print('方差贡献率(%s): %s'%(kernel,kpca.lambdas_/sum(kpca.lambdas_)))
8      plt.subplot(1,2,i+1)
9      for k,m in zip([1,0],markers):
10         plt.scatter(y[Y==k,0],y[Y==k,1],marker=m,s=50)
11         plt.grid(True,linestyle='-.')
12         plt.title('核主成分分析结果(核函数:%s)'%kernel)
13
```

```
方差贡献率(linear): [0.52676938 0.47323062]
方差贡献率(rbf): [0.51813106 0.48186894]
```

【代码说明】

(1) 第 2 行: 指定核主成分分析的核函数依次为线性核函数和径向基核函数.

(2) 第 3~12 行: 基于两种核函数进行核主成分分析. 提取两个主成分. 计算各主成分的方差贡献率. 可视化核主成分分析结果.

第 4 行利用函数 decomposition.KernelPCA() 定义核主成分分析对象, 指定核函数和提取的主成分个数. 第 5 行, 拟合数据. 采用线性核函数时, 正如 10.3.3 节讨论的, 意味着特征空间 $\mathcal{F}$ 就是三维的输入变量空间, 主成分分析结果如图 10–9 所示. 图形显示, 核主成分分析结果与模拟数据在二维空间中的分布差异不大, 说明人为指定的第三个维度并没有对数据的核心特征轮廓产生重要影响.

采用径向基核函数意味着特征空间 $\mathcal{F}$ 为 $M > 3$ 维. 在更高维度下仍提取两个主成分, 分析结果如图 10–19 所示.

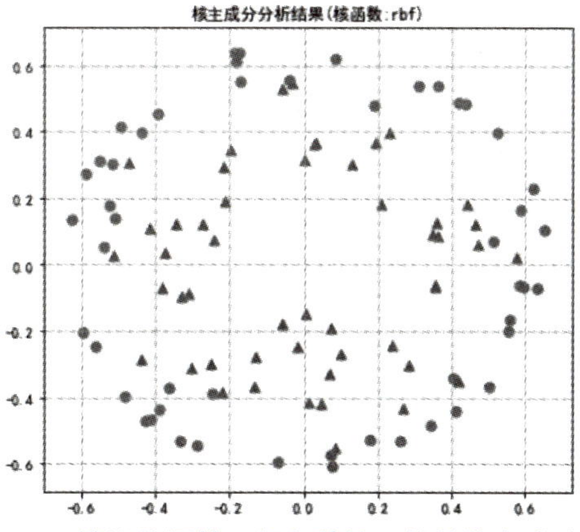

图 10–19　模拟数据基于径向基核函数的核主成分分析结果

图 10–19 显示, 核主成分分析结果与模拟数据在二维空间中的分布差异仍不大, 说明即使增加了更多的非线性信息 (更高维上), 也没有破坏数据的核心特征轮廓. 模拟数据在二维空间中的分布特征轮廓就是数据的 "本真" 结构. 此外, 提取出的两个主成分的方差贡献率差异不大, 均不能再略去.

二、探讨核主成分分析的意义 (二)

利用更复杂的模拟数据和对模拟数据的核主成分分析, 讨论核主成分分析的意义.

```
1 X,t=make_s_curve(n_samples=8000, noise=0, random_state=123)
2 fig = plt.figure(figsize=(12,6))
3 #ax = Axes3D(fig)
4 ax = fig.add_subplot(111, projection='3d')
5 color=np.array(t)
6 ax.scatter(X[:,0],X[:,1],X[:,2],s=8,color=plt.cm.Spectral(color))
7 ax.set_xlabel("X1")
8 ax.set_ylabel("X2")
9 ax.set_zlabel("X3")
```

【代码说明】

(1) 第 1 行: 利用函数 make_s_curve() 生成样本量 $N = 8\ 000$, 包括三个输入变量 X_1, X_2, X_3 的模拟数据和一个颜色变量 t.

(2) 第 6~9 行: 可视化模拟数据, 绘制三维散点图, 如图 10–12 左图所示, 大致呈一个立体的字母 S.

进一步, 从各个角度揭示数据的特征轮廓, 以下绘制 X_1, X_2, X_3 两两变量的散点图:

```
fig,axes=plt.subplots(nrows=1,ncols=3,figsize=(20,6))
axes[0].scatter(X[:,0],X[:,1],s=8,color=plt.cm.Spectral(color))
axes[0].set_xlabel("X1")
axes[0].set_ylabel("X2")
axes[1].scatter(X[:,0],X[:,2],s=8,color=plt.cm.Spectral(color))
axes[1].set_xlabel("X1")
axes[1].set_ylabel("X3")
axes[2].scatter(X[:,1],X[:,2],s=8,color=plt.cm.Spectral(color))
axes[2].set_xlabel("X2")
axes[2].set_ylabel("X3")
```

两两散点图如图 10–12 的第二幅、第三幅、第四幅图所示. 图形显示, 三幅图体现了数据不同侧面的局部特征. 其中 X_1, X_3 的散点图表现出与三维散点图相同的特征轮廓 (字母 S).

进一步, 利用核主成分分析, 在 X_1, X_3 的基础上或再借助更为丰富的信息, 探究和展现模拟数据的核心特征轮廓.

```
1  tmp=X[:,[0,2]]
2  kernels=['linear','rbf','poly']
3  plt.figure(figsize=(15,4))
4  for i,kernel in enumerate(kernels):
5      kpca=decomposition.KernelPCA(n_components=2,kernel=kernel)
6      kpca.fit(tmp)
7      y=kpca.transform(tmp)
8      plt.subplot(1,3,i+1)
9      plt.scatter(y[:,0],y[:,1],s=8,color=plt.cm.Spectral(color))
10     plt.title("核主成分分析（核函数=%s)"%kernel)
11     plt.xlabel("第1主成分")
12     plt.ylabel("第2主成分")
13     print('方差贡献率(%s)：%s'%(kernel,kpca.lambdas_/sum(kpca.lambdas_)))
```

```
方差贡献率(linear)：[0.79726552 0.20273448]
方差贡献率(rbf)：[0.62781743 0.37218257]
方差贡献率(poly)：[0.76436997 0.23563003]
```

【代码说明】

(1) 第 1 行: 指定核主成分分析的数据对象为 X_1, X_3.

(2) 第 2 行: 指定核主成分分析的核函数依次为线性核函数、径向基核函数以及多项式核函数.

(3) 第 4~11 行: 利用 for 循环, 分别基于不同的核函数进行核主成分分析. 可视化核主成分分析结果. 计算各个主成分的方差贡献率.

不同核函数下的核主成分分析结果如图 10–20 所示.

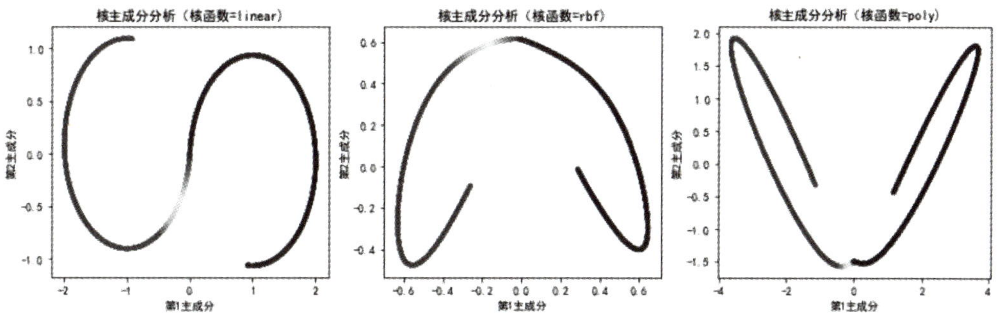

图 10–20　不同核函数下的核主成分分析结果

图 10–20 左图为在没有增加外部信息时的核心特征轮廓. 图 10–20 中图和右图均在更高维度 $M > 2$ 的特征空间 $\mathcal{F}$ 上探究数据核心特征轮廓的结果. 图形显示, 所增加的外部信息对数据产生了一定程度的影响. 还需对数据的 “本真” 结构做进一步的探索. 另外, 由主成分的方差贡献率可知, 图 10–20 中第 1 主成分的重要性更高些.

进一步, 利用核主成分分析, 在 X_1, X_2, X_3 的基础上或再借助更为丰富的信息, 探究和展现模拟数据的核心特征轮廓.

```
plt.figure(figsize=(12,8))
kernels=['linear','rbf','poly','sigmoid']
for i,kernel in enumerate(kernels):
    kpca=decomposition.KernelPCA(n_components=2,kernel=kernel)
    kpca.fit(X)
    y=kpca.transform(X)
    plt.subplot(2,2,i+1)
    plt.scatter(y[:,0],y[:,1],s=8,color=plt.cm.Spectral(color))
    plt.title("不同核函数下的主成分分析（核函数：%s）\n方差贡献率%s："%(kernel,kpca.lambdas_/sum(kpca.lambdas_)))
    plt.subplots_adjust(hspace=0.5)
```

不同核主成分分析结果的可视化图形如图 10–13 所示. 图形显示, 不同核函数下的主成分分析体现了近似但又不同的核心特征轮廓, 表明不同的外在信息对事物本质特征会产生不同的影响.

10.5.4 实践四: 探索因子分析的基本原理

本节 (文件名:chapter10-4.ipynb) 基于字母 S 的模拟数据, 直观探索因子分析的基本原理和应用实现.

一、利用编程实现因子分析, 详细展示因子分析的计算细节

```
1  X,t=make_s_curve(n_samples=8000, noise=0, random_state=123)
2  color=np.array(t)
3  X=pd.DataFrame(X)
4  R=X.corr()  #样本相关性矩阵
5  eig_value, eigvector = np.linalg.eig(R)#求矩阵R的全部特征值，特征向量。
6  sortkey,eig=list(eig_value.argsort()),list(eig_value)   #按升序排序
7  eig.sort()
8  eig.reverse()
9  sortkey.reverse()
```

【代码说明】

(1) 第 1、2 行: 生成字母 S 的模拟数据.

(2) 第 3、4 行: 将数据变量 X_1, X_2, X_3 组成 Pandas 的数据框, 利用数据框的 corr() 方法计算数据变量的相关系数矩阵 $\boldsymbol{R}_{3\times3}$.

(3) 第 5 行: 计算相关系数矩阵 $\boldsymbol{R}$ 的 3 个特征值和对应的单位特征向量.

(4) 第 6 行: 为便于后续处理, 获得各特征值升序排序后的索引号.

(5) 第 7~9 行: 特征值升序排序后反转位置, 即降序排序. 得到降序索引号.

```
11 A = np.zeros((eigvector.shape[1],eigvector.shape[1]))
12 for i,e in enumerate(eig):
13     A[i,:]=np.sqrt(e)*eigvector[:,sortkey[i]]
14 factorM=A.T
15 print("因子载荷矩阵：\n{0}".format(factorM))
```

```
因子载荷矩阵：
[[-0.73408195 -0.16654497 -0.65832094]
 [-0.1772608   0.98206173 -0.06429132]
 [ 0.74247119  0.06979852 -0.66623171]]
```

【代码说明】

(1) 第 11 行: 准备因子载荷矩阵, 初始时应为 3 行 3 列的矩阵.

(2) 第 12、14 行: 依据式 (10.26) 构造因子载荷矩阵.

(3) 第 15 行: 输出因子载荷矩阵. 由因子载荷矩阵可知, 因子 f_1 与 X_1, X_3 有较高相关性, 因子 f_2 与 X_2 有高相关性, 因子 f_3 与 X_1, X_3 有一定的相关性.

以下将基于因子载荷矩阵, 计算各因子的方差 (也即特征值) 和方差贡献率:

```
1 lambd=np.zeros((factorM.shape[1],))
2 for i in range(0,factorM.shape[1]):
3     lambd[i]=sum(factorM[:,i]**2)
4 print("因子方差贡献：{0}".format(lambd))
5 print("因子方差贡献率：{0}".format(lambd/sum(lambd)))
```

```
因子方差贡献：[1.12156117 0.99705429 0.88138454]
因子方差贡献率：[0.37385372 0.33235143 0.29379485]
```

【代码说明】

(1) 第 1 行: 定义保存各特征值的结果对象.

(2) 第 2、3 行: 基于因子载荷矩阵计算各特征值 (因子方差).

(3) 第 4、5 行: 输出各因子的方差 (也即特征值) 和方差贡献率. 从方差贡献率看, 第 1 个因子最重要, 第 2、3 个因子次之, 但各因子重要性的差异不大.

接下来, 计算因子值系数:

```
score=np.linalg.inv(R)*factorM
print("因子值系数: \n{0}".format(score))
```

```
因子值系数:
[[-0.74449116  0.00109871 -0.07873893]
 [ 0.00116941  0.98250601 -0.00125123]
 [ 0.08880377  0.00135841 -0.67590206]]
```

依据式 (10.30) 中的 $\boldsymbol{R}^{-1}\boldsymbol{A}$ 计算因子值系数. 可见, X_1 对第 1 个因子得分有更大权重, 第 2 和第 3 个因子得分分别取决于 X_2 和 X_1.

二、利用函数实现因子分析

这里指定提取 2 个因子.

```
fa = FactorAnalyzer(method='principal',n_factors=2,rotation=None)
fa.fit(X)
print("因子载荷矩阵:\n", fa.loadings_)
print("\n变量共同度:\n", fa.get_communalities())
tmp=fa.get_factor_variance()
print("因子的方差贡献:{0}".format(tmp[0]))
print("因子的方差贡献率:{0}".format(tmp[1]))
print("因子的累计方差贡献率:{0}".format(tmp[2]))
y=fa.transform(X)
plt.scatter(y.T[0],y.T[1],s=8,color=plt.cm.Spectral(color))
plt.title("基于主成分分析的因子分析")
plt.xlabel("因子f1")
plt.ylabel("因子f2")
plt.show()
```

```
因子载荷矩阵:
 [[ 0.73408195 -0.16654497]
 [ 0.1772608   0.98206173]
 [-0.74247119  0.06979852]]

变量共同度:
 [0.56661353 0.99586663 0.55613531]
因子的方差贡献:[1.12156117 0.99705429]
因子的方差贡献率:[0.37385372 0.33235143]
因子的累计方差贡献率:[0.37385372 0.70620515]
```

【代码说明】

(1) 第 1、2 行: 利用函数 FactorAnalyzer() 进行因子分析, 指定提取 2 个因子, 且不进行因子载荷矩阵的旋转. 拟合数据.

(2) 第 3、4 行: 输出包含 2 个因子的因子载荷矩阵以及基于因子载荷矩阵的各变量的变量共同度. 可见, 这里的因子载荷矩阵是前述因子载荷矩阵的前两列. 基于该因子载荷矩阵, 计算各行的平方和, 得到 3 个变量 X_1, X_2, X_3 的变量共同度. 可见 X_2 的信息保留最多 (99.6%), 其他两个变量不理想.

(3) 第 5~8 行: 输出各个因子的方差贡献、方差贡献率和累计方差贡献率. 由于累计方差贡献率仅约 70%, 因此提取 2 个因子会丢失近 30%的方差, 整个因子分析不理想. 究其原因在于: 本例中变量 X_1, X_2, X_3 两两之间基本不具有线性相关性. 其相关系数矩阵如下:

```
R
```

	0	1	2
0	1.000000	0.008891	-0.118065
1	0.008891	1.000000	-0.020232
2	-0.118065	-0.020232	1.000000

(4) 第 9 行: 计算每个样本观测在 2 个因子上的因子得分.

(5) 第 10~14 行: 可视化因子得分结果, 在二维 (降维后) 空间中展现数据的分布特征. 如图 10-15 所示.

重新进行因子分析, 仍指定提取 2 个因子, 并对采用方差极大法旋转因子载荷矩阵:

```
fa = FactorAnalyzer(method='principal',n_factors=2,rotation='varimax')
fa.fit(X)
print("\n变量共同度:\n", fa.get_communalities())
print("旋转后的因子载荷矩阵:\n", fa.loadings_)
tmp=fa.get_factor_variance()
print("因子的方差贡献:{0}".format(tmp[0]))
print("因子的方差贡献率:{0}".format(tmp[1]))
print("因子的累计方差贡献率:{0}".format(tmp[2]))
y=fa.transform(X)
plt.scatter(y.T[0],y.T[1],s=8,color=plt.cm.Spectral(color))
plt.title("基于主成分分析的因子分析（旋转）")
plt.xlabel("因子f1")
plt.ylabel("因子f2")
plt.show()
```

```
变量共同度:
 [0.56661353 0.99586663 0.55613531]
旋转后的因子载荷矩阵:
 [[ 0.75119892 -0.04810104]
 [ 0.019381    0.99774295]
 [-0.74414953 -0.04875225]]
因子的方差贡献:[1.11843397 1.00018149]
因子的方差贡献率:[0.37281132 0.33339383]
因子的累计方差贡献率:[0.37281132 0.70620515]
```

与前述分析结果对比发现, 因子载荷矩阵旋转并不影响变量的共同度, 仅仅是重新调整了各个因子的方差贡献率. 因子旋转的可视化结果如图 10–17 所示.

三、基于奇异值分解的因子分析

```
Fac=decomposition.FactorAnalysis(n_components=2)
Fac.fit(X)
y=Fac.transform(X)
plt.scatter(y[:,0],y[:,1],s=8,color=plt.cm.Spectral(color))
plt.title("基于奇异值分解的因子分析")
plt.xlabel("因子f1")
plt.ylabel("因子f2")
```

这里直接利用函数 decomposition.FactorAnalysis() 进行基于奇异值分解的因子分析. 可视化结果如图 10–18 所示.

10.5.5　实践五: 基于空气质量监测数据, 探索因子分析的应用

本节 (文件名: 插入 chapter10-5.ipynb) 基于北京市 2014 年 1 月 1 日至 2019 年 11 月 26 日 PM2.5、PM10、SO2、CO、NO2 浓度监测数据, 利用因子分析, 综合评测空气质量, 并直观刻画和展示 2014—2019 年空气质量评测结果的变化情况.

一、基于 PM2.5、PM10、SO2、CO、NO2 浓度监测数据进行因子分析

```
1  data=pd.read_excel('北京市空气质量数据.xlsx')
2  data=data.replace(0,np.NaN)
3  data=data.dropna()
4  X=data.iloc[:,3:-1]
5  print(X.columns)
6  fa = FactorAnalyzer(method='principal',n_factors=2,rotation='varimax')
7  fa.fit(X)
8  print("因子载荷矩阵\n",fa.loadings_)
9  print("变量共同度:\n", fa.get_communalities())
10 tmp=fa.get_factor_variance()
11 print("因子的方差贡献:{0}".format(tmp[0]))
12 print("因子的方差贡献率:{0}".format(tmp[1]))
13 print("因子的累计方差贡献率:{0}".format(tmp[2]))
```

```
Index(['PM2.5', 'PM10', 'SO2', 'CO', 'NO2'], dtype='object')
因子载荷矩阵
 [[0.92306469 0.26660449]
 [0.90247854 0.2290372 ]
 [0.30642648 0.9405462 ]
 [0.80663485 0.4434194 ]
 [0.78510676 0.44600552]]
变量共同度:
 [0.92312638 0.86692555 0.97852435 0.84728055 0.81531355]
因子的方差贡献:[3.02746554 1.40370484]
因子的方差贡献率:[0.60549311 0.28074097]
因子的累计方差贡献率:[0.60549311 0.88623408]
```

【代码说明】

(1) 第 1~3 行: 读入空气质量监测数据, 进行数据预处理.

(2) 第 4、5 行: 确定和输出参与因子分析的变量: PM2.5、PM10、SO2、CO、NO2 浓度数据.

(3) 第 6、7 行: 采用基于主成分分析的因子分析, 提取 2 个因子并利用方差极大法旋转因子载荷矩阵.

(4) 第 8、9 行: 输出旋转后的因子载荷矩阵和 5 种污染物浓度变量的变量共同度.

结果表明: 因子 f_1 与 PM2.5、PM10、CO、NO2 有较高的相关性, 因子 f_2 与 SO2 有高相关性. 变量的共同度均高于 0.82, 整体上各变量的信息丢失较少.

(5) 第 10、13 行: 输出因子方差贡献、方差贡献率和累计方差贡献率. 累计方差贡献率达到 88%, 因子分析效果比较理想.

二、空气质量综合评测

这里基于因子得分对空气质量进行综合评测, 具体为: 评测值 $= w_1F_1+w_2F_2$, 其中 F_1, F_2 为两个因子得分, w_1, w_2 为权重, 分别为两因子方差贡献率的归一化结果. 评测值越高, 空气质量越差. 由于因子不相关, 所以将加权平均作为综合评测结果是具有合理性的.

```
1  y=fa.transform(X)
2  data['score']=y[:,0]*tmp[2][0]/sum(tmp[2])+y[:,1]*tmp[2][1]/sum(tmp[2])
3  plt.figure(figsize=(20,6))
4  plt.plot(data['score'])
5  plt.title("空气质量综合评测时间序列图",fontsize=18)
6  plt.xlabel("日期",fontsize=15)
7  plt.ylabel("综合评测得分",fontsize=15)
8  plt.xticks([1,365,365*2,365*3,365*4,365*5],['2014','2015','2016','2017','2018','2019'])
9  id=argsort(data['score'])
10 data.iloc[id[::-1][0:5],]
```

	日期	AQI	质量等级	PM2.5	PM10	SO2	CO	NO2	O3	score
54	2014-02-24	310.0	严重污染	260.0	327.0	133.0	4.7	119.0	19.0	5.520231
53	2014-02-23	261.0	重度污染	211.0	246.0	130.0	3.6	92.0	14.0	5.028838
22	2014-01-23	271.0	重度污染	221.0	263.0	118.0	4.0	125.0	8.0	4.889097
15	2014-01-16	402.0	严重污染	353.0	384.0	109.0	4.6	123.0	20.0	4.726350
45	2014-02-15	428.0	严重污染	393.0	449.0	100.0	3.8	110.0	25.0	4.215185

【代码说明】

(1) 第 1 行: 得到因子得分.

(2) 第 2 行: 计算空气质量综合评测结果.

(3) 第 3~8 行: 绘制空气质量综合评测结果的时间序列图. 如图 10–21 所示.

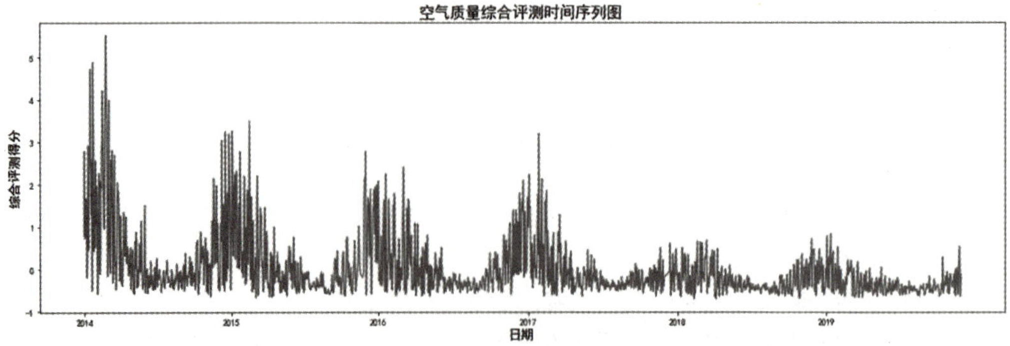

图 10–21　空气质量综合评测结果时序图

图 10-21 显示, 2014—2019 年空气质量综合评测值整体上持续波动性下降, 尤其是 2017 年下半年至 2019 年年底整体水平较低, 空气质量较 2014年、2015 年有了显著改善. 此外, 每年年底和来年年初的综合评测值相对较高, 这与冬季供暖密切相关.

(4) 第 9、10 行: 找到并输出综合评测结果最高, 也即空气质量最差的 5 天. 它们是 2014 年 1 月和 2 月中的 5 天. 可以看到, 空气质量最差的 2014 年 2 月 24 日, 这天的 AQI 并非最高. 综合评测结果与 AQI 并不完全一致. 事实上,AQI 大小与 PM2.5 值密切相关, 而综合评测结果不仅与 PM2.5 等有关, SO2 也有较大权重. 2014 年 2 月 24 日的 SO2 浓度很高, 导致这天的综合评测值较大. 2014 年 2 月 23 日也有类似特点. 2014 年 2 月 15 日的 AQI、PM2.5 很高但 SO2 相对低, 因此综合评测结果并不是最差的.

附录

围绕本章学习, 应重点掌握 Python 模块中的以下函数. 函数的具体格式参见 Python 帮助.

1. 主成分分析

pca=decomposition.PCA(n_components=);pca.fix(X)

2. 矩阵的奇异值分解

np.linalg.svd()

3. 核主成分分析

kpca=decomposition.KernelPCA(n_components=,kernel=);kpca.fix(X)

4. 基于主成分分析的因子分析

fa = FactorAnalyzer(method='principal',n_factors=, rotation='varimax');fa.fit(X)

5. 基于奇异值分解的因子分析

Fac=decomposition.FactorAnalysis(n_components=);Fac.fit(X)

第 11 章 揭示数据内在结构: 聚类分析

学习目标

1. 掌握 K–均值聚类的基本原理和聚类过程.
2. 掌握 K–均值聚类迭代的意义, 以及确定聚类数目 K 的方法.
3. 掌握系统聚类的过程, 以及确定聚类数目 K 的工具.
4. 了解基于高斯分布的 EM 聚类的基本出发点.
5. 掌握上述聚类的 Python 实现.

本章开始进入机器学习的另一个热门领域: 聚类分析. 聚类分析是机器学习算法的重要组成部分, 能够全面客观有效地揭示数据的内在结构, 实际应用极为广泛. 本章将首先讨论聚类分析的一般问题, 然后分别对四种经典的聚类算法进行论述. 具体如下:

第一, 聚类分析的一般问题.

聚类分析的一般问题将涉及聚类的概念、特点、算法类型以及聚类评价等多个方面, 是理解和应用聚类算法的基础.

第二, K–均值聚类.

K–均值聚类是应用最为广泛的聚类算法之一. 其基本原理、算法特点以及如何评价, 是需要重点关注的问题.

第三, 系统聚类.

系统聚类是一款与 K- 均值聚类齐名的优秀聚类算法, 两种算法具有重要的互补意义.

第四, EM 聚类.

EM 聚类在坚实的统计分布理论基础上设计算法, 优秀的聚类效果使 EM 聚类名副其实地成为聚类算法中的佼佼者.

后续还给出各聚类算法的 Python 应用实践. 因聚类算法丰富多样, 第 12 章还会继续讨论一些极具特色的聚类算法.

11.1 聚类分析的一般问题

11.1.1 聚类分析的目的

正如 1.2.2 节所述, 数据集中蕴含着非常多的信息, 其中较为典型的是数据集可能由若干小的数据子集组成. 例如, 对于顾客特征和消费记录的数据集, 依据经验通常认为, 具有相同特征的顾客群 (如性别、年龄、收入等相同) 消费偏好会较为相似. 不同特征的顾客群 (如男性和女性等) 消费偏好可能不尽相同. 客观上存在着属性和消费偏好等总体特征差异较大的若干顾客群.

发现不同的顾客群, 进行市场细分是实施精细化营销的前提. 实际应用中有很多市场细分方法, 比较典型的是 RFM 分析. RFM 是最近一次消费 (recency)、消费频率 (frequency)、消费金额 (monetary) 的英文缩写, 是市场细分最重要的三个方面. 最近一次消费 R 是客户前一次消费距某时点的时间间隔. 理论上, 最近一次消费越近的客户应该是越好的客户, 是对提供新的商品或服务最有可能反应的客户. 从企业角度看, 最近一次消费很近的客户数量及其随时间推移的变化趋势, 能够有效揭示企业成长的稳健程度; 消费频率 F 是客户在限定期间内消费的次数. 消费频率较高的客户通常对企业满意度和忠诚度较高. 从企业角度看, 有效的营销手段应能够大幅提高消费频率, 进而争取更高的市场占有率; 消费金额 M 是客户在限定期间内的消费总金额, 是客户盈利能力的表现. 可依据 R, F, M 分别指定其组限, 对客户进行 3 个维度的交叉分组. 如图 11–1 所示, 将客户划分成 8 个小类.

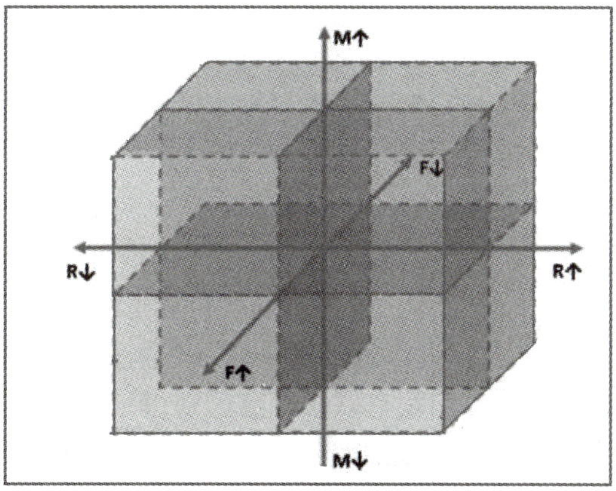

图 11–1　RFM 顾客分组示意图

根据营销理论, 图 11–1 中属于左上角前侧类的顾客是较为理想的 VIP 顾客, 右下角后侧类的顾客极易流失. 应注意到, 市场细分结果的合理性依赖于管理者对实际问题的正确理解, 更依赖于对营销数据的全面把握. 如果组限值设定不合理,“中间地带” 的顾客就可能进入不合理的小类, 无法享受到与其匹配的精细化营销服务, 导致营销服务失效.

所以, 从数据的多个维度出发, 找到其中客观存在的“自然小类”是必要的, 这就是聚类分析的意义所在.

数据聚类的目的是基于 p 个聚类变量, 发现数据中可能存在的小类, 并通过小类刻画和揭示数据的内在结构. 以图 11–2 为例说明 (Python 代码详见 11.5.1 节).

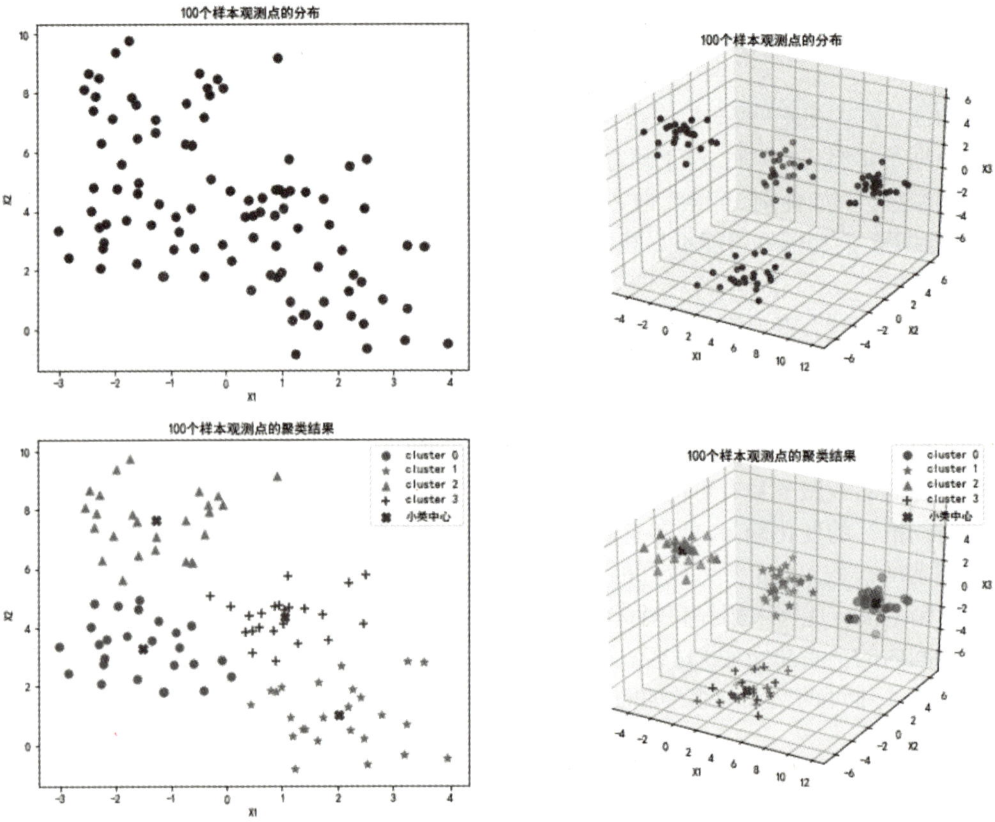

图 11–2　样本观测点在聚类变量空间中的分布和聚类解

图 11–2 第一行的两幅图分别为 100 个样本观测点在两个变量 X_1, X_2 和三个变量 X_1, X_2, X_3 空间中的分布. 这里 X_1, X_2, X_3 在聚类中称为聚类变量. 聚类分析能够找到数据中客观存在的小类, 如第二行的两幅图所示. 其中不同颜色和形状展示了数据聚类的结果, 也称**聚类解**. 红色叉表示小类的中心点. 可以看到每个样本观测点被分别归入不同的小类中.

数据聚类和数据预测中的分类问题有联系更有区别. 联系在于: 数据聚类会给每个样本观测一个聚类解, 即属于哪个小类的标签, 且聚类解将保存在一个新生成的聚类解变量 C (分类型) 中. 分类问题是给输出变量一个分类预测值, 记为 $\hat{y}$, 本质上也是给每个样本观测一个标签. 区别在于: 分类问题中变量有输入变量和输出变量之分, 且分类标签 $\hat{y}$ (如空气质量等级, 顾客买或不买) 的真实值是已知的. 但数据聚类中变量没有输入变量和输出变量之分, 所有变量均视为聚类变量参与分析, 且小类标签 C 的真实值是未知的.

如果说数据分类是在带标签的输出变量 y “参与”下的“有监督”的机器学习算法, 那么数据聚类就是无输出变量 (无标签)“参与”下的“无监督”的机器学习算法. 正是如此, 数据聚类有不同于数据分类的算法策略.

11.1.2 聚类算法概述

聚类分析作为探索式数据分析的重要手段, 已广泛应用于机器学习、模式识别、图像分析、信息检索、生物信息学 (bioinformatics) 等众多领域. 目前, 聚类算法 (也称聚类模型) 有上百种之多. 不同算法对类的定义有所不同, 聚类策略也各有千秋. 这里仅对它们做简单概括.

一、类是一组数据对象 (或称样本观测) 的集合

类是一组样本观测的集合, 主要包括以下三种情况:

(1) 聚类变量空间中距离较近的各样本观测点, 可形成一个小类. 如图 11–2 第二列所示.

(2) 聚类变量空间中样本观测点分布较为密集的区域, 可视为一个小类. 如图 11–2 第一列所示.

(3) 来自某特定统计分布的一组样本观测, 可视为一个小类.

二、聚类结果

从聚类结果角度看, 主要包括以下两种情况:

(1) 确定性聚类和模糊聚类. 如果任意两个小类的交集为空, 一个样本观测点最多只属于一个确定的小类, 称为确定性聚类 (或硬聚类). 否则, 如果一个样本观测点以不同概率水平属于所有的小类, 称为模糊聚类 (或软聚类).

(2) 层次聚类和非层次聚类. 如果小类之间存在一个类是另一个类的子集的情况, 称为层次聚类或系统聚类. 否则为非层次聚类.

三、聚类模型

从聚类模型角度看, 主要包括以下几种情况:

(1) 基于质心的聚类模型 (centroid models). 从反复寻找类质心角度设计算法. 这类算法以质心为核心, 视聚类变量空间中距质心较近的多个样本观测点为一个小类. 得到的聚类结果一般为确定性的且不具有层次关系.

(2) 基于联通性的聚类模型 (connectivity models). 从距离和联通性角度设计算法. 这类算法视聚类变量空间中距离较近的多个样本观测点为一个小类, 并基于联通性完成最终的聚类. 得到的聚类结果一般为确定性的且具有层次关系.

(3) 基于统计分布的聚类模型 (distribution models). 从统计分布角度设计算法. 这类算法视来自某特定统计分布的多个样本观测为一个小类, 认为一个小类是来自一个统计分布的随机样本. 得到的聚类结果一般具有不确定性, 且不具有层次关系.

(4) 基于密度的聚类模型 (density models). 从密度的可达性角度设计算法. 这类算法视聚类变量空间中样本观测点分布较为密集的区域为一个小类. 以距离阈值为密度可达性定

义. 得到的聚类结果一般为确定性的, 不具有层次关系. 适合 “自然小类” 形状复杂不规则的情况.

(5) 其他聚类模型. 其他聚类模型, 如动态聚类、自组织映射 (self-organizing mapping, SOM) 聚类、基于图的聚类模型 (graph-based models) 等.

四、聚类数目

有些聚类算法要求事先确定聚类数目 K, 有些则不需要.

本章将重点讨论常用的基于质心的聚类模型、基于联通性的聚类模型和基于统计分布的聚类模型.

11.1.3 聚类解的评价

数据聚类是无输出变量 (无标签)“参与” 下的 “无监督” 的机器学习算法, 通常不能像数据预测建模那样, 通过计算实际值与预测值 C 间的差异程度 (如错判率等), 评价聚类解的合理性, 因为实际标签值是未知的. 聚类解的评价策略通常包括两类: 第一, 内部度量法; 第二, 外部度量法.

一、内部度量法

内部度量法的核心出发点是: 合理的聚类解, 应确保小类内部差异小且小类之间差异大. 这通常依赖于小类数目, 也称聚类数目 K 的大或小. 对样本量为 N 的数据集, 若聚类数目较大, 极端情况下聚类数目 $K=N$, 每个样本观测自成一类. 此时, 类内部零差异, 但类间差异不一定大, 意味着应将某些样本观测聚成若干小类, 减少聚类数目 K. 相反, 若聚类数目较小, 极端情况下聚类数目 $K=1$, 所有样本观测聚成一个大类. 此时, 类间零差异, 但类内部的差异一定很大, 意味着应将某些样本观测从大类中分离出去, 单独聚成若干小类, 增加聚类数目 K. 所以,**聚类解评价的核心是判断聚类数目是否合理**.

判断聚类数目的合理性还有更深层的意义. 事实上, 尽管聚类分析本身旨在发现数据中的 “自然小类”, 但后续可基于聚类模型, 对新的样本观测应归属的小类进行判定, 从而将聚类分析推广到分类预测中. 所以, 从这个角度看, 聚类模型也是一种特殊的分类模型. 本书前面章节反复提及, 分类模型需要兼顾预测精度和模型复杂度. 对于聚类来说, 模型的复杂度就是聚类数目 K. 不合理的 K 一方面会导致预测精度低下, 另一方面也会导致模型过拟合.

这里涉及的首要问题是: 如何度量小类内部和小类之间的差异性. 常用的度量指标如下:

1. 类内离差平方和以及类间离差平方和

类内离差平方和、类间离差平方和的定义, 与 9.1.2 节的组内离差平方和、组间离差平方和相同.

首先, 聚类变量 X_j 的总的离差平方和定义为: $SSX_j=\sum_{i=1}^{N}(X_{ij}-\overline{X}_j)^2$. $\overline{X}_j$ 为 X_j 的总样本均值. 若将样本观测聚成 K 类, 变量 X_j 的类内离差平方和定义为: $SSX_{j(\text{within})}=$

$\sum_{k=1}^{K}\sum_{i=1}^{N_k}(X_{ij}^k-\overline{X}_j^k)^2$. 其中, N_k 和 $\overline{X}_j^k$ 分别为第 $k(k=1,2,\cdots,K)$ 小类的样本量和样本均值, $X_(^k ij)$ 表示 X_j 在第 k 小类第 i 个样本观测上的取值. 类内离差平方和是各个小类内部离差平方和的总和, 度量了小类内部总的离差程度, 应越小越好.

变量 X_j 的类间离差平方和定义为: $SSX_{j(\text{between})}=\sum_{k=1}^{K}N_k(\overline{X}_j^k-\overline{X}_j)^2$. 类间离差平方和是各小类的样本均值与总样本均值的离差平方和之和, 度量了小类间总的离散程度, 应越大越好.

其次, 上述仅是单个变量 X_j 的各种离差平方和. 聚类分析中聚类变量个数 p 至少大于等于 2. 所以离差平方和应是 p 个变量离差平方和之和. 于是, 总的离差平方和为:

$$SST=\sum_{j=1}^{p}\sum_{i=1}^{N}(X_{ij}-\overline{X}_j)^2 \tag{11.1}$$

类内离差平方和为:

$$SSX_{\text{within}}=\sum_{j=1}^{p}\sum_{k=1}^{K}\sum_{i=1}^{N_k}(X_{ij}^k-\overline{X}_j^k)^2 \tag{11.2}$$

类间离差平方和为:

$$SSX_{\text{between}}=\sum_{j=1}^{p}\sum_{k=1}^{K}N_k(\overline{X}_j^k-\overline{X}_j)^2 \tag{11.3}$$

进一步, 可定义一个比值 F : $F=SSX_{\text{between}}/SSX_{\text{within}}$. 显然, 比值 F 越大, 表明聚类数目 K 越合理. 此外, 为消除样本量 N 和聚类数目 K 大小对比值 F 计算结果的影响, 通常将比值 F 调整为: $F=\dfrac{\frac{SSX_{\text{between}}}{K-1}}{\frac{SSX_{\text{within}}}{N-K}}$, 分子分母都是均方 (方差). 这即为 9.1.2 节的 F 统计量拓展到多变量的情况.

2. CH 指数

CH (Calinski-Harabaz, CH) 指数与比值 F 的思想类似, 优势在于将计算直接拓展到 p 维聚类变量空间中.

首先, 度量小类内部的总的差异性:

$$D_{\text{within}}^2=\frac{1}{N-K}\sum_{k=1}^{K}\sum_{i=1}^{N_k}\|\boldsymbol{X}_i^k-\overline{\boldsymbol{X}}^k\|^2 \tag{11.4}$$

$\|\boldsymbol{X}_i^k-\overline{\boldsymbol{X}}^k\|^2$ 表示第 k 个小类中第 i 个样本观测点 $\boldsymbol{X}_i^k\in\Re^p$ 到本小类中心点 $\overline{\boldsymbol{X}}^k\in\Re^p$ 距离的平方. $\dfrac{1}{N-K}$ 用于消除样本量 N 和聚类数目 K 大小对计算结果的影响. 可见, D_{within}^2 越小, 表明小类内的差异性越小.

然后, 度量小类之间的总的差异性:

$$D^2_{\text{between}} = \frac{1}{K-1}\sum_{k=1}^{K} N_k \|\overline{\boldsymbol{X}}^k - \overline{\boldsymbol{X}}\|^2 \tag{11.5}$$

$\|\overline{\boldsymbol{X}}^k - \overline{\boldsymbol{X}}\|^2$ 表示第 k 个小类的中心点 $\overline{\boldsymbol{X}}^k$ 到全体数据的中心点 $\overline{\boldsymbol{X}} \in \Re^p$ 距离的平方. $\frac{1}{K-1}$ 用于消除聚类数目 K 大小对计算结果的影响. 可见, D^2_{between} 越大, 表明小类间的差异性越大.

最后, 计算 CH 指数:

$$CH = \frac{D^2_{\text{between}}}{D^2_{\text{within}}} \tag{11.6}$$

显然,CH 指数越大, 表明聚类数目 K 越合理.

3. 轮宽

轮宽 (silhouette) 是个常用的可直接度量聚类解合理性的指标.

首先, 轮宽是针对样本观测点 $\boldsymbol{X}_0 \in \Re^p$ 的. 样本观测点 $\boldsymbol{X}_0$ 的轮宽定义为:

$$s(\boldsymbol{X}_0) = \frac{b(\boldsymbol{X}_0) - a(\boldsymbol{X}_0)}{\max(a(\boldsymbol{X}_0), b(\boldsymbol{X}_0))} \tag{11.7}$$

其中, $a(\boldsymbol{X}_0)$ 是样本观测 $\boldsymbol{X}_0$ 在所属小类 k (聚类指派的小类) 的总代价; $b(\boldsymbol{X}_0)$ 是样本观测 $\boldsymbol{X}_0$ 在其他小类 $(-\kappa(k))$ 的总代价的最小值. 这里, 总代价的定义类似 $\sum_{j=1}^{p}\sum_{i=1}^{N_k}(X^k_{ij} - X_{0j})^2$, 即以 $\boldsymbol{X}_0$ 为中心点, 计算类内部其他样本观测点与中心点的离散程度. 显然, 若经聚类 $\boldsymbol{X}_0$ 被指派到一个合理的小类 k 中, 则 $a(\boldsymbol{X}_0)$ 应较小而 $b(\boldsymbol{X}_0)$ 会较大, $s(\boldsymbol{X}_0) \to 1$. 反之, 若经聚类 $\boldsymbol{X}_0$ 被指派到一个不合理的小类 k 中, 则 $a(\boldsymbol{X}_0)$ 应较大而 $b(\boldsymbol{X}_0)$ 会较小, $s(\boldsymbol{X}_0) \to -1$. 因此, 轮廓值 $s(\boldsymbol{X}_0)$ 越大越接近 1, 表明 $\boldsymbol{X}_0$ 的聚类解越合理; 反之, 轮廓值 $s(\boldsymbol{X}_0)$ 越小越接近 -1, 表明 $\boldsymbol{X}_0$ 越可能被归入错误的小类.

然后, 计算样本观测全体的平均轮宽 $\bar{s}(\boldsymbol{X}) = \frac{1}{N}\sum_{i=1}^{N} s(\boldsymbol{X}_i)$. 平均轮宽 $\bar{s}(\boldsymbol{X})$ 越大越接近 1, 表明整体上聚类解越合理; 反之, 平均轮宽 $\bar{s}(\boldsymbol{X})$ 越小越接近 -1, 表明整体上聚类解越不合理.

二、外部度量法

外部度量法的核心出发点是: 默认存在一个与聚类解 C 高度相关的外部变量 Z (不是聚类变量不参与聚类). 例如, 假设某类市场细分中的 VIP 顾客通常是活跃型顾客, 等等. 在该默认前提下, 可计算样本观测 $\boldsymbol{X}_i(i = 1, 2, \cdots, N)$ 的聚类解 C_i 与 Z_i 的一致程度. 例如借用分类建模中的错判率等指标. 一致程度越高, 聚类解越合理.

在解决实际应用问题时, 外部度量法并不常用. 因为若能够默认 C 与 Z 高度相关, 就不必进行聚类分析, 直接将 Z 作为小类标签即可. 或者基于聚类变量和 Z 建立分类模型, 采用有监督的学习方式探索聚类变量和 Z 间的关系.

外部度量法主要用于评价某个新开发的聚类算法的聚类性能, 探索新算法能否到达预期的聚类目标, 因此多适用于聚类算法的性能对比和新算法的研发场景.

11.1.4　聚类解的可视化

聚类解的可视化是指，利用二维散点图直观展示小类内部样本观测点的分布，以及小类间的相对位置. 聚类解的可视化在聚类变量 $p > 3$ 的高维情况下是非常必要的，不仅能够形象刻画聚类解的情况，而且也可作为直观评价聚类解的图形化手段.

将在高维聚类变量空间中的样本观测点展示到二维平面上的关键是降维. 对此，可利用 10.1 节的主成分分析等方法实现. 图 11–3 是对图 11–2 第二行聚类解的直观展示 (Python 代码详见 11.5.1 节).

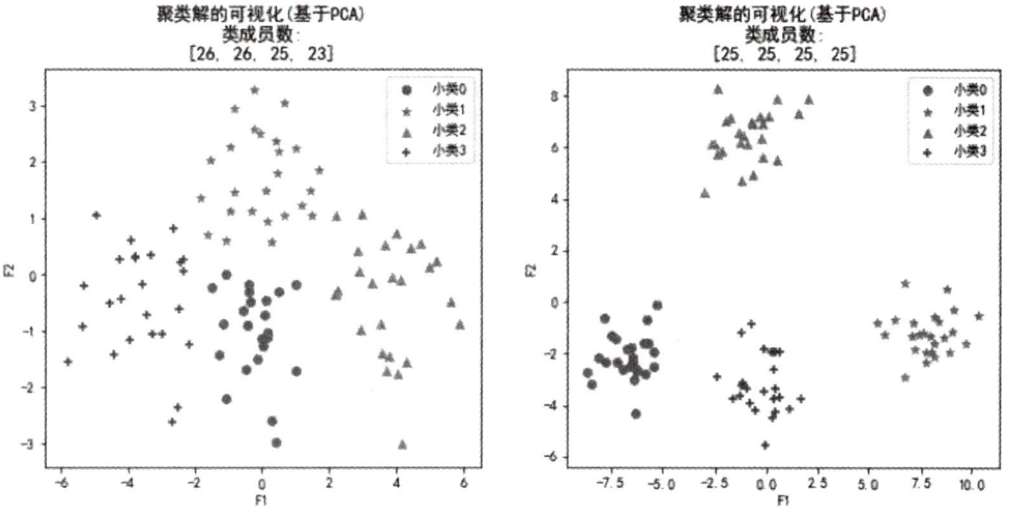

图 11–3　聚类解的可视化

图 11–3 是采用主成分分析，提取两个主成分后绘制的基于主成分的散点图. 不同颜色和形状表示不同的聚类解. 第二幅图中小类内的样本观测点很集中，且类之间的距离相对较大，表明聚类效果比较理想. 相对而言，第一幅图的聚类效果略逊一筹.

综上，聚类分析基于不同的小类定义有不同的聚类算法策略. 对聚类解的评价是聚类分析的重要内容. 可视化能够更直观地展示聚类解，在聚类分析的实际应用中是不可或缺的.

以下将基于上述方面，分别讨论基于质心的聚类模型、基于联通性的聚类模型和基于统计分布的聚类模型.

11.2　基于质心的聚类模型：K–均值聚类

K–均值聚类也称快速聚类，是统计学的经典聚类方法. K–均值聚类中小类的定义是：聚类变量空间中距离较近的样本观测点为一个小类. 算法以小类的质心点为核心，视距小类质心点较近的样本观测为一个小类，给出的聚类解为确定性的且不具有层次关系. 同时，需

事先确定聚类数目 K.

因以距离作为聚类依据, 所以样本观测点 $\boldsymbol{X}_i$ 和 $\boldsymbol{X}_j$ 间的距离定义是关键. 这与 4.1.1 节中的距离定义是一致的, 这里不再赘述. 但仍需强调的是, 距离是 K- 均值聚类的基础, 将直接影响最终聚类解. 聚类前应努力消除影响距离 “客观性” 的因素.

例如, 应消除数量级对距离计算结果的影响. 应努力避免聚类变量高相关性导致的距离 “重心偏颇”. 如第 9 章开篇提及的, 某健身中心收集了会员的身高、体重、腿长、臂长、臂围等数据. 若基于这些数据进行会员身形的聚类, 由于身高、腿长和臂长等通常高度相关, 距离计算时将会重复贡献 “长度”, 使得距离计算结果出现 “重心” 偏颇至 “长度” 的现象. 所以, 可通过恰当的变量筛选避免聚类变量间高相关性.

以下将重点讨论 K–均值聚类过程.

11.2.1 K–均值聚类基本过程

在距离定义下, K–均值聚类算法要求事先确定聚类数目 K, 并采用分割方式实现聚类.

所谓分割是指: 首先, 将聚类变量空间随意分割成 K 个区域, 对应 K 个小类, 并确定 K 个小类的中心位置, 即质心点; 然后, 计算各个样本观测点与 K 个质心点间的距离, 将所有样本观测点指派到与之距离最近的小类中, 形成初始的聚类解. 由于初始聚类解是在聚类变量空间随意分割的基础上产生的, 无法确保给出的 K 个小类就是客观存在的 “自然小类”, 所以需多次迭代.

在这样的设计思路下, K–均值聚类算法的具体过程如下:

第一步, 指定聚类数目 K.

在 K–均值聚类中, 应首先给出希望聚成多少类. 确定聚类数目 K 并非易事, 既要考虑最终的聚类效果, 也要符合所研究问题的实际情况. 聚类数目 K 太大或太小都将丧失聚类的意义.

第二步, 确定 K 个小类的初始质心.

小类质心是各小类特征的典型代表. 指定聚类数目 K 后, 还应指定 K 个小类的初始类质心. 初始类质心指定的合理性, 将直接影响聚类算法收敛的速度. 常用的初始类质心的指定方法有:

- 经验选择法, 即根据以往经验大致了解样本应聚成几类以及小类的大致分布, 只需要选择每个小类中具有代表性的样本观测点作为初始类质心即可.
- 随机选择法, 即随机指定 K 个样本观测点作为初始类质心.
- 最大值法, 即先选择所有样本观测点中相距最远的两个点作为初始类质心. 然后选择第三个观测点, 它与已确定的类质心的距离是其余点中都最大的. 之后按照同样的原则选择其他类质心.

第三步, 根据最近原则进行聚类.

依次计算每个样本观测点 $\boldsymbol{X}_i(i=1,2,\cdots,N)$ 到 K 个小类质心的距离, 并按照距 K 个小类质心距离最近的原则, 将所有样本观测分派到距离最近的小类中, 形成 K 个小类.

第四步, 重新确定 K 个类质心.

重新计算 K 个小类的质心. 质心的确定原则是: 依次计算各小类中所有样本观测点在各个聚类变量 $X_i(i=1,2,\cdots,p)$ 上的均值, 并以均值点作为新的类质心点, 完成一次迭代过程.

第五步, 判断是否满足终止聚类算法的条件. 如果没有满足则返回到第三步, 不断反复上述过程, 直到满足迭代终止条件.

聚类算法终止的条件通常有两个: 第一, 迭代次数. 当目前的迭代次数等于指定的迭代次数时, 终止聚类算法; 第二, 小类质心点偏移程度. 若新确定的小类质心点与上次迭代确定的小类质心点的最大偏移量小于某阈值 $\varepsilon>0$ 时, 终止聚类算法. 上述两个条件中任意一个满足则结束算法. 适当增加迭代次数或设置合理的阈值 ε, 能够有效克服初始类质心点的随意性给聚类解带来的负面影响.

可见, K–均值聚类是一个反复迭代过程. 聚类过程中, 样本观测点的聚类解会不断调整, 直到最终小类基本不变, 聚类解达到稳定为止. 图 11–4 直观反映了 K–均值聚类的过程.

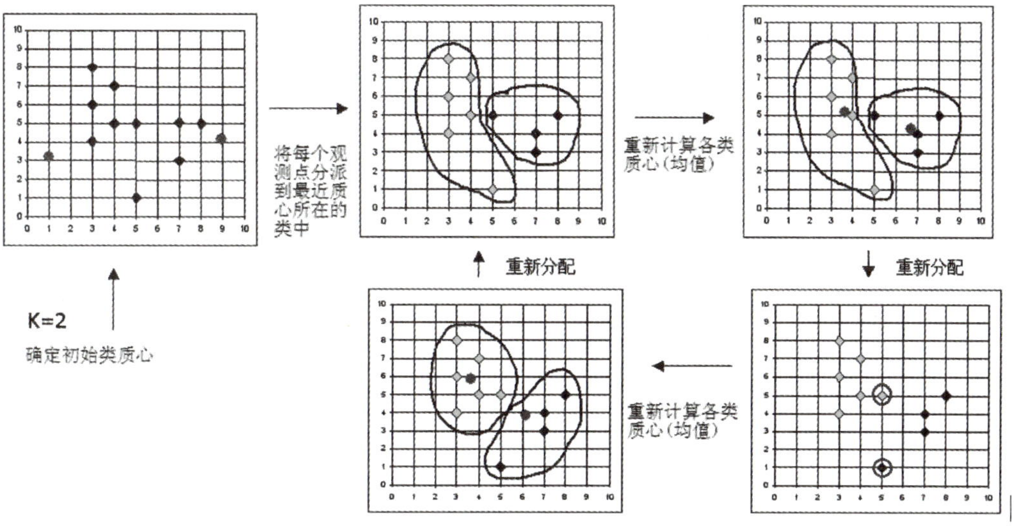

图 11–4 K–均值聚类过程

图 11–4 中, 首先指定聚成 $K=2$ 类, 第一幅图中的红色点为初始类质心. 第一次迭代结束时, 得到第二幅图中亮蓝点和深蓝点分属的两个小类. 然后重新计算两个小类的质心, 如第三幅图中的红色点所示, 完成第一次迭代. 对比发现第一次迭代后两个质心点的位置均发生了较大偏移, 可见初始的类中心是不恰当的.

接下来进入第二次迭代, 聚类解如第二行的右图所示. 其中圆圈圈住的两个点的颜色发生了变化, 意味着它们的聚类解发生了变化. 再次计算两个小类的质心, 为第二行左图中的红色点, 完成第二次迭代. 同样, 与第一次迭代对比, 当前两个质心点的位置也均发生了偏移, 尽管偏移幅度小于第一次迭代, 第二次迭代是必要的. 按照这种思路, 迭代会继续下去, 质心的偏移幅度会越来越小, 直到满足迭代终止条件为止. 如果迭代是充分的, 迭代结束时的聚类解将不再随迭代的继续而变化.

进一步, K–均值聚类过程本质上是一个优化求解过程. 若将数据集中的 N 个样本观测记为 $(\boldsymbol{X}_1,\boldsymbol{X}_2,\cdots,\boldsymbol{X}_N)$, K 个小类记为 $(\boldsymbol{S}_1,\boldsymbol{S}_2,\cdots,\boldsymbol{S}_K)$, 则 K–均值聚类即是要找到小类

内离差平方和最小下的聚类解，即 $\underset{S_1,S_2,\cdots,S_K}{\arg}\min\sum_{k=1}^{K}\sum_{X\in S_k}\|X-u_k\|^2$，$u_k$ 是 S_k 类的质心，$\|X-u_k\|$ 表示样本观测 X 与质心 u_k 的距离．在预设的聚类数目 K 下，K–均值聚类算法无须再关注小类间的离散性．

11.2.2 K–均值聚类中的聚类数目

K–均值聚类中的难点是需事先确定聚类数目 K．不同的 K 值将给出不同的聚类解．

例如，对图 11–2 左上图的数据采用 K–均值聚类，聚类数目 $K=2\sim7$ 时的聚类解如图 11–5 所示 (Python 代码详见 11.5.1 节)．

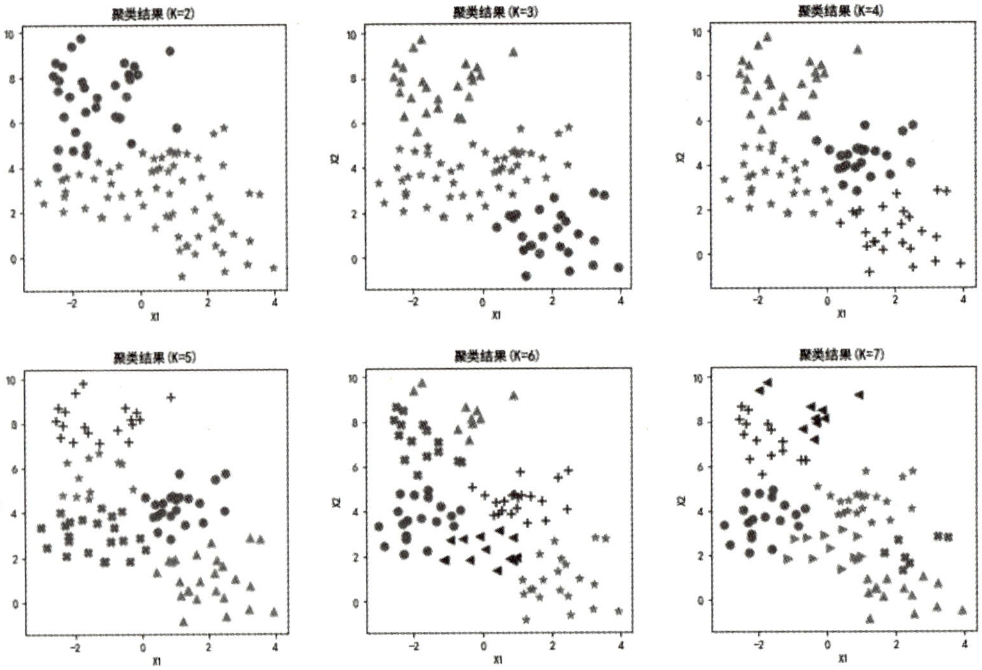

图 11–5 不同聚类数目 K 下的聚类解

图 11–5 第一幅图中，因聚成 2 类时类内差异较大，可考虑进一步聚成 3 类、4 类等．当从 4 类聚成 5 类或更多类时，需要关注类内差异是否显著缩小，类间差异是否显著增加．因为如 11.1.3 节讨论的，增加聚类数目 K 意味着增加模型复杂度，但若没有显著减少内类差异和增大类间差异，意味着预测精度没有明显改善，此时增加聚类数目 K 就没有意义．

为此，可将 11.1.3 节讨论的比值 F、CH 指数和轮宽作为确定 K 的依据 (Python 代码详见 11.5.1 节)．如图 11–6 所示．

图 11–6 表明，聚类数目 $K=4$ 时各度量指标达到次大或最大．本例聚成 4 类是比较恰当的．聚成 4 类的聚类解可视化如图 11–3 左图所示．

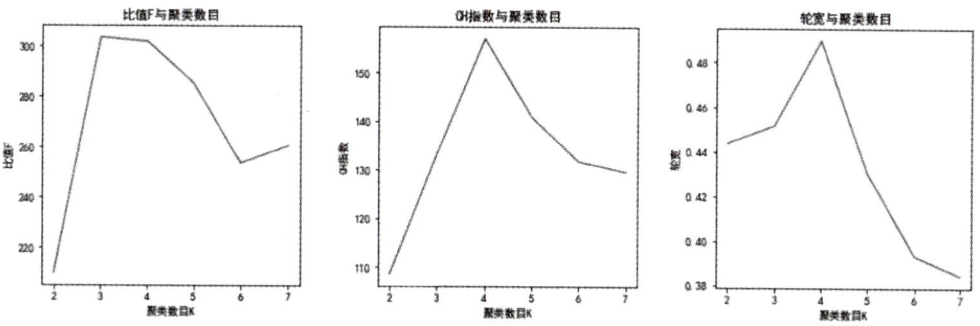

图 11–6　聚类评价指标和聚类数目 K

11.2.3　基于 K–均值聚类的预测

K–均值聚类的核心是质心. 基于迭代结束后的聚类解, 可计算出各小类最终的质心 $\boldsymbol{C}^1, \boldsymbol{C}^2, \cdots, \boldsymbol{C}^K$. 如图 11–2 第二行两幅图中的红色叉.

对 p 维聚类变量空间中任意新的样本观测点 $\boldsymbol{X}_0 \in \Re^p$, 若预测其所属的小类, 只需计算 $\boldsymbol{X}_0$ 与各个小类质心的距离: $\|\boldsymbol{X}_0 - \boldsymbol{C}^j\| (j = 1, 2, \cdots, K)$. $\boldsymbol{X}_0$ 的聚类解为距离最小的类: $C_0 = \min\limits_j \|\boldsymbol{X}_0 - \boldsymbol{C}^j\|$.

K–均值聚类分析的讨论至此结束. 需补充说明的是: K–均值聚类过程中, K 个小类的初始类中心具有随机性. 大数据集下若迭代不充分, 初始类中心的随机性会对聚类解产生影响. 为此通常的做法是多次 "**重启动**", 即多次执行 K–均值聚类过程, 最终给出稳定的聚类解.

11.3　基于联通性的聚类模型: 系统聚类

系统聚类也称层次聚类, 从距离和联通性角度设计算法. 这类算法视聚类变量空间中距离较近的多个样本观测点为一个小类, 并基于联通性完成最终的聚类. 得到的聚类结果一般为确定性的且具有层次关系.

11.3.1　系统聚类的基本过程

系统聚类是将各个样本观测点逐步合并成小类, 再将小类逐步合并成中类乃至大类的过程. 具体过程如下:

首先, 每个样本观测点自成一类.

其次, 计算所有样本观测点彼此间的距离, 并将其中距离最近的点聚成一个小类, 得到 $N - 1$ 类.

再次, 度量剩余样本观测点和小类间的距离, 并将当前距离最近的点或小类再聚成一个类.

重复上述过程，不断将所有样本观测点和小类聚集成越来越大的类，直到所有点“凝聚”到一起，形成一个最大的类为止. 对 N 个样本观测需经 $N-1$ 次“凝聚”形成一个大类. 如图 11–7 所示.

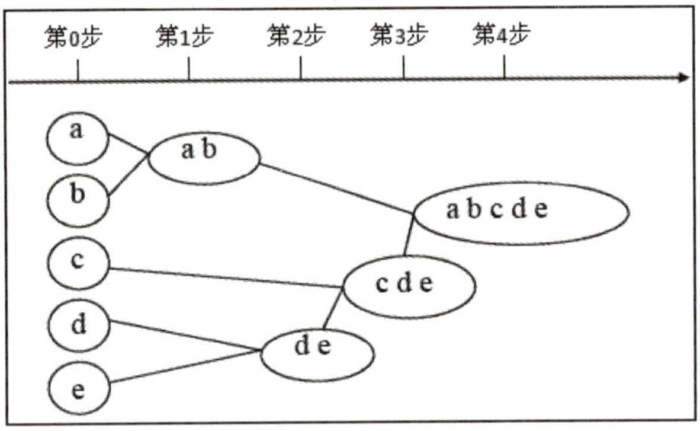

图 11–7 系统聚类过程示例

图 11–7 中，开始阶段 a, b, c, d, e 五个样本观测点各自成一类 {a}, {b}, {c}, {d}, {e}. 第 1 步中 a, b 间的距离最近，首先合并成一个小类 {a, b}；第 2 步中 d, e 合并为一个小类 {d, e}；第 3 步中 c 并入 {d, e} 小类中，形成 {c, d, e}；第 4 步中 {a, b} 小类与 {c, d, e} 小类合并，所有观测成为一个大类. 可见，小类 (如 {a}, {b}) 是中类 (如 {a, b}) 的子类，中类 (如 {d, e}) 是大类 (如 {c, d, e}) 的子类. 类之间具有从属或层次包含关系. 此外，随聚类的进行，类内的差异性逐渐增加.

11.3.2 系统聚类中距离的联通性测度

从系统聚类过程看，涉及以下两个方面的距离测度：

第一，样本观测点间距离的测度. 测度方法同 K–均值聚类，不再赘述.

第二，样本观测点和小类间、小类和小类间距离的测度.

K–均值聚类中的距离测度不再适用于样本观测点与小类、小类与小类间距离的测度. 此时，需从连通性角度度量.

所谓联通性也是一种距离的定义，测度的是聚类变量空间中，样本观测点联通一个小类或一个小类联通另一个小类所需的距离长度. 主要有如下联通性测度方法：

一、最近邻法

最近邻 (single linkage) 法中，样本观测点联通一个小类间所需的距离长度，是该点与小类中所有点距离中的最小值.

二、最远距离法

最远距离 (maximum linkage) 法中，样本观测点联通一个小类间所需的距离长度，是该点与小类中所有点距离中的最大值.

三、组间平均链锁法

组间平均链锁 (average linkage) 法中, 样本观测点联通一个小类间所需的距离长度, 是该点与小类中所有点距离的平均值.

四、ward 法

ward 法中, 样本观测点联通一个小类间所需的距离长度, 是将该点合并到小类后的方差.

11.3.3　系统聚类中的聚类数目

从聚类过程看, 系统聚类的优势在于可以给出聚类数目 $K=1,2,\cdots,N$ 时的所有聚类解, 这为确定合理的聚类数目 K 提供了直接依据.

一、示例一

给出一个小样本量下的系统聚类示例, 如图 11–8 所示 (Python 代码详见 11.5.2 节).

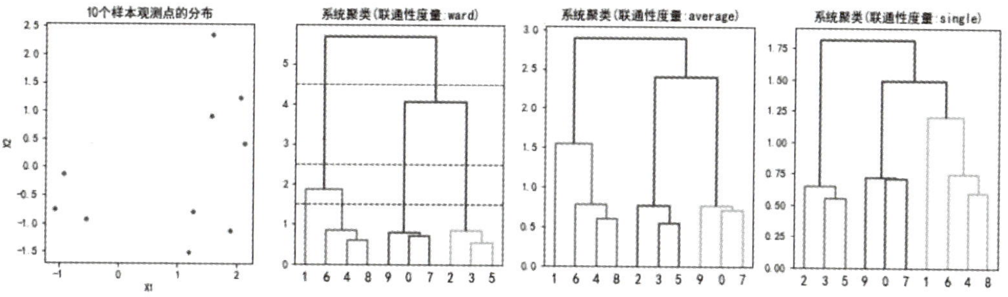

图 11–8　系统聚类的树形图

图 11–8 中, 第一幅图展示了 10 个样本观测点在二维聚类变量空间中的分布. 现通过系统聚类并分别采用 ward 法、组间平均链锁法和最近邻法三种连通性度量实施聚类. 聚类解如后三幅图所示. 其中, 纵坐标为点和点间的距离或联通性测度结果, 横坐标为样本观测点编号. 图通过倒置的树形结构展示了全部聚类解, 相同颜色表示同一个类. 例如, 第二幅图中, 样本观测点 3 和 5 首先聚成一个小类 (其间距离最小), 后续又和 2 聚在一起成为一个中类. 本例中不同联通性测度下的聚类解均相等.

树形图为确定合理的聚类数目 K_{opt} 提供了直接依据. 例如第二幅图中, $K_{\mathrm{opt}}\geqslant 4$ (以最下方的虚线为标准, 如聚成 4 类: $\{1,\{6,4,8\},\{9,0.7\},\{2,3,5\}\}$) 显然是不恰当的, 因为类间差异过小 (虚线位置较低). $K_{\mathrm{opt}}\leqslant 2$ (以最上方的虚线为标准, 如聚成 2 类: $\{\{1,6,4,8\},\{9,0,7,2,3,5\}\}$) 也不恰当, 因为类内差异过大 (虚线位置较高). $K_{\mathrm{opt}}=3$ (以中间的虚线为标准: $\{\{1,6,4,8\},\{9,0,7\},\{2,3,5\}\}$) 较为合理.

二、示例二

给出一个大样本量下的系统聚类示例. 图 11–9 是系统聚类对样本容量 $N = 3\ 000$ 的数据集, 聚成 15, 10, 5, 5 类时的聚类效果图. 不同颜色的点属于不同的小类 (Python 代码详见 11.5.2 节). 确定合理的聚类数目 K 是关键.

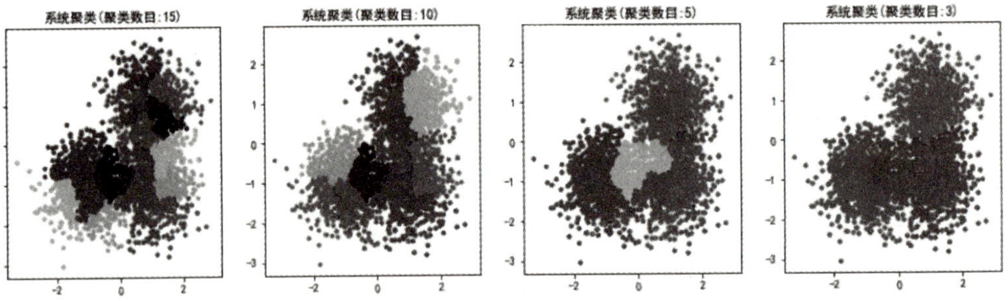

图 11–9　不同聚类数目 K 下的聚类解

当样本量较大时, 可以利用碎石图帮助确定合理的聚类数目 K, 如图 11–10 所示.

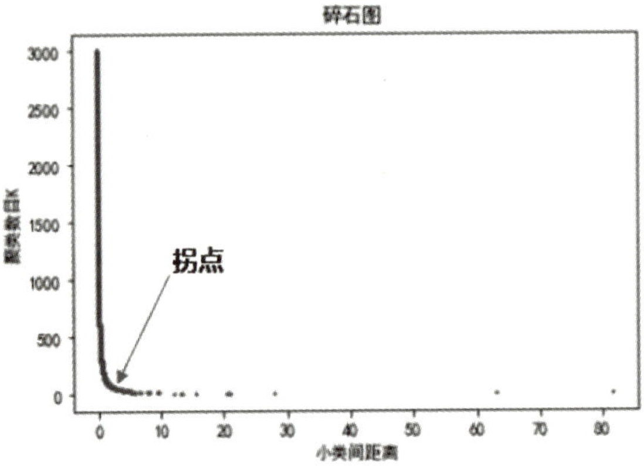

图 11–10　聚类碎石图

图 11–10 中, 横坐标为小类间的距离 (或联通性度量), 纵坐标为聚类数目 K. 该图是聚类过程中小类距离和聚类数目 K 的散点图. 对于上述样本量等于 $N = 3\ 000$ 的数据集, 需 2 999 次 "凝聚" 形成一个大类. 当数据聚成 2 999 个小类时, 小类内的差异很小, 如图 11–10 所示, 距离近似等于 0. 后续聚成 2 998, 2 997, 2 996 等小类时, 小类内的距离均增加很少, 表现为图中许多点连成一条由上而下的近似竖直的 "线". 之后, 当聚类数目 K 减少至图中箭头所指位置时, 若继续减少 K, 小类内部的差异性增加幅度将变大. 当 K 从 9 减少到 8, 7, 6 等时, 小类内部的差异性显著增加, 表现为图中若干点连成一条由左至右的近似水平的 "线". 图形整体上类似 "陡峭山峰的断崖" 和 "山脚下的碎石路", 因此得名碎石图.

合理的聚类数目 K 应为碎石图中箭头所指 "拐点" 处的 K. 原因是若后续再继续 "凝聚", 小类内部的差异性就会过大, 所以 K 不能再继续减少了. 因此, 本例大致聚成 10 类是比较恰当的.

应注意的是: 由于系统聚类可以给出全部聚类解, 所以大数据集下的系统聚类的计算成本很高. 实际应用中, 通常可首先基于随机抽取的小数据集, 利用系统聚类进行 “预聚类”. 目的是了解数据的内在 “自然结构”, 确定合理的聚类数目 $K = K_{\text{opt}}$. 后续在大规模数据集上聚类时, 指定系统聚类仅给出 $K = K_{\text{opt}}$ 下的聚类解, 以提高算法效率.

11.3.4　系统聚类中的其他问题

一、系统聚类解和 K–均值聚类解的对比

系统聚类过程不同于 K–均值聚类, 这决定了两者的聚类解有时不完全一致.

例如, 收集到某年我国 30 个省 (自治区、直辖市) 环境污染状况的经标准化处理的统计数据, 包括: 生活污水排放量 (x_1), 生活二氧化硫排放量 (x_2), 生活烟尘排放量 (x_3), 工业固体废物排放量 (x_4), 工业废气排放总量 (x_5), 工业废水排放量 (x_6). 现基于收集到的数据, 分别采用系统聚类和 K–均值聚类, 将省 (自治区、直辖市) 的整体环境污染状况分成 4 类. 聚类解如图 11–11 所示 (Python 代码详见 11.5.3 节).

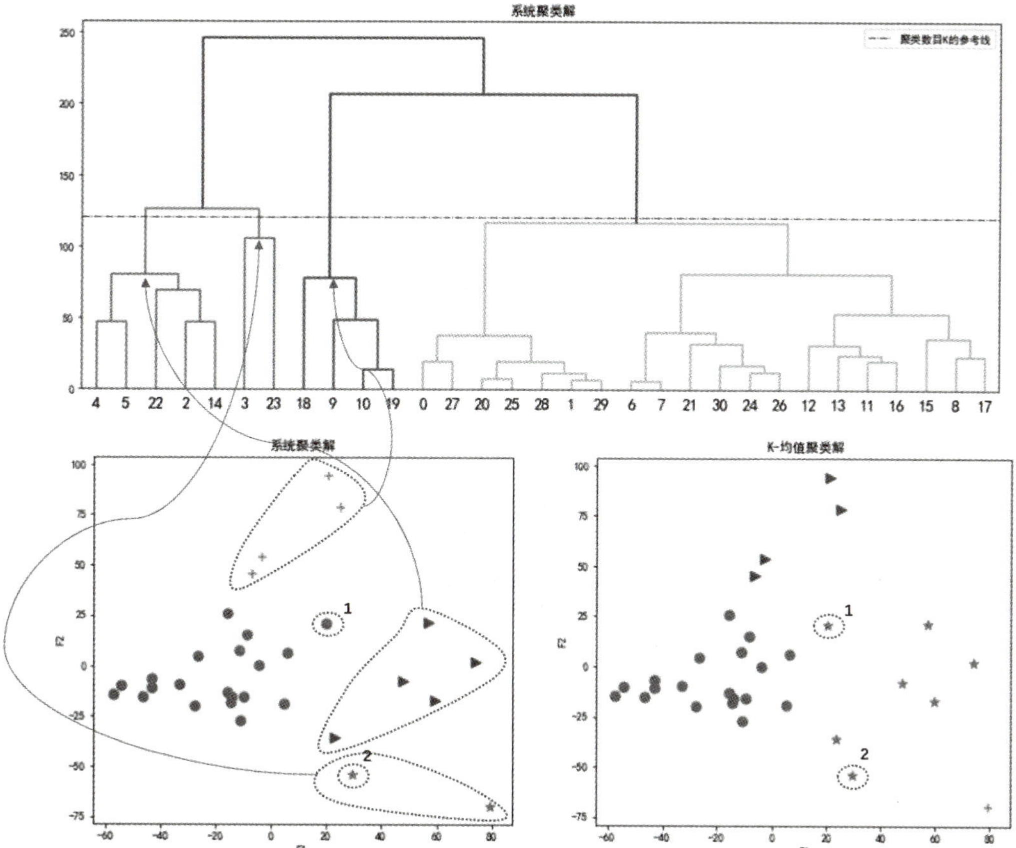

图 11–11　环境污染数据的聚类解

图 11–11 第一行给出了对 30 个省 (自治区、直辖市) 系统聚类的所有聚类解. 第二行左

图展示了聚成 4 类的情况 (采用主成分分析提取 2 个主成分的散点图), 相同颜色和形状表示同一小类. 右图为 K–均值聚类解.

观察发现, K–均值聚类解与系统聚类解不完全一致, 如图中虚线圆圈圈住的 1, 2 两点. 在右图的 K–均值聚类中, 1, 2 两个点均与黄色五角星小类的质心更近, 归入该小类. 但在系统聚类中, 当确定聚成 4 类时第一行的树形图显示, 左图的 2 号点对应第 3 号样本观测与第 23 号样本观测更近, 而非归入左侧的小类 ($\{4,5,22,2,14\}$). 同理, 左图的 1 号点 (对应第 15 号样本观测) 远离小类 $\{4,5,22,2,14\}$, 被归入最大的一个小类中.

系统聚类是个 "逐层递进" 的聚类过程. 同时, 系统聚类不会像 K–均值聚类那样受迭代次数和不同初始类质心的影响, 聚类解具有确定性, 但计算效率低于 K–均值聚类.

二、系统聚类对离群点的探索

系统聚类可用于探测离群点. 离群点简言之就是远离大多数样本观测点的点. 系统聚类中, 当聚类数目 K 确定的条件下, 离群点 $\boldsymbol{X}_I$ 因与其他小类的距离均较远而最终自成一类. 如图 11–12 所示 (Python 代码详见 11.5.2 节).

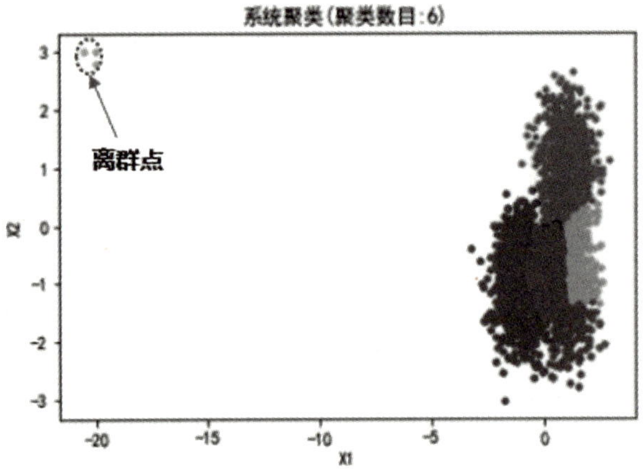

图 11–12 系统聚类中的离群点

图 11–12 是对图 11–9 所示数据人为设定 3 个离群点后的系统聚类结果. 3 个离群点能够被算法探测出来并自成一类. 与图 11–11 右图 K–均值聚类对比, 虽然其右下角也有一个样本观测点自成一类, 但从量级上看, 该点尚未达到远离大多数点 (离群点) 的标准. 系统聚类与 K–均值聚类相比更适合探测离群点.

11.4 基于高斯分布的聚类模型: EM 聚类

11.4.1 基于高斯分布聚类的出发点: 有限混合分布

11.2 节和 11.3 节讨论的 K–均值聚类和系统聚类有个共同特点, 即适合小类形状大致为圆形或球形下的聚类. 如图 11–13 所示 (Python 代码详见 11.5.4 节).

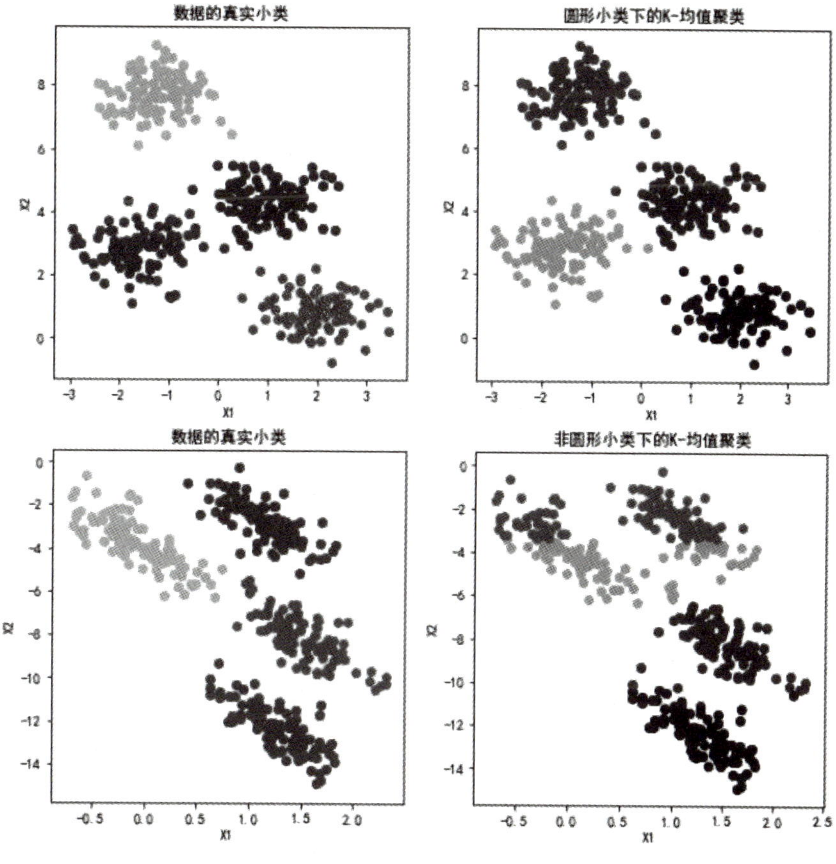

图 11–13　圆形和非圆形小类的 K–均值聚类

图 11–13 左上图为模拟数据的真实类分布, 各小类大致成圆形. 右上图为 K–均值聚类解的情况, 与真实类完全吻合, 聚类效果非常理想. 左下图同样为模拟数据的真实类分布, 各小类大致呈长轴较长的椭圆状. 右下图为 K–均值聚类解的情况, 显然与真实类差异明显, 聚类效果不理想. 可见, 以距离作为聚类依据的聚类算法, 通常适合于小类是较为规则的圆形或球性的情况. 当小类大致呈长轴较长的椭圆 (椭球) 状时应采用其他聚类算法. 基于高斯分布的 EM 聚类就是一个理想选择.

基于高斯分布的聚类模型, 从统计分布的角度设计算法. 这类算法的核心出发点是: 如果样本数据存在 “自然小类”, 那么某小类中的样本观测一定来自一个高斯分布. 换言之, 一个 “自然小类” 是来自一个高斯分布的随机样本. 于是, 数据集全体即是来自多个高斯分布的有限混合分布的随机样本. 如图 11–14 所示 (Python 代码详见 11.5.4 节).

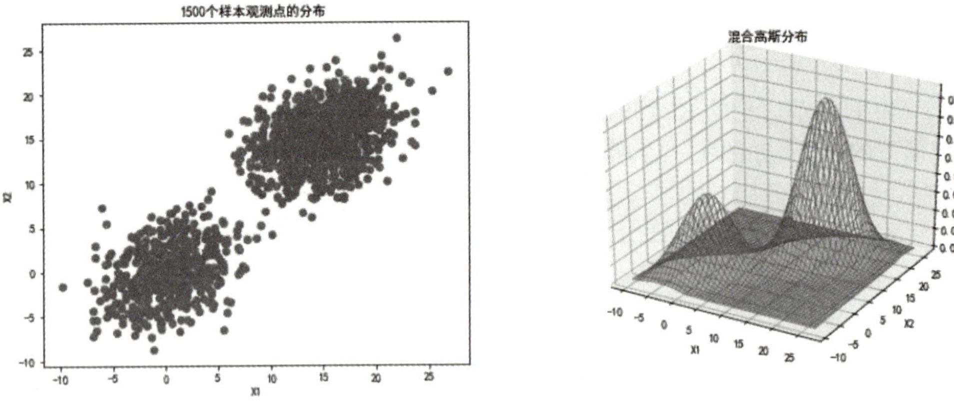

图 11–14　混合高斯分布的散点图和核密度估计曲面图

图 11–14 左图为样本量 $N = 1\ 500$ 的数据集在 X_1, X_2 二维聚类变量空间中的分布, 直观上存在两个小类. 从基于统计分布的聚类角度看, 两个小类分别来自两个高斯分布. 若将数据集视为两个高斯分布的混合分布, 则分布如图 11–14 右图所示. 两个 “峰” 分别对应左图的两个小类.

进一步, 一方面, 若数据集是包含 K 个高斯分布的有限混合分布, 则应将数据聚成 K 类. 另一方面, 若能将数据聚成 K 类且聚类数目合理, 则数据应服从包含 K 个高斯分布的有限混合分布. 其中 K 个高斯分布称为混合分布的 K 个成分, 通常待估的参数值不尽相同. 设数据集包含 p 个聚类变量 $X_1, X_2, \cdots, X_p$. 若能聚成 K 个小类, 则有如下有限混合分布的概率密度函数:

$$f(X_1, X_2, \cdots, X_p|\boldsymbol{\theta}) = \sum_{k=1}^{K} \lambda_k f_k(X_1, X_2, \cdots, X_p|\boldsymbol{\theta}_k) \tag{11.8}$$

其中, λ_k 为第 k 个成分的先验概率, 满足 $\lambda_k \geqslant 0, \sum_{k=1}^{K} \lambda_k = 1$. 一般可指定为: $\lambda_k = \dfrac{N_k}{N}$, N_k 为来自第 k 个成分的样本的样本量; $f_k(X_1, X_2, \cdots, X_p|\boldsymbol{\theta}_k)$ 是第 k 个成分的高斯分布密度函数, $\boldsymbol{\theta}_k$ 是待估的分布参数, 包括均值 E 向量、方差 Var 向量、协方差 Cov 矩阵.

基于上述观点, 可从另一个视角重新审视图 11–13 第一列两幅图中的小类: 它们都是来自各个成分 (参数值不尽相同的高斯分布) 的随机样本. 第一幅图中各个小类呈圆形, 可认为任意小类 $\boldsymbol{S}_k$ 均服从 $\text{Cov}(X_1^k, X_2^k) = 0, \text{Var}(X_1^k) = \text{Var}(X_2^k), \text{E}(X_1^k) \neq \text{E}(X_2^k)$ 的高斯分布. 第二幅图中各个小类呈长轴较长的椭圆形, 可认为任意小类 $\boldsymbol{S}_k$ 均服从 $\text{Cov}(X_1^k, X_2^k) \neq 0$, $\text{Var}(X_1^k) \neq \text{Var}(X_2^k), \text{E}(X_1^k) \neq \text{E}(X_2^k)$ 的高斯分布. X_1^k, X_2^k 分别表示小类 $\boldsymbol{S}_k$ 的 X_1, X_2. 因此, 圆形小类是椭圆形小类的特殊情况, K–均值聚类是在默认小类圆形下进行的聚类.

对图 11–13 第一列两幅图中的数据和图 11–14 中的数据, 进行基于高斯分布的 EM 聚类, 估计各小类的高斯分布参数 $\boldsymbol{\theta}_k$, 并将小类的高斯分布轮廓描绘出来, 如图 11–15 所示 (Python 代码详见 11.5.4 节).

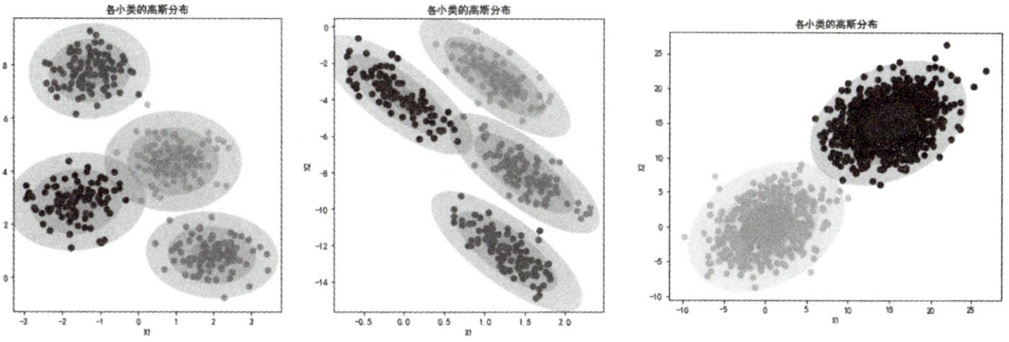

图 11–15　各小类服从高斯分布

图 11–15 表明, 基于高斯分布的 EM 聚类能够得到正确的聚类结果.

11.4.2　EM 聚类算法

一、EM 聚类算法的基本思路

以有限混合分布为出发点, 基于统计分布的聚类模型的目标是: 找到各样本观测最可能属于的 "自然小类". 若样本观测 $\boldsymbol{X}_i(i=1,2,\cdots,N)$ 所属的小类记为 $C_i(i=1,2,\cdots,N)$, $C_i=\{1,2,\cdots,K\}$. 找到最有可能属于的小类, 即在已知各成分参数下, 各样本观测取 C_i 时的联合概率最大, 即 $\Pi_{i=1}^{N}f(\boldsymbol{X}_i,C_i|\boldsymbol{\theta})$ 最大. 等价于在已知数据集 $\boldsymbol{X}$ 和假设小类 $\widetilde{C}$ 下, 找到在似然函数或对数似然函数到达最大时的成分参数值 $\widehat{\boldsymbol{\theta}}$:

$$LL(\boldsymbol{\theta}|\boldsymbol{X},\widetilde{C})=\sum_{k=1}^{K}\lambda_k\sum_{i=1}^{N}\log[f(\boldsymbol{X}_i,\widetilde{C}|\boldsymbol{\theta}_k)] \tag{11.9}$$

其中, $LL(\cdot)$ 表示对数似然函数. 该问题貌似是个极大似然估计问题.

通过一个简单例子直观理解极大似然估计. 例如: 收集到 N 名顾客购买某软饮料意向的数据, 并希望利用样本数据对顾客有购买意向的概率进行估计. 由于顾客有购买意向的人数 y 服从参数为 θ (有购买意向的概率) 的二项分布, 似然函数为: $L(\theta|y,N)=C_N^y\theta^y(1-\theta)^{N-y}$, 其中 y 是观测到的有购买意向的顾客人数, θ 为待估参数. 现假设 θ 有且仅有 0.2, 0.6 两个可能取值, 样本量 $N=5$, 有购买意向的人数 $y=4$. 于是, 分别计算在 $\theta=0.2,\theta=0.6$ 下, 观测到 $y=4$ 的概率:

$$p(N=5,y=4|\theta=0.2)=C_5^4 0.2^4(1-0.2)^{5-4}=0.007$$

$$p(N=5,y=4|\theta=0.6|)=C_5^4 0.6^4(1-0.6)^{5-4}=0.259$$

显然, 因 $0.259>0.007$, $\theta=0.6$ 时的似然函数 $L(\theta|y,N)=C_N^y\theta^y(1-\theta)^{N-y}$ 达到最大, 所以 $\widehat{\theta}=0.6$, 即顾客有购买意向的概率的估计值为 0.6. 为方便数学上的处理, 通常将似然

函数取自然对数, 得到对数似然函数. 求似然函数最大的过程也就是求对数似然函数最大的过程.

总之, 极大似然估计是一种在已知总体概率密度函数 $f(\boldsymbol{X}_i, C_i|\boldsymbol{\theta})$ 和完整样本信息 $\boldsymbol{X}_i, C_i$ 的基础上, 求解概率密度函数中未知参数 $\boldsymbol{\theta}$ 估计值的方法. 一般思路是: 在概率密度函数的基础上, 构造一个包含未知参数的似然函数, 并求解在似然函数值最大时未知参数的值. 从另一角度看, 该原则下得到的参数估计值, 在其所决定的总体中将有最大的概率, 观测到当下的样本观测数据. 因此, 似然函数值实际是一种概率值, 取值在 0~1 之间.

EM 聚类的难点在于: 不仅各成分参数 $\boldsymbol{\theta}$ 未知需要估计, 而且各样本观测 $\boldsymbol{X}_i$ 的所属小类标签 C_i 也未知, 样本信息不完整, 因此无法直接采用极大似然估计. 对此, 将采用 EM 算法.

EM (expectation-maximization) 算法称为期望–最大值法. EM 算法在潜变量 (如小类 C) 和分布函数参数 (如这里的成分参数 $\boldsymbol{\theta}$) 均未知的条件下, 通过多次迭代的方式最大化似然函数.

为有助于直观理解 EM 算法在聚类中迭代计算的原理和意义, 引用杰克 · 万托布拉斯 (Jake VanderPlas) 著作中的相关图形继续说明.

图 11–16 形象地展示了 K–均值聚类的过程, 该过程也是 EM 算法核心思想的具体体现.

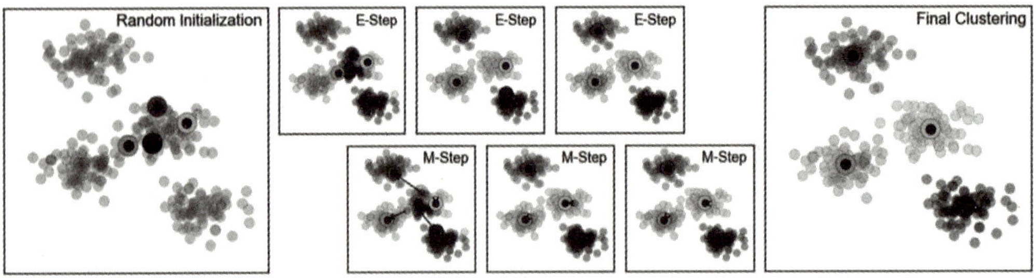

图 11–16 EM 算法示意图

资源来源: Jake VanderPlas. Python data science handbook essential tools for working with data. O'Reilly Media, Inc., 2017.

首先, K–均值聚类开始时需指定将数据聚成 $K = 4$ 类并随机指定初始类中心, 如左侧大图所示. 然后进行如下步骤的多次迭代:

第一步, 根据距离最近原则, 将所有样本观测指派到各自小类中, 如图 11–16 中图第一行第一幅图所示 (不同颜色代表不同小类).

第二步, 重新计算各个小类的质心, 小类质心发生偏移, 完成一次迭代, 如中图第二行第一幅图所示.

反复执行第一步和第二步, 如图第一行和第二行的第二、三幅图所示. 直到满足迭代结束条件为止. 聚类解如右侧大图所示.

这里, 第一步是将样本观测点指派到当前 "最应属于的期望" 小类中, 简称为 E (expectation) 步; 第二步确定的小类质心是当前 "最具可能性" 的小类质心, 简称为 M (maximization) 步. E 步和 M 步依次交替进行, 直到迭代结束. 这就是 EM 算法的基本思想.

二、EM 聚类算法的理论表述

基于上述基本思想, EM 聚类算法的理论表述为: 有关于小类标签 C 和各成分参数 $\boldsymbol{\theta}$ 的两个参数值集合 $C \in \boldsymbol{C} = \{1, 2, \cdots, K\}, \boldsymbol{\theta} \in \Theta = \{\boldsymbol{\mu}^k, \boldsymbol{\Sigma}^k\}(k = 1, 2, \cdots, K)$. $\boldsymbol{\mu}^k, \boldsymbol{\Sigma}^k$ 分别表示第 k 个小类的中心点 (均值向量) 和聚类变量的协方差矩阵. 迭代开始时, 从集合 Θ 中随机指定一个值 (即为 K–均值聚类中的初始类中心) 作为 $t = 0$ 时刻参数 $\boldsymbol{\theta}$ 的估计值, 记作 $\boldsymbol{\theta}^{(t=0)} = \{\boldsymbol{\mu}^k(0), \boldsymbol{\Sigma}^k(0)\}(k = 1, 2, \cdots, K)$. 然后开始如下迭代:

第一步, 在 $\boldsymbol{\theta}^{(t)}$ 基础上给出 t 时刻最应取得的小类标签 $C^{(t)} \in \boldsymbol{C}$. 该步为 E 步.

具体讲, 依据高斯分布函数:

$$f(\boldsymbol{X}_i|\boldsymbol{\mu}^k, \boldsymbol{\Sigma}^k) = \frac{1}{\sqrt[p]{2\pi}\sqrt{|\boldsymbol{\Sigma}^k|}} \exp\left(-\frac{1}{2}(\boldsymbol{X}_i - \boldsymbol{\mu}^k)^{\mathrm{T}}(\boldsymbol{\Sigma}^k)^{-1}(\boldsymbol{X}_i - \boldsymbol{\mu}^k)\right) \tag{11.10}$$

其中, 有 $X_1, X_2, \cdots, X_p$ 共 p 个聚类变量; $|\boldsymbol{\Sigma}^k|$ 为协方差矩阵的行列式. 计算样本观测 $\boldsymbol{X}_i$ 属于 $C^{(t)} = k, (k = 1, 2, \cdots, K)$ 小类的概率:

$$P(C_i^{(t)} = k|\boldsymbol{X}_i) = \frac{f(\boldsymbol{X}_i|\boldsymbol{\mu}^k(t), \boldsymbol{\Sigma}^k(t))}{\sum\limits_{j=1}^{K} f(\boldsymbol{X}_i|\boldsymbol{\mu}^j(t), \boldsymbol{\Sigma}^j(t))} \tag{11.11}$$

然后, 将样本观测 $\boldsymbol{X}_i$ 重新指派到概率 P 最大的小类 $C_i^{(t)} = \max\limits_k(C_i^{(t)} = k|\boldsymbol{X}_i)$ 中.

第二步, 在 $C^{(t)}$ 基础上计算成分参数 $\boldsymbol{\theta}$, 记作 $\boldsymbol{\theta}^{(t+1)}$. 该步为 M 步.

具体讲, 基于当前的小类标签 $C^{(t)}$ 计算各成分 (小类) 参数:

$$\boldsymbol{\mu}^k(t+1) = \frac{\sum\limits_{i=1}^{N} P(C_i^{(t)} = k|\boldsymbol{X}_i)\boldsymbol{X}_i}{\sum\limits_{i=1}^{N} P(C_i^{(t)} = k|\boldsymbol{X}_i)} \tag{11.12}$$

$$\boldsymbol{\Sigma}^k(t+1) = \frac{P(C_i^{(t)} = k|\boldsymbol{X}_i)\sum\limits_{i=1}^{N} \boldsymbol{X}_i^{\mathrm{T}}\boldsymbol{X}_i}{\sum\limits_{i=1}^{N} P(C_i^{(t)} = k|\boldsymbol{X}_i)} \tag{11.13}$$

从统计角度看, 由于数据集是一个随机样本, 因此本步的实质是利用样本给出各小类参数真实值 $\boldsymbol{\theta}$ 的一个估计. 有很多估计的方法, 式 (11.12) 和式 (11.13) 对是 $\boldsymbol{\mu}^k$ 和 $\boldsymbol{\Sigma}^k$ 的极大似然估计, 本步得名 M 步. 此外应注意, 式 (11.12) 和式 (11.13) 的计算结果均是加权意义上的, 权重为样本观测 $\boldsymbol{X}_i$ 属于 k 小类的概率: $P\left(C_i^{(t)} = k|\boldsymbol{X}_i\right)$.

重复上述 E 步和 M 步, 直到小类标签 C 和成分参数 $\boldsymbol{\theta}$ 均收敛到某值为止.

对比 EM 聚类过程和 K- 均值聚类过程发现, 两者的不同在于: K–均值聚类依距离 “硬性” 指派样本观测点 $\boldsymbol{X}_i$ 到某个小类, EM 聚类中 $\boldsymbol{X}_i$ 以不同的概率属于不同的小类, 且最终依最大概率 “软性” 指派观测点 $\boldsymbol{X}_i$ 到某个小类. 从这个角度讲, EM 聚类算法是一种聚类的

“软算法”, 可以给出样本观测点 $\boldsymbol{X}_i$ 属于 $k(k=1,2,\cdots,K)$ 小类的概率. K–均值聚类是一种聚类的 “硬算法”, 只能给出确定性的聚类解.

三、EM 聚类算法的参数预设

通常, 为提高算法计算效率, 可预设成分参数. 例如: 可假设各成分均有各自的协方差阵; 或者各成分有 “公共”(合并) 的协方差阵; 或者各成分的方差不等但协方差相等.

11.5 Python 实践课：加深理论理解，探索实践应用

为进一步加深对聚类分析原理的理解, 并探索聚类分析的应用实践, 设计如下 Python 实践内容:

第一, 基于模拟数据, 直观探讨 K–均值聚类的特点, 以及如何确定聚类数目 K.

第二, 基于模拟数据, 直观探讨系统聚类过程和可视化工具, 以及大样本下确定聚类数目 K 的方法.

第三, 基于某年我国各省 (自治区、直辖市) 环境污染状况数据, 分别采用 K–均值和系统聚类进行聚类分析. 对比两个聚类解以进一步理解两种聚类算法的特点.

第四, 基于模拟数据, 探讨 EM 聚类的特点和聚类实现.

以下是本章需导入的 Python 模块:

```
1  #本章需导入的模块
2  import numpy as np
3  import pandas as pd
4  import matplotlib.pyplot as plt
5  from mpl_toolkits.mplot3d import Axes3D
6  import warnings
7  warnings.filterwarnings(action = 'ignore')
8  %matplotlib inline
9  plt.rcParams['font.sans-serif']=['SimHei']  #解决中文显示乱码问题
10 plt.rcParams['axes.unicode_minus']=False
11 from sklearn.datasets.samples_generator import make_blobs
12 from sklearn.feature_selection import  f_classif
13 from sklearn import decomposition
14 from sklearn.cluster import KMeans,AgglomerativeClustering
15 from sklearn.metrics import silhouette_score,calinski_harabasz_score
16 import scipy.cluster.hierarchy as sch
17 from itertools import cycle
18 from matplotlib.patches import Ellipse
19 from sklearn.mixture import GaussianMixture
```

其中新增模块如下:

(1) 第 14 行: 用于实现 K–均值聚类、系统聚类.

(2) 第 15 行: 用于计算聚类分析的各种评价指标.

(3) 第 16 行: 用于绘制系统聚类分析的树形图.

(4) 第 17 行: 用于实现 Python 的迭代.

(5) 第 18 行: 用于绘制椭圆形.

(6) 第 19 行: 用于实现基于高斯分布的 EM 聚类.

11.5.1　实践一: 探讨 K–均值聚类特点和确定聚类数目 K 的方法

本节 (文件名: chapter11-1.ipynb) 基于模拟数据进行 K–均值聚类, 旨在展示 K–均值聚类的特点, 并讨论如何利用聚类分析的评价指标确定聚类数目 K.

一、生成并展示模拟数据

```
1  N=100
2  X1, y1 = make_blobs(n_samples=N, centers=4, n_features=2,random_state=0)
3  X2, y2 = make_blobs(n_samples=N, centers=4, n_features=3,random_state=123)
4  plt.figure(figsize=(15,12))
5  plt.subplot(221)
6  plt.scatter(X1[:,0],X1[:,1],c='blue',s=50)
7  plt.xlabel("X1")
8  plt.ylabel("X2")
9  plt.title("%d个样本观测点的分布"%N)
10 ax=plt.subplot(222, projection='3d')
11 ax.scatter(X2[:,0],X2[:,1],X2[:,2],c='blue')
12 ax.set_xlabel("X1")
13 ax.set_ylabel("X2")
14 ax.set_zlabel("X3")
15 ax.set_title("%d个样本观测点的分布"%N)
```

【代码说明】

(1) 第 1~3 行: 利用函数 make_blobs() 生成两组样本量 $N = 100$、真实聚类数目 $K = 4$ 的聚类模拟数据. 其中一组样本数据包含两个聚类变量 X_1, X_2, 另一组包含三个聚类变量 X_1, X_2, X_3.

(2) 第 5~9 行: 绘制第一组聚类模拟数据的散点图 (二维).

(3) 第 11~15 行: 绘制第一组聚类模拟数据的散点图 (三维).

所得图形如图 11–2 第一行的两幅图所示.

二、采用 K–均值聚类算法对两组数据进行聚类分析

```
17 KM= KMeans(n_clusters=4, n_jobs = 4, max_iter = 500)
18 KM.fit(X1)
19 labels=np.unique(KM.labels_)
20 plt.subplot(223)
21 markers='o*^+'
22 for i,label in enumerate(labels):
23     plt.scatter(X1[KM.labels_==label,0],X1[KM.labels_==label,1],label="cluster %d"%label,marker=markers[i],s=50)
24 plt.scatter(KM.cluster_centers_[:,0],KM.cluster_centers_[:,1],marker='X',s=60,c='r',label="小类中心")
25 #plt.legend(loc="best",framealpha=0.5)
26 plt.xlabel("X1")
27 plt.ylabel("X2")
28 plt.title("%d个样本观测点的聚类结果"%N)
29 
30 KM= KMeans(n_clusters=4, n_jobs = 4, max_iter = 500)
31 KM.fit(X2)
32 ax=plt.subplot(224, projection='3d')
33 labels=np.unique(KM.labels_)
34 markers='o*^+'
35 for i,label in enumerate(labels):
36     ax.scatter(X2[KM.labels_==label,0],X2[KM.labels_==label,1],X2[KM.labels_==label,2],
37                label="cluster %d"%label,marker=markers[i],s=50)
```

```
38 ax.scatter(KM.cluster_centers_[:,0],KM.cluster_centers_[:,1],KM.cluster_centers_[:,2],
39            marker='X',s=60,c='r',label="小类中心")
40 #ax.legend(loc="best",framealpha=0.5)
41 ax.set_xlabel("X1")
42 ax.set_ylabel("X2")
43 ax.set_zlabel("X3")
44 ax.set_title("%d个样本观测点的聚类结果"%N)
45 plt.show()
```

【代码说明】

(1) 第 17、18 行: 定义 K–均值聚类对象, 指定将数据聚成 4 类. 最大迭代次数等于 500. 并发处理 (提高计算效率) 数等于 4. 拟合第一组数据.

(2) 第 19 行: 获得聚类标签, 聚类解存储在 K- 均值聚类对象的.labels_属性中.

(3) 第 20~23 行: 利用 for 循环可视化聚类解, 即以不同颜色和形状的符号分别绘制各小类的散点图.

(4) 第 24 行: 将各个小类的类质心添加到图中.

小类的类质心坐标存储在 K- 均值对象的 cluster_centers_属性中.

(5) 第 30~45 行: 对第二组数据聚类和绘图, 代码含义同上.

所得图形如图 11–2 第二行的两幅图所示. 可见, 当指定聚类数目 K 等于实际聚类数目时, 聚类效果非常理想.

三、利用聚类评级指标确定聚类数目 K

实际聚类分析中聚类数目 K 是未知的, 需根据实际问题和聚类评价指标确定. 这里对上述第一组数据聚类, 通过对比不同聚类数目 K 下的聚类解的情况以直观展示聚类评价指标的有效性.

```
1  plt.figure(figsize=(15,15))
2  K=[2,3,4,5,6,7]
3  markers='o*^+X<>'
4  Fvalue=[]
5  silhouettescore=[]
6  chscore=[]
7  i=0
8  for k in K:
9      KM= KMeans(n_clusters=k, n_jobs = 4, init='k-means++',random_state=1,max_iter = 500)
10     KM.fit(X1)
11     tmp=f_classif(X1, KM.labels_)
12     Fvalue.append(sum(tmp[0]))
13     score=calinski_harabasz_score(X1,KM.labels_)
14     chscore.append(score)
15     score=silhouette_score(X1,KM.labels_)
16     silhouettescore.append(score)
17     labels=np.unique(KM.labels_)
18     plt.subplot(3,3,i+1)
19     i+=1
20     for j,label in enumerate(labels):
21         plt.scatter(X1[KM.labels_==label,0],X1[KM.labels_==label,1],label="cluster %d"%label,
22                     marker=markers[j],s=50)
23     #plt.legend(loc="best",framealpha=0.5)
24     plt.xlabel("X1")
25     plt.ylabel("X2")
26     plt.title("聚类结果(K=%d)"%k)
```

【代码说明】

(1) 第 2 行: 将数据尝试聚成 2~7 个小类, 这是实际聚类分析中不可或缺的环节.

(2) 第 4~6 行: 定义存储不同聚类数目 K 下不同聚类评价指标的计算结果. 评价指标依次为比值 F、轮宽和 CH 系数.

(3) 第 8~26 行: 利用 for 循环将数据聚成预设的 K 个小类. 计算不同聚类数目 K 下不同聚类评价指标值. 可视化聚类解.

其中, 第 9 行在函数 KMeans() 中指定参数 init='k-means++', 表示小类初始类中心的选择方式采用 11.2.1 节的最大值法; 第 12 行采用函数 f_classif() 计算聚类数目 K 下, 聚类变量 X_1, X_2 的 F 统计量并简单加总, 近似计算比值 F; 第 13 行利用函数 calinski_harabasz_score() 计算 CH 系数; 第 15 行利用函数 silhouette_score() 计算平均轮宽; 第 20~22 行可视化聚类解, 如图 11-5 所示. 图形显示, 聚成 2 类时类内差异较大, 后续聚成 3 类、4 类, 之后有些小类又被划分成更小的类. 以下将通过绘制聚类评价指标的折线图, 帮助确定合理的聚类数目 K:

```
plt.subplot(3,3,i+1)
plt.plot(K,Fvalue)
plt.xlabel("聚类数目K")
plt.ylabel("比值F")
plt.title("比值F与聚类数目")
plt.subplot(3,3,i+2)
plt.plot(K,chscore)
plt.xlabel("聚类数目K")
plt.ylabel("CH指数")
plt.title("CH指数与聚类数目")
plt.subplot(3,3,i+3)
plt.plot(K,silhouettescore)
plt.xlabel("聚类数目K")
plt.ylabel("轮宽")
plt.title("轮宽与聚类数目")
plt.subplots_adjust(hspace=0.3)
plt.subplots_adjust(wspace=0.3)
```

分别绘制各聚类评价指标值随聚类数目 K 变化的折线图, 如图 11-6 所示. 图形显示, 聚类数目 $K = 4$ 时各度量指标达到次大或最大. 本例聚成 4 类是比较恰当的. 可见, 聚类数目 K 等于真实的聚类数目时, 度量值也达到最大, 说明它们是评价聚类效果的有效性指标.

以下将数据聚成 4 类, 并绘制聚成 4 类下的聚类解可视化图:

```
1  fig=plt.figure(figsize=(12,5))
2  pca=decomposition.PCA(n_components=2,random_state=1)
3  dataname=[X1,X2]
4  for i,X in enumerate(dataname):
5      KM = KMeans(n_clusters=4, n_jobs = 4,init='k-means++',random_state=1,max_iter = 500)
6      KM.fit(X)
7      y=pca.fit(X).transform(X)
8      labels=np.unique(KM.labels_)
9      ax = fig.add_subplot(1,2,i+1)
10     for i,label in enumerate(labels):
11         ax.scatter(y[KM.labels_==label,0], y[KM.labels_==label,1], marker=markers[i],label="小类%d"%label)
12         n1,n2,n3,n4=pd.Series(KM.labels_).value_counts()
13     ax.set_title("聚类解的可视化(基于PCA)\n类成员数:\n%s"%([n1,n2,n3,n4]),fontdict={'size':'13','color':'black'})
14     ax.set_xlabel("F1")
15     ax.set_ylabel("F2")
16     ax.legend()
17 plt.show()
18
19 ##利用聚类模型（三维）预测X0的小类
20 X0=[[5,5,5]]
21 print("X0的预测类别为：%s"%KM.predict(X0))
```

```
X0的预测类别为：[3]
```

【代码说明】

(1) 第 2 行: 借助主成分分析提取两个主成分以展示聚类解的情况.

(2) 第 4~16 行: 分别对第一组和第二组数据聚成 4 类.

其中, 第 7 行对数据进行主成分分析并得到两个主成分; 第 10、11 行绘制两个主成分关于聚类解的散点图, 不同颜色和形状的符号表示分属不同的小类; 第 12 行计算各小类的类成员个数, 即小类的样本量. 所得图形如图 11–3 所示. 聚类变量个数 $p > 2$ 时, 借助主成分分析可视化聚类解, 是一种简单且有效的方式.

(3) 第 20、21 行: 给出一个新的样本观测 X_0, 预测其所属的小类. 预测结果为 3 小类 3 (索引号等于 3). 可直接利用聚类对象的.predict() 方法进行预测.

11.5.2 实践二: 探讨系统聚类过程和可视化工具

本节 (文件名: chapter11-2.ipynb) 基于模拟数据进行系统聚类, 旨在展示系统聚类的特点, 说明聚类树形图的意义、聚类碎石图的作用, 以及系统聚类检测离群点的能力.

一、展示系统聚类的特点, 说明聚类树形图的意义

```
1  N=10
2  centers = [[1, 1], [-1, -1], [1, -1]]
3  X, lables_true = make_blobs(n_samples=N, centers= centers, cluster_std=0.6,random_state = 0)
4  fig=plt.figure(figsize=(16,4))
5  plt.subplot(1,4,1)
6  plt.plot(X[:,0], X[:,1],'r.')
7  plt.title("%d个样本观测点的分布"%N)
8  plt.xlabel("X1")
9  plt.ylabel("X2")
10 
11 linkages = ['ward', 'average', 'single']
12 for i,method in enumerate(linkages):
13     plt.subplot(1,4,i+2)
14     sch.dendrogram(sch.linkage(X, method=method))
15     if i==0:
16         plt.axhline(y=1.5,color='red', linestyle='--',linewidth=1)
17         plt.axhline(y=2.5,color='red', linestyle='--',linewidth=1)
18         plt.axhline(y=4.5,color='red', linestyle='--',linewidth=1)
19     plt.title('系统聚类(联通性度量:%s)' % method)
20 plt.show()
```

【代码说明】

(1) 第 1~3 行: 生成样本量 $N = 10$ 的聚类模拟数据. 该数据包含 3 个小类, 各小类的类中心依次为: (1,1),(-1,-1),(1,-1). 后续将验证系统聚类是否可以将数据正确聚成 3 个小类.

(2) 第 4~9 行: 绘制模拟聚类数据的散点图, 如图 11–8 左图所示.

(3) 第 11 行: 指定系统聚类中的连通性度量, 将依次采用 ward 法、组间平均连锁法和最近邻法.

(4) 第 12~19 行: 利用 for 循环分别采用三种联通性度量, 对模拟数据进行系统聚类并绘制聚类树形图.

其中, 第 14 行首先利用函数 linkage() 并指定联通性度量进行系统聚类, 然后利用函数 dendrogram() 绘制聚类树形图. 第 15~18 行是在采用 ward 联通性度量的系统聚类的树形图上, 添加辅助聚类数目 K 的参考线. 所得图形如图 11–8 右侧三幅图所示. 图形详尽显示了系统聚类过程中, 各样本观测点或小类的 “凝聚” 过程. 同时可依据总坐标 (联通性测度结

果) 值帮助确定合理的聚类数目 K. 可见, 数据聚成 3 类 $\{\{1,6,4,8\},\{9,0,7\},\{2,3,5\}\}$ 是比较合理的.

正如 11.3.2 节指出的, 因系统聚类计算成本很高, 实际应用中通常可首先基于随机抽取的小数据集, 利用系统聚类进行 "预聚类" 以确定合理的聚类数目 $K = K_{\text{opt}}$. 之后再在大规模数据集上直接指定将数据聚成 $K = K_{\text{opt}}$ 类, 以便于提高大数据集的聚类效率. 对此, Python 提供了函数 AgglomerativeClustering(), 可直接将数据聚成指定的类.

```
1  N=3000
2  centers = [[1, 1], [-1, -1], [1, -1]]
3  X, lables_true = make_blobs(n_samples=N, centers= centers, cluster_std=0.6,random_state=0)
4  fig=plt.figure(figsize=(16,4))
5  clusters=[15,10,5,3]
6  for i,n_clusters_ in enumerate(clusters):
7      AC = AgglomerativeClustering(linkage='ward',n_clusters = n_clusters_)
8      AC.fit(X)
9      lables = AC.labels_
10     plt.subplot(1,4,i+1)
11     colors = cycle('bgrcmyk')
12     for k, col in zip(range(n_clusters_), colors):
13         plt.plot(X[lables == k, 0], X[lables == k,1], col + '.')
14     plt.title('系统聚类(聚类数目:%d)' % n_clusters_)
15 plt.show()
```

【代码说明】

(1) 第 1 行: 利用函数 AgglomerativeClustering() 并指定聚类数目 K 实现系统聚类.

(2) 第 2 行: 拟合数据, 得到聚类解.

(3) 第 3 行: 函数 AgglomerativeClustering() 结果对象的.children_属性中, 存储着当前小类的两个成员信息, 为形状为 $[N-1,2]$ 的 Pandas 数组. 例如输出结果中的 [3,5],[9,12] 等. 当索引值如 $3 < N = 10$ 时, 索引号如 [3,5] 均为样本观测的索引号对应两个样本观测, 如本小类的两个成员为 [3,5]; 当索引值如 $12 \geqslant N = 10$ 时, 索引号表示本小类的两个成员为 $[9, 12-10]$, 是索引为 9 的样本观测和第 2 步的聚类结果 [0, 7].

二、大样本下的系统聚类和碎石图

```
1  N=3000
2  centers = [[1, 1], [-1, -1], [1, -1]]
3  X, lables_true = make_blobs(n_samples=N, centers= centers, cluster_std=0.6,random_state=0)
4  fig=plt.figure(figsize=(16,4))
5  clusters=[15,10,5,3]
6  for i,n_clusters_ in enumerate(clusters):
7      AC = AgglomerativeClustering(linkage='ward',n_clusters = n_clusters_)
8      AC.fit(X)
9      lables = AC.labels_
10     plt.subplot(1,4,i+1)
11     colors = cycle('bgrcmyk')
12     for k, col in zip(range(n_clusters_), colors):
13         plt.plot(X[lables == k, 0], X[lables == k,1], col + '.')
14     plt.title('系统聚类(聚类数目:%d)' % n_clusters_)
15 plt.show()
```

【代码说明】

(1) 第 1~3 行: 生成样本量 $N = 3\,000$ 的聚类模拟数据. 该数据包含 3 个小类, 各小类的类中心依次为: $(1,1),(-1,-1),(1,-1)$. 后续将验证碎石图中, 点间的距离是否在聚类数目 $K \leqslant 3$ 后明显增大.

(2) 第 5 行: 预设聚类数目 K 依次等于 15,10,5,3.

(3) 第 6~14 行: 利用 for 循环, 采用 ward 联通性度量, 分别将数据聚成 15,10,5,3 类, 并可视化聚类结果.

其中, 因聚类数目较多, 第 11 行采用 Python 内在的迭代器在指定的颜色集中循环选择小类的颜色. 聚类可视化结果如图 11-9 所示.

接下来需确定合理的聚类数目 K:

```
1 tmp=sch.linkage(X, method='ward')
2 gData=list(tmp[:,2])
3 gData.reverse()
4 fig=plt.figure(figsize=(6,4))
5 plt.scatter(gData ,range(1,N),c='r',s=1)
6 plt.xlabel("小类间距离")
7 plt.ylabel("聚类数目K")
8 plt.title("碎石图")
```

【代码说明】

(1) 第 1 行: 利用函数 linkage() 得到所有聚类数目 K 下的所有聚类解.

(2) 第 2 行: 聚类解的第 3 列存储着"凝聚"成 $K=1,2,\cdots,N-1$ 时的类间距离. 距离越小"凝聚"在一起越合理.

(3) 第 3 行: 将第 2 行的距离结果反转成"凝聚"成 $K=N-1,N-2,\cdots,1$ 时的类间距离, 为绘制碎石图做准备.

(4) 第 4~8 行: 绘制碎石图, 横坐标为距离, 纵坐标为聚类数目 K. 所得图形如图 11–10 所示. 图形显示, 当 K 从 9 减少到 8, 7, 6 等时, 小类内部的差异性显著增加. 合理的聚类数目 K 应为碎石图中箭头所指"拐点"处的 K. 本例大致聚成 10 类比较恰当. $K \leqslant 3$ 时横坐标变化很大, 意味着继续"凝聚"将导致类内距离大幅度增加, 是不合理的.

三、利用系统聚类探测离群点

这里人为添加三个离群点, 验证系统聚类是否可以探测到.

```
1 outs=[[-20,3],[-20,2.8],[-20.5,3]]
2 T=np.vstack((X,outs))  #探索异常点
3 K=6
4 AC = AgglomerativeClustering(linkage='ward',n_clusters = K)
5 AC.fit(T)
6 lables = AC.labels_
7 fig=plt.figure(figsize=(6,4))
8 colors = cycle('bgrcmyk')
9 for k, col in zip(range(K),colors):
10     plt.plot(T[lables == k, 0], T[lables == k,1], col + '.')
11 plt.title('系统聚类(聚类数目:%d)' % K)
12 plt.xlabel("X1")
13 plt.ylabel("X2")
```

【代码说明】

(1) 第 1 行: 设置 3 个离群点的坐标.

(2) 第 2 行: 将 3 个离群点添加到数据集中.

(3) 第 3~5 行: 利用系统聚类将数据聚成 6 类.

(4) 第 8~13 行: 可视化系统聚类结果, 如图 11–12 所示. 图形显示,3 个离群点能够被算法探测出来并自成一类.

11.5.3 实践三: 探讨聚类分析的实际应用

本节 (文件名: chapter11-3.ipynb) 基于某年我国各省 (自治区、直辖市) 环境污染状况数据 (包括: 生活污水排放量 ($x1$), 生活二氧化硫排放量 ($x2$), 生活烟尘排放量 ($x3$), 工业固体废物排放量 ($x4$), 工业废气排放总量 ($x5$), 工业废水排放量 ($x6$) 等), 分别采用 K–均值和系统聚类进行聚类分析. 通过对比两个聚类解, 进一步理解两种聚类算法的特点, 以及聚类分析的实际应用意义.

```
1  data=pd.read_csv('环境污染数据.txt',header=0)
2  X=data[['x1','x2','x3','x4','x5','x6']]
3  pca=decomposition.PCA(n_components=2,random_state=1)
4  pca.fit(X)
5  y=pca.transform(X)
6  fig=plt.figure(figsize=(15,6))
7  sch.dendrogram(sch.linkage(X, method='ward'),leaf_font_size=15,leaf_rotation=False)
8  plt.axhline(y=120,color='red', linestyle='-.',linewidth=1,label='聚类数目K的参考线')
9  plt.title('系统聚类解')
10 plt.legend()
```

【代码说明】

(1) 第 1、2 行: 读入环境污染数据. 确定聚类变量.

(2) 第 3~5 行: 定义主成分分析对象, 指定提取两个主成分. 为后续高维聚类解的可视化做准备.

(3) 第 7 行: 采用基于 ward 联通性度量的系统聚类方法对数据进行聚类, 并绘制聚类树形图.

(4) 第 8 行: 绘制确定聚类数目的参考线. 所得图形如图 11–11 上图所示. 图形显示, 聚成 4 类是比较合适的.

接下来, 获得将数据聚成 4 类时的聚类解:

```
12 K=4
13 AC = AgglomerativeClustering(linkage='ward',n_clusters = K)
14 AC.fit(X)
15 lables = AC.labels_
16 fig=plt.figure(figsize=(15,6))
17 ax=plt.subplot(121)
18 markers=['o','*','+','>']
19 for k, m in zip(range(K),markers):
20     ax.scatter(y[lables == k, 0], y[lables == k,1], marker=m,s=80)
21 ax.set_title('系统聚类解')
22 ax.set_xlabel("F1")
23 ax.set_ylabel("F2")
```

【代码说明】

(1) 第 12 行: 指定聚类数目 $K = 4$.

(2) 第 13~15 行: 对数据进行系统聚类, 并获得聚类解对象.

(3) 第 19~23 行: 借助主成分分析可视化聚类解: 绘制关于两个主成分的散点图, 不同颜色和形状的符号表示不同的小类. 所得图形如图 11–11 左下图所示.

以下采用 K–均值聚类重新进行数据聚类:

```
25 KM= KMeans(n_clusters=K, random_state=1)
26 KM.fit(X)
27 lables = KM.labels_
28 ax=plt.subplot(122)
29 for k, m in zip(range(K),markers):
30     ax.scatter(y[lables == k, 0], y[lables == k,1], marker=m,s=80)
31 ax.set_title('K-均值聚类解')
32 ax.set_xlabel("F1")
33 ax.set_ylabel("F2")
34 plt.show()
```

【代码说明】

(1) 第 25~27 行: 采用 K–均值聚类, 将数据聚成 4 类, 并获得聚类解.

(2) 第 29~34 行: 借助主成分分析可视化聚类解: 绘制关于两个主成分的散点图, 不同颜色和形状的符号表示不同的小类. 所得图形如图 11–11 右下图所示.

观察发现, K–均值聚类解与系统聚类解不完全一致. 这与两种聚类算法的聚类过程不同有密切关系. 系统聚类是个 “逐层递进” 的聚类过程. 同时, 系统聚类不会像 K–均值聚类那样受迭代次数和不同初始类中心的影响, 聚类解具有确定性, 但计算效率低于 K–均值聚类.

11.5.4 实践四: 探讨 EM 聚类的适用场景和聚类实现

本节 (文件名: chapter11-4.ipynb) 基于模拟数据进行基于高斯分布的 EM 聚类, 探讨 EM 聚类的特点和聚类实现.

一、EM 聚类的必要性: 克服 K–均值聚类等聚类算法的不足

```
1  fig=plt.figure(figsize=(10,10))
2  N=400
3  K=4
4  X, y = make_blobs(n_samples=N, centers=K,cluster_std=0.60, random_state=0)
5  colors = cycle('bgrcmyk')
6  ax=plt.subplot(221)
7  for k, col in zip(range(K),colors):
8      plt.scatter(X[y == k, 0], X[y == k,1], c=col)
9  ax.set_title('数据的真实小类')
10 ax.set_xlabel("X1")
11 ax.set_ylabel("X2")
12 
13 KM= KMeans(n_clusters=K, n_jobs = 4, max_iter = 500)
14 KM.fit(X)
15 lables = KM.labels_
16 ax=plt.subplot(222)
17 for k, col in zip(range(K),colors):
18     ax.scatter(X[lables == k, 0], X[lables == k,1], c=col)
19 ax.set_title('圆形小类下的K-均值聚类')
20 ax.set_xlabel("X1")
21 ax.set_ylabel("X2")
```

【代码说明】

(1) 第 2~4 行: 生成聚类模拟数据, 其中包含 4 个小类, 样本量 $N = 400$.

(2) 第 7~11 行: 以不同颜色展示数据中真实小类的构成情况.

(3) 第 13~15 行: 采用 K- 均值聚类, 将数据聚成 4 类, 并获得聚类解.

(4) 第 17~21 行: 可视化聚类解, 如图 11–13 第一行两幅图所示. 图形显示, 当小类大致成圆形时,K- 均值聚类的聚类效果非常理想.

以下人为拉伸各小类的形状, 并再次聚类:

```
23 rng = np.random.RandomState(12)
24 X_stretched = np.dot(X, rng.randn(2, 2))
25 ax=plt.subplot(223)
26 for k, col in zip(range(K),colors):
27     plt.scatter(X_stretched[y == k, 0], X_stretched[y == k,1], c=col)
28 ax.set_title('数据的真实小类')
29 ax.set_xlabel("X1")
30 ax.set_ylabel("X2")
31
32 KM= KMeans(n_clusters=K, n_jobs = 4 , max_iter = 500)
33 KM.fit(X_stretched)
34 lables = KM.labels_
35 ax=plt.subplot(224)
36 for k, col in zip(range(K),colors):
37     plt.scatter(X_stretched[lables == k, 0], X_stretched[lables == k,1], c=col)
38 ax.set_title('非圆形小类下的K-均值聚类')
39 ax.set_xlabel("X1")
40 ax.set_ylabel("X2")
```

【代码说明】

(1) 第 23 行: 定义一个伪随机数生成器对象, 后续将用于生成随机数.

(2) 第 24 行: 利用伪随机数生成器对象, 生成 2 个来自二元标准高斯分布的随机数: $\begin{pmatrix} X_{11} & X_{12} \\ X_{21} & X_{22} \end{pmatrix}$. 计算聚类变量 $\boldsymbol{X}$ 和 $\begin{pmatrix} X_{11} & X_{12} \\ X_{21} & X_{22} \end{pmatrix}$ 的点积, 对矩阵 $\boldsymbol{X}$ 进行坐标旋转进而拉伸各小类的形状.

(3) 第 26~30 行: 以不同颜色展示数据中真实小类的构成情况.

(4) 第 32~34 行: 采用 K- 均值聚类, 将数据聚成 4 类, 并获得聚类解.

(5) 第 36~40 行: 可视化聚类解, 如图 11–13 第二行两幅图所示. 图形显示, 当各小类大致呈长轴较长的椭圆状时,K- 均值聚类算法失效. 可见, 以距离作为聚类依据的聚类算法, 通常适合于小类是较为规则的圆形或球性的情况. 当小类大致呈长轴较长的椭圆 (椭球) 状时可采用基于高斯分布的 EM 聚类.

二、理解基于高斯分布的 EM 聚类中的小类: 有限混合分布

以下将生成两组服从二元高斯分布的随机数, 将作为有限混合分布的两个成分.

```
fig=plt.figure(figsize=(15,6))
np.random.seed(123)
N1,N2=500,1000
mu1,cov1,y1=[0,0],[[10,3],[3,10]],np.array([0]*N1)
set1= np.random.multivariate_normal(mu1,cov1,N1) #set1 = multivariate_normal(mean=mu1, cov=cov1,size=N1)
mu2,cov2,y2=[15,15],[[10,3],[3,10]],np.array([1]*N2)
set2=np.random.multivariate_normal(mu2,cov2,N2) #set2 = multivariate_normal(mean=mu2, cov=cov2,size=N2)

X=np.vstack([set1,set2])
y=np.vstack([y1.reshape(N1,1),y2.reshape(N2,1)])
```

```
11 ax=plt.subplot(121)
12 ax.scatter(X[:,0],X[:,1],s=40)
13 ax.set_title("%d个样本观测点的分布"%(N1+N2))
14 ax.set_xlabel("X1")
15 ax.set_ylabel("X2")
```

【代码说明】

(1) 第 2 行: 指定随机数种子以再现随机化结果.

(2) 第 3 行: 指定两组随机数的样本量分别为 $N_1 = 500, N_2 = 1\ 000$.

(3) 第 4 行: 指定第一组随机数所服从的高斯分布的参数: 均值向量为 $\boldsymbol{\mu}_1 = (0,0)^{\mathrm{T}}$, 两聚类变量 X_1, X_2 的均值相等. 协方差矩阵为 $\boldsymbol{\Sigma}_1 = \begin{pmatrix} 10 & 3 \\ 3 & 10 \end{pmatrix}$, 两聚类变量 X_1, X_2 的方差相等, 协方差不等于 0, 存在正的线性关系. 指定第一组随机数均属于第 0 小类.

(4) 第 5 行: 生成来自上述高斯分布的样本量 $N_1 = 500$ 的一组随机数.

可以利用函数 Pandas 的 random.multivariate_normal() 或 SciPy 中的 multivariate_normal() 生成随机数.

(5) 第 6、7 行: 含义同第 4、5 行.

(6) 第 9、10 行: 将两组随机数以及小类标签合并, 形成由两个高斯分布成分组成的混合高斯分布.

(7) 第 12~15 行: 展示模拟数据的混合分布特点, 如图 11–14 左图所示. 图形显示, 数据大致包含两个小类.

以下将绘制混合分布的概率密度图:

```
17 X1,X2= np.meshgrid(np.linspace(X[:,0].min(),X[:,0].max(),100), np.linspace(X[:,1].min(),X[:,1].max(),100))
18 X0=np.hstack((X1.reshape(len(X1)*len(X2),1),X2.reshape(len(X1)*len(X2),1)))
19 kernel = gaussian_kde(X.T)    #要求为p*N形状 高斯核密度估计
20 Z = np.reshape(kernel(X0.T).T, X1.shape)   #得到指定点的密度值
21 ax = fig.add_subplot(122, projection='3d')
22 ax.plot_wireframe(X1,X2,Z.reshape(len(X1),len(X2)),linewidth=0.5)
23 ax.plot_surface(X1,X2,Z.reshape(len(X1),len(X2)),alpha=0.3,rstride =50, cstride = 50)
24 ax.set_xlabel("X1")
25 ax.set_ylabel("X2")
26 ax.set_zlabel("密度")
27 ax.set_title("混合高斯分布")
```

【代码说明】

(1) 第 17、18 行: 为绘制混合分布的概率密度图准备数据: 数据 $\boldsymbol{X}_0$ 为两个聚类变量取值范围内的 10 000 个样本观测点.

(2) 第 19 行: 对混合分布数据集进行基于高斯分布的核密度估计 (详见 12.2.1 节).

(3) 第 20 行: 基于第 19 行的核密度估计结果, 计算 $\boldsymbol{X}_0$ 中 10 000 个样本观测点的核密度值.

(4) 第 22~27 行: 绘制混合分布的概率密度图, 包括网格图和表面图, 如图 11–14 右图所示. 图形显示, 数据由两个高斯分布混合而成, 两个小类分别对应两个高斯分布成分.

三、采用基于高斯分布的 EM 聚类对数据聚类, 并绘制各小类的椭圆

```
1  gmm = GaussianMixture(n_components=2,covariance_type='full').fit(X)
2  labels = gmm.predict(X)
3  fig=plt.figure(figsize=(8,6))
4  plt.scatter(X[:,0], X[:,1], c=labels, s=40)
5  w_factor = 0.2 / gmm.weights_.max()
6  for i in np.unique(labels):
7      covar=gmm.covariances_[i]
8      pos=gmm.means_[i]
9      w=gmm.weights_[i]
10     draw_ellipse(pos, covar, alpha=w * w_factor)
11 plt.xlabel("X1")
12 plt.ylabel("X2")
13 plt.title("各小类的高斯分布")
14 probs = gmm.predict_proba(X)
15 print("前五个样本观测分属于两类的概率: \n{0}".format(probs[:5].round(3)))
```

```
前五个样本观测分属于两类的概率:
[[0.    1.   ]
 [0.    1.   ]
 [0.    1.   ]
 [0.066 0.934]
 [0.    1.   ]]
```

【代码说明】

(1) 第 1、2 行: 利用函数 GaussianMixture() 实现基于高斯分布的 EM 聚类, 指定聚成 2 类, 且 2 个成分的协方差矩阵不相等 (covariance_type='full'), 得到聚类解.

(2) 第 4 行: 可视化聚类解, 不同颜色表示不同小类.

(3) 第 5~10 行: 直观展示 11.4.1 节提及的椭圆形状的小类.

这里利用绘制椭圆的自定义函数, 绘制由 3 个小椭圆组成的小类椭圆, 以刻画每个小类的大致形状. 其中, 各个小类椭圆的透明度取决于式 (11.8) 中的 λ_k, 透明度为 $0.2\lambda_k/\max(\lambda_k)$. 椭圆的位置由均值向量决定, 椭圆的长短轴和方向取决于协方差矩阵.

(4) 第 14、15 行: 计算每个样本观测属于各个小类的概率, 并输出前 5 个样本观测的概率值. 例如, 输出结果中, 第 4 个样本观测以 6.6%的概率属于 0 小类, 以 93.4%的概率属于 1 小类. 因后者大于前者, 第 4 个样本观测的最终聚类解为 1 类.

以下给出绘制椭圆的用户自定义函数:

```
def draw_ellipse(position, covariance, ax=None, **kwargs):
    """用给定的位置和协方差画一个椭圆"""
    ax = ax or plt.gca()
    if covariance.shape == (2, 2):
        U, s, Vt = np.linalg.svd(covariance)
        angle = np.degrees(np.arctan2(U[1, 0], U[0, 0]))
        width, height = 2 * np.sqrt(s)
    else:
        angle = 0
        width, height = 2 * np.sqrt(covariance)
    #画出椭圆
    for nsig in range(1, 4):
        ax.add_patch(Ellipse(position, nsig * width, nsig * height,angle, **kwargs))
```

【代码说明】

(1) 第 1 行：定义用户自定义函数的函数名 (draw_ellipse) 和形式参数. 主要包括椭圆的位置，以及由协方差矩阵决定的椭圆的长短轴和方向.

(2) 第 4~7 行：指定协方差矩阵对椭圆的对应关系.

如果协方差矩阵为 2×2 的矩阵 (除非指定聚类变量 X_1, X_2 的协方差等于 0)，对协方差矩阵进行奇异值分解. 基于 U 成分计算反正切函数值并转换为度数，作为椭圆方向的角度. 基于特征值计算椭圆的长短轴，分别为两个特征值的平方根.

(3) 第 8~10 行：如果协方差矩阵不是 2×2 的矩阵，即聚类变量 X_1, X_2 的协方差等于 0，椭圆为水平方向放置，椭圆的长短轴分别为两个聚类变量的标准差.

(4) 第 12、13 行：利用 for 循环和函数 Ellipse() 依次绘制并叠加三个小椭圆，最终得到各小类的椭圆形状. 如图 11–15 右图所示.

四、采用基于高斯的 EM 聚类对图 11–13 中的模拟数据聚类

```
1  N=400
2  K=4
3  X, y = make_blobs(n_samples=N, centers=K,cluster_std=0.60, random_state=0)
4  gmm = GaussianMixture(n_components=K,covariance_type='full').fit(X)
5  labels = gmm.predict(X)
6  fig=plt.figure(figsize=(12,6))
7  ax=plt.subplot(121)
8  ax.scatter(X[:, 0], X[:, 1], c=labels, s=40)
9  w_factor = 0.2 / gmm.weights_.max()
10 for pos, covar, w in zip(gmm.means_, gmm.covariances_, gmm.weights_):
11     draw_ellipse(pos, covar, alpha=w * w_factor)
12 ax.set_title("各小类的高斯分布")
13 ax.set_xlabel("X1")
14 ax.set_ylabel("X2")
15 
16 var='tied'
17 gmm = GaussianMixture(n_components=K,covariance_type=var).fit(X_stretched)
18 labels = gmm.predict(X_stretched)
19 ax=plt.subplot(122)
20 ax.scatter(X_stretched[:, 0], X_stretched[:, 1], c=labels, s=40)
21 w_factor = 0.2 / gmm.weights_.max()
22 if var=='tied':  #四个分布共享合并的协方差阵
23     gmm.covariances_=[gmm.covariances_]*K
24 for pos, covar, w in zip(gmm.means_, gmm.covariances_, gmm.weights_):
25     draw_ellipse(pos, covar, alpha=w * w_factor)
26 ax.set_title("各小类的高斯分布")
27 ax.set_xlabel("X1")
28 ax.set_ylabel("X2")
```

【代码说明】

(1) 第 4~14 行：对前述第一组模拟数据 (图 11–13 左上图数据) 进行基于高斯分布的 EM 聚类，并绘制各小类的椭圆. 这里指定 4 个小类的聚类变量 X_1, X_2 的协方差矩阵不等.

(2) 第 16、17 行：对前述第二组模拟数据 (图 11–13 左下图数据) 进行基于高斯分布的 EM 聚类，这里指定 4 个小类共享的“公共”的协方差矩阵.

(3) 第 22、23 行：为便于程序统一处理，将“公共”的协方差矩阵复制 K 份.

最终聚类解的可视化结果如图 11–15 的左图、中图所示. 图形显示, 基于高斯分布的 EM 聚类能够很好地解决非圆形小类的聚类问题.

附录

围绕本章学习, 应重点掌握 Python 模块中的以下函数. 函数的具体格式参见 Python 帮助.

1. K–均值聚类

KM= KMeans(n_clusters=, max_iter =);KM.fit(X)

2. 系统聚类

sch.linkage(X, method=);sch.dendrogram()

AC = AgglomerativeClustering(linkage=,n_clusters =);AC.fit(X)

3. 基于高斯分布的 EM 聚类

gmm = GaussianMixture(n_components=,covariance_type=);gmm.fit(X)

第 12 章 揭示数据内在结构：特色聚类

学习目标

1. 掌握 DBSCAN 聚类的基本原理和聚类过程，以及对参数敏感的特点.
2. 了解 Mean-Shift 聚类的基本思路.
3. 了解 BIRCH 聚类的动态聚类特点.
4. 掌握以上聚类算法的 Python 实现.

本章重点讨论机器学习中应用较为广泛的特色聚类方法，主要包括：基于密度的 DBSCAN 算法、BIRCH 聚类算法和 Mean-shift 聚类算法. 这些算法在传统聚类思想的基础上，针对某个方面，努力提升算法的聚类效果，优化聚类的计算效率，通过有效途径确定合理的聚类数目等. 每个算法都有各自的优势和特色. 后续还会给出各特色聚类算法的 Python 应用实践.

12.1 基于密度的聚类：DBSCAN 聚类

基于密度的聚类从密度可达性角度设计算法. 这类算法将聚类变量空间中样本观测点分布较为密集的区域视为一个小类. 以距离 (一般为欧氏距离) 阈值作为密度可达性的定义. 得到的聚类解为确定性的，不具有层次关系. 基于密度的聚类. 特别适合 "自然小类" 的形状复杂、不规则的情况，这是第 11 章讨论的聚类算法很难实现的.

DBSCAN (density based spatial clustering of applications with noise) 聚类算法是基于密度的聚类中的经典算法. 突出特色在于：

第一，利用小类的密度可达性 (或称连通性)，可发现任意形状的小类.

第二，聚类的同时可以发现数据中的噪声，也即离群点.

可从以下两个方面理解 DBSCAN 聚类：一是密度等相关概念的含义；二是 DBSCAN 聚类的实现步骤.

12.1.1 DBSCAN 聚类中的相关概念

与基于质心和联通性的聚类算法类似,DBSCAN 聚类也将样本观测点视为聚类变量空间中的点. 特色在于: 以任意样本观测点 O 的邻域内的邻居个数, 作为 O 所在区域的密度测度. 其中,**有两个重要参数: 第一, 邻域半径 ε; 第二, 邻域半径 ε 范围内包含的最少观测点个数, 记为** $minPts$. 基于这两个参数, DBSCAN 聚类将样本观测点分成以下 4 类.

一、核心点 P

若任意样本观测点 O 的邻域半径 ε 内的邻居个数不少于 $minPts$, 则称观测点 O 为核心点, 记作 P.

进一步, 若样本观测点 Q 的邻域半径 ε 内的邻居个数少于 $minPts$, 且位于核心点 P 邻域半径 ε 的边缘线上, 则称点 Q 是核心点 P 的边缘点.

例如图 12–1 中, 假设虚线圆为单位圆. 若指定邻域半径等于 $\varepsilon = 1, minPts = 6$, p_1, p_2 均为核心点 P. O_1 是 p_1 的边缘点 (O_1 不是核心点).

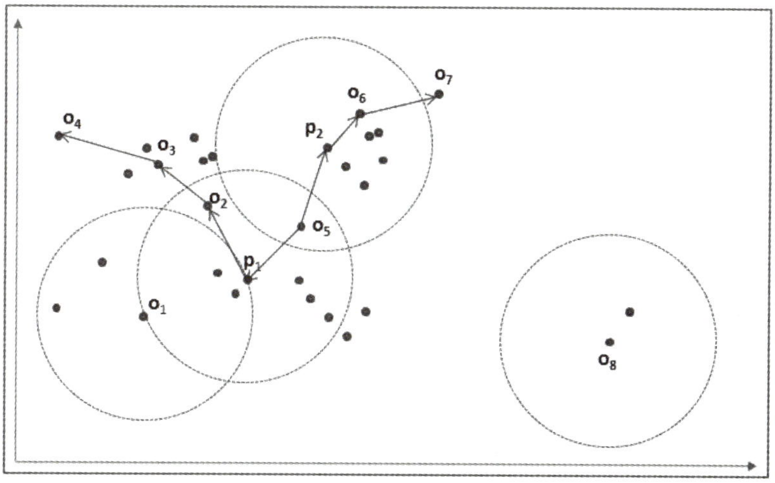

图 12–1　DBSCAN 聚类中的各类点

二、核心点 P 的直接密度可达点 Q

若任意样本观测点 Q 在核心点 P 的邻域半径 ε 范围内, 则称样本观测点 Q 为核心点 P 的直接密度可达点.

例如图 12–1 中, $\varepsilon = 1, minPts = 6$ 时, O_5 是核心点 p_1, p_2 的直接密度可达点, O_3 既不是 p_1 也不是 p_2 的直接密度可达点.

三、核心点 P 的密度可达点 Q

若存在一系列样本观测点 $O_1, O_2, \cdots, O_n$, 且 $O_{i+1}(i=1,2,\cdots,n-1)$ 是 O_i 的直接密度可达点, 且 $O_1 = P, O_n = Q$, 则称点 Q 是点 P 的密度可达点.

可见, 直接密度可达的传递性会导致密度可达. 但这种关系不具对称性, 即点 P 不一定是点 Q 的密度可达点. 因为点 Q 不一定是核心点.

例如图 12-1 中, $\varepsilon = 1, minPts = 6$ 时, O_4 是 p_1 的密度可达点. 原因是: p_1 与 O_4 间的多条连线距离均小于 ε, 且路径上的 O_2, O_3 间均为核心点. 所以, p_1 直接密度可达 O_2, O_2 直接密度可达 O_3, O_3 直接密度可达 O_4, 即 p_1 密度可达 O_4. 应注意的是: p_1 不是 O_4 的密度可达点, 因为 O_4 不是核心点.

进一步, 若存在任意样本观测点 O, 同时存在密度可达点 O_1 和点 O_2, 则称点 O_1 和点 O_2 是密度相连的. 样本观测点 O 是一个 “桥梁” 点.

例如图 12-1 中, $\varepsilon = 1, minPts = 6$ 时, O_4 和 O_7 是密度相连的, O_5 就是 “桥梁” 点之一. 可见, 尽管聚类变量空间上 O_4 和 O_7 相距较远, 但它们之间存在 “畅通的连接通道”, 在基于密度的聚类中可聚成一个小类.

四、噪声点

除上述类型的点之外的其他样本观测点, 均定义为噪声点.

如图 12-1 中, $\varepsilon = 1, minPts = 6$ 时, O_8 是噪声点. 可见, DBSCAN 的噪声点是在邻域半径 ε 范围内没有足够邻居, 且无法通过其他样本观测点实现直接密度可达、密度可达或者密度相连的那些样本观测点.

12.1.2 DBSCAN 聚类过程

设置邻域半径 ε 和邻域半径 ε 范围内包含的最少观测点个数 $minPts$. 在参数设定的条件下, DBSCAN 聚类过程大致包括形成小类和合并小类两个阶段.

第一阶段, 形成小类.

从任意一个样本观测点 O_i 开始, 在参数限定的条件下判断 O_i 是否为核心点.

情况一: O_i 是核心点

若 O_i 是核心点, 首先标记该点为核心点. 然后, 找到 O_i 的所有 (如 m 个) 直接密度可达点 (包括边缘点), 并形成一个以 O_i 为 “核心” 的小类, 记作 C_i. m 个直接密度可达点 (尚无小类标签) 和样本观测点 O_i 的小类标签均为 C_i.

情况二: O_i 不是核心点

若 O_i 不是核心点, 那么 O_i 可能是其他核心点的直接密度可达点、密度可达点或者噪声点. 若 O_i 是直接密度可达点或密度可达点, 则一定会在后续的处理中被归到某个小类, 带有小类标签 C_j. 若是噪声点, 则不会被归到任何小类中, 始终不带有小类标签.

后续, 读取下一个没有小类标签的样本观测点 O_k, 判断是否为核心点, 并做以上相同的处理. 该过程不断重复, 直到所有样本观测都被处理为止. 此时, 除噪声点之外的其他样本观测点均带有小类标签.

第二阶段, 合并小类.

判断带有核心点标签的所有核心点之间是否存在密度可达和密度相连关系. 若存在, 则将相应的小类合并起来, 并修改相应样本观测点的小类标签.

综上所述, 直接密度可达形成的小类形状是球形的. 依据密度可达和密度相连, 若干球形小类后续会被 “连接” 在一起, 从而形成任意形状的小类. 这是 DBSCAN 聚类的重要特征. 此外,DBSCAN 聚类能够发现噪声数据, 即始终没有小类标签的样本观测点为噪声点.

12.1.3 DBSCAN 聚类的参数敏感性

DBSCAN 聚类的最大特点是能够发现任意形状的类.

例如, 图 12–2 左上图是样本观测点 (样本量 $N = 3\ 950$) 在聚类变量 X_1, X_2 二维空间中的分布情况, 其分布形状并非圆形而是不规则的带状. 从 DBSCAN 聚类角度看, 样本观测点分布密集的区域应属于同一小类, 这里客观上存在 5 个 “自然小类”(Python 代码详见 12.4.1 节).

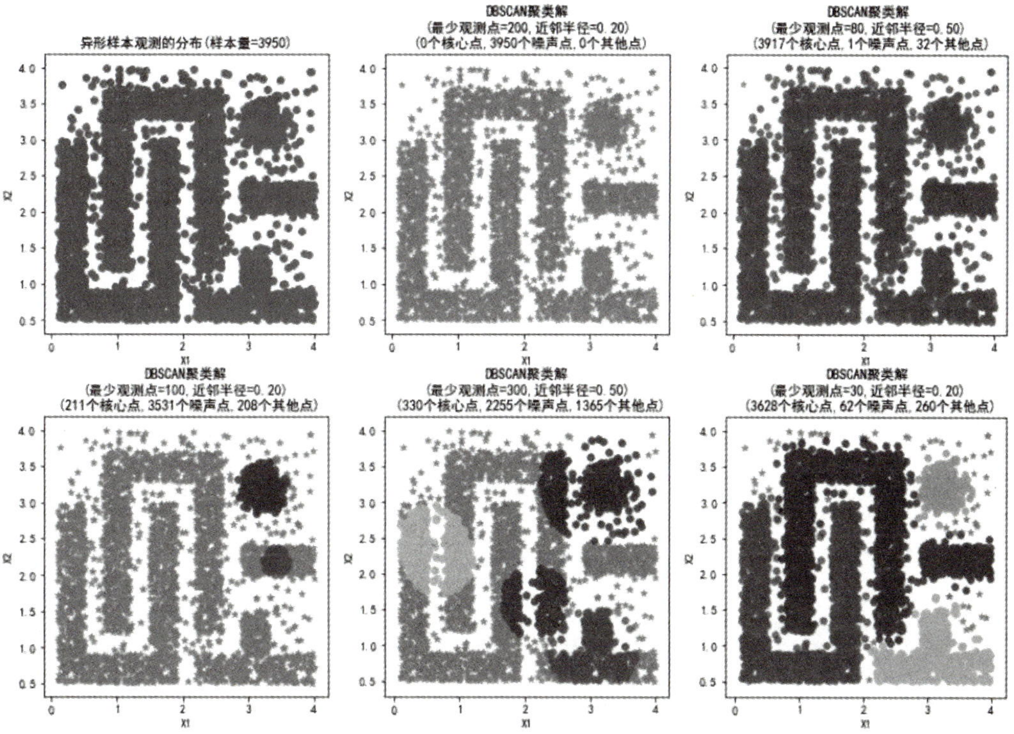

图 12–2　样本观测点的分布及不同参数下的 DBSCAN 聚类解

DBSCAN 算法对参数 ε 和 $minPts$ 极为敏感. 为此, 做如下参数设置试验.

一、邻域半径 ε 较小，且邻域范围内的最少观测点个数 $minPts$ 较多

如令 $\varepsilon = 0.2, minPts = 200$. 这种参数设置是较为严苛的，因为其确定核心点的条件要求较高. 只有那些在很小邻域半径范围内有很多点的样本观测点 O_i，才可能成为核心点 P. 若没有任何一个样本观测点满足核心点的要求，就无法聚类并给出小类标签 (或者说每个样本观测自成一个小类). 此时所有点均为噪声点. 如图 12–2 第一行中图所示. 这里黄色五角星代表噪声点.

二、邻域半径 ε 较大，且邻域范围内的最少观测点个数 $minPts$ 较少

如令 $\varepsilon = 0.5, minPts = 80$. 这种参数设置是较为宽松的，因为其确定核心点的条件要求较低. 通常可能有很多的样本观测点都能够满足在较大邻域半径范围内有较少点的要求，因此会有很多的核心点 P. 同时，正是因为条件要求较低，很多核心点之间存在直接密度可达或密度可达的关系，在聚类的第二阶段可能所有小类均合并成一个大类. 如图 12–2 右上图所示. 除了左上角存在一个黄色五角星的噪声点之外，其他点都有相同的颜色，均属一类.

三、适中的参数设置

对上述第一种参数设置做适当调整. 一方面，可保持邻域半径不变但降低对最低样本量的要求，令如 $\varepsilon = 0.2, minPts = 100$，聚类解如图 12–2 左下图所示. 此时数据聚类两个小类，但仍存在大量噪声点. 对此，可进一步扩大邻域半径并同时适当提高对最低样本量的要求，以避免条件过于宽松. 令如 $\varepsilon = 0.5, minPts = 300$，聚类解如图 12–2 第二行中图所示. 数据被聚成了 4 个小类，且每个小类的形状均大致呈圆形.

为获得更好的聚类效果，令 $\varepsilon = 0.2, minPts = 30$，聚类解如图 12–2 右下图所示. 数据被聚成 5 个小类，小类为带状、倒 T 字形或圆形，形状不规则. 此外，仍存在黄色五角星所示的噪声点.

综上，DBSCAN 聚类具有较高的参数敏感性，这与算法设计思路密切相关.

DBSCAN 聚类通常适于有 11.1.3 节提及的外部度量指标的情况，旨在借助外部度量指标帮助确定合理的参数，进一步将聚类模型应用于对新数据集的小类预测中. 当存在不规则形状的小类时，基于 DBSCAN 聚类的预测比直接建立聚类变量和外部度量的分类模型有更好的小类预测效果.

12.2 Mean-Shift 聚类

Mean-Shift 聚类① 是多林 ·科马尼丘 (Dorin Comaniciu) 等学者 2002 年提出的一种**基于密度的聚类算法**. 它与 DBSCAN 聚类的相同点是：对小类的定义相同，即一个小类对应

① Comaniciu D and Meer P. Mean shift: a robust approach toward feature space analysis. IEEE Transactions on Pattern Analysis and Machine Intelligence, 2002.

着样本观测点分布的一个高密度区域. 不同点在于: Mean-Shift 聚类基于统计分布定义密度, 即若 p 维聚类变量空间中的区域 $\boldsymbol{S}_k(k=1,2,\cdots,K)\subset\Re^p$, 对应的一个小类为一个高密度区域, 那么意味着 $\boldsymbol{S}_k$ 区域中的样本观测 $\boldsymbol{X}_i\in\boldsymbol{S}_k(i=1,2,\cdots,N_k)$, 在以区域中心点 $\boldsymbol{C}^{\boldsymbol{S}_k}=(C_1^{S_k},C_2^{S_k},\cdots,C_p^{S_k})$ 为均值向量、指定广义方差的多元高斯核密度估计中, 均有较大的核密度估计值. 此外, Mean-shift 聚类的另一个重要特色是无须事先指定聚类数目 K. 其中涉及很多内容, 下面将依次讨论.

第一, 什么是核密度估计;

第二, 核密度估计在 Mean-Shift 聚类中的意义;

第三, Mean-Shift 聚类过程.

12.2.1 什么是核密度估计

核密度估计 (kernel density estimation) 是一种仅从样本数据自身出发, 估计其密度函数以准确刻画其统计分布特征的非参数统计方法. 这里以单个变量的核密度估计为例讨论.

核密度估计的基本设计思想与绘制关于单个变量 X 的概率分布图有内在联系. 图 12–3 为 X 的带核密度估计曲线的直方图, 很好地展示了 X 的分布特征 (Python 代码详见 11.4.2 节).

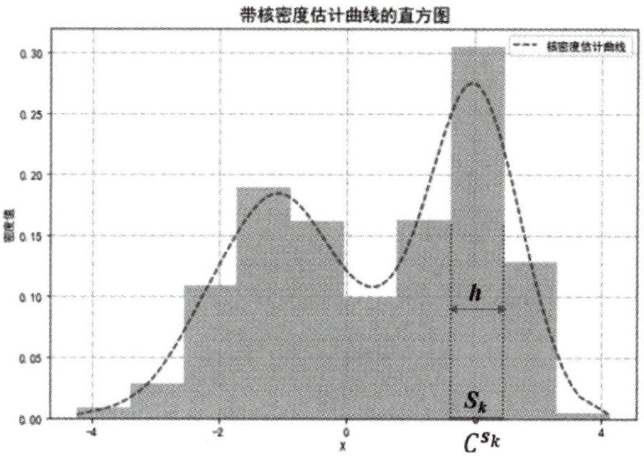

图 12–3 带核密度估计曲线的直方图

图 12–3 中的多个灰色矩形条俗称为 “直方桶”, 记为 $\boldsymbol{S}_k$, 构成了变量 X 的直方图. 其中每个 $\boldsymbol{S}_k$ 的宽度相等均为 h, 中心点为 $\boldsymbol{C}^{\boldsymbol{S}_k}$. 横坐标为变量 X 的取值, 纵坐标为概率密度值. 第 k 个 “直方桶” $\boldsymbol{S}_k$ 的中心点 $\boldsymbol{C}^{\boldsymbol{S}_k}$ 的概率密度定义为: $f(\boldsymbol{C}^{\boldsymbol{S}_k})=\dfrac{N_k/N}{h}$, N_k 为落入 $\boldsymbol{S}_k$ 的样本量也即频数, N 为总样本量, N_k/N 为频率. 当 $\boldsymbol{S}_k$ 的宽度 h 相等时, 各 “直方桶” 的概率密度之比等于频率之比, 这也是直方图的纵坐标通常为频率的原因.

上述计算过程可规范表述如下:

首先, 定义一个非负的距离函数:

$$K(\|\boldsymbol{C}^{\boldsymbol{S}_k}-X_i\|)=\begin{cases}1,\|\boldsymbol{C}^{\boldsymbol{S}_k}-X_i\|\leqslant\dfrac{h}{2}, & i=1,2,\cdots,N\\[2ex] 0,\|\boldsymbol{C}^{\boldsymbol{S}_k}-X_i\|>\dfrac{h}{2}, & i=1,2,\cdots,N\end{cases}\tag{12.1}$$

其中, $\|\boldsymbol{C}^{\boldsymbol{S}_k}-X_i\|$ 记为 d_{X_i} 为样本观测点 X_i 与 $\boldsymbol{C}^{\boldsymbol{S}_k}$ 的距离. 式 (12.1) 中, 若样本观测 X_i 落入 $\boldsymbol{S}_k$ 中即在 $\boldsymbol{C}^{\boldsymbol{S}_k}$ 的附近, 距离函数等于 1; 反之, 若 X_i 远离 $\boldsymbol{C}^{\boldsymbol{S}_k}$, 距离函数等于 0. 这里, 距离函数 $K(\|\boldsymbol{C}^{\boldsymbol{S}_k}-X_i\|)$ 称为核函数, 其中 h 称为核宽.

然后, 基于样本量为 N 的数据集, 计算落入 $\boldsymbol{S}_k$ 的样本频率: $\dfrac{N_k}{N}=\dfrac{1}{N}\sum\limits_{i=1}^{N}K(\|\boldsymbol{C}^{\boldsymbol{S}_k}-X_i\|)$. 最后, 计算 $\boldsymbol{C}^{\boldsymbol{S}_k}$ 处的概率密度:

$$\widehat{f}_{h,K}(\boldsymbol{C}^{\boldsymbol{S}_k})=\frac{N_k/N}{h}=\frac{1}{hN}\sum_{i=1}^{N}K(\|\boldsymbol{C}^{\boldsymbol{S}_k}-X_i\|)=\frac{1}{N}\sum_{i=1}^{N}K\left(\left\|\frac{\boldsymbol{C}^{\boldsymbol{S}_k}-X_i}{h}\right\|\right)\tag{12.2}$$

这就是点 $\boldsymbol{C}^{\boldsymbol{S}_k}$ 处的核密度估计值. 将所有 $\boldsymbol{C}^{\boldsymbol{S}_k}(k=1,2,\cdots,K)$ 的核密度估计值连线并平滑, 便可得到如图 12–3 中红色虚线所示的核密度曲线.

式 (12.2) 中核函数 $K\left(\left\|\dfrac{\boldsymbol{C}^{\boldsymbol{S}_k}-X_i}{h}\right\|\right)$ 的定义如式 (12.1) 所示, 称为均匀核函数. 特点是: 无论 X_i 与 $\boldsymbol{C}^{\boldsymbol{S}_k}$ 的距离具体值是大还是小, 只要满足 $d_{X_i}=\|\boldsymbol{C}^{\boldsymbol{S}_k}-X_i\|\leqslant\dfrac{h}{2}$, 核函数均等于 1, 即以核函数值等于 1 的 "权重" 落入 $\boldsymbol{S}_k$ 中. 同样, 只要满足 $d_{X_i}=\|\boldsymbol{C}^{\boldsymbol{S}_k}-X_i\|>\dfrac{h}{2}$, 核函数均等于 0, 即以核函数值等于 0 的 "权重" 落入 $\boldsymbol{S}_k$ 中. 可见, 均匀核函数忽略了 d_{X_i} 值大小的信息.

为充分利用 d_{X_i} 的计算结果, 更细致地描述样本观测点以怎样的 "权重" 落入 $\boldsymbol{S}_k$ 中, 通常可选择高斯核函数:

$$K(\|\boldsymbol{C}^{\boldsymbol{S}_k}-X_i\|)=\frac{1}{\sqrt{2\pi}h}\mathrm{e}^{-\frac{\|\boldsymbol{C}^{\boldsymbol{S}_k}-X_i\|^2}{2h^2}}\tag{12.3}$$

其中, h 为核宽. 高斯核函数是 $d_{X_i}^2$ 的非线性函数. 距离 $d_{X_i}^2$ 值越小, 核函数 $K(\|\boldsymbol{C}^{\boldsymbol{S}_k}-X_i\|)$ 值越大; 反之, 距离 $d_{X_i}^2$ 值越大, 核函数 $K(\|\boldsymbol{C}^{\boldsymbol{S}_k}-X_i\|)$ 值越小. 此时, 点 $\boldsymbol{C}^{\boldsymbol{S}_k}$ 的核密度估计可表述为:

$$\widehat{f}_{h,K}(\boldsymbol{C}^{\boldsymbol{S}_k})=\frac{c}{Nh}\sum_{i=1}^{N}K\left(\left\|\frac{\boldsymbol{C}^{\boldsymbol{S}_k}-X_i}{h}\right\|^2\right)\tag{12.4}$$

其中, c 为式 (12.3) 中的其他常数项.

总之, 核密度曲线完全是 "多点平滑" 的结果, 仅基于数据本身, 并不对数据的理论分布做任何假定. 此外, 均匀核函数中的核宽 h 会影响核密度曲线的光滑程度. h 越小曲线越平滑; 反之, h 越大曲线越不平滑. 高斯核函数中的核宽 h 同样会影响核函数值. h 较大, 即高斯分布的标准差较大, 其分布曲线呈 "平峰" 分布; 反之, 较大 h 下的分布曲线呈 "尖峰" 分布. 在给定 $d_{X_i}^2$ 条件下减少 Δd^2 时, 前者的核函数值变化小于后者. 可采用不同的方法确定核宽 h.

可以有很多将单变量的核密度估计推广到多变量下的方法. 这里仅给出 Mean-Shift 聚类中, 聚类变量空间 $\boldsymbol{S}_k\subset\Re^p$ 的中心点 $\boldsymbol{C}^{\boldsymbol{S}_k}$ 的核密度估计:

$$\widehat{f}_{h,K}(\boldsymbol{C}^{\boldsymbol{S}_k}) = \frac{c_k}{Nh^p}\sum_{i=1}^{N} K\left(\left\|\frac{\boldsymbol{C}^{\boldsymbol{S}_k} - \boldsymbol{X}_i}{h}\right\|^2\right) \tag{12.5}$$

其中, c_k 为其他常数项.

12.2.2 核密度估计在 Mean-Shift 聚类中的意义

利用核密度估计可以方便地找到聚类变量空间中的高密度区域. 式 (12.5) 的 $\widehat{f}_{h,K}(\boldsymbol{C}^{\boldsymbol{S}_k})$ 越大, 表明以 $\boldsymbol{C}^{\boldsymbol{S}_k}$ 为中心的 $\boldsymbol{S}_k$ 空间内聚集了越多的样本观测点. 显然, $\boldsymbol{C}^{\boldsymbol{S}_k}$ 在 $f_{h,K}(\boldsymbol{C}^{\boldsymbol{S}_k})$ 的导数等于 0 即 $\nabla\widehat{f}_{h,K}(\boldsymbol{C}^{\boldsymbol{S}_k}) = 0$ 处取最大值.

核密度估计在 Mean-Shift 聚类中的意义在于: Mean-Shift 聚类通过 $\nabla\widehat{f}_{h,K}(\boldsymbol{C}^{\boldsymbol{S}_k}) = 0$ 找到高密度区域的中心点 $\boldsymbol{C}^{\boldsymbol{S}_k}$, 也即小类 $\boldsymbol{S}_k$ 的中心点 $\boldsymbol{C}^{\boldsymbol{S}_k}$.

Mean-Shift 聚类初始阶段, 任意样本观测点 $\boldsymbol{X}_i$ 都可作为初始的 $\boldsymbol{C}^{\boldsymbol{S}_k}(t=0)$. 为快速找到合理的 $\boldsymbol{C}^{\boldsymbol{S}_k}$, 计算核密度的梯估计 (density gradient estimation). 对式 (12.5) 求导:

$$\nabla\widehat{f}_{h,K}(\boldsymbol{C}^{\boldsymbol{S}_k}) = \frac{2c_k}{Nh^{p+2}}\sum_{i=1}^{N}(\boldsymbol{C}^{\boldsymbol{S}_k} - \boldsymbol{X}_i)K'\left\|\frac{\boldsymbol{C}^{\boldsymbol{S}_k} - \boldsymbol{X}_i}{h}\right\|^2 \tag{12.6}$$

$\boldsymbol{C}^{\boldsymbol{S}_k}$ 为当前小类中心 $\boldsymbol{C}^{\boldsymbol{S}_k}(t)$. 为便于后续讨论, 设:

$$g(X) = -K'(X) \tag{12.7}$$

并定义核函数: $G(\boldsymbol{X}) = c_g g(\|\boldsymbol{X}\|^2)$. 将式 (12.7) 代入式 (12.6), 有

$$\begin{aligned}\nabla\widehat{f}_{h,K}(\boldsymbol{C}^{\boldsymbol{S}_k}) &= \frac{2C_k}{Nh^{p+2}}\sum_{i=1}^{N}(\boldsymbol{X}_i - \boldsymbol{C}^{\boldsymbol{S}_k})g\left(\left\|\frac{\boldsymbol{C}^{\boldsymbol{S}_k} - \boldsymbol{X}_i}{h}\right\|^2\right)\\ &= \frac{2c_k}{Nh^{p+2}}\left[\sum_{i=1}^{N} g\left(\left\|\frac{\boldsymbol{C}^{\boldsymbol{S}_k} - \boldsymbol{X}_i}{h}\right\|^2\right)\right]\left[\frac{\sum_{i=1}^{N}\boldsymbol{X}_{ig}\left(\left\|\frac{\boldsymbol{C}^{\boldsymbol{S}_k} - \boldsymbol{X}_i}{h}\right\|^2\right)}{\sum_{i=1}^{N} g\left(\left\|\frac{\boldsymbol{C}^{\boldsymbol{S}_k} - \boldsymbol{X}_i}{h}\right\|^2\right)} - \boldsymbol{C}^{\boldsymbol{S}_k}\right]\end{aligned} \tag{12.8}$$

式 (12.8) 中, 第一项

$$\widehat{f}_{h,G}(\boldsymbol{C}^{\boldsymbol{S}_k}) = \frac{2c_g}{Nh^p}\left[\sum_{i=1}^{N} g\left(\left\|\frac{\boldsymbol{C}^{\boldsymbol{S}_k} - \boldsymbol{X}_i}{h}\right\|^2\right)\right] \tag{12.9}$$

为采用 $G(\cdot)$ 核函数时 $\boldsymbol{C}^{\boldsymbol{S}_k}$ 的核密度估计. 第二项

$$\boldsymbol{m}_{h,G}(\boldsymbol{C}^{\boldsymbol{S}_k}) = \frac{\sum_{i=1}^{N}\boldsymbol{X}_{ig}\left(\left\|\frac{\boldsymbol{C}^{\boldsymbol{S}_k} - \boldsymbol{X}_i}{h}\right\|^2\right)}{\sum_{i=1}^{N} g\left(\left\|\frac{\boldsymbol{C}^{\boldsymbol{S}_k} - \boldsymbol{X}_i}{h}\right\|^2\right)} - \boldsymbol{C}^{\boldsymbol{S}_k} \tag{12.10}$$

称为**均值偏移** (mean-shift), Mean-Shift 聚类也因此得名. $\boldsymbol{m}_{h,G}(\boldsymbol{C}^{\boldsymbol{S}_k})$ 是一个 p 维向量, 也称为均值偏移向量, 给出了每个维上的偏移. 从这个角度看, $\dfrac{\sum\limits_{i=1}^{N}\boldsymbol{X}_i g\left(\left\|\dfrac{\boldsymbol{C}^{\boldsymbol{S}_k}-\boldsymbol{X}_i}{h}\right\|^2\right)}{\sum\limits_{i=1}^{N}g\left(\left\|\dfrac{\boldsymbol{C}^{\boldsymbol{S}_k}-\boldsymbol{X}_i}{h}\right\|^2\right)}$ 就是 p 维聚类空间中的一个点, 将成为 $t+1$ 时刻的小类中心点 $\boldsymbol{C}^{\boldsymbol{S}_k}(t+1)$.

$t+1$ 时刻的小类中心点 $\boldsymbol{C}^{\boldsymbol{S}_k}(t+1)$ 的位置坐标由 N 个样本观测 $\boldsymbol{X}_i(i=1,2,\cdots,N)$ 的加权平均值决定. 事实上, 可将 $\dfrac{g\left(\left\|\dfrac{\boldsymbol{C}^{\boldsymbol{S}_k}-\boldsymbol{X}_i}{h}\right\|^2\right)}{\sum\limits_{i=1}^{N}g\left(\left\|\dfrac{\boldsymbol{C}^{\boldsymbol{S}_k}-\boldsymbol{X}_i}{h}\right\|^2\right)}$ 视为样本观测点 $\boldsymbol{X}_i$ 的权重. 距当前小类中心 $\boldsymbol{C}^{\boldsymbol{S}_k}(t)$ 越近的样本观测点, 核密度值 $g\left(\left\|\dfrac{\boldsymbol{C}^{\boldsymbol{S}_k}-\boldsymbol{X}_i}{h}\right\|^2\right)$ 越大权重越大. 所以, 小类中心点 $\boldsymbol{C}^{\boldsymbol{S}_k}(t+1)$ 是所有 $\boldsymbol{X}_i(i=1,2,\cdots,N)$ 的加权平均值对应的点. 于是有

$$\widehat{\nabla}f_{h,K}(\boldsymbol{C}^{\boldsymbol{S}_k})=\widehat{f}_{h,G}(\boldsymbol{C}^{\boldsymbol{S}_k})\frac{2c_k}{c_g h^2}m_{h,G}(\boldsymbol{C}^{\boldsymbol{S}_k}) \tag{12.11}$$

和

$$\boldsymbol{m}_{h,G}(\boldsymbol{C}^{\boldsymbol{S}_k})=\frac{1}{2}h^2C\frac{\widehat{\nabla}f_{h,K}(\boldsymbol{C}^{\boldsymbol{S}_k})}{\widehat{f}_{h,G}(\boldsymbol{C}^{\boldsymbol{S}_k})} \tag{12.12}$$

其中, $c=\dfrac{c_g}{c_k}$. 所以, 均值偏移向量取决于当前小类中心 $\boldsymbol{C}^{\boldsymbol{S}_k}(t)$ 的核密度的梯估计 (以 $K(\cdot)$ 为核函数) 与核密度估计 (以 $G(\cdot)$ 为核函数) 之比, 且总是向着当前密度增加最大的方向偏移.

当 $\boldsymbol{m}_{h,G}(\boldsymbol{C}^{\boldsymbol{S}_k})\approx 0$, 极端情况下: $\boldsymbol{m}_{h,G}(\boldsymbol{C}^{\boldsymbol{S}_k})=\boldsymbol{C}^{\boldsymbol{S}_k}(t+1)-\boldsymbol{C}^{\boldsymbol{S}_k}(t)=\boldsymbol{C}^{\boldsymbol{S}_k}(t)-\boldsymbol{C}^{\boldsymbol{S}_k}(t)=\boldsymbol{0}$①, 即零梯度时, 表示找到了高密度区域的一个稳定的中心点 $\boldsymbol{C}^{\boldsymbol{S}_k}(t)$.

12.2.3 Mean-Shift 聚类过程

Mean-Shift 聚类采用不断迭代的方式确定 K 个小类的类中心 $\boldsymbol{C}^{\boldsymbol{S}_k}$. 首先指定核宽 h, 然后进行 N 次迭代. 对于第 i 次迭代:

第一步, 令样本观测点 $\boldsymbol{X}_i$ 作为小类初始类中心 $\boldsymbol{C}^{\boldsymbol{S}_k}(0)=\boldsymbol{X}_i$, 然后进行如下迭代. 对第 t 次迭代:

第 1 步, 计算 $\boldsymbol{m}_{h,G}(\boldsymbol{C}^{\boldsymbol{S}_k})=\dfrac{1}{2}h^2c\dfrac{\widehat{\nabla}f_{h,K}(\boldsymbol{C}^{\boldsymbol{S}_k}(t))}{\widehat{f}_{h,G}(\boldsymbol{C}^{\boldsymbol{S}_k}(t))}$.

① p 维向量 $(0,0,\cdots,0)^{\mathrm{T}}$.

第 2 步, 若 $\boldsymbol{m}_{h,G}(\boldsymbol{C}^{\boldsymbol{S}_k}) > \varepsilon$, $\boldsymbol{C}^{\boldsymbol{S}_k}(t+1) = \dfrac{\sum\limits_{i=1}^{N} \boldsymbol{X}_{i} g\left(\left\|\dfrac{\boldsymbol{C}^{\boldsymbol{S}_k}(t) - \boldsymbol{X}_i}{h}\right\|^2\right)}{\sum\limits_{i=1}^{N} g\left(\left\|\dfrac{\boldsymbol{C}^{\boldsymbol{S}_k}(t) - \boldsymbol{X}_i}{h}\right\|^2\right)}$, 将小类中心点移至 $\boldsymbol{C}^{\boldsymbol{S}_k}(t+1)$ 处.

重复第 1、第 2 步, 直到 $\boldsymbol{m}_{h,G}(\boldsymbol{C}^{\boldsymbol{S}_k}) \leqslant \varepsilon$ 迭代结束, 确定了一个高密度区域的稳定的小类中心点 $\boldsymbol{T}$.

第二步, 判断本次小类中心点 $\boldsymbol{T}$ 是否与已有小类中心点 $\boldsymbol{C}^{\boldsymbol{S}_k}(j)$ 重合. 若不重合则得到一个新的小类中心点 $\boldsymbol{C}^{\boldsymbol{S}_k}(k) = \boldsymbol{T}$.

经过上述 N 次迭代, 将找到 K 个不重合的小类中心点 $\boldsymbol{C}^{\boldsymbol{S}_k}(k)(k = 1, 2, \cdots, K)$. 可通过减少迭代数的方式提高算法效率. 例如, 将样本数据分箱为 $M < N$ 个组后再迭代 (小类初始中心为组的中心点), 此时只需迭代 M 次.

当 K 个小类的类中心 $\boldsymbol{C}^{\boldsymbol{S}_k}$ 确定后, 样本观测点 $\boldsymbol{X}_i$ 所属的小类应为: $C_i = \min\limits_{k}(\|X_i - \boldsymbol{C}^{\boldsymbol{S}_k}\|)$, 即属于距 $\boldsymbol{X}_i$ 最近的小类中心所在的小类.

需要说明的是: Mean-shift 聚类无须事先指定聚类数目 K, 但 K 与核宽 h 有关. 通常核宽 h 越小, 聚类数目 K 越大. 如图 12–4 所示 (Python 代码详见 12.4.2 节).

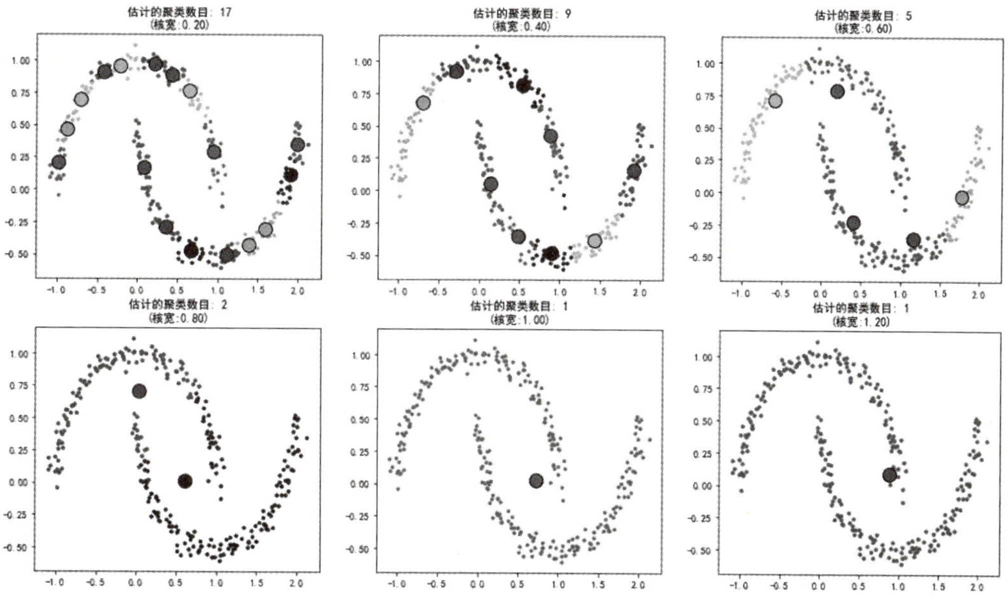

图 12–4　不同核宽下的 Mean-Shift 聚类解

图 12–4 左上图中, 核宽 $h = 0.2$ 聚成 17 类. 下图中, 核宽 $h = 1.2$ 聚成 1 类.

确定核宽 h 有许多策略. 从聚类角度看, 可依据 11.1.3 节讨论的聚类解的评价指标, 找到 CH 指数或轮廓最大时的核宽 h. 这里不再展开.

12.3 BIRCH 聚类

BIRCH (balanced iterative reducing and clustering using hierarchies) 聚类[①] 是一种适合超大数据集的在线动态聚类算法. 这是 BIRCH 聚类算法的最大特色和亮点.

12.3.1 BIRCH 聚类的特点

借鉴 K-均值聚类和系统聚类中距离的度量, BIRCH 聚类仍采用欧氏距离、组间平均链锁法以及类内离差平方变化等指标, 度量样本观测之间、样本观测与小类之间的距离, 并依距离最近原则指派样本观测到相应的小类中. BIRCH 算法的特色在于:

第一, 有效解决了计算资源, 尤其是内存空间有限条件下的高维大数据集的聚类问题.

样本量非常大时, 系统聚类过程中计算的距离矩阵会极为庞大, 很可能超出内存容量. 所以, 尽管聚类算法本身有充分的合理性, 但很可能因计算资源的限制而无法付诸实践.

第二, 能够实现在线数据的动态聚类.

系统聚类方法要求数据应事先存在于数据集中. 对于大量的在线数据来讲, 它们是随时间推移而不断动态生成并加入数据集的, 不可能事先静置在数据集中. 所以, 系统聚类不可能实现对在线动态数据的聚类. BIRCH 算法每次只随机读入一个样本观测数据, 并根据距离判断该样本观测应自成一类, 还是应合并到已有的某个小类中. 这个过程将反复进行, 直到读入所有的数据, 每个样本观测都有其所属的小类为止. 在样本观测的小类指派过程中无须扫描所有样本观测数据, 即不要求所有数据已事先存在. 这不但提高了算法效率, 也有效解决了动态聚类问题. 这样的聚类算法也称为增量聚类 (incremental clustering) 算法.

12.3.2 BIRCH 算法中的聚类特征树

BIRCH 算法解决大数据集聚类的主要策略, 是引入了基于聚类特征 (clustering feature, CF) 的聚类特征树 (CF 树).

一、聚类特征树

聚类特征树是关于聚类特征的一个倒置的树, 以直观展示聚类过程和聚类解, 如图 12-5 所示. 这里首先对树结构做简要说明.

首先, 尽管外观上图 12-5 的树形结构与 11.3.3 节系统聚类中的图 11-8 类似, 但最大不同在于: 图 12-5 中每个叶节点 (A1, A2, B1, B2, C1, C2) 均代表一个子类, 而非系统聚类树中的一个样本观测. 图 12-5 中数据集被聚成了 6 个小类.

① 1996 年 Zhang, Ramakrishnan 和 Livny 在 Birch: an efficient data clustering method for very large database 一文中提出聚类算法.

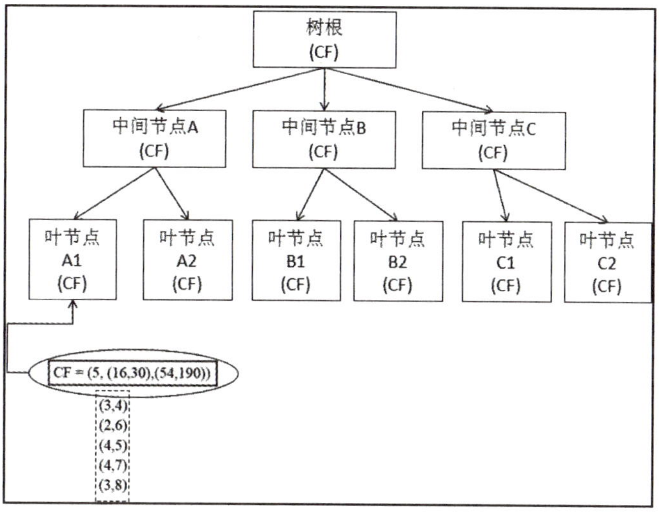

图 12–5　聚类特征树图示意图 (一)

其次, 具有同一父节点的若干小类可合并成一个中类, 以树的中间节点 (A, B, C) 表示. A1, A2 为兄弟节点, 有共同的父节点 A, 是 A 的子类; B1, B2 为兄弟节点, 有共同的父节点 B, 是 B 的子类; 等等. 若干中类还可继续合并成更大的中类 (这里略去), 直到根节点所有数据形成一个大类.

最后, 聚类特征树的本质是以树形式实现对数据集的高度压缩表示. 体现在: 每个节点中并非存储属于该小类 (或中类或大类) 的样本观测的全部信息, 而是相应小类的聚类特征.

二、聚类特征

第 k 个小类 (树节点) 的聚类特征一般由 3 组数值组成: 第一, 节点 k 的样本量 N_k; 第二, p 维数值向量, 存储着节点 k 的 p 个聚类变量的线性和; 第三, p 维数值向量, 存储着节点 k 的 p 个聚类变量的平方和. 表示为:

$$\begin{aligned}CF_k &= \left(N_k, \left(\sum_{i=1}^{N_k} X_{i1}, \sum_{i=1}^{N_k} X_{i2}, \cdots, \sum_{i=1}^{N_k} X_{ip}\right), \left(\sum_{i=1}^{N_k} X_{i1}^2, \sum_{i=1}^{N_k} X_{i2}^2, \cdots, \sum_{i=1}^{N_k} X_{ip}^2\right)\right) \\ &= (N_k, \boldsymbol{LS}_k, \boldsymbol{SS}_k) \end{aligned} \tag{12.13}$$

例如, 图 12–5 中, 叶节点 A1 中包含 5 个样本观测 $\{(X_1 = 3, X_2 = 4), (X_1 = 2, X_2 = 6), (X_1 = 4, X_2 = 5), (X_1 = 4, X_2 = 7), (X_1 = 3, X_2 = 8)\}$, 聚类变量 X_1 的线性和为 16, X_2 的线性和为 30. 聚类变量 X_1 的平方和为 54, X_2 的平方和为 190. 所以, $CF_k = (5, (16, 30)^{\mathrm{T}}), (54, 190)^{\mathrm{T}}$.

进一步, 对多个不相交的小类 k 和小类 j, 聚类特征具有可加性, 即

$$CF_k + CF_j = \left(N_k + N_j, \left(\sum_{i=1}^{N_k} X_{i1} + \sum_{i=1}^{N_j} X_{i1}, \sum_{i=1}^{N_k} X_{i2} + \sum_{i=1}^{N_j} X_{i2}, \cdots, \sum_{i=1}^{N_k} X_{ip} + \sum_{i=1}^{N_j} X_{ip}\right),\right.$$

$$\left(\sum_{i=1}^{N_k} X_{i1}^2 + \sum_{i=1}^{N_j} X_{i1}^2, \sum_{i=1}^{N_k} X_{i2}^2 + \sum_{i=1}^{N_j} X_{i2}^2, \cdots, \sum_{i=1}^{N_k} X_{ip}^2 + \sum_{i=1}^{N_j} X_{ip}^2\right)\Bigg)$$
$$= (N_k + N_j, \boldsymbol{LS}_k + \boldsymbol{LS}_j, \boldsymbol{SS}_k + \boldsymbol{SS}_j) \tag{12.14}$$

这种可加性意味着, 可基于子节点 k, j 的聚类特征, 直接计算得到其父节点的聚类特征.

引入聚类特征的原因是: 一方面, 只需根据聚类特征, 便可方便地得到诸如小类质心、小类内样本观测的离散程度等信息. 例如, 第 k 个小类的质心为: $\left(\dfrac{\sum_{i=1}^{N_k} X_{i1}}{N_k}, \dfrac{\sum_{i=1}^{N_k} X_{i2}}{N_k}, \cdots, \dfrac{\sum_{i=1}^{N_k} X_{ip}}{N_k}\right)$.
第 k 个小类在各维上的方差为: $\left(\dfrac{\sum_{i=1}^{N_k} X_{i1}^2}{N_k} - \left(\dfrac{\sum_{i=1}^{N_k} X_{i1}}{N_k}\right)^2\right), \left(\dfrac{\sum_{i=1}^{N_k} X_{i2}^2}{N_k} - \left(\dfrac{\sum_{i=1}^{N_k} X_{i2}}{N_k}\right)^2\right), \cdots,$
$\left(\dfrac{\sum_{i=1}^{N_k} X_{ip}^2}{N_k} - \left(\dfrac{\sum_{i=1}^{N_k} X_{ip}}{N_k}\right)^2\right)$. 另一方面, 只需依据聚类特征, 便可方便地计算出样本观测点 $\boldsymbol{X}_i$ 与小类 (如 A, A1) 间的距离 (或类内离差平方) 并快速完成小类的指派.

BIRCH 算法中基于聚类特征的聚类特征树, 是实现大数据集在线动态聚类的基础.

三、决定聚类特征树规模的参数

聚类特征树的规模, 即树的层数和叶节点的个数, **取决于两个参数: 分支因子** B **和阈值** T**, 是后续 BIRCH 聚类的两个非常关键的参数**. 可从图 12–6 中直观理解.

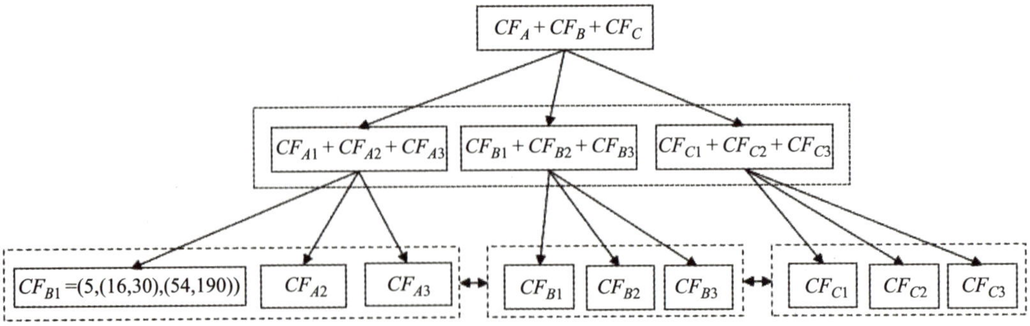

图 12–6　聚类特征树图示意图 (二)

图 12–6 是对图 12–5 的细化. 每个节点中均存储着相应小类的聚类特征. 例如, 图中左侧叶节点存储 $\boldsymbol{CF}_{A1} = (5, (16, 30)^{\mathrm{T}}), (54, 190)^{\mathrm{T}}$, 第二行左侧的中间节点存储其子节点的聚类特征 $\boldsymbol{CF}_{A1} + \boldsymbol{CF}_{A2} + \boldsymbol{CF}_{A3}$, 等等.

进一步, 图 12–6 中的实线框代表一个节点 (包括中间节点和叶节点), 对应一个小类的聚类特征. 虚线框表示节点空间, 节点空间仅能容纳指定个数的节点. 若将单个虚线框类比计算机中的一个数组, 实线框则对应数组中的一个数组单元. 通常数组大小 (数组单元数) 是需预先定义的, 数组单元数不能大于预设值. 此外, 还额外需要内存单元 (这里为指针单元) 存储各类间的从属关系, 如图中树的上下层关系, 叶节点的左右邻居关系等.

因每个节点和指针均对应一个数据存储单元, 所以从计算机内存角度看, 聚类特征树的规模, 即树的层数、中间节点、叶节点的个数以及表示类间从属关系的指针个数等, 均与设定的可用内存容量 P 有直接关系. 具体讲, 将涉及以下两个重要参数.

1. 非叶节点的子类个数

每个非叶节点包含的子类个数不大于指定的参数——分支因子 B (branching factor) (可对应到前述的数组单元个数上).

首先, 根节点包含的子类个数不大于 B 个. 如图 12–6 中第二层中间节点空间包含的实线框个数不大于 B 个 (这里 $B = 3$); 进一步, 每个中间节点包含的子类个数均不大于 B 个. 如图 12–6 中第三层每个节点空间包含的实线框个数不大于 B 个 (这里 $B = 3$). BIRCH 算法规定, 若某非叶节点的子类成员个数大于 B, 需将其 "一分为二" 以减少子类个数.

总之, BIRCH 算法称 B 为分支因子. 显然, 较大的分支因子 B 意味着允许存在较多的小类. 较小的分支因子 B 表示不能将数据聚成较多的小类, 此时聚类特征树的层数较大. 分支因子 B 的大小取决于内存使用的容量限制 P.

2. 叶节点允许的最大 "半径"

通常将叶节点中样本观测点两两间距离的平均值定义为叶节点的 "半径", 它是判断样本观测点 $\boldsymbol{X}_i$ 能否并入叶节点 (小类) 的依据: $\boldsymbol{X}_i$ 并入后叶节点的 "半径" 不应大于一个指定的阈值 T. 原因是, 若此时叶节点的 "半径" 较大且大于阈值 T, 意味着样本观测点的并入将导致叶节点 (小类) 的差异性过大, 并入是不恰当的. 显然, 指定的阈值 T 越小, 小类内的差异性越小, 聚类数目 K 会越大. 反之, 指定的阈值 T 越大, 小类内的差异性越大, 聚类数目 K 会越小. 应在聚类数目 K 和小类内的差异性之间取得平衡.

综上, 聚类特征树的各个节点并不直接存储数据本身, 仅存储聚类特征 (如图 12–6 中的 $\boldsymbol{CF}_{A1}$), 因而要求的存储空间远远小于存储原始数据集的情况. 聚类特征实现了对数据的高度压缩存储, 旨在确保有限内存下大数据集聚类的可实施性, 以及计算的高效性. 尽管 BIRCH 聚类中的 P 是一个客观存在的可调参数, 决定着分支因子 B 且间接影响阈值 T. 但从操作性上讲, 通常会直接设定分支因子 B 和阈值 T.

分支因子 B 和阈值 T 具有内在联系. 若阈值 T 较小会导致聚类数目 K 较大. 当聚类数目 K 大于分支因子 B 时, 会导致聚类特征树结构的调整并对聚类解产生影响. 若阈值 T 较大则聚类数目 K 较少, 但会出现小类内差异性过大的问题.

12.3.3 BIRCH 聚类的核心步骤

算法提出者在文献① 中指出,BIRCH 聚类过程包含 4 大阶段. 这里仅讨论其中的核心步

① Zhang, Ramakrishnan, Livny. Birch: an efficient data clustering method for very large databases. Acm Sigmod Record, 1996.

骤. 在给定分支因子 B 和阈值 T 的前提下, BIRCH 算法采用随机逐个抽取和处理样本观测数据的方式, 建立聚类特征树.

首先, 初始化聚类特征树. 随机从数据集中抽取若干 (小于 B) 样本观测点作为各子类的初始类中心. 然后, 依次对每个样本观测 $\boldsymbol{X}_i$ 做如下判断处理:

第一步, 沿 "最近路径"① 找到与样本观测点 $\boldsymbol{X}_i$ 距离最近的叶节点, 记为 $\boldsymbol{C}_{\min}$.

第二步, 判断样本观测点 $\boldsymbol{X}_i$ 并入 $\boldsymbol{C}_{\min}$ 后, 叶节点的半径 d 是否仍小于阈值 T.

1. 当 $d < T$ 时

当 $d < T$ 时, 样本观测点 $\boldsymbol{X}_i$ 被 "吸入" $\boldsymbol{C}_{\min}$. 如图 12–7 所示.

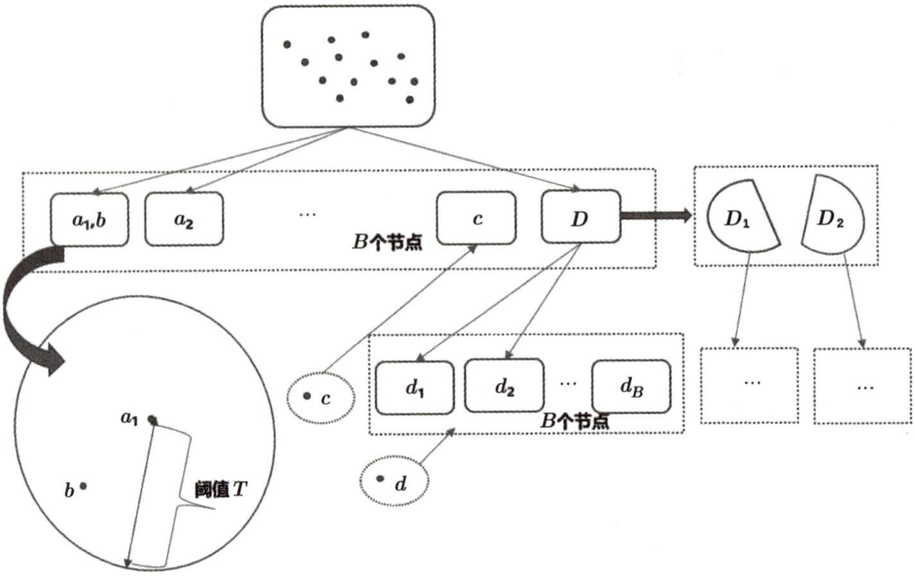

图 12–7　BIRCH 聚类过程示意

图 12–7 中, 样本观测点 $\boldsymbol{b}$ 与 $\boldsymbol{a}_1$ 的距离最近, 且因进入 $\boldsymbol{a}_1$ 所在小类后, 小类 "半径" $d < T$ 小于阈值 T 而被 $\boldsymbol{a}_1$ "吸入"; 样本观测点 $\boldsymbol{c}$ 与 $\boldsymbol{a}_1$ 的距离最近, 但因进入 $\boldsymbol{a}_1$ 所在小类后, 小类 "半径" $d > T$ 大于阈值 T 而不能被 $\boldsymbol{a}_1$ "吸入".

2. 当 $d > T$ 时

当 $d > T$ 时, 样本观测点 $\boldsymbol{X}_i$ 不能被 "吸入" $\boldsymbol{C}_{\min}$, 此时需判断样本观测点 $\boldsymbol{X}_i$ 可否自成一类 "开辟" 出一个新的叶节点.

(1) 若 $\boldsymbol{C}_{\min}$ 所在的节点空间中的节点个数小于 B, 即 $\boldsymbol{C}_{\min}$ 的兄弟节点个数小于 B, 其父节点包含的子类个数小于 B, 则样本观测点 $\boldsymbol{X}_i$ 可以自成一类, 成为 $\boldsymbol{C}_{\min}$ 的兄弟节点. 节点空间中的子类个数增加一个, 其父节点包含的子类个数增加 1. 如图 12–7 中, 第二层中间节点空间中的节点个数仍小于 B, 样本观测点 $\boldsymbol{c}$ 自成一类.

(2) 若 $\boldsymbol{C}_{\min}$ 的兄弟节点个数已等于 B, 也即其父节点包含的子类个数已等于 B, 需暂将样本观测点 $\boldsymbol{X}_i$ 并入 $\boldsymbol{C}_{\min}$ 的父节点中. 然后再将 $\boldsymbol{C}_{\min}$ 的父节点一分为二 "分裂" 成两个子节点. 如图 12–7 中, 样本观测点 $\boldsymbol{d}$ 距 $\boldsymbol{d}_1$ 最近, 但 $d > T$. 同时 $\boldsymbol{d}_1$ 的父节点 $\boldsymbol{D}$ 已包含

① 从根节点开始逐层找到最近的中间节点直到叶节点.

$\boldsymbol{d}_1, \boldsymbol{d}_2, \cdots, \boldsymbol{d}_B$ 个子类. 此时, 需暂将 d 并入 $\boldsymbol{D}$, 然后再将 $\boldsymbol{D}$ 一分为二 “分裂” 成两个半圆所示两个小类 $\boldsymbol{D}_1, \boldsymbol{D}_2$.

“分裂” 时以相距最远的两个样本观测点为类质心, 根据距离最近原则, 分配 $\boldsymbol{C}_{\min}$ 的父节点中的各观测点到两个新的叶节点中, 如图 12–7 中两个小类 $\boldsymbol{D}_1, \boldsymbol{D}_2$ 下的叶节点. 特征树的层数增加.

第三步, 重新计算每个节点的聚类特征 CF, 为处理下一个样本观测点 $\boldsymbol{X}_j$ 做好准备.

重复上述步骤, 逐个对每个样本观测做一次且仅一次的判断处理. 其间, 聚类数目将不断增加, 聚类特征树也将愈发茂盛.

图 12–8 为 BIRCH 聚类解的一个示例 (Python 代码详见 12.4.3 节).

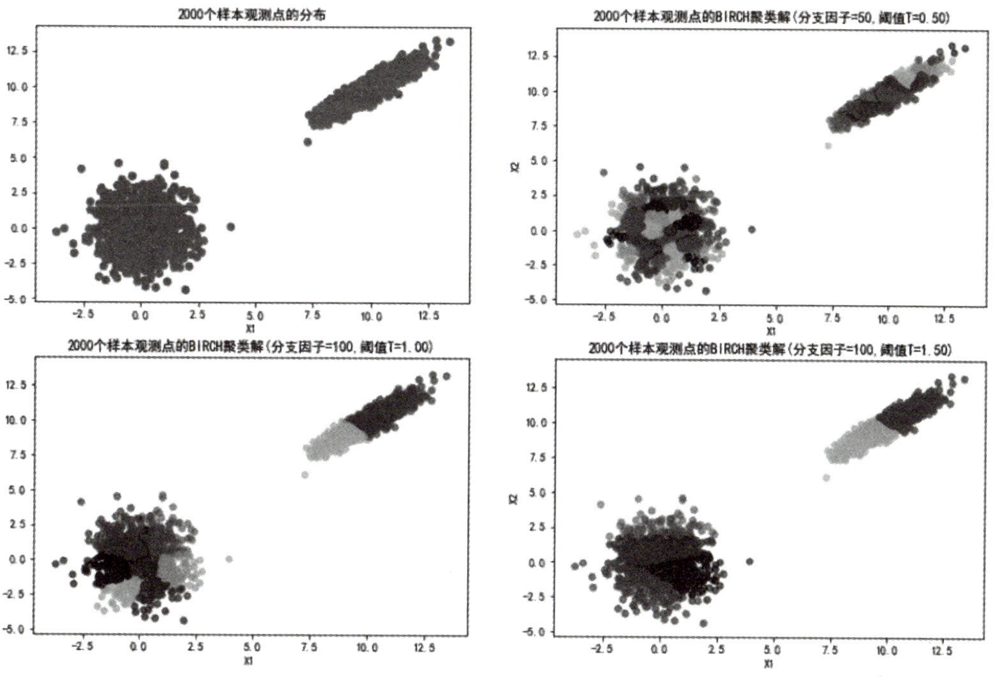

图 12–8　BIRCH 聚类解

图 12–8 左上图为样本量 $N = 2\ 000$ 的数据集在二维聚类变量 X_1, X_2 空间中的分布情况. 右上图为 $B = 50, T = 0.5$ 时的 BIRCH 聚类解. 图中不同颜色代表不同小类. 可见小类很多, 即聚类特征树有很多叶节点, 表明 T 的设置值偏小. 可尝试适当增大参数值. 左下和右下分别为 $B = 100, T = 1$ 以及 $B = 100, T = 1.5$ 时的 BIRCH 聚类解. 可见, 随着参数值的增大, 聚类特征树的叶节点个数明显减少. 最终, 数据被聚成 6 个小类.

12.3.4　BIRCH 聚类的在线动态聚类

从 12.3.3 节的 BIRCH 聚类过程可知, 一方面, BIRCH 算法不再依赖数据集已处理过的数据, 仅基于聚类特征树, 就可将样本观测 $\boldsymbol{X}_i$ 归到相应的小类中. 与 K–均值聚类和系统聚类相比, BIRCH 算法尤其适合大数据集的聚类. 另一方面, 对于新的样本观测 $\boldsymbol{X}_0$, BIRCH

算法沿聚类特征树的“最近路径”总可以找到距 $\boldsymbol{X}_0$ 最近的叶节点并将其归入相应的小类或自成一类. BIRCH 算法可快速完成对在线新数据的动态聚类, 无须像 K–均值聚类和系统聚类那样, 每次须基于所有数据重新计算质心和距离矩阵, 因此非常适合对大数据集进行动态的在线数据聚类. 如图 12–9 所示 (Python 代码详见 12.4.3 节).

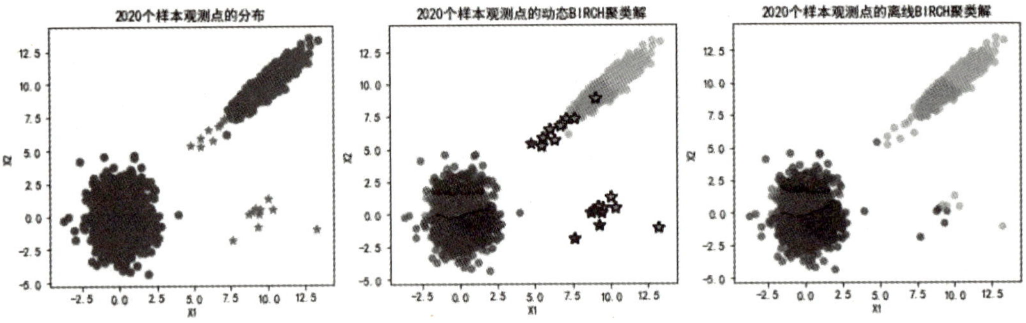

图 12–9　BIRCH 的动态聚类解

图 12–9 左图展示了在图 12–8 中新增 20 个样本观测数据 (黄色五角星) 后的分布情况. 中图给出了基于 $B = 100, T = 1.5$ 参数的 BIRCH 动态聚类解. 不同颜色仍代表不同小类. 可见,20 个新增样本观测分别被归入红色小类、蓝色小类和黄绿色小类中.

在线动态聚类过程, BIRCH 算法始终不对聚类特征树做任何更新, 旨在快速得到新数据的聚类解. 但大量新出现的在线数据积累到一定程度后, 为确保后续在线动态聚类解的准确性, 需适时再次进行基于全数据集的聚类, 重新更新聚类特征树调整聚类解 (如图 12–9 右图所示), 旨在校正新数据动态变化对聚类解的影响. 这个过程的计算成本相对较高, 但如果说在线动态聚类是一个“实时的线上”过程, 那么更新聚类特征树就是一个“非实时的离线”过程, 实际应用中可以有充足时间进行离线更新.

12.3.5　BIRCH 聚类解的优化

在 BIRCH 聚类的后期阶段, 尤其离线更新阶段, 通常还会借助系统聚类, 判断哪些叶节点 (小类) 可以继续合并, 旨在克服样本观测抽取顺序的随机性对聚类解的影响. 或者, 会继续借助 K–均值聚类, 以各个叶节点的中心点为初始类中心, 通过多次迭代进一步优化聚类解. 如图 12–10 所示 (Python 代码详见 12.4.3 节).

图 12–10 左右两图分别为采用系统聚类聚成 3 类、采用 K–均值聚类聚成 5 类时的聚类解情况, 是对 BIRCH 聚类解的优化结果.

至此,BIRCH 聚类的讨论告一段落. 需要补充的是, 一般认为 BIRCH 算法适合样本观测在聚类变量空间分布不均匀、稠密和稀疏区域共存情况下的聚类. BIRCH 聚类可从聚类角度进行噪声数据的识别. 基本观点是: 聚类中不应忽略有些小类的样本观测点分布较为稠密, 有些分布较为稀疏的现象. 分布于稠密区域中的样本观测为一个小类, 将对聚类结果产生影响. 而分布在稀疏区域的样本观测应视为离群点, 不对聚类解产生影响. BIRCH 称包含较多样本观测点的叶节点为大叶节点, 对应着一个点分布的稠密区域. 称包含较少样本观测

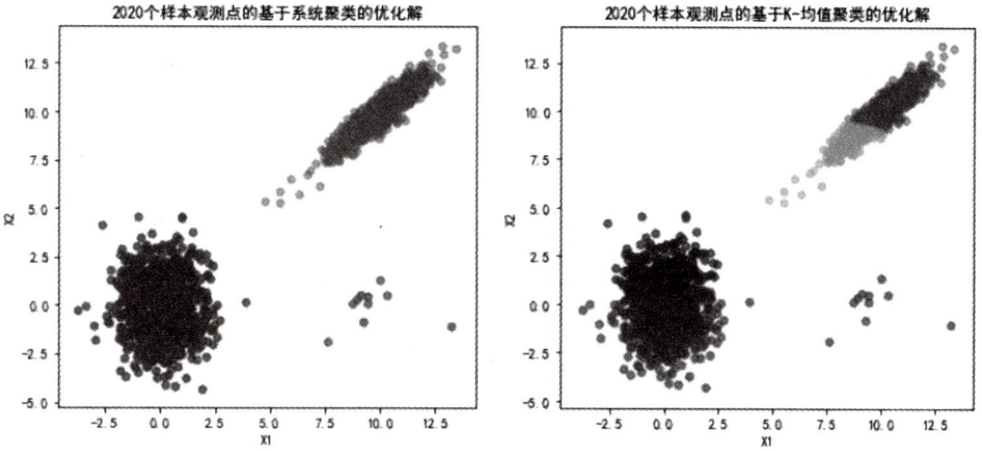

图 12–10　BIRCH 的聚类解优化

点的叶节点为小叶节点, 对应着一个点分布的稀疏区域. 当小叶节点的样本量与大叶节点的样本量之比小于 $\varepsilon(\varepsilon > 0)$ 时, BIRCH 将视小叶节点中的样本观测点为离群点.

12.4 Python 实践课: 加深理论理解, 探索应用实践

为进一步加深对特色聚类的理解, 并探索特色聚类的应用实践, 设计如下 Python 实践内容:

第一, 基于模拟数据, 探索 DBSCAN 聚类算法的异形聚类特点以及参数敏感性.

第二, 基于模拟数据, 实现单变量的核密度估计. 进一步加深对 Mean-Shift 聚类算法的理解.

第三, 基于模拟数据, 探讨 BIRCH 聚类的动态性特点.

以下是本章需导入的 Python 模块:

```
1  import numpy as np
2  import pandas as pd
3  import matplotlib.pyplot as plt
4  from mpl_toolkits.mplot3d import Axes3D
5  from itertools import cycle
6  import warnings
7  warnings.filterwarnings(action = 'ignore')
8  %matplotlib inline
9  plt.rcParams['font.sans-serif']=['SimHei']  #解决中文显示乱码问题
10 plt.rcParams['axes.unicode_minus']=False
11 from scipy.stats.kde import gaussian_kde,multivariate_normal
12 from scipy.stats import norm
13 from sklearn.datasets import make_moons
14 from sklearn.cluster import DBSCAN,Birch,KMeans,estimate_bandwidth,MeanShift
```

其中第 14 行为新增模块, 用来实现 DBSCAN 聚类、Mean-Shift 聚类和 BIRCH 聚类.

12.4.1 探索 DBSCAN 聚类算法的异形聚类特点以及参数敏感性

本节 (文件名: chapter12-1.ipynb) 基于模拟数据, 探索 DBSCAN 聚类算法的异形聚类特点, 以及算法的参数敏感性.

```
1  X=pd.read_csv('异形聚类数据.txt',header=0)
2  fig=plt.figure(figsize=(15,10))
3  plt.subplot(231)
4  plt.scatter(X['x1'],X['x2'])
5  plt.title("异形样本观测的分布(样本量=%d)"%len(X))
6  plt.xlabel("X1")
7  plt.ylabel("X2")
```

【代码说明】

(1) 第 1 行: 读入异形聚类数据.

(2) 第 4~7 行: 绘制异形聚类数据的散点图, 如图 12–2 左图所示. 图形显示, 样本观测点在聚类变量 X_1, X_2 二维空间中呈不规则的带状分布. 从点的连续性看, 数据大致可聚成 5 个异形小类.

以下将采用 DBSCAN 算法进行聚类:

```
9  colors = 'bgrcmyk'
10 EPS=[0.2,0.5,0.2,0.5,0.2]
11 MinS=[200,80,100,300,30]
12 Gid=1
13 for eps,mins in zip(EPS,MinS):
14     DBS=DBSCAN(min_samples=mins,eps=eps)
15     DBS.fit(X)
16     labels=np.unique(DBS.labels_)
17     Gid+=1
18     plt.subplot(2,3,Gid)
19     for i,k in enumerate(labels):
20         if k==-1:  #噪声点
21             c='darkorange'
22             m='*'
23         else:
24             c=colors[i]
25             m='o'
26         plt.scatter(X.iloc[DBS.labels_==k,0],X.iloc[DBS.labels_==k,1],c=c,s=30,alpha=0.8,marker=m)
27 
28     plt.title("DBSCAN聚类解\n(最少观测点=%d,近邻半径=%.2f)\n (%d个核心点,%d个噪声点,%d个边缘点)"%(mins,eps,len(DBS.components_),
29                                                  sum(DBS.labels_==-1),len(X)-len(DBS.components_)-sum(DBS.labels_==-1)))
30     plt.xlabel("X1")
31     plt.ylabel("X2")
32 fig.subplots_adjust(hspace=0.3)
33 fig.subplots_adjust(wspace=0.2)
```

【代码说明】

(1) 第 10 行: 指定 DBSCAN 聚类参数: 邻域半径 ε 的若干取值.

(2) 第 11 行: 指定 DBSCAN 聚类参数: 邻域半径 ε 范围内包含的最少观测点个数的若干取值.

(3) 第 13~29 行: 利用 for 循环进行 5 种不同参数下的 DBSCAN 聚类: $\varepsilon = 0.2, minPts = 200; \varepsilon = 0.5, minPts = 80; \varepsilon = 0.2, minPts = 100; \varepsilon = 0.5, minPts = 300; \varepsilon = 0.2, minPts = 30$.

其中, 第 14、15 行直接利用函数 DBSCAN() 实现指定参数的 DBSCAN 聚类, 并获得聚类解; 第 19~26 行绘制散点图, 指定用深橙色表示噪声点, 其他小类分别以不同颜色表示;

第 28 行分别计算核心点、噪声点和其他点 (包括直接密度可达点和密度可达点) 的个数. 所得图形如图 12–2 图所示. 图形显示了大致三种情况下的聚类效果: 邻域半径 ε 较小, 且邻域范围内的最少观测点个数 $minPts$ 较多的情况 (条件严苛); 邻域半径 ε 较大, 且邻域范围内的最少观测点个数较少 (条件宽松); 适中参数设置的情况. 可见, 参数设置恰当时, DBSCAN 可以将数据聚成期望的类数和形状, 展现了 DBSCAN 算法的异形聚类能力以及参数敏感性特点.

12.4.2　实现单变量的核密度估计, 理解 Mean-Shift 聚类算法

本节 (文件名: chapter12-2.ipynb) 基于模拟数据, 展示单变量的核密度估计实现, 以及 Mean-Shift 算法的特点.

一、单变量的核密度估计实现

```
1  np.random.seed(123)
2  X1 = norm.rvs(loc=-1.0, scale=1, size=500)
3  X2 = norm.rvs(loc=2.0, scale=0.6, size=500)
4  X = np.hstack([X1, X2])
5  fig=plt.figure(figsize=(9,6))
6  plt.hist(X, normed=True, alpha=0.45, color='gray')
7  probDensityFun = gaussian_kde(X)
8  plt.title("带核密度估计曲线的直方图", fontsize=15)
9  plt.plot(np.sort(X), probDensityFun(np.sort(X)),c='r',linestyle='--',label="核密度估计曲线")
10 plt.xlabel("X")
11 plt.ylabel("密度值")
12 plt.legend()
13 plt.grid(True,linestyle='-.')
14 plt.show()
```

【代码说明】

(1) 第 2 行: 生成 500 个服从均值为 −1、标准差为 1 的正态分布随机数.

(2) 第 3 行: 生成 500 个服从均值为 2、标准差为 0.6 的正态分布随机数.

(3) 第 4 行: 将以上两组数据合并构成仅包含单个变量 X, 样本量 $N = 1\,000$ 的数据集.

(4) 第 6 行: 绘制变量 X 的直方图, 其中纵坐标为概率密度 (normed=True).

(5) 第 7 行: 定义基于高斯核函数的用于估计变量 X 核密度值的对象.

(6) 第 9 行: 利用以上核密度估计对象, 计算变量 X 在所有不同取值下的核密度值, 并绘制核密度估计曲线. 所得图形如图 12–3 所示. 核密度是在不对变量 X 的分布做任何假定的情况下, 仅基于数据进行的概率密度估计.

二、Mean-Shift 算法的特点

```
X, ymoon = make_moons(300, noise=0.05, random_state=0)
fig=plt.figure(figsize=(10,4))
plt.figure(figsize=(6,4))
plt.scatter(X[:, 0], X[:, 1])
```

```
6  fig=plt.figure(figsize=(18,10))
7  bandwidths=np.linspace(0.2,1.2,6)
8  colors = cycle('bgrcmyk')
9  i=0
10 for bandwidth in bandwidths:
11     MS = MeanShift(bandwidth=bandwidth, bin_seeding=True)
12     MS.fit(X)
13     cluster_centers = MS.cluster_centers_
14     labels = np.unique(MS.labels_)
15     n_clusters_ = len(labels)
16     i+=1
17     plt.subplot(2,3,i)
18     for k, col in zip(range(n_clusters_), colors):
19         cluster_center = cluster_centers[k]
20         plt.plot(X[MS.labels_==k, 0], X[MS.labels_==k, 1], col + '.')
21         plt.plot(cluster_center[0], cluster_center[1], 'o', markerfacecolor=col,
22                  markeredgecolor='k', markersize=14)
23     plt.title('估计的聚类数目: %d\n(核宽:%.2f)' % (n_clusters_,bandwidth))
24 plt.show()
```

【代码说明】

(1) 第 1 行: 生成包含两个聚类变量 X_1, X_2, 样本量 $N = 300$, 包含两个小类, 外观大致呈 "半月" 形分布的模拟数据.

(2) 第 4 行: 绘制模拟数据的散点图, 如图 12–11 图所示.

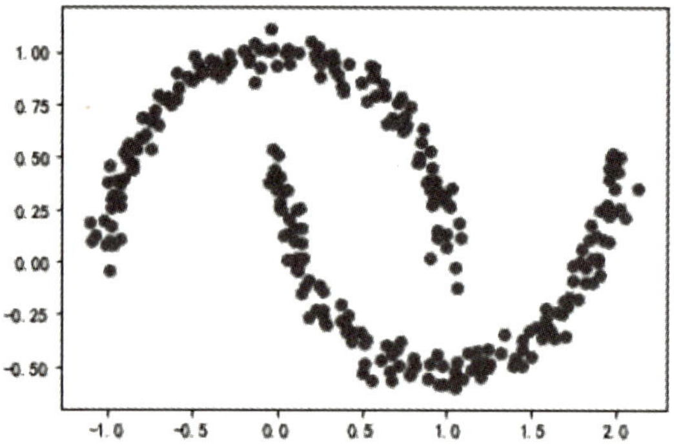

图 12–11　模拟数据的分布和 Mean-Shift 聚类解

图 12–11 图表明, 应将模拟数据聚成 2 类.

(3) 第 7 行: 指定 Mean-Shift 聚类中核宽 h 为: 在 $[0.2, 1.2]$ 间均匀取 6 个值.

(4) 第 10~23 行: 利用 for 循环在不同核宽 h 下进行 Mean-Shift 聚类. 可视化聚类结果. 其中, 第 11、12 行利用 MeanShift() 函数实现 Mean-Shift 聚类. 为提高算法计算效率, 指定数据分组. 得到聚类解. 结果对象的.cluster_centers_和.labels_中存储着各个小类的中心位置以及每个样本观测的聚类解; 第 19 行取得指定小类的类中心; 第 20 行将不同小类以不同颜色的散点图显示; 第 21 行在图中标出小类中心. 所得图形如图 12–4 所示. 图形显示, 当核宽 h 较小时聚类数目 K 较大. 聚类数目 K 随核宽 h 增大而减少. 核宽 $h = 1.2$ 聚成 1 类.

尽管 Mean-Shift 聚类算法无须指定聚类数目 K, 但核宽 h 值的设置是比较重要的. 此外, 默认采用具有对称性的高斯核函数, 且对小类形状不加限制.

12.4.3　探讨 BIRCH 聚类的动态性特点

本节 (文件名: chapter12-3.ipynb) 基于模拟数据, 探讨 BIRCH 聚类的动态性特点.

一、生成和可视化模拟数据

```
1   fig=plt.figure(figsize=(15,20))
2   np.random.seed(12345)
3   N1,N2=1000,1000
4   mu1,cov1=[0,0],[[1,0],[0,2]]
5   set1= np.random.multivariate_normal(mu1,cov1,N1)   #set1 = multivariate_normal(mean=mu1, cov=cov1,N1)
6   mu2,cov2=[10,10],[[1,0.9],[0.9,1]]
7   set2=np.random.multivariate_normal(mu2,cov2,N2)   #set2 = multivariate_normal(mean=mu2, cov=cov2,N2)
8
9   X=np.vstack([set1,set2])
10  ax=plt.subplot(421)
11  ax.scatter(X[:,0],X[:,1],s=40)
12  ax.set_title("%d个样本观测点的分布"%(N1+N2))
13  ax.set_xlabel("X1")
14  ax.set_ylabel("X2")
```

【代码说明】

(1) 第 3 行: 指定两个样本的样本量 $N_1 = N_2 = 1\,000$.

(2) 第 4、5 行: 指定一组随机数据来自的分布, 均值向量 $\boldsymbol{\mu} = (0,0)^{\mathrm{T}}$, 两个聚类变量 X_1, X_2 的协方差矩阵 $\boldsymbol{\Sigma} = \begin{pmatrix} 1 & 0 \\ 0 & 2 \end{pmatrix}$, X_1, X_2 的协方差等于 0. 生成来自二元高斯分布 (指定分布参数) 的随机数.

(3) 第 6、7 行: 指定另一组随机数据来自的分布, 均值向量 $\boldsymbol{\mu} = (10,10)^{\mathrm{T}}$, 两个聚类变量 X_1, X_2 的协方差矩阵 $\boldsymbol{\Sigma} = \begin{pmatrix} 1 & 0.9 \\ 0.9 & 1 \end{pmatrix}$, X_1, X_2 的协方差等于 0.9, 具有线性相关性. 生成来自二元高斯分布 (指定分布参数) 的随机数.

(4) 第 9 行: 合并上述两组随机数, 包括聚类变量 X_1, X_2 和小类标签变量 y.

(5) 第 11~14 行: 绘制模拟数据的散点图, 如图 12–8 左上图所示.

二、利用 BIRCH 聚类算法聚类, 探讨分支因子 B 和阈值 T 对聚类结果的影响

```
16  B=[50,100,100]
17  T=[0.5,1,1.5]
18  i=1
19  colors=cycle('bgrcmyk')
20  for b,tau in zip(B,T):
21      Bi=Birch(n_clusters=None,threshold=tau,branching_factor=b)
22      Bi.fit(X)
23      labels=np.unique(Bi.labels_)
24      print(len(labels))
25      i+=1
26      ax=plt.subplot(4,2,i)
```

```
27     for color,k in zip(colors,labels):
28         ax.scatter(X[Bi.labels_==k,0],X[Bi.labels_==k,1],c=color,s=30,alpha=0.5)
29     ax.set_title("%d个样本观测点的BIRCH聚类解(分支因子=%d,阈值T=%.2f)"%(N1+N2,b,tau))
30     ax.set_xlabel("X1")
31     ax.set_ylabel("X2")
32
```

```
55
12
6
```

【代码说明】

(1) 第 16、17 行: 分别指定 BIRCH 聚类中的分支因子 B 和叶节点允许的最大 "半径" T 的不同取值.

(2) 第 20~31 行: 利用 for 循环进行 3 种不同参数下的 BIRCH 聚类: $B=50, T=0.5; B=100, T=1; B=100, T=1.5$.

其中, 第 21、22 行利用 Birch() 函数实现 BIRCH 聚类, 指定分支因子 B 和阈值 T. n_clusters=None 表示不进行前述聚类优化, 直接给出聚类特征树的聚类解 (叶节点). 得到聚类解. 第 27~31 行可视化聚类结果, 不同类用不同颜色表示. 如图 12-8 所示. 图形显示, 当 $B=50, T=0.5$ 时 BIRCH 算法给出的聚类数目 K 较大 (55 个小类). 适当增大参数值后, 聚类特征树的叶节点个数明显减少 (12 个小类), 最终数据被聚成 6 个小类.

三、探讨 BIRCH 聚类的动态性特点

首先, 模拟生成在线新数据:

```
1  np.random.seed(12345)     #新增数据
2  mu3,cov3,N3=[7,7],[[1,0.9],[0.9,1]],10
3  mu4,cov4,N4=[10,0],[[1,0],[0,1]],10
4  NewX=np.random.multivariate_normal(mu3,cov3,N3)
5  NewX=np.vstack((NewX,np.random.multivariate_normal(mu4,cov4,N4)))
6  fig=plt.figure(figsize=(15,4))
7  ax=plt.subplot(131)
8  ax.scatter(X[:,0],X[:,1],s=40)
9  ax.scatter(NewX[:,0],NewX[:,1],marker='*',s=50)
10 ax.set_title("%d个样本观测点的分布"%(N1+N2+N3+N4))
11 ax.set_xlabel("X1")
12 ax.set_ylabel("X2")
```

【代码说明】

(1) 第 2~5 行: 指定共新增 20 个新数据, 分别来自两个二元高斯分布, 分布参数为: 均值向量 $\boldsymbol{\mu}=(7,7)^{\mathrm{T}}$, 两个聚类变量 X_1, X_2 的协方差矩阵 $\boldsymbol{\Sigma}=\begin{pmatrix}1 & 0.9\\ 0.9 & 1\end{pmatrix}$, 以及均值向量 $\boldsymbol{\mu}=(10,0)^{\mathrm{T}}$, 两个聚类变量 X_1, X_2 的协方差矩阵 $\boldsymbol{\Sigma}=\begin{pmatrix}1 & 0\\ 0 & 1\end{pmatrix}$.

(2) 第 8~12 行: 绘制原模拟数据的散点图, 将新增数据添加到图中. 所得图形如图 12-9 左图所示. 新增 20 个样本观测数据用黄色五角星表示.

接下来, 进行数据聚类和对新数据的动态聚类:

```
14 b=100
15 tau=1.5
16 Bi=Birch(n_clusters=None,threshold=tau,branching_factor=b)
17 ylabel=Bi.fit_predict(X)
18 labels=np.unique(Bi.labels_)
19 ax=plt.subplot(132)
20 colors ='bgrmyck'
21 for color,k in zip(colors,labels):
22         ax.scatter(X[Bi.labels_==k,0],X[Bi.labels_==k,1],c=color,s=30,alpha=0.5)
23 Bi.partial_fit(NewX)
24 for i,k in enumerate(Bi.labels_):
25     ax.plot(NewX[Bi.labels_==k,0],NewX[Bi.labels_==k,1], '*', markerfacecolor=colors[k],
26             markeredgecolor='k', markersize=10)
27 ax.set_title("%d个样本观测点的动态BIRCH聚类解"%(N1+N2+N3+N4))
28 ax.set_xlabel("X1")
29 ax.set_ylabel("X2")
30
31 D=np.vstack((X,NewX))  #离线更新
32 Bi.fit(D)
33 ax=plt.subplot(133)
34 for color,k in zip(colors,labels):
35         ax.scatter(D[Bi.labels_==k,0],D[Bi.labels_==k,1],c=color,s=30,alpha=0.5)
36 ax.set_title("%d个样本观测点的离线BIRCH聚类解"%(N1+N2+N3+N4))
37 ax.set_xlabel("X1")
38 ax.set_ylabel("X2")
```

【代码说明】

(1) 第 14、15 行: 指定 BIRCH 聚类的分支因子 B 和阈值 T.

(2) 第 16 行: 利用函数 Birch() 定义 BIRCH 聚类对象.

(3) 第 17 行: 基于定义的 BIRCH 对象对聚类数据进行聚类, 并获得各样本观测的聚类解. 完成数据聚类.

(4) 第 21、22 行: 数据聚类的可视化. 不同小类以不同颜色表示.

(5) 第 23 行: 利用 BIRCH 对象的 partial_fit() 方法对新数据进行动态聚类.

(6) 第 24~26 行: 将新数据的聚类解添加到图中, 如图 12-9 中图所示. 图形显示,20 个新增样本观测分别被归入红色小类、蓝色小类和黄绿色小类中.

四、BIRCH 聚类解的优化

这里模拟进行 BIRCH 聚类解的离线优化:

```
Bi=Birch(n_clusters=3)  #默认采用系统聚类且默认聚成3类
Bi.fit(D)
labels=np.unique(Bi.labels_)
colors ='bgrmyck'
fig=plt.figure(figsize=(10,5))
ax=plt.subplot(121)
for color,k in zip(colors,labels):
        ax.scatter(D[Bi.labels_==k,0],D[Bi.labels_==k,1],c=color,s=30,alpha=0.5)
ax.set_title("%d个样本观测点的基于系统聚类的优化解"%(N1+N2+N3+N4))
ax.set_xlabel("X1")
ax.set_ylabel("X2")

KM=KMeans(random_state=1,n_clusters=5)
Bi=Birch(n_clusters=KM)
```

```
15 Bi.fit(D)
16 labels=np.unique(Bi.labels_)
17 ax=plt.subplot(122)
18 for color,k in zip(colors,labels):
19         ax.scatter(D[Bi.labels_==k,0],D[Bi.labels_==k,1],c=color,s=30,alpha=0.5)
20 ax.set_title("%d个样本观测点的基于K-均值聚类的优化解"%(N1+N2+N3+N4))
21 ax.set_xlabel("X1")
22 ax.set_ylabel("X2")
```

【代码说明】

(1) 第 1、2 行: 利用函数 Birch() 指定 n_clusters=3, 表示采用系统聚类优化聚类解, 且聚类数目 $K=3$. 拟合全体数据, 模拟实现离线优化.

(2) 第 7~11 行: 可视化基于系统聚类优化的优化解.

(3) 第 13 行: 定义 K-均值聚类对象, 指定聚类数目 $K=5$.

(4) 第 14 行: 利用函数 Birch() 指定 n_clusters 为一个聚类对象, 表示依据聚类对象优化聚类解.

(5) 第 18~22 行: 可视化基于 K-均值聚类优化的优化解.

所得图形如图 12-9 右图所示.

附录

围绕本章学习, 应重点掌握 Python 模块中的以下函数. 函数的具体格式参见 Python 帮助.

1. DBSCAN 聚类

DBS=DBSCAN(min_samples=,eps=);DBS.fit(X)

2. Mean-Shift 聚类

MS = MeanShift(bandwidth=);MS.fit(X)

3. BIRCH 聚类

Bi=Birch(n_clusters=,threshold=,branching_factor=); Bi.fit(X)

Bi.fit_predict(X); Bi.partial_fit(NewX)

图书在版编目（CIP）数据

Python机器学习：原理与实践/薛薇著. -- 北京：中国人民大学出版社，2021.1
（数据科学与大数据技术丛书）
ISBN 978-7-300-28731-7

Ⅰ.①P… Ⅱ.①薛… Ⅲ.①软件工具-程序设计
Ⅳ.①TP311.561

中国版本图书馆CIP数据核字（2020）第208764号

数据科学与大数据技术丛书
Python机器学习：原理与实践
薛薇 著
Python Jiqi Xuexi：Yuanli yu Shijian

出版发行	中国人民大学出版社		
社　　址	北京中关村大街31号	**邮政编码**	100080
电　　话	010－62511242（总编室）		010－62511770（质管部）
	010－82501766（邮购部）		010－62514148（门市部）
	010－62515195（发行公司）		010－62515275（盗版举报）
网　　址	http://www.crup.com.cn		
经　　销	新华书店		
印　　刷	北京昌联印刷有限公司		
规　　格	185 mm×260 mm　16开本	**版　　次**	2021年1月第1版
印　　张	23.5　　插页1	**印　　次**	2021年1月第1次印刷
字　　数	570 000	**定　　价**	69.00元

教师教学服务说明

中国人民大学出版社工商管理分社以出版经典、高品质的工商管理、财务会计、统计、市场营销、人力资源管理、运营管理、物流管理、旅游管理等领域的各层次教材为宗旨。

为了更好地为一线教师服务，近年来工商管理分社着力建设了一批数字化、立体化的网络教学资源。教师可以通过以下方式获得免费下载教学资源的权限：

在中国人民大学出版社网站 www. crup. com. cn 进行注册，注册后进入"会员中心"，在左侧点击"我的教师认证"，填写相关信息，提交后等待审核。我们将在一个工作日内为您开通相关资源的下载权限。

如您急需教学资源或需要其他帮助，请在工作时间与我们联络：

中国人民大学出版社　工商管理分社

联系电话：010-62515735，82501048，62515782，62515987

电子邮箱：rdcbsjg@crup. com. cn

通讯地址：北京市海淀区中关村大街甲 59 号文化大厦 1501 室（100872）